Theodor Heuss / Elly Knapp

So bist Du mir Heimat geworden

Theodor Heuss / Elly Knapp

So bist Du mir Heimat geworden

Eine Liebesgeschichte in Briefen
aus dem
Anfang des Jahrhunderts

Herausgegeben von Hermann Rudolph

Deutsche Verlags-Anstalt Stuttgart

Inhalt

Vorwort

»Ihr Weggehen hat doch in das geruhige bürgerliche und seelische Leben der letzten Wochen einen sehr empfindlichen Riß gemacht«, schreibt ein junger Mann von zweiundzwanzig Jahren im März 1906 an eine Straßburgerin, die eben von einem Studienaufenthalt in Berlin zurückgekehrt ist, und mit der Ironie, zu der ihn sein Beruf als Redakteur offenbar verpflichtet, zieht er den Schluß: vorderhand bleibe ihm wohl nur der Versuch, diesen Riß »mit Briefpapier zuzukleben«. »Passen Sie auf, wir werden noch manches Schöne zusammen erleben«, heißt es ermunternd in der Antwort, die postwendend aus dem Elsaß nach Berlin geht. In der Tat versandet die Korrespondenz nicht. Sie wird vielmehr für beide rasch unentbehrlich, anfangs vor allem zum Austausch von Ansichten und Einsichten, Erlebnissen und Gefühlen, dann als immer fester werdendes Band einer tiefen Zuneigung. Was der Leser vor sich sieht, ist das Ergebnis dieser eifrigen, bald verliebten, schließlich Leben und Schicksal beider Verfasser mitbestimmenden Briefschreiberei. Es sind die Briefe, die Theodor Heuss und Elly Heuss-Knapp wechselten, bis sie im April 1908 heirateten.

Theodor Heuss, der erste Präsident der Bundesrepublik, gehört zu den einprägsamsten Gestalten der Jahre des deutschen Wiederanfangs nach dem Ende des Zweiten Weltkriegs. Seine Mitwirkung an der Ausarbeitung des Grundgesetzes im Parlamentarischen Rat, vor allem aber die unvergeßliche Mischung von Würde und entkrampfender Humanität, mit der er das höchste Staatsamt führte, haben die Geschichte dieses Landes mitgeformt. Wie tief seine Wirkung gegangen ist, obwohl er nicht eigentlich zu jenen gehörte, die damals die Weichen für die Entwicklung der Bundesrepublik stellten, haben noch die Reden und Aufsätze erkennen lassen, die Anfang 1984 der hundertsten Wiederkehr seines Geburtstages gewidmet wurden. Insofern mag die Veröffentlichung dieses Briefwechsels schon deshalb auf Interesse stoßen, weil sie das Jugendbildnis von Persönlichkeiten zutage fördert, die später für die deutsche Öffentlichkeit Rang und Bedeutung gewonnen haben.

Denn daß auch Elly Heuss-Knapp eine bemerkenswerte Erscheinung gewesen ist, steht außer Zweifel. Sie stand nicht nur bis zu ihrem frühen Tod im Sommer 1952 ihrem Mann in seinem schwierigen Amt aufopferungsvoll zur Seite und hat mit der Gründung des Müttergenesungswerks eine bis heute fortwirkende, beispielhafte soziale Einrichtung geschaffen; sie war auch eine bedeutende Frau aus eigenem Recht. Dafür steht die Wirksamkeit, die sie zeit ihres Lebens als Pädagogin, Vortragsrednerin und Autorin ausgeübt hat – zeitweise auch mit politischem Ehrgeiz, auch als Abgeordnete, so im ersten Stuttgarter Nachkriegs-Landtag von 1946 bis 1949. Und noch immer ist dieser Rang ihren Schriften und Briefen abzulesen, den Erinnerungen »Ausblick vom Münsterturm« ebenso wie den unter dem Titel »Bürgerin zweier Welten« gesammelten Briefen und Aufzeichnungen. Sie zeigen sie als eine bezwingende Persönlichkeit, voller Herzensklugheit, geistiger Beweglichkeit und mit der Ausstrahlung einer großen Individualität.

Es kommt hinzu, daß es keine Mühe macht, das Bild der beiden jungen Menschen, das dieser Briefwechsel überliefert, mit dem Theodor Heuss und der Elly Heuss-Knapp zu verbinden, die den Deutschen in den Nachkriegsjahren bekannt und vertraut wurden. Es wird vielmehr eindrucksvoll deutlich, wie sehr das, was beide damals waren, schon in diesen Jugendjahren angelegt ist. Was sie in ihrem Wirken und ihrer Wirkung auszeichnete – die Aufgeschlossenheit für die geistigen, sozialen und politischen Strömungen der Zeit, ihr Fonds an Bildung und Interessen, beides zum Grund von Haltung und Urteil geworden, die Offenheit und Festigkeit miteinander verbanden und sie immun gegen alles machten, was nur Betrieb oder Gerede war –: es wurzelt unverkennbar im Erlebnis der Erfahrungsmöglichkeiten und Bildungseinflüsse in den Jahren am Anfang unseres Jahrhunderts. Sie wurden damals, gerade auch in dem Verhältnis zueinander, das dieser Briefwechsel widerspiegelt, das, was sie zu einem guten Teil blieben.

Dennoch wäre der Eindruck ganz verfehlt, die Aufmerksamkeit, die dieser Briefwechsel beanspruchen kann, hinge in erster Linie an dem Rang, der seinen Verfassern später zuteil geworden ist. Das Gegenteil ist der Fall. Dieser Briefwechsel wirkt ganz aus sich selbst heraus – als wundersam erhaltenes Abbild des Lebens und Erlebens zweier Menschen in einer Zeit, die von der Gegenwart durch den tiefen Abbruch von bald zwei Weltuntergängen getrennt ist und die doch noch immer irgendwie auch die unsere ist, weil sie ganz zuunterst noch in uns mitlebt. Dabei besteht diese Korrespondenz keineswegs nur in jener Widerspiegelung von Politik und Kultur dieser Epoche unmittelbar nach der Jahrhundertwende, die man von ihr erwarten mag, wenn man sich an das Bild hält, das sich von Theodor Heuss und Elly Heuss-Knapp erhalten hat. Es ist das ganze bunte Leben, das hier im Zwiegespräch zweier junger Menschen aufleuchtet – temperamentvoll und nachdenklich, gelegentlich auch altklug, jugendlich-respektlos oder auch nur schwatzlustig, immer jedoch wach und lebendig, dazu randvoll mit den »kleinen Freuden und Leiden des Alltags«, mit denen nicht zu kargen sich beide zu Beginn ihrer Korrespondenz versprochen haben. Vor allem freilich ist dieser Briefwechsel das Zeugnis einer anrührenden Liebesgeschichte.

Das hat in der Fülle und Unmittelbarkeit, mit der es in Erscheinung tritt, etwas Verblüffendes. Denn sowohl Theodor Heuss wie Elly Heuss-Knapp haben in ihren Erinnerungen die Jahre beschrieben, die nun in diesem Briefwechsel wiedererstehen. Und obwohl sie da, eingeordnet in die Rückblicke auf ein ganzes langes Leben in den Wechselhaftigkeiten unseres Jahrhunderts, nur knapp umrissen werden,blieb doch kein Zweifel an der Bedeutung gerade dieses Lebensabschnitts – wie wichtig ihre Entscheidung füreinander war, konnte auch bisher niemandem verborgen bleiben, der sich mit ihnen beschäftigte. Nun wird erkennbar, was in diesem Stück ihres Lebensweges gleichsam eingeschlossen lag an Reichtum des Erlebnis und der Interessen, an Lebensmut und Lebenszweifel – und, auch dies, was für ein Ringen und welche Gefühlsaufbrüche die Geschichte ihrer Verbindung im Innersten enthielt. Wie Theodor Heuss um Elly Knapp wirbt, wie beide die inneren und äußeren Widerstände überwinden, die sich ihnen entgegenstellen, wie beide überwältigt werden von dem beseligenden Gefühl des Sich-gefunden-habens und wie sie daran gehen, ihr Verhältnis zueinander in gegenseitiger Achtung zu stabilisieren – das läßt sich nicht ohne Bewegung lesen.

Dieser Eindruck hat gewiß auch damit zu tun, daß sich Theodor Heuss und Elly Knapp als geborene Briefschreiber erweisen. Üben sie sich am Anfang noch ein wenig in der Kunst der posierenden Selbstdarstellung, so schwemmen ihre Fähigkeit und ihre Lust, sich einander in ihrem Fühlen, Denken und Erleben mitzuteilen, bald alles absichtsvolle Drehen und Wenden fort und geben ihrer Korrespondenz einen Grundton von Spontaneität, ungezwungener Jugendlichkeit und Warmherzigkeit. Überdies profitiert dieser Briefwechsel auch von dem Umstand, daß sich beide in den zwei Jahren, die er umfaßt, nur selten gesehen, dafür aber mehrmals in der Woche, gelegentlich fast täglich, Briefe gewechselt haben – nicht zuletzt dank einer Post, welche die Distanz zwischen Berlin und Straßburg von einem auf den anderen Tag mit einer Pünktlichkeit überwand, die heute nur noch Neid abverlangen kann. Zwar sind es, wie sich versteht, die Begegnungen, die in diesem Verhältnis sozusagen Epoche machen – vom Entflammen der Zuneigung über die heimliche bis schließlich zur offiziellen Verlobung –, doch ist es eigentlich der briefliche Austausch, in dem es sich bildet. In dem Rhythmus der Annäherung, des Zueinanderstrebens und Miteinanderfühlens liegt denn auch das eigentliche, in Bann schlagende Geschehen dieses Briefwechsels. »Ich muß nur wieder staunen, daß man so viel *Gemeinsames* erleben und so zusammenwachsen kann, während man getrennt ist«, bekennt Elly Knapp einmal und schließt daran die Folgerung – angesichts beider Verlangen, beisammen zu sein, nachgerade frivol –: »fast hoffe ich, daß wir auch jedes Jahr später einige Zeit getrennt sind« – nämlich um einander zu schreiben.

Vielleicht ist der Leser deshalb gut beraten, wenn er bei der Lektüre beiseite schiebt, was er über das künftige Schicksal der beiden Briefschreiber weiß, und sich ganz diesem Briefwechsel selbst überläßt – was nichts anderes heißt als daß er seine Autoren als die nimmt, die sie damals waren, und ihre Geschichte als eine unter den unübersehbar vielen Geschichten, die zusammen, in ihrer anonymen Versunkenheit, das Unterfutter dieser Vergangenheit ausmachen. Aber wer waren die beiden Menschen, die sich damals, im Spätjahr 1905, begegneten und im Frühjahr darauf dieses briefliche Zwiegespräch begannen, das zwei Jahre später zu einer langen und erfüllten Ehe wurde? Was brachten sie mit für diese Geschichte, die, nachdem sie bis dahin ganz ihnen gehörte, nun, ein dreiviertel Jahrhundert später, unser Interesse herausfordert? Und was für eine Zeit war es, die dafür die Bühne abgab?

Theodor Heuss ist zu dem Zeitpunkt, an dem die Korrespondenz mit Elly Knapp einsetzt, gerade dabei, seine ersten Schritte ins Berufsleben zu unternehmen. Seit einem dreiviertel Jahr ist er wohlbestallter, wenngleich mäßig bezahlter Redakteur – bei der »Hilfe«, einem kleinen Wochenblatt, das der Pfarrer und Politiker Friedrich Naumann herausgibt; das Examen, seine Promotion, liegt gar erst ein halbes Jahr zurück. Vor allem aber ist er selbst noch blutjung, und es ist noch keineswegs ausgemacht, worauf es mit ihm hinauswill. Gewiß tummelt er sich bereits ganz schön selbstbewußt im großen Berlin, journalistisch und politisch, denn »Die Hilfe« firmiert zwar als »Wochenschrift für Politik, Literatur und Kunst«, ist aber zugleich eine Art Parteizeitung für Naumanns Politik, parteipolitisches Engagement ist in der Anstellung sozusagen eingeschlossen. Doch auf der anderen Seite ist er allemal noch nicht mehr als ein junger, hoffnungsvoller Mann aus der württembergische Provinz, und die bürgerlich-kleinstädtischen Verhältnisse, aus denen er stammt, halten ihn, bei aller Anstrengungen, sich von ihnen loszureißen, im Innersten noch ziemlich fest. Studiert hat er Nationalökonomie, aber in politisch-sozialpolitischer Absicht, doch seine Neigung gilt der bildenden Kunst und der Literatur, in der er durchaus ernsthaft dilettiert. Überhaupt ist der junge Mann dem jugendlich-studentischen Dasein, das sein Leben in den zurückliegenden Jahren bestimmt hat, noch längst nicht entwachsen. In diesen Jahren, in denen er, wie er sich später erinnert, »der Reihe nach Zimmer in Friedenau und Wilmersdorf« bewohnt – damals noch nicht eingemeindete Vororte des gewaltig wachsenden Berlins –, greift sein Interesse wie in den Universitätsjahren neugierig und bildungswillig nach allen Anregungen, die Politik und Kultur bieten, und sein Privatleben verströmt sich in langen Gesprächen, Ausflügen und Tanzfesten in einem Freundeskreis, der, gleich ihm, noch auf der Suche nach der eigenen Bestimmung ist.

Zu diesem Kreis hat auch Elly Knapp in dem Semester Zugang gefunden, das sie im Winter 1905/06 als Gasthörerin in Berlin verbringt; sie will ihre volkswirtschaftlichen und sozialpolitischen Kenntnisse vervollkommnen. Der Eindruck, den die Tochter des namhaften Nationalökonomen Georg Friedrich Knapp dabei machte, muß beträchtlich gewesen sein. »Ich glaube, wir *alle* haben damals für Elly geschwärmt«, erinnerte sich Heuss später. Drei Jahre älter als Heuss, nimmt sie durch ihre Aufgeschlossenheit, ihre Liebenswürdigkeit und die spürbare Reife ihrer Persönlichkeit für sich ein. Den Grund dafür hat gewiß auch die Herkunft gelegt – ein Stück Geschichte des deutschen Bildungs- und Gelehrtenbürgertums, zu dem der Chemiker Justus von Liebig gehört, und das in seinen Verzweigungen bis in die Berliner Universitätsaristokratie der Kaiserzeit reicht, zu Adolf von Harnack, dem Theologen und Wissenschaftspolitiker, und Hans Delbrück, dem Historiker, beide mit Tanten von ihr verheiratet. Doch steht die junge Dame auch für die Möglichkeiten ein, die der Wandel der Zeit damals zum ersten Male Frauen bot, genauer: für das, was Intelligenz, praktischer Sinn und Bereitschaft, sich zu engagieren, aus den neuen Lebenschancen machen konnten, die sich ihnen gerade eben erst eröffneten.

Als Elly Knapp im Herbst 1905 nach Berlin geht, hat sie so ziemlich alles wahrgenommen, was eine Tochter aus gutem Hause mit ihrer Zeit und ihrer Begabung nur anfangen kann an dieser Jahrhundertwende: sie hat ein Lehrerinnen-Examen abgelegt, an der Gründung einer kleinen Privat-Unterrichtsanstalt und einer Fortbildungsschule für Mädchen mitgewirkt, in einem Ferienkurs in Grenoble ihren Horizont erweitert und ein Semester in Freiburg studiert; in Berlin beteiligt sie sich nun an den Vorarbeiten für die »Heimarbeits«-Ausstellung, die die Öffentlichkeit auf die Not hinweisen soll, die in den Randzonen der Industrialisierung entstanden ist. Die fördernde und fordernde Erziehung durch den Vater hat daran gewiß ihren Anteil, desgleichen ein anregender Freundeskreis in Straßburg – es bleibt ein bemerkenswertes Maß an eigener Anstrengung, an Wollen und Willen, in dem zugleich der Luftzug einer neuen Zeit spürbar wird.

Ihre erste Begegnung mit Theodor Heuss hat Elly Heuss-Knapp in ihren Erinnerungen mit beträchtlichem Sinn für das Anekdotische daran beschrieben, und Heuss hat diese Schilderung bestätigt, indem er seiner Frau »freundliche Selbstironie« bescheinigte. Da lauscht bei einer Abendeinladung Naumanns eine junge, sozial und politisch engagierte Dame »hingerissen« einem Auslandspfarrer, der »phantastische Dinge über sein Wirken« berichtet, und ärgert sich über einen jungen »Hilfe«-Redakteur, der »kühl und schweigsam dabei saß«. Theodor Heuss seinerseits war, so seine Erinnerung an dieses erste Zusammentreffen, »nur erstaunt, daß so viel innerlich beteiligter Eifer einer nebulosen Sache zugewandt wurde«. Er behielt mit seiner Ablehnung übrigens recht, denn der Mann stellte sich später als Hochstapler heraus.

Das hübsche Genrebild aus dem sozialpolitisch bewegten Berlin des Jahres 1905 verwischt etwas, was diesem Kennenlernen die tiefere Bedeutung gibt. Es ist der Umstand, daß es bei Naumann stattfindet. Denn für Theodor Heuss wie Elly Knapp war diese Gestalt in einer Weise zum Leitbild geworden, die heute, da sie ins geschichtlich-politische Halbdunkel zurückgesunken ist, nicht leicht nachzuvollziehen ist. Friedrich Naumann, im politischen Betrieb immer eher ein Außenseiter, doch eine große, eine Epochen-Figur in seiner Begabung, dem widersprüchlichen Stoff dieser Zeit Einsichten, Standorte und Perspektiven abzugewinnen, ist für Theodor Heuss die Bezugsperson schlechthin; sein Einfluß hat ihn, durch die »Hilfe« und seine Schriften, bereits als Schüler im heimatlichen Heilbronn erreicht und seinem Leben die Richtung gegeben. Aber nicht weniger beherrschend waren sein Denken und seine Ausstrahlung für Elly Knapp. Sie hat es in der ihr eigenen, herzlich-praktischen Weise ausgedrückt, als sie ihm, im Alter von 21 Jahren, einen Teil einer kleinen Erbschaft zur Verfügung stellte, weil er, wie sie ihm schrieb, »keinen geringen Anteil an meiner Erziehung« hatte und sie ihm zu danken habe, daß ihr »die sozialen Gedanken immer mehr zum Lebensinteresse und Lebensinhalt werden«. »Wir haben es beide immer als sinnvolle Fügung des Schicksals empfunden«, so hat Theodor Heuss ihr Kennenlernen gedeutet, »daß wir uns im Hause von Naumann begegnet sind«. Er habe »den Funken in verwandte junge Seelen geworfen«, und »die gleiche liebende Verehrung zu seinem Menschentum wurde die erste Bindung«.

Naumann und die von ihm verfochtene Politik, ihre Ziele und ihre taktischen Züge: das ist denn auch gleichsam der eine, bestimmende Hintergrund, auf die dieser Briefwechsel zu beziehen ist. Im Konkreten heißt das: er steht unter dem Eindruck der Diskussionen um die liberale »Einigung« und die Politik des »Bülow-Blocks« – parteipolitische Operationen, an denen sich Naumann beteiligt, weil er überzeugt davon ist, daß der sozialpolitische Reformwille nicht länger in bloßer Opposition enden dürfe, sondern sich realpolitisch auf die Mitwirkung an Gesetzgebung und Verwaltung einlassen müsse. Die liberale »Einigung« gilt dem seit den neunziger Jahren zersplitterten »Freisinn«, dem Linksliberalismus, zu dem die mittelständische Freisinnige Volkspartei, die Freisinnige Vereinigung – in der Naumann tätig ist – und die süddeutsche Deutsche Volkspartei gehören. Der alte Traum der notorisch zerstrittenen Liberalen macht immerhin in diesen Jahren Fortschritte: es kommt zu einer Wahlabsprache, dann, nach der Reichstagswahl von 1907, zu einer Fraktionsgemeinschaft im Reichstag; die Vereinigung zur »Fortschrittlichen Volkspartei« gelingt 1910. Die Politik des Bülow-Blocks, die nach der Reichstagswahl von 1907 von Reichskanzler Bülow gesuchte (und gefundene) breite Koalition von den Konservativen bis zum Freisinn, stürzt dagegen gerade die alten Naumann-Parteigänger in aufreibende Konflikte.

Naumanns große, faszinierende Idee bestand in der Überzeugung, das Kaiserreich mit seinen großen sozialen und politischen Gegensätzen müsse auf ein neues Fundament gestellt werden, indem es demokratisch durchdrungen und sozialpolitisch verändert werde. Das hatte ihn auch dazu geführt, den Sozialdemokraten mit Aufgeschlossenheit zu begegnen. Nun sollten die Linksliberalen zusammen mit den Konservativen und Nationalliberalen gegen SPD und Zentrum den Reichskanzler Bülow stützen, überdies ausgehend von einer positiven Haltung zur Kolonialpolitik. Das verstimmt viele; sie sehen darin eine fatale, den Liberalismus kompromittierende Anpassung. Naumann versucht seinerseits, den prinzipiellen Anspruch des Liberalismus zu aktivieren, indem er den Block nutzt, um Bülow zu nötigen, endlich das preußische Dreiklassen-Wahlrecht zu reformieren – ohne Erfolg. Das alles läßt Spannungen und Differenzen aufbrechen, bringt Pragmatiker gegen Prinzipien-Politiker, »Rechte« gegen »Linke«, die Fraktion gegen die »Basis« auf – ein in der liberalen Politik (aber nicht nur dort) bekannter, offenbar immer wiederkehrender Vorgang, den beinahe nur die verjährten Themen und die damalige Organisation des Parteiensystems fremd erscheinen lassen. Die historische Bedeutung dieser Manöver hat auch Heuss erst im Rückblick angemessen einzuordnen gewußt. Sie bedeuteten, so sein späteres Urteil, einen Schritt zur Parlamentarisierung des deutschen Regierungssystems – freilich, so schränkte er ein, »ohne daß die Regierung das eigentlich wollte und ohne daß das Parlament das eigentlich merkte«.

Der andere Hintergrund, der diesen Briefwechsel bestimmt, ist die Zeit selbst. Diese Jahre um und nach der Jahrhundertwende sind ja ein Schauplatz stürmischer Veränderungen und tiefgreifender Wandlungen. In ihnen begegnen, bekämpfen, überlagern sich die widersprüchlichsten Entwicklungen – gesättigte Bügerlichkeit, vom Es-ist-erreicht-Pathos aufgeplustert, und der Aufbruch eines neuen Lebensgefühls, Expansion nach allen Seiten und die Kultivierung biederer Wohlanständigkeit, Fortschritts-Faszination und Historien-Beschwörung, Altes und Neues und oft genug auch Uraltes, das für Neues ausgegeben wird. Man muß sich vergegenwärtigen, daß dieser Briefwechsel zum guten Teil vor der Kulisse eines Berlins stattfindet, das eben, mit seinen Hoch- und Untergrundbahnen, seinen Mietskasernen und den neuen Villen-Kolonien im Westen, zur Weltstadt wird. Zugleich dauert noch überall das patinierte, verwinkelte Gehäuse der bürgerlichen Lebensart fort mit seinen Konventionen und Zeremonien, seinen vollgestellten Wohnzimmern und seinen Gehröcken. Und dazwischen und darin erhebt sich – in der Architektur der Warenhäuser und Grunewald-Villen, in den Farben der Maler und der Plakate, in der Literatur, in den Debatten über Erziehung und Lebensweise, über Arbeitsnachweis und Heimarbeit – der Anspruch eines Neuen.

Theodor Heuss und Elly Knapp stehen, kein Zweifel, auf der Seite dieses Neuen. Sie empfinden sich als »moderne« Menschen, auch wenn ihnen das Etikett eher Verlegenheit bereitet, wenn es ihnen von besorgten Eltern und Verwandten angehängt wird. Die einschlägigen »Bewegungen«, die für diesen Aufbruch stehen, von der Jugendbewegung bis zu den Lebensreform-Bewegungen aller Entschiedenheitsgrade, berühren sie zwar nur mittelbar. Doch die Lebensluft, die sie suchen, die sie mit vollen Zügen einatmen, in der sie zu sich selbst zu finden hoffen, ist von dieser Epochenstimmung durchtränkt – und noch beispielsweise der Besuch der Deutschen Kunstgewerbeausstellung in Dresden im Herbst 1906, bei der aus der Freundschaft die Zuneigung zu keimen beginnt, ist ein Beleg dafür. Denn er gilt einer Manifestation dieses gewandelten Lebensgefühls – der Abwendung von den historischen Stilen, die Hinwendung zu einem eigenen, zeitgemäßen Stilwillen, zu neuen Formen und erneuertem Gestalten.

Dabei fehlt freilich die große Geste der Herausforderung gegenüber der älteren Generation, die zur einschlägigen Ausstattung dieses Aufbruchs gehört. Das lag beiden nicht – Theodor Heuss' Abneigung gegen Konventionen ist kein Gegenbeweis. Die radikale Übersteigerung dieser Bewegung in den unterschiedlichsten subkulturellen und avantgardistischen Gruppierungen, die in diesen Jahren ihre hohe Zeit hat, hinterläßt in diesen Briefen denn auch nirgendwo ihre Spur. Was hier vor sich geht, ist dennoch nicht weniger aufregend als die Generationen-Konflikte, die die Literatur dieser Zeit bevölkern, und jene Auszüge aus den gesellschaftlichen Normallagen, die in der Landkommune, im Bohème-Anarchismus oder am Monte Verità enden. Es ist gleichsam die zivile, bürgerlich-moderierte Seite jenes Sich-lösens vom Urväter-Hausrat im Innern und im Äußern, das dieser Epoche den Stempel aufdrückt. Auch dies ist ein Stück Emanzipation, Befreiung, Frei-werden, so bewußt es den bürgerlichen Rahmen wahrt: kein Bruch, sondern Umsetzung, Anverwandlung, Veränderung, gerichtet auf das, was Heuss einmal als das »von selber das Leben lernen« umschreibt – die Lebensführung aus eigener Verantwortung, gestellt auf die eigene Individualität, ohne Abstützung in Konventionen. Der unbefangene Ton, in dem Theodor Heuss und Elly Knapp miteinander umgehen, mag die Anstrengung verdecken, die damit verbunden ist. Aber wer genau hinhört, spürt gleichwohl, wie tief diese Generation noch in der Enge der bürgerlichen Welt steckt – oder vielmehr, andersherum, schwerer wiegend: wie sehr diese Welt mit ihren inneren Schranken und Verhärtungen auch noch in jene hineinreicht, die dabei sind, sich ihr zu entziehen.

Freilich: dies ist, wie schon gesagt, in erster Linie eine Liebesgeschichte. Die Zeit und was sie ausmacht, Ereignisse und Beobachtungen, politische Querelen und Vorgänge, die heute den Stempel des Historischen tragen: sie bleiben am Rande, bleiben Rahmen für diesen Strom des Austauschs und des Gesprächs, des Wünschens und Wollens, des Begehrens und Gewährens, in dem zwei Menschen einander begegnen. So offenbart sich in diesem Briefwechsel etwas vom Geheimnis der gelebten Zeit: sie scheint auf in der Gestalt, die sie hatte, bevor sie Geschichte wurde, als sie noch der Lebensstoff von Menschen war, die in ihr und mit ihr ihren Platz in der Welt, ihre Lebensaufgabe und ihr Glück suchten. Und so öffnet diese Zwiesprache den Zugang zu einem Dasein, zu Menschen und Geschehnissen, die uns unausdenkbar weit entrückt sind und doch noch so nahe, daß man ihren Herzschlag zu spüren vermeint.

Schließlich: Mit alledem steigt auch eine besondere Generation und ihre Zeit wieder herauf. Denn kaum je war soviel Anfang wie in diesen Dezennien um und nach der Jahrhundertwende, soviel geglaubte Zukunft, soviel Jugend jenseits von Alter und Rolle. Gleichsam aus der Innensicht, aus dem Blickwinkel zweier Menschen, die damals zwei unter vielen waren, untermischt mit dem Persönlichen und Alltäglichen, erscheint der drängende, verheißungsvolle wie angespannte Umriß dieser Jahre, in denen sich unsere Zivilisation so gewaltsam frei machte von den Kräften und Lebensformen, die sie bis dahin getragen hatten, wie kaum jemals zuvor. Das gibt diesem Briefwechsel über das Erwartungsgefühl hinaus, das ihn durchdringt, weil er das Zeugnis eines persönlichen Anfangs ist, einen bezwingenden Hauch von Zuversicht und Zukunft. Kein geringerer als Albert Schweizer, der zum Straßburger Freudeskreis von Elly Knapp gehörte, hat die hoffnungsvolle und bewegte Grundstimmung ausgedrückt, die diese Generation und ihr Erlebnis ihrer Zeit bestimmte, als er Theodor Heuss und Elly Knapp traute. Er hat damit diesem Verhältnis ein hohes, exemplarisches Siegel aufgedrückt: »Das hohe Glück in diesem Augenblick ist nicht, daß zwei Menschen sich innerlich geloben, wir wollen füreinander leben, sondern daß dies in ihren Gedanken zugleich bedeutet: wir wollen miteinander für etwas leben . . . Nur die haben begriffen, um was es sich bei der Arbeit in unserer Zeit handelt, denen es aufgegangen ist, daß alles Helfen, Bessern und Fördern auf die Schaffung eines neuen Geistes gehen muß.«

*

Die Veröffentlichung eines solchen Briefwechsels bedarf der Rechtfertigung; auch die kokette Ironie, mit der die beiden Briefschreiber gelegentlich auf künftige Herausgeber ihrer Briefe zu sprechen kommen, entbindet davon nicht. Denn diese Briefe sind eben nicht mit dem Seitenblick auf die Literatur- oder die Zeitgeschichte geschrieben. In ihnen offenbaren sich zwei Menschen unter dem Schutz der Intimität ihres Verhältnisses, unverstellt und oft rückhaltlos, und sie zum Druck zu befördern, heißt – daran ist nicht zu deuteln –, ihr Leben den Augen von Fremden preiszugeben. Der Umstand, daß die Zeit lange zurückliegt, in der diese Briefe geschrieben wurden, daß beide Schreiber nicht mehr am Leben sind und überdies zu Figuren der Zeitgeschichte wurden, befreit nicht von der Scheu, die ein solches Vorhaben erzwingt.

Die Frage der Veröffentlichung ist bereits vor zwei Jahrzehnten von Ernst Ludwig Heuss, dem Sohn von Theodor Heuss und Elly Heuss-Knapp, gemeinsam mit Hermann Leins, dem Verleger, der dem Ehepaar Heuss persönlich verbunden war, erörtert worden. Beide haben sich damals entschlossen, sie zu bejahen. Denn, so heißt es in den »Überlegungen zur Veröffentlichung der Korrespondenz von Elly Knapp und Theodor Heuss«, die sie damals formuliert haben, das »legitime Bedürfnis nach Information« wie, »erst recht«, die »Qualität der Briefe« spreche dafür. Sie seien »literarisch bedeutungsvoll, insbesondere, da sie auch das geistige Klima des Jahrhundertanfangs wiedergeben«. Dem ist kaum etwas hinzuzufügen. Diese Briefe zeugen so bezwingend für ihre Autoren und sie spiegeln ihre Zeit so wach und lebendig wider, daß ihre Veröffentlichung unser Bild von Theodor Heuss und Elly Heuss-Knapp ebenso bereichert wie das ihrer Epoche.

Allerdings mußte auch für die Edition dieses Briefwechsels der ebenfalls bereits von Ernst Ludwig Heuss und Hermann Leins formulierte Grundsatz gelten, »daß beide Briefschreiber in ihrer privaten Sphäre einen besonderen Schutz vor der Neugier der Öffentlichkeit genießen«. Dieser Briefwechsel erzählt eine Liebesgeschichte, der es an Leidenschaft nicht mangelte und die zudem mit allen den Tabus, Ängsten und Verdrängungen zu ringen hatte, die diese Zeit bereithielt. Die Bekenntnisse und Sehnsüchte, Ekstasen und Zerknirschungen, die das Anrennen der Gefühlsstürme gegen Konvention und Überzeugung heraufrief, schlagen sich, verständlicherweise, auch in diesen Briefen nieder. Bei den Teilen der Korrespondenz, die davon beherrscht werden, hat sich der Herausgeber gleichwohl zu weitgehenden Streichungen entschlossen, weil nach seiner Überzeugung solche Passagen niemanden außer den Briefschreibern selbst etwas angehen. Was dort zur Sprache kommt, gehört nur ihnen, und daran sollte nicht gerührt werden. In Kauf genommen werden mußte dafür allerdings die Gefahr, daß dieser Briefwechsel gelegentlich etwas zu sachlich und kühl für zwei Liebesleute wirkt – oft gerade dann, wenn ihre Empfindungen sie zu überwältigen drohen.

Ohnedies zwang der Umfang des Briefwechsels zu einschneidenden Kürzungen. In der maschinengeschriebenen Übertragung umfaßte er ursprünglich 1100 Seiten; davon wurden schließlich gut vierzig Prozent ausgeschieden. Bei den Streichungen hat den Herausgeber vor allem der Gedanke geleitet, den Charakter der Zwiesprache und des spontanen Austauschs zu bewahren, der diesem Briefwechsel seine Prägung gibt. Die Veröffentlichung sollte nicht nur eine Auswahl besonders aussagekräftiger Briefe präsentieren, sondern einen Brief*wechsel*, der das vergangene Leben zweier Menschen mit seinen Höhepunkten wie mit der Prosa seines Alltags wiedererstehen läßt. Deshalb wurden auch reine »Gebrauchsbriefe« aufgenommen, blieb die Chronik der laufenden Tagesereignisse, die beide sich geben, so weit als möglich erhalten, und spart die Geschichte der Liebe zwischen Theodor Heuss und Elly Knapp weder Reibungen noch Gereiztheiten aus – und auch nicht die extensive Expedition ins Reich der Realien, der Möbelauswahl, Tapetenfarben und Einkommens-Einschätzung, zu der die Errichtung eines Hausstandes in einem bürgerlichen Milieu in dieser Zeit gerät.

Als Vorlage für den Text dieses Bandes diente eine maschinenschriftliche Abschrift der Briefe, die bereits vor Jahren in der Familie Ernst Ludwig Heuss vorgenommen wurde. Nach der Einrichtung des Briefwechsels für die Veröffentlichung wurde der Text freundlicherweise von Frau Ursula Heuss, Basel – zusammen mit Frau Marlene Kesser – nochmals mit den Originalen verglichen, die sich in ihrem Besitz befinden. Der Herausgeber und Frau Heuss sind dann den Text gemeinsam durchgegangen, wobei bei Unklarheiten auf die Originalbriefe zurückgegriffen wurde. Im Text der Briefe selbst wurden so wenig Eingriffe wie irgend möglich vorgenommen; auch zeitbedingte oder individuelle Eigentümlichkeiten der Schreibweise oder der Interpunktion wurden nur dann korrigiert, wenn die Lesbarkeit sonst behindert worden wäre. Kürzungen sind mit Punkten angegeben. Um die Lektüre nicht zu stören, wurde darauf verzichtet, Anmerkungen im Text der Briefe anzuzeigen. Sie greifen statt dessen - unter der entsprechenden Seitenzahl – Stichworte auf.

Die Einwilligung in die Veröffentlichung, die Frau Ursula Heuss gab, und ihre Bereitschaft, mir die vorhandene Abschrift zur Verfügung zu stellen, waren die Voraussetzung für die Herausgabe dieses Briefwechsels. Ich danke ihr sehr herzlich dafür – und nicht weniger für ihre Hilfe während der Bearbeitung des Briefwechsels, für die Ratschläge, die sie mir aus der Kenntnis des Nachlasses von Theodor Heuss und Elly Heuss-Knapp heraus gab, und für die Mühe, die sie sich – und Frau Kesser – mit der Überprüfung des Textes anhand der Originale gemacht hat.

Köln, im Januar 1986 Hermann Rudolph

Elly Knapp und Theodor Heuss (rechts) mit Freunden in Berlin, 1906.

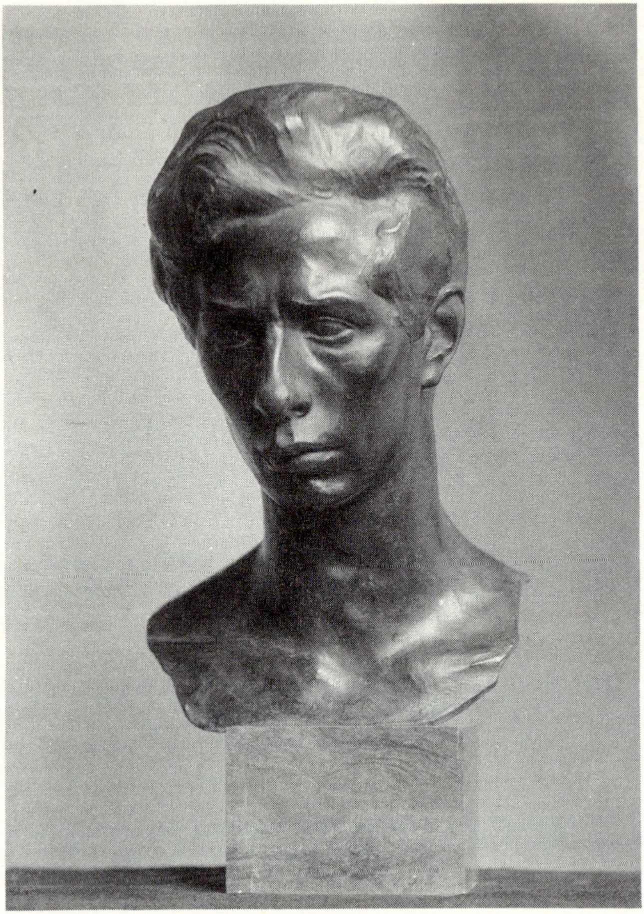

Theodor Heuss;
Plastik von Adolf Amberg, 1906.

Marianne und Elly Knapp (rechts);
Gemälde von W. Balmer, Basel 1894.

Der Straßburger Freundeskreis von Elly Knapp (von rechts): Elly, Albert Schweitzer, Fritz Haas, Lotte Jürgens, Walter Leoni mit Richard Conrad, Lina Conrad, Helene Bresslau, Elsa Haas.

KAPITEL I

»Die Sache wird bedenklich. Was meinen Sie?«

Friedenau-Berlin, 31. März 06
Friedrich Wilhelmplatz 2

Liebe Elli,

diesen frühen Brief schreibe ich zur Abgewöhnung. Ihr Weggehen hat doch in das geruhige bürgerliche und seelische Leben der letzten Wochen einen sehr empfindlichen Riß gemacht, daß mir vorderhand nur der Versuch bleibt, ihn mit Briefpapier zuzukleben. Heut abend habe ich mit Stotzle, Amberg und zwei sonstigen Kunstmenschen etwas harmlosen Alkohol und einige sehr harmlose Kunstgespräche eingenommen.

Und wie ich dann durch die schwarze Nacht heimfuhr, zwang sich mir Wunsch und Bedürfnis auf, noch ein paar Worte zu Ihnen zu sagen.

Diese Eilfertigkeit soll Sie nicht verstimmen; denn im Grunde habe ich Ihnen noch wenig oder nichts zu erzählen. Und ich habe auch keine Lust – es ist schon spät – mit stilistischen Feinheiten und mit Gefühlen vor Ihnen zu jonglieren. Aber Sie dürfen nicht glauben, es sei die peinliche Besuchsdankbrief-Phrase, wenn ich Ihnen schreiben muß, wie herzlich froh ich dieser gemeinsamen Wochen geworden bin und welch stille und starke Freude ich über unsere Freundschaft empfinde. Das nächste Glas guten Weines weih' ich ihrer Dauer. Denn, Sie wissen: ich habe Frauen gegenüber nicht das Talent der raschen Annäherung, aber wo ich Menschen gefunden, die ich liebe, will ich mir treue Zuneigung ertrotzen oder erwecken. Aber ich weiß, wir werden gute und ehrliche Freunde bleiben.

Ich versichere Sie, ich kann amüsantere und auch sachlichere Briefe schreiben. Aber ich empfinde es als eine Notwendigkeit, am Anfang der Korrespondenz, die ich erhoffe, gewissermaßen eine Tonhöhe, eine Klangfarbe auszugeben. Und nun erwarte ich die Resonanz. Sie wissen ja, daß die Briefe eine ganz andere und leicht vertrautere Sprache reden als die Unterhaltungen von Mund zu Ohr.

. . .

Das alles heißt, daß wir Heimweh nach Ihnen haben, nach Ihrem Lachen, Ihrer Mütterlichkeit, Ihrem fröhlichen und ergänzenden Mit-Tun, Dabei-Sein. Und es wär uns ein Stück weit ein Trost, hätten Sie nicht bloß nach Berlin, sondern auch nach uns ein bißchen Heimweh. Wenn es Ihnen Spaß macht, so nennen Sie auch das ruhig »männliche Eitelkeit«. – – Wir wollen jetzt dies etwas melancholische und leicht sentimentale Kapitel lassen und »sachlich« werden. Ihre Aufträge habe ich heute mittag entgegengenommen und werde sie, ohne Schimpfen, erledigen. Der naive Enthusiast würde dazusetzen: indem – oder weil – ich dabei an Sie denke. Mit dem Paket warten Sie noch ein paar Tage (am Mittwoch bin ich beim gesundenden Flaischlen); dann kriegen Sie auch die »Rechnung« über meine Auslagen.

Bei Naumanns war's ganz nett. Wir lasen Andreas Vöst und Verse von Hofmannsthal.

Mein Verhältnis zu Katz hat durch diese Uhugeschichte, wie ich empfinde, nicht weiter gelitten, und nachdem ich meinerseits weitere Erörterungen abgelehnt habe, scheint er allmählich selber, so allgemach, bei einer objektiveren Betrachtung seiner und der Dinge, vielleicht auch Ihrer zu landen. Dadurch, daß ich ihm nun auch ein paar aus meinen Versen zeigte, ist vollends alles Mißtrauen weg. Er formulierte: merkwürdige Mischung von romanisch-jüdischem und germanisch-hellenischem. Wobei ich ganz ruhig mich verhielt. Darnach machten wir uns gegenseitig poetische Konfidenzen – – – Sie haben, liebe Elli, mich gelehrt, einen Freund, den man in mancher Art liebt und schätzt, nicht einem Witze zu opfern. Ich gehorche Ihnen.

Es ist ein Uhr vorbei, und ich werde mich zu einem schönen Schlafen und seligem und farbigem Frühlingsträumen niederlegen. Darum für heute: Leben Sie wohl und finden Sie sich bald wieder daheim zurecht. Dann bekommt auch die Erinnerung an diese Tage der gemeinsamen Fröhlichkeit und des Ernstes ein solides Fundament. Und grüßen Sie auch – in irgendwelcher Fassung – Ihren Vater und Ihre Schwester.

Herzlichst

. . . Ihr Dorle

Straßburg, am 2. April 06

Lieber Dorle,

wie nett, daß Sie ganz zur gleichen Stunde, wo ich hier meinen Brief an Sie einsteckte, einen in Berlin an mich in den Kasten geworfen haben. Nur daß Ihr Brief so lieb und warm ist und meiner nur dummes Zeug enthielt, bei dem Sie schon zwischen den Zeilen lesen mußten, um zu merken, wie mir's zumut' war. So wie an dem Abend bei mir, wo wir uns zwischen all den lustigen Liedern lauter liebe Sachen gesagt haben zum Abschied, ohne ein Wort zu sprechen. Aber das ist das eigentliche Zeichen, daß eine Freundschaft echt ist, wenn der eine nicht nur das hört, was der andere sagt, sondern wie er's gedacht hat, alles was Ungeschick ist oder Eitelkeit wegschiebend. Erinnern Sie sich im Tasso: »... daß Freunde seiner *schonend* sich *erfreuen*«. Das ist so schön, wenn man das sichere Gefühl hat, man dürfte ruhig mal eine Dummheit sagen oder tun, der andere ist »schonend«. Und dann, daß man den andern mit Freude an sich erfüllen kann, nicht Verhimmelung, sondern Freude.

So war's zwischen uns, gelt? Natürlich hat man dann Heimweh danach. So soll's aber auch bleiben. Passen Sie auf, wir werden noch manches Schöne zusammen erleben.

Ihre Verse hatte ich schon zusammengeheftet, ehe Ihr Brief kam, aber leider mit einem Goldschnürle. Ich konnte doch nicht ahnen, daß es rosa sein mußte. Ich schicke Ihnen eine Probe, ob Sie einverstanden sind!!!!

(Hierbei fällt mir ein, denken Sie, wenn in 50 Jahren ein Historiker unseren Briefwechsel herausgäbe, würde er doch mindestens eine Randbemerkung machen, wie merkwürdig romantische und sentimentalistische Überreste noch in uns sich fänden; vielleicht reichte es zu einer Doktorarbeit, denn die Redeart der Ironie kennen Leute, die Briefwechsel herausgeben, nie.)

Im übrigen freu' ich mich auf Ihren zweiten Whitman-Artikel. Der erste ist gut und interessant. Ob ich wohl nach dem zweiten diesen Mann wirklich für einen Dichter halten werde?? O die furchtbare Zeile »Aber mit Gottes Geheimnis *erlauben wir uns keine Vertraulichkeiten!!*« Bisher habe ich nur den Eindruck, daß sich in ihm in höchst charakteristischer Weise die geistige Struktur eines unpoetischen Volks erkennen läßt. Bekehren Sie mich!

Ich bin sehr froh über das, was Sie mir von ihrem Verhältnis zu Katz schreiben. Ich habe ihm vorhin einen inhaltlosen Brief geschrieben. Ich kann nicht unbefangen schreiben, er ist so gar nicht »schonend«. Aber seien Sie es mit ihm. Sie sind's schon, und das ist lieb von Ihnen.

Heut ist strahlender Frühling, italienischer Himmel und Farbenreichtum. Dabei kann mein Vater noch von der Theorie des Geldes reden. O Gelehrsamkeit!

Ade, Dorle. Nun wird diese eifrige Schreiberei wohl etwas gemäßigter werden. Grüßen Sie den Stotz u. den Cäsar. Ich grüße Sie herzlich

Ihre Elli Knapp

. . .

Berlin-Friedenau, am 7. April 06
Friedrich Wilhelm Platz 2

Liebe Elli!

Gewiß: »diese eifrige Schreiberei wird nun wohl etwas gemäßigt werden«. Aber es geht nun ein erstes Paket übermorgen an Sie ab, und ich lege zwischen diese Zeilen einen "Liebesbrief". Ich denke, es ist gut, wenn man Liebesbriefe in einem dicken und guten Couvert verwahrt. Dieses vollbemalte Papier soll das Couvert sein.

So; eben las ich Ihren Brief noch einmal, mit einem halb fröhlichen und dankbaren, mit einem halb wehmütigen Lächeln. Die erwünschte und notwendige Abgewöhnung geht nicht sehr rasch; aber ich bin jetzt daran, in dem großen Haus meiner Erinnerung ein schönes, heiteres und sonniges Zimmer anzubauen, in dem wir uns von Zeit zu Zeit die Hand geben und Grüß Gott sagen können. Und wenn das wieder etwas romantisch und etwas sentimentalisch klingt, so macht das gar nichts; ich geb' es hier dem Literologen nach fünfzig Jahren schriftlich, daß ich durchaus keine Rücksicht auf ihn nehmen will. Vielleicht zieht er sich nach diesem Wink überhaupt zurück. Im übrigen, glaub' ich, besitzen wir ja beide etwas das Talent, in den zwanziger und dreißiger Jahren gelebt zu haben. Und ich bin froh darüber. Es ist beunruhigend, bloß kurz und sachlich Brief zu schreiben, und auch heute nicht einmal notwendig.

Wir werden mit Ada von Roeder uns gut vertragen, aber sie wird uns Sie doch nicht ganz ersetzen. Morgen abend werden wir zusammen im Theater sein (Shaw »Cäsar und Kleopatra«), wieder ein Massenaufgebot leider, mit Amberg und Katz, wie es sich so gab. Dabei hab' ich ein bißchen ein unsicheres Gewissen, weil ich nach meinem Brauch durchaus billige Plätze besorgt habe.

Gestern: »Und Pippa tanzt«. Man schreibt schwer darüber. Aber immerhin, das Stück hat mir ziemlich Eindruck gemacht. Kunstwerk ist's nicht, aber Dichtung; keine Handlung, aber Gestalten und Szenen von rührender Schönheit. Ich empfinde den Sinn, aber ich möchte ihn nicht formulieren. Muß ein Märchen »Sinn« haben? Den Hauptmann der Weber, des Florian, des Biberpelzes stell' ich viel höher, aber ich lieb' ihn wegen der Werke, in denen er seiner Sehnsucht folgt. Über die Frage der Stileinheit oder dergl. zu ästhetisieren, würde Sie langweilen und nur unserem Herausgeber zu einem Exkurs über Hauptmanns Märchentechnik Anlaß geben. Ich schenk' es Ihnen und mir.

Wegen meinem zweiten Whitman hab' ich etwas ein schlechtes Gewissen. Er ist am Montag früh zwischen den Notizen über Wahlreform und Wahlurne geschrieben und formal nicht ausgeglichen, inhaltlich nicht vollständig. Der alte Fluch der Faulheit und Journalistik. Aber vielleicht sehen Sie doch, daß der Kerl ein Dichter war.

Ich breche für heute ab. Ich muß in den Diskussionsabend, um über das »Duellwesen« zu referieren. Es ist wirklich schade, daß Sie nicht mehr diese Mimik mitmachen können. Ich werde angenehm ethisieren, aber im Grunde ist mir das Thema furchtbar gleichgiltig. Sachlich bin ich für alle Fälle ein Gegner der Duellfarce und gebe eventuell dem Totschlag od. dergl. sittlich den Vorzug.

Am Palmsonntagmorgen

Es war ganz schön und heiter. Stotzle kämpfte mit einem Lachkrampf und man kommentierte Anna Karenina. Dann waren wir zum erstenmal wieder unsolid und saßen mit Erna W. inkl. lang bei Dalbelli ...

Montag früh. (9. April 06)

Und nun will ich diesen Brief mählich einem Ende zuführen, indem ich Ihnen noch ein bißchen dies und das vorerzähle. Daß es gestern abend ganz vergnüglich war und daß wir nachher an dem hinteren Tisch bei Schünemann noch zusammensaßen. Auf Amberg hat Ihre

Zurechtweisung wegen der »Tägl. Rundschau« einen solchen Eindruck gemacht, daß er sie umgehend abbestellte und nun, etwas hilflos, sich im »Tageblatt« zurechtsucht. Auch hat er die »Hilfe« bestellt. Sie haben, Teure, eine große Macht über Menschen.

Der Abend bei Blochs war recht nett. Es fand sich eine Schwägerin ein, die sich einen Kopf zum Anschauen hält; aber sie scheint sehr kalt, eitel und herrschsüchtig. Aber sonst war's durchaus gemütlich. Desgleichen am Mittwoch bei Cäsar. Sehr hervorragend erscheint mir der Spruch nicht zu sein, den er vorn in Ihr Buch gesetzt hat. Aber es sieht hübsch aus. An den Photographien werden Sie sicher Ihre Freude haben. Wir mußten über die – verzeihen Sie! – leicht bourgeoise Innigkeit oder Sinnigkeit Ihres Solobildes etwas lächeln. Aber allzu schlimm ist es ja wohl nicht. Freilich wär es mir lieber, ich könnte Sie in einem ordentlichen Bild meinem Album einverleiben; gehen Sie doch zu einem guten Photographen. Sonst schneiden Sie mir bitte die Karte in Visitformat und schreiben ein paar gute Worte darauf.

Stotzle macht Beleuchtungskörper und Segelpartien auf Vorschuß. Außerdem hat er Samstag nacht zwei Uhr einen Herrn attackiert: »Sie sind Alfred Kerr?« und ihn mit Anti-Heinedenkmals-Ideen traktiert. So machen wir Sachen. Lis Niemeyer ist jetzt auch weg.

Amberg läßt Sie grüßen und bittet, seine Sache »im Auge zu behalten«. Meine Büste reift zu ihrer erfolgreichen Vollendung. Dann kommt Stotzle an die Reihe.

In Rosaseidenbändlein bin ich kein Doktrinär und mir kommt fast vor, ein Goldschnürle sei noch vornehmer. Da müßten meine Verse etwas zierer sein.

Ich gehe zum Schluß. Ich weiß nicht, ob Sie 'was davon halten, wenn man in Briefen seine Lektüre sich mitteilt. Ich tu' das oft, denn ich finde es immer schön und beruhigend zu wissen, um was der andere eben sich freut, kümmert oder bekümmert. Es entstehen und halten sich Beziehungen, die man nicht vorher in Tinte eintauchen muß. Können Sie verstehen, daß ich mit einigem Enthusiasmus über Harnacks Wesen des Christentums her bin, daß es mir aber religiös nichts gibt, aber oft neugierig erstaunen und bewundern macht.

Genug. Die Abrechnung finden Sie dabei liegen. Vielleicht schikken Sie mir das Geld am besten in Briefmarken.

Ich freu' mich auf Ihre Antwort. Deuten Sie mir darin das Tempo dieser Korrespondenz an.

Einen recht herzlichen Gruß von Ihrem

Dorle Heuss

Ich muß Ihnen noch das schöne Wort eines jungen Mannes über Sie anmerken: »Niedliches kleines Mädchen.« – – Aber hauen Sie mich bitte deshalb nicht.

Straßburg, 10. April 06

Lieber Dorle,

ich bin so betrübt, daß ich noch keine Antwort von Ihnen habe, nun kommt das Paket sicher erst, wenn ich schon in Basel bin, und ich bekomme den Brief, den ich drin vermute, erst mit 14 Tg. Verspätung. Vielleicht kommt's morgen früh noch. Aber ich weiß, daß Sie elend schaffen müssen, wenn Whsen und Gerl. krank sind. Wenn Sie lieb sind, schreiben Sie mir eine Karte nach Basel (Kanonengasse 21, Frau Dr. Geiger), ein Brief ist zu teuer. Am Dienstag fahre ich nach Stuttgart, zum ersten Mal. Ich freu' mich sehr und werde an Sie alle drei (inkl. Cäsar) denken. Papas Vortrag wird fein, ich kenn' ihn schon. Was treibt Ihr? Mir scheint's eine Ewigkeit, daß ich nichts mehr von Euch weiß. Als Ihr bei Tante Mieze wart, hab' ich so doll dran gedacht, daß Ihr's gespürt haben *müßt*. Hier ist's wonnig, Birnen, Aprikosen, alles dick in Blüte u. schon fast zu heiß. Ich gehör' doch hierher und nicht nach Berlin!

Ade, viele Grüße auch an die Lis N. und nicht mich vergessen

Ihre E. K.

Basel, Ostersonntag 1906

Lieber Dorle,

Ihr langer Brief war mir ein sehr lieber Ostergruß. Ich hatte das Mädchen beauftragt, ihn aus dem Paket herauszunehmen und nachzuschicken. So habe ich ihn und Ihre Karte zu gleicher Zeit bekommen und fange gleich an, ihn zu beantworten. Und zwar von hinten nach vorne. Da steht ganz am Schluß, ich soll das Tempo der Korrespondenz angeben. Das ist eine schwere Frage. Eigentlich wäre ich für immerfort schreiben. Denn mir wenigstens geht es so, daß ich nur sofort Antwort finde, die noch als Resonanz gelten kann. Nach ein paar Tagen hab' ich dann innerlich schon so viel und oft mit dem Schreiber geredet, daß ich nichts mehr hinschreiben mag, so altbakken kommt mir's vor. Aber das geht ja wohl nicht, und so kann ich als Antwort auf die Frage nur sagen: so oft als möglich. – Sie sind übrigens beneidenswert in Ihrer Art, einen langen Brief wirklich bis zum Schluß ordentlich zu schreiben. Mich packt immer die Ungeduld über die Langwierigkeit der Technik. Gestern las ich alte Briefe meiner Großmutter, der ging's grad so. Mitten in einer spannenden Erzählung bricht sie plötzlich ab: »Mündlich!!!« Vor lauter Zorn über das Schreiben. Aber es ist *sehr* nett, solche Briefe zu bekommen, wie Sie sie schreiben.

Wir haben einen sehr österlichen Ostersonntag. Über jede Gartenmauer drängen sich blühende Mandelbäume, und in den Primelbeeten im Garten sind die bunten Eier kaum zu sehen. Ich war seit meiner frühen Kindheit fast jedes Jahr hier und kenne noch alle Verstecke für die Eier, auch die ganz heimlichen, in denen man oft noch ein vorjähriges fand. Das Geläut ist nirgends so schön wie hier, sorgfältig aufeinander abgestimmt jede Glocke. Und das nette hier sind die vielen Kinder, ohne die ja jedes Fest unecht ist. – Nun muß ich selber in den Garten und meinen Hasen suchen, nachdem ich verschiedene Auflagen für die verschiedenen Trüppchen von Enkelkindern meiner Tante versteckt habe. Also ade für den Moment.

Nachmittags. Ich freu' mich, daß Sie über die Pippa ganz ähnlich denken wie ich. Gelt, die Szene, wie der Michel die Pippa aus der Gefangenschaft erlösen will, es aber vor lauter Märchenerzählen und -erleben immer vergißt, ist reizend? Und manche andere auch. Freilich soll man nicht einen Sinn suchen, d. h. von allem das Kommentar finden wollen, was jedes Wort bedeutet, aber daß es im Grund ein nationalökonomisches Märchen ist, ist sicher. Und der Dorle Heuss, Redakteur des Allerlei, könnte einen reizenden Hilfeartikel drüber machen. Vom Schönen, das dem Schaffenden aus seiner Arbeit entspringt, nach dem jeder sucht, der Kapitalist, den seine eigene Gier es nicht finden läßt, der Arbeiter, unter dessen tappigen und mißgünstigen Händen es zerbricht, und der Handwerker, der es einmal besaß und es in seinen Träumen noch zu besitzen glaubt, und der weise

Gelehrte, der es alles erkennt und den Handwerksidealisten endgiltig ins Traumland verweist. ––– Oder finden Sie das schon zu rationalistisch und zu sehr »Volkswirt« im ersten Semester, der alles auf seine gritzegrüne Weisheit bezieht?

Ihr zweiter Whitman hat mir gefallen, mich sogar etwas beschämt über mein vorschnelles Urteilen. Ich werde die Bücher lesen, ehe Sie nach Straßburg kommen. – Das müssen Sie, ich werde es in jedem Brief wiederholen. Ich bin eingeladen zu Pfingsten auf's Bildstöckli zu kommen, das ist das entzückende Landhaus meines Vetters hier im Baselbiet. Aber ich habe nur ganz bedingt für einen Teil der Ferien zugesagt, weil ich Sie erwarte. Auch an Amberg denke ich. Ich habe die 35 M von der Soz. Praxis schon dafür zurückgelegt, denn der Papa hat sehr wenig Geld augenblicklich. In Tiflis Häuser zu erben, ist im Augenblick ein teures Vergnügen; und wir tun das grad. Für die Hilfe mache ich auch hier arg Reklame.

Nun bekommen Sie noch ein extra Lob für Ihre Beurteilung der Blochschen Schwägerin. Ich finde auch, daß sie eine Eisatmosphäre um sich verbreitet, sie ist ganz gläsern innerlich. Es freut mich, daß Sie nicht auf bloße Schönheit reinfallen. Das Urteil des »jungen Mannes« über mich hat mir viel Spaß gemacht – es ist eigentlich sehr eingebildet von mir, daß ich es so komisch finde – ich kann mir nur gar nicht denken, wer es gewesen sein kann.

Sie schreiben gar nichts von Naumann und nichts von Katz. Von dem möchte ich manchmal von Ihnen hören, ob er mitmacht mit Ihnen allen und ob er gar nichts besseres weiß, als daß er »saufen tut«. Das wäre mir arg. Hier habe ich eben einen *sehr* guten Witz unterdrückt, da ich am Ostersonntag christliche Gesinnung beweisen will. Aber es ist schad'.

Also, am Dienstag gehe ich nach Stuttgart und freu' mich sehr drauf, obgleich es unheimlich gebildet zugehen wird. Ich seh' schon, daß Sie die Rede meines Vaters nachher werden lesen müssen, ob Sie wollen oder nicht. Er hat sie mir bereits vorgelesen. – Der arme Papa fühlt sich übrigens wissenschaftlich entsetzlich vereinsamt (menschlich auch). Er sagt, die Sozialpolitik, so nützlich sie sei, habe die Leute entsetzlich verflacht. Jeder, der etwa geschrieben habe, man müsse Arbeiterhäuser 2stöckig bauen statt 3stöck., erscheine heut sich und anderen als Nationalökonom.

In 8 Tg. fängt meine Schule an, ich fange an, mich *sehr* drauf zu freuen. Hauptsächlich seit eine frühere Schülerin bei mir war, reizend anhänglich und so lang Andeutungen gemacht hat, bis ich sie fragte, ob sie mit den anderen aus dem Kursus alle 14 Tg. abends zu mir kommen wolle zum Lesen und Schwätzen. Da war sie begeistert und sagte, das hätten sie sich alle so sehr gewünscht, »so sei es immer in Geschichten, wenn man für seine Lehrerin schwärmt«. Die Begründung ist doch schön, gelt? Was soll ich mit den Mädels lesen? Mit verteilten Rollen womöglich.

In dem neuen Kursus habe ich 9 Std. übernommen. Dann will ich mit einer Anzahl von Freundinnen und Bekannten so Kurse machen, ähnlich wie Ali Salomon es tut. Eine Reihe hat schon mit großer Freude zugesagt, ich bin nun neugierig ob's gelingt. Sie sehen, ich will fleißig sein. Nur vor der Hitze fürchte ich mich. Es ist jetzt schon entsetzlich schwül hier gegen die frische Luft in Berlin, so erstaunlich das Wort auch klingen mag. Aber etwas schöneres als die Fahrt durchs badische Ländle jetzt gibt es kaum. Es ist wie ein riesiger Park. Selbst die Weinberge, die noch kahl sind, sind ganz durchsetzt von rosa Pfirsichbäumen. Siehe es lacht die Au!

Ostermontag. Eine echte Basler Szene hab' ich heut erlebt. Sie müssen wissen, daß in dieser Stadt alle Hausfrauen vom Putzteufel ergriffen sind, unter dessen Krallen das Herz ganz einschrumpft. Heut war im Nachbarhaus Begräbnis. Der gute alte Babbe Goldfuß ist begraben worden, den ich kenne, seit ich lebe. Nun stand ich ganz still am Fenster und dachte mitleidsvoll an die »Mammeli«, die nun ganz allein bleibt. (Sie ist steinreich.) Die letzten Gäste verließen grad' den Garten, um sich dem Zug anzuschließen. Da geht die Haustür auf, die Mamme kommt heraus, verteilt die Trinkgelder unter die Dienstboten, die noch auf der Veranda stehen, drückt dem einen Mädchen einen Besen in die Hand und staubt selber sorgfältig die Haustür ab. Und nun beginnt das Scheuerfest. Denn alles, Feste wie Trauertage, sind nur Mittel zum Zweck: der Putzerei. Es ist unglaublich baslerisch. So was von nüchterner Solidität gibt's nirgends sonst. Die Frau machte ihren Kindern, als sie klein waren, nie einen Christbaum, weil der das Zimmer dreckig macht!! Meine Tante hat dann immer hinter ihrem Rücken den Kindern ein brennendes Bäumchen gebracht. –

Nun aber endgiltig ade für diesmal. Schreiben Sie bald wieder, der

Stotzle soll's auch mal tun. Für das Paket bedank' ich mich erst, wenn ich's hab', und das Geld kriegen Sie in deutschen Marken.

Viele, viele Grüße!

Ihre Elly Knapp

Berlin-Friedenau, 22. April 06
Friedrich Wilhelmplatz 2

Liebe Elli!

Es ist wieder wie vor vierzehn Tagen, ein Sonntagmorgen draußen, mit leichtem Grün und etwas zager Sonne. Alle Kinder lärmen auf meinem Platz, Mädel in weißen Blusen lassen sich auf dem Weg zum Tennisspiel angenehme Dinge sagen. Ich glaube, das ist die rechte Stunde, wieder ein bißchen mit Ihnen zu plaudern.

Für Ihren lieben großen Osterbrief allen Dank. Sie haben recht, es geht nicht, ein mechanisches Briefschreibetempo zu konstruieren. Für diesen Fall müssen wir halt wieder die berühmte »innere Stimme« helfen lassen und aufpassen, daß wir sie ja nie überhören.

Ich will ein bißchen von Ihnen reden. Mit den Schilderungen aus Basel haben Sie mir viel Spaß gemacht. Und die letzte Woche hab' ich ein paarmal dran denken müssen, wie Sie sich jetzt wohl das Esslinger Rathaus oder das Wangener Kirchlein oder so was ansehen. Gelt, Stuttgart gehört doch zu den wunderbarsten Punkten. Wenn die Herren Historiker schlau gewesen wären, hätten sie sich noch Heilbronn und Wimpfen angeschaut und das Schloß von Ludwigsburg, Deutschlands herrlichster Barockbau. Oh, ich hätte Sie da überall herumführen mögen. Sie müssen mir schreiben, was Sie alles gesehen und wie Ihnen Land und Leut' gefallen haben. Die »joviale« Rede Ihres Vaters war den Reportern scheint's zu hoch, denn ich hab' nirgends einen vernünftigen Bericht gefunden; aber lesen werde ich sie gern. Für solcherlei wissenschaftliche Deduktionen hab' ich immer eine starke, aber meist platonische Liebe.

Sie dürfen sicher sein, daß ich nach Straßburg kommen werde und, wenn es geht, zwei oder drei Tage bleiben. Manchmal kommt es mir vor, als hieße meine Reise: Straßburg via Paris.

In Str. werde ich sehr froh sein, von Paris kann ich es nur hoffen. Aber Ada v. R. verdanke ich eine glänzende Idee: wenn das Wetter es erlaubt, stiefel ich mit Ihnen einen Tag um den Odilienberg herum und freu' mich zugleich an das erste Kennenlernen vor elf Jahren. Was halten Sie davon?

Zu ihrer rationalistischen Kommentierung von Pippa: schön und gut, aber ich glaub', es stimmt nicht ganz. Das »Schöne, das dem Schaffenden aus seiner Arbeit entspringt, nach dem jeder sucht« scheint mir kein Wert, der, nationalökonomisch, absolut eingesetzt werden könnte, sondern es ist überaus relativ. Also mehr poetisch-psychologisch. Immerhin, ich gestehe zu: Ihre Theorie könnte die Grundlage sein für eine sehr amüsante Unterhaltung oder, wenn Sie wollen, für einen sinnvollen Artikel fürs »Allerlei«. Aber Sie vergessen, meine Liebe, daß wir gewerkschaftliche Sozialpolitik treiben, und ich würde mit Katz (und sogar mit mir selber) in Konflikt kommen, wollte ich den alten Huhn als Vertreter der Arbeiter ansehen. (Auf ein solches dünnes Seil einer vernünftigen Unterhaltung hat Ihre Theorie mich gelockt.) ... Von Naumann wissen wir nicht viel; seine Frau ist jetzt bei ihm. Er hat drei »Briefe« geschrieben, von denen der zweite amüsiert.

Und jetzt beurlauben Sie mich für heute: ich muß nachher einer Beerdigung beiwohnen und habe natürlich noch keine schwarzen Handschuhe.

Am Dienstag mittag

Es ist Kismet, das meine Briefe an Sie unter der Hand groß werden. So langen diese vier Seiten wieder nicht. Aber wenn Sie so auf dem Sofa drüben liegen und ich hab' mir eine Zigarre angesteckt, wollt' ich so immerzu schwätzen. Bleiben Sie noch ein bißchen.

Wir haben die Festtage so verlebt: am Freitag wurde meine Büste fertig geschmiert, dann liefen wir nachts durch den Wald. Am Sonntag mit Stotzle und der Familie Katz am und auf dem Wannsee sowie Potsdam. Am Montag machten wir mit Ada v. R. einen mehrstündigen und schönen Weg: Zehlendorf–Klein-Machnow–Wannsee mit etwas Ruderei. Wir unterhielten uns recht gut. Am Freitag bin ich lang mit der Ada in der Jahrhundertausstellung herumgelaufen; Stotzle hat uns natürlich verfehlt.

Sonst sind wir solid; ich war in der letzten Woche nacheinander drei Tage allein zu Haus, am vierten hab' ich's nimmer ausgehalten und bin weg.

Mit diesem Brief kriegen Sie noch mehrere Sachen: ein Kästle, mit dem Stotzle heut hoffentlich fertig wird. Das soll für Sie eine fortgesetzte Erinnerung an uns zwei sein, und Sie dürfen es deshalb nicht in einem großen Schrank aufheben. Mein Weinbaubuch. Ich verpflichte Sie nicht, es zu lesen, denn ich fürchte, Sie nehmen meine Nationalökonomie nicht ernsthaft genug. Der historische Teil ist etwas ungeschickt, der handelspolitische sehr selbständig und etwas fragwürdig. Dann lege ich ein paar Verse bei, von denen ich hoffe, aber nicht weiß, daß sie Ihnen Freude machen. Aber Sie sollen nicht sagen, das sei Zudringlichkeit oder eitel. Auch nicht, falls der Kasus sich wiederholen sollte. Dann denken Sie, der spielt mit etwas gutem Willen und etwas Ungeschick die ach veraltete Rolle jenes mittelalterlichen Knappen – –. . . . Heute abend werden wir zum zweiten Mal bei Blochs sein. Von Lesser soll in einiger Zeit ein längerer Aufsatz über Darwinismus und dergl. bei uns kommen. Der ist interessant und gut geschrieben; allerdings bin ich mit seiner unausgesprochenen Tendenz (oder seinem Effekt), den Darwinismus etwas zu diskreditieren, nicht ganz einverstanden. Schließlich handelt es sich da doch nicht bloß um Naturwissenschaft. Für heute sage ich Ihnen mit vielen herzlichen Grüßen adieu.

Ihr getr.
Dorle Heuss

Straßburg, am 28. IV. 06
(1 Std. nach Empfang des Pakets)

Lieber Dorle, lieber Stotzle,

nun hol' ich mir schon den »Hilfe«block, denn wenn ich mich nun richtig bedanken sollte für alles, wofür ich zu danken hab', so langt mein kleines Briefformat nicht. Ihr bösen Buben, ich hatte mir grad so schön Müh' gegeben mich hier einzugewöhnen, aber wie soll das gelingen, wenn Ihr mich so verwöhnt. Das Kästle ist ganz reizend. Papa hat sogar gesagt »geistreich«. Ich habe es sofort auf meinen Schreibtisch gestellt und tu' lauter Fotos hinein oder auch Briefpapier, ich weiß noch nicht. – Ich war richtig gerührt und bin gleich weggegangen und habe mir einen großen Stock Goldlack geholt und an mein Schreibtischfenster gestellt. Ganz klar ist mir der Zusammenhang selber nicht. Ich wollte das Zimmer hübsch genug haben (glaub' ich) für das Kästle und die lieben Briefe.

Nun soll ich Euch wohl vom Schwabenland berichten. Es kam mir alles ganz lieb und vertraut vor, als sei ich zum soundsovielsten Mal da; und war mir doch alles neu. Von Stuttgart selbst hab' ich nicht allzuviel gesehen, das schöne Schloß hat mir den stärksten Eindruck gemacht und ein Sonnenuntergang, bei dem die Höhen um die Stadt richtig im Alpenglühen standen, man kann's nicht anders sagen. Es ist entzückend, wie die Straßen den Berg hinaufklettern und wie gut die Stadt es versteht, auszusehen wie ein etwas größeres kleines Nest und dabei eigentlich eine Großstadt zu sein.

Aber meistens saß ich halt in dem wüsten »Museumsbau« und hörte gebildete Reden. Es war merkwürdig, alles in Ordnung, gelehrt und fleißig, aber niemand hat etwas erzählt oder etwas geschildert, die Leute geben nur Werturteile ab und kriechen in die Gedankengänge von verstorbenen Ministern hinein. – Mein Vater (verzeihen Sie, wenn Sie mich jetzt professorentöchterig finden) ist der einzige, der scharfe Umrisse machen kann, und der nicht sagt: so dachte der und jener, sondern so denke *ich* über die Sache! Er wird auch von den andern verwundert als nicht zur Sippe gehörend angesehen.

Aber ich vergesse, daß ich an die beiden bösen Buben schreibe und daß dieser Passus mindestens einem davon sehr uninteressant ist.

An einem der seltenen regenfreien Nachmittage sind wir, wie Ihr wißt, nach Weil der Stadt gefahren. Nun, wie so ein altes Reichsstädtle ausschaut, wenn es kaum aus seinen Obstblüten herausgucken kann, brauche ich Euch ja nicht zu schildern. Das feinste war, daß wir auf dem Historikertag den schwäbischen Seminarlehrer Hecker aus Nagold getroffen hatten, mit dem wir uns am Bodensee so angefreundet hatten. Der war in Weil sechs Jahre Pfarrer gewesen und kannte jeden Winkel. Mein Vater ist doch ein großer Astronom und wallfahrtete deshalb nach Weil, nur dem Kepler zulieb'. Er hat nachher erklärt, der Tag sei nach dem, an welchem er den Merkur gesehen habe, der schönste seit zehn Jahren gewesen.

Der Prof. Hecker hat uns dann auch in Esslingen herumgeführt. So brauchten wir nicht im Schwarm zu trotten, sondern bekamen unter der sachkundigsten Führung 100 × mehr zu sehen wie die andern. Es waren drei Jünglinge dabei, mit denen ich mich angefreundet hatte, und mein Vater. Von den Jünglingen, die vor Begeisterung 24 Aufnahmen machten, war einer im Verlag von Teubner – gelt Stötzle, jetzt spitzen Sie die Ohren. Dem hab' ich gleich Ihre Adresse gegeben und eine glühende Schilderung Ihrer Bucheinbände (»vornehm« war das geringste). Und er will dran denken. Aber sobald ich seine Adresse weiß, schreib' ich sie Ihnen und dann müssen Sie ihm was zur Ansicht schicken.

Aber zurück nach Esslingen. So was Schwäbisches, wie der Imbiß, den uns die Stadt im runden Turm gespendet hat, gibt's nicht mehr. Kennt Ihr den schönen dicken Turm, der oben einen achteckigen Aufbau hat, den man als Saal hergerichtet hat? So groß, daß die 180 Leut' drin verschwanden. Aus jedem Fenster hatte man einen anderen wundervollen Blick. Man trank Rotwein, aß Käse und hielt Reden. Nein, diese Reden. Der Bürgermeister von Essl.(ingen) erklärte, es sei ihm leid genug, daß er den Stuttgartern nicht mehr den Krieg erklären könne, die ihm alle schönen Urkunden geraubt hätten, die Stuttgarter nahmen den Fehdehandschuh auf und so ging's fort, alles etwas weinselig, aber furchtbar nett. Die steifsten Professoren wurden ausgelassen. – Mein Vater hatte seinen Toast auf Schwaben schon am Abend vorher ausgebracht. Der alte Studienrat Egelhaaf kam nachher auf ihn zu und sagte: »Herr Prof., Sie könne jetzt von de Schwabe fordere was Sie wollen, Ihne gebe mer alles.« Und dann, weil der Papa einen Bibelvers zitiert hat, fragte er ihn, ob er einer Sekte angehörte. So erstaunlich ist es heut, wenn man die Bibel kennt!

Den Toast haben wir, teils der Papa, teils ich, nachher aus dem Gedächtnis aufgeschrieben. Er will's nur als Erinnerung an die Schwabenreise. Ich möchte es gern in die Südd. Monatshefte schikken. Wenn Sie kommen, Dorle, les' ich's Ihnen vor. Es beginnt mit einer Schilderung von Maulbronn – Weil, Kepler – Stuttg., Schiller. Große Steigerung. –

In die anderen hübschen Städte sind wir leider nicht mehr gekommen. Aber wie lustig war's, als mir auf dem Schloßplatz ein lebensgroßes Bild vom Cäsar aus einem Fotografenkasten entgegensah.

So jetzt Gut' Nacht! Bleibt brav und gesund und verwöhnt die Ada! Stotzle, Sie dürfen auch frech zu ihr sein, ein bißle. Ihr Brief war unglaublich echt, ich habe Sie ordentlich schwätzen hören und Lausbubenaugen machen sehen.

Also vielen Dank u. Grüße! Ihre Elly Knapp

. . .

Noch 2 Geschichten von dem Bub unseres schwäbischen Führers. Der Kerl ist 4 Jahre alt. Als er vor Weihnachten nach Wünschen gefragt wurde, hat er nur gesagt: »daß i 's Chrischtkindle verhaue derf«.

Als ihm ein Freund des Vaters wirklich verfrüht die Geschichte der Jungfrau von Orleans erzählte, sehr rührend, sagte er am Schluß mit glänzenden Augen: »Wenn i groß bin, will i au Jungfere verbrenne!«

Eine nette Rasse!

Im Mai 1906 fährt Theodor Heuss zu einem mehrwöchigen Aufenthalt nach Paris – »keine Vergnügungs- sondern eine ›Bildungs‹-sache«, wie er später in seinen »Erinnerungen« festgestellt hat.

Paris, 19. Mai 06
Café de l'Univers

Liebe Elli!

Ich sitze auf einem historischen Platz, das heißt dem historischen Platz des Dichters Alfred de Musset, den ich nicht kenne, aber auch sonst nicht leiden mag. Ich bin ein bißchen müde von all dem Neuen, aber da Sie ja die Tugend der Schonung kennen, will ich mich beim Plaudern mit Ihnen etwas ausruhen. Paris zieht an mir vorbei. Ich sitz' wie ein kleiner Heiland mit erstaunten Augen in der Ecke des Trottoirs und mache sogar hier Sensation. Das kommt von den langen Haaren und den jünglinghaften Erhabenheitsblicken, mit denen ich mich gewappnet habe. Immerhin: voici Paris.

Am Donnerstag abend hab' ich Berlin hinter mir gelassen. Die 22stündige Fahrt war deshalb schön, weil ich aus einem Versehen nachträglich fast alles 2ter machen mußte, was trotz der angenehmen Seiten sehr schmerzlich war. Frankreich ist ein schönes Land, aber unsere deutschen Dörfer sind schöner als die hier mit abgeflachten Dächern. Unvergleichlich sind die vielen, vielen Kanäle mit den Pappelreihen und den langen Schiffen, die von Gäulen gezogen werden.

Ich kenne schon halb Paris. Lieben tu' ich es ja seit langem. Aber seine Architektur imponiert mir. Merkwürdig, denn heute mittag bin ich dahintergekommen, daß die Franzosen gar keine rechten Architekten sind, sondern Zeichner oder Maler. Das meiste, was sie bauen, ist wundersame Dekoration, aber Sachen wie Wertheim, Ihr Münster, mein Heilbronner Rathaus hätten hier nicht wachsen können. Die Kerle verfügen über einen unvergleichlichen Reichtum an Einfällen und Kompromissen.

Heut früh hab' ich ein bißchen in den Louvre hineingeguckt. Es wird eine erlesene Arbeit von erlesenen Genüssen sein. Dann hab' ich mich im Luxembourggarten überaus wohlgefühlt. Soll ich Ihnen von den Menschen erzählen? Obwohl auch sie steife Hüte tragen, gefallen sie mir etwas besser als die Berliner, weil sie beim Laufen die Köpfe etwas mehr in die Luft strecken. Und die Frauen? Die sind überall gleich. Sie tragen sich und ihre Röcke etwas »pikanter«, wie man so sagt. Bloß im Quartier Latin sah ich ein paar feine Studentendinger. Aber dann erinnert man sich, daß man aus der schwäbischen Oberamtsstadt Brackenheim stammt und von einer Frau Regierungsbaumeister geboren ist. Glauben Sie, das hat manchmal etwas für sich, denn man vergißt nicht, daß man auf einem anderen Boden gewachsen ist und seine Seligkeiten woanders zu suchen hat als bei den kleinen Mädchen Verlaines, die sich so hübsch reimen. Obwohl mir alles das so Spaß, so unglaublich viel Freude macht, bin ich imstande, diese schöne Stadt mit einem gewissen moralischen Protest zu verlassen. Schon weil ich sehr ungenügend Französisch spreche.

So gegen drei Wochen will ich mich also hier rumschlagen und durch Kirchen und Galerien wandern. Dann komme ich zu Ihnen, und wenn's recht ist, wollen wir fröhlich sein, wie aus- und losgelassene Kinder. Halten Sie sich womöglich die zwei oder drei Tage – solang' werd' ich doch geduldet – frei. Wir waren uns in Berlin nicht klar, wie weit ich Ihre Gastfreundschaft genießen werde und genießen kann. Der Einfachheit halber frag' ich jetzt einfach direkt an, wie Sie sich – daseinstechnisch – meinen Aufenthalt gedacht haben. Ich hab' ihn mir weiter noch nicht konstruiert. Bloß die Vogesentour setze ich als fest ein.

Ich kann Ihnen dann ja viel erzählen. Heute bin ich zu müd' und zu faul, um noch eine Antwort auf Ihren schönen Brief herauszuschaffen.

Aber Sie schreiben mir einmal hierher.

Mit herzlichem Gruße Ihr Dorle

Rue Duphot 6
Hotel de la Mayenne

Die Rückreise von Paris unterbricht Theodor Heuss in Straßburg. »Nichts war selbstverständlicher«, so erinnert er sich später, »als daß ich im Juni von einem längeren Aufenthalt in Paris über Straßburg zurückfuhr; ich kannte die Stadt, aber jetzt sollte ich sie lieben lernen, indem ich liebenden Augen folgte«.

Berlin-Friedenau, 18. Juni 1906
Friedrich Wilhelmplatz 2

Liebe Elli!

Ich habe alle diese Tage, brav durchgeführt, bevor ich die Augen zu schönen Träumen schloß, am Abend angenehme und geruhige Gespräche mit Ihnen geführt. Von all den tausend Dingen: von Liebe und Kunst, von Münster und Bergwald, von Prof. Neumann, vom Vikar und einem anderen. . . .

Ehe ich mich zum Träumen lege, will ich ein bißchen mit Ihnen plaudern. Und zwar kriegen Sie in der Tat einen Danksagungsbrief. Denn soll und darf ich Ihnen nicht für diese drei Tage danken (wie auch Sie vielleicht mir dankbar sind)? Das ist ja schließlich alles, was ich heute kann. Hätte ich nicht schon zu gottlose Reden über die Sentimentalität bei Ihnen geführt, würde ich das Geständnis machen, daß ich bei unsern stillen Abendgesprächen etwas die sentimentalische Rolle agiere. Mit dem halben Gefühl Ihres Teilnehmens und Ihrer Überlegenheit.

Wir haben uns ja schon manche Wege in den versteckteren Gärten unserer Seele gehen lassen und sind dabei, wenn ich es so fassen darf, aneinander froh geworden. Es bedurfte nicht mehr der Höflichkeiten und Umschreibungen, um den Ausdruck des herzlichen Einvernehmens zu finden. Und da Sie ja mich und die Führung meines Lebens kennen, wissen Sie auch, wie unsagbar wertvoll mir ein solches Bewußtsein ist.

Deshalb danke ich Ihnen, liebe Elli, für die paar Tage. Sie bedeuten für unsere Freundschaft lauter Sonnenschein zum Weiterwachsen. Uns – ich weiß nicht, ob es Ihnen bei derlei Sachen ähnlich ergeht –, (denen) ein paar ernsthaft frohe Stunden, ein paar gute Worte, freundliche Blicke und letzter Druck der Hand genügen, die Erinnerung wärmer und freundlicher zu gestalten.

Sie dürfen sagen, all das sei ein bißchen im Stil des Allerleirauh vorgetragen. Aber Sie wissen auch, es ist trotzdem wahr. Und die etwas boshaft und lustiger gestimmten Briefe schreibt man erst, wenn man sich in der Zeit ein wenig mehr entfernt hat.

Ich will Ihnen einiges Sachliche berichten. Daß ich mir in Zweibrücken durch Ihre Geschenke die stürmische und noch rührend unbeholfene Liebe zweier netter Kinder erobert habe, viel auf dem Boden lag und zu gleicher Zeit Rotkäppchen, Jäger und Großmutter spielte. Die vokale Glanzrolle des Wolfes hatte ich – allerdings mit einschneidender Regie – dem kleinen Neffen gegeben. Daß ich in Speier wie immer mit den zwei Kirrmeiers Mädle Stunden aufs angenehmste verbrachte. In Heilbronn meinem Bruder von Paris berichtete und die erfreulichste Verlobungsgratulation erledigte (ohne alle »differenzierten« Gefühle). Und dann mit den zwei Frauen hierherfuhr.

Berlin hat meine Abwesenheit übersprungen. Alles läuft gleich, mit Naumann streit' ich mich über die Schönheit der Kuppel von Sacré Coeur, und Katz wie Stotzle sind ganz wohl auf. Man hat mein Fernsein benützt, den zweiten Teil durch einen Artikel über Ihres Vaters Buch zu überlasten, und Naumann will ihn durch Artikel über die Landwirtschaftsausstellung noch weiter seinem Beruf entziehen. Darüber bin ich böse. N. sagt übrigens, daß der Arbeitsnachweis wo vorkomme in seinem Buch. Zugleich dankt er für die Grüße Ihres Vaters und erzählt mir, daß er den preußischen Staat nie wesentlich geschätzt habe. Dazwischen knobelt er an gewagtesten Dingen aus der italienischen Kunst.

Katz ist heute mit einer größeren Gesellschaft von Journalisten nach England. Man macht in Freundschaft. Diese ist ganz gut, aber auf solche Art Schwindel. K. fährt an N.s Stelle, der abgelehnt hatte. Immerhin wird K. manches sehen. Ich mußte ihm – verzeihen Sie – täglich viermal von Ihnen erzählen. Aber sonst geht es ihm gottlob wieder ganz gut. Gestern abend waren wir noch vergnügt bei ihm: Hans Gideon, Erna W., Stotzle, m. Mutter und Bäsle.

Auch Stotzle ist verdächtig auf der Höhe und munter wie es einem fröhlich gesunden Menschen besser ansteht als einem Rekonvaleszenten. Immerhin, es ist sehr gut so. Das bürgerliche Leben kreist bei uns vorderhand um die zwei Frauen, die beide in ihrer Art unbezahlbar sind. (Darf man so von seiner Mutter reden?) Geschrieben hab' ich jetzt die Giocondanotiz, und Sie müssen mir sagen, was Sie darüber meinen. Ich halte: sie ist nicht ganz übersichtlich, aber sachlich fundiert. – Wie war der Vortrag in Freiburg und der Empfang beim Professor? – – –

Es ist eben zwölf Uhr vorbei. Ich fülle den weißen Papierfleck mit dem Wunsch, mich bald an lieben Zeilen erfreuen zu dürfen und herzlichen Grüßen an Sie alle drei. Auch an Ada und die Dominikusse.

In guter und warmer Freundschaft Ihr Dorle

Auf dem Schau-ins-Land
am 24. Juni 1906

Lieber Dorle,

ich wollte, Sie säßen jetzt neben mir in den blühenden Anemonen, 1200 m hoch und guckten auf den nachbarlichen Feldberg und hinunter auf die prachtvollen Mäntel von Wald, die alle Rücken der Höhenzüge vor mir ausbreiten. Statt daß Sie nun da sind, und ich Ihnen von dem Professor eine ironische Geschichte erzählte, schreibe ich mit seiner eigenen Füllfeder und benutze als Unterlage seine Karte. Er und die anderen aber liegen 5 Minuten von mir entfernt, von Gebüsch getrennt und halten Mittagsruhe.

Mein schöner Schauinsland. Der ganze glückselige letzte Sommer steht wieder vor mir. Oder vielmehr, ich stehe wieder mitten drin, als ob ich nie fortgewesen wäre.

Also, am Donnerstag fuhr ich nach Lahr, um dort noch das »Lädlemachen« anzusehen. Es sind haarsträubende Zustände. Dann am Freitag morgen kam ich hier an und hörte gleich 2 Stunden Kolleg von Schulze-Gävernitz. Am Abend war mein Vortrag. Er, Fuchs und Liefmann waren auch da. Er war gut, das fand ich selbst. Schulze-G. hat mir geschworen, er erlaubte meine Habilitation. Und, was mir viel lieber war als alle seine Komplimente (die mir aber auch recht wohl taten), er hat mich eingeladen zu ihm aufs Gut zu kommen mit Naumann zusammen. Bitte schreiben Sie mir, sobald Sie was von N.s Plänen hören.

Es wäre wundervoll, nicht wahr?

Sehr gut geht's nicht mit der Schreiberei. Der Wind weht mich

Gerhard von Schulze-Gävernitz gratuliert dem Nationalökonomen Friedrich Georg Knapp zum Vortrag seiner Tochter Elly: »scharf, klar, anschaulich«. Postkarte aus Freiburg-Güntherstal vom 23. Juni 1906.

wundervoll durch und durch. Und von hinten kommen von Zeit zu Zeit ein paar Geißen und beschnüffeln mich.

Also, im Vortrag waren nur wenig Leut', etwa 60, weil Bismarckkommers war. Nachher haben mich dann Fuchs u. Liefmann und ein Student so sehr gebeten, den Vortrag noch einmal in ihren Vereinen, der sozialen Vereinigung und dem sozialwissensch. Studentenverein zusammen zu halten, daß ich wirklich am Mittwoch noch einmal herfahren werde.

Montag abend, Straßburg.

Weiter ging's gestern nicht, eine Kuhherde und ein prachtvolles Unwetter haben das Schreiben als etwas Überkultiviertes auf dieser Höhe hintertrieben. Nun bin ich etwas abgehetzt wieder daheim. Morgens um ½7 von Freib. abgefahren und dann um 10 Uhr hier Stunde gegeben. Am Nachmittag ein Fest im Knabenhort in einem großen Garten, wo wir an alle Zweige der Gebüsche Kirschen gehängt haben, ein lustig sommerliches Weihnachten. 40 Pfd. Kirschen verteilt. Ich glaube der Anblick würde selbst einen nationalliberalen Griesgram fröhlich machen (dies ist für Katz!).

Nun aber vielen Dank für Ihren *lieben* Brief und auch – aber nicht so vielen – für die lustige Karte. Sie haben ganz recht mit dem Sonnenschein fürs Wachsen. Die Tage waren gut. Ich zehre auch noch davon. Papa und Marianne haben Sie auch in gutem Andenken, und das ist mir so viel wert, daß Sie jetzt meine Leute kennen und umgekehrt. Das verbindet mein Berliner Leben mit dem jetzigen. Ich könnte alles, was Sie Liebes von der Zeit hier schreiben, auch an Sie schreiben. Und ein Wort hat mich ehrlich erstaunt, das war das Wort »Überlegenheit«. Davon war mir nie etwas bewußt. Und es geht mir nicht ganz ein . . .

Am Mittwoch werde ich bei Fuchs wohnen in einem Märchen-Gartenhaus, das kaum mehr mit der Stirn aus einem Gewurschtel von Rosen, Brombeeren und Efeu herausguckt. – Diesmal wird es eine interessante Diskussion geben. Verschiedene haben sich schon gemeldet. Auch der oberste Sozialdemokrat, Gewerkschaftler, Lithograph von Freiburg, Engler, ein feiner, feiner Mensch. Revisionist. Ich habe Freundschaft geschlossen, als ich mit ihm und ein paar anderen ehrlichen Menschen bei einem Freund, Rumely, zu Nacht aß. Der ist Deutsch-Amerikaner, hat den medizinischen Dr., könnte morgen den nationalökonomischen machen, könnte auch die Fabrik seines Vaters, landwirtschaftl. Maschinen, morgen übernehmen, für die er schon wichtige Erfindungen gemacht hat, tut aber keines von den dreien, sondern will ein Landerziehungsheim gründen. – Er würde Ihnen auch gefallen. Schulze-G. ist ganz intim mit ihm befreundet, obgleich er erst 23 ist. Bei dem habe ich also, wie letztes Jahr auch schon einmal, zu Nacht gegessen, vegetarianisch und ohne Alkohol. Dann wurde stundenlang über lauter ernste Dinge geredet, Sozialismus und Erziehung. Dann gab es noch einen schönen Spaziergang unter dem klarsten Sternenhimmel.

Und solche schönen Abende kann man erleben, wenn man im ärgsten Philisterium einquartiert ist! Nächstens finde ich, daß ich Talent habe zum »Lebenskünstler«. –

Sie haben mir in Ihrem Brief viel zu wenig von Ihrer Mutter und dem Bäsle berichtet. Was Sie zusammen treiben, und ob Sie bei Naumanns waren, und überhaupt. – Katz hat mir schon aus London geschrieben, Stimmungsbericht. (Nun werden Sie gewiß neugierig!) Natur ist nämlich im innersten Grund gar nicht seine »Brangsche«. Dorle, ich habe einen schlechten Charakter. Neulich bin ich fast der Versuchung erlegen, Ihnen und Stotzle einen Brief von William C. zu schicken. Ihr hättet Euch aber invalid gelacht und seid doch nicht versichert. – Erst 6 Seiten geistreiche Plauderei (»aus den Löchern Deines Mantels schimmert Deine Eitelkeit«) und dann das schönste: Er ist verliebt. Und gründlich. Sie ist unsagbar jung – nein, man kann es nicht wiedergeben. Ich komme sicher in die Hölle wegen liebloser Gesinnung. Aber es war zu arg.

Eben habe ich die »Hilfe« gelesen. Die Gioconda ist ganz mir aus der Seele gesprochen. Sie haben ganz recht. Nur fürchte ich, Sie hätten etwas deutlicher ausführen müssen, grad den vorletzten Absatz. Ich bin nicht sicher, ob Leute, die sie bisher schön fanden, weil der Kunstwart es verlangt, Sie ganz begreifen werden. Und dann, bitte fangen Sie nicht an, eine Manier anzunehmen, die der antikisierenden Neubildungen. Z. B. »ein *neuerliches* Verhältnis«. Es ist eine Gefahr für Sie. – Aber ich werde verschiedenen Leuten den Artikel geben. Und mir hat er große Freude gemacht. Die Zeilen über H. Hart sind vorzüglich. –

Ich schicke Ihnen zwei nagelneu holzgeschnittene Exlibris. Zeigen

Sie es mal gelegentlich dem Naumann. Schreiben Sie mir sehr bald und lang und grüßen Sie Ihre Mutter, Bäsle, Stotz und die Untergrundbahn. Und führen Sie noch manchmal abendliche Gespräche mit

Ihrer Elly

Straßburg, 3. Juli 1906

L. D.,

Schreiben Sie mir bald, was Sie treiben. Und die englische Adresse von K., der in Seligkeit zu schwimmen scheint. –

Ich bin unterdessen zur Wanderrednerin avanciert (wenn es nicht ein Rückgang ist). Ich bin vorengagiert bis zum November und werde steinreich bei der Sache. Ist es nicht lustig? In Mannheim soll ich bei Hirschs wohnen, wo N. damals gewohnt hat. Denken Sie, vielleicht komme ich wirklich nach Berlin auf der Durchreise im August. Werden Sie dort sein? Und die anderen? Schreiben Sie sehr bald!

Ihre E. K.

Versailles ist das beste mit, was ich von Ihnen kenne.

Anfang August macht Elly Knapp auf der Fahrt nach Naugard in Pommern – wo sie Sohn und Schwiegertochter ihrer Freundin Ida Feist besucht – in Berlin Station. Sie trifft Theodor Heuss und seinen Berliner Freundeskreis, der längst auch der ihre ist. Die Rückfahrt unterbricht sie abermals in Berlin und beginnt dann eine Reise nach Holland, zu der sie Ida Feist eingeladen hat.

Brack's Doelen Hotel Amsterdam
20. August 1906

Liebster Dorle,

wenn Sie ein bißchen gescheit sind, so gehen Sie, sobald Sie können, nach Holland. Ich wünsche Sie immerzu her und lasse mich vor den Bildern von Ihnen unterweisen. – Aber sparen darf man hier nicht. Ich entdecke in mir ein ungeahntes Talent zum Luxus. Wenn ich Ihnen nur den Blick malen könnte zu meinem Fenster heraus. Zwei Grachten kreuzen sich unter meinem Zimmer. Eine köstliche alte

Brücke wird für jedes Schiff in die Höh' gehoben, nach Art der Falltüren. An den Ufern steht ein dunkelviolettes Giebelhaus am andern. Und vom Bett aus sehe ich durch das Moskitonetz (das mir sehr imponiert!) die schweren Kanalschiffe herkommen, von starken Meunier-Männern mit Stangen vom Ufer abgestoßen und durch die engen Brückenöffnungen gesteuert. – Haben Sie gewußt, daß schwarze und violette Häuser mit sauberen weißen Streifen um die Fenster und Türen – diese selbst aber auch ganz dunkel – so wunderschön zu dem nördlichen grauen Himmel passen? Mir war das eine Entdeckung.

Vom Museum mag ich nichts schreiben. Sie wissen ja besser als ich, was für Kostbarkeiten hier sind. Allein die »Nachtwache« lohnt die Reise hierher. – Heut' morgen waren wir im Museum Six. Privatsammlung, nur »höfliche Reisende« werden auf ihre Bitte hin eingelassen. Ganz steife alte Möbel, nicht gemütlich, aber sehr vornehm und eine Menge Bilder in jedem Zimmer. Darunter drei ganz unvergeßliche: ein Porträt des alten Six von Rembrandt und seine Mutter, eine brave Bürgersfrau mit jugendlicher Stirn unter weißen Haaren und lieben roten Bäckchen, ein bißchen langweilige Augen und dümmlichen Händen – einfach wunderbar lebendig. Das ist doch fein, daß diese Bilder jetzt noch der Familie gehören. Dann war noch ein Vermeer da, eine Bäuerin mit einem Milchtopf und Ter Borch, lesendes Mädchen. – Es ist so lustig, daß die Diener, die einem 'rumführen und die Kellner alle kein gutes Deutsch reden. Dadurch wird alles, was sie sagen, so niedlich; gar nicht die greulichen trivialgewandten Redewendungen, die einem sonst so auf die Nerven gehen. –

Dann waren wir noch in einem alten Patrizierhaus, wo unzählige Porzellan- und Glassachen in großen Glaskästen aufgestellt sind und alles so peinlich ordentlich und sauber, wie man's in der Schule gelernt hat. Am meisten imponieren mir die schwarzen Haustüren, die alles spiegeln vor Abgelecktheit.

So Dorle, nun ist der Brief auch wieder so ein egoistisches Ding geworden, wie sie der Papa immer von mir bekommt: Ich schreibe ihm täglich, anstatt Tagebuch zu führen. Oft so, daß er gar nichts davon hat, z. B. nur Namen von Bildern, nur für mich, denn ich kriege die Briefe alle gesammelt wieder. Gehen Sie auf den Pakt ein,

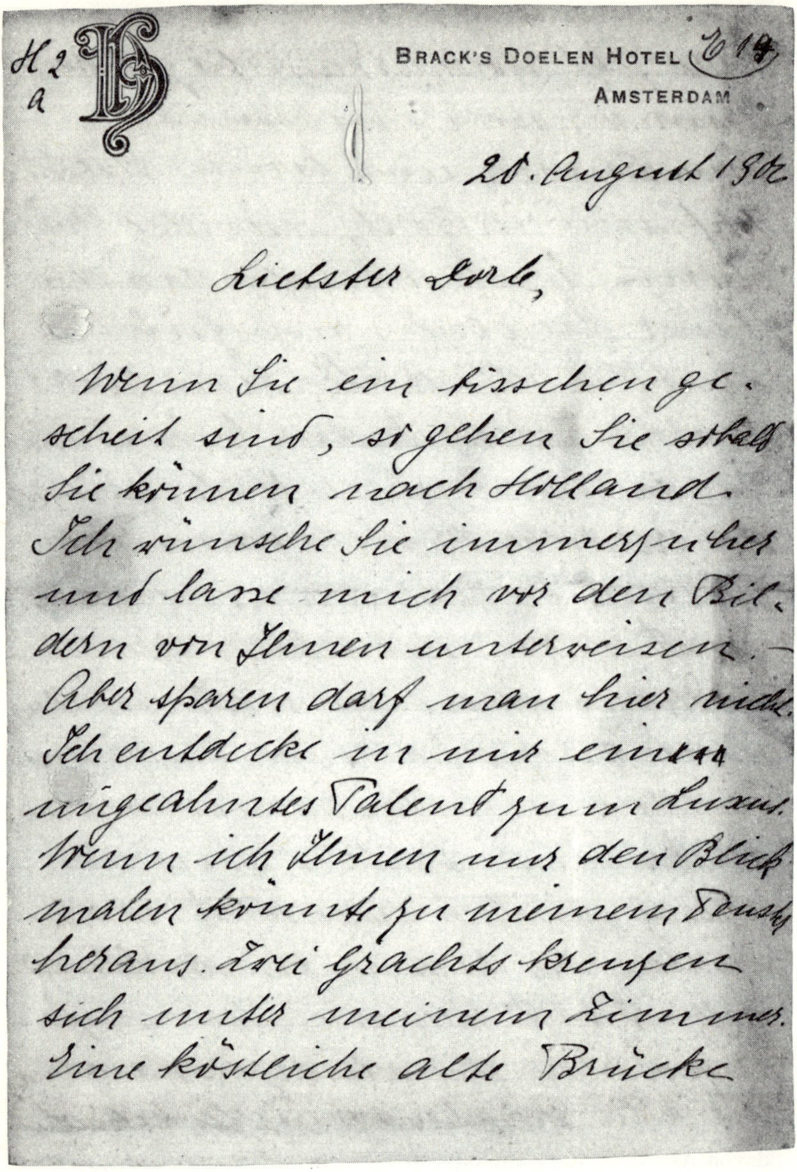
H 2 a

BRACK'S DOELEN HOTEL
AMSTERDAM

20. August 1902

Liebster Bode,

Wenn Sie ein bisschen gescheit sind, so gehen Sie sobald Sie können nach Holland. Ich wünsche Sie immerfort her und lasse mich vor den Bildern von Ihnen unterweisen. Aber sparen darf man hier nicht. Ich entdecke in mir einen ungeahntes Talent zum Luxus. Wenn ich Ihnen nur den Blick malen könnte zu meinem Fenster heraus. Zwei Grachts kreuzen sich unter meinem Zimmer. Eine köstliche alte Brücke

Elly Knapps Brief (Auszug) an Theodor Heuss mit dem Bericht über ihre erste Fahrt nach Holland.

dann adressiere ich manchmal einen Bericht an Sie, statt an ihn. Aber ich möchte sie auch gern wiederhaben. Schreiben Sie mir bald eine Karte, ob's Ihnen recht ist.

Abends vor dem Einschlafen habe ich in Ihren Versen gelesen. Und manchmal muß ich mich dabei so über den Dorle wundern. Z. B. daß er mal in so hohem Grad von Dehmel beeinflußt war, wie in der Epistel an Eugenie, das hatte ich gar nicht gewußt. Manches ist darin sehr nett, manches auch ein bißl verlogen, z. B. der Schluß. – Und dann möchte ich Sie zu gern mal sehen, wenn Sie Ihren »mädelsichtigen« Tag haben. Das sieht Ihnen so unähnlich. Oder heucheln Sie hie und da??!

Auf Dresden habe ich hier gar keine Lust. Aller Barock und auch deutsche Renaissance kommt mir jetzt von hier aus so unvornehm vor. Ich träume überhaupt nur noch von einem ernsten Giebelhaus unter hohen Bäumen, durch die man den Kanal sieht, von außen gar keine Pracht und innen alles sehr wohnlich, farbig und mit schönen Teppichen stillgemacht. Da sollte man in schwarzen seidenen Kleidern mit weißen Spitzen und altem Schmuck drin herumsitzen, schöne Gespräche führen, sich bewundern lassen und ohne sich aufzuregen das Publikum des Sherlock Holmes ganz von weitem verachten. Sie dürfen oft hineinkommen, ein Barett müssen Sie aber tragen und dürfen keine schlechten Witze über mich machen, sondern müssen mich ernst nehmen und schön finden. Die Tracht steht mir wirklich gut, und sobald ich einmal alt bin und weiße Haare habe, werde ich überhaupt eine Schönheit, wenn Sie das etwa noch nicht wissen sollten. –

Jetzt wird's aber Zeit aufzuhören.

Diese Stunde nach dem Lunch, also von ½2 bis ½3 schreibe ich immer, während Frau Feist schläft. Morgens und nachmittags bis 4 oder ½5 sind wir in den Museen, dann fahren wir spazieren oder machen Ausflüge.

Ich beneide den reichen Herrn Kannitverstan gar nicht mehr.

Viele Grüße!

Ihre glückliche
Elly.

Friedenau, 23. August 1906

Liebe, gute Elli!

Also: Sie sitzen jetzt in einem schwarzen und seidenen Kleide auf einem hochlehnigen steifen Sessel und sehen uns mit einiger Gelassenheit. Das steht Ihnen gut. Ich habe Sie mir mit solcher Haube und solchem Kragen zusammenbuchstabiert. Und finde, Sie brauchen gar nicht so sehr alt zu werden, um schön zu sein. Ich nehme an, daß Herr Ferdinand Bol oder Herr Ter Borch da ist und Sie malt, in einem etwas gedämpften Lichte und den unsagbar feinen Tönen, die aus dem Schwarz eine Welt von Farben lösen. Ich bin zur Unterhaltung zugelassen. Ich trage einen breiten Hut, der mich ziert, und rede die ernsthaften Sachen mit Ihnen, die Mynfrow wünschen: über die neuen Unternehmungen der Ostindischen, über die Intrigen gegen die Oranier, über die Frömmigkeit der Mennoniten. Ach, es wird mir etwas warm in dem schwarzen Tuch und der stillen Luft. Wir wollen ein paar bunte Fetzen umlegen, meine Liebe, und zu Jan Steen fahren und mit ihm und seinen Kumpanen zechen. Sie wissen, daß seine Frau mittrinkt. Um so besser. Sind wir doch ein demokratisches Volk. Herr Ter Borch verzeiht. Er kommt mit. Gut. Sehen Sie, auch das ist Holland. Ich werde Sie diskret in den Arm kneifen, und Sie werden lachen und mich zu kitzeln suchen. Oder ist es Blasphemie, wenn ich jetzt neben den schönen und blinken Stuben das andere Holland, das draußen liegt, aufstehen lasse, und unsre schönen und guten Gespräche durch bukolische Scherze störe?

Sie verzeihen: der Gedanke, Sie, liebe Elli, so als Amsterdamer Matrone (nicht Jüngferlein) vorzustellen, hat etwas bestrickendes, und wenn mir die Kniehosen und all das nicht unbequem wäre, könnt' ich es nachdrücklich mitspielen. Aber es war notwendig, aus dem anheimelnden und doch bewunderten Bild herauszusteigen. Nun?

Recht herzlichen Dank für Ihre Zeilen. Sie dürfen glauben, daß ich mich überall mitfreuen kann, und ich sehe Ihre glänzenden Augen und wie Sie verschiedenes mit ehrfurchtsvoller Neugierde antasten. Freilich, dies wäre schön und gescheit, könnt' ich dabei sein. Aber ich begleit' Sie nach Haarlem und Leyden, und wir sind sehr fröhlich dabei. Denn Sie sollen nicht glauben, ich würde Ihnen große Vorträge halten, daß der daher ist und bei dem lernte und all dem Kram. O bewahre. Aber ich würde sagen: sieh, Elli, das ist schön, das hab' ich gern, und Sie würden sagen: komm, Dorle, das mußt Du Dir merken, das sind so schöne feine klare Farben. So etwa würd' es sein.

Sie würden mich lehren, daß man in ausländischen Hotels sich gesetzt und als Deutscher benimmt und den Kellner nicht anödet, und alles würde glatt gehen.

Schicken Sie mir nur Ihre Tagebuchbriefe: ich werde sie sorgsam lesen und bewahren. Aber Sie müssen mir dann noch ein Extrazettelein beilegen, wo nicht die großen Sachen draufstehn.

-----Mit einem haben Sie mich höchlichst erstaunt: als Sie in meinen Versen Dehmelschen Einfluß entdeckten und ausgerechnet bei den Eugenieversen. Ich stelle Dehmel so außerordentlich hoch, daß ich grad bei der Sache am wenigsten drauf gekommen wäre. Solche Versbriefe hab' ich schon eine ganze Anzahl verfaßt; sie sind mehr oder weniger verlogen und kokettieren mit niedlichen Einfällen. Den da hab' ich aufgehoben, weil er so ganz schnell gemacht wurde und mir liebe Erinnerung ist. Sie sollen ihn nirgends tragisch nehmen.

Aber Sie sollen auch nicht wünschen, mich an einem »mädelsichtigen« Tag zu sehen. (Diese Spezies gehört zum Münchner Frühjahrskalender.) Das ist etwas sehr Törichtes, wenn man seine Sehnsucht so spazierenträgt durch diese infame Luft. Denn glauben Sie, mitunter ist es durchaus kein Vergnügen, 22 Jahre alt zu sein und außer einer kleinen Cousine noch kein Mädel geküßt zu haben. Man kommt sich dabei dann bisweilen noch so arg dumm und dackelhaft vor.

Doch wozu schreib' ich Ihnen das nach Holland? Hoffentlich bekommen Sie meine Verse nicht satt. Neue kann ich nicht schicken; ich hatte die Tage wütend zu arbeiten, zumal N. seit vorgestern liegt, ohne daß ich bis jetzt herausgebracht, was ihm fehlt. Stotzle vermeldet auf einer Karte: »diesmal wird eine neue Aquisition gemacht, Oberungarin, hübsch, Temperament und dabei Klaviervirtuosin« – à la bonne heure. Der Glückliche!

Viele Grüße
Ihr treuester Dorle

Im Haag, 25. August 06

Lieber Dorle,

ist für Sie Haarlem auch eine so starke Vorstellung, wie es für mich war? Bei mir stammt es von einem Märchen, das wir als Kinder sehr liebten. Das spielte dort und malte die holländische Behaglichkeit der alten Leute, und es kamen viele Tulpen drin vor. Heut' bin ich nun dort gewesen. Tulpen gab es leider nicht mehr. Im Frühling, wenn alle Felder voll Narzissen, Tulpen u. Hyazinthen sind, muß es märchenhaft sein, und ich fürchte in späteren Jahren, wenn ich von meiner Hollandreise renommiere, werden diese blühenden Felder eine große Rolle spielen.

Es ist aber auch so reizend. Eine sehr schöne »grote Kerk«, mit köstlichen Schnitzereien am Chorgestühl und einer gotischen gewölbten Decke, die erstaunlicherweise aus Zedernholz ist. Die Gewölbe wie Parkett belegt. An der Kirche sind lauter kleine Hüttchen angebaut, wie Küken unter den Flügeln der Henne sieht es aus. Das hübscheste dabei ist aber die Sauberkeit. Seien Sie nicht ungeduldig, ich weiß, daß es nichts Neues ist von der holländischen Sauberkeit zu sprechen, ich hatte es schon in der Schule über. Aber es ist unbegreiflich reizend. Man kann auf den Fußböden Butterbrote schmieren. Die ärmsten Leute lassen jedes Jahr ihr Haus streichen und waschen es beständig von außen und innen ab. Die Kuhställe sind sauberer wie die Küchen in Berlin. Den Kühen wird (pardon!) der Schwanz mit einer Schnur in die Höhe gebunden, damit sie sich nicht schmutzig machen! Jedes Stück Messing strahlt.

Neben der groten Kerk steht die alte Fleischhalle, ein hübscher Renaissance-Bau, jetzt Archiv. Da hat uns der Diener voll Wonne, daß wir uns dafür interessierten – es kommt ihm nicht oft vor –, alles gezeigt: Die alte Wetterfahne, schmiedeeisern, alte Schriften, Briefe, Bücher aus dem 16. Jahrh. mit dem entzückendsten Vorsatzpapier, Schränke und die Totenlaterne. Man hängt sie vor die Haustür, wenn eins gestorben ist: War es ein Mann, so kommen vier Kerzen hinein, bei einer Frau nur drei, bei Kindern zwei resp. eine. – Alles war so unheimlich sauber, daß wir staunten. In einem dunklen Eck fuhr ich mal mit dem Finger über die Schnitzerei, aber da lachte der goldige Diener nur und sagte, da könne ich lange suchen.

Die Leute sind alle reizend mit uns, weil ich so »friendlich« bin und

Frau Feist so gute Trinkgelder gibt! Aber als in der Kirche der Küster uns bat, beiseite zu treten, weil der Altar fotografiert wurde, und dabei zu mir sagte: *Sie* allein dürften schon drauf – da war Frau Feist doch ein klein bißchen verschnupft.

Im Stadthaus ist das Museum. Ja, Dorle. Den ganzen Platz, Kerk, Fleischhalle und Stadthaus – den bringen wir im Elsaß und Ihr in Schwaben auch auf, schöner sogar – aber die Sauberkeit und die 10 Bilder von Franz Hals – da müssen wir die Segel strecken. Man lernt ihn hier ganz in seiner Entwicklung kennen. Es sind zwar alles Porträtbilder, Gilden- und Altweiber-Vorsteherinnen etc., eine Sorte von Bildern, die einem leicht öd' wird in Holland – aber *wie* sind sie gemalt! Die ersten sind aus seiner Jugend, die letzten dagegen aus der Zeit, als er 80 Jahre war. Dazwischen liegen 10–20 Jahre, wo er gar nichts getan hat, nach seinem Selbstporträt zu schließen aber getrunken. Diese letzten sind in Rembrandtmanier, aber dabei saufrech. Die alten Weiber sind schon eher Gespenster und die alten Männer lauter Lumpen! Ich möchte wissen, ob sie ihm nicht die letzten Zähne ausgehauen haben zum Dank für diese Porträts.

Nachmittags sind wir noch durch die Stadt gefahren. Entzückend war der Markt: Auf dem Fluß lagen etwa 40 große Schiffe voll Gemüse, ein entzückendes Bild. Am Ufer standen die Leute und kauften, und alles spiegelte sich im Wasser. – Der Fischmarkt dagegen ist in einer der Hallen an der Kirche. Auch eine verkehrte Welt!

Dann fuhren wir stundenlang durch die Villenkolonie draußen, Bloemendael. Was ist dies Land reich und vornehm und kultiviert! So etwas von Landhäusern hatte ich noch nie gesehen. Wenn ich mein Haus in der Heerengracht in Amsterdam bezogen habe, baue ich mir da ein Landhaus. Die Gärten sind wunderbar gehalten, – aber die Felder und Wiesen und der »Busch« sehen eigentlich auch aus wie ein Park. Und überall steht und liegt das dunkle Rindvieh, und dazwischen springen die Pferde ganz frei herum. – Man kann den Leuten allen tief in ihre Zimmer und dadurch in ihr Leben gucken. Denn das besteht darin, geruhig am schön gedeckten Teetisch zu sitzen und aus lauter schönem Gerät Tee zu trinken. Ich glaube, es will hier gar niemand anders leben als der Nachbar. Jeder macht sein Rouleau so weit herunter wie der andere, jeder hat seinen Blumenstrauß auf dem Tischchen am Fenster, und bei jedem stehen die Dienstboten außen am Haus auf Leitern und reiben die blitzblanken Scheiben noch ein bißchen blitzblanker. – Nun sind wir hier im Haag. Es scheint mir nicht halb so schön wie mein Amsterdam, nach dem ich Heimweh habe. Wir fuhren vor dem Hotel vor, wo wir telegrafisch Zimmer bestellt hatten – aber sie hatten uns in einem anderen Hotel einquartiert. Da habe ich gesehen, daß es doch so eine Sache ist mit dem reich und vornehm sein: Für mich war das Hotel noch reichlich elegant – Frau Feist war den ganzen Abend empört und entsetzt. –

26. August
(Hôtel des Indes)

Lieber Dorle,

Du mußt mir helfen. Ich bin so verängstigt und eingeschüchtert von dieser Eleganz (wir wohnen nun doch in dem allerersten Hotel), daß ich jemand brauche, dem ich zeitweilig Du sagen darf und der mich achtet, obgleich ich es mit keiner der anwesenden Engländerinnen aufnehmen kann. Gelt, man ist doch was wert, auch wenn man nicht mit einem hochmütigen Klappen der Augenlider alle Kellner fliegen macht? – Vorhin bekam ich Ihren lieben lieben Brief auf einer silbernen Schüssel aufs Zimmer gebracht. Das war ein Trost. Ich versichere Sie, daß beim ersten Betreten dieser unheimlich eleganten Räume all mein Respekt vor mir selber dahin war. – Allein der Eßsaal. Alles weiße Seide, dazwischen laufen Negersklaven herum, die gar nicht zum Bedienen, nur zum Schmücken da sind. Und dann ißt man ein Hochzeitsdiner und der Kellner bedient einem, wie wenn man sich nicht selber nehmen könnte, und man nimmt immer die falsche Gabel und fühlt sich als der Vetter vom Land. – Die Damen riechen alle nach Patchouli, aber nur äußerlich – etwas zweifelhaftes gibt's hier gar nicht. Für mein Zimmer bezahlt man 15 Mk. in der Nacht, zu Essen kriegt man nichts unter 8–10 Mk. Ich finde es sündhaft. Ob ich mich daran gewöhne in diesen Tagen? Hoffentlich nicht, denn sonst bin ich für Euch verdorben.

Ich lese Ihren Brief noch einmal und richte mich daran auf. Aber das weiß ich: mit meinem Mann gehe ich nie in ein *so* elegantes Hotel, es steht mir nicht.

Nachher fahren wir nach Scheveningen. Da wird mir der starke Sturm und die Brandung meinen dummen Kopf wieder reinwaschen und mit Respekt vor Stärkerem erfüllen als vor eleganten Kellnern.

Ich kann jetzt gar keine richtige Antwort zustande bringen. Begnügen Sie sich mit dem Haarlemer Bericht. Schreiben Sie sehr bald, wie es mit Naumann geht. Er macht mir Sorgen.

Ade, Dorle. Hier ist gar nicht mehr Holland, hier ist internationale Eleganz. Gottlob fahren wir viel ins Land von hier, Delft, Leyden etc. Denk an mich!

Ihre Elli.

Friedenau, 28. August 1906

Liebe Elli!

Was will das werden? Knapp acht Tage sind Sie weg und stecken zwischen lauter neuen Eindrücken und finden doch Zeit, mir die längsten Briefe zu schreiben, und ich hab' unheimlich zu tun und setz' mich hin und schreib' Ihnen wieder längste Briefe . . . Die Sache wird bedenklich. Was meinen Sie? . . .

Wissen Sie, Liebe, das erste Bild war schön und gut: daß ich mir Sie als alte tüchtige Holländerin mit klugen Augen und gepflegten Händen vorstelle. Aber das andere ist unmöglich: die Elli Knapp in einem unangenehm eleganten und internationalen Hotel, in einem Bett für fünfzehn Mark und hinter einem Mittagessen für zehn Mark – ich krieg's nicht recht zusammen. D. h. ich weiß ja, daß auch Sie sich solche atavistischen Neigungen zu gelegentlicher »Vornehmheit« bewahrt haben. Aber liebes Mädchen, Du kannst Dich doch unmöglich gut benehmen oder Du kommst wenigstens um allen Genuß, wenn Du Dich dazu bemühst und Deine Bosheiten und neugierigen Blicke unterdrückst . . .

Ich fürchte, wenn man mich rasierte, das Haar schnitt und einen steifen Hut aufsetzte, mach' ich fast noch eine geeignetere Figur. Warum aber sich mit solchen bösen Vorstellungen malträtieren?

Was Sie über Haarlem sagten, war so deutlich und anschaulich, daß ich Ihnen wieder die Feder geben möchte. Machen Sie doch ein Allerlei draus. Oder es darf auch ein Aufsatz werden: holländische Eindrücke. Naumann geht es wieder ganz gut; seien Sie unbesorgt.

Von uns ist zu sagen, daß wir am Dienstag 3.20 Uhr nach Görlitz fahren, dort um 6 rum sind, Abendessen und die Stadt ansehen, zwischen 8 und 9 weiterfahren und um 10 rum in Dresden sind. Dann haben wir den fünften vollständig für die Ausstellung, weil die Verhandlungen erst am 6. angehen. Wenn Sie damit einverstanden sind, schreiben Sie gleich, damit ich in Dresden die Zimmer bestelle. Es sollen noch vergnügte, liebe und genußreiche Stunden sein, denn dann sehen wir uns arg lang nimmer. Ich werd' ganz traurig und fast sentimental, wenn ich daran denke. Ganz scheußlich. Aber was kann man machen?

Mein Herz steht in blühender Freude, weil mir Naumann den Hochzeitsurlaub Ende September ohne Anstand gewährt. Wissen Sie, ich bin leicht gerührt, wenn ich an meine kleine hübsche und harmlose Tanzstundenfreundin vor dem Altar denke. Aber dann spür' ich die leichte Eitelkeit, wenn man so ad hoc hereingeschneit kommt, diskret renommiert und mit einem schönen und lachenden Mädel herumwirbelt. Ich werde gewiß eine Rede halten. Weiß bloß noch nicht auf wen.

Aber nun kehren meine Gedanken von diesem raschen und erlaubten Ausflug zu Ihnen, Elli, zurück und umgeben Sie mit freundlicher Wärme und vielen Wünschen für die paar schönen Tage, die Sie in Holland noch haben.

Gern fahre ich einmal mit Ihnen ans Meer; es liegt bei Ihnen. Wann? Aber es braucht nicht Scheveningen zu sein. Ich glaube, dort ärgert sich das Meer über die vielen ekelhaften, duftenden Großstadtmenschen. Irgendwo auf einer kleinen Insel. Sie wissen, eine kleine Insel ist immer das Gegebenste.

Hallelujah
Ihr Dorle

Anfang September treffen sich Theodor Heuss und Elly Knapp in Dresden, um die dort stattfindende Deutsche Kunstgewerbe-Ausstellung zu besichtigen; auch Gustav Stotz ist dabei. Für beide werden die gemeinsamen Tage zu einer entscheidenden Stufe ihres Verhältnisses, obwohl beide diese Begegnung zunächst unterschiedlich empfinden. Elly Knapp fährt von Dresden weiter nach Crainsdorf bei Neurode/Schlesien, wo sie zusammen mit Friedrich Naumann und Gerhard von Schulze-Gävernitz eine Woche auf dessen Gut verbringt. Heuss, der noch den Kirchenbautag besucht, fährt zurück nach Berlin.

Crainsdorf b. Neurode, 8. Sept. 06

Mein lieber Dorle,

schon habe ich das Allerlei fertig abgeschrieben. Es ist viel zu lang. Was macht man damit? Am gescheitesten tut man's zu den Briefen. – Wenn Sie es nehmen wollen, so sagen Sie mir, was und wie kürzen. Und ob der Schluß zu plump ist. –

Schreiben Sie mir doch noch hierher ein paar Worte. Es ist mir noch so natürlich, Ihnen alles gleich zu erzählen. Oh, wenn Sie die Fahrt gestern abend mitgemacht hätten! Den Aufenthalt in Hirschberg übergehe ich mit Stillschweigen. Nur nie vorbeiene Sachen noch einmal aufwärmen wollen. Pathetisch ausgedrückt: Hüte Dich vor den Gespenstern der Vergangenheit! Stotzle weiß es auch! – Man hatte sich gar nichts zu sagen! Rein gar nichts!

Aber dann die Fahrt durch das Riesengebirge und vor allem die Wagenfahrt hierher. Man braucht über eine Stunde. Der klarste Sternhimmel stand über den Hügeln. Man hatte gar keine Schätzung mehr, ob die Berge hoch oder niedrig waren in dem schwachen Mondlicht. Heut' früh war ich ganz erstaunt, daß es alles bebaute Vorhügel des Riesengebirges sind, wo ich schwarze wilde Berge gesehen habe. Prachtvoll ist das intensive Rot der Felder. Sandsteinboden. Naumann malt unaufhörlich Aquarelle davon. Manche ganz nett, manche recht mäßig, alle mit Feuereifer und Freude. Sonst geht es ihm aber nicht besonders. Er kann gar nicht gehen und schont sich sehr. Wir machen uns alle etwas Sorgen um ihn. –

Heut abend (ich schreibe seit der 2. Seite im »Liegestuhl«) wurde er sehr lebhaft. Kennen Sie seine Theorie, daß es viel besser gewesen wäre, wenn man am »roten Sonntag« wirklich geschossen hätte? Die hat er verteidigt.

Dorle, Sie müssen *sehr* lieb und strebsam sein in der nächsten Zeit. Mir scheint, er ist nicht begeistert, daß die Hilfe 3 Tg. allein war. Ich habe sehr betont, wie brav Sie in den Versammlungen waren, das hat ihn gefreut.

Ade Bub. Schreiben Sie bald, es darf kurz sein. Grüßen Sie den Stotzle. Wieviel Briefe hat er schon geschrieben? Gute Nacht!

Ihre Elli

Friedenau-Berlin, 8. IX. 1906
Fr. Wilhelmplatz 2
Samstag abend 8 Uhr

Liebe, gute Elli!

Geweint habe ich nicht – der knabenhafte Eigenwille der ›guten Haltung‹ ist zu stark –, aber ich war sehr traurig, als Sie weggefahren, und den ganzen Tag spürte ich jenen quälenden Druck an der Kehle. So saß ich unter den Kirchenbauern, mitunter ein bißchen teilnahmslos. Ich merkte wieder, daß der liberale Pfarrer doch der prächtigste Typus in Deutschland ist und ärgerte mich über das nationale Geschwätz einiger Professoren. Aber das ging alles vorüber. Am Nachmittag lief ich noch zwischen den Möbeln herum und suchte, in einer leichten sentimentalen Affektion, die Räume und Winkel auf, die uns zusammen so gut gefallen. Stotzle ließ sich bis morgen einladen, und so fuhr ich am Abend, in gleichgiltigen Gesprächen mit einem jungen Maler hierher, wo mich Hohmann erwartete.

Dies ist alles, was sich ereignete und was ich erzählen kann. Aber mit mir selber geschah in diesen Stunden und an diesem Tage etwas ganz Fröhliches und etwas ganz Ernstes, und davon muß ich mit Ihnen sprechen. Ich rede von meiner Liebe. Keinem Menschen habe ich wie Ihnen mein Wesen aufgetan und Sie kennen mich besser als sonst jemand. Deshalb wissen Sie: es ist kein frivoler Scherz, wenn ich dies schreibe, und es handelt sich nicht um eine jungenhafte Verliebtheit oder eine plötzliche Leidenschaft, sondern um eine Zuneigung, die in Stille und Stete erwachsen ist. Und ich rede von ihr um der Reinheit und Klarheit unseres Verhältnisses willen, wie es auch sich gestalten wird. Wir sind ihm und uns Vertrauen schuldig.

Das ist keine der Aussprachen, die wir beide nicht lieben und häufig genug verspottet haben. Denn es sind für uns keine Mißverständnisse zu beseitigen. Aber der Schein der zärtlichen Lüge soll uns nicht umglitzern. Sie wissen, liebe, liebe Elli, wie schwer es mir wird, das niederzuschreiben, denn es mag sein, daß ich Sie verletze, traurig oder mitleidig mache. Ich fürchte mich, Sie zu erschrecken und Ihnen weh zu tun. Aber ich kann dieses ungewisse Schweigen nicht mehr aushalten. Und Sie sagten mir selbst, daß man mit ihm vielleicht an der wartenden Geduld der Frau sündigen könne. Deshalb verzeihen Sie mit Ihrer Güte diesen Brief.

Und verzeihen Sie, daß ich Ihnen all das schreibe und nicht in den schönen Stunden, die hinter uns liegen, sagte, um gleich Ihre Antwort zu bekommen. Wenn Sie wollen: es war Feigheit oder Angst vor dem Glück. Sie erinnern sich, als wir am Dienstag durch die Mondnacht fuhren und mit verschlungenen Händen am Fenster standen. Da beklemmte uns ein schweres Schweigen. Sie sagten: »an was denkst Du, Bub?« und ich: »an nichts, an Gleichgiltiges.« Mehr fand ich nicht. Ich wehrte meine Hand, die Sie umfassen und an mich ziehen wollte und meine Lippen, die Ihre Stirne suchten. Es schien mir ein Überfall, und deshalb bin ich zur Feder geflohen.

Und manchmal bin ich fröhlich und glaube, Sie sahen diese Worte kommen und warteten auf sie. Ich lese Ihre Briefe aus Holland, ich denke dran, was wir alles zusammen machen wollten und wie schwer auch Ihnen dieses Abschiednehmen wurde. Ich freue mich, wie unser Denken und Empfinden, unser Wollen und Urteilen zusammengeht, und bin Ihnen dankbar für die Liebe und Zärtlichkeit, mit der Sie mich reich gemacht.

Ich lache wie im Traum, ich füge selige Reime, und ich laß mir eine komische Variante durch den Kopf gehen, die heißt: O Elli, Elli, warst Du blind? – Sie lächeln, aber vielleicht ist es ein schmerzliches Lächeln. Vielleicht auch – –?

Liebe, gute Elli, gelt, Sie sind nicht böse über Ihren Dorle, der nichts Gescheites mit sich anzufangen weiß, und sagen Sie auch nicht, er habe mutwillig die Harmlosigkeit unserer Freundschaft gestört. Er wollte bloß nicht Verräter an unserer Wahrhaftigkeit werden. Ich dränge Sie mit der Antwort nicht, denn es mag sein, sie wird Ihnen noch schwerer als mir dieser Brief. Ich schreibe ganz ruhig und will Sie nicht mit lauten Worten und Beteuerungen verwirren. Wägen Sie, was ich Ihnen wert bin.

Ich wünschte, daß dieser Brief Ihre Crainsdorfer Tage nicht zu unfröhlichen mache. Aber Warten würde einer entstellenden Klugheit gleichkommen.

Adi, liebe Elli. Nicken Sie freundlich zu mir her, und verzeihen Sie, wenn er sie verletzt,

Ihrem getreuen
Dorle

Lieber Dorle, *Crainsdorf, am 10. Sept. 1906*

es wird mir wirklich sehr schwer, Ihren Brief zu beantworten, und ich setzte mich dran, ohne zu wissen, was ich eigentlich schreiben will. – Unterdessen haben Sie meinen Brief bekommen und daraus werden Sie das eine schon verstanden haben: daß ich diesen Brief von Ihnen nicht erwartet habe. Daß ich aber auch noch ganz im Austausch mit Ihnen stand und bald von Ihnen hören wollte. – Und daß ich Ihnen nicht böse sein kann, wenn ich auch sehr verwirrt bin und ein wenig traurig.

Ich will mir Mühe geben, Ihnen zu sagen, was ich in den schönen Tagen gedacht habe in bezug auf Sie und mich. Wir haben uns sehr, sehr nahgestanden. Und ich habe so in Ihr Wesen hineingesehen und mich an Ihnen gefreut, wie vielleicht noch nie mit einem anderen Menschen. Und da kam mir die Idee: Wenn ich jetzt 5 oder 6 Jahre jünger wäre, dann würde mir der Dorle sagen können: Jetzt wollen wir jedes für uns noch schaffen und vorwärtskommen und dann wollen wir zusammengehen. Das habe ich gedacht. Und zu gleicher Zeit das Gefühl gehabt, wie verwunderlich Ihnen diese Gedanken wären, wenn Sie es wüßten. Und daß ich Ihnen eine gute Schwester bleiben wolle.

In der Bahn schon habe ich Ihnen meine Geschichte erzählt. Aus zwei Gründen: Erstens, weil ich halb und halb dachte, daß Sie mit Ihrer Freundin Luzie ein wenig ähnlich stünden wie ich mit ihm und sie mir leid tat, so in der Ungewißheit zu leben. Dann, weil ich wollte, daß Sie mich auch von dieser Seite kennen. – Ich war wohl aber nicht ganz ehrlich genug oder Sie haben nicht genug Erfahrung, um das herauszuhören, was ich nicht sagen konnte: daß eine solche Sache für unsereinen nie vorbei ist. Ob es noch »Liebe« ist – das weiß ich nicht, ich glaube es kaum. Aber innerlich abhängig bin ich noch, so oft ich mich auch frei zu machen versucht habe. Ich könnte Ihnen das alles vielleicht sagen. Schreiben kann ich's nicht. Es handelt sich nicht um Glück dabei. Ich bin nie in den neun Jahren überzeugt gewesen, daß dies für mich das volle Glück bedeute. Das ist sehr kompliziert. Aber nicht weil ich kompliziert bin, das ist gar nicht wahr, sondern weil er entsetzlich kompliziert ist. Nie habe ich ein so tiefes, treues, fröhliches Sich-Beisammen-Wohlfühlen erlebt mit ihm, wie wir es neulich zusammen hatten. Und trotzdem weiß ich: wenn er mir heut' sagen würde, er brauchte mich, würde ich bedingungslos mitgehen. – Ich glaube aber nicht mehr, daß er mich braucht. Ob Sie es nun unbegreiflich finden, daß ich dann so nah mit Ihnen stehen konnte? Ich dachte, Sie hätten mich verstanden, und als Sie nach meiner Erzählung so still waren und ich Sie nach Ihren Gedanken fragte, glaubte ich, daß Sie daran dächten. –

Lieber, lieber Dorle. Nun ist diese alte Geschichte wieder ganz in den Vordergrund getreten während ich schreibe. Als ich Ihren Brief vorhin, vor 2 Stunden, zum ersten Mal las, war's das nicht. Da war's das Gefühl, daß Sie sich über sich selbst täuschen. Ich kann mir so gut denken und hätte es wohl bedenken sollen, daß dies Zusammensein Sie in so eine Stimmung bringen könnte. Ich hätte Ihnen vielleicht nicht ganz so sehr meine Freude an Ihnen zeigen sollen. Aber das kann ich nicht bereuen. Und ich kann diese Freundschaft auch nicht mehr missen. Bitte, lieber Dorle, bleiben Sie mir das, was Sie mir jetzt waren. Lassen Sie nichts zwischen uns kommen. Ich habe Sie viel zu lieb, als daß ich Sie von mir gehen lassen könnte. Sie werden sicher bald oder später sehen, daß ich Recht habe, wenn ich Ihren Brief doch als Ausfluß einer Stimmung aufnehme. Gewiß, es ist zwischen uns eine innige Neigung ruhig und langsam gewachsen. Aber sie ist ihrer Natur nach so, wie sie noch vor wenigen Tagen war, als Sie mir nach Holland so im Scherz schrieben, es »finge an bedenklich zu werden«. Es klingt so schrecklich trivial und romanhaft: Aber ich fühle wirklich, daß ich für Dich zu alt bin, mein Bub. Wenn ich überhaupt noch heiraten könnte, müßte es bald sein, sonst wird es zu spät. Das fühle ich oft. Und ich habe neulich wirklich mit fast etwas wie Neid an die Frau gedacht, die sich einmal an Ihrer großen und reinen Liebe halten darf. –

Dorle, ich lese Ihren Brief noch einmal und dann meinen, und fühle, daß Sie mich kalt und verstandesmäßig finden werden und vieles kaum werden verstehen können. Ich wollte, ich hätte Sie hier neben mir und könnte Ihnen die Haare aus der Stirn streichen und so zu Ihnen reden, daß Sie ganz in mich hineinsehen könnten. Geschriebene Worte klingen so überlegt und ruhig, auch wenn der Schreiber weit davon entfernt ist, es zu sein.

Mein allergrößter Wunsch ist, daß Ihre Liebe zu mir etwas Schönes für uns beide bleibt. Für mich ist sie so kostbar gewesen in dieser ganzen Zeit. Sie dürfen nie das Gefühl haben, als hätte ich sie nicht hoch genug eingeschätzt. Ich kann den Gedanken nicht ertragen, daß ich Ihnen jetzt Schmerzen bereite. Ich gebe Ihnen die Hand und halte sie ganz fest, damit Sie spüren, daß Sie nicht allein sind. Sie werden sicher bald Ihre Ruhe dann wiederhaben. Das ist so traurig, daß man Menschen wehtut, die man so lieb hat.

Bitte verstehen Sie mich, auch was mir nicht gelungen ist niederzuschreiben. Ich habe endlos lang an diesem Brief geschrieben und möchte so gern die rechten Worte finden. Und bitte bleiben Sie bei mir!

Ihre Elli.

Friedenau-Berlin, 12. IX. 06
Friedrich Wilhelmplatz 2

Liebe Elli!

Gelt, ich darf gleich wieder an Sie schreiben und darf es noch manchmal in den nächsten Tagen und Wochen. Denn so unsagbar weh mir heut Ihre gute Hand getan, ich habe keinen Menschen außer Ihnen, der mir helfen kann und vor dem ich klagen darf, ohne mich schämen zu müssen. Vielleicht ist das grausam. Aber weiß Gott, zehn Jahre lang hab' ich wohl kein einziges Mal geweint, gleichgiltig, wer mir starb oder was geschah, und diesem fröhlichen Buben ist das Grauenhafteste im Leben begegnet, wovon er nicht reden kann. Aber heut wär' ich froh, ich könnte weinen, bei Ihnen sitzen und weinen, denn Sie sind gut und stark, und Ihre Gegenwart würde mich still und sicher machen. Das klingt so lamentabel, aber ich habe keinen anderen Weg, um mich von diesem entsetzlichen Druck frei zu machen. Und Sie achten mich deshalb nicht schlechter.

Ich spüre, wie weh ich Ihnen getan, denn aus jeder Zeile Ihres Briefes zittert mir Ihre Liebe entgegen. Und doch konnte ich nicht anders. Sie glauben, daß meine Worte aus einer momentanen Stimmung geboren. Dieser Glaube ist unsere einzige Hoffnung. Es mag sein, Sie haben recht. Es mag sein, die große Wehmut der Trennung hätte meine Gefühle belogen. Es ist ein bitterer Trost vor den Scherben des ersten heiligen Knabentraumes. Ich will die Lüge versuchen, an ihn zu glauben, aber ich fürchte, es wird Herzblut kosten.

Als ich Ihren Brief gelesen, begriff ich alles und konnte Ihnen doch nicht böse sein. Nicht das mit den drei Jahren älter sein. Was sind die gegen das große und fruchtbare Leben, das noch unser wartet und das wir erwarten. Ich bin heut noch ein Kind, ein etwas altkluger Knabe, das weiß ich wohl und bin dessen froh. Aber ich weiß auch, daß ich in fünf oder acht Jahren ein reifer und sicherer Mann sein werde. Und ich habe nie nach den Jahren gefragt. Was wäre die Liebe, die sie nicht zerbrechen könnte? Das ist es nicht.

Aber freilich, dies sah ich nicht, daß Sie sich nicht frei fühlen, Elli, ich bin ja noch so jung und dumm und unerfahren und weiß von Euch Frauen so wenig. Und stand noch nie in der Nähe einer starken Liebe. Da hab' ich mit plumpen Fingern das Leid Ihrer Vergangenheit aufgeschreckt. Mein Stolz krümmt sich vor Weh bei Ihren Worten: ›wenn er mich brauchte, würde ich bedingungslos mitgehen.‹ Ich möchte ihn hassen können und kann das ganze so schwer fassen. Haben Sie Geduld, liebe Elli, mit meiner Torheit. Ich erzittere bei dem Gedanken, und dann ist es mir, als müßte ich ein grenzenloses Mitleid über Sie breiten. Sie Gute, Arme! Ich bin erschüttert, gerade bei Ihnen diese Liebe aus Zwang, die von Glück nichts weiß, zu treffen, geweckt zu haben. Verzeihen Sie, Elli, verzeihen Sie auch alle diese ungeschickten Worte.

Wie oft ich Ihren Brief heute schon las und mich an all die lieben Worte und Wünsche in ihm klammerte. Ich fürchtete nie, seien Sie ruhig, daß Sie mich ›nicht hoch genug eingeschätzt‹; was läge mir daran, da ich doch weiß, mit wieviel Güte und Treue Sie mich immer umgeben haben und immer umgeben werden? In allem Schmerz der Stunde verspreche ich Ihnen, daß ich immer bei Ihnen bleiben werde. Wie wäre ich arm ohne Ihre Liebe! Wehren Sie mir nicht dieses Wort, in das ich alles kleide, was an Freundschaft, Vertrauen, Zärtlichkeit auf mich floß. Nie trat mir eine Frau so nahe wie Sie. Nun mußten wir uns beide wehe tun, wir müssen es tragen und aus Liebe zu überwinden suchen. Sagen Sie nicht, daß Sie durch Ihre Zärtlichkeit mein Verlangen geweckt. Dies wuchs ohne Ihre treuen Blicke und Fröhlichkeiten, weil es mußte. Und wir halten diese schönen Stunden in ihrer unvergänglichen Glückseligkeit.

Wenn wir uns wiedersehen – und ich sehne darnach – wollen wir nicht sagen: alles soll vergeben und vergessen sein, denn wir haben uns nichts zu vergeben und nichts zu vergessen. Aber wir wollen zusammen fühlen, daß dies Leid uns beide treuer gemacht hat. Wir wollen stark sein, und wir werden vielleicht wieder fröhlich sein können. Ich werde wieder Ihre guten Hände in meinen halten und meinen Kopf an Ihre Schulter lehnen. Freilich, während ich es schreibe, will es mich wie Spott angrinsen.

In alle Traurigkeit fiel ein großer Jubel, der mich zwischen all das in eine komische Verfassung warf. Ich sag' es Ihnen, daß Sie sich mitfreuen sollen. Bei Freund Bayer in München ist ein Mädel, Annelise, eingetroffen, und ich soll dem Kind Pate sein. Und nun hab' ich dem kleinen Wesen eine große Kammer in meinem Herzen aufgemacht. Ich habe zwar keine Ahnung vorderhand, wie ich mich in dem Fall zu benehmen habe, aber ich fühle alle Talente zu dem Beruf in mir. Freuen Sie sich mit mir und für mich.

Liebe, gute Elli, für heute Lebewohl! Ich halte Ihre treue Hand und kann sie nicht hassen, wie tief sie mich auch traf.

Ihr Dorle

Crainsdorf, 13. Sept. 06

Mein lieber, lieber Dorle,

ich schreibe Ihnen für den Fall, daß Sie nicht nach Dresden kommen können. Aber ich hoffe von ganzem Herzen, daß wir uns da sehen werden. Ob es klug ist, weiß ich nicht. Aber mich verlangt zu sehr danach, Sie zu sehen, Ihnen vieles zu sagen und irgendwie zusammen einen Weg zu suchen, wie wir unsere Liebe und Freundschaft uns erhalten können. Es ist mir zu unnatürlich, Ihnen so nah zu sein, ohne Sie zu sehen. Lieber Dorle, Ihr Brief hat mich so erschüttert, daß ich vor lauter Kopfweh nicht mehr recht denken kann. Aber es ist mir so lieb, wenn Sie mir ehrlich schreiben, wie es Ihnen zumut' ist. Immer, mein lieber Bub. Wenn ich Ihnen helfen kann, tu ich's durch beständiges An-Sie-Denken. Das werden Sie ja sicher fühlen. –

Ich kann jetzt nicht mehr schreiben. Verzeihen Sie mir alles Schwere, das Sie jetzt erleben. Vielleicht kann ich's Ihnen noch leichter machen in Dresden.

Ich grüße Sie tausendmal und habe Sie sehr, sehr lieb.

Ihre Elli.

Theodor Heuss und Elly Knapp treffen sich nochmals in Dresden; Elly Knapp unterbricht dazu ihre Rückfahrt von Crainsdorf nach Straßburg.

Friedenau-Berlin, 16. Sept. 06
abends 8 Uhr

Liebe Elli!

Das sächsische Volk ist ein sehr gottesfürchtiges Volk. Dies mußt' ich heute früh zu meinem Leidwesen erfahren. Denn es öffnet am Sonntag den kunsthungrigen Kirchenmeidern seine Museen erst um 11 Uhr. Eine Zeit lang dachte ich daran, dem genius loci mich zu fügen und nach erheblicher Pause wieder einen evangelischen Gottesdienst mitzumachen. Aber die Aussicht auf den einstündigen Geruch feuchter Kleider – es gibt für mich weniges so widerwärtiges – bewahrte mich vor der Andacht. So blieb mir nichts, als in Dresden und seinen Vororten herumzugondeln und patschnaß zu werden. Auf Grund eines ersten Mittagessens warf ich mich dann um 11 auf über zwei Stunden in die Galerie, zu den Italienern, machte dabei einige wertvolle und merkwürdige Bekanntschaften und fand einen ganz herrlichen Giorgione. Auf Grund eines zweiten Mittagessens setzte ich mich um zwei auf die Bahn, rauchte zwei Zigarren, guckte zum Fenster hinaus und begleitete Ihre Fahrt durch Franken mit freundlichem Gedenken. Den Stotzle traf ich nicht, und nach dem Abendessen ergab sich, daß das vorgesehene Patriakapitel: deutsche Künstler in Paris heute schwer gehen will. Und dann wollt' ich bloß noch diese Seite für Sie schreiben. Sie müssen verzeihen, wenn ich etwas geschwätzig bin. ––

Nun gute Nacht, liebe Elli. Hoffentlich hat man sie nicht mehr in ein rauchiges Ausstellungskonzert geführt. Ich werde in einer Viertelstund' im tiefsten Schlaf liegen und, beide Hände verschlungen, mit Ihnen durch lauter schöne, helle Träume gehen. Adi.

Dienstag, 18. IX. 06, 5 Uhr

Ich will dieses Viertelstundentagebuch von vorgestern abend nicht weiterführen. Aber ich will es auch nicht durchstreichen, denn es hält etwas von der Fröhlichkeit, die mir trotz allem schmerzlichen Ungewissen unser Dresdener Beisammensein geschenkt hat. Dort hat Ihre gute, liebreiche Gegenwart manchen Schatten verscheucht, und die Furcht, die mich neulich für Sie ergriffen, bedrückt mich nicht mehr wie in den paar bösen Tagen der vergangenen Woche. Ich bin Ihnen ja so dankbar für die letzten Stunden da oben im Wald zusammen und das Herunterwandern. Freilich sind wir Kinder, aber dies eben ist unser Schönstes und Bestes.

Ich weiß ja, daß sich eine große Vernunft hinter all das stellen sollte, und sie steht auch wohl hinter unserer Freundschaft und Liebe. Aber gelt, sie ist keine kalte und strenge Vernunft, sondern sie hat freundliche Augen und lebt in einem geduldigen Warten. Und wenn sie einmal plötzlich unvernünftig würde, brauchen wir bloß zusammenzukommen und alles ist gut. Darüber bin ich ja so froh, daß dieser Samstagabend mit seinen ernsten Gesprächen und seinem ernsteren Schweigen uns nur noch nähergebracht – so empfinde ich es heute – und Sie dürfen nicht wehren, daß er meinen Glauben nur stärker und meine Liebe treuer gemacht hat. Sagen Sie nicht, solche Worte gehen gegen unsere Abrede: denn wir versprachen uns auch Offenheit und Vertrauen. –

Die Stunden waren zu kurz, und es hätte manches noch deutlicher gesagt werden können. Aber Sie sollen nicht, wie es möglich wäre, den Glauben nähren, meine Gefühle seien die alten geblieben, wie jene ersten Verse sie faßten. Sie sind weiter gewachsen, nicht zu einer jähen großen Leidenschaft, sondern zu einem starken und stillen Verlangen. Ich weiß, Sie werden dies verstehen; ich bin ungeschickt in allen solchen Worten.

Sagen auch Sie mir, liebe Elli, was Ihnen unser Besprechen gegeben, nun Tage dazwischen sind. Ich möchte dieses hoffen, daß Sie die drei Jahre nicht mehr so groß schreiben. Vom andern weiß ich ja nichts zu sagen; aber ich denke daran, daß Sie da oben einmal von ›Gewohnheit‹ gesprochen. Zürnen Sie mir deshalb nicht.

Und fassen Sie bitte alle diese Sätze nicht so, als ob ich nun den klugen Taktiker spielen wollte. Dazu ist mir die Sache zu ernst, und das, zu dem wir uns in Dresden entschlossen, zu bindend und wichtig. Aber ich möchte nicht immer bloß im Spiel meiner Gedanken bleiben – – –

Nachträge: Da der Umzug und der Patriaaufsatz zu viel Zeit wegnahmen, kommen die Verse erst das nächste Mal. Ihr Allerlei steht in dieser Nummer und macht sich sehr gut; soll ich ein Exemplar an Frau Feist schicken? Seien Sie recht bald fleißig für mich; mein Stoff ist jetzt fast aller verbraucht. Katz schreibt unentwegt an seiner Novelle mit Streik, Mordanschlag, Nebenbuhler und Selbstmord bei Mondschein. Im übrigen ist draußen ein scheußliches Wetter.

Sind Sie wieder fröhlich in der Arbeit drin und haben Sie einen vernünftigen Stundenplan vorgefunden? Ich hoff' es.

Bleibsch mer treu, Mädle?

Ihr Dorle

Straßburg, am 17. Sept. 1906

Mein Dorle,

ich bin seit 2 Stunden daheim. Mein Vater ist noch weg. Marianne ist da, es wird geputzt, und ich habe schon einige Tränen vergossen, weil so viele von meinen Blumen kaputt gegangen sind. Lachen Sie nicht, ich habe wirklich jetzt noch Lust drüber zu heulen. Wenn man sich ein ganzes Jahr Müh' gegeben hat und dann ist alles umsonst! – So setz' ich mich schnell hin, um an Sie zu schreiben. Es wird wohl aber am Mangel einer guten Feder scheitern, und ich werde ungetröstet zur Helene Dominicus gehen müssen. Dabei habe ich so ein nettes Reiseabenteuer gehabt, was mit Ihnen im Zusammenhang steht: Heut morgen fuhr ich von Nürnberg über Heilbronn, Bietigheim hierher. 3. Kl. Frauencoupé, Kindermädchen mit reizendem 2jährigem Kind (Telegrammstil wegen unmöglicher Feder). Das Kind schreit, das Kindermädchen brummt. Das Kind brüllt, das Mädchen haut. Ich werde grob und spiele dann mit dem Kind, bis es wieder lacht. Da kommt vom Coupé erster Klasse die dazugehörige Großmutter, redet erfreulich schwäbisch und entschuldigt sich schrecklich wegen der Schreierei. Nach einer Stunde brüllt das Kind wieder. Ich gehe auf den Gang, um mir Ihre Rebberge und Ihre alten Städtchen anzugukken. Da kommt die Großmutter von neuem und bietet mir ihren Platz in der ersten Klasse an, was ich natürlich nicht annehme. So kamen wir ins Gespräch und siehe da, sie war aus Heilbronn. Ich nannte gleich Ihren Namen (blamablerweise sogar »Dorle« H.), und sie kennt Sie ganz gut. Der Ludwig war ein Schulkamerad von ihrem Sohn. *Sie* aber, Dorle, seien sehr intelligent, noch ein bißchen grün, aber sehr guter Charakter. – So, hm, hm! – Ja und beim Naumann.

Na, da habe ich Sie denn auch gelobt und erzählt, der Naum. sei sehr zufrieden mit Ihnen. Und daß ich nächstens in Heilbronn rede. Und sie hat mir ihren Namen gesagt, den ich sofort vergessen habe. Sie sind aber die Besitzer der Neckar-Zeitung.

Ist es nicht lustig? Ich habe natürlich großen Eindruck gemacht, menschlich wegen der Freundlichkeit mit dem Kind und geistig, weil ich den Naumann kenne. Und gefreut habe ich mich, weil ich was von Ihnen gehört habe, Bub, wo ich grad so arg an Sie denken mußte in der Gegend.

In Bietigheim kam ich dann in den Zug, wo alle Straßburger drin waren, letzter Ferientag, furchtbarer Familienbetrieb. Mit 3 Bekannten landete ich endlich hier, und dann kam die Blumenaffäre.

Und Sie? Ich habe das Vorgefühl, als ob ich morgen einen lieben Brief von Ihnen bekäme. Sie haben doch die sonderbare Gabe, besser schreiben als sprechen zu können. Ich nicht. Ich kann jetzt nicht viel Fazitziehendes von vorgestern sagen. Aber ich habe das frohe Gefühl, daß auch für Sie diese Zeit keine schwere wird und daß wir wieder festen Grund für unsere Freundschaft fühlen. Hoffentlich irre ich mich darin nicht. Ich warte mit dem Absenden dieses Briefs noch, bis ich's weiß. –

Ja so, meine Schulden. Ist das zu seltsam, oder können Sie einfach das Geld für mein Allerlei erheben und sich damit bezahlt machen? Nur wird's kaum langen. Denn auch der Wein von dem Abend ist nicht bezahlt. Sonst schreiben Sie mir halt, wieviel es macht.

Dienstag mittag

Erste Schulstunde. Drin bin ich noch gar nicht bisher. Es ist mir alles schrecklich egal. Dabei gibt's furchtbar viel Arbeit. Eben habe ich das Programm für meine 8 Vorträge fertig gemacht. Ach Dorle, ich wollte, ich könnte nach Berlin kommen für den Winter! Sie müssen mir oft schreiben und der Stotzle auch. Am besten regelmäßig einmal in der Woche. Setzen Sie einen Tag fest, an dem man den Brief einwirft, so daß der andere weiß, auf wann er sich freuen kann. Ich z. B. Sonntag schreiben, abends einstecken. Dann haben Sie ihn spätestens Dienstag früh. Und Sie schreiben dann am Mittwoch (da ist doch grad die Hilfe fertig). – Oder haben Sie besser am Sonntag Zeit?

Ich warte die ganze Zeit auf den Briefträger, der Ihren Brief bringen soll.

Mittwoch nachmittag

Endlich mein Bub kam Ihr Brief. Ich war schon ganz nervös geworden von dem Warten, und denken Sie, der freche Briefträger hatte ihn eben vergessen abzugeben, und mitten in meine Enttäuschung hinein klingelte er dann noch einmal und gab ihn mir. Nun bin ich froh, daß ich weiß, wie Ihnen zumut' ist. – Was soll ich noch viel sagen, Dorle. Ich bin auch sehr, sehr froh gewesen über die Dresdener Stunden und habe innerlich noch viele liebe Worte mit Ihnen geredet. Aber dann kommt wieder mein Gewissen und ermahnt mich sehr ernstlich, vernünftig zu sein und nicht Hoffnungen zu wecken, wo ich keine Erfüllung versprechen kann. Es ist eine ungemütliche Sache mit dem Gewissen, Dorle!

Heut morgen habe ich zum ersten Mal wieder mit einigem Anteil unterrichtet, ganz geht's noch nicht wieder. Nachher muß ich in die Konferenz mit dem ganzen Lehrkollegium. Das ist immer erstaunlich. – Ich will schon versuchen, Ihnen bald etwas zu schreiben. Aber erst muß alles im Blei sein und am 1. Okt. fangen die acht Vorträge an. Ich komme mir vor wie ein Kind, was renommiert hat mit Kunststücken, die es gar nicht kann und dann beim Wort genommen wird.

Adi, mein lieber Dorle. Die Marianne läßt grüßen; sie hat sich sehr über die Naumann-Notiz gefreut, der Lesser dagegen war wild und fand es kitschig. –

Schreiben Sie mir bald, ev. nur eine Karte mit Angabe des Tags, an dem Sie zu einem Brief Zeit haben.

Viele, viele Grüße!
Ihre Elly

Den Anfang des Briefs dürfen Sie mit Gruß dem Stotzle lesen.

KAPITEL II

»Das Leben ist doch wie ein Wunderknäuel«

Friedenau-Berlin, 20. IX. 06
Friedr. Wilhelmplatz 2

Liebe Elli!

Also ich nehme an, es sei heute nicht Donnerstag, sondern Mittwoch und schreib' Ihnen gleich Antwort auf Ihre lieben Zeilen. Ein ordnungsmäßiger Brief wird's ja wohl nicht werden. Denn die Technik der täglichen Briefe werde ich trotz aller Schreibseligkeit nie rauskriegen. Aber ich will Ihnen sagen, daß ich mit Ihrem Wochenbriefvorschlag ganz und mit herzlicher Fröhlichkeit einverstanden bin. Und auch die Tage sind recht: Sie am Sonntag, ich am Mittwoch. Und wir wollen dabei auch mit den kleinen Freuden und Leiden des Alltags nicht kargen.

Daß mein letzter Brief nicht ganz zeitig kam, haben Sie wohl verstanden und verziehen; es ist jetzt eine lebhafte Zeit bei uns. Aber nun bin ich mit allem Kirchenbau und allen Pariser Eindrücken Gott sei Dank fertig. Und guck' mich schon um, wo ich jetzt was zulernen soll. Ich glaub', es wird jetzt mal wieder was Nationalökonomisches.

Ihr Zusammentreffen mit Frau Krämer hat mir Spaß gemacht. Eigentlich hab' ich immer Glück mit Ihnen, denn es ist für meine Frechheiten in der Neckar-Zeitung nie ganz unwesentlich, was die verehrte Familie dazu sagt. Die Welt ist doch erschrecklich klein. Zu dem Urteil der Frau Kr., die mir auch als Pensionsfreundin meiner Mutter wohlgeneigt ist, hat man sich wohl in Heilbronn jetzt allgemein durchgerungen. Sie wird dann ihrerseits zu Hause erzählen, daß sie ein sehr interessantes und intelligentes junges Mädchen kennengelernt.

Ihre Schulden, sagen wir 4,50 Mk, schicken Sie mir lieber in Briefmarken; es ist immer so umständlich, den Geschäftsbetrieb zu unterbrechen. Ich schätze, daß Sie etwa 6½ Mk Honorar kriegen. Vivant sequentes.

Meine Hauptarbeit ist zur Zeit Briefschulden zu tilgen. Es wird einem dumm dabei.

Wenn ich gewußt hätte, daß Sie über Heilbronn fahren, hätte ich Mutter u. Bruder an den Zug bestellt; denen macht so was immer Freude. Von Lulu v. Strauß kam ein großer und schöner Brief, in dem sie mir ihre politischen Gedanken klarmachen will und gesteht, daß sie in Freiligrath, dem Revolutionär, einen grandiosen Dichter entdeckt habe. Elli, mit dem Mann behalt' ich, glaub' ich, doch recht.

Wegen Naumann u. Mannheim kriegen Sie noch eine Karte. Bei dem Umzug hat man sich fast nie gesehen u. so weiß ich das Wann und Ob noch nicht bestimmt. Katz kann sich bei der Gelegenheit gottlob finanzieren. Richtete mir heute früh Ihre Grüße aus. Dankeschön.

Zu Ihren Vorträgen viel Vergnügen und guten Erfolg, an dem ich ja nicht zweifle. Wie wollen Sie es denn disponieren? Und hoffentlich haben Sie den Schmerz über die toten Blumen verwunden.

Zu dem ernsthaft Persönlichen, das durch unsere Briefe wohl immer ein bißchen gehen wird, weiß ich heute Neues nicht zu fügen; ich habe ja das, was Sie schrieben, wohl begriffen. Und doch brachte mir der Brief nur lauter Freude. Und diese gläubige Freude lassen Sie mir.

Für heute Lebewohl. Grüßen Sie die Schwester und den Lesser, wenn er noch dort ist.

Herzlichst
Ihr Dorle

Straßburg, am 22. Sept. 06

Guten Tag, Dorle.

Es ist erst Samstag. Aber ich habe mich müde geschrieben an meinem ersten Vortrag und will mich ein bißle bei Ihnen erholen. Er ist übrigens ganz gut, glaub' ich. Ziemlich ausführlich die Zunftverfassung, Hausindustrie und dann die Entstehung der Großindustrie (Manufaktur, Fabrik) an dem Beispiel von Mülhausen und den Vogesentälern erklärt. Jetzt muß ich noch die Lage der Arbeiter hineinbringen. –

Danke für Ihren lieben Brief, der so schön schnell kam. Allen Respekt vor der Post. Sie haben ihn abends 7–8 eingesteckt, und ich hatte ihn am andern Tag um 2 Uhr. So mag ich's am liebsten; wenn er morgens kommt, muß ich immer grad in die Schule stürzen. –

Mein Bub, so geschwind in den 3 Minuten Aufenthalt an der Bahn hätte ich Ihre Mutter nicht kennenlernen wollen. Das ist nicht das rechte. Dazu gehört Ruhe und Gemütlichkeit. – Aber eine Bitte habe ich. Sie müssen entscheiden, ob sie indiskret ist: Wollen Sie mir den Brief von der Lulu von Strauß schicken? Sie interessiert mich so sehr. – Wenn aber irgendwas drin steht, was sie nicht gern von jemand Fremdem gelesen haben würde, so tun Sie's selbstverständlich nicht.

Der Papa ist von Salzburg zurück, sehr erfüllt von Österreich. Er ist nun hier entsetzt über die ungraziöse Lebensführung, die plumpe Art der Gespräche, den gänzlichen Mangel an raffinierter Lebenskultur. Die Wienerinnen, behauptet er, sind noch durch die vielen Menuettstunden ihrer Urgroßmütter mit Grazie erfüllt. –

Auch mit dem Erfolg seiner Vorträge ist er sehr zufrieden. Der alte Lexis ist jetzt auf seiner Seite in der Geldsache und allerlei maßgebende Leute in England und Belgien. –

Eben ist die Hilfe vom Buchhändler gekommen. Sie schicken mir vielleicht noch 2 Ex., gelt? Oder haben Sie sie schon geschickt? Gekriegt habe ich nichts. Aber Dorle, warum haben Sie denn meinen Namen ausgeschrieben. Es ist so prätentiös! Ich habe mörderlich geschimpft, noch dazu Knapp. Das müssen Sie doch ergänzt haben! Und dann der schöne Druckfehler »wohlllüstig«, ein köstliches Wort. Überhaupts die Druckfehler! In den pol. Notizen habe ich auch gleich gefunden. Und da ich grad beim Tadeln bin: Das von den Buchausstattungen ist ja sonst ganz nett. Aber ich bitte Sie: die Engländer überholt!! Dies dünne Papier stammt ja grad von den Engländern, und die ganze Ausgabe ist eine fast genaue Nachahmung der englischen Shakespeareausgabe. – Das übrige habe ich noch nicht gelesen, morgen mehr davon. – Nein, noch was, wer hat denn das Allerlei »Meerfahrt« geschrieben? Die Marianne ist ebengrad wütend drüber, es sei grauenhafter Kitsch. Es klingt wie eine Ironie auf Naumann. Auch die rote Blume. –

Abends: Gelt, wir sind gräßliche Nörgler. Jetzt aber auch die andere Seite. Im Ganzen ist die Beilage wirklich gut in den letzten beiden Nummern. Und die Kreuzabnahme auch sehr gut. Es ist gelungen, wie weit ab Ihre Schreibart von dem Allerleiton liegt, über den ich vorhin gelästert habe. Das grade Gegenteil haben Sie. Immer ernsthaft, ein bißchen spintisierend und mehr suchend zu lernen als zu genießen. – Mein Allerlei kommt mir jetzt ein bissel arg genießerisch vor, so mitgenommen und umsonst schwelgend!!

Eben bekam ich die beiden Hilfen von Ihnen und die Karte. Für alles vielen Dank. – Ich glaube, ich komme jetzt nicht nach Heilbronn. Sehen Sie, ich bin nun mal etwas lebenskünstlerisch (das Wort ist affig) veranlagt. Nicht so in Hetz' ein bißchen was aufschnappen wollen. Sie haben keine Zeit, sondern Feste zu feiern und ich will Mannheim ansehen. Außerdem würde Ihre Mutter nicht recht begreifen, wozu die Geschichte inszeniert würde, da ich doch bald nach Heilbronn komme. Etwas anderes wäre es, wenn wir uns lang nicht gesehen hätten. Aber ich lebe noch so ganz ohne Unterbrechung so mit Ihnen weiter wie in Dresden. – Ein anderes Mal! Wir werden schon noch mal irgendwie und irgendwo in süddeutschen Rebbergen herumlaufen zusammen. – Wie mir Ihre Städte gefallen haben? Es goß in Strömen, aber manche Blicke waren doch reizend; und ich kenne und liebe die Gegend schon von meiner ersten Fahrt nach Berlin her, wo ich auch über Nürnberg fuhr.

Was ist das nur, nun bin ich an der sechsten Seite und habe noch gar nichts erzählt. Das kann gut werden, wenn Sie lauter so inhaltlose Briefe kriegen. Die große Seite aus 10 Pfg. Marken ist mir ein erfreulicher Anblick. Das stellt Briefe an mich für ein ganzes Jahr vor. Die 50 Pfg. Überschuß sind für den Hilfeblock. Die Marianne schickt Ihre 50 Pfg. das nächste Mal.

Sonntag früh. Dorle, eben war der Leoni da. Er ist sehr ausgefüllt von der Bürgermeisterwahl hier und agitiert für den Schwander, wo er nur kann. Ich habe ihm viel von der Reise erzählt, von Naumann und auch von Dresden. Es ist ein merkwürdiger Mensch. Gegen mich ist er so offen und mitteilsam, wie wohl sonst gegen niemand. Und doch, wenn ich denke, wie ich mit Euch allen so ganz harmlos ich selbst sein kann, ohne mit irgend etwas zurückzuhalten, merke ich, daß er immer einen Druck auf mich ausübt. Ich kann absolut nicht definieren, worin das liegt. Ich bin mir überhaupt über die ganze Sache und mich selbst nicht klar. – Ich wollte Ihnen nur das schreiben, weil es mir sonst wie verheimlichen vorkommt. Ich kann nichts tun, lieber Dorle, als abwarten und sehen, wie die Dinge sich entwikkeln. Das Leben läßt ja starke Mächte auf uns wirken. Man muß sie eben wirken lassen. –

Elly Knapps Postkarte aus Straßburg mit Friedrich Naumanns Zeichnung des Guts von Gerhard von Schulze-Gävernitz in Crainsdorf.

Sind Sie nun traurig? Seien Sie es nicht, Bub. Ich kann den Gedanken nicht ertragen, daß Sie sich Kummer um mich machen. Aber Sie finden es müd' machend, dies ewige nur Warten! Und doch ist gar nichts anderes möglich. – Ich habe früher immer gesagt, uns Mädchen ginge es immer so wie den Leuten im Wartesaal beim Zahnarzt. Nur daß wir modernen Frauen dabei nicht mehr die »Fliegenden Blätter« lesen wollen, um die Zeit tot zu schlagen, sondern gute Bücher, über denen man ganz vergißt, daß man eigentlich wartet. . . .

Ade, Dorle. Nun muß ich dieses Monstrum von einem Brief wirklich schließen. Ich freu' mich auf den Donnerstag!

Mit herzlichem Gruß
Ihre Elli

Friedenau-Berlin, 2. X. 06
Fr. Wilhelmplatz 2

Liebe Elli!

Das ist also das neue und arg teure Briefpapier, das ich mir nach Ihren Wünschen erstanden. Hoffentlich ist das Format für Ihr Kästchen nicht zu groß; aber ich kann die kleinen Bögen nicht so recht leiden.

Sentimental war ich nun aber nicht, als Ihr Brief kam, denn ich erwartete eben ihn und freute mich darauf, und nebenher war ich recht müde. Denn wie ich eben mit Genugtuung konstatierte, hab' ich von 111 Stunden nur ca. zwölf ohne Kleider und im Bett zugebracht, ohne irgendwie einmal schlapp geworden zu sein.

Soll ich mit dem Erzählen anfangen? Also: es war alles sehr schön und in sämtlichen Teilen wohlgelungen. Sogar für meine Lackstiefel, die ich natürlich vergaß, fand sich ein entsprechender Ersatz. Es war wieder einmal unglaublich, wieviel ich erledigte und wieviel Menschen ich ein paar freundliche Worte sagte. Ich machte in der hohen Politik der württembergischen Landtagswahlen, anscheinend recht erfolgreich, poussierte die Oberdemokraten und Jungliberalen und erledigte unseren eigenen Vereinsvorsitzenden. Das ist das Politische, mit dem wir alle sehr zufrieden. – Ich saß den Freitag in einer schönen Weingärtnerstube, ließ mir den gefahrvollsten Gewürztraminer verehren und frischte mit guten Freunden die schönsten Begebenheiten auf. Dabei machte der Babett Sprüche wie in seiner besten Zeit. Das war das Alkoholische. – Ich lief mit einem schönen und fröhlichen Mädchen in unserem schönsten Wald spazieren und durch den Abend über die Berge heim. Dabei ließ sie mir die Hand wie Sie und ich erzählte ihr von Ihnen. Das war das Erotische und Landschaftliche.

Die Hochzeit war eine Hochzeit gemütlicher Menschen, keine Minute lang steif und keine Minute exzentrisch. Bloß aß man schauerlich lang und viel, so daß ich streikte. Reden habe ich keine gehalten; es ist doch immer eine Störung. Aber viel getanzt und viel getrunken. In der Kirche war ich, als ich mir die Braut ansah, die arg schön war, eine Zeitlang gerührt: sozusagen meine erste Liebe. Aber immer in meinem Gemütstempo, das nicht Brüche, sondern nur Entwicklungen kennt. Ich hab' sie zur Polonäse auf dem Weihnachtsball engagiert.

Allerdings: eine traurige Erfahrung blieb mir nicht erspart. Daß der Verkehr mit Ihnen mich recht verdorben hat. Mit Ihnen, der Lulu, der Lis und anderen. Denn es kamen erschreckend oft die Momente, wo ich mich wie in den ersten Tanzstunden besinnen mußte: Herrgottsakrament, von was soll ich jetzt mit dem Mädle sprechen? Wenn man sich dabei ertappt, kommt man sich so saudumm vor. Denn die Sorte hat für das Schweigen kein unmittelbares Verständnis und neigt dazu, es falsch zu verstehen. Aber man begibt sich durch unsere Verwöhntheit der Möglichkeit sorgloser Geschwätze.

Das trifft nicht zu auf die Eugenie Dessecker, die ältere Schwester der Braut. Ich bin sehr gespannt, was Sie beide, die mich am besten kennen und die ich selber am meisten kenne und gern habe, miteinander anfangen können, wenn Sie sich einmal kennenlernen. Wenn Sie nach Stuttgart kommen, wird sie Sie abholen oder aufsuchen; sie ist auf dem Stuttgarter Konservatorium und lernt das Singen. Bei der hab' ich in manchen Jahren das freche und anzügliche Briefschreiben geübt; aber nun merk' ich doch immer mehr, daß sie mehr ist als bloßes Scherzobjekt und zu einem fleißigen und ernsthaften Menschen sich entwickelt. Dieses Erkennen, das sich mit etwas schlechtem Gewissen der früheren Schätzung vergleicht, hat mich froh gemacht, denn ich bin es sonst nicht gewohnt, daß aus unserer Heilbronner ›Gesellschaft‹ wesentliche Menschen herausreifen. Sie sind ihr ja wohl in so ziemlich allem, von der Musik abgesehen, über. Aber vielleicht macht auch Ihnen die Redlichkeit und Unverdrossenheit ihres »von selber das Leben lernen« Freude. Dabei ist sie in ihrer Gesinnung sehr anständig, ohne langweilig zu sein, und sie schätzt mich in einer wohltuend fröhlichen und unbekümmerten Weise.

Ich glaube, das ist das Wesentliche, was ich von den Heilbronner Tagen zu erzählen habe. Ich hab' wirklich ein paarmal recht stark und sehnsüchtig an Sie gedacht. Ein andermal. Die Rückfahrt erledigte sich normal; die Nachhochzeit hatte uns in den Wald rausgeführt und mich für einige Zeit mit »Landschaft« versorgt.

Ihren Vortrag können Sie jetzt jeden Tag halten. Schreiben Sie gleich, unter Bezugnahme auf Dr. Jaeckh und mich, an die Vorsitzende des Vereins, Frau Dr. Betz, Moltkestraße, wegen Tag und Honorar. Verlangen Sie außer der Reise nicht zu viel. Vielleicht machen Sie es gleich am 12. Dann treffen Sie in Heilbronn auch die Cousine, die jetzt hierher will und haben jemanden, mit dem Sie sich über manches aussprechen können und der Ihre boshaften Witze würdigt. Mein Bruder wird vermutlich dann auch da sein, und Sie machen am Samstag einen Ausflug nach Wimpfen. So feine Städtchen gibt's auch bei Ihnen nur ganz wenige oder fast gar nicht. Mein Bruder hat dort oft gemalt und kann Ihnen viel zeigen. Wenn der Tag Ihres Kommens sicher ist, schreiben Sie recht bald meiner Mutter, Wollhausstr. 11. Sie liebt es, mit Frau Bauinspektor angeredet zu werden. Damit Sie es gleich wissen, Elli. ---

Für den Brief, den ich gestern abend erhielt, herzlichen Dank. Ich schreib' wieder Dienstag abend, nachdem der Stotzle vom Essen heim ist, denn morgen mittag will ich mir Begas angucken.

...

So. Jetzt habe ich Ihnen wieder arg viel vorgeschwätzt. Ich glaube, meine Briefe sind immer noch ein großes Stück länger als ihr größter, bei der sparsamen Schrift. Bloß hoff' ich, daß Ihnen bei den mancherlei Kleinigkeiten, die ich so vorbring', nicht zu oft die Geduld ausgeht. Ich muß halt alles mit Ihnen bereden.

Machen Sie die Sache mit Heilbronn bald fertig. Und nun ade. Grüßen Sie die Marianne und Ihren Vater, auch die Dominikusse.

Ich bin Ihr alter treuer
Dorle

Straßburg, am Freitag,
den 5. Oktober. Nachm. 6.15

Mein lieber Dorle,

Ihr Brief (der natürlich erst heut morgen kam) war bis auf das Aufmutzen des teuren Briefpapiers so gut und lieb, daß ich meiner Antwortlust nachgebe. Was das Briefpapier anbetrifft, so kann ich nur sagen, daß meines wohl grad' so viel kosten wird und ich's doch an Sie wende! Ihr's ist aber viel schöner und ich wär' froh, wenn ich das breite Format gekriegt hätte.

Jetzt muß ich zuerst wieder die Schreibsituation erklären. Sonst kann ich nicht richtig schwätzen, wenn Sie gar nicht wissen von wann es kommt und wohin es geht. – Also eine Dämmerungsstunde, und ich grad' vom Zahnarzt zurück. Kennen Sie das wonnige Gefühl, wenn man die Treppe dieses Schauermenschens herabgeht? Für uns freie Geister (ob sie nun aus der schwäbischen Landeskirche ausgetreten sind oder nicht) ist es ein Ersatz für das katholische Gefühl nach der Beichte. – Außerdem stehe ich auf dem Standpunkt, daß man sich die brutalen Stunden in dem roten Samtsessel sehr versüßen kann, indem man mit dem Zahnarzt diskret kokettiert. Meiner ist reizend und verehrt mich seit langer Zeit; er ist übrigens junger Professor der Zahnheilkunde, also standesgemäß. Wenn er gefühlvoll wird, rezitiert er den »Tod des Tiberius«. Das weiß ich von seinen Vereinsfreunden, es passiert nur nachts zwischen zwei und drei. –

Dieser Erguß war teils wirkliches Bedürfnis, teils Rache. Wie kann man nur so raffiniert sein, wie Sie, Dorle. Ihre Schilderungen aus Heilbronn sind zwar sehr nett, aber ich mag nicht als Objekt für stilistische Feinheiten behandelt werden. Also schreibt man nicht »ein schönes und fröhliches Mädchen«, wenn man vertrauliche Spazierwege schildert. Sondern man nennt ganz ehrlich Namen, wenn's auch dann nicht mehr so literarisch klingt.

Im übrigen freu' ich mich so auf Ihr Heilbronn! Aber Dorle, *ich* habe doch jetzt nicht an die Leute zu schreiben und mich anzubieten, sondern *die* haben mir zu schreiben. Also veranlassen Sie bitte mögl. bald die gute Frau Betz oder den Jaeckh, daß sie mir eine Aufforderung schreiben. Mir ist jeder Freitag u. Samstag im Oktober recht. Schreiben Sie den Leuten, daß mir die Frauenvereine 30 Mk geben, daß ich aber auch für weniger komme. Sie sollen mir was anbieten, ich nehm's dann sicher an. Aber mich anpreisen mit Angabe der Preise u. der Rabattsätze – das geht nicht. Mir wär's recht schon am 12. Aber so geschwind wird's wohl kaum gehen. Machen Sie's gut, Bub!

Euere Briefe waren mir heut morgen eine wahre Wohltat! Über den vom lieben Stotzle hab' ich Tränen gelacht. Und ich hatte sowas nötig. Denn ich arbeite so wütend, morgens Schule und nachmittags Vortrag schreiben, daß ich schon ganz elend werde. Ich möchte die vier ersten haben, ehe ich den ersten halte. Nr. 2 habe ich in zwei Tagen geschrieben, 20 Folioseiten! Daraufhin habe ich eine sonderbare Herzpoppelei bekommen. Mein Herz hängt an einem Fädchen und bammelt und zuckt, und ich muß achtgeben, daß es nicht herunterfällt. –– Nun trinke ich keinen Tee mehr und gehe spazieren. Da geht's besser. Traurige Zustände, nicht, wenn man sich nicht mal 14 Tage schuften leisten kann! Jetzt bin ich an Nr. 3, der ist leicht.

Wie ich das mit den Wohlfahrtseinr.(ichtungen) einschachtele, weiß ich noch nicht. Ich möchte am liebsten einen ganzen Vortrag Sozialpol. der Unternehmer und der Städte – entweder dahinein auch die Wohnungsfrage tun, das würde aber zu viel, besonders weil darin der Arbeitsnachw.(eis) Platz in Anspruch nimmt. Oder das anstatt dem Vortrag über Arbeiterinnen nehmen, und dies Thema verteilen, teils in die Gewerkschaften, teils in Heimarbeit und Wohnungsfrage. Oder den letzten nicht als eine ganze Stunde Schmus behandeln, sondern etwa Arbeiterinnenfragen ½ Std. lang und dann ¼ Stunde Schmus. Das wird wohl das gescheiteste sein, gelt? – Ich glaube, wenn die Vorträge fertig sind, kann ich mal ½ Jahr lang das Wort Sozialpolitik nicht mehr hören ohne Leibweh. Pardon! –

Notabene beim Mammon! Krieg' ich wirklich 6 Pfg. per Zeile für die Abschriften (außer dem Schleiermacher), für die Sie sich schon das Danken abgewöhnt haben? Oder ist das gemein von mir? Wie steht's mit der Hilfe? Habt Ihr schon Kater über die Vergrößerung und reichen die Manuskripte? Ich habe 9 Pfd. Butter bestellt mit Bezugnahme auf die Hilfe und sitze nun damit fest und muß mitleidige Nachbarn bitten, mir was abzunehmen, ehe sie ranzig wird. Alles nur für die Hilfe! (Dies ist eine für Frau Naumann geeignete Anekdote.)

...

Eigentlich führe ich augenblicklich ein recht ödes Leben. Finden Sie nicht? Man erlebt gar nichts Lustiges mehr. Gestern abend traf ich bei Bekannten eine entzückende badische Frau, mit der wir letztes Jahr am Bodensee Freundschaft geschlossen hatten. Es sind zwei Schwestern, wir nennen sie nur die lustigen Weiber. Also die erzählte köstlich wieder von der Reichenau. Prachtvolle Sommerfeste mit Hermann Hesse und Finckh, die tragische Schlußszenen hatten, nämlich Überfall in unserem ehemaligen Wirtshaus, die Dichter ohne Hemd und Jacke, sonnengebräunt, Feuerwerk, das fremden Kurgästen in die Füße fuhr, Skandal, Schimpferei und Drohung vom Hermann H., »das ganze Pack von Kurgästen an die Wand zu drücken«, schließlich Rückzug in die lampionbehängten Ruderboote. – Mir ist ganz abenteuersüchtig zumut' geworden. Ich habe dann mit dem Fescht renommiert und großen Erfolg gehabt. Aber das ist schon lang her und nun sitz' ich im Philisterland und soll dem Weibervolk Sachen predigen, die sie im besten Fall mißverstehen, und eine Schreibstunde (kleine lat. Buchstaben) hat man mir aufgehalst, und alle Leute finden mich etwas Extraes, weil ich Vorträge halte »als junges Mädchen«! Ach Gott, schick mir mal wieder eine Schnur über den Weg, über die man hauen kann!

Es bittet um stille Teilnahme
Eure Elli

Bitte zum 12. Oktober der Frau Ida Feist, W., Stülerstr. 8 ein Exemplar der Asia zu schicken, mit Angabe, es sei von mir! Danke schön im voraus!

Samstag

Mein Dorle,

ich habe in den letzten Tagen so viel nachdenken müssen, und ich müßte es wohl der Ehrlichkeit halber Ihnen erzählen.

Sehen Sie, manchmal packt mich ein Zorn gegen uns alle miteinander. Was sind wir doch im Grund für kümmerliche Seelen, die nichts Ganzes und Großes mehr fordern, sondern sich mit Halbem begnügen und dann womöglich noch stolz sind auf ihr feines »Nuancen«-Empfinden oder wie man den Unsinn sonst noch nennt.

Das, was Sie sagen, von nicht fähig sein, mal eine große Leidenschaft zu erleben, fällt auch darunter. Was soll eigentlich diese Resignation? Man *soll* sie erleben und erwarten wollen! – Aber ich glaube jetzt einen Grundzug Ihres Lebens gefunden zu haben oder vielmehr zu verstehen. Über dem »Grünen Heinrich« ist es mir klargeworden.

Erinnern Sie sich, wie der das Begräbnis der kleinen Anna erlebt und schildert? Ganz ohne innersten Anteil, novellistisch schauend sozusagen, genießend. So leben Sie auch Ihr Leben. Wie Sie mir die Hochzeit in Heilbronn beschreiben – das ist ganz dasselbe. Sie »kennen keine Brüche, sondern nur Entwicklungen« – das ist es.

Natürlich soll dies nicht etwa ein Vorwurf sein. Aber es beschäftigt mich furchtbar stark. Ich will Ihnen ganz klar und einfach sagen, was ich daraus verstanden habe: daß, wenn aus dem, was Sie seit Dresden von uns träumen, nichts in Erfüllung ginge – daß Sie das alles kein Herzblut kosten würde. Sondern nur eine Erfahrung wäre, die Sie verarbeiten würden. Ich fühle das sehr deutlich mit einem sonderbaren Gemisch von Enttäuschung und Beruhigung. Vielleicht ist bei dem ersten meine Eitelkeit im Spiel und bei dem zweiten meine Gerechtigkeit. Weil man nichts Ganzes verlangen kann, wo man nichts Ganzes zu geben hat. Ich möchte aber einmal Großes geben und nehmen!

abends

Dorle, was werden Sie von mir denken, daß ich Ihnen erst gestern so harmlose Sachen vorschwätze, und dann mit Problemen komme. Es sind Stimmungen, lieber Dorle, und nicht dauernde Erkenntnis. Ich werde aus mir selber nicht recht klug und weiß nicht, ob's nicht gescheiter wäre, solche Sachen, wie auf diesem Bogen stehen, für mich zu behalten. Aber Sie sollen wissen, was ich denke. Und ich möchte manchmal von Ihnen auch etwas weniger wohlgeordnete Briefe haben, um Sie besser zu verstehen. Vielleicht war ich heute mittag ungerecht und grausam gegen Sie. Dann verzeihen Sie mir. Und glauben Sie nicht, daß ich Sie weniger lieb habe, wenn ich solche Gedanken habe.

Viele, viele Grüße!
Ihre Elli.

Bedenken Sie auch, daß ich mir selber noch viel härtere Sachen sage, wenn ich's Ihnen tu'!

Friedenau-Berlin, 8. Okt. 06
Montag abend 10 Uhr nach der
Hilfekorrektur

Liebe Elli!

Mit dem, was Sie am Sonntag zu Ihrem Briefe fügten, haben Sie mir recht wehe getan, und doch bin ich Ihnen dankbar dafür. Aber ich glaube, Sie haben nicht recht. Das ist ein Stück der verfluchten inneren Ehrlichkeit, die die Geste der ›großen Leidenschaft‹ unterdrückt und dafür ›wohlgeordnete Briefe‹ schreibt, daß ich nicht mit Gegenbeteuerungen über Sie herfalle. Das kann ich nicht. Aber nicht deshalb, liebe Elli, weil ich Ihnen uneingestanden recht geben müßte, sondern weil mir die Spekulation, daß all das Episode und wie es einmal nachher sein könnte, noch gar nie gekommen ist. Sie sind ja täglich bei mir, und nichts, nichts würde mich tiefer treffen, als wenn dieses stille und treue Zusammensein zerrissen würde. Lassen Sie das Wort Herzblut weg. Das würde keine »Erfahrung« sein, die ich ›verarbeite‹ (das durften Sie nicht sagen, Elli), sondern eine Verarmung an Leben und Kraft, die ich gar nicht denken mag.

Und wie konnten Sie zu der Vorstellung kommen, ich gehöre zu den Menschen, die ihr Leben in dem Empfinden feiner ›Nuancen‹ zerstreuen, wahrscheinlich weil sie vor den kompakten Realitäten Angst haben. Das begreife ich nicht, Elli. Ich hab' von mir das Gefühl, daß ich nie bei der Analyse stehenbleibe. Wenn ich schrieb, es gäbe bei mir keine Brüche, sondern Entwicklungen, so dachte ich, damit etwas Kräftiges auszusprechen: daß mich das Leben nie unterkriegte, sondern daß ich seine Wege verstand und das in mich sammelte, was es mir, auch im Leid oder Entsagen, bot. Das soll nicht renommistisch klingen, aber ich will nicht als der genießerische Schwächling vor Ihnen stehen, für den ich mich selber auch in den intimsten Stunden meiner Seele nicht halten kann. Und Sie sollen auch das nicht falsch verstehen, wenn ich Ihnen sagte, daß ich nicht die ›große Leidenschaft‹ erwarte. Ich sagte, ich weiß nicht, ob sie kommt und ob sie sein wird, wie man sie liest und als 17jähriger träumt. Es handelt sich dabei, wenn ich das sagen darf, um eine sehr stark disziplinierte Sexualität. Diszipliniert weniger durch soziales Räsonnement als durch eine vollkommen individuelle, unpropagandistische Reinheits- und Reinlichkeitsethik. Man sagt mir, diese Monogamie sei bei einem so freidenkenden Menschen eine fixe Idee. Mag sein. Aber mich leitet sie so durch alle Situationen des Lebens, daß ich allerdings an die ›starke Leidenschaft‹, an das Besitzenwollen um allen Preis des Lebens, nicht bei mir glauben kann. Heute wenigstens, da ich noch in der Entwicklung stehe, nicht. Vielleicht ist das Schwäche, vielleicht ist es Stärke.

Gelt, Elli, Sie finden das nicht läppisch, wenn ich so breit und ›wohlgeordnet‹ von diesen Dingen rede. Es fehlt dem das Hinstürmende und Sengende. Aber ich möchte sagen, daß meine Leidenschaft nicht in den grellen und schönen Loheflammen wohnt, sondern in der stillen, dauernden und wärmenden Glut.

Man kann so schwer von diesen Dingen reden. Aber, liebe Elli, was ich Ihnen eben schrieb, ist keine Pose, sondern es soll Ihnen den Hintergrund meiner Gefühle geben, in denen ich Ihrer gedenkend lebe. So, wie unser Verhältnis heute ist und sein muß, bleibt mir nichts anderes als Ihnen brave und objektive Briefe zu schreiben. Denn sonst trage ich nur Unruhe in Ihr Leben, wo wir uns ruhiges Warten, soweit es möglich, versprochen, und Sie sagen mir: armer Bub, und das tut weh. Seien Sie versichert, Liebe (Sie mußten es eigentlich wissen), daß mir das Leben oder unsere Liebe keine Novelle ist, die ich mir zurechtlege und genieße. Das Ethische ist in mir weit stärker als alle Ästhetik. Und wenn Sie den grünen Heinrich herholten und ich hab' die Szene miterlebt: das ist Schamgefühl oder Verzweiflung oder kosmische Einsicht oder die Skepsis, die jeder feinere Mensch sich ganz allein hütet und die nichts mit der Skepsis der Bande der ›Skeptiker‹ zu tun hat.

Sie müssen mir das glauben, was ich Ihnen auf diesen Seiten, vielleicht etwas ungeschickt und zu pathetisch, gesagt habe. Aber ich kann es nicht ertragen, daß Sie nicht von der Aufrichtigkeit und umfassenden Kraft meiner Zuneigung überzeugt sind, und diese Liebe als eine Episode werten. Ich bin Ihnen nicht bös', daß Sie das schrieben, denn ich sehe, daß Sie es mußten; aber schauen Sie nun wieder ohne alle Reflexionen die Lebensfröhlichkeit und das treue und starke Fühlen

Ihres alten Dorle.

So, liebe Elli, jetzt eine kleine Pause. Denn nun kommen die kleineren Alltäglichkeiten und ich fürchte, sie ergießen sich wieder auf weitere vier Seiten. Ich kriege bisweilen Angst, meine Gesprächigkeit wird Ihnen langweilig; dann sagen Sie das, damit ich mich auf einen Bogen konzentriere. Aber vorderhand ist immer so beträchtlich viel Stoff da.

Wenn ich mir den Brief von gestern ansehe, so finde ich eine Stelle drin, die mir gar nicht gefällt. Und nun muß ich schon sagen: liebes Kind, und dann: arbeiten Sie doch nicht ohne Maß. Ich darf ja wohl annehmen, daß das Versagen Ihres Herzens vorübergehender nervöser Natur ist, aber gelt, seien Sie recht vernünftig und besorgt, daß Ihnen so was nicht mehr begegnet. Denn auf einmal haben Sie was weg, und mir scheint nichts ärger, als wenn man dann so auf sich aufpassen muß.

Wenn ich mich weiter umsehe: daß das ›schöne und fröhliche Mädchen‹ in Heilbronn die Eugenie Dessecker war, sahen Sie doch; aber Sie dürfen mir nicht ganz verbieten, daß ich bißweilen so etwas vor Ihnen herumkokettiere – ich will's nachher wieder ein bißchen tun – und wenn's dann ›literarisch‹ klingt, was sich beim Allerleirauh rasch hat, dann sehen Sie doch, wie gründlich objektiv ich bei all dem bin.

– An Frau Dr. Betz (übrigens deckt sie sich nicht mit der Vorstellung der »guten Frau Betz«, sondern ist eine große dunkle Französin) hab' ich geschrieben und ihr den 19. vorgeschlagen; anscheinend hat man aber – nach Jaeckhs Bericht – die Sache dort schon für so perfekt gehalten, daß man nur auf Ihre Ansage wartete. Wenigstens hat die Frau Betz auch in diesem Tenor mit meiner Mutter gesprochen. Hoffentlich läuft jetzt vollends alles glatt. Ich geb' Ihnen dann noch in dem nächsten Brief einige »Verhaltungsmaßregeln«.

Zu Ihren Vorträgen: ich würde unbedingt einen selbständigen über Sozialpolitik d. Unternehmer u. Städte machen, Arbeitsnachweis im theoretischen zu den Gewerkschaften stecken, Arbeiterinnenfrage überall ein bißchen unterbringen und dann die Hauptsache davon mit der Wohnung zusammennehmen. Hier etwas Bodenpolitik, Wohnungsinspektion, Hygienisches usw. vornehmlich bei der Heimarbeit.

Zur »Hilfe«: ich hab' Ihnen immer 6 ch Zeilenhonorar hingeschrieben und tue es auch beim Schleiermacher (weil auch die Abdruckidee von Ihnen ist). Aber Sie müssen warten, bis unsere Kasse Geld hat. Dann kriegen Sie's. Arg viel wird's kaum. Aber desto mehr, je mehr Sie mir schicken. Ich sehe Ihre Sachen schon als unumgängliches Inventar an. Machen Sie auch wieder selber was. Und besinnen Sie sich immer. Vergrößerungskater haben wir noch nicht, dafür unmäßig viel Manuskripte. Der 1. Oktober ging angeblich glanzvoll vorüber: eintausend Abonnenten gewonnen, so daß wir jetzt – sagt Schneider – auf 7600 stehen werden. Sie müssen zu den weiteren Rucken brav mithelfen. Hoffentlich sind Sie so schlau, bei Ihren Einkäufen »sich ausdrücklich auf die ›Hilfe‹ zu beziehn«. ... Samstag und Sonntag war mein Bruder Ludwig von Dresden hier. Am Samstag war dann etwas, was aus der Ferne einer Erinnerung an das Fest glich. Erna Wönckhaus pp. hatten einen Klavierspieler und ein Sälchen gemietet. Dazu kamen wir alle. Neben dem Tanz gab's einen fortgesetzten Ulk mit einem Würzburger Psychologen, den Hohmann beibrachte, einem unglaublichen Ochsen, der über die Seele des Kindes und des Weibes schreibt. Katz ging als Pastor, Stotzle als Professor, ich als wilde bohème, Lu Märten als Erdgeist-Lulu-Modell. Der Dackel fiel auf alles herein, auch auf ein fingiertes Rendezvous mit einem musikalischen weiblichen Wesen aus Hinterpommern, das z. Z. als Katzsche Freundin fungiert. (Sind Sie jetzt arg neugierig? Ich kann gar nichts sagen, weil sie mir vollkommen gleichgiltig ist.) Also es war schön. Wir tanzten bis 5 und saßen dann noch in kleinerem Kreis bis 8 bei der Erna W. Ich muß Ihnen beichten, daß ich an dem Abend dionysisch-toll war. Ich tanzte wie ein Heide, lag mit der Lu Märten auf dem Boden herum (Stotzle assistierte), trug das Mädle tanzend auf meinen Armen und benahm mich überhaupt zur Verwunderung von Katz. Die Märten ist ein dünnes Mädchen mit offenen Haaren, macht Dichtsachen, die arg auseinanderlaufen, und gibt sich arg exzentrisch. Vielleicht weiß sie, daß sie in ein paar Jahren an Schwindsucht stirbt. Außerdem ist sie durch Jahre verlobt. Die soll ich nun normal, fröhlich machen. Bis jetzt tat ich's mit einer unbekümmerten Saugrobheit, aber ich glaub', mein Bemühen ist umsonst und es bleibt das Mitleid. Denn das Mädle hat Talent, keine Vorurteile und tanzt gut.

Sie hätten über mich und mein fröhliches Proletentum gelacht,

Allerlei

Schleiermacher, Briefe. Herausgegeben von Martin Rade. (Eugen Diederichs, Jena 1906.)

Wenn je ein Buch alles erfüllt hat, was sein Herausgeber im Vorwort verspricht, so ist es diese Sammlung aus Schleiermachers Briefen. Der Herausgeber sagt, daß ihm alles „auf angenehme Lesbarkeit ankomme". Man kann das, was den Reiz dieser Auswahl bildet, nicht bescheidener und treffender ausdrücken. Den vielen Menschen, die sich davor scheuen, vier Bände philologisch genau herausgegebener Briefe aus der Bibliothek zu holen und durchzulesen, — ihnen wird in diesem Bändchen, das sich wie eine gute Erzählung liest, ein klares Bild eines schönen Menschenlebens vermittelt. Ganz ohne Pedanterie, ohne ängstliches Alles-Beibehalten und — heutzutage eine seltene Erscheinung — ohne jede Prätension und Eitelkeit des Herausgebers — ist dies Buch ein einfaches Schenken: „Hier liegen Schätze bewahrt. Seht, was ich euch davon zeige! Wer mehr will, kennt nun den Weg."

Und wenn irgend ein Mensch es verdient, in seiner persönlichsten Aeußerung, der brieflichen, noch lange nach dem Erlöschen dieser Wirkung gekannt zu sein, so ist es Schleiermacher, der aus der Freundschaft eine Kunst zu machen wußte. — Man hat eine sehr egoistische Freude darüber, daß vor hundert Jahren der Mangel an Eisenbahnen und an Geld das häufige Reisen verhinderte, das heute so viele schöne Briefe ungeschrieben läßt. Schleiermachers Lebenswerk wäre uns ja auf alle Fälle erhalten, aber den Zauber seiner liebenswürdigen Persönlichkeit könnten wir nicht in so reichem Maße auf uns wirken lassen. — Aus seinen Briefen strömt das verstehende Miterleben, das helfen will, die Erlebnisse in Erfahrungen umzusetzen, dem dankbaren Leser zu. Und durch alle an ihn gerichteten Briefe geht ein gemeinsamer Zug: diese so verschiedenartigen Menschen verlangen immer wieder seine Mitfreude, seine Teilnahme, seinen Rat, sie wollen ihm nah sein und bleiben. Er gibt wohl mehr als er empfängt und fühlt sich reich durch das Geben, selbst in den ärmsten Zeiten der bittersten Enttäuschungen im eigenen Leben. — Niemand wird diese Zeugnisse kindlicher, brüderlicher, freundschaftlicher, leidenschaftlicher und zärtlich fürsorgender Liebe lesen, ohne mit Andacht zu lernen, daß innere Harmonie nicht eine mühelos erworbene unverdiente Himmelsgabe, sondern eine Aufgabe, der nachzustreben, sie zu verlieren, um sie reiner wieder zu gewinnen, eine Lebenspflicht für jeden Menschen ist. Schleiermacher hat sie gelöst.

Und noch eins: er ist der große Frauenlober. Wie sollten wir ihn nicht lieben?

Elly Knapp.

Elly Knapps Rezension der Briefe Schleiermachers in der »Hilfe« vom 3. März 1907.

wären Sie dagewesen. Denn es ist so: seit Dresden, seit ich weiß, daß ich in Ihnen einen festen Halt habe, bin ich gegen die Frauen viel frecher und unbefangener und kann sie noch mehr als früher wie Kameraden ansehen. Deshalb, weil ich bei Ihnen meinem Denken und Sehnen eine stille Ruhe geben darf.

Adi Elli, bleiben Sie mir froh und gut. Ihr Dorle

Straßburg, am 13. Oktober 1906

Mein lieber Dorle,

morgen mache ich endlich mal wieder einen Ausflug ins obere Breuschtal. Und heut morgen will's sowieso nicht mehr vorangehen mit dem Arbeiten.

Also vielen, vielen Dank für den guten Brief. Auf das ganz Persönliche drin kann ich jetzt nicht näher eingehen. Ich danke Ihnen, lieber Bub, und bitte, haben Sie Geduld mit mir. Es ist manchmal ein arges Durcheinander in mir, das Sie nur schwer begreifen würden, wenn Sie es sähen. Manches haben Sie mißverstanden in meinem dummen Brief von neulich. Aber man kann das nicht so aus der Entfernung auseinander wirren. Und Sie wissen, daß ich mich bereits auf ein winterliches Wiedersehen freue; das wird hoffentlich manches klären. – So danke ich Ihnen heut nur für die vielen guten Worte, die ich in Ihrem Brief fand!

Sie müssen aber nicht solche Dummheiten schreiben, wie die: ob mir die langen Briefe öde würden. Sie wissen ganz genau, daß davon keine Rede sein kann. Schreiben Sie nur, je länger, je lieber.

Gestern abend habe ich sehr rasch an Frau Betz geschrieben, daß ich käme und dann sehr langsam an Ihre Mutter, ob sie mich wirklich brauchen könne. Es ist mir schwer geworden, einen braven, ordentlichen Brief zustand' zu bringen, und ich fürchte, ich werde auch dort zuerst etwas verlegen sein. Aber nicht lang. Wird Ihre Kusine noch da sein? Ich bin wirklich neugierig. Den nächsten Brief kriegen sie erst am Montag geschrieben, wenn ich heimkomme. –

Ich merke, daß ich alle großen Ereignisse dieser Woche in dem Brief an den Stotzle verpufft habe, und es bleibt nicht mehr viel Erzählenswertes. Die Bürgermeisterwahl ist das große Erlebnis für uns alle. Die Liberalen haben sich, Gott sei's geklagt, saumäßig dabei blamiert. Die dackelhaften Esel haben, um nicht den gleichen Kandidaten zu haben wie die Sozialdemokraten, für den stumpfsinnigen Kandidaten des geeinten Mittelstandes gestimmt! So ist Schwander (der gut Naumannisch denkt) von den Sozen und den Demokraten und dem klugen Teil der Klerikalen gewählt worden.

Aber das wird alles bald vergessen sein. Die Hauptsache ist: In Deutschland kann es noch vorkommen, daß ein Mensch, der die Volksschule besucht hat und mit 15 Jahren als kleinstes Schreiberlein im Rathaus in Kolmar anfing, dann vom Professor G. F. Knapp zum Doktor gemacht wurde, 4 Jahre Beigeordneter war – daß der mit 36 Jahren Bürgermeister von Straßburg wird. Es ist unerhört. Er hat gar keine anderen Vorzüge, als die Tüchtigkeit. Das Geld zu dem späten Studium hat seine Frau, eine Bauerntochter, dazugebuttert. –

Kann einem diese Geschichte nicht zum Optimisten machen? Willy Bloch hat mir am Wahltag telegrafisch gratuliert. Das verrückte Huhn. Aber es entsprach ganz meiner Stimmung. ... Ade. Ich muß an die Arbeit gehen. – Viele Grüße an Stotzle u. Hohmann und eine Patschhand für Sie!

Ihre Elli

Berlin, 16. Okt. 06
Café Austria mittags 2 Uhr

Liebe Elli!

Ein klein bißchen umflattern mich hier die Geister der Erinnerung. Die Situation ist: Mittagspause zwischen der Parteikonferenz, die von gestern früh bis morgen abend, den ganzen Tag durch, dauert. Meist ziemlich langweilig, aber wichtige Sachen. Und die Stimmung solcher Besprechungen hat immer etwas für sich.

Aus Ihrem braven Brief von gestern abend sah ich mit viel Freude, daß meine neulichen Zeilen die Resonanz fanden, nach der sie suchten. So ist es immer gut: sagen, was ist und was man empfindet. Dann weicht alles falsche Verstehen. Das darf ich hoffen, daß meine Worte vor acht Tagen alle Unklarheit und Trübung diesmal von Ihnen genommen. Und Sie wissen: so wie die Sachen heute liegen, bin ich frei von aller drängenden Ungeduld. –

Das Wichtigste von dem, was ich Ihnen heute zu erzählen habe, berührt Ihren Heilbronner Besuch. Frau Dr. Betz hat mir »im Namen des Frauenvereins« gedankt. Und nun machen Sie die Sache recht gut und seien Sie mit den Damen nett.

Mit meiner Mutter werden Sie schon zustandekommen; darum ist mir nicht Angst. So eine Ahnung, was das für eine Frau ist, haben Sie ja wohl. Ich sagte ihr, daß sie bei Ihnen »keine Umstände« zu machen brauche – so heißt der Terminus, sondern den gewöhnlichen ruhigen Altfrauenbetrieb fortführen dürfe. Deshalb, damit sie sich nicht in unnötige Backereien und Kochereien stürzt und sich dann bloß zwecklos anstrengt. Das ist nämlich solche württembergische Hausfrauenspezialität. Sie sind mit dieser Anordnung doch ganz einverstanden.

Ob Sie meine Base Hedwig oder die kleine Liesel treffen, kann ich gar nicht sagen; aber es ist möglich, daß die beiden Brüder da sind. Ludwig hat gestern seinen Dresdener Aufenthalt abgebrochen, um seinen Urlaub (–20.) vollends in Heilbronn zu sein. Charakteristikum: Mediziner, liebt Naumann, schimpft auf die Kirche und die Nationalliberalen, tanzt gut. Sie werden sich ganz amüsant mit ihm unterhalten. Hermann kommt Freitag oder Samstag von Stuttgart.

Lassen Sie sich von Hermann zeigen: Deutsches Haus, Rathaus (incl. Ambergsches Standesamt), Kilianskirche, Fischergasse; das Haus, in dem wir 93–05 wohnten, damit Sie sehen, wo sich meine schönste Lausbubenzeit abspielte. Und was er sonst noch weiß. Lassen Sie sich von meiner Mutter zur Abendlektüre meine »Ahnennovellen« geben, wenn sie weiß, wo die sind. Dann: imponieren Sie dem Jaeckh. Sie können ja am Samstag früh ein bißchen zu ihm auf die Redaktion und von Ihrem Wissen und Unterrichtetsein usf. erzählen.

Am Samstag mittag gehen Sie nach Wimpfen, am abend in eine Weingärtnerstube, am Sonntag früh beschauen Sie sich die Heilbronner Mädle.

So, nun wissen Sie alles. Ich hab' durch eine Reihe von Karten arg Reklame gemacht, wie das bei guten Freunden Pflicht. Und im übrigen Gott befohlen. Ich freu' mich auf einen sehr großen und sehr gewissenhaften Bericht über Ihre Eindrücke von der Stadt und den verschiedenen Menschen. ... Die Aussicht, Sie im Januar hier zu haben, erfüllt mich natürlich mit Freude und Erwartung. Gelt, ich hatte recht, daß wir uns früher wiedersehen werden, als es so schien. Das Schicksal und die Greifswalder meinen es gut mit uns. Die Absicht der letzteren ist ungemein lobenswert. Entspringt sie eigentlich persönlichen Beziehungen oder ihrem sachkennerischen Renommee? Heimarbeit gibt's in diesem gottverlassenen Nest doch sicher nicht.

Über Schwanders Sieg hab' ich mich mit Ihnen gefreut, da Sie mir ja schon so Tüchtiges über ihn erzählt. Mit dem Hunspacher Wolf hab' ich mich gestern drüber unterhalten; er hat auch auf die Liberalen geschimpft. Heißt liberal = Landespartei od. nat.(ional)lib.(eral)? – Damit für heute genug. Ich muß jetzt, allerdings mit erheblicher Verspätung zur Konferenz.

Ich wünsche Ihnen nach Heilbronn recht frohe Tage.

Immer Ihr alter Dorle

...

Straßburg, am 22. Okt. 06

Mein Dorle,

wir waren alle in diesen Tagen so mit allen Gedanken bei Euch und Ihr bei uns, daß ich fast die Illusion habe, Sie seien mit auf dem Kiliansturm, in Wimpfen und im Ratskeller gewesen, und es ist ganz unnatürlich, daß ich nochmal von Anfang an alles beschreiben soll. Daß es wunderschön, in jeder Beziehung Erfüllung ohne Enttäuschung war, wissen Sie schon und wußten Sie im voraus. –

Also, »ich kam an und da« – schon beim Einfahren erkannte ich Ihren Bruder Ludwig an der Ähnlichkeit mit Hermann. Am nächsten Tag, als der Hermann selbst da war, fand ich dann den Ludwig Ihnen sehr ähnlich. Er ist ein gelungenes Mittelding zwischen Euch beiden. – Ihre Mutter empfing uns zuhaus', sehr lieb und viel jünger, frischer und energischer als ihre unnützen Buben sie schildern. Zuerst waren wir beide ein bißle befangen – aber nachher wurde sie immer fröhlicher. Am letzten Tag in Wimpfen war sie grad' so lustig wie wir. –

Nach dem Essen am Freitag sind wir ein bißchen 'rumgebummelt, haben Einkäufe gemacht und die Frau Betz besucht, die so reizend ist, daß Sie ihr mal einen Besuch machen müssen. Auch zwei nette, ganz junge Mädels hat sie. –

Am Abend um acht Uhr holte mich die Equipage von Hofrat Bruckmanns ab (Respekt, Dorle!). Denken Sie sich Ihre Mutter und mich so kutschierend, Ludwig aus Trotz zu Fuß laufend. – Der Saal war bis auf den letzten Platz besetzt. Danke schön für die Reklame. Mein Rednerpult wackelte so, daß die ersten Reihen genug mit Zusehen zu tun hatten, wie die Wasserflasche jonglierte. Außerdem war's so dunkel, daß ich fast nichts lesen konnte. Also für mich ein mittelmäßiges Vergnügen. Den Damen hat der Vortrag aber doch imponiert, und sie waren sehr aufmerksam. Nur der Jaeckh merkte den Mangel an innerer Freiheit und dadurch an Lebhaftigkeit.

Nachher saßen die Weiber noch bei sehr feinen Butterbroten und Tee zusammen um mich herum, und ich ließ mir mit Behagen den Hof machen. Sie waren alle unheimlich elegant (ich auch!). Frau Jaeckh war entzückend hübsch und mit Frau Betz die netteste. – Um 11 Uhr gingen wir rüber zu den Männern. Da habe ich angefangen nach Ihrem Programm »dem Jaeckh zu imponieren« und, glaub' ich, nicht erfolglos. Wenigstens lud er uns am folgenden Tag zum Kaffee ein und war dann noch bis abends 12 Uhr mit uns im Ratskeller. Das letztere hat Ihre Mutter nicht mitgemacht. Es waren sowieso anstrengende Tage für sie.

Am Morgen war sie aber dabei, als der Oberbürgermeister (der auch im Vortrag gewesen war) uns das Rathaus zeigte. Es ist wirklich wunderbar. Nur das Ambergzimmer war insofern eine große Enttäuschung, als ich mir nach dem Photo die ganze Geschichte in Marmor gedacht hatte. Nun ist es gemalte Plastik und wüst in den Farben. –

Der Hermann war furchtbar nett, hat mich überall herumgeführt und viel gezeigt. Dabei war das entzückendste Herbstwetter. Bei jeder Birke konnte man sagen »Bäumchen rüttel dich und schüttel dich, wirf Gold und Silber über mich«. Die Wälder waren so unbeschreiblich golden, daß sie ganz aussahen wie die prunkvollen Mäntel auf Rembrandtbildern. Den Weg von Jagstfelden nach Wimpfen werde ich nie vergessen. Es lag in dem blauen Duft wie das Jerusalem mit den goldenen Türmen. –

Ja, was soll ich noch von Menschen schreiben. Jaeckhs sind ein dauernder Gewinn, das fühle ich. Sie haben mich sehr verwöhnt. Wir haben viel von Naumann-Chancen geredet, und es scheint wirklich gut zu stehen. Es wäre doch fein, wenn Heilbronn später diesen Ruhm für sich in Anspruch nehmen dürfte. Nur verhindern Sie um Gotteswillen, daß Katz und Cohnstädt da agitieren. Aber das brauch' ich wohl nicht zu sagen. –

Dorle, einen Moment lang bin ich entsetzlich verlegen geworden, und Jaecks haben's entschieden gemerkt. Sie sprachen von Ihren Versen und daß Salzer sie nehmen will, und Frau Jaeckh fand, die letzten seien viel besser als die früheren, man merke, daß Sie mehr erlebt haben. Das war mir sehr peinlich. Haben Sie in das Manuskript auch »Elli« über die letzten geschrieben, so, daß man auch das Dresdener mit dazu rechnen muß? Nach den Gesichtern zu schließen, scheint es so zu sein. Das geht nicht, Büble, daß später die Frau Naumann und der Katz und mein Vater und Gott weiß wer noch das so indiskret lesen. Wie wollen Sie's machen?

Die Leut sollen nicht in unserem Rosengärtle rumtrampeln und nach den botanischen Namen fragen.

Der Abschied von Ihrer Mutter ist mir wirklich schwer geworden. Ihr müßt sehr streng dafür sorgen, daß sie sich schont. Immer, wenn sie gebügelt hat, hat sie ihre alte Migräne. Ich habe versucht, ihr klarzumachen, daß ihren Buben eine gesunde Mutter bedeutend wichtiger ist, als selbstgebügelte Wäsche. Aber Sie müssen es auch schreiben. Und dann machen Sie ihr und mir und sich und allen eine große Freude und – – – – – – ziehen Sie um! Bitte! Wenn Ihre Kusine herkommt, sollten Sie zusammen in ein Haus ziehen oder nah zum Stotzle. Auf jeden Fall in ein sehr sauberes Zimmer, was man lüften kann. Ihre Bude fand ich im Sommer zu schrecklich, und Ihre Mutter macht sich auch Kummer drüber. Und jetzt seien Sie nicht bös' (Sie schimpfen ja schon!), sondern tun Sie's. Reinlichkeit ist nämlich kein Luxus, und man kann in dieser Beziehung nicht so anspruchslos leben wie Sie's tun. – Ich möchte Sie so gern im Januar (ich weiß noch gar nichts drüber, ob was draus wird) in einer hübschen, hellen, sauberen Bude besuchen. –

. . .

Liberal heißt hier eben grad' »vereinigter Liberalismus«, national-lib. und freisinnig und alles ähnliche hat sich seit 3–4 Jahren so zu einem Käs' vermengt und blamiert sich jetzt redlich. Die »Freunde der Hilfe« haben rebelliert und ihre Unzufriedenheit wegen dem Verhalten bei der Bürgermeisterwahl ausgesprochen. Übrigens sagen Sie dem Naumann, er solle um Gotteswillen nicht wieder so eine Notiz über den Schwander bringen. Wenn das durch die Presse geht, daß er Sozialdemokraten anstellt, dann wird er nicht bestätigt. Wir zittern sowieso, weil der Kaiser jetzt so wild auf den Hohenlohe und Curtius ist und sich vielleicht nicht noch mal ärgern will. Denn der Köller ist natürlich wild auf den Schwander. Er hat Gründe, nur dumme Menschen zu lieben. . . .

Ihre beiden Notizen in der Hilfe sind sehr gut. Zu Sudermann gehört Schnodderigkeit. Der Manet ist vorzüglich. Dagegen war der Degas schlecht. Unklar; ohne Absätze. Klang wie Notizzettel, die später mal einen Aufsatz geben sollen. –

? Wann kommt einmal
eine Hilfe ohne Druckfehler ?
? ? ? ?

Ich setze einen Preis dafür aus. – Wie könnt Ihr einen Aufsatz nehmen mit der kamelhaften Überschrift »der Mensch als Sachgut«?? Papa war wütend. – Sehr fein ist der Hohenlohe-Aufsatz. –

Und nun Gott befohlen. Träumen Sie von Wimpfen. Ich tu's auch. Und wenn Ihre Mutter was über mich sagt, ist Indiskretion Ehrensache.

Gruß für Stotzle u. Sie.
Elli

Friedenau-Berlin, 23. X. 06
Friedrich Wilhelmplatz 2

Meine Liebe!

Vorhin kam der mit großer Sehnsucht und Spannung erwartete Brief und sagte mir, was ich schon vorher wußte und fühlte: daß Ihre Heilbronner Tage in Fröhlichkeit vorübergegangen sind. Darüber freu' ich mich von ganzem Herzen, u. es tut mir bloß leid, daß ich nicht mitmachen konnte. Und fast wär' ich am Freitag abend dagestanden – die russische Korrespondenz hat mich zu ungenannten Zwecken mit 100 Mk bestochen – aber dann dacht' ich: es macht doch zu große Sensation. Also beherrschte ich mich.

Und nun durchleb' ich mit Behagen diese paar Tage, seh' Sie mit meiner Mutter in dem ominösen Linoleumzimmer sitzen und mach' in die biederen Gespräche unartige Zwischenbemerkungen. Das ist alles so Programm.

Haben Sie nicht auch um den Tisch herum getanzt? Das passiert bei mir jedesmal.

Und dann sitz' ich im kleinen Harmoniesaal (da haben wir neulich gehochzeitet) und seh' mit Besorgnis die gemütvolle Wasserflasche tanzen. Schad', daß Ihnen das dazwischenkam. Das Zuhörerpersonal kann ich mir noch nicht ganz zusammenkonstruieren; das muß meine Mutter tun. Alle Kleinigkeiten, die ich so erfahre, machen mir Freude.

Jaeckhs Bericht war formal und inhaltlich gut. Hat das demokratische Blatt auch was gebracht? Ich hatte Sie der gleichfalls befreundeten Redaktion empfohlen.

Frau Betz will ich mal besuchen. Bis jetzt hatte ich vor diesem Frauenverein ziemlich Horror; es gibt so unglaubliche Gänse in der lieben Heimat.

Alles ist mir so fabelhaft, daß man da noch mit den »Männern« zusammensaß, und ich bring' auch dieses Gschwerl nicht in die Reihe. War Ludwig da auch dabei? Jetzt bin ich wieder bodenständige Schwätzbas'.

Der Herbst ist gar nirgends so schön wie bei uns und als ich vorgestern mit der Erna W. im Grunewald war, hab' ich stark an die Luft und Berge da unten denken müssen und daß ich jetzt eigentlich auch mit von Jagstfeld nach Wimpfen laufen könnte. Gelt, Wimpfen! Hoffentlich hat Hermann Sie in alle seine Löcher und Sauställe geführt. Brav, daß er gekommen ist.

Sie müssen mir noch sagen, wie Sie sich mit Ludwig haben stellen können und was Sie mit dem Hermändle Sihler angefangen haben. War der mit in Wimpfen? Schad', daß man Ihnen den Babett nicht vorgeführt hat. . . .

Meine Wohnfrage. Ich kann mir's denken, wie meine Mutter Ihnen geklagt; ich hab's schon im Sommer reichlich erlebt. Die Frage des Umzugs ist ja schon lang dahin entschieden, daß ich umziehe, weil ich die Bücher nicht mehr unterbringe. Aber ich muß immer noch betonen, daß die Bude unvergleichlich liegt. Jeden Abend schau' ich zu, wie's über dem Platz dunkel wird. Und ich hab' mich fast immer wohl gefühlt, weil die Frau ehrlich und nicht schwätzhaft ist, wenn auch nicht sonderlich intelligent. Wenn ich es in dem Saudurcheinander ausgehalten habe, so liegt das an meiner Scheu, zu kündigen. Ich bin eben ein feinfühliger Jüngling, ma chère, weniger gegenüber den Sachen als den Menschen. Hoffentlich find' ich bald den Mut und zieh' dann zu Stotzle, bei dessen Wirtin jetzt ein fast elegantes Zimmer frei geworden ist. Bloß ist mir noch nicht klar, ob ich mich darin gemütlicher fühlen werde, denn Unordnung gibt's ja doch, solang' das Arbeitszimmer nicht getrennt ist. Aber Sie haben Aussicht, mich das nächste Mal woanders besuchen zu können. ... Die letzte Woche ist etwas verpufft, da ich z. Zt. an keine Arbeit recht herankomme. Was mich am meisten beschäftigt, ist die württ. Landtagswahl, ich schreib' ungezählte Briefe in der Sache, Wahlaufruf, Wahlprogramm. Es ist wahrscheinlich, daß ich was Gescheites zusammenkrieg', und dann geht's im November mit niederen Krägen und Unteroffiziersscheitel auf die Albdörfer hinaus.

– –

Mit der Lu Märten war ich ein paar Mal zusammen. Ein merkwürdiges Wesen. Ich hab' sie noch nicht ganz weg. Manches an ihr ist Berlin; aber im Grund ist sie ein feiner und reifer Mensch. Aus Unruhe exzentrisch. Vorderhand gelingt es mir noch nicht, Sie beide harmonierend zusammenzudenken. Aber sie sollen sie kennenlernen.

So. Nun hab' ich wieder einmal meine acht Seiten zusammengeschwätzt. Lesen Sie sie mit verzeihender Geduld.

Und denken Sie recht fleißig an Heilbronn, daß seine Schönheiten recht in Sie eingehen. Dann haben wir wieder ein Stück gemeinsamen Besitzes.

Viele herzliche Grüße von
Ihrem Dorle

Freitag, 26. Oktober 06
Straßburg

Lieber Dorle,

ich bin schön hergerichtet, um in ein Konzert der Frau von Wolzogen zu gehen. Sie singt alte deutsche und französische Lieder zur Laute. Da werde ich an Sie und den undankbaren Stotzle denken müssen, der mir längst hätte antworten können.

Den ganzen Nachmittag habe ich brav geschafft, auf Wohltätigkeit geschimpft und den Abbe gelobt. Seit Heilbronn zum ersten Mal wieder für die Vorträge gearbeitet. Meine Erfolge machen mich leichtsinnig. Ich habe den zweiten Vortrag fast ganz frei gesprochen, und es ging glänzend.

Ich weiß nicht, ob das Eitelkeit ist, Dorle. Wenn's das ist, dann sollen Sie eben merken, daß ich in einer eitlen Periode stehe. Während ich schreibe an den Vorträgen, merke ich an allen Ecken und Enden Lücken meines Wissens und finde alles fad. Wenn ich aber dann rede, so geht es auf einmal ganz anders. Ich bin dann selbst ganz erstaunt, ich mache es gar nicht irgendwie, daß es gut wird; es wird von selbst. Es ist zum ersten Mal in meinem Leben, daß ich die Empfindung von einem Talent habe; das ist sehr schön. Die Leute passen auch sehr gut auf und behaupten, es sei ihnen nachher alles so klar, daß sie gleich ins Examen gehen könnten. – So, ärgern Sie sich jetzt über diese Selbstbespiegelung? Schreiben Sie mir ehrlich, es interessiert mich. Ich bin mir selbst nicht klar, wo die erlaubte Freude an etwas, was man kann, aufhört und die gemeine Eitelkeit anfängt.

Samstag

Gestern abend war es entzückend. Sie hat so seltsame Lieder gesungen, die ich gar nicht kannte; z. B. Großmutter Schlangenköchin und feine französische Balladen. Es war wirklich eine Freude. Auch das »Larida« hat sie mir vorgeführt, aber mit anderer Melodie. – Es hat Sensation gemacht, daß mein Vater mit war. Weil man ihn sonst nie in so was sieht. Alle Menschen haben ihn darauf angeredet, und er hat immer ganz gelassen erklärt, die anderen Konzerte seien ihm eben nicht leichtsinnig genug.

Denken Sie, der Schwander ist nun glücklich bestätigt; noch nicht öffentlich bekannt, aber er hat mir's zugeflüstert in einer Sitzung.

Denken Sie, das Roß von Statthalter (Anmerkung an die Erben: dies darf erst 50 Jahre nach seinem Tod veröffentlicht werden) hat sich nicht getraut, ihn zu bestätigen, obgleich das zu den wenigen Landesherrnrechten gehört, die er überhaupt hier hat. Sondern hat einen Immediatbrief an den Kaiser geschickt, in dem er ihn als sozial verklatscht und den umlaufenden Klatsch über seine uneheliche Geburt erzählt hat. Selbst dies letztere (das wahr ist) hat aber nichts genutzt. Die Dummheit wäre aber auch zu groß gewesen, sogar fürs Elsaß unmöglich, denn dann hätten *wir* Revolution gemacht. –

Schwander hat mich in die Bezirkskommission der Armenverwaltung gewählt. Das ist eine große Ehre, und ich bin das einzige junge

Mädchen, das drin ist. Die ganze Armensache ist von ihm neu organisiert worden. Straßburg ist jetzt darin mustergiltig. Daß Frauen in der oberen Verwaltung mitmachen, ist auch nur hier. Die Sache ist so. (Das muß Sie mit interessieren, Dorle):

Die Stadt ist in 4 Bezirke eingeteilt. Also vier Bezirkskommissionen, in jeder acht Mitglieder und zwei Vorsitzende (Ehrenamt). – Jede Woche eine Sitzung. Wir, der 3. Bezirk, Donnerstag von 5–7 oder 8 je nachdem. – Alle laufenden Fälle werden besprochen. Der Erkundigungsbeamte, der alles inspiziert hat und bei den Nachbarn erfragt, Gewerkschaftler, ist anwesend. Wir beschließen nun zweierlei: 1.) ob das Verlangte (Geld oder Kohlen, Brot, Decken etc.) bewilligt wird. – 2.) ob eine Pflegschaft eingesetzt wird. Die gewöhnlichen Fälle, vorübergehende Unterstützung etc. werden von den Berufsarmenpflegern erledigt. Scheint dagegen ein Fall dauernd zu sein (Witwe mit kleinen Kindern, alter Mann etc.) und erzieherischer Einfluß möglich, dann beschließen wir einen ehrenamtlichen Pfleger einzusetzen. Solche gibt es 800, Männer und Frauen. Jeder soll nur ein bis zwei Fälle bekommen. Wenn sein Fall verhandelt wird, wird der Pfleger in die Sitzung eingeladen. Aber abzustimmen haben nur die ordentlichen Mitglieder. – Ich kam mir sehr sonderbar vor, so fast wie in einem Gerichtshof; und als der Schwander uns mit Handschlag versprechen ließ, unser Amt ernst zu nehmen, war ich ganz gerührt.

Sie glauben gar nicht, wie lehrreich diese Verhandlungen sind. Man sieht einmal den Aufbau unseres Wirtschaftslebens von unten, wo jeder Riß und Fehler im Fundament deutlich wird. Ich glaube, jeder, der sozialpolitisch interessiert ist, sollte eine Zeitlang so in der Armenpflege mitmachen. Durch kein Kolleg werden einem Dinge, wie Krankenkassen, Altersrenten, Unfallversicherung und ähnliches so klar, wie hier.

Nun aber endlich noch einiges über Ihren Brief. Ich hatte schon längst den Bedankemich an Ihre Mutter geschrieben und dabei nochmals sehr das Bügeln verdammt. Die letzten Rosen von Frau Jaeckh stehen noch auf meinem Schreibtisch und duften Erinnerung. Ihr Bruder Ludwig war so genau gleich Ihrer Schilderung – Kirche, Nationalliberaler, alles stimmte –, daß ich nicht viel mehr zu sagen weiß. Er war sehr nett und liebenswürdig und scheint sehr solid geworden zu sein. ... Daß Sie im November agitieren dürfen, geht mir noch nicht ganz ein. Wer macht dann die Hilfe? Ihr Buben, macht nur, daß Naumann nicht zuviel schafft. Sie schreiben mir nie, wie's ihm geht...

Behüt' Euch Gott.
Viele Grüße!
Ihre Elli

Berlin-Friedenau, 30. Oktober 06
Friedr. Wilhelmplatz 2

Liebe Elli,

das Ihnen erfreulichste und mir Philister bedeutsamste hat Stotzle in seiner Sonntagkarte vorweggenommen: Also, ich bin wieder einmal dem Rate guter Frauen gefolgt und habe gekündigt. Am Sonntag morgen. Es war keine Kleinigkeit. Aber es ging prosaischer als ich gedacht habe. Ich log, ich müsse Mitte November einige Monate von Berlin weg. Wenn ich das meiner Mutter schreibe, Ihre Bitte sei der Anlaß zum Umzug gewesen, wird sie eifersüchtig und sagt: Ich alte Frau bin wieder einmal abgesetzt.

Mit dem Aufgeben dieser Wohnung geht vorderhand die süße Absicht einer halbproletarischen Existenz, die mich seit dem Pennal sittlich stärkte, flöten; man nähert sich, nach Möbel und Lebenslage der Hausleute, einem gewissen Bourgeoisstandpunkt. Das bedeutet eine seelische Einbuße, wenn Sie auch lachen. Geschmacklose Öldrucke sind immer noch besser als langweilige Salonradierungen. Aus dem schönen Zimmer, das ich in ein paar Wochen beziehe (es hat auch einen Balkon), werde ich so gar keine Studentenbude machen können. Ich steige, in dem ich sinke. – Ihren nächsten Brief schreiben Sie noch hierher. Ich hab' jetzt durch den November zwei Zimmer.

Von Naumann einiges: Es geht ihm eben relativ gut und, wie Sie sehen, ist er für die Hilfe fleißig. Seine Krankheit hat er als Nierengries diagnostiziert, geht aber zu keinem Arzt, sondern macht's biochemisch, was für ihn ein Stück Weltanschauung bedeutet. Wir opponierten vergebens. Ich will jetzt die Lu Märten zu ihm schicken, die ihn gut kennt; ihr ist eine Niere ganz wegoperiert worden, und sie will ihn zur Untersuchung bei ihrem Arzt überreden.

Seit heute früh hat N. eine groteske Idee. Die Frankfurter Einigungstagung erscheint durch die Weigerung der Freis.(innigen)

V(olks)p(ar)tei sehr in Frage gestellt. Aber N. ist in die Einigung so verbissen, daß er jetzt das mit der Vereinigung tun will, was vor drei Jahren mit den Nationalsozialen: sie ins Lager der V(olks)p(ar)tei führen. Katz und ich haben nachdrücklich protestiert. Hoffentlich wird nichts daraus, denn m. E. wäre der ganze Wahlkampf durch die Sünden der Richterianer verpfuscht. Das ist natürlich ganz diskret; ich denke, daß Barth nicht mitmacht. ... Und nun zu Ihrem Brief. Die Armenpflegeorganisation der Stadt Straßburg hat mich notwendig interessiert, da Sie so eingehend davon schrieben; sonst hab' ich mich noch nie damit beschäftigt. Mein Vater hat auch einmal irgend so eine Geschichte in H(eilbronn) gedeixelt, mit Familienpflegschaften u. ä.; aber ich glaub', es war eine mehr private Organisation. Ich hab' ihn manchmal bei den Besuchen begleitet und daher die ersten Eindrücke der Armeleuteluft. Aber machen Sie sich keine neue Last. Seit Ihrem zappelnden Herz bin ich manchmal in Sorge, Sie könnten sich in Ihrer Schaffenslust und Ihrem schönen Ehrgeiz zuviel zumuten. Und das wäre zwecklos. Ich darf doch hoffen, daß die Vortragsarbeit Ihr Herz und Ihre Kopfnerven nicht weiter behelligt. Mit dem Wort Ehrgeiz könnte ich die gewünschte Zensur über Ihre Eitelkeitsregungen einleiten. Ach die faß' ich nicht tragisch auf und auch nicht wie neue Erscheinungen. Möglich, daß Sie ihrer diesmal zuerst bewußt wurden. Sie sind sicher schon alt und so ganz selbstverständlich. Und daß sie nicht zur »Eitelkeit« werden, dafür sorgt Ihr Takt schon selber, und im Zweifelsfall, liebe Elli, helfen wir dazu. Was ich in jenem Passus sehr begrüße, ist, daß Sie zum Freisprechen zu gelangen suchen. Das ist ein großer Fortschritt, und gerade ein Mensch wie Sie wird dann erst seine nachdrücklichsten Wirkungen erzielen, wenn er vom Papier frei wird u. unmittelbar zum Hörer formuliert. –

So. Für heute genug. Wenn's bloß 4 Seiten sind, so sind sie doch eng und machen einen richtigen großen Brief aus. Falls ich Ihnen in den nächsten Tagen meine Pariser Sachen schicken kann, bitte ich sie sorgfältig zu lesen und zu kritisieren. – Stotzle grüßt und schimpft: Er bringe Sie zum Lachen und Sie schreiben ihm dafür zum Dank über den Schwander, der ihm durchaus gleichgiltig sei. Grüßen Sie auch die Marianne.

Wie immer
Ihr Dorle.

Was macht die Sorge um's »Allerlei«?

Elly Knapp hält am 12. November in Tübingen einen Vortrag; die Hinfahrt unterbricht sie in Stuttgart.

In Bietigheim, 5 Minuten Aufenthalt, Sonntag abend.

Mein Dorle,

neben mir steht ein Zug, der nach Heilbronn fährt, und im Kupee reden alle Leute noch ehrlich schwäbisch. So fange ich meinen Brief an Sie hier an, denn morgen werde ich zuhaus' elend viel zu tun haben. Zuerst Antwort auf Ihren Brief: Wie schade, daß Sie mir nichts von dem Brief Ihrer Mutter verraten! Tun Sie's doch noch! Und die pikante Katz-Affäre muß ich auch auf jeden Fall noch geschrieben bekommen. Solang' habe ich nicht Geduld.

Nun wollen Sie aber Bericht über Tübingen. In Stuttgart holte mich Frl. Fehling ab, Tante von Helene Dominicus und auch von mir. »Tante Marie« angeredet. Bei denen war ich zum Essen eingeladen. Frl. Dessecker stand an der Perronsperre mit Chrysanthemen. Sie ist wirklich sehr hübsch und hat wirklich auf Heilbronn geschimpft. Aber den Dorle nicht so unbedingt gelobt wie der eingebildete Bub es erwartet hatte. Sondern gesagt, er sei reizend, wenn er Briefe schreibe und nachher sei man enttäuscht, wenn man ihn sähe, daß er gar nie erwachsen sein würde. Nur diesmal bei der Hochzeit – da sei er ernst zu nehmen gewesen; *er* habe sich sehr verändert, wenn er auch behauptet hätte, *man* habe sich verändert. – Die Eugenie hat mich nämlich bis in die Jägerstr. begleitet, allein. Frl. Fehling ging aus Taktgefühl anders herum. Der Hermann war nicht da. Heut hab' ich in Stuttgart nur bei der Tante Marie Tee getr. Ich hatte was mit ihr zu besprechen, und die Eugenie sollte nicht wegen der einen Stunde reinfahren. Ich werde vielleicht in Stuttg. den Vortr. auch noch halten. Dann seh' ich sie ausführlicher. Sie g'fallt mir aber. Nun Tübingen. Es ist auch ein entzückendes Nest. Nur schade, daß die Frau Jakob so entsetzlich betont gebildet ist. Und der ganze Vorstand des Vereins wetteiferte, mir den hohen Stand ihrer Bildung darzutun. 3 Tage gescheit reden –, es ist eher anstrengend. Der Jaeckh war übrigens vor einigen Tagen dagewesen und hatte Wunderdinge von mir erzählt, scheint's. Der Vortrag hatte eine sehr lebhafte Diskussion. Prof. Neumann redete 3 × sehr lang. Ich fühl' mich immer geschmeichelt, wenn mich so jemand ernst nimmt. Der Götz hat mir arg gut gefallen. –

Sehr lieb war der Rustige, der so absolut ebenso redet wie der Stotzle, daß er dadurch mein Herz gleich gewonnen hat. Ich bat ihn sofort (er war eher ein bißle erstaunt drüber) am andern Tag mit mir spazieren zu gehen, während Frau Jakob Kolleg hatte. Aber leider hat sie dann geschwänzt und ging mit. Ich hatte so Sehnsucht mal wieder harmlos zu schwätzen ohne immer zu hören: »Ich finde gerade, daß wir moderne Frauen« – – – So fingen alle Sätze an. – Es war aber doch schön, auf dem Schloß und in den alten Straßen, wo der Mist rumliegt (»denken Sie doch in einer *Universitätsstadt*« [Frau Jakob]). Das Wetter war wonnig. Und die feine, feine Kirche mit den schönen Fenstern. Allen Respekt vor den Schwaben! Am Abend habe ich Orgien in Hölderlin gefeiert mit einem Dr. Zinkennagel, der mit Katz in die Schule gegangen ist (ihn anerkennt, aber nicht mag) und sich in Hölderlin habilitiert. Heut' morgen waren wir noch bei Kälte u. strahlendem Sonnenschein in Bebenhausen, das wundervoll liegt, leider aber etwas zu gut renoviert ist. – Das also war Tübingen. Die Leute dort leben von beständigem Untereinander-gekränkt-sein, schaffen aber trotzdem an der Einigung der Liberalen. – Ich war übrigens von einer unverschämten Sicherheit des Auftretens, auch in der Diskussion. –

Unterdessen fahre ich schon bald in Pforzheim ein und habe meinen dicken Nachbar um sein Taschenmesser gebeten, um den Bleistift zu spitzen, den ich extra bei Jakobs gestohlen habe, um Ihnen in der Bahn schreiben zu können . . .

Um alle Sünden auf's Mal zu beichten: Ich ließ mir 2. Kl. bezahlen und fahre bis Stuttg. 3. Macht 7 Mk. in bar Profit. Gelt gemein?

Unterdessen spielt die Frankf.(urter) Einigung, ich bin sehr neugierig. – (Pforzheim, Menschenmenge – bitte hier ist Nichtraucher – O je – wieder Ruhe.) –

In meinem letzten Vortrag war – – – die Frau von Hugo Stinnes, Kohlenmagnat. Nächsten Mittwoch kommt sie wieder. Thema: Sozialpol. der Unternehmer u. der Städte. Zeisswerk. Die wird sich wundern. Sie ist übrigens sehr unterhaltend, nicht mehr jung, etwa 55, sehr lebhaft, bei ihrer verheirateten Tochter in Str. zu Besuch. Übermorgen fährt sie mich im Automobil in ihre Kohlenaufberei-

Karte von Elly Knapp an Theodor Heuss aus Tübingen vom 10. November 1906.

tungsanstalt am Hafen in Straßb. Sie kam am Tag nach dem Vortrag mit Nichte und ein paar Blumen zu mir, um mich kennenzulernen. Nach dem Vortrag hatte sie sich vorstellen lassen. – *Gelt, ich werde eine Persönlichkeit?* Erzählen Sie mal gelegentlich dem Naum., daß ich dieser Frau die »Kritik der Wohlfahrtseinricht.« aus der »Neudeutschen« predige. Er wird wieder mal über mich lachen. Ach Dorle, wenn doch aus Greifswald was würde! Ich hab' auf dem Tübinger Schloß so Heimweh nach Ihnen gekriegt, daß Sie es sicher gespürt haben. Denken Sie mal nach, es war Samstag morgen um 11 Uhr! – Schad', ich habe kein Papier mehr für die Kritik der Pariser Briefe. Es langt nur noch für den Dank. Für unseren betreffenden Curtius ist das aber gut, denn dann wird's mit Tinte. (Neben mir liest jetzt ein etwa 30jähr. Mann im Gesangbuch!! Bei der schlechten Beleuchtung. Oh, Schwaben!)

Adi für heut'.

12. November 1906

Ob Sie aus diesem Bleistiftgeschmier klug werden, Dorle? Hoffentlich. Denn heut tät's wirklich nicht zu einem Schwätzbrief langen. Das soll's aber sein, damit ich auch einen recht langen und schönen bekomme. – In Appenweier stiegen die Dominici und Leoni in meinen Wagen ein. Sie hatten einen Ausflug gemacht und waren sehr albern. Ich dagegen müd' und verschlafen. So gab's eine Disharmonie.

Nun die Pariser Eindrücke. Zuerst Lob: Sie sind sehr lebendig, anschaulich, unterhaltend und doch lehrreich. Warum gar nichts Literarisches vorkommt, Theater und ähnliches, weiß ich nicht. Aber sie brauchen ja nicht vollständig zu sein. Im ganzen finde ich sie ganz reizend. Aber – Tadel: – etwas ist arg, nämlich der Schluß »Pariser Eindr.« auf dem Titelblatt. Und der letzte Satz heißt »ein paarmal ging's an einem Dorf vorüber«. Ich bitte Sie um Himmels willen! Ich weiß ganz gut wie's zusammenhängt. Angst vor dem Pathos. Sie wollen nicht schreiben: Diese Tage stehen unvergänglich eingegraben – oder so ähnlichen Kitsch. Aber liebster Bub, es gibt denn doch Mitteldinge, und man faßt zuletzt so etwas zusammen. Es fehlt eine Szene, die dem Place de la Concorde am Anfang entspricht. Der ist sehr gut als Einführung. Sie hätten es doch selber unmöglich gefunden, etwa mit S. 127, den neuen Teilen zu beginnen. Ebenso vollkommen verfehlt – wie das gewesen wäre, ist aber dieser Schluß. Ich will Ihnen ein geflügeltes Wort erzählen, was wir zuhaus dafür haben: Eine Kusine, Schwester von Frau Harnack, hat für ihre Kinder eine Schilderung ihres Vaters geschrieben, des alten Thiersch. Am Schluß beschreibt sie eine Weihnachtsfeier und beendet das ganze Büchlein und die ganze Biographie mit dem unsterblichen Satz »abends aßen wir Heringssalat«. – – –

Eben kommt Ihre Karte. Danke! Also viel Glück für die neue Wohnung und nix für ungut wegen dem Heringssalat! Schreiben Sie mir, ob's Ihnen einleuchtet. Und schreiben Sie überhaupt viel. Ob Sie wirklich reisen? Dann ist's eine Gemeinheit, daß wir uns nicht trafen. Oder Sie müssen am 30. Nov. nach Mannheim kommen.

1000 Grüße!
Ihre Elli

Wilmersdorf-Berlin, 13. XI. 06
Tübingerstr. 5a

Meine Liebe!

Mitten im Umzug mache ich eine Pause, um eine kurze Stunde zu gemütlicher Zwiesprache zu finden. Das ist eine elende Arbeit. Stotzle hat mich dazu für heute im Stich gelassen und ist wieder zur Lu. Die zieht uns zur Zeit ein bißchen hinan. Seit 14 Tagen schleif' ich Bücher rüber; aber als ich gestern packte, ein großer Korb und drei Kisten, reichte es nicht. Nun wurde es umzugstechnisch interessant. Ich packte in den Rucksack sechs Paar Stiefel, Kochgeschirr und Spiritusapparat, in der einen Hand Teeapparat, in der anderen Sofakissen und Brotkorb: so zog ich los im Schutze des Dunkels und des Lodenmantels. Das gleiche wiederholte sich bis jetzt zweimal. Für die Fälle ist es gut, wenn man das Zupacken nicht verlernt und sich den Teufel um das kümmert, was man so ist.

Mit Ihrem lieben, braven Brief hat sich die Wilmersdorfer Post eingeführt; meine Mutter blieb um ein paar Stunden zurück. Ich danke, indem ich dies neue Gemach mit frohem Gedenken an Sie weihe.

An sich nun, Elli, bin ich durchaus kein Freund von Bleistiftbriefen; aber ich hab' das Geschreibe gern akzeptiert, weil ich so zu einem

Ihrer großen Ergüsse gekommen bin. ... Daß Tübingen Ihnen gefallen würde, konnte ich mir denken. Ich selber bin in dem Nest ja immer nur kurz geblieben, wenn länger, dann hätt' ich mich oft in dem Germanenhaus an der Brücke betrunken, hätt' Schmisse im Gesicht und hätte eben das 1. Juristische hinter mir. Aber kennen würden wir zwei uns nicht. Und so ist's doch besser, wenn ich auch das kulturelle und nationalschwäbische Manko deutlich genug empfinde. – Wie wär' das schön gewesen, wenn ich am Samstag mit Ihnen hätt' zum Schloßberg raufsteigen können, ohne die Frau Jakob und ohne den Heini R. Ob ich da grad' an Sie gedacht habe, kann ich nicht mehr nachbuchstabieren; aber oft, recht oft ist's in diesen Tagen geschehen.

Ihre rednerischen Großtaten könnten etwas unheimlich wirken, wenn ich nicht schon länger wüßte, daß Sie im Grunde ein ganz gefährliches Frauenzimmer sind. Und ich bin sachlich genug, mich jedesmal über Ihre Erfolge zu freuen, ohne ein zu großes Eitelwerden zu befürchten. Ich finde das sehr nett, daß der alte Neumann mitgemacht hat und wenn Sie der Frau Stinnes einiges sagen, das bleibt – – à la bonne heure. Wenn Cohnstädt jetzt an Ihrer Stelle wäre, würde er sich für die Zukunft der deutschen Sozialpolitik verantwortlich fühlen. Sie wissen ja, daß der Gute das Talent hat, im Hintergrund aller entscheidenden Ereignisse zu stehen. Aber ich denke, Sie werden in der Sache genug Skepsis haben. Immerhin. Aber gelt: nicht überanstrengen. ... Naumann ist von Frankfurt im allgemeinen befriedigt. Er hat uns heut – Gerlach u. Weinhausen incl. – einen 2½ stündigen Bericht gegeben, von dem ich hier natürlich nichts wiederholen kann und es wird Ihnen ja auch gleichgiltig sein, was Naumann über den Stadtverordneten Fischbeck oder den Abg. Schmidt denkt. Payer-Reutlingen, über den N. sehr warm sprach, scheint die Sache sehr gut gedeixelt zu haben; auf unserer Seite machte anscheinend Petersen mit einer guten Rede den stärksten Eindruck. In der nächsten »Hilfe« werden Sie was von N. finden. Wolf wird Ihnen ja auch einiges sagen können; vielleicht beurteilt er das ganze nicht so optimistisch wie Naumann. Götz war auch dort. Er schrieb mir gestern einen Brief wegen unserer württembergischen Geschichten; meine Heilbronner Jungliberalen machen sich ausgezeichnet...

Am Donnerstag fahr' ich nun doch nach Württemberg und werd'

am Samstag betrübt auf dem Tübinger Schloßberg stehen und klagen, daß meine Elli jetzt nicht da ist. In Heilbronn bleib' ich nur 2 Minuten; abends in Stuttgart Konferenz. Und dann zieh' ich ins Oberamt Urach; mit einem etwas schlechten Gewissen. Die Stuttgarter setzen alles auf mich; ich mach' Wahlaufruf, Wahlprogramm, soll organisieren und reden, und weiß dabei doch nicht, ob ich nicht mehr verhunze als nütze. Wie meine Tätigkeit da sein wird, wie lang ich bleibe, weiß ich noch gar nicht; darüber hoff' ich Ihnen in 8 Tagen aus irgendsolchem Kuhnest der Alb was schreiben zu können. Wenn der Brief nicht pünktlich kommt, dürfen Sie nicht ungeduldig werden; das weiß der Herrgott, wie da oben rum die Kgl. württ. Post funktioniert. Wohin Ihr Sonntagsbrief sich wenden soll, schreib' ich Ihnen noch. Wenn Sie bis Sonntag früh keine Nachricht haben, schreiben Sie: postlagernd Urach, Dr. H. aus Heilbronn.

Das mit Mannheim will ich fest im Auge behalten; aber versprechen kann ich noch gar nichts. Doch Sie *müssen* im Januar kommen. Schreiben Sie das den Greifswaldern. Bloch soll in Rostock sorgen. Dann wollen wir fröhlich sein und allerhand Schönes zusammen bereden. Sie werden bei uns wohnen – oder »geht« das nicht; ich räume Ihnen über die Tage meine Bude und zieh' auf Stotzles Sofa. Das wäre überaus nett.

Sonst wäre nicht mehr viel zu sagen. Wir stecken verdächtig viel mit der Lu zusammen. Ich saß neulich nacht lange dort und hab' ihr von Ihnen erzählt. Da sie eine Wohnung für sich hat, haben wir auch schon Massenquartier dort bezogen. Das darf aber Frau Naumann nicht wissen, obwohl nichts passiert ist. Stotzle hat nun wieder jemand, um den er kreisen kann. Je näher ich der Lu komm', um so trauriger werd' ich, denn sie ist ein feiner Mensch, den ein elendes Schicksal niederquält: Krank (eine Niere herausgeschnitten), klug, fanatisch, unendlich lang verlobt, ohne Eheabsicht und -aussicht, Eltern und sechs Geschwister (dies alle so um Mitte 20) gestorben, ganz ohne Familie. Scheußlich. Sie werden sich rasch in sie finden.

Für heute wieder einmal adieu. Ich muß leider noch in eine Versammlung, wo über Frankfurt geredet wird.

In Treue
Ihr Dorle

Straßburg, am 18. November 1906

Mein lieber Dorle,

also wirklich in der rauhen Alb und 8 Tage zu spät, um mit mir Tübingen anzugucken. Das verzeih' ich unserem Schicksal sobald nicht. Bitte sorgen Sie sehr dafür, daß wir in Mannheim uns an ihm rächen. Ich kann mir sehr schwer einen Begriff machen von dem Tageslauf eines Agitators und freue mich auf genauen Bericht. Nächste Woche habe ich dann auch wieder was zu schreiben, denn am Donnerstag erwarte ich die Tante Mieze Bloch für 5–6 Tage. Es paßt mir zwar in dieser Arbeitsfülle recht schlecht, aber ich freu' mich doch arg. – Heut habe ich gar nichts zu erzählen. Es ist ein Regensonntag, und ich habe all die Tage nichts getan, wie unterrichtet und den ödesten Vortrag – Arbeitsnachweis u. Wohnungsfrage – geschrieben. Amüsant war nur ein Tee mit Frau Stinnes nach meinem Vortrag. Sie sprach natürlich vom »grünen Tisch« und »Mangel an Praxis«, hat aber doch verhältnismäßig viel Verständnis gezeigt und mich eingeladen, bei ihr in Mülheim an der Ruhr zu wohnen und den Heimarbeitsvortrag zu halten. Sie ist eine sehr kluge, energische und lebenserfahrene Frau. Ich könnte von einem solchen Aufenthalt viel lernen! . . .

Greifswald noch ganz ebenso unsicher. Die Münchener haben mich aufgefordert, da kann ich aber erst nach Weihnachten hin. –

Ich muß weiterschaffen, um, wenn Tante Mieze da ist, etwas freier zu sein. B'hüt Sie Gott und hetzen Sie recht! Und behalten Sie Mannheim im Sinn. –

Ihre Elli

Seeburg, 21. Nov. 1906

Meine liebe Elli!

Jetzt sitz' ich also hoch oben am Rand der rauhen Alb, in der Pfarrstube meines Freundes Weinheimer. Vorhin hab' ich eine Bibelstunde über den Propheten Amos mitgemacht und jetzt lass' ich das behagliche Zimmer in fröhlichen Gedanken aufleben. Draußen hat's gefroren. Die Gegend ist unglaublich schön: Wald, kahle Hänge, viele große und steile Felsen, und dazwischen rennt ein Bergbach an Häusern vorbei, treibt eine Mühle (in der ich heut genächtigt habe) und macht, daß er nach Urach und zur Kultur hinunterkommt.

Ich bin gestern, wie's dunkel wurde, auf dem Kutschbock des

Postwagens heraufgefahren (wie lang war ich nicht mehr Post gefahren), um dem bauernbündlerischen Kandidaten entgegenzutreten. Aber der hatte wieder verlegt, und nun muß ich wieder lauern, wo ich ihn stellen kann. Der Hund (ein frommer Revisoratsbeamter aus Stuttgart) zeigt seine Versammlungen nicht öffentlich an u. so kennen wir ihn noch gar nicht. Also: am Freitag fuhr ich hierher ins Land, am Samstag sollte der erste Schuß fallen. Aber hier beginnen sogar die Wahlkämpfe schwäbisch: in der betreffenden Ortschaft war eine Hochzeit, und unser Wühlen mußte vertagt werden. Ich machte also in Stuttgart reichlich Besuche, war in Feuerbach draußen und unterhielt mich wohl. Eugenie schien ein wenig gekränkt, daß Sie an dem Freitag nicht mehr Zeit für sie hatten, und sie formuliert das ungefähr so recht hübsch: sie hatte das Gefühl, als ob sie sich zu einer ungelegenen Stunde für Sie frei gemacht habe, und Sie gaben ihr das Gefühl, daß Sie ihr eine Viertelstunde schenkten. Kommen Sie aus dem Sie und sie noch draus? Am Sonntag wurde wieder einmal der Liberalismus in einem liberalen Landesverband geeinigt, und dann fuhr ich mit unserem Dr. Bauer ins Gäu.

Nachmittags drei Wahlversammlungen. Haben Sie eine Vorstellung von einer Wahltournee? Das ist etwas unsagbar komisches, wenigstens im Lande Württemberg. Wir verluden in Metzingen fünf alkoholfeste demokratische Gerbermeister und einen dortigen Winkelredakteur, schauerlich deutlicher Typus von aufklärerischem Volksmann, kleinstädtischer Intelligenz (kontra Dummheit der Bauern) und Geschäftemacherei. Der frühere Abgeordnete, ein sympathischer und tüchtiger Mann, leitete den Reigen und die Versammlungen. Nach Bauers Programmentwicklung hatte ich meine demagogischen Minen springen zu lassen. Ich weiß nicht, was Sie zu mir sagen würden, wenn ich so unter Kleinbauern und Arbeitern in sauheißem Saal stehe und ganz frei u. ohne Zettel drauflosrede. »Über die preußische Erfindung des Bundes der Landwirte«, über Mittelstand, Bauern und Fleischpreise, über Demokratie und Patriotismus. Ich hab' immer große Aufmerksamkeit und Beifall, da ich mit »Wärme« rede, und meine Gerbermeister waren sehr dafür, daß ich immer rede. Ich selber war von meinen etwas wahllosen demagogischen Talenten überrascht.

Auch sonst hab' ich in Kleinarbeit begonnen.

Gestern war ich in Tübingen. D. h. vorgestern abend fuhr ich hin, traf keinen Menschen und quartierte mich bei Rustige ein. Erst so von ½11 bekam ich durch Rumschickerei Sihler und Rustige zusammen zu einem ordentlichen Trunk. Am Morgen lief ich auch in Tübingen und auf dem Schloß herum und ließ mir vom Rustige sagen, daß er Ihnen auch das alles gezeigt habe. Tübingen liegt eigentlich doch schöner als Heidelberg: die Kette der Alb scheint mir unvergleichlich.

– – Für Ihren Brief vielen Dank. Weil ich jetzt für die Hilfe was machen muß, vertag' ich den Rest des Briefes: wollte noch 4 Seiten lang schwätzen. Wohin Ihr nächster Brief gehen soll, das schreib' ich Ihnen noch am Samstag. Am Freitag ist Naumann in Stuttgart u. da entscheidet sich mein Geschick. Wenn ich bis 5. Dez. bleiben darf, will ich Mannheim möglich machen können. Allerdings müßt' ich am 1. Abend wohl wieder hier sein. Sie müßten sich dann am Freitg. u. Samstg. ganz für mich frei halten u. die andern auf Sonntag vertrösten. Denn ich so unter fremden Leuten mit Ihnen, Elli, das wollen wir nicht.

Also einstweilen genug.

Herzlichst
Dorle

Straßburg, 25. Nov. 06

L.D.!

Es geht nicht. Ich kann keinen Brief schreiben. Ich bin der abgehetzteste Mensch der Welt. Diese Woche war mit das Schlimmste, was ich je erlebt habe. Meine beste Freundin hier – Frau Polaczek – 3½ Tg. bewußtlos und sehr viel näher am Tod, wie am Leben. Jetzt ist sie gerettet. Dabei Stunden zu geben und Vorträge zu halten. Tante Mieze ist seit Donnerstag da, ohne daß wir *eine* gemütliche Stunde bisher hatten. Am Donnerstag reise ich nach Mannh. Bitte kommen Sie! Ich habe Aufheiterung sehr nötig. Adr.: Frau Hirsch, Rheinstr. E. 7. 21.

Viele Grüße!
Ihre todmüde Elli

Meine Liebe!

Metzingen, 26. Nov. 06

Am Mittwoch steck' ich auf der Alb droben; Zeit und Muße zum Schreiben gibt's da sicher nicht, und deshalb will ich mich gleich jetzt schon verlauten lassen. Es ist auch deshalb gut, weil ich wegen dem Mannheimer Tag noch anfragen muß.

Sie müssen's unbedingt so richten, daß Sie den ganzen Samstag und besonders den Abend für uns reservieren, ohne fremde Leute und ohne Besichtigungen und Einladungen. Denn sonst lohnt sich die Fahrt ja nicht, und ich freu' mich auf das Wiedersehen. Daß ich am Freitag dort sein werde zu Ihrem Vortrag, wie ich gewünscht, wird nun schwer gehen. Denn der gottverfluchte Bauernbündler hält ausgerechnet am Freitag hier im größten Ort seine Versammlung. Und da die Geschichte bekanntlich ziemlich kritisch geht, darf ich nun Bauer zulieb' nicht kneifen.

Die Vorgeschichte meiner Unumgänglichkeit ist, daß ich am Freitag in Urach die Versammlung der Rechten so ziemlich ganz verhunzt habe, indem ich einen pompösen Krach machte – die Nat(ional)lib(eralen) wählen gleich nach rechts – und am Schluß fast mehr Beifall fand als der Kandidat. Gestern mittag hab' ich nun hier gehabt, was man »stürmischen Beifall« nennt. Wissen Sie, ich bin hier zum Volksmann avanciert. Während man mich anfangs für einen Schauspieler aus Reutlingen hielt, drückten mir die unbekanntesten Proleten und alkoholischen Biedermänner die bewußte schlanke und blasse Ästhetenhand zusammen, luden mich ein, ihre Weine und Moste zu probieren, und ich muß fast fürchten, sie wollen noch mich statt den Dr. Bauer zum Kandidaten. Wissen Sie, ich kam mir komisch vor im Geknatter von ein paar hundert Händen. Aber ich fürchte, ich habe die Würde des Volkstribunen nicht ganz gewahrt. Immerhin wurde die Parole ausgegeben, daß ich unbedingt am Freitag dem Schilling entgegentreten müsse.

Wann der nun losgeht am Freitag, das weiß ich noch nicht. Wenn am Morgen, dann langt's noch, wenn mittags und ich komm' um 8 weg, bin ich um 1 rum in M., wenn abends, fahr' ich noch bis Stuttgart u. bin dann am Samstag früh 8.15 Uhr in M.

Schreiben Sie mir noch für alle Fälle, wo Sie sprechen und wann und wo wir uns dann am Samstag frühestens Grüß Gott sagen wollen.

Und um alles keine Einladungen bei Hirschs oder so was vermitteln; zudem komm' ich hinsichtlich Toilette nicht in erster Garnitur. Weshalb Sie aber noch keine Angst zu haben brauchen. Am Sonntag früh wieder zurück, da um 3 Uhr Versammlung.

In M. sitzt auch eine meiner alten Freundinnen; ich will ihr schreiben, daß sie in Ihren Vortrag geht. Vielleicht schreiben Sie ihr am Donnerstag eine kurze Karte, wann und wo. Ina Keller, Neckarvorstadt, Lortzingstraße 3.

Mehr kann ich Ihnen jetzt nicht sagen, da ich noch was für die Hilfe arbeiten muß. Nachher kommt Barth, der heut in Urach los muß, und dann verschwinden wir ein paar Tage in den Bergen und Wäldern.

Hoffentlich haben Sie sich, liebe Elli, von der Angst und Aufregung der letzten Woche erholt und ausgeruht. Ich will sehen, ob und daß ich Ihnen nach Mannheim ein Stück guter Fröhlichkeit bringen kann.

Herzlichen Gruß
Ihr Dorle

Straßburg, 27. Nov. 06

Lieber Dorle,

Sie haben mir keine Adresse angegeben, so weiß ich gar nicht, ob Sie den Brief kriegen.

Ich bin todmüde und in einer tiefen Depression. Ich weiß selbst nicht recht, was mit mir ist. Lust habe ich zu gar nichts.

Ich reise am Donnerstag nach Mannheim, bin da 3.35 nachm. Bei Frau Bertha Hirsch, Rheinstr. E. 7. 24.

Am Freitag abend Heimarbeitsvortrag, wo, weiß ich nicht. Am Samstag abend Vortrag bei den Handlungsgehilfinnen, wo, weiß ich auch nicht. Thema: Entstehung der Großindustrie. Noch gar nicht vorbereitet, wird so miserabel, daß Sie nicht rein dürfen.

Ja, ob es der Müh' wert ist, daß Sie kommen? Ich bin nicht imstande, darüber was zu sagen. Abends hab' ich den Vortrag. – Wenn Sie schon Freitag kommen könnten, dann lohnte es wohl.

Vielleicht bin ich bis dahin auch wieder frischer und lebensmutiger.

Tante Mieze ist da, furchtbar lieb, aber ich empfinde es nur als eine Verhinderung, mich auszuruhen. Die letzte Woche war so furchtbar, Dorle, daß ich nicht so bald darüberwegkomme. Und es ist nicht wahr, daß zusammennehmen etwas hilft. Das hat mich grad so heruntergebracht, dies Arbeiten trotz der Aufregung. Als ich am Mittwoch den Vortrag fast ganz frei gehalten hatte und zwischen jedem Satz darüber nachgegrübelt, ob und was jetzt Entsetzliches in der Klinik passiert – da war ich nachher einfach fertig. Ganz leer im Kopf. Am Tag drauf haben wir Else Polaczeks kleines, heißersehntes Bübchen, zweitägig, begraben. –

Adi Dorle. Es wär' schon gut, wenn sie mich etwas aufheitern könnten.

Viele Grüße
Ihre Elli

Das Treffen in Mannheim kommt zustande; Theodor Heuss und Elly Knapp finden aber nur wenig Zeit füreinander.

Metzingen, 5. Dez. 06

Meine liebe Elli!

Heute ist Wahltag. Vorhin bin ich ein paar Stunden lang in einem ›Schesle‹ durch den Wind u. über die Berge gefahren, um nach den Vertrauensmännern zu sehen. Das war eine schöne Zeit, an viel zu denken. Sie wissen, ich habe das Talent der vollkommenen Ruhe. Obwohl dieser 5. Dez. der Tag ist, auf den seit ein paar Monaten mein politisches Denken und seit ein paar Wochen meine »fieberhafte Tätigkeit« (stand vorgestern im ›Merkur‹, der mich haßt) inklinierte, erfreu' ich mich einer apollonischen Gelassenheit. Was mich am meisten beschäftigt, ist, daß Sie pünktlich Ihren Donnerstagbrief kriegen.

Gestern war ich in Urach und hab' Ihren Brief dabei geholt. Hätt' ich ihn früher bekommen, so wär' ich, allungeachtet, erst recht nach M.(annheim) gefahren. Es ist mir ja so leid, daß unser Zusammensein nur ganz kurze Episode sein konnte, aber doch hab' ich die Reise keine Minute bereut. Denn dies allein: wieder einmal eine Weile Ihre Hand halten und Ihr Aug' lachen sehen und mich so ein bißchen schulmeistern lassen, dies gibt mir eine innere Fröhlichkeit, die anderes schwer ersetzen kann. Sie brauchen nicht zu fürchten, daß ich Schweigendes reden machen will; aber gelt, wenn wir auch nicht die Ecke und die Ruhe gefunden haben, von uns selber zu reden, so darf ich doch wieder sagen, wie lieb ich Sie hab' und immer haben will.

Der Mannheimer Tag war schön und ich hoff' bloß, daß ich mich bei Hirschs weiter nicht stillos benommen habe, daß Sie nicht bös' waren, daß ich aufblieb' (ich fürcht's ein wenig) und daß auch für Sie dies Grüß-Gott-Sagen keine wertlose Erinnerung ist. Frau Hirsch, die mir ausgezeichnet gefallen hat, will ich bald einen meiner schöneren Briefe loslassen. Ich hab' mich, trotz dem Drum und Dran dort so wohlgefühlt, daß ich meine vorbeugenden Befürchtungen zurücknehmen muß. Haben Sie Lassalle im Zylinderhut verwischen können (Ludwig Frank)?

Es war doch notwendig, daß ich am Sonntag wegfuhr. Denn Ludwig erwartete mich zwar nicht in Stuttgart, aber in Urach. Fahrtintermezzo, das Ihnen Spaß macht: Da ich so, wie bei dem Adieusagen ohne feste Punkte viel vor mich hinträumte, ließ ich gleich den Koffer im Zug M.(annheim)–Hdlbg.(Heidelberg) stehen, doch hat mich das weiter nicht gestört und der Kerle ist bereits wieder da.

Am Sonntag hab' ich dann am Abend wieder ›gezündet‹. Gestern schönster Coup. Ich paukte wieder gegen den Bündler. Der verzichtete auf die Antwort und schloß die Versammlung. Darauf eröffneten wir sie wieder mit einem eigenen Vorsitzenden, hielten weitere Ansprachen und verteilten sogar unsere Flugblätter. Es war ein Mordsspaß.

Morgen früh fahre ich nach Heilbronn; am Freitag spreche ich in Reutlingen über Liberalismus und dergl.; am Samstag dann Berlin.

Für heute genug; ich muß noch sonst einiges fertigmachen. Mit diesem Brief schicke ich viele warme Wünsche, daß Sie wieder frischer und fröhlicher werden können. Ich fühle ja selber ganz stark, wie tief das unsagbar grausame Schicksal Ihrer Freundin Sie treffen mußte. Das hat mich in diesen Tagen oft beschäftigt; aber es ist von solcher schauerlichen und brutalen Rohheit, daß alle Worte still werden. Wenn Sie in diesen Tagen der armen Frau beistehen, so möchte ich Ihre Kraft des Mitleidens mit meiner stützen dürfen.

Adi, liebe Elli. Grüßen Sie die Marianne und Ihren Vater.

Wie immer Ihr Dorle

Lieber Dorle,

Straßburg, 6. Dezember 1906

Sie sind so lieb, mir einen guten und frohen Brief zu schicken, während ich Angst hatte, Sie seien ein bißchen bös' auf mich. Oder doch enttäuscht, weil ich nicht rechtzeitig aufgewacht bin (ich schlief so fest bis 9 Uhr!) und weil ich so wenig Zeit für Sie hatte. Nun bin ich ganz gerührt über Ihren lieben Brief.

Zuerst aber herzlichsten Glückwunsch zum erfolgreichen Wählen. Im Grund ist mir ja der Dr. Bauer Hekuba. Aber ich bin sehr froh, daß der Naumann sieht, daß Sie nicht umsonst Urlaub hatten. Und dann, weil's Ihnen Spaß macht. Wie wird nun die Stichwahl ausfallen? Schreiben Sie mir's ja.

Den Lassalle haben wir wirklich durch den reinsten Zufall mitten in der Stadt verwischt. Er nahm schon 30 Schritt vor uns den Zylinder ab und mußte so lachen, daß er sich tödlich vor den biederen drei Sozen blamiert hat, mit denen er ging. Wir sind fast gestorben vor Amüsement. Und diese Lachszene, während er von dem Grab seines Vorgängers kam! Wenn er jetzt wegen Gemütsroheit nicht in den Reichstag gewählt wird, haben wir Schuld. Was gibt er sich auch mit Bourgeois-Damen ab.

Notabene: Ob ich das noch bin? Ich will Ihnen ehrlich gestehen, daß mich der Frank und seine entschiedene, kompromißlose Weltanschauung stark fasziniert haben in Mannheim. Und denken Sie, als ich zurückkam, stand an den Litfaß-Säulen eine Versammlung von Heimarbeitern angezeigt, hier, Referent mein soz. Freund Engler, der Schreiner aus Freiburg. – Da ging ich natürlich hin und nahm einige meiner Anhängerinnen mit, darunter die Tochter des Gouverneurs der Festung, für die war es eigentlich eine gewagte Expedition. – Es war nachher sehr nett, wenig Leut, aber der Referent reizend, und ich hab' lang' mit ihm geredet. Am nächsten Tag schrieb er mir einen Brief (mit »wohlgeboren« auf dem Kuvert!) und der Bitte, ich solle in Lahr eine große Versammlung von Heimarbeitern mitmachen und eine Agitationsrede halten. Was sagen Sie dazu? Ich habe es ihm versprochen, werde aber dazusagen, daß ich nicht zur Partei gehöre. Der Papa ist ein bißchen paff, aber er gewöhnt sich an alles. – Ich bin sehr neugierig drauf. Die Sache steigt am 16. Dezember mittags 3 Uhr.

Abends. Lieber Bub, freilich war es schön, daß man sich einmal wieder Grüßgott sagen konnte, und ich wäre sehr traurig, wenn Sie's bereuen würden. Nur wollte ich, es wäre acht Tg. später gewesen, denn jetzt bin ich schon viel weniger nervös. Was Sie »ein bißle schulmeistern« nennen, war nichts anderes, als daß mir Menschen und Dinge auf die Nerven gingen. Es ist so, als ob einem von der Seele die Haut abgezogen worden wäre und jede Berührung dann schmerzte. Ein dummer Zustand. Nun ist's viel besser. Ich habe die Tage jetzt noch gar nichts arbeiten können. Heut nachmittag dagegen habe ich in zwei Std. über die Hälfte von meinem letzten Vortrag am Mittwoch auf einen Zug hingeschrieben. Es ist auch hohe Zeit!

Ich habe Else Polaczek bereits besucht in der Klinik. Sie ist verhältnismäßig sehr wohl, eine fabelhafte Lebenskraft hat sie. Und die starke, alles beherrschende Liebe zu ihrem Mann läßt alles andere zurücktreten. Sie ist wohl furchtbar traurig, aber doch nicht melancholisch, wie ich gefürchtet habe. –

Ehe ich's vergesse, Dorle, noch drei Bitten:

1. möglichst bald die Adresse der Lulu Strauss-Torney und ob sie orientiert ist, wer ich bin.
2. meine Rechnung für Sie, inkl.:
3. noch ein Naumannbuch für Weihnachten. – Danke!

Samstag. Bub, ich bin ganz unglücklich über alles, was Sie in der letzten Hilfe brachten. Erstens sind die Zusammenfassungen, Empfehlungen für den Büchertisch, miserabel. Und dabei ganz unnötig. Denn man hätte viel gescheiter auf den Katalog des Kunstwarts verwiesen, vielleicht ausführlich. So ist es ganz einseitig. Weiter gar kein Wort, als daß Ihre persönlichen Freunde hören, was für Bücher Sie mögen. – Und dabei so persönlich geschrieben, ohne Unterschrift. – Es ist unmöglich, Dorle. Und dann die Anpreisung des »Rosendoktor«. Dies Buch ist im ersten Drittel sehr hübsch, stark unter Peter Camenzinds Einfluß. Aber die Liebesgeschichte ist doch absoluter Kitsch, Schmarrn und geschmacklos bis dort 'naus. Schon die Art, wie diese Leute sich »Mäuschen« und so anreden. Ich habe diese süßlich tränenselige Geschichte gar nicht bis zu Ende gelesen.

So, nun habe ich den Zorn mir von der Seele geschrieben. Es war wirklich arg. Dazu alles entstellt und verdreht von Druckfehlern.

Sagen Sie dem Katz einen Gruß, und ich sei doch sehr erstaunt, daß die Redaktion noch liederlicher wird, wenn der Heuss mal 14 Tg. nicht da ist. Der Naumann rettet alles mit seinem feinen Napoleon und dem vorzüglichen, kurzen Artikel über Sozialpolitik. –

Sind Sie jetzt bös? Hoffentlich!

Was machen Sie in nächster Zeit? Ich wollte, Sie schrieben eine Novelle. Aber *nicht* die vom Pennal. Das hat man jetzt literarisch über nach »Freund Hein« und »Unterm Rad«. –

Adi. Grüßen Sie die Freunde. Ich freu' mich auf den Brief, der wieder aus Berlin sein wird.

Herzlichst
Ihre Elli

Berlin-Wilmersdorf, 12. XII. 06
Tübingerstr. 5a

Meine liebe Elli!

Das ist glaub' ich der erste Brief aus der neuen Wohnung. Alle guten Geister sollen aus den Ecken, Schränken und Büchern hervorkommen und dabeisein. So. Und ziehen wir zusammen in stillem und frohem Gedenken über das winterliche Deutschland nach Straßburg, führen Sie hierher und setzen Sie in aller Breite und Behaglichkeit in einen meiner wundervollen Sessel. Draußen schneit's, aber hier innen ist's warm, der Teekessel brodelt, die Uhr tackt, der Ofen verhält sich wohlwollend, und die Erdöllampe malt angenehme Töne über die Wände und Winkel.

Bin ich nicht ein Philister? Schimpfen Sie nicht. Es hat etwas für sich. Und vielleicht ist's auch vorderhand nur eine Reaktion auf die drei Wochen Wirtshausabende und all die Unruhe.

Ich muß in meiner Lebenschronik noch ein paar Abschnitte anfügen. Das Politische gibt Ihnen die nächste ›Hilfe‹. Am Donnerstag war ich in Heilbronn, den Abend bei Jaeckh. Fast ausschließlich politisch. Am Freitag mittag in Stuttgart mit Hermann und Eugenie. Am Abend hielt ich in Reutlingen einen Vortrag. Trotz der denkbar schlechten Zeit (Wahlermattung) waren ca. 70 Menschen da. Zur Abgewöhnung der Demagogie sprach ich imponierend hoch und akademisch. Rednerisch mäßiger, aber anständig. 30 Leute beschlossen darauf, in Reutlingen eine liberale Bewegung darzustellen und taten sich zu dem Zweck in einen Verein zusammen. Rustige (mit IIIa bestanden habend) und Sihler waren herübergekommen. Am Samstag hierher zurück.

In Württemberg ist jetzt glücklich ein Generalvertrag zwischen Volkspartei und Sozialdemokratie zustande gekommen. Darnach wird Dr. Bauer todsicher gewählt. Hier traf ich einen Haufen Arbeit. Naumann sollte angeblich bös sein, war's aber gar nicht. Ich hab' ihm viel erzählt. Er ist z. Zt. in ausgezeichneter Stimmung. Katz geht's auch gut. ... Wenn Sie ihm und anderen gegenüber ganz diskret sind, aber todsicher, Elli, erzähl' ich Ihnen, daß er im Mai von der Hilfe weggeht. Wohin weiß er noch nicht. Warum ist mir nicht ganz klar. Aber ich sehe ein, daß er nach etwas sucht, wo er noch lernen kann. Auch ist N. gegen das Kandidieren und Katz dafür. Es ist ja nichts Verfängliches, was Sie da erfahren, aber bitte halten Sie reinen Mund. Gelt. ... Es freut mich, daß Sie nach Lahr gehen, denn ich glaube, daß Sie viel davon haben werden. Daß damit die »sozialistische Gefahr« für Sie selber wächst, fühl' ich wohl; aber vorderhand sehe ich nicht in mir den Beruf, Sie anti zu beeinflussen. Denn wenn man wie Sie vorzugsweise sozialpolitisch engagiert ist, bietet ja die Sozialdemokratie fast das einzige Betätigungsfeld mit Expansion. Im bürgerlichen Liberalismus fehlt das eigentliche Echo, und zu den Christlichen passen Sie nicht recht. Aber d. h. natürlich beileib' nicht, als wollte ich Ihnen noch zur Soz.dem. zureden. Denn allgemeinpolitisch stellt sich die Sache ja anders dar. Aber ich will Ihnen keine Vorträge halten. Wir wissen ja, wie wir miteinander dran sind. Und so in Privatbriefen die große Politik machen – vestigia terrent – hat für mich immer etwas Komisches. An Frau Hirsch hab' ich also jetzt geschrieben, ohne allerdings zu einem »respektvoll ergebenen« Ton zu gelangen. Die Adresse der Lulu v. Strauss ist einfach Bückeburg; ich hab' ihr sicher von Ihnen erzählt, und Sie legitimieren sich einfach als die beste Freundin des Dorle Heuss.

Das Naumannbuch folgt nächster Tage; dann auch die Rechnung. Es waren doch zwei Asia? –

Den Abend muß ich wieder brav sein, verschweigen, daß ich mich vorzugsweise mit Nationalliberalen gerauft und mehrfach einflechten, daß auch ich für Heer und Flotte bin. Dafür bekomme ich ein warmes Nachtessen und gute Zigarren.

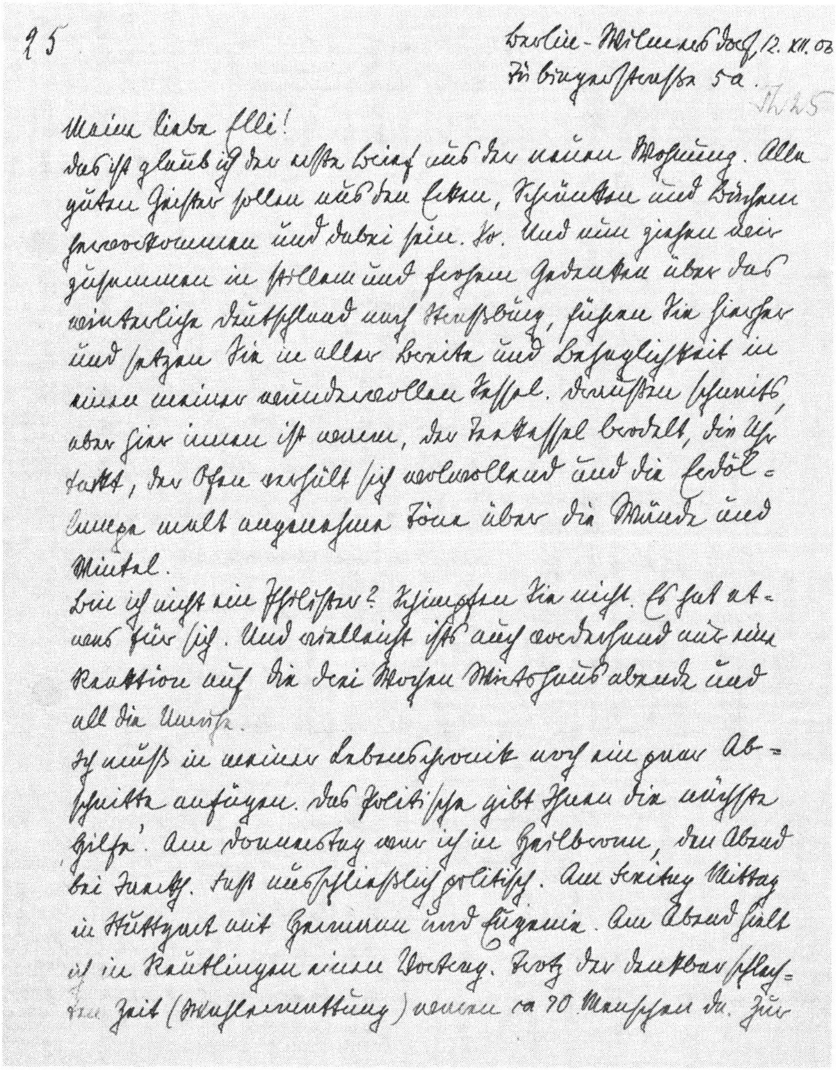

25

Berlin-Wilmersdorf, 12. XII. 08
Tübingerstrasse 5a.

Th 25

Meine liebe Elly!
Das ist glaub ich der erste Brief aus der neuen Wohnung. Alle guten Geister sollen aus den Ecken, Schränken und Büchern hervorkommen und dabei sein. So. Und nun ziehen wir zusammen in stillen und frohen Gedanken über das winterliche Deutschland nach Straßburg, suchen Sie hierher und setzen Sie in aller Breite und Behaglichkeit in einen meiner wundervollen Sessel. Draußen schneits, aber hier innen ist warm, der Teekessel brodelt, die Uhr tickt, der Ofen verhält sich wohlwollend und die Petrol=lampe malt angenehme Töne über die Wände und Möbel.
Bin ich nicht ein Schwätzer? Schimpfen Sie nicht. Es hat etwas für sich. Und vielleicht ists auch erfrischend nach einer Reaktion auf die drei Wochen Wirtshaus abends und all die Menschen.
Ich muß in meiner Lebensbeschreibung noch ein paar Ab=schnitte anfügen. Das Politische gibt Ihnen die nötige Hilfe. Am Donnerstag war ich in Heilbronn, den Abend bei Jäckh. Fast ausschließlich politisch. Am Freitag Mittag in Stuttgart mit Haußmann und [illegible]. Am Abend hielt ich in Reutlingen einen Vortrag. Trotz der denkbar schlech=ten Zeit ([illegible]) waren ca 70 Menschen da. Zur

Brief von Theodor Heuss an Elly Knapp aus seiner neuen Wohnung in der Tübinger Straße 5 a in Berlin-Wilmersdorf.

Friedrich Naumann und Theodor Heuss, 1908.

XIII. Jahrgang | Nummer 11

Die Hilfe

Herausgeber: D. Fr. Naumann | **Wochenschrift für Politik, Literatur u. Kunst** | Sonntag, den 17. März 1907

gefallen, wo es von Naumann geschrieben war und durch den Zusammenhang gefordert ist. Naumann sagt dort:

Wir brauchen mit Absicht das von Bülow nicht angewendete Wort protestantische Politik, weil nur auf diese Weise dasjenige klar heraustritt, was gefühlsmäßig im Hintergrund der Reichstagswahl und des jetzigen Auftretens des Reichskanzlers liegt.

In den weiteren Sätzen wird von Naumann ausgeführt, daß Bülow diesen Gedankengang nicht mit Deutlichkeit aussprechen kann, weil er in seiner Stellung keine Konfessionspolitik ankündigen kann und auf die nicht zum Zentrum gehörigen Katholiken Rücksicht zu nehmen verpflichtet ist.

Toleranz und Gerechtigkeit. Das Zentrumsorgan „Deutsches Volksblatt" in Stuttgart schreibt im Anschluß an Naumanns letzten Artikel:

Da hätten wir also schon einen „Programmpunkt" für den „neuen Kurs"! Das ist wirklich zu fein gesponnen! Die Reichstags-

Dank an die Wähler.

Nachdem ich durch das Vertrauen der Mehrheit der Reichstagswähler als Abgeordneter für den Deutschen Reichstag gewählt worden bin, spreche ich allen Denen, die mich in Hauptwahl oder Stichwahl gewählt haben, meinen besten Dank aus und verspreche nach besten Kräften die mir übertragenen Pflichten zu übernehmen.

Ich danke allen Demokraten, Liberalen, Deutschparteilern für ihre Mitwirkung, ins besondere aber auch den Sozialdemokraten, die mir trotz schwieriger Lage ihre Stimme in der Stichwahl zugewendet haben. Es wird meine Aufgabe sein, der Freiheit und dem sozialen Fortschritt zu dienen und dadurch der wahren Kraft des deutschen Vaterlandes zu nützen. — Nochmals innigen Dank dem dritten württembergischen Wahlkreis!

Dr. Fr. Naumann.

Friedrich Naumanns »Dank an die Wähler« nach dem Gewinn des Reichtagsmandats 1907 im Wahlkreis Heilbronn; darüber der Kopf der Wochenzeitung »Die Hilfe«, im Inhaltsverzeichnis Theodor Heuss als Autor.

Allerlei

Schwarzseher.

A.: Hast du die Rede des Kaisers gelesen?

B.: Gelesen habe ich sie, aber nicht verstanden.

A.: Was ist denn dabei unverständlich?

B.: Ich weiß nicht, wer die Schwarzseher sind.

A.: Das weißt du nicht? Schwarzseher sind die Leute, die den Schwarzen auf die Finger sehen.

B.: Diese sollen das Land verlassen?

A.: So habe ich es verstanden.

Zwei Fahrten in Holland. Unser Dampfer fährt langsam, ganz langsam auf dem schmalen Kanal. Fast streift er das Gras an beiden Ufern. Die Sonne schaut schon den ganzen Tag auf das stille, grüne Land herab und spiegelt sich in den Wasserrinnen, die die Wiesen tränken. Es ist heiß auf dem Deck und die wenigen Reisenden liegen oder sitzen auf den niedrigen Stühlen und genießen die Wärme und den frischen Atem des Wassers. Kaum daß noch einer redet, nachdem man stundenlang so traumhaft leise und ruhig dahingleitet. Hie und da überholt uns am Ufer ein von Hunden gezogener Karren. Manchmal kommen wir in die Nähe eines Dorfes. Dann stehen Kinder und Frauen in den leuchtend bunten Farben der alten Trachten am Ufer. — „Sieh nur Mutter, lauter Ansichtskarten", sagt ein kleines Mädchen hinter mir. — Man kann durch die großen Fenster hineinschauen in die kleinen blanken Stuben und Seelen dieser Menschen. Kistchen und Schächtelchen zierlich aufgebaut mit gestickten Deckchen darüber, gestickte Kissen und Tücher, bunte Teller, alles sorgfältig gestellt wie zur Bescherung. Die offenstehende Haustür läßt uns einen Blick in den ebenso zierlichen Garten tun — alle alten Bilder von Pieter de Hooch sind lebendig geworden. — Die geruhige Fahrt geht weiter durch weite Grasflächen, auf denen schöne Baumgruppen stehen wie riesige Sträuße. In die große Stille wird Leben gebracht durch die rastlosen Windmühlen und durch das zahllose weidende Vieh. Wie auf dem alten Bild „das Paradies auf Erden" lebt und weidet alles friedlich beisammen, die großen braunen und schwarzen Kühe, die fröhlichen jungen Pferde und die Menge der Hühner. Das stumme und langsame Ziehen des Bootes stört ihren Frieden nicht. Unsere Seelenstimmung wird der ihren

Reisefeuilleton Elly Knapps über »Zwei Fahrten in Holland« in der »Hilfe« vom 23. September 1906.

ganz verwandt. Stilles, behagliches Genießen, Wärme und Wiesengrün.

So lernt man Holland kennen. — Kurz darauf eine Fahrt im Automobil! — Zuerst existiert für den Neuling gar keine Landschaft. Ob er durch Holland fährt, durch England oder die Schweiz — was liegt daran! Er genießt nur den Rausch des Fliegenkönnens, den Rythmus der Bewegung, wie man leidenschaftliche Musikwellen genießt. Ein paar Erinnerungen dämmern — zum klaren Ausdenken fehlt die Zeit: die russische Rutschbahn als Kind auf dem Jahrmarkt — das Flugpferd aus Tausend und eine Nacht oder ein Sturmtag am Meer, wo auch die Gedanken untergehen in dem Brausen und Sich-Gegen-Stemmen. Aber bald lernt das Auge die Landschaft erfassen. Und die Erregung verschärft die Sinne, erhöht das Lebensgefühl, macht das Schauen zum wollüstigen Genießen. Diese wunderbaren Farben der weiten Ebene unter dem wechselnden Himmel eines stürmischen Tages! Die Felder werden zu einfarbigen Flächen, graublaue, dunkelgrüne, violette. Alles vereinfacht sich und wirkt nur noch als Farbe. Wie kann man nur über die Seelen der Kühe nachdenken, sie sind doch nichts weiter als wunderbar dekorative Flecken in dem unsäglich goldgrünen Schimmer der Wiesen! Dann ein brennroter Streifen — Blumen — was mag es sein? Längst liegt er hinter uns. Dreht sich die Windmühle oder steht sie? Vorüber! Grüngoldenes Halbdunkel einer Allee — dann kommt ein Dorf. Wie schade, die Fahrt wird langsamer. Kinder und Geisen springen mit lustig-ängstlichen Sprüngen vor uns in den Graben. Die Maschine knirscht vor Ungeduld, sich gezügelt zu fühlen. Wir haben heut kein Auge für die saubere Zierlichkeit der Straßen. Nur weiter! Endlich, die Fahrt über die steilgewölbte Brücke wirft uns in die Höhe, und wieder geht das jauchzende Genießen an. Vor unseren Augen wächst die kleine Hügelkette, die bisher in seltsamen Formen den Horizont begrenzte — wir fahren durch den Flugsand der Düne einige Sekunden bergan — und da liegt das Meer vor uns, strahlend, schäumend. Jubelnd fahren wir auf dem steinernen Deich, das Meer zur Seite, und trinken Sonne, Salzluft und Wind. —

Welche Fahrt war schöner? — Die innige Versenkung der alten Meister in behagliches Kleinleben und eine breite großzügige Landschaft unserer Freilichtmaler — wer will sie vergleichend abschätzen? Man liebt und genießt sie beide. **E. Knapp.**

Allerlei

Nachtfahrt. Ein schwarzes Dunkel, in dem nur der graue Dunst der feuchten Täler ein merkwürdiges und formloses Leben führt, drückt auf die Berge, Wälder, Aecker und umschlingt den Schlaf der Dörfer und kleinen Städte. Da hinein jetzt. — Die Versammlung ist aus. Auf einer etwas abenteuerlichen Stiege geht es zur Straße herunter. Und nun unter Johlen und Grüßen ins Automobil und weg. Vorsichtig sucht der Wagen die steile Gasse hinunter die Rinnen und Prellsteine ab. Die Fenster der alten Häuser blicken auf in seinem hellen Schein. Eine Kurve, eine etwas bockige Bewegung über den schwarzen rauschenden Fluß weg und dann auf der Landstraße in die Nacht und den Wald hinein. Der Chauffeur sitzt wie zum Angriff geduckt vor uns. Und nun geht's los. Der Wagen rast die Anhöhe hinauf, der Dreck klatscht hoch auf, das Schneewasser an den Straßenrändern springt wie ein Goldregen in das helle Licht. Der Schein der Laterne rast hundert Meter voraus, zeichnet leicht Gestalten, Linien, Massen aus dem Dunkel und reißt sie schon in schreckhaft nahe plötzliche Wirklichkeit. Und vorbei. An beiden Seiten stehen kahle, knorrige, windverdrehte Obstbäume. Wie die ausschauen: bleich und kalt und wie ein Märchenspuk. Ganz phantastische Ornamente, weißgelbes Linienspiel über einen grauschwarzen Grund gewirbelt. Und dann dazwischen die steilen, langen, schmalen Telegraphenstangen. Es fängt an zu schneien, nicht stark. Goldne Flocken tanzen vor uns. Der Wagen stürmt hinauf und hinunter und die Bewegung, dieses ungewisse, halb ängstliche, mitreißende Fortfort gibt der Seele ein scharfes Tempo. Wie war das: Menschen und Tabaksqualm und Fleischpreise, Bülow, Dernburg, Kampf gegens Zentrum, Politik mit dem Zentrum, Handwerkerfrage, Berufsvereine, Löhne, Arbeitnehmer, Arbeitgeber, Versicherung — — — die Nacht wird kalt und während man die Decken wieder hochzieht, spürt man, wie der Nachtwind einen innerlich ausgekühlt. Scharf den Haag hinunter, über den Kocher. Und dann bei einer Wendung durch einen hohen Torturm mitten auf den Marktplatz des alten Städtchens. Ein Hund bellt, ein paar Kleinbürger gehen aus der Wirtschaft heraus, gucken und schimpfen. Große überhängende Giebel und schmale, steile Gassen und ein paar trübe Laternen, die über der Straße baumeln — unser brutaler Karren ist in diese Idylle hineingefahren, und vor seinen grellen Strahlen fallen alle Ludwig Richterschen Erinnerungen und Illusionen zusammen. Alle diese schwäbischen Städtchen haben so verflucht steile Gassen. Aufgepaßt! Und nun wieder hinaus. Da läuft es hin, das Tal hinunter neben dem Fluß, der Postwagen trottet vorbei, und die Gäule steigen geblendet. Und nun über die Höhe weg. Aus der Ferne löst sich ein matter Lichtkreis vom Himmel Dort liegt die Stadt mit ihren Laternen und ihrem Dunst. In einer halben Stunde sind wir zu Hause. H.

Impressionen von Theodor Heuss aus dem Reichstagswahlkampf 1907: »Nachtfahrt« (»Die Hilfe« vom 20. Januar 1907).

Ich habe übrigens jetzt einen neuen Anzug und einen großen, runden, weichen, schwarzen, teuren Hut, so daß ich direkt anständig aussehe und niemanden mehr kompromittiere.

Adi, Gute. Einen herzlichen Gruß. Ihr Dorle

Straßburg, 17. Dez. 06

Lieber Dorle,

gelt, Sie wußten, daß ich am Sonntag in Lahr zu reden hatte, am Freitag nach Freiburg fuhr und die übliche Verschiebung des Briefs eintrat.

Aber heut gibt's keinen rechten Ellibrief. Das kann man 8 Tg. vor Weihnachten nicht verlangen. Um mich herum liegen Berge von Dingen, die zu Paketen gemacht werden müssen. *Wie* ahnt kein Mensch. Eine Schwarzwälder Uhr, ein japanischer flacher Korb, Bücher und eine Vase müssen zusammen nach Basel. Das wird ein Ding von einem Paket!

In Lahr war's *sehr* interessant. 300 Arbeiter und Arbeiterfrauen. Auch Kinder. Ich habe eine ganze Stunde gesprochen, ohne in der Dunkelheit auch nur einen Notizzettel mit Zahlen sehen zu können. Aber es ging.

Vielleicht ein andermal mehr davon – heut nur noch einen schönen Gruß! Sie kriegen zu Weihnachten noch einen ordentlichen Brief. Sie bleiben doch in Berlin? Ich zappele vor Ungeduld nach Nachricht von Euch wegen der Reichstagswahl. Ich fürchte, die Liberalen fallen elend herein.

Viele, viele Grüße!

Ihre Elli.

Ich bin eher weniger sozialdemokr. geworden!

Berlin-Wilmersdorf, 18. XII. 06
Tübingerstr. 5a

Meine liebe Elli!

Ein richtiger Dorlebrief kann das auch nicht werden – dazu fehlt die Zeit –, aber so arg beschummeln mit großen Buchstaben wie Sie, Teuerste, will ich doch nicht. Zumal ich Ihnen einen ganzen Sack Sachen mitzuteilen hätte.

Also zuerst die Reichstagswahl. Im allgemeinen bin ich pessimistisch, die Sache kam zu plötzlich, in 1½ Jahren wären wir gut vorbereitet gewesen. Und die lib. Einigung ist so eine Notgeburt, der ich nicht ganz traue.

Naumann ist noch der irrende Ritter. Bis heute früh glaubten wir an den sicheren Wahlkreis Glogau. Unser bisheriger Abg. Hoffmeister war so anständig, zu N.s Gunsten zu verzichten. Aber für die dortigen Juden ist N. Antisemit. Nehmen ihn nicht. Z. Zt. stehen jetzt nur Freiburg u. Heilbronn in Frage, aber bei keinem weiß man schon ganz Gewisses. Freiburg wäre ja wohl besser; aber es ist fraglich, ob die natlib. Zentrale mittut. Es muß sich nächster Tage entscheiden. Ich glaube, bei uns fehlt in Baden der rechte Mann, der's deixeln kann. Ich suche jetzt in Hlbr. für Goetz als Kompromißkand. Stimmung zu machen. Naumann hat vor Hlbr., das ihm als Platz am sympathischsten wäre, etwas Angst wegen der Zentrumsstimmen in der Stichwahl. Katz geht vermutlich nach Militsch-Trebnitz in Schlesien: 1903: Kons. 8603, Fr. V. 3323, Zentr. 2482, Soz. 1372.

Wird nächster Tage entschieden. Dohrn und Bothmer helfen ihm. Auf eine Wahl rechnet er selber nicht.

Vorderhand bin ich für die Hilfe geopfert. N. wollte mich mitnehmen, aber nun ist's wieder ungewiß. Wenn in Hlbr. was wird, geh' ich natürlich hin. Aber damit ich wegkomm', müssen Sie einem der Wölfe sagen, daß Sie an Weinhausen um mich schreiben. Wenigstens für kurz vor der Wahl. Im Elsaß brauche man Leute, die etwas von Weinbau verstehen. Wenn ich's auch nicht tue. Und dann hätte ich ja auch in Urach so gut abgeschnitten. Was das heißen soll? Eitel? O nein: corriger la fortune – dann haben wir wieder Gelegenheit, ein bißchen zusammenzusein. Ich bin entschlossen, die ganze Reichstagsauflösung ziemlich stark unter diesem Gesichtspunkt gutzuheißen u. will sehen, daß ich doch einmal kurz zu Euch in den Süden geworfen werde.

Vorderhand stecke ich dackelhaft in Arbeit. Für das Agitationsbüchlein, das nächster Tage fertig werden muß, habe ich mir die ganze Sozialpolitik u. die Militärfragen aufhalsen lassen. Und zwischen Weihnachten und Neujahr soll ich einstweilen in Breitscheids Kreis Pyritz-Satzig losgehen. Es ist mir nicht ganz klar, was die Pommern zu mir sagen werden. Mein Haar hab' ich jetzt schneiden lassen.

Das ist also jetzt die gegenwärtige Arbeit. Daneben die ganze Hilfearbeit. Katz schwimmt hoch oben auf den Wellen der politischen Aufregung. Inhaltsverzeichnis des ganzen Jahres und solcherlei Angenehmes. Zu Weihnachtsgeschenken und -briefen komm' ich gar nicht. Weiß nicht, was meiner Mutter geben. An Weihnachten bin ich sehr wahrscheinlich hier; vielleicht fahr' ich auch auf Montag abend nach Halle zu Niemeyers. Lis will es haben. Stotzle fährt Freitg. bis etwa 10. Jan. heim. Es geht ihm gut soweit, bloß fährt er jeden Abend bei der Lu rum, und das ist fast zu viel. Statt des sommerlichen Vollbarts ist er jetzt ganz nackt im Gesicht, und es sieht auch tatsächlich nackt aus.

Das wäre in der Eile das Wesentliche. Für die nächste Hilfe muß ich um etwas Nachsicht bitten; die Artikel u. Notizen wurden in starkem Trab geschrieben. Katz-Artikel ist sehr brauchbar, aus dem geplanten Handbuch; schad', daß nicht viel mehr davon fertig liegt.

Heut' abend haben wir den Cäsar, die Niemeyers Mädle und die Lu bei uns. Wir freuen uns drauf, wie sie sich zusammen benehmen werden.

Daß ich zu Weihnachten noch mal schreiben kann, wenn auch nur ein paar kurze liebe Worte, hoff' ich, kann's aber ganz sicher nicht zusagen.

Für heute adieu. Ich bin in der Unruhe der letzten Tage viel bei Ihnen gewesen, mit dem stillen und starken Wunsch, immer mehr Ihre ganze Seele und Ihr ganzes Wesen zu umschließen und in mich aufzunehmen. Gelt, das darf ich?

Viele treue Grüße von
Ihrem Dorle

Straßburg, am 29. XII. 1906

Mein lieber Dorle,

das wird nun der letzte Brief im alten Jahr. Und ich bin altmodisch genug, immer an Silvester mir das vergangene Jahr als eine abgeschlossene, ganze, lebende Person anzugucken und es mir so einzuprägen. Und mit diesem habe ich alle Ursache, zufrieden zu sein. Es ist mir immer, wenn so die Festzeiten sich abspielen, ganz wie in den anderen Jahren auch, als ob man auf einen Berg stiege und bei den Biegungen des Schlangenwegs immer dieselbe Gegend vor sich liegen sähe, aber immer von einem etwas höheren Standort aus. Diesmal ist es wieder ein gut Stück in die Höhe gegangen. Und Sie waren ein guter Kamerad, der mitging. So hab' ich Ihnen heut für viel mehr zu danken, als nur das Weihnachtsbild und den Brief. Aber ich will doch herzlich danke schön sagen für das schöne Foto. Ich kann schwer etwas drüber aussprechen, ob es sehr gut oder ähnlich ist. Es ist so fremd. Man meint bei einer Fotografie immer zuerst, es sei nach dem Leben aufgenommen, und dann wirkt das, was vom Material zu sehen ist – hier die Reflexe – sonderbar. Ich würde es gern vom Profil sehen. Noch lieber in Wirklichkeit. Aber ich bin sehr froh drum, daß ich es habe.

Nun sind Sie mitten im Wühlen und Hetzen, reden und lügen, renommieren und ängstlich sein. Ich bin nur froh, daß Sie so wohlgeborgen zuhaus sitzen und nicht mehr in Albwirtschaften. Ich spanne auf Nachricht. Aber Sie werden wohl noch nicht viel sagen können. Erzählen Sie mir auch von Ihrer Mutter und sagen Sie ihr, ich wünschte ihr zum neuen Jahr eine gute Büglerin und einen ganz kopfwehfreien Kopf. Auch von Jaeckhs müssen Sie mir schreiben, auch Menschliches, ob der Bub gesund ist, und ob der Dr. nicht zuviel schafft. Oder sehen Sie Ihre Freunde nie harmlos und unpolitisch? Ich kann mir so ein Ding wie den Wahlkampf so schwer vorstellen. Ich kenne nur die Hintertürwege – auf denen erreiche ich augenblicklich aber sehr viel. Ein Gang von mir zum Polizeidirektor – und mein gutes, altes Männele hat seinen verweigerten Hausierschein (das war heut mein Morgenwerk). So was passiert augenblicklich immerzu. Dabei werde ich merkwürdigerweise nicht einmal gefürchtet in den Verwaltungen, denn ich mache es immer mit ungeheurer Liebenswürdigkeit. – Die Tätigkeit in dem Armenrat ist mit das Beste, was mir dies Jahr gebracht hat. Es ist eine unerschöpfliche Quelle der Menschen-, Gesetzes- und Wirtschaftskenntnis. Heut bin ich den ganzen Morgen mit dem Berufs-Erkundigungsmann mitgetrottet und hab' ihm abgelernt, wie er's macht, aus den Nachbarn, dem Arbeitgeber, dem Hauswirt und den Leuten selbst alles herauszubringen. –

Sonst tu' ich augenblicklich gar nichts. Nicht mal lesen. Ich habe zu Weihnachten Schleiermachers Briefe bekommen, sehr interessant, und die Goethebriefe, »Alles um Liebe«. Da guck ich manchmal hinein. Aber selbst die »Patria« ist mir zu schwer verdaulich in diesen

Lebkuchentagen. Marianne und Ernst Lesser sind heut' für zwei Tg. nach Basel. Wir sind sehr vergnügt miteinander gewesen.

Notabene Goethebriefe. Nehmen Sie sich den Goethe und suchen Sie unter den Vermischten Gedichten im 2. Band das an Frau v. Stein: »Warum gabst Du, Schicksal, uns die tiefen Blicke.« – Lesen Sie den Anfang mit Aufmerksamkeit. Sie können daraus viel Verständnis bekommen für meine lange, lange Freundschaft, die nie ein Dritter ganz verstehen wird. – Ich bin eben in Sorge um meinen Freund, obgleich er in 14 Tg. wohl Beigeordneter hier sein wird – er ist drauf und dran, das Äußerliche Herr über sich werden zu lassen, ein Chicmensch zu werden. – Nächstens sag' ich's ihm mal. Ich sehe ihn aber sehr selten.

Adi. Grüßen Sie alle. Ein frohes neues Jahr und einige schöne Zusammenseins darin wünscht sich und Ihnen

Ihre Elli Knapp

Am ersten Tag des neuen Jahres kommt Theodor Heuss überraschend nach Straßburg – »es ist alles wie wunderbar«, schreibt er in einem kurzen Sylvesterbrief, mit dem er den Besuch ankündigt. Naumann hatte die Kandidatur im Wahlkreis Heilbronn zunächst abgeschlagen, weil sie ihm zweifelhaft geworden war, und statt dessen das ihm ebenfalls angebotene Colmar angenommen; Heuss soll vorbereitende Gespräche führen. »Ich benutzte die Gelegenheit«, heißt es dazu in seinen »Erinnerungen«, »im Hause des Professors Georg Friedrich Knapp meine Aufwartung zu machen«. Ellys Vater war, so berichtet er, »über diesen Einfall nicht übermäßig erstaunt«. Nach etlichen Irrungen und Wirrungen wird die Colmarer Zusage rückgängig gemacht und Naumann nimmt doch die Heilbronner Kandidatur an.

Heilbronn, 8. Jan. 07
Wollhausstr. 11.

Liebe Elli!

Also ich mache geschwind einen Brief an Sie zusammen, an dessen erster Stelle steht, daß es sowohl Naumann als mir gesundheitlich sehr gut geht.

Die Wahlkampagne ist im besten Gang, und der Jaeckhsche Samen geht auf: überall kennt man Naumann, freut sich auf ihn, er hat große Versammlungen und begeisterten Beifall. Das Debut am Freitag war unerhört an Stimmung. N. sagte mir selber: Sie haben recht gehabt, die Leute gehen bei Ihnen mehr mit als sonstwo. Also: schön ist der Wahlkampf. Sie können sich denken: über Aussichten und so werd' ich Ihnen in diesen paar Wochen nichts schreiben können. Da läßt sich ja gar nichts absehen. In der Stadt selber spricht man ja bloß von N. Wie's draußen wird, weiß man noch nicht. Der Bündler arbeitet ganz in der Stille. Der Soz. fängt heute in Hlbr. an. Bis die Sache vollends klappte, gab's noch Arbeit und Ärger genug. N. war am Mittwoch ein paar Stunden in Straßburg. Weil er aber nicht wußte, wer und wie und was und warum, dankte er dem Durcheinander und kam zu uns. Die Deutsche Partei hat die Wahl freigegeben.

Am Sonntag bin ich zweimal hochgegangen, u. morgen werde ich in meinem Heimatgäu Versammlungen machen. Cohnstaedt der Esel läßt in die Zeitungen drucken, ich rede über ›Weinbau, Landwirtschaft und Politik‹. Einen blöderen Titel hätte er schwer finden können. Darüber ärgere ich mich heute. Leider ist man fast ausschließlich politischer Mensch. Meine Mutter hat sich in das Schicksal gefügt. Etwas zu lesen oder Briefe zu schreiben ist fast unmöglich . . .

Daß die Stunden in Straßburg so kurz und immer so im großen Kreis, tut mir jetzt noch leid. Wir hätten uns noch manches sagen mögen und wünschen ins neue Jahr hinein. Nun muß ich's in den stillen Gedanken tun, die mich begleiten, wenn ich allein auf der Bahn liege. Da denke ich an Sie und zwischendurch mit einem elenden stoischen Gefühl an den Abend vom 25. Januar.

Herrgott hilf, Herr Gott, laß alles wohl gelingen! Amen.

Für heute adi, Gute. Schreiben Sie wieder Ihre lieben, schönen Briefe. Jetzt in der Hast der kurzen Tage tun sie besonders wohl.

Ihnen allen und Ihnen besonders

Herzl. Grüße
von Ihrem Dorle

Stotzle ist bis 20. Jan. Stuttgart, Werastr. 82.

Straßburg, am 8. I. 1907.

Mein lieber Dorle,

wenn dieser Brief wirklich so ein wunderlicher Versuch wird, mir selbst allerlei klarzumachen, was ich nicht verstehe, dann lesen Sie ihn *bitte* erst, wenn Sie eine Stunde recht für sich allein haben, denn er handelt von Dingen, die nicht zum Wahlkampf passen. Wahrscheinlich wäre es richtiger, sicher klüger, ich schriebe ihn nicht. Aber der Beweggrund, der mich zum Schreiben zwingt, ist der, daß ich Ihnen gegenüber die Verpflichtung fühle, Sie an allem Wichtigen teilnehmen zu lassen, auch wenn es, wie jetzt, gar keine äußeren, sondern innere Erlebnisse sind, die einen bewegen.

Die letzten 3 Wochen, von einer Gesellschaft bei Dominicus her, habe ich innerlich klar gewußt, daß Leoni meine Freundin Ise v. Mossner heiraten möchte. Der erste Abend war sehr sonderbar. Ich gehöre nun mal zu den novellistisch veranlagten Menschen und habe die ganze Situation wie ein Kapitel eines Romans vor mir gesehen und, fast möcht' ich sagen, genossen. Ich habe in wunderschönen »sous-entendus« ihm gesagt oder vielmehr gezeigt, wie hoch ich sie stelle etc. Dann kamen zwei Tage arger Verwirrung. Ich versuchte, mich mit dem Gedanken vertraut zu machen und fühlte dabei, wie schwer es einer Mutter sein muß, einen Bub, an dem man so viel getan hat, plötzlich irgendeinem netten Mädchen zu geben, die noch gar keine Verdienste um ihn hat. Dabei war von Unglücklichsein gar keine Rede, nur sonderbar war's. Dabei passen die beiden glänzend zusammen. Und ich – wieder Humor! – habe sie in alle Sozialpolitik und Verständnis seiner Interessen hineingebracht. Was mir an ihm immer fremd und oft abstoßend war – die Kälte – hat sie noch stärker. Sie ist wirklich ein strahlender, reizender Wintertag, voll kalter Sonne. Ganz ahnungslos, daß es so was wie Frühling gibt.

Nun also, ich fand alles in schönster Ordnung und wartete der Dinge, die da kommen sollen. Nun kommt aber das Seltsame, was absolut nicht in mein Programm paßt: Sie will nicht. Sie ist eben wirklich noch ganz ohne irgendein Gefühl, oder auch nur Sehnsucht nach einem Gefühl. Und dann der Fluch der Offiziersmädels, nie ruhig jemand kennenzulernen und zu warten, wie es wird, sondern immer, sobald einer 3mal mit einer tanzt, zu bedenken: kann man ihn heiraten? So am Barometer abzulesen, wie es steht. Kurz und gut, sie ist weit entfernt, ihn zu wollen und geht – was sie immer vorhatte – in acht Tg. nach England.

Als ich das gestern hörte, war ich in einer noch sonderbareren Stimmung. Halb ärgerte ich mich über sie, halb hatte ich einen schrecklichen Zorn auf das Schicksal, das all meine edelmütige Gesinnung für nichts erachtet hatte. Halb tat er mir wahnsinnig leid, weil er nun mal kein Glück in so Sachen hat. Kurz und gut, ich dachte, er sei jetzt tief drunten. Denn sie hatte ihm auf einer Schneeschuhtour gezeigt, wie sie denkt. D. h. wie man in der »guten Gesellschaft« so was macht, ohne ein deutliches Wort. Nun geschah aber das Allerseltsamste: Er war gestern nachmittag bei mir, strahlend, vergnügt, redete von seinem Amt (heut wird er einstimmig zum Beigeordneten gewählt), und ich war sprachlos. Allerdings kam er 20 Minuten vor Anfang meines Kurses, was ich ihm gleich sagte. Aber immerhin. Wie er aussieht, wenn er Freudigkeit *heuchelt* – das weiß niemand besser als ich. Was soll ich nun denken? Hoffentlich kommt er bald noch einmal und sagt, was er sagen wollte.

So steht diese wunderliche Sache also bisher. Mehr weiß ich nicht. Ein bißchen freue ich mich, daß ich nun den *Freund* behalte. Denn ich hätte ihn entbehrt. Aber ich glaube doch, daß sie alle beide ihr Glück verspielt haben. Was ich nun für mich dabei denke? Ich weiß es nicht recht. Hauptsächlich: Lieber Gott gib mir ein ganz simples, selbstverständliches Glück, keine komplizierte Halbheit. Zweitens: sei wahr gegen Menschen, die ein Recht darauf haben. Ich habe immer vermieden auf irgend etwas einzugehen, was in oder zwischen den Zeilen Ihrer lieben Briefe stand, Dorle, und das sich auf Dresden bezog. Ich kann nur sagen: Es ist mir immer so zumut' gewesen, wie ich schrieb: lieb und nah und vertraulich. Nie mehr und nie weniger. Wir wollen also auf Regen und Sonnenschein zum Wachsen hoffen. Aber ich muß das Recht behalten, zu denken: Wenn irgendein großer Sturm über mich kommt, spann' ich weit die Flügel auf und fliege, denn ich bin ein freier Vogel.

Das erscheint mir so als Pflicht, mal wieder zu betonen. Auch, daß ich Stunden kenne, wo ich auf so einen Sturm hoffe.

Oft denke ich aber nicht über so was nach. Sondern tue ganz einfach, was vor mir liegt, und lass' im übrigen kommen, was kommen will. – Das Leben ist doch wie ein Wunderknäuel. Man hat nichts zu tun, als zu stricken und das Garn dabei langsam abzuwickeln. Die guten und bösen Dinge kommen dann alle zu ihrer Zeit ans Tageslicht, man läßt sie herausfallen, freut oder ärgert sich daran und strickt weiter. Nur dumme, neugierige Kinder wickeln ab, ohne zu stricken und bohren in dem Knäuel herum, ob sie auf ein Bonbon stoßen. Und erleben dann immer, daß das ganze Garn dadurch heillos verwickelt wird. –

Dies meine Lebensauffassung für den Augenblick. Ich habe nie eine dauernde.

Im übrigen habe ich mich so in die Schleiermacherbriefe hineingelesen, daß ich ganz in der Welt von vor 100 Jahren lebe. Ich schreibe ihm innerlich die schönsten Briefe, denn niemand verstand je so zwischen den Zeilen zu lesen, wie er. Und da steht doch allein das, weshalb man schreibt, besonders bei Frauenbriefen. Und dann ist er so ein Frauenlober. Was sollen wir ihn nicht lieben?

Wollen Sie, daß ich für die Hilfe den Band Briefe, gesammelt von Rade, empfehle? Ich tu's gern. Oder habt Ihr schon was drüber? Oder haben Sie jetzt im Wahlkampf wirklich keine Zeit, an die Hilfe zu denken?

Ich bin froh, daß Sie gar nicht pessimistisch schreiben. Ich hatte nach dem, was die Deutsche Partei angerichtet hat, ganz die Hoffnung verloren. –

So. Nun verzeihen Sie mir, daß ich Ihnen so wunderliche Sachen schreibe in so ungeeigneter Zeit. Aber in der Freundschaft darf es nie ungeeignete Zeiten geben. Da will man immer Verständnis. Schreiben Sie mir gleich, nur ein paar Zeilen, ob Sie mich begriffen haben und ob es recht war.

Viele Grüße an alle! Ihre Elly

Abends

Lieber Bub,

ich hab' den Brief noch liegen lassen, weil ich zweifelhaft war, ob ich ihn überhaupt abschicken soll. Es ist so indiskret. Ich tu's aber doch. Nun nur noch einen schönen Gruß und daß ich mir wirklich die ganze Unruhe, Neugier und Drandenkenmüssen heruntergeschrieben habe! Jetzt glaube ich, daß es so steht: er ist vergnügt, weil er denkt, vielleicht wird's noch was, oder es war nicht das Rechte. Ob er mir die Geschichte erzählen wollte oder nur so kommen, um zu zeigen: Ich vergess' alte Freunde nicht – das weiß ich nicht. Ist mir auch egal.

Wissen möchte ich jetzt, ob Sie denken: Ja was geht denn mich die ganze dumme Geschichte an, oder ob Sie begreifen, warum ich Ihnen diese Art von Beichte abgegeben habe. Schreiben Sie deshalb bald ein Zettelchen, sonst bereue ich die ganze Schreiberei, und verreißen Sie diesen Wisch hier. –

Eben fang ich Hölderlins Briefe an. Gutnacht Dorle!

Ihre Elly

Heilbronn, 12. Januar 07
Wollhausstr. 11.

Liebe Elli!

Heut mittag hab' ich sozusagen frei, d. h. Bureaudienst, da Cohnstaedt wieder einmal Automobil fahren will. Sonst hab' ich in dieser Woche schon sechsmal auf Dörfern draußen gesprochen, meist mit ordentlichem Erfolg. Ich bin allmählich mit den intimsten Angelegenheiten der Landwirtschaft vertraut und rede unter dem Beifall der Hörer von der Aufzucht der Milchschweine.

Verzeihen Sie, daß ich keine andere Einleitung weiß zu einem ernsthaften Brief. Aber solche Zeit wie jetzt hier schaltet ⅔ sonstiges Menschendasein aus. Das ist gut so. Und vielleicht war es auch gut, daß Ihr Brief in eine solche Zeit kam. Denn sie verkümmert mir, die Gabe zwischen den Zeilen zu lesen und, ich möchte auch nicht viel zwischen den Zeilen lesen müssen.

Ich verstehe, warum Sie mir das geschrieben haben oder vielmehr: ich verstehe die seelische Verfassung, in der Sie's geschrieben haben, und ich bin Ihnen dankbar dafür, denn ich möchte an dem teilnehmen, was Sie innerlich bewegt. Was ja auch mich ein Stück weit mitangeht.

So hab' ich auch unseren Dresdener Vertrag immer aufgefaßt. Er soll nach keiner Seite eine Bindung oder so was sein, sondern nur das Gelöbnis der Offenheit und Treue. Und wenn ich in meinen Briefen mit Worten oder ohne Worte zu Ihnen von dem gesprochen habe, was mich in Dresden und seitdem bewegt hat, so nur, um Ihnen zu zeigen, wie ernst und wichtig es mir darum ist.

Ihr Brief war ja nur ein Aufriß. Ich schöpfe aus ihm weder Hoffnung noch Furcht. Sie sind ja selber noch Wartende, nach Außen und Innen. Nur dieses hoffe und wünsche ich, daß allen rasche Entschlüsse erspart bleiben. Jetzt, da ich meine außerpersönlichste Zeit erlebe und nur Funktion der Naumannschen Wahl bin.

Ich kann heute gar nicht mehr sagen und nur um das bitten, daß Sie mir alles das weiter schreiben, was sich bei Ihnen und um Sie entwikkelt. Wenn sich etwas entwickelt.

Gelt, Sie sind nicht bös, daß ich nur diese kargen Worte habe.

– – –

Auch sonst nur wenig. Die Arbeit macht mir Freude. Auch Naumann ist frisch und munter, und er findet überall große Stimmung. Unsere Zuversicht wächst. Aber wir sind dabei in einer kühlen Entschlossenheit. Bisher war der Wahlkampf sehr anständig. Heut kam das erste bündlerische Inserat über »Naumannsche Agitationsweise«.

In den nächsten Tagen geh' ich in Zentrumsorte. Am Donnerstag soll ich in Stuttgart reden.

Gelt, machen Sie jetzt soviel Sie können für die Hilfe, Allerlei und Büchertisch. Und schicken's hierher, damit es nicht von Katz verbummelt wird.

In steter Treue
Ihr Dorle

Postkarte *Stuttgart, 24. 1. 07*

Liebe Elli! In aller Arbeit bin ich kurz auf ein paar Stunden hierhergefahren, um mir im Stuttgarter Kunstverein moderne Franzosen anzusehen. Heute abend im Hauptzentrumsort die letzte (25.) Rede. Die Aussichten sind nach m. Ansicht jetzt sehr schlecht, weil das Zentrum gleich im 1. Gang den Bauernbund unterstützt u. wir kaum über den Soz.(ialdemokraten) kommen. Zum Telegrafieren komm' ich wohl kaum. Nur jetzt kurze, herzliche Grüße und Wünsche. Mein Geburtstag ist am 31.

Allzeit
Ihr Dorle

Straßburg, am 26. I. 1907

Lieber Dorlebub,

das war gestern wirklich mein letztes und bestes Geschenk. Ich kam aus einer Gesellschaft bei Bresslaus heim, wo alles von Wahl redete – und durchs Telefon die hiesigen Nachrichten gehört hatte – ich dachte aber immer nur voll Wut, jetzt säßt Ihr da in der Enttäuschung, und dann sei mir doch der ganze elsässische Liberalismus so einerlei, wie nur was. Da, als ich heimkam, noch im Mantel, kam das Telegramm. Das vergesse ich Ihnen nicht, Dorle, daß Sie in all dem Trubel noch an mich gedacht haben. Ich wäre sonst wirklich recht deprimiert gewesen am Schluß dieses Geburtstages. Nein, wie mögen Sie froh und stolz sein und mit wieviel Recht! Legen Sie sich jetzt drei Tg. ins Bett, Bub! Nicht wahr, Sie rechnen jetzt nicht auf eine Teufelei der Sozen, plötzlich den Bündler zu unterstützen?

Also der els. Liberalismus hat einen starken Bankrott erlitten, am stärksten der Wolf. Es tut mir leid, aber ich hab' Ihnen doch immer gesagt, die ganze lib. Landespartei hier sei eine Frühgeburt mit einem Wasserkopf. – – Ich muß gestehen, daß ich schrecklich frauenzimmerliche Politik treibe seit heut' früh. Ich lese die Wahlberichte und rufe »Ah, mein Freund Frank ist gewählt«, »Oh, wie schad', der Engler hat nur wenig Stimmen.« – »Ei, der kath. Gewerkvereinler Fischer in Mülhausen hat 3 × soviel Stimmen, wie das letzte Mal; hoffentlich wird der David in der Stichwahl gewählt.« Kurz, wen ich kenne und gern habe, dem wünsche ich Sieg, einerlei von welcher Partei er ist. Aber über oder hinter allem steht immer, in jeder Minute die Idee »der Naumann kommt endlich hinein«, deshalb kann ich mich für die anderen freuen oder ärgern. Sonst wär' mir alles eins. Ach, was für altkluge Artikel wird nun der Katz in die »Hilfe« schreiben, von »ich hab's gleich gesagt« und den Nicht-mehr-Mitläufern! – Aber daß Barth nicht gewählt ist, wird ihn und Euch alle schmerzen. Was sagt Naumann zu Maurenbrecher?

Jetzt ist's aber genug Wahlgeschwätz! Ich muß mich austönen. Meine Schwester will schon lang keinen Ton mehr hören von der Wahl. Und dann schreib' ich mit meiner gestern geschenkten Füllfeder, da ist mir schon das Schreiben an und für sich eine Wonne.

Der Katz hat mir gestern rührenderweise einen langen Brief geschrieben, wirklich nett und lieb und vernünftig. Tante Mieze, Frau

Bloch aus Rostock, jeder ihrer Buben und Willy Bloch je einen langen Brief, macht zusammen fünf Blochbriefe! Das alles und Harnacks Brief hat mich innerlich so ganz in die Zeit vor einem Jahr versetzt. In den Tagen nach meinem Geburtstag war's, daß wir bei Katz eingeladen waren, wir beide noch ganz fremd. –

Ich schicke Ihnen heut den Schleiermacher. Ich möchte das Ganze als Allerlei haben, als einziges, nicht irgendein Stimmungsbild dahinter. Ich finde es nett, so ein Allerlei in der Art der »Losen Blätter« aus dem Ktl. Wenn Sie meine einleitenden Worte zu schlecht finden oder zu kurz, so sagen Sie mir's vorher, dann ändere ich noch. Ich wollte aber nichts mehr tun, als Lust machen am Lesen. Übrigens finde ich, Sie könnten dann die Nr. an den Verlag Diederich schicken mit der Bitte um ein Exemplar. Das schenk' ich Ihnen dann!

Zum Geburtstag schreib' ich Ihnen noch einen Gruß. Wenn wir uns wiedersehen, feiern wir alle zwei. Hoffentlich zu Ostern. –

Unterdessen tausend Glückwünsche auch an Naumann und Jaeckh und Cohnstaedt. Und danke für das Telegramm!

Von Herzen
Ihre Elli

Heilbronn, 28. Januar 07
Wollhausstr. 11

Liebe Elli!

Dieses ist der aufgeschobene Geburtstagsbrief. Er sollte am Samstag geschrieben werden, aber der lag zu sehr dem Samstagmorgen benachbart, und da ging's nicht. Und gestern war's Wetter so klar, daß wir am Abend über Land gingen. Babett, Cohnstaedt, ich, die Jaeckhin und ihre Schwester, das Luisle Klein von Idar. Der Doktor mußte ins »Husarenfieber«. Wir trieben uns also nächtlicher Weile in Weinsberger Kneipen und Gassen und auf der Weibertreu herum, eine unglaublich schöne Mondnacht über dem Tal und den Schneedächern. Der Heimweg war dann ein scherzo amoroso. Hinter dem Freitag abend sind wir alle Kindsköpfe geworden.

Zunächst hole ich meine Glückwünsche nach. Am 21. war's grad ein Jahr, da wir uns eigentlich kennen lernten. D. h. auch noch nicht recht, aber wir wollen den roten Sonntag fixieren als das Datum unserer Freundschaft. Da hab' ich mir gratuliert. Und jetzt also zu Ihrem Geburtstag. Dies vor allem: Gesundheit. Ein Herz, das nicht unnötig zappelt, sondern ordnungsmäßig arbeitet, und dann wünsch' ich zum kommenden Jahre uns beiden manche Tage und Stunden einer fröhlichen offenen Zweisamkeit. Ich freu' mich schon jetzt auf Berlin und wünsche, daß Ihre Zeit nicht zu sehr durch Offizielles gekürzt werde.

Soll ich noch von unserer Arbeit hier erzählen. Wir haben uns wütend angestrengt. Naumann hat – gottlob bei guter Gesundheit – 60 Versammlungen gemacht. Nach ihm rangieren Fischer-Reutlingen und ich mit 25–30. Dann noch eine Reihe lokaler Kräfte. Auch Cohnstaedt hat zusammen mit Harald Dohrn auf dem Bureau eine große Arbeit erledigt. Die letzte Woche ist sogar mein unpolitischer Bruder Hermann mit auf den Dörfern herumgezogen. Am letzten Tag 30 Studenten von Tübingen und Stuttgart.

Ich habe mich hier verhaßt und beliebt gemacht. Im Zentrumsblatt stand: wie gering Naumann die politische Urteilskraft der schwäbischen Bauern einschätze, zeige, daß er fortwährend einen 22jährigen, noch nicht wahlberechtigten Mann namens Hauß auf die Dörfer schicke und Wahlreden halten lasse. Darüber haben wir uns sehr gefreut. Auch hab' ich meinen großen Tag hier gehabt bei der bündlerischen Versammlung, wo ich mit großer sachlicher Schärfe Dr. Wolff, einen konservativen Rechtsanwalt, und zwei Gymnasialprofessoren abstach. Es war eine Versammlung von etwa 600 Menschen, ich hatte den stärksten Beifall und die gegnerische Presse gab mir das Zeugnis »sachlich und geschickt«. Sie sehen, liebe Elli, ich bin jetzt zum eitlen Menschen verdorben, trage den Bubenkopf noch etwas höher und lasse mich von den unbekanntesten Mitbürgern achtungsvoll grüßen. Ich habe mit Naumann schon verabredet, daß ich in fünf Jahren dem Bauernbund den Kreis Weinsberg–Hall abnehme.

Die Sozialdemokraten haben hier natürlich noch eine arge Malice auf uns, weil wir sie aus der Stichwahl verdrängt haben; sie hatten schon Flugblätter drucken lassen für den Fall Feuerstein contra Wolff. Aber ich zweifle nicht daran, daß sie Naumann wählen werden. Dann muß hinter diesem Zufallssieg – 250 Stimmen plus – der Kreis wahnsinnig durchgearbeitet werden, damit etwas Dauerndes herauskommt.

Naumann ist am Samstag weggefahren. Er war am Freitag abend mit Hermann und Stotzle bei Jaeckhs, Jaeckh und ich auf der Redaktion. Als wir ihm das Resultat telefonierten, hat er mit dem Luisle getanzt, und der Stotzle hat Kopfstände auf den Tischen gemacht. Dann haben wir ihn in den Falkensaal geschleppt. So was Unbändiges von begeistertem Gebrüll habe ich in meinem Leben noch nie mitgemacht. Ich habe Naumann zum ersten Mal wirklich gerührt gesehen. Der Abend war wert, erlebt zu werden. Wenn Sie es machen können, kommen Sie am 5. hierher; dann wird's noch toller.

Mein jetziges Tun ist Ausschlafen. Morgen will ich wieder ein bißchen nach Stuttgart. Daß Stotzle vom 1. April ab bei Billing-Karlsruhe in Stellung ist, hat er Ihnen wohl schon geschrieben. Es tut mir sehr leid, daß er von Berlin weggeht; aber für ihn ist diese Lösung notwendig. Sie müssen ihm dann auch für Anschluß sorgen.

Damit für heute genug. In acht Tagen ein weiteres. Vermutlich sprech' ich am 7. in Stuttgart und fahr' dann zwei Tage nach München.

Mit vielen herzlichen und treuen Grüßen Ihr Dorle

29. I. 07

Lieber Dorle,

nur einen unverdient kurzen Geburtstagsgruß heute. Ich habe Sie in letzter Zeit wirklich verwöhnt mit Briefen, ohne auf Antwort zu reflektieren. So dürfen Sie sich nicht beklagen, wenn sie heut' nur aus der Bahn, zwischen Zabern und Saarburg, meist in Tunnels, einen Gratulationsbrief kriegen. Ihr lieber, langer Brief war nach der großen Pause eine Erquickung. Ach, wie beneide ich Euch um beides, Sieg und vorhergegangenen Kampf. Ich kann am 5. nicht kommen, täte es aber auch nicht, wenn ich's könnte. Denn man muß sich das Erleben solcher Dinge verdienen. Und ich hab' untätig und kleingläubig zuhaus' gesessen. –

Also, einen schönen, schönen Geburtstag wünsche ich Ihnen und für uns alles, was Sie mir zu meinem Geburtstag gewünscht haben. Auf Ostern freu' ich mich ungeheuer. Denken Sie sich irgend was aus, womit man dem Naumann einen Spaß machen kann, etwas Aufgeführtes. Oder ist er dann sicher irgendwo im Süden? Das wär' jammerschad'. – Ich hab' richtig Sehnsucht nach ihm. Schreiben Sie mir doch gleich, ob er jetzt vor der Stichwahl noch in Heilbr. ist, noch redet, ob man mal am Sonntag rüberfahren könnte. Und wohin er nach dem 5. geht. Gleich auf einer Karte bitte. Ich habe das Gefühl, als *müßte* ich doch irgendwas dieser Zeit mitmachen, sonst kann ich mich gar nicht mehr zu seinen Getreuen rechnen.

Tausend Grüße an Jaeckhs und Ihre Mutter und alle. Ich beneide Euch alle so elend arg. Schreiben Sie mir sobald Sie können, möglichst ausführlich. Also ein schönes Jahr, 23 sind Sie jetzt? Und schon einiges für die Unsterblichkeit getan.

Viele, viele Grüße. Ihre Elli.

Postkarte

30. I. 07

Liebe Elli!

Besten Dank für den Brief und die Wünsche. Ich war gestern und heut' zur Abwechslung in Stuttgart, um Leuten Grüß Gott zu sagen. Hier ruht augenblicklich alles, der sozdem. Parole harrend. Die Stuttgarter sind für N., die hiesigen haben noch eine arge Wut, weil sie nicht in Stichwahl kamen. Wenn Wahlfreiheit proklamiert wird, schmeißen wir Sa., So. und Mo. noch eine Mordsarbeit auf den Bezirk. Ob u. wann N. kommt, weiß ich augenblicklich nicht; er will nicht mehr reden, da ihm Singer Unterstützung zugesagt hat. Für Gerlach wird er nach Marburg gehen. Möglich, daß er erst am Mo. oder Di. kommt. Was er nachher tut, weiß ich nicht. Wenn er am So. schon hier ist, kriegen Sie vorher Nachricht, um eventuell herüberrutschen zu können. Ich fahr am 7. nach Stgt., um abends zu reden, am 8. nach München. Sie werden in der Gegend nach Mülheim fahren. Dazu wünsche ich Ihnen viel Vergnügen. Am Mo. krieg' ich aber, wenn Sie nicht selber kommen, wieder m. regulären braven Brief. Und ob ich Di. abend telegrafieren soll. Katz schreibt so, als ob er zur Siegesfeier hierher fahren wolle.

Mit treuem Gruß
Ihr Dorle

Straßburg, 3. II. 1907

Brief unmöglich. Ich liege brav und heile eine Influenza. Saarburg und Mühlheim sehr unsicher. Mein Zorn ist groß. – Neuigkeit: Mein Vater ist Rektor geworden, d. h. ich muß im Winter »Spitzenessen« geben und kriege den Statthalter zu Tisch. – Und mehr solcher Klimbims. Es macht mir aber Spaß, und der Papa behauptet, ich würde sicher reaktionär dabei!!!

Ich hoffe sehr für Dienstag. Hier sind alle Leute Hasenfüße und trauen der Sache nicht. Nur ich bin siegessicher für Euch. Leider kann ich nicht nachts herunter zum Telegrafenboten. Also bitte kein Telegr. Aber gleich eine Karte!

Viele Grüße
E. K.

Heilbronn, 7. Februar 07
Wollhausstr. 11

Liebe Elli!

Der Brief kommt einen Tag zu spät, aber das ist zu entschuldigen. Am Mittwoch früh bin ich erst gegen 6 Uhr glücklich heimgekommen, allerdings nur in lauterster Fröhlichkeit und ohne die Spuren einer akuten Alkoholerkrankung. Und mittags waren Naumann, Jaeckhs und sonstiges Wahlgeschwerl bei uns und somit auch keine vernünftige Briefschreibezeit.

Jetzt will ich das, allerdings in erzwungener Kürze, nachholen. Denn nachher ist Beratung, wie man den Wahlkreis 5 Jahre lang befestigt.

Es liegt eine kurze, ekelhafte Zeit hinter uns. Die hiesigen Sozialdemokraten hatten in ihrer Wut Wahlenthaltung beschlossen. Cohnstaedt, Jaeckh, Abg. Dr. Bauer erhandelten von der Stuttgarter Leitung die Naumannparole. Darüber bei den hiesigen Genossen große Verstimmung, die von den Bündlern zu Quertreibereien benutzt wird. Die Soz. hier wollen enthalten. Am Wahltag selber sah's äußerst kritisch aus, da die Bündler wahnsinnig geschafft hatten. Da kam um 1 Uhr ein Wahlschwindel raus, wir konnten noch ein Flugblatt, das der sozdem. Vorstand unterzeichnet hatte, ausgeben, und nun wurde fleißig gewählt. Es waren äußerst spannende Stunden. Von unserem

Büro brachten wir zwischen 5 und 7 Hunderte von Arbeitern in die Nachbardörfer. Die Kerle wählten bloß, wenn man sie vorher im Auto spazieren führte.

Am Abend war eine kolossale Versammlung in den Kilianshallen. Als Naumann, der vorher mit Hermann, meiner Mutter und den Jaeckhs Frauen zusammen war, kam, ging's ganz unglaublich zu. Naumann selber war ganz bewegt, als er die ersten Danksätze sagte. Ich stand neben ihm, auf einmal umarmte er mich und küßte mich. Es ist mir jetzt noch nicht deutlich, was ich dabei empfunden habe.

Der Abend war dann ganz wunderschön, von einer weiten und reinen Stimmung. Viele Reden wurden gehalten, und auch ich produzierte mich vor meinen 1½ tausend Mitbürgern, bei denen ich jetzt persona gratissima bin. Ich kann mich fast nicht mehr auf der Straße sehen lassen, ohne grüßen zu müssen, und die Krempen meines Hutes sind darüber schon ganz traurig geworden. Gelt, Sie freuen sich mit mir, wenn ich etwas stolz und eitel bin.

Denn ich mache die Rechnung auf, daß der Kunstmimiker Dorle Heuss durch seine Energie beim Verhandeln und seine Unverdrossenheit bei der Arbeit am 5. Dezember dem württembergischen Landtag einen gescheiten Kopf und am 5. Februar dem Reichstag Naumann verschafft habe. Oder umgekehrt: Naumann den Reichstag. Denn es drehte sich schließlich bloß darum.

Jetzt sind wir also ungemein fröhlich: Naumann strahlt über's ganze Gesicht und wenn er durch die Straßen geht, ist er ganz aufgeräumt, wenn Herr Soundso kommt und ihm gratuliert. Heut hab' ich ihn zum Oberbürgermeister geschickt.

N. fährt morgen abend zurück. Ich will morgen früh nach München, um ein paar Leuten Grüß Gott zu sagen und mein Patenkindchen einmal zu begutachten. Am Sonntag dann Berlin. Dorthin, hoff' ich, kommt dann ab Montag die Nachricht, daß Sie wieder ganz wohl und gesund und die Influenza vorbei.

So. Für heute adieu. Grüße von meiner Mutter und Hermann, der noch eminent tätig war.

In steter Treue
Ihr Dorle

Lieber Dorle, *Straßburg, am 9. Februar 1907*

Sie haben wirklich das volle Recht auf ein bißchen Eitelkeit. Seien Sie nur recht stolz drauf, so brav geholfen zu haben, ich beneide Sie dauernd. Aber gelt, Sie heben sich noch etwas von der großen, strahlenden Freude und dem Stolz dieser Tage auf bis zu der Zeit, die wir zusammen in Berlin zubringen wollen. Nicht daß dann schon alles ganz gewohnt und gewöhnlich geworden ist und die Erinnerung an diese reichen Wochen schon ganz in den Hintergrund gedrängt von kleinen alltäglichen Sorgen. Wir wollen noch nachfeiern zu Ostern!

Ich habe die Nachricht vom Sieg morgens, als ich aus dem Krankenbett noch sehr wackelig in die Schule ging, durch ein Extrablatt bekommen. Da hat die große Freude wirklich zum Gesundwerden geholfen! – Ganz gut geht's noch nicht, ich habe einen zu gründlichen Husten. Saarburg und Mülheim verschoben. – Mülh. auf den 2. und 3. März. Denken Sie, ein bißchen enttäuscht war ich nach dem Dienstag, daß Ihr nicht hierher gefahren seid. Ein bißchen hattet Ihr mir's versprochen damals hier auf dem Bahnhof. Aber München zog stärker an – ich versteh' es auch gut und freu' mich auf den Bericht über das Patenbüble.

Erzählen kann ich nicht viel heut. Ich gehe nur aus, wenn ich muß und huste die übrige Zeit zuhaus' herum. Von der ungeheuren Wahlaufregung habe ich gar nichts gemerkt dadurch. Die Leute waren hier ganz außer sich, und jetzt noch soll die Wahl angefochten werden. Böhle (Soz.) hat nur 170 Stimmen plus. Mein Vater hat sich schändlicher Weise gefreut, daß Bebel durchkam, aus einem komischen Grund: Es ging das Gerücht, daß der 4. Sohn des Kaisers, der jetzt in Bonn ist, hierher kommen soll, und das wäre dem Papa als Rektor höchst unbequem und langweilig. So wird angenommen, daß der Kaiser sich zu sehr über das rote Straßburg ärgert, um ihn zu schicken. Außerdem hoffen wir, aus diesem selben Ärger heraus einen neuen Staatssekretär zu kriegen. Mir wäre das sehr lieb, denn als Wirtin liebenswürdig gegen den Köller zu sein – das wird mir schwer.

Sie haben mir übrigens gar nicht gratuliert zu dem Magnifikat. Ich muß jetzt Magnifica angeredet werden, übt es Euch nur ein! Nein, wirklich, jetzt, wo wieder normale Zeiten sind, will ich auch wieder eingehende Antworten auf meine Briefe haben. Und dies Rektorat ist für mich eine sehr folgenschwere Sache. Es wird mich mindestens die Zeit von September bis Neujahr kosten. Denn ich muß 250–300 Personen einladen, 3000 Mk. dafür ausgeben – alles allein. Denn die Marianne heiratet zu Pfingsten. Eigentlich ist es ganz nett, so 3000 Mk. vom Staat aus für Plaisir zu kriegen!

Aber das »Spitzenessen«, 30 höchste Leute in unserem Eßzimmer – davor graut mir's. Einen großen Ball geb' ich auch; zu dem kommt der Stotzle von Karlsruhe und der Dorle von Heilbronn in den Weihnachtsferien.

Sodann bitte ich um Äußerung über alles, was ich für die »Hilfe« geschickt habe. Wer hat denn die anderen Aphorismen aus dem Lichtenberg geschrieben? Der ist eine wahre Fundgrube, man könnte noch das Allerlei für einen ganzen Jahrgang daraus bestreiten. Aber die besten von meinen haben Sie weggelassen. Z. B. die literarischen vom Werther. Das verbitt' ich mir. Bitte fragen Sie mich dann wenigstens, z. B. wenn Sie was von Schleiermacher weglassen. Ich bitte um Respekt! – »Im Automobil« von Naumann – Ihr Allerlei ausführlicher – war sehr nett. Machen Sie, daß Er zu Ostern in Berlin ist, ich ärgere mich sonst zu sehr.

Ade. Dank für den lieben Brief. Ich wollte, ich hätte etwas von all den Ereignissen miterlebt. Ich habe immer mit Pathos gesagt: »Und ich bin nichts als ein gefesselt Weib«.

Ihre Elli

Berlin-Wilmersdorf, 13. 2. 07
Tübingerstr. 5a

Magnifika!

Eine knappe halbe Stunde bleibt mir, Euch zu huldigen, damit meine Ehrfurcht und Devotion zur gewohnten Stunde die Nachmittagsverdauungsruhe verkürze. Verzeiht, daß ich mit meinen Glückwünschen etwas zu spät komme; es ist keine proletarisch-demokratische Mißachtung Eurer Würde (mitnichten, Magnifika), sondern ein Mangel an Gefühl dafür, daß Euch etwas Besonderes zugestoßen sei. Nun sehe ich wohl ein, daß das Schicksal Euch gehoben, und ich erziehe mein bürgerliches Gemüt, die kleine Elli zu den Höhen der Menschheit zu projizieren, ohne daß die Maße ihres Exterieurs und Interieurs die gewohnten und geliebten Vorstellungen von diesem vor andern erwählten Mädchen stören.

Also: ich gratuliere Ihrem Vater und Ihnen. Sie wissen ja, daß ich immer ein bißchen Angst habe, wenn Sie sich den offiziellen Chargen nähern und überhaupt so in der großen Welt herumfludern; denn da richtig zu folgen, fehlen mir äußerlich und innerlich die Organe. Aber ich denke, Sie werden sich Ihres Amtes mit erträglicher Würde entledigen. Und Gott segne Sie mit der Ironie, die nötig ist, solcherlei Sach' ohne Schädigung der Seele durchzuhalten. Hab' ich das sagen dürfen? Wenn ich die Taste danebengeschlagen habe, verzeihen Sie's. Und zu Ihrem Ball komme ich, wenn Sie mich vorher dazu erziehen, mit Hochgenuß. Bloß müssen Sie mir jemand attachieren, mit dem ich schlechte Witze machen kann, wenn Sie sich allzu seriös gerieren.

Von dem Stolz und Übermut des Siegers werden Sie an Ostern reichlich viel zu spüren bekommen. Hoffentlich hat N. vorher den Bülow einmal recht schön abgestochen, denn darauf freue ich mich am meisten. Ob Sie allerdings an Ostern N. werden ausführlich genießen können, ist etwas zweifelhaft. Denn soviel ich weiß, will er gleich nach Ostern ein paar Tage in den Wahlkreis und Versammlungen abhalten. Gottseidank, daß er weiß: der Kreis ist nur mit fortgesetzter persönlicher Fühlung sicher zu halten.

Ich hätt' Ihnen gar zu gern in Str(aßburg) Grüß Gott gesagt, aber ich hatte den Jaeckhfrauen versprochen, sie mit nach M(ün)chen zu nehmen, und so kutschierten wir am Freitg. weg, mit Cohnstaedt und Harald Dohrn dazuhin. Das waren dann so ein paar Bummeltage; am Samstag die Nacht hindurch solch ein kleines Privatfest, etwas im Stil von unserem vorjährigen »Fescht«, natürlich ohne es zu erreichen. Aber immerhin sehr nett. Sonntag ins Isartal. Montag und Dienstag politische und sonstige Besuche und Gespräche. Ljo (Lujo Brentano) leider verfehlt.

– – Mein Patenkind Anneliese ist für seine fünf Monate ein gesunder und fröhlicher Knopf, und durch Pfeifen, Schnalzen, Singen und derlei Geschichten gelang es mir, die Zuneigung der Kleinen zu erwerben und ihr beizubringen, daß ich kein x-beliebiger Soundso, sondern ein liebevoller Pate sei.

Donnerstag mittag

... In meinem bürgerlichen Leben habe ich einen kühnen Schritt unternommen und bin mit einer vermessen hohen Summe in eine Lebensversicherung getreten. Die Prämie zwingt mich zum Sparen. Das ist mir momentan das Wichtigste, denn in Siegeszeiten verliert man allen Sinn für den Wert des Geldes.

Damit für heute genug. Ich bitte Sie, mir das nächstemal den Brief der Lulu Strauß mitzuschicken. Vor einigen Tagen schrieb sie mir; wann sie kommt, ist noch nicht bestimmt. Stotzle läßt danken und grüßen.

Allzeit
Ihr Dorle

Saarburg-Straßburg, 19. II. 1907

Lieber Dorle,

ganz getröstet bin ich keineswegs über Euren Ausweg. Ihr habt gut reden u. versprechen: Wer garantiert mir denn dafür, daß Naumann im März noch einmal mitfeiert? Und das richtige Siegesfest ist eben doch am Samstag, und ich bin an dem Abend auf einem Maskenfest bei Manasses, das einen Kongreß von Artisten vorstellt. Wie wütend werde ich sein. Ich will übrigens vielleicht ein Flohtheater geben, ganz ohne Flöhe natürlich. Nur immer auf einem Tisch die imaginären Tierchen tanzen lassen, Küsse werfen – die Zuschauer in angemessener Entfernung dürfen sich die Flöhchen dann dazu denken. Schließlich soll einer durchbrennen ins Publikum ------ Vielleicht komme ich statt dessen als Wunderkind, das für jedes Stück Kuchen 10 Min. lang ohne Aufhören gereimte Sachen losläßt, Schiller, Goethe, Modernes, alles durcheinander. Im berühmten Kinderkleid, aber mit Lorbeerkranz. –

Also, ich will Euch wieder lieb haben, weil Ihr bereit seid, noch ein Fest zu geben. Deshalb schreibe ich wieder. Ob ich aber nach Berl. komme, ist mir noch sehr unsicher. Dazu glaube ich nicht genug an die Möglichkeit eines zweiten Festes. Wenn Naum. nicht da ist, komme ich sicher nicht. Ich will mir's noch überlegen. –

Nun zu Ihrem Brief. Das mit der nötigen Ironie für das Rektorat war ganz richtig. Ich sage mir das auch immerzu. Aber ich kann mir nicht helfen, es macht mir Spaß, in der Welt ein Röllele zu spielen – Ihr müßt mich schon nehmen, wie ich bin. Und auch diese Seite gehört zu mir. Denken Sie, mein Vater ist am Freitag abend nach Berlin durchgefahren, Samstag nachm. bei Althoff gewesen und die gleiche Nacht wieder zurück, so daß er Sonntag früh wieder hier war. Grund (aber Geheimnis): der 4. Prinz soll hier studieren. Das wird ein schöner Zores werden! Ich war zuerst wild, in meiner Demokratie gekränkt, daß mein alter Vater wegen eines solchen Insektenknaben nach Berlin sausen muß. Aber schließlich kann der Kaiser doch nicht gut zu ihm fahren, und er durfte 1. Klasse reisen.

Für die Hilfe kann ich in absehbarer Zeit nichts schreiben. Ich kann kaum mehr atmen vor Arbeit. Diese regelmäßigen Vorträge in Saarburg machen ziemliche Mühe, weil ich viel ändern muß, aus acht sind sechs geworden. Und das speziell Straßburgische ist fortgelassen.

Außerdem bin ich sehr fleißig in der Armenverwaltung. Ich bin als einzige Frau in eine Kommission gewählt worden, die ein soziales Handbuch für Straßburg schaffen soll. Damit die vielen Armenpfleger gleich orientiert sind über Krippen, Milchabgabe, Ferienkolonien etc. bin ich vorläufig beauftragt, ein kleines Heftchen für die Pfleger zusammenzustellen mit Angabe der wichtigsten solcher Adressen. Das habe ich mit Feuereifer in 14 Tg. fix und fertig gemacht. Es war sehr viel Arbeit. Jetzt schreib' ich's nochmal ab und muß bei einigem noch durch persönl. Nachfragen prüfen, ob auch alles in Ordnung ist. Dabei habe ich eine große Freundschaft geschlossen mit dem Anführer der Klerikalen hier, dem Canonicus Müller-Simonis, der auch schon in der Reichstagswahl durchgefallen ist. Ein wunderschöner und sehr kluger Mensch, Priester. Es ist schrecklich: mir kommt jede Partei ganz erträglich vor, wenn mir einer ihrer Vertreter gefällt. (Siehe Frank in Mannheim.) Wie fänden Sie das, wenn ich so ein kleines Gespus mit einem Priester aufführte?

Gestern war ich in Baden-Baden, habe von 5–6 geredet (Heimarbeit), nachdem ich von 8–10 Schule und von 10–1 Uhr in der Armenverwaltung Dienst hatte.

Da habe ich in Baden etwas erlebt, einen ganz eigenartigen Erfolg. Es ist nicht Eitelkeit, wenn ich es erzähle, Dorle. Sondern weil es ein starker Eindruck war.

Denken Sie, der alte Prof. Holtzmann war drin, der berühmte

Theologe, der hier lehrte und jetzt sich zurückgezogen hat. Nachher kam er zu mir, nahm meine beiden Patschen und sagte ganz ernsthaft gerührt: »Glauben Sie einem alten Mann: Ich beneide Sie darum, diesen Vortrag gemacht zu haben. Wenn ich ihn gemacht hätte, wüßte ich doch, wozu ich auf der Welt war. Und es ist etwas sehr schönes, wenn man weiß, wozu man auf der Welt war.«

Denken Sie, wie merkwürdig. Dieser große Gelehrte und wunderbare Redner hat am Ende seines von Erfolg überreichen Lebens das Gefühl, nur Büchergelehrtheit betrieben zu haben und dem Leben ferngestanden zu sein. So erklären wir es uns, Papa und ich. Papa sagt, er sei einer der kompliziertesten Menschen, der immer den unerfüllten Wunsch gehabt habe, ganz simpel zu sein, ein einfacher, guter Christ.

Mich hat's gefreut. –

Ich huste immer noch, kann aber wieder reden. In Saarb. sitzt mein Vortrag voller Offiziere! Ist es nicht zu komisch? Nach Mülheim gehe ich erst am 2. März. –

Ade. Amüsiert Euch *nicht* auf dem Fest.

Tausend Grüße an Stotzle u. Sie. Ihre Elli.

Wilmersdorf-Berlin, 26. 2. 07.
Tübingerstr. 5 a ½12 Uhr

Mein liebes Schulermädle!

Jetzt grad vor einem Jahr war das »Fescht« mitten im Gang. Ich denk' mit allem Willen dran und seh' Sie mit dem offenen Haar und dem Lausbubengesicht, schlenker Sie im Tanz und sag' Du, und überhaupts, und amüsier' mich über den guten Katz. Detailerinnerungen hab' ich nur ganz wenig – das liegt an der damaligen akuten Alkoholvergiftung, – aber so das Ganze . . . Sie wissen schon selber. – Wenn ich ausführlicher das erzählen wollte, was passiert ist, seit unsere Briefe sich kreuzten, würd' ich viel Platz brauchen. Aber bei den Einzelheiten würd' es aus dem alten Grund aussetzen.

Am Donnerstag waren wir also in dem jüdisch-reichen W-Haus, Stotzle als Salome, ich als Jochanaan. Stotzles Kostüm gruppierte sich dezent um eine Badehose; an den Füßen war ein Leder auf die Sohlen gebunden, um die mittleren Körperpartien ein schönes violettes Tuch und viel Gehäng', oben eine rote Perücke. Ich in Sackleinwand, Sandalen und einer langhaarigen schwarzen Atzel. Sie können sich denken, daß wir entsetzlich Furore machten und die ganze Gesellschaft umkrempelten, besonders als wir dann noch unsre schönen Lieder zur Laute sangen. Bei einem Teil der Leute (Männer) haben wir todsicher angestoßen, aber um so wilder, bacchischer haben wir selber uns unterhalten und damit den übrigen verständigen Elementen das Zeichen gegeben. Ich weiß nicht, ob Sie, Elli, eine ganz genaue Beichte von dem verlangen, was an solchem Tanzabend zwischen abends 9 und morgens 6 passiert. Wenn es möglich ist, erlassen Sie's. Man hat, mit hinlänglichem Erfolg, auf den Grenzstrichen seiner knabenhaften Bravheit balanciert.

Am Freitag und Samstag ist dann viel geschafft worden, Stotzle hat den Naumann und den Kaiser, ich den Breitscheid und die Lu Märten großkarikiert. Am Samstag hat St. dann allein dekoriert, ich habe noch eine große und erfolgreiche Lichtputzschere zusammengemalt. Am Abend haben wir dann noch ganz ordentlich viel Leute zusammen gehabt, und das Lokal war wieder ganz nett. N. war mit seiner Frau da, hat Française getanzt und mit Stotzle ganz fürchterlich getollt, gerauft und sich auf dem Boden gewälzt. Frau N. lag mitten unter dem Haufen in der berühmten bereiteten Stätte. Lauter Einzelzüge, an denen Sie Ihre neidische Freude haben. *So* nett wie voriges Jahr war es nicht, da fehlten Sie und die Proleten Heuss, Reissinger, Dohrn; aber recht lustig war's doch, und da man sich im größeren Kreis schon mehr kannte, so etwas mehr streichelnder. N. hat wieder schön geredet. Zusammengeschlagen wurde nicht soviel, auch nicht getoastet, aber viel und gut getanzt.

Damit habe ich berichtet, soweit es Sie, glaub' ich, interessiert. Katz war an dem Abend sehr brauchbar und hat nach Kräften zur Ausgelassenheit geholfen. Ich hab' ein paarmal wie ein Wilder mit Frau N. getanzt. – – –

Zu Ihrem letzten großen Eisenbahnbrief dieses: Sie sollen nicht so viel schaffen. Sie erzählten mir einmal im alten Jahr, Ihr Programm sei, weniger Arbeit und viel Ruhe, viele schöne Bücher. Und nun scheinen Sie in noch größerer Hetze. Ihre Arbeit in der Armenverwaltung scheint mir für Sie und die anderen gleich befriedigend und gewinnbringend, aber ich bitte Sie, daß Sie sich neben diesem Geschäft nicht unnötig viele auswärtige Vorträge aufhalsen. Sonst kommen Sie bloß in eine so fortgesetzte, hastige Betriebsmeierei hinein, die Ihnen gar nicht sonderlich steht, und am Schluß fängt Ihr Herz zu zappeln an.

Meine Arbeit ist z. Z., liegengebliebene Redaktionsgeschäfte zu erledigen und eine Wahlkreisregistratur zu inszenieren. Daneben lese ich jetzt allerhand Ästhetika, darunter Anselm Feuerbachs schönes Vermächtnis; ich will mir gerade für die nächste Zeit das vornehmen, was Klinger, Liebermann, Hildebrand von der Kunst sagen.

Politisch bin ich an der Hilfe z. Z. der Uhu und bekomme deshalb von Zeit zu Zeit wohlgemeinte, und wohl auch wichtige Vorträge von Katz; ich kann immer noch nicht ganz begreifen, daß der Liberalismus einen schönen Sieg errungen hat, und halte Bülows konservativliberale Politik nach wie vor für einen Schwindel. Doch bei diesem Zeug werden wir, denk' ich, bei Ihrem Hiersein gelegentlich von selber landen.

Lis sagt, daß Lulu Str. wohl erst am 6. III. komme und dann einige Wochen bleibe; da trifft sich's wohl einmal, daß Sie sich kennenlernen, was mich sehr freuen würde.

Und nun wieder einmal in alter Herzlichkeit adi. Wenn's mich in die Stadt verschlägt, will ich nach dem Bild der Marianne gucken. Ich komm' zu so was z. Z. bloß schwer, obgleich ich nichts Größeres schaffe.

Viele Grüße
Ihr Dorle

Zug *Mülheim-Straßburg*
4. III. 1907

Lieber Dorle,

Ihr letzter Brief hat mich ¼ gefreut und ¾ geärgert. Ich verschiebe aber den näheren Bericht über beides aufs mündliche Erzählen. Das fuchst mich übrigens auch, daß Ihr meine Drohung, nicht nach Berlin zu kommen, so gar nicht ernst nehmt. Es war mir wirklich sehr zweifelhaft, und mit dem Stotz bin ich noch bös', weil er das mit dem Wirt abgemacht hatte, ohne *vorher* zu fragen, ob ich kommen könnte. Ich schreib' dem Stotz auch nicht mehr vor Ostern und lass' ihn nicht mal grüßen.

Aber ich hab' so viel zu erzählen, daß ich alles andere jetzt vergessen will. Sogar Ihre Sünden auf dem W-Ball.

Noch eins: Ihr beide, Stotzle und Sie, seid hiermit eingeladen, nein aufgefordert, bei meinen lieben Freunden Besuch zu machen, zu denen ich an Ostern gehe: *Walter*, Sänger, Frau Elsa geb. Haas aus Straßburg. Ihren Bruder haben Sie ja bei mir kennengelernt. Im Augenblick sind die Schwester von Frau Elsa Walter aus Saarburg mit Mann dort zu Besuch. Diese heißen Conrad, und bei ihr war ich immer in Saarburg zu den Vorträgen. Nun seid Ihr wohl orientiert. Also geht hin, sie wohnen sehr nah bei Euch, Tübingerstraße 3 oder 2. Geht mal nach dem Nachtessen mit der Mandoline hin. Zuerst mal mittags, so um 3–4. Ich will's lieber gleich fest machen: Donnerstag, nachm. ¼4 Uhr macht Ihr Antrittsbesuch, und ich habe Euch dann schon angemeldet. Seid sehr lieb, es sind reizende Menschen, und wenn ich zu Ostern komme, müßt Ihr Euch schon kennen. Sie müssen übrigens sehr sparen. Also dürft Ihr nur *nach* dem Nachtessen kommen. –

Am 23. März, abends 10 Uhr, komme ich, denk' ich, an. Sinnt auf Versöhnungstaten!

Nun will ich erzählen. Wenn's ausführlich gerät, will ich den Bericht zurück wie die holländischen Briefe.

Ich fuhr am Freitag, dem 1. März, nachdem ich bis 10 Uhr Schule gehalten hatte, um 12 Uhr ab nach Mülheim a. d. Ruhr. Die alte Frau Stinnes holte mich mit dem Auto ihres Sohnes ab. Es war 8 Uhr abends, und gleich beim Verlassen des Bahnhofs sah man einen ihrer Hochöfen in hellem Schein. Nach dem Essen saßen wir beide allein in ihrem märchenhaft schönen Palmenhaus, das fast so groß ist, wie das ganze Haus und dessen Boden ganz bedeckt war mit blühenden Azaleen, Pazethen u. Schneebällen. Frau Stinnes ist furchtbar lebhaft und erzählt gern und schön von allen ihren großen Freunden, Kußmaul und alle heutigen Musiker. Walter ist auch sehr oft schon bei ihr gewesen. – Das Haus ist altmodisch und ohne einen leisen Anflug von wählerischem Geschmack. Gemütliche alte, halb kaputte Nähtische, gemütlich, etwa wie bei Ihrer Mutter. Und lauter echte, mir sehr langweilige »Düsseldorfer« an der Wand.

Am andern Tag haben wir morgens bei ihrem Sohn, Hugo Stinnes, Besuch gemacht. Er war nicht da, nur seine Frau, die mich zunächst entsetzte. Nicht hübsch, ungraziös, nicht nur wüst, sondern schmutzig angezogen und absolut gleichgiltig – unliebenswürdig. Das Haus ebenfalls altmodisch, gedankenlos geschmacklos eingerichtet. Die Schwiegermutter ist auch resigniert – unglücklich über die temperaturlose Schwiegertochter, der sie ihren vergötterten Sohn nicht gönnt. Auf ihn wurde ich immer neugieriger, nachdem die Mutter mir viel von ihm erzählt hatte, wie er als 20jähriger Junge alle 15 Zechen übernommen hatte, alle faulen Beamten herausgeworfen und die Sache nach seinem Kopf gemacht. – Am Abend hielt ich den einen Vortrag, »soziale Frauenpflichten«, vor einem kleinen Kreis in der Buchhandlung Schimmelpfeng. Ich war gar nicht in Stimmung, weil das Unglückshuhn von Buchhändler es so ungeschickt wie möglich arrangiert hatte. Außerdem war Frau Stinnes nicht da, sondern auf einem Faschingsfest, wohin ich nachkommen sollte. Ich flog also heim, zog ein extra dafür mitgebrachtes Elsässerinnenkostüm an und wurde im Wagen zu dem Fest befördert. Es war eine Einladung eines Junggesellen, Bankier Hammerstein, und hieß Cabaret zum hohen C. Alles ungeheuer pompös, üppig und bunt. Der Wirt im roten Frack holte mich an der Tür ab. Hugo Stinnes saß an der Spitze des Tisches, neben ihm mein Platz frei. Als ich sein blasses Gesicht sah, furchtbar lange Augenwimpern, die Lider hängend, sehr schwarze Haare, wußte ich augenblicklich: der paßt nicht in diese Umgebung, und zweitens, der findet es furchtbar läppisch, ein kleines Mädchen im Elsässerkostüm zu Tisch zu führen, das auch noch soziale Vorträge halten will. Und dieser Eindruck war ganz richtig. Er sah mich etwas erstaunt an, aß weiter und schwieg, trotzdem seine Mutter mich furchtbar herzlich und lieb begrüßt hatte.

In meinem Leben hab' ich so was von Wut und Beschämung nicht empfunden als in diesem Moment. Das Weinen war mir nah. – Dann fing er so von oben herab an, hier in der Gegend hielte man nichts von Theorie. Ich gleich sehr giftig, ob er Vorträge halten immer von vornherein für mit Unkenntnis verbrämte Theorie halte. Er »bei einem jungen Mädchen ja«! Jetzt setzte ich mich aber auf die Hinterbeine und wurde giftig und begann ihn anzurennomieren mit der Fülle meiner Erfahrung, Heimarbeitsausstellung, Arbeitsnachweis, Schule, Armenverwaltung! Da guckte er mich etwas amüsiert an, das Essen war fertig, ich so hungrig wie zuvor, und er sprach den ganzen

Abend kein Wort mehr mit mir. Ich ärgerte mich natürlich nicht schlecht und beschloß, dieser Mißerfolg sei mir ganz gesund. – Aber auf das Mittagessen bei ihm am Tag drauf freute ich mich nicht. – Am andern Morgen sah ich mir eine Stiftung von Frau Stinnes an, das Kinderheim und das Versorgungshaus. Dann gingen wir zum Essen hinüber zu ihrem Sohn. Zuerst war ich trotzig und redete gar nichts. Schließlich kamen wir aber auf den Schwander zu sprechen, dann auf Berlin. Da erzählte ich allerlei, und er bekam manchmal einen liebenswürdigen Ausdruck in sein mürrisches Gesicht. Entzückend sah er aber aus, wenn er mit seinen fünf Kindern redete. Ein ganz anderer Mensch ist er dann. Um 6 Uhr sollte ich in Frau Stinnes' großem Saal, den sie für Konzerte etc. hat bauen lassen, den Heimarbeitsvortrag halten. Viele Leute waren nicht da, weil mir ein Konzert Konkurrenz machte. Aber er, Hugo Stinnes, stand ganz hinten an der Wand. Das elektrisierte mich. Ich habe einfach in ihn hineingeredet, und er paßte mit wachsendem Erstaunen immer besser auf. Ich wollte ihm jetzt nicht mehr imponieren, sondern ihm die Sache klar hinstellen und seine Meinung hören. Und das ist mir geglückt. Als ich fertig war, eiskalt und zitternd vor Erregung, kam er zu mir vor, und so standen wir ½ Stunde, während alles um uns herum aufgeräumt wurde, und sprachen. Er war ganz einverstanden, mit allem. Gab zu, daß das keine blasse Theorie sei, und daß er vieles davon nicht gewußt habe. Nur meint er, man solle nicht so viele Forderungen aufstellen, sondern zunächst einmal einzig und allein den Registrierzwang gesetzlich durchführen, um eine Statistik zu gewinnen. Dann erst alles andere. – Ganz richtig fand er, in diesem Zusammenhang zu betonen, daß Deutschland zur Qualitätsware durchdringen müsse. Darüber hat er viel Feines gesagt. Dann lud er mich zum Nachtessen ein, und wir sprachen fast den ganzen Abend über Kindererziehung. Dieser harte Mensch ist ganz weich, wenn er von seinen Söhnen redet. Viel erziehen könne er nicht, dazu fehle die Zeit. Er gäbe seinen Buben das Beispiel des Fleißes und des nicht-materiellen Lebens. Wenn sie trotzdem nichts davon lernten und nichtsnutzig würden, könne er's nicht ändern. Dann würde er sie aber lieber tot sehen. – Übrigens sind es köstliche, energische, gescheite Buben. –

Übrigens erzählte er, halb entschuldigend, er sei am Abend vorher so wenig in Feststimmung gewesen, weil er, als er sich ankleidete, noch ein Telegramm aus Stuttgart erhielt, sein dortiger Geschäftsführer habe ihn um 12 000 Mk. betrogen.

Als ich mich ins Bett legte, sagte ich mir, daß mir so noch nicht oft jemand imponiert habe, und daß ich der unglückseligen Heimarbeit viel Freude verdanke.

Seine Mutter strahlte, daß er so zugänglich war und mich ernst genommen habe. Sie und ich haben eine bleibende Freundschaft geschlossen, und ich werde sicher wieder in das Haus mit den beiden Löwen an der Tür kommen. – Das nächste Mal soll ich August Thyssen besuchen, der krank war, und soll auch etwas von den Werken sehen. –

Nun leben Sie wohl. – Die Einzelheiten waren für mich.

Grüßen Sie Naumann.

Viele Grüße!
Ihre Elly

»Ex Libris« von Elly Knapp und Theodor Heuss.

Theodor Heuss

Elli Knapp.

KAPITEL III

»Nun weiß ich ein Ziel und eine Stütze«

Im März und April hält sich Elly Knapp drei Wochen in Berlin auf. In diese Zeit fällt die heimliche Verlobung von Elly Knapp und Theodor Heuss.

Berlin-Wilmersdorf, 14. IV. 07.
Tübingerstr. 5 a

Liebe Elli!

Jetzt ist's bald sieben Uhr und Du kommst nach Straßburg. Ich hab' zwar heut im Verlauf mancher Stunden den Artikel über Busch fertig gemacht, auch zwei Briefe geschrieben. Aber wie, ist mir nicht recht klar. Denn wir haben immer aneinander gedacht. Und dann hab' ich mir allemal überlegt, durch welche Gegenden Du jetzt fährst, und hab' mir immer ganz stark ausgedacht, ich könnte bei Dir sitzen und Deine Hand halten. Und was alles in Dir vorgeht.

Ich hab' Angst auf die nächsten Wochen. Denn ich spür' über die Brust rüber das gleiche Heimweh wie damals, als ich ein junges Studentlein ohne Menschen in München und Berlin saß. So bist Du mir Heimat geworden. Und nun seh' ich erst, daß auch der Stotzle weg ist. – Aber das geht vorbei. Und dann kommt die Zeit, wo man sich in aller Stille durch Monate und Wochen auf das Wiedersehen freuen kann.

O Elli, ich hab' Dich ja so lieb, und ich kann noch gar nicht sagen, wie froh und reich und glücklich und *ruhig* Du mich gemacht hast. Nun weiß ich ein Ziel und eine Stütze, und die führen mich sicher und stark aus der Blüte zur Reife. Und dann zwingen wir zusammen das Leben und bauen uns ein stolzes und reines Glück.

Ich will diese Jahre, die uns noch trennen, immer bei Dir stehen, und ich scheuche alle Schatten, wenn sie wieder kommen wollen. Dann fass' ich Deine Hände in meine und leite Dich zur Ruhe.

Nun fährt Dein Zug in Straßburg ein –

Liebe, ich kann heut nicht viel sagen, ich bin noch zu durcheinander. Aber ich wünsche diesen paar Zeilen, daß sie Dich ruhig und fröhlich treffen mögen, und ich bin froh über alle die guten Gedanken, mit denen Du mich grüßest. Ich lauf' im Zimmer auf und ab und komponiere Deinen Namen. Recht wie ein verliebtes Kind.

Elli, sei Du auch froh und glücklich.

Ich weiß, Du bist es.

Von ganzem Herzen
Dein Dorle

Straßburg, am 15. IV. 07

Mein Dorle,

nun ist also erst *ein* Tag herum und noch dazu einer mit einem lieben, lieben Brief von Dir. Ob jetzt alle Tage so erstaunlich langsam gehen werden? Aber, liebes Herz, es ist undankbar von mir, so anzufangen, wo ich doch den ganzen Tag über so dankbar glücklich gewesen bin.

Es geht mir darin so viel besser wie Dir: Du bist so allein jetzt, und ich habe den Papa wieder und die Marianne noch, und alles fängt schön und gut hier an. Ich habe aber noch bei allem, bei der Schule heut' früh besonders, das Gefühl, nicht recht dabei zu sein. Ich bin ganz bei Dir, Goldener! Fühlst Du's?

Weißt Du, nun vertauschen wir die Rollen. Schriftlich geht's bei mir nicht mit dem Sagen, da fange ich an zu stottern. Und ich möchte Dir doch so vieles, vieles sagen, damit Du fröhlich bist und Dein Heimweh vergissest. Nur das, daß ich auch ganz ruhig bin und sicher. Alle Unruhe und alles Schwanken ist seit dem Donnerstag abend vorbei. Ich glaube für immer. Den Tag müssen wir später auch feiern, Herz. Wir kriegen viele Feiertage. Warum er für mich so ein Wendepunkt wurde, weiß ich eigentlich nicht. Aber seither weiß ich, daß ich Dir gehöre, und bin nicht mehr kleingläubig.

Die Marianne ist sehr *für* uns. Sie hat sich alles etwa so gedacht, wie es ist. Erzählt habe ich nichts, das heißt, keine Einzelheiten. Aber sie läßt mir die Hälfte des schönen alten Porzellans vom Opapa da und den großen Wäscheschrank. Ich gucke mir beides zärtlich an beim Vorbeigehen! Der Papa redet auch immerfort von Dir und denkt sich auch alles etwa so, wie es ist. Die Marianne ist ganz eifersüchtig, weil er Dich so viel gerner mag als den Lesser anfänglich. Mit mir redet der

Papa nicht direkt davon, aber der Marianne hat er von Dir geredet, nur daß Du zu jung wärst, findet er schlimm.

Büblein, *das* ist mir heut klar geworden: sehr lang halt' ich dies Nichts-davon-Sagen nicht aus. Den fremden Leuten gegenüber habe ich gar kein Mitteilbedürfnis. Aber den Nahen gegenüber komme ich mir so verlogen vor.

Zu Weihnachten kommst Du her, mein Goldener. Dann sagen wir's dem Papa und dann dem Naumann.

Nun halt' ich mir wieder meine schöne und nützliche Rede, daß man in der Gegenwart leben muß und ihren Anforderungen genügen und nicht im Ausmalen der Zukunft. Und freue mich dabei auf den Moment, wo ich im Bett liege und ungestört an den Luftschlössern baue.

Schreibe mir bald, Liebster. Acht Tage sind für den Anfang, wo wir noch so verwöhnt sind, endlos. Später wollen wir dann brav werden und nur alle Woche schreiben. Aber jetzt schreib' gleich!

Leb wohl und hab' mich lieb.

Deine liebe
Elly.

Berlin-Wilmersdorf, 17. IV. 07
Tübingerstr. 5a

Meine liebe, liebe Elli!

Nun sitz' ich schon wieder da und schreib' dir. Und sonst, wenn zwei sich gern hatten, hab' ich immer die ärgsten Witze gemacht über das viele Schreiben. Erzählte, wie sehr vernünftig ich mich in solcher Lage betragen werde.

Aber vorhin hab' ich Deinen Brief vorgefunden und jetzt ein paarmal gelesen, und ich muß Dir danken, sagen, welche Freude und Fröhlichkeit von ihm zu mir kam. Weißt Du: so von innen sonnig. Wärest Du jetzt bei mir, lehntest Du an mich, und wir würden ganz wenig sagen, manchmal still lächeln und dabei ganz unbändig glücklich sein.

Komisch: ich wundere mich über das halbe Wissen Deines Vaters und Mariannes Gewißheit gar nicht. So selbstverständlich ist mir nun alles. Weißt Du, gar nicht mehr so ein Ziel, um das man sich sorgend quält, sondern eine beseligende Wirklichkeit, mit der sich die übrige

Welt abzufinden hat. So ganz fest hab' ich Dich und halt' ich Dich in meinen Sinnen.

Du Schöne, Liebe, Gute!

Meine Sehnsucht geht oft zu Dir, mild und zärtlich, und legt ihre Hände auf Deine Schulter. Dann wird es mir fast weich zu Mute; es ist kein starker Schmerz, nur so ein bißchen, ein verlorenes Gefühl, das sich am Leben fest halten will. Und wenn ich dann mit andern von Dir spreche, so ist es auch immer mit dem merkwürdigen, frohen und etwas boshaften Kontrollgedanken: ja ihr, wißt ihr denn, daß wir zwei, die Elli und der Dorle, uns mit aller Macht liebhaben und zusammen das große Leben wagen wollen? Du, ich glaub', wenn sie's nicht wissen, ahnen sie es doch.

Das ist das gleiche, was Du empfindest. Es wird leicht drücken, wenn man so fern voneinander ist, zusammenstrebt und die einem am nächsten stehen, wissen es nicht. Eine Zeitlang wollen wir uns noch unsrer Liebe als des schönsten Geheimnisses ganz allein freuen. Alles das liegt in Deinen braven, lieben, kleinen Händen.

– – –

Am Montag abend war ich bei Lu. Aber Katz und Hedda waren auch da. Deshalb ging es nicht recht. Als K. dann schlief, sprachen wir einiges von Dir. Manches von dem, was Lu sagte, war schön und gut, manches aus ihrer Enge eng. Sie sieht Dich wohl, aber ich weiß nicht, wie weit sie dich umfaßt. Ein Wort war mir merkwürdig: Du seiest der einzige Mensch, der ihr begegnet, der noch glücklicher sei wie ich.

Gestern war ich dann bei Walters und habe der Frau Haas meine ordentliche Aufwartung gemacht. Wir waren natürlich auf das Wort: Gümbel hin sofort in den umständlichsten Familiengeschichten drin und haben auch von Dir allerhand ordentliche Dinge gesagt.

Heute wollte ich zu Frau Feist. Ein Münchner Freund nahm mir die Zeit. Nun besinn' ich mich über den Modus, wie ich den Blumenstock hinschaffen soll. So komme ich mir ein bißchen unbeholfen vor. Ihr Frauen seid darin gewandter.

Es geht mir jetzt auf einmal wie nach allen Zeiten seelischer Spannung: ich bin hungrig und fülle mich mit Büchern. Gestern habe ich zum erstenmal mit Verstand fast den ganzen ersten Band von Bismarcks »Gedanken und Erinnerungen« gelesen; es ist ein unglaublich schönes Buch, wenn es auch Dinge, die mir wert sind, manchmal erheblich anpufft.

Sonst erfreu' ich mich ein bißchen an Hesses neuem Buch.

So, Liebste, nun wieder kurz leb wohl.

Hier ist's wieder kühl und grau.

Aber ich denke an Deinen Frühling in der Heimat und bin fröhlich über allen Reichtum, mit dem das Leben mich und uns beschenkt.

Wie freue ich mich!

»Alles Leid ist Einsamkeit,
Alles Glück Gemeinsamkeit.«

Mit treuen Sinnen
Dein Dorle

Straßburg, am 19. IV. 07
Samstag morgens 9 Uhr.

Mein Dorle,

ich habe mir eine feine Einrichtung erfunden: Das schwarze Kästchen mit Deinen Briefen steht auf meinem Schreibtisch. Nun habe ich in dem aufgeklappten Deckel Deine Photographie festgemacht, und wenn ich am Schreibtisch sitze, habe ich das Kästle immer offen. So guckst Du mir zu. Nur stört mich dabei, daß es Dein konzentriert ernsthaftes Gesicht ist, das Du nie machst, wenn ich bei Dir bin. Sondern wenn ich »albern« war, habe ich das Bild auf Deinem Schreibtisch so etwas spöttisch von der Seite angeguckt und gedacht, »das *warst* Du mal«. So in der Zeit mit dem Motto: »Nur nicht küssen.«

Also kurz und gut, sei lieb und schick mir das Segelbild von Euch. Es ist doch jetzt ganz egal, wer von uns es aufhebt die zwei Jahre lang. Ich schicke Dir auch meins von Brentano, von dem ich nur noch dies eine Exemplar habe.

Es ist heut ein so strahlender Sonnentag, daß ich am hellen Morgen an Dich schreiben muß, obgleich ich weiß Gott Gescheiteres (!) zu tun hätte. Aber erst muß ich Dir einen Guten-Morgen-Kuß geben.

Dann fällt mir ein, daß Du mir auch noch andere Bilder von Dir schicken könntest, kleine Bubenbilder. Ich suche Dir auch von mir raus, was ich finde.

nachmittags 1/4 Uhr

Büblein, eben habe ich die Hilfe gelesen mit Deinem Buschartikel. Er gefällt mir sehr und dem Papa auch. Ich suche nur immer zwischen den Zeilen, ob Du dabei an mich gedacht hast. – Ich habe Heimweh nach Dir und nach einem Brief. Vielleicht bekomme ich morgen, Sonntag, einen. Jetzt vor acht Tg. war ich zum letzten Mal bei Dir und dann bei Walters. –

Gestern habe ich das Bändchen »Bauernstolz« von der Lulu gelesen. Ich finde immer die Zeichnung vorzüglich. Aber manches ist glattweg Kitsch. Z. B. das im Gefängnis Spielende. Es ist eine merkwürdige Mischung in ihr von herber, männlicher Beobachtungsschärfe und von traditioneller, romanhafter Auffassung. Ganz sonderbar.

Sonntag früh.

Gestern abend kam das Paket, und ich habe nach dem Nachtessen die Briefe geordnet. Heut früh kam dann Dein Brief. Danke für beides. Also, mit Frau Haas hast Du gute Freundschaft geschlossen. Das ist recht. Aber mit dem Briefpapier bin ich ganz und gar nicht einverstanden. Das ist so nett, an den zusammengehefteten Briefen von Dir, daß sie alle *ein* Format haben. Was seid Ihr Buben doch ungeschickt! Wenn das Geschäft es nicht hat, sagt man adieu und geht in ein anderes. Berlin ist doch nicht Karlsruhe! Mit einem Blumenstock macht man's so, daß man ihn vom Blumenladen aus direkt schicken läßt, wenn er zu groß ist zum Tragen. Dies zur Erziehung zur Weltlichkeit.

Und nun, Herz, soll ich Dir noch beichten, daß ich doch wieder ein bißchen anfange, mir Kummer zu machen? Ach, diese dummen drei Jahre zwischen uns. Ich will die alte Litanei nicht wiederholen. Aber ich habe es nötig, daß Du mir liebe Grüße schreibst und mir sagst, daß Du Dir keine großen Sorgen machst und doch weiter lernen wirst und alles. Ich wollte, Du stündest jetzt hinter mir, während ich schreibe, und ich brauchte nur in die Höhe zu sehen, um Deine guten Augen zu sehen, und Du würdest mich küssen, daß ich wieder ganz fröhlich wäre. –

Ich freue mich schon auf Mannheim, Goldener. Ich gehe dann nicht zur Frau Hirsch, sondern bummele den ganzen Tag mit Dir, und wir suchen dann eine Herberge in einem Dorfwirtshaus in der Nähe. Wie fändest Du das? Nur möchte ich viel lieber den ganzen Tag in den Heidelberger Wäldern mit Dir herumstreichen statt in der Ausstellung. –

Ade, liebes Herz. Sei nicht ungeduldig mit mir, daß ich nicht ganz strahlend fröhlich bin. Ich glaube, das kann ich nur noch sein, wenn ich Dich nahe habe. Schreib bald und laß Dich laufen, wenn Du schreibst. Dein erster Brief war mir der allerliebste, weil er so gar nicht stilisiert war. Ich hab' dich lieb.

Deine Elli

Wilmersdorf-Berlin, 22. IV. 07
Tübingerstr. 5a

Liebste Elli!

Du darfst jetzt nicht wieder kleinmütig und kleingläubig werden. Ich war so froh über alle Deine letzten Briefe, daß gar nirgends der böse bittre Unterton drin war, sondern alles Fröhlichkeit und Sehnsucht und Glaube. Gelt, so soll es bleiben, Du mußt dann bloß an Miltenberg denken, an den unglaublich schönen Tag, an dem wir oben auf dem Berg liegen und über das strahlende Tal wegsehen. Dann hab' ich Dich und halt' ich Dich, und dann gibt's vielleicht Arbeit und Kampf. Das soll uns bloß lieb sein. Du, so zwei Menschen wie wir.

Und wegen den unglückseligen drei Jahren, an denen wir beide unschuldig sind, da schreib' ich Dir gar nicht mehr. Elli, Kind, die stören uns doch nicht. Und wenn sie uns störten, dann würden wir sie auswischen. Was wäre unsere Liebe, wenn sie damit nicht fertig würde.

Ich nehme Dich auf meinen Schoß und halte Dich in den Armen, und meine Hände gehen durch Dein reiches offenes Haar. Und wir gucken uns an, und unsere Augen sind ganz fröhlich, und ich küsse Dir alle Sorgen und Dummheiten von Stirne und Mund. Bist Du nun frei und glücklich, so unbändig glücklich, wie ich es bin, wenn ich an Deine Stimme und Deine Augen und Deine Küsse denke?

Ich will Dir immer sagen: komm' Mädle, sei g'scheit.

Aber ich dank' Dir doch mit vieler Freude für Deinen Brief. Deine leise Traurigkeit ist nur ein Hintendran, und wenn ich auch dort beim Lesen steckengeblieben bin, so verschlägt das nicht allzu viel. Vor allem vielen Dank für Deine Bilder. Das Gute von Brentano tu' ich, glaub' ich, in ein Rähmlein und stell' es in der Nachbarschaft des Tintenfasses auf, weil ich dort am meisten zu Hause bin. Die andern sind auch nicht schlecht; das von Saarburg lieb, daß ich eigentlich es fast am meisten mag; das Freiburger ein bißle studierte Heroine. War das frech? Ich schick' Dir von meinen Fotografien, soweit sie mir grad erreichbar, einen ganzen Haufen (die meisten sind von der Base Marie). Du sollst Dir raussuchen, welche und wie viele Du behalten willst. Mir ist es ganz recht. Aus früherer Zeit, Tanzstund', Pennal, Kinderzeit hab' ich nichts *hier*, und mit dem kurzgeschorenen Konfirmandenkopf verschon' ich Dich. Da muß ich zuerst einmal in der Heilbronner Schublade kramen. – Wir hätten uns doch einmal hier zusammen aufnehmen lassen sollen. – Mit den Bildern schick' ich auch noch Brief und Karten, die mir beim Rumkruschteln vorhin zwischen die Finger kamen. – Briefpapier: ja, ich bin auch dagegen. Aber weil ich das Fräulein eine Viertelstund' hab' suchen lassen, hab' ich es dann halt mitgenommen. Bloß weil ich das Weglaufen noch nicht gelernt habe. Ich hab' die Idee, Du könntest mir in Str.(aßburg) schönes großes raussuchen, so wie Du es am liebsten hast. Das ist dann bloß für Dich. Und Du verrechnest es dann, plus oder minus mit den 2½ Mk, die sich jetzt endlich als Umlage vom Fest herausgestellt haben. Dieses Papier kann ich dann anderweitig verwenden.

Nun will ich wieder mein Tagebuch mit zwei Tagen anfüllen. Am Samstag hab' ich unter Schwätzen bei Walters den Café geschunden. (Morgen mittag kommen die Frauen zu mir herüber.) Dann hab' ich mir das neue Warenhaus angeguckt, Amberg und Lu verfehlt und am Abend ein wenig gelesen. Den Sonntag war ich lange zuhaus, hab' im Pfau geblättert und ein paar Notizen für die nächste Nummer geschrieben: Schiffahrtsabgaben, Rheingold, Moloch (bin ich nicht vielseitig).

Aber um 5 bin ich weggegangen und zwei Stunden über die Felder gelaufen und hab' immer an Dich gedacht, die Knospen an den jungen Bäumen angeguckt und nach den Wolken geschaut. Dabei hab' ich ein paar Verse für Dich gefunden, die Dir sagen wollen, *wie lieb* ich Dich habe.

Zum Nachtessen kam Lis, und wir redeten bis 11 über allerhand Dinge und Menschen, Kunst und Bücher. Es war so ganz nett. ... Daß Du mit dem Busch zufrieden bist, ist mir recht. Ich dachte, man sehe es ihm an, daß er sehr schwer geboren wurde. Ich wußte gar nicht, daß Dein Vater auch im zweiten Teil der Hilfe liest. Soll ich nun nicht seriöser werden?

Das Wetter draußen ist geradezu aberwitzig. Gestern war's schön, aber kalt. Heute regnet's wieder.

Hast Du schon einmal Bismarcks »Gedanken und Erinnerungen« gelesen? Wenn nicht, dann tu es, wenn Du dabei auch wie ich einige Lücken Deines geschichtlichen Wissens entdeckst. Das ist dann eine angenehme Abkühlung nach zu viel von Liberalismus und Parlament. Mir ging's merkwürdig: ich fühlte mich an mehr als 100 Stellen als direkter Gegner, hab' mich aber doch darüber gefreut, mit welcher Plastik B. seine Zensuren abgibt.

Und eines ist mir arg deutlich geworden: die Menschlichkeit in der Politik. Ich bin scheint's zu arger Ideologe, daß ich das noch nicht näher gesehen.

– – –

So Du liebe Elli, nun ist's ein ganz großer Brief geworden, in dem auch allerhand dumme und überflüssige Sachen stehen. Aber das tut nichts. Ich wünsche so sehr, daß Du fröhlich und glücklich bist, so wie ich, wenn ich Deiner gedenke. Ich such' jetzt schon raus, wohin wir von Mannheim an dem Samstag mittag fahren. Einstweilen denk' ich an Neckarsteinach bei Heidelberg oder so.

Das wird über alle Maßen schön und glücklich.

Sei mir lieb.

Dein getreuer
Dorle

Straßburg, am 23. April 07

Mein süßer Liebster,

jetzt ist wieder voller, strahlender Sonnenschein. Ich danke Dir, Goldener, für Deine reiche Liebe und für Deine Geduld. Ich habe all' Deine Bilder um mich herum aufgestellt und komme mir so reich beschenkt vor wie ein Kind am Weihnachtsabend. Das liebste sind die Verse. Und mir scheint, als habest Du noch nie bessere gemacht. Aber für mich sind sie jenseits aller Kritik. Ach, liebstes Herz, ich bin so glücklich.

Du mußt mir den Trübsinn der letzten Tage zugut' halten. Ich war krank. Und zum ersten Mal im Leben so furchtbar hypochondrisch, daß ich mich bereits mein Leben lang als kränkliches Frauenzimmer auf dem Sofa liegen sah. Es waren schreckliche Nächte voll Sorgen. Heut' habe ich endlich den Arzt gesprochen und bin nun ganz beruhigt und selig, daß die Angst vorbei ist. So wundervoll habe ich die Welt noch selten gefunden, als vorhin, als ich von dem guten alten Doktor heimkam. Und da fand ich Deinen Brief mit allen Schätzen vor. – Also sei mit mir fröhlich. Liebling.

Du hast ganz recht. Wozu sollen wir uns Kummer machen über so was wie mein Alter oder Deine Jugend. Wir gehören ja doch zusammen. Und der Ausblick auf Miltenberg ist wirklich ganz geeignet, einem noch vom Scheintod aufzuwecken.

Ach, wenn ich jetzt zu Dir kommen könnte. Das würde ein seliger Frühlingstag. Ich sehe immerfort das Segelbild an, und die ganze strahlende Herrlichkeit des blauen Ostersonntags steht mir vor der Seele. –

Liebster Bub, schreib mir bald ein bißle ausführlich, wie es mit Mannheim möglich ist. Ich kann schon am Freitag hier wegfahren, nach Tisch. Was machen wir dann? Du holst mich an der Bahn ab, lässest die Ausstellung laufen (Motto: Wir sind gar nicht so neugierig), und wir gehen gleich nach Neckarsteinach?? Und am andern Tag in die Ausstellung?? Weißt Du, Büblein, nicht als ob man jetzt schon irgend etwas bestimmen könnte. Aber man muß Anhaltspunkte haben für die Luftschlösser. Ich freu' mich so unbändig auf Dich. Hör, oder wir sind ganz romantisch (siehe unsere Reservatrechte) und übernachten im Freien, im Wald. Denk' Dir die Technik aus. Dein großer Kragen muß eine Hauptrolle spielen, und Rucksäcke muß man als Kissen haben. Was sagst Du zu meinen leichtsinnigen Plänen? Du, es muß doch fein sein, wenn wir zusammen so die halbe Sommernacht durch spazieren laufen! . . .

Die Schule macht mir wieder Freude, jetzt, wo ich mehr hineinkomme. Mit der oberen Klasse nehme ich die Papier-Branche durch. Wir eröffnen grad' ein Detailgeschäft. Mit den Kleinen schreibe ich Annoncen, und sie dürfen solche mit Fehlern aus der Zeitung ausschneiden und mir bringen.

Ich sticke jetzt mit Eifer an einer Decke aus Leinen mit altem Bauernmuster. Das wird für *uns.* »Alles ist unser.«

Leb wohl, my ownest boy. Ach so, am End' reicht Dein Englisch nicht so weit. Ich mag das Wort so gern. Wir können eigentlich nicht so sagen »mein eigenster«. Und es ist doch so. –

Adi. Grüße Walters, Frau Haas und Lu.

Ich küsse Dich in Dankbarkeit und Liebe.

Deine eigenste
Elli.

Der Bismarck ist mir zu schwer. Den lesen wir mal zusammen. Gelt, dann erklärst Du mir die Zeitgeschichte. – Das Briefpapier das nächste Mal. Nur ein Bild geb' ich zurück. –

Donnerstag früh.

Liebste,

oh, nun bin ich ganz froh und glücklich und stelle die albernsten Geschichten mit Dir an, dreh' Dich im Kreis herum, streichle Deine Stirne und küß' Dich auf das Nackenplätzchen. Gelt.

Als ich gestern nacht um ½1 von einer öden liberalen Vorstandssitzung heimkam, lag, mit einem von Stotzle, Dein süßer, glücktragender Brief da. Ich hab' ihn vier Mal gelesen und dann ›Nun danket alle Gott‹ gesungen, mich schön, lang, ruhig ins Bett gestreckt, die Hände gefaltet und die geographischen Verhältnisse nördlich von Neckarsteinach mir wieder zurechtzulegen gesucht.

Ich denk' mir den Plan ausführlich so: wenn Ludwig keinen Urlaub kriegt, fahr' ich an einem Mittwoch nach Stuttgart und bin den Abend mit meinen Brüdern zusammen. Donnerstag früh Heilbronn. Freitag in aller Frühe nach Mannheim und in die Ausstellung, damit ich fast oder ganz fertig bin, bis Du kommst. Und dann fahren wir gleich ins Neckartal.

Vielleicht laufen wir dann am Samstag nach Waldmichelbach oder so und nehmen uns dann ein Gefährtle nach Erbach oder Lindenfels. Trachten dann bloß, daß wir am Sonntag wohin gelangen, von wo aus Berlin und Straßburg noch erreichbar sind.

Deine Nachtwaldabsicht hat ungemein viel Lockendes, aber man darf an so etwas erfahrungsgemäß nicht zu stark denken, denn sonst regnet's. Mir ist's ein paarmal so gegangen. Aber es kann schön und traut und heimlich werden. Du legst Deinen Kopf in meinen Arm und ich bewache Deinen Schlaf, bin ganz still und horche auf Deine Atemzüge.

Aber vielleicht laufen wir gar nicht soviel, sondern legen uns von Freitag abend bis Samstagabend über Neckarsteinach in den Wald, irgendwo, wo man einen Blick auf Dilsberg und den Fluß und die Burgen hat. Dort bauen wir uns aus Moos und Hecken ein ganz verstecktes kleines Haus, schauen manchmal in den blauen Himmel, manchmal in unsere Augen, küssen uns und sagen uns viele, viele liebe, süße Worte. (Elli, ich muß Dir zwischendurch sagen, daß ich Dich ganz unglaublich liebe.) Und am Abend suchen wir uns irgendwo ein kleines Gasthaus mit einer sauberen Stube und einem hellen frischen Wein. Dort freuen wir uns dann einer müden Behaglichkeit und kümmern uns keinen Teufel um die übrige Welt.

– –

Falls wir nicht die Fußtour in den Odenwald machen, wird sich aber der Stotzle auf Grund seines Kilometerheftes kaum umgehen lassen. Gelt, das klingt wüst brutal, wenn man so von seinem besten Freund spricht. Aber man wird halt egoistisch, so sehr ich mich jetzt schon auf ein Wiedersehen mit ihm freue. Oder wir müssen ihm sagen, wie es mit uns ist.

Dann treffen wir ihn am Sonntag früh in Heidelberg. Sonst wollen wir Heidelberg vielleicht ein bißchen meiden; ich hab' drei ganz gute Freunde dort studieren, und die sind dann bös', wenn ich sie nicht aufsuche. Wozu ich aber die allergeringste Lust habe.

So, Liebste, da hab' ich Dir nun ein paar Fundamentlein für Deine Luftschlösser gelegt. Bau sie recht hoch und weit, und tu gegen Osten und Westen viele blanke Fenster hinein, damit sie sich recht in der Sonne freuen können und ihr Glück und ihre Schönheit in das Land glänzt...

Einiges von hier: Katz noch unentschieden. Seit gestern ist ein schwerhöriger Theologe bei uns, den ich Journalistik lehren soll. Ein netter Kerl, aber ich weiß noch nicht, ob er brauchbar.

Das Zimmer Stotzles ist jetzt Gottseidank auf 1. Mai vermietet, an ein Fräulein aus Wertheims phothogr. Atelier. Sie macht einen guten und ordentlichen Eindruck, und ihre Nachbarschaft ist mir, da sie um ½8 geht und um ½9 abends kommt, weiter nicht störend.

– – – –

Nun ade, my ownest girl.

Ich bin Dir so ganz dankbar für alles, was Du mir an Freude, Kraft, Stolz, Zuversicht mit Deiner Liebe schenkst, und ich weiß, daß in ihrem Schatten bloß Glück und Seligkeit wohnen können.

Gute, liebe Elli.

Von ganzem Herzen
Dein Liebster.

Und grüß auch die Marianne.

Straßburg, am 28. April 07
Sonntag früh.

Mein Liebster,

vor unserem Fenster weht unsere große Fahne und alle Glocken läuten, und alle Straßen sind voll, alles, weil der Kaiser da ist. Ich dagegen liege schon seit gestern fest auf dem Sofa, um bis zum 1. Mai wieder ganz in Ordnung zu sein. Du brauchst keine Angst zu haben, es ist der letzte Rest von neulich. Dann bin ich wieder ganz gesund. So auf der Chaiselongue kann man ungeheuer viel erledigen. Ich schreibe viel, auch für die Marianne, stopfe und nähe und sticke. Das Gestickte wird für *uns*. Ich schick' es Dir mal gelegentlich. Es ist unglaublich, wie man auf Bauernweise so drauflosstickend seine Stimmung hineinbringen kann. Man dichtet sozusagen mit der Feder. Ich bin neugierig, ob Du's wirst lesen können. Das Kästchen mit Deinen Bildern steht auch neben mir, aufgeschlagen. Ich sag' Dir immer Guten Morgen, Gute Nacht und alle halbe Stunde »adi, Büble«.

Nun schicke ich Dir meine Briefe wieder. Lies einmal den bösen, das Ende von dem langen vom 5. Oktober. Ich glaube, ich habe damals bis zu einem gewissen Grad recht gehabt. Mein Gefühl für Dich war damals entschieden noch nichts Ganzes. Und Deines wohl auch noch nicht. Oder sagst Du auch jetzt noch so schön und ernst und gesetzt, so eine große, leidenschaftliche Liebe läge nicht in Deiner Art? Du, ich glaube, aus unserer kann noch viel werden. Es ist wie ein blühender Baum, vor dem man steht und denkt: jetzt ist er ganz in Blüte. Und dabei sitzen noch unter jedem Blatt versteckt kleine Knospen, aus denen noch viel, viel mehr Blüten und auch mal Früchte kommen. Du Goldener, ich geb' Dir zunächst mal einen lieben, friedsamen Sonntagsmorgenkuß.

Nun noch zu Deinem Brief, den ich neulich nicht recht beantwortet habe. Daß Du mit Lu von uns geredet hast, ist mir schon recht. Nur soll sie es nicht irgendwie, wenn auch nur andeutend, dem Katz sagen, auch dem Stotzle nicht, dem wollen wir's selber sagen. Freilich muß er nach Heidelberg kommen, nur den Freitag und Samstag wollen wir uns ganz allein haben, Herz. Es ist sowieso kurz. Weißt Du, ich würde es allen Freunden ja gern sagen, aber es ist so unrecht, wenn fremdere Leute es eher wissen als mein Vater und Deine Mutter. Und der Papa braucht noch Schonzeit, bis er den Verlust der Marianne überwunden hat, wenigstens halbwegs überwunden. Schreib mir doch ein bißle was, was Lu gesagt hat. Mir fiel neulich der Spruch ein: »Den Juden ist es ein Ärgernis, und den Griechen eine Torheit.« – Uns ist es aber die kostbare Perle aus dem Gleichnis. –

Gestern abend war der Papa beim Kaiser zur Abendtafel eingeladen. Der Statthalter und alle haben gezittert und gebebt, weil ihnen der Papa schon gesagt hatte, daß der kleine Prinz hier keinen Doktor bekommt, außer wenn er die vorgeschriebene Zahl von Semestern aufzuweisen hat und eine ordentliche Arbeit geschrieben. Niemand hat die Courage, das dem Kaiser zu sagen. So bleibt es auf dem Papa hängen. Der Kaiser hat aber gehört, daß er Schwierigkeiten macht, und hat ihn deshalb gar nicht gefragt oder gesprochen. Der Papa ist heilfroh, daß es so abgelaufen ist. Nun wird die Sache wohl schriftlich erledigt, was ja weit angenehmer ist. –

Am 1. Mai, 11 Uhr morgens, hält der Papa die große Rektorsrede. Denk an uns. Ich freu' mich drauf. Hoffentlich wird mein neuer Hut so hübsch, wie ich jetzt glaube. Das ist nämlich die große Gelegenheit für die Damen, das neue Sommersach' zu zeigen. Am Nachmittag fährt dann die Marianne nach Karlsruh'. Der Stotz hat ihr ein Zimmer gemietet. Er schrieb, daß er und Hermann sich in den allerletzten Maitagen hier treffen wollen. Drauf freue ich mich arg. Aber dann krieg' ich noch mehr Heimweh nach Dir. –

Montag früh.

Liebling, Dein Brief ist eben erst auf dem Kaffeetisch erschienen. So schnell macht's die Post nicht, wie wir gern wünschten. –

Heut sind die Packer für Mariannes Sachen da. Du kannst wohl denken, daß es kein geeigneter Tag für Briefe ist. Ich bin auch wieder wohl genug, um helfen zu können, besonders helfen, an alles zu denken. Papa läuft blaß herum und behauptet, es klinge, wie wenn man einen Sarg zunagelt. Es sind aber nur Bücherkisten. –

Also Herzliebster. Nur schnell tausend Dank für den lieben Brief. Und in Neckarsteinach bekommst Du einen Kuß für jede nicht gerauchte Zigarre. Aber abends immer allein sitzen, das sollst Du gar nicht. Geh nur aus, Herz, möglichst oft, daß Du mir kein Einsiedler wirst.

Adi, Bub. Freu Dich auf mich, wie ich mich auf dich freue.

Deine liebe
Elli.

Die arme Lu, es ist ja schrecklich. Sie ist der ruheloseste Mensch, den ich kenne.

Wilmersdorf-Berlin, 28. IV. 07
Tübingerstr. 5a
Sonntag, gegen Abend

Liebste.

Jetzt vor vier Wochen bin ich bei Dir drüben gewesen, hab' Deine Stirne gestreichelt und Dich geküßt, und währenddem ist langsam das Segel-Kopfweh verschwunden. Mir geht es jetzt merkwürdig: vor vierzehn Tagen wär' mir das wie schon eine Ewigkeit her vorgekommen, und auf einmal ist es fast wie gestern und so gegenwärtig.

– Ich hab' jetzt eben auf Grund des Handelsgesetzbuches und einer früheren Unterhaltung mit einem Chemiker einen 3 Stunden langen Artikel über die »Konkurrenzklausel« geschrieben. Das ist ein nicht ganz unbezweifeltes Vergnügen. Aber weil's draußen so kalt und windig ist, verzicht' ich heut' darauf, noch eine Stunde rumzulaufen und Verse zu machen.

Ehe ich zum Butterbrot und dann zum Weiterschaffen gehe, will ich ein bißchen mit Dir plaudern und mir vorträumen, Du lägest auf dem Sofa, ich hielte Deine Hand, und mein Kopf ruht an Deiner Brust. Da ist es gut.

Was machst Du eigentlich sonntags? Durch die Werktage kann ich Dich ziemlich begleiten und tu' es oft, aber der Sonntag hat bei allen Menschen ein anderes Gepräge. Vielleicht sitzest Du zu Haus und liest etwas. Oder der Fritz Haas ist da. Ich kann mir so schwer vorstellen, daß Ihr mit Eurem Vater spazierengeht. Vielleicht bin ich zu sehr gegen die Sonntagsspaziergänge eingenommen. Dann mußt Du mir das abgewöhnen. – Oder stickst Du an unserer Decke? Soll ich Dir zu Weihnachten ein großes, 40 Meter langes Waschseil stricken, oder findet Du das zu arg?

Tagebuch: Gestern abend habe ich endlich mit einem liebenswürdigen Begleitbrief das Blumenstöcklein an Frau Feist expediert, natürlich lediglich als Vollstrecker Deiner Wünsche. Sie schrieb, ich möchte mich bald einmal bei ihr sehen lassen. Daraufhin lass' ich Ende der Woche mein Äußeres zivilisieren und tu's.

Und dann kam der Geldbriefträger, und dann die kleine Hedwig Bangert vom Handelsvertragsverein, aus dem Erna Wönckhausschen Kreis. Sie sagt, daß sie Dich auf dem vorjährigen Parteitag kennengelernt. Es ist das hübsche Mädchen, wo mit uns auf dem Fasching so getollt hat (Beichte). Mit der bin ich dann eine Zeitlang spazierengelaufen, hab' mit ihr gegessen und mir unentwegt von der radikalen Frauenbewegung und vom H. V. erzählen lassen.

Danach ging ich früh ins Bett und hab' gut geschlafen.

– – –

Um eines muß ich Dich noch bitten, Liebe. Such jetzt einmal aus Deinen alten Briefen den Tag festzustellen, an dem wir uns bei Naumann kennengelernt haben. Es ist immerhin gut zu wissen, wenn ich auch damals noch ein ganz bescheidenes Theologenbüble war.

Neckarsteinach: ungeduldig, das bin ich auch schon, denn es wird elend fein und lieb und froh, aber bis Anfang Juli müssen wir uns schon noch durchwarten. Denn vorhin empfängt mich der Militärarzt nicht. Und bekanntlich ist das doch der einzige Zweck der Reise. Oder etwa nicht, Du?

Montag, den 29.
Abends kurz nach 10

Eben komm' ich von der Hilfekorrektur heim. Das gibt diesmal eine Spezialnummer Dorle: vier politische Notizen, ein Artikel und alles das Zeug vom zweiten Teil. Ich bin zufrieden.

Seit heut mittag steht Dein Bild in einem dunklen Rähmlein vor mir, und wenn ich dasitz' und eintunk', guck' ich Dich jedesmal an. Du siehst mir grad' in die Augen. Am Anfang hab' ich dich dann immer zu arg angesehen und bin in meinem Artikel über Fritz Schumacher gar nicht weiter gekommen. Aber jetzt empfind' ich Dein stilles Dasein als liebe Selbstverständlichkeit. Als ich heut beim Glaser war und ihm klarmachen wollte, welches Bild ich wünschte, sagte der Gehilfe: ›Ah, die kleine Madonna‹. Und gab mir Dein Bild. Ich freute mich und mußte lachen, sagte ihm aber, Du sähest bloß so aus.

Von Lesser kam heut' mit dem Linné-Artikel ein kurzer Brief, auch mit der Hochzeitseinladung, von der aber Katz und Heymann nichts merken sollten. Wie das angestellt werden sollte, sagte er nicht. Ich schrieb ihm deshalb, daß es kaum gehe. An sich würde ich ja unendlich gern dort sein und mich froh mit Dir auf unseren Tag freuen und glücklich sein, Herz.

Ja, Elli, Du mußt jetzt schon ein bißchen Hausfrauenpflichten übernehmen (Ressort: Geschenke an Familie und Paten) und mir sagen, was ich der Marianne und dem Lesser geben soll. Irgend etwas Nettes und Schönes, das nicht überflüssig ist und sich in den Haushalt einordnet. Ich schick' dann nicht mehr nach Straßburg, sondern, wenn sie verheiratet sind, nach Halle. Was meinst Du?

Heut ist ein großes Paket mit den Sachen der Lou Andreas gekommen; die will ich mir jetzt noch mit einigem Zagen ansehen.

Schlaf gut, süßes Herz, und träume von mir.

Dienstag Mittag ½ 3

Vielen Dank für den Brief und das nett geordnete Paket. Ich hab' jetzt eine halbe Stunde drinrumgeblättert. Wie es so daliegt, mit der Überschrift: »E. K. an Th. H.« sieht's unheimlich druckfertig aus.

Für morgen um 11 Uhr wünsch' ich Dir ein recht stolzes und freudiges Herz; ich seh' Dich, wie Du unter der geziemenden Bescheidenheit strahlst. Ich will fest an Euch denken, und nach dem Essen, wenn Du in einer erhoben gerührten Stimmung bist, will Dir dieser Brief Freude machen.

Ich hab' den Brief vom Oktober gelesen. Er war bös', und ich bin froh, daß so einer nicht mehr kommt. Aber ich verstehe gut, wie Du ihn schreiben konntest. Unsere Liebe brauchte Zeit und Ruhe zum Wachsen. Ich bin auch nicht mehr der Bub vom vorigen Herbst, u. ich empfinde ganz stark, wie sehr ich seitdem durch Dich und mit Dir aus der Kindheit erst herauskomme. Das klingt komisch, wenn ich das so sage. Aber bei mir war die kritische Verstandesentwicklung zwei Jahr' dem Empfindungsleben und dem physischen Erstarken voraus. Deshalb hat die altkluge Kühle niemand bisweilen so malträtiert und gekürzt wie das eigene seelische Leben. Das ist jetzt anders worden. In der Sonne ist ja eigentlich meine ganze Jugend gestanden; aber jetzt scheint mir, als ob erst das rechte Wasser zu ihren Wurzeln kam, daß sie sich aufrichten und Blüten und Früchte bringen kann. Ziele hat mein Leben immer gehabt; jetzt hat es Grund gefunden. Das danke ich Dir. Wenn man so lebte und erzogen wurde wie ich, immer ganz frei und immer in enger Selbstdisziplin, ist die Leidenschaft nicht der Anfang einer Liebe, sondern ihr Ergebnis.

Siehst Du, jetzt bin ich wieder so ins Schwätzen reingekommen, ins g'scheite, und der ganze Passus ist Dir viel zu »stilisiert«. Aber er gab sich so zur Erinnerung, und Du mußt ihn nun lesen und denken: ich glaub', der Bub hat recht. ... Auf mein Alleinsein sollst Du nicht schelten. Es ist so am schönsten. Der Gedanke, in ein Wirtshaus zu gehen, ist mir scheußlich. Ein paar Theaterpläne will ich mit dem neuen Gehalt ausführen. Sonst hab' ich immens viel Bücher da liegen. Ich bin gespannt, was aus der Lou Andreas wird. Heut abend hab' ich meinen kleinen Anlerntheologen zum Abendessen da. Ein ordentliches Heidelberger Büble, das das Schaffen noch nicht gelernt hat und langsam denkt. Dafür »gründlich«, wie er sagt.

Sonst hat sich jetzt die Sezession aufgemacht, mit einigen guten Sachen (Slevogt, Kalckreuth), aber auch viel Durchschnitt.

– –

Für heute will ich nun Schluß machen. Patschhand und einen langen lieben Kuß. Und dann noch einen.

Adi, allerliebstes Herz.

Dein ganz verliebter Bub

Straßburg, 3. Mai 07
(10-Uhr-Pause)

Liebster,

das gibt nur einen kurzen Lehrerinnengruß aus der Schulpause. Nachher kommt Handelsgeographie dran.

Also über die Patria bin ich natürlich selig. Ich bin sehr begierig auf den Brief von ihm. Nur läge mir Armenverwaltung oder Arbeitsnachweis näher – d. h. über Heimarbeit habe ich nicht viel *Neues* zu sagen, und über die allgemeine Lage sind Eure Leser doch orientiert. Ich schreib's vielleicht an Naum. Ich schicke heut oder morgen ein Paket an die Expedition mit alten Jahrgängen der Hilfe. (Ich brauche sie ja nicht mehr.) Dazu lege ich das Werk von Wittich über das Elsaß. Das gibst Du bitte dem Naumann. Wir sprachen mal davon. Und für Dich dies neue Briefpapier, das Dir hoffentlich gefällt. Ich adressiere die Sache an Dich, lege aber keinen Brief an Dich dazu, das ist mir peinlich. Für die Buchvorschläge bin ich dankbar. Die »Frauenfrage« von Lilly Braun habe ich schon auch von dem Kursus geschenkt bekommen. Heut nachmittag ist die ganze Gesellschaft zum Abschiedstee bei mir. 14 Stück. Deshalb schreib' ich schnell hier das Wichtigste, denn viel Zeit werde ich nach Tisch nicht für Dich haben. Du, rote Tinte und liebe Briefe, das ist eine Disharmonie. Findest du nicht? Es sieht immer aus, als käme jetzt gleich: »Th. H. macht gute Fortschritte« oder so was ähnliches. – – –

Ich habe viel zu berichten. Die Rektorsfeier war schön. Papa hat genau geredet wie in Berlin, ganz ohne einen Anflug von Pathos. Thema: Geld und Währung. In 40 Minuten die Grundzüge der Theorie. Du kannst Dir denken, daß es recht schwer war. Er sah aber wunderschön aus in der riesigen Kette.

Nun klingelt's. Also auf nachher! Noch schnell einen braven Lehrerinnenkuß. Adi, lieber Liebster!

Ich schreib' hier den Schluß: Grüße Frau Haas. Ich schreib' ihr bald. Grüße auch Frau Feldmann, und ich möchte den Leuchter *so* gern. Und ich habe schon ein wundervolles Weihnachtsgeschenk für Dich, ein Möbel, alt. – Ob ich den Mund drüber halten kann? Es ist wonnig. 1000 Grüße

Elli

Zuhaus. Nach Tisch.

Nun muß ich Deine beiden Briefe beantworten. Zuerst kriegst Du noch einen nicht so braven Kuß. Dann setze ich mich, etwas müd' von drei Schulstunden, auf Deinen Schoß, sage gar nichts, sondern fühle, daß Du mich lieb hast und alles harmonisch zwischen uns ist. Nachher muß ich schnell aufspringen und den Teetisch richten, Butterbrötchen schmieren etc. Büblein, hast Du heut' ein bißchen ein leeres Gefühl, weil kein Brief von mir kam?

Also, deinen ersten Brief bekam ich am 1. Mai, nachdem ich bei Lenels zu Mittag gegessen hatte, um einen Schüler meines Vaters, Mauer, kennenzulernen (Papa war auf dem Rektorsessen). Der Mauer hat schon lang auf mich gespannt. Ich habe wieder mal funktioniert, geblendet, imponiert. Er ist aber vom selben Genre und hat seinerseits dasselbe getan. Unterhalten habe ich mich und die anderen vorzüglich. Von Zeit zu Zeit brauch' ich solche Gymnastik, und ich bin froh, daß ich mich dann nicht vor Deinem durchschauenden Blick zu fürchten brauche, sondern daß Du lachst und mich im übrigen doch für nicht ganz unecht hältst. Ich werde Dir immer sagen: »Ich habe mal wieder gemimt.« Dann ist es erledigt.

Denk, die letzte Hilfe hat die Marianne verloren, ehe ich sie gelesen habe. Ich habe also Deine Notizen z. B. über das »Rheingold« noch gar nicht zu Gesicht bekommen. Kannst du sie mir nachliefern? Die allerneueste Nummer krieg' ich erst morgen. –

Mit der Hochzeit von Marianne hast Du recht. Wir müssen verzichten. Wegen eines Geschenks warte noch ein bißle. Ich seh' dann, was sie nicht gekriegt hat. Gelt, Liebling? Sie hat allerlei Wünsche an allerlei Leute geschrieben. Was davon nicht erfüllt wird, bleibt dann für mich und Dich. . . . Nun Adi, Liebling. Ich habe Dich sehr lieb und ich wollte, ich hätte Dich etwas näher. Nur so alle 14 Tg. einen Sonntag beisammen sein, das wäre schon fein.

Wilmersdorf-Berlin, 5. V. 07
Tübingerstr. 5 a
Sonntag gegen Mittag

Liebste Elli!

Das war ein Sonntagmorgen in ganz ausgeprägter Normalform. Zuerst bin ich lang liegen geblieben, hab' so halb weiter geträumt und ein heißes Heimweh nach Dir gehabt. Dann hab' ich Choräle, Hugo Wolf und mein Schumannrepertoire gesungen, und wie ich mählich auf war, kam mir das Kommersbuch in die Finger. Und ich hab' dann mit halbem Ernst und halber Ironie einen Haufen Volkslieder durchgesungen: wenn i di net krieg, gang i fort in Krieg, wenn i di net hab, ist mir d'Welt a Grab.

Vom Mittwoch abend bis Samstag mittag befand ich mich in dem traurigen Zustand einer aufgeregten Verliebtheit, der in Niedergeschlagenheit umfiel, als am Samstag mittag nichts da war. Doch wie ich dann weggehen wollte, lag Dein Brief draußen. Der Briefträger hatte nicht geklingelt. Nun war ich wieder froh und hatte das lebhafte Bedürfnis, mit dem Nachtschnellzug zu Dir zu fahren. Wenn die Geschichte nicht so ausgefallen teuer wär', hätt' ich große Lust dazu. Elli, das mußt Du mir aberziehen, daß ich nicht solche Reiseeinfälle aufkommen laß'. Fahrpreise vergesse ich immer als Geldausgaben zu würdigen.

Nun bin ich aber so bei Dir, ganz nahe und eng, und halte Dich fest. Gelt, Du denkst jetzt auch stark an mich und bist ein bißchen traurig, daß halb Deutschland zwischen uns liegt. Mein Leben kippt momentan um: Nachdem ich 14 Tage immerzu zu Hause gewesen, hat sich's gedreht.

Am Freitag war ich also zuerst bei Frau Feist, um mit ihr über tausend Sachen und Gegenden der Welt zu reden. Dann zur Lu, die Dich grüßen läßt. Sie sagt K. natürlich nichts, meint aber, daß er nach Äußerungen ziemlich damit rechne, daß wir uns heiraten. Außerdem scheine er sich jetzt zu konstruieren, daß Du mit ihm »gespielt« habest. Habeat sibi.

Den Abend war ich mit ihrer Schwester bei Lis mit allerhand unwesentlichen Gesprächen. Am Samstag mittag hab' ich bei Schlaikjer Kaffee getrunken und vorsichtige Gespräche über seine Mitarbeit an der »Hilfe« getauscht. Darnach kaufte ich mir eine Krawatte und zog den Gehrock an, um zu Frau Feist zu steigen. Ein Gehrock ist ja an allen Menschen, und bei mir am meisten, etwas Schreckliches, alle meine ästhetischen und Lausbubeninstinkte bäumen sich gegen das Instrument. Aber es ging. Es war trotzdem sehr nett. Walters waren da, Prof. Ochs mit, ein Schwiegersohn, Maurice. An der Unterhaltung hab' ich mich befriedigend unterhalten, und auch als ein bißle renommiert; mit Naumann und so. Mit dem Schwiegersohn hab' ich die deutsche Nationalökonomie durchgesprochen und mit Maurice der Reihe nach Naumann, Gerlach, Liberalismus, Angestellte in Großbetrieben, Elli Knapp und das allgemeine Wahlrecht abgewikkelt. Walter sang schöne Sachen von Bach und Wolf, und Ochs machte sehr amüsante Witze auf dem Klavier.

Sodale.

Das war nun wieder ein furchtbar ordentlicher Bericht.

Heut' abend bin ich wieder einmal bei der Dr. Frieda Duensing, die das Fürsorgezeug macht. Morgen oder übermorgen bei Naumann, um ihn über Wein aufzuklären. Er fährt am Donnerstag 3 Tage in den Wahlkreis. In Hbr.(Heilbronn) macht er eine große Frauenversammlung.

Über Heimarbeit kannst Du in der »Patria« gut schreiben, in der »Hilfe« ist sehr viel nicht gekommen. Ich hatte N. auch Armenwesen vorgeschlagen, aber das andere ist aktueller. Ich freu' mich drüber.

Katz bekommt jetzt ziemlich sicher die neue Stelle; sein Kontrakt muß allerdings erst gemacht werden, aber er scheint ziemlich sicher zustande zu kommen.

Ich habe für die nächste Zeit einen großen Haufen Arbeit vor mir liegen. Die Leipziger wünschen immer neue Artikel, und für das »Literarische Echo« soll ich über Hesses neues Buch schreiben. Das wird dann ein bißchen sachlicher als das Allerlei in der letzten »Hilfe«. – Das ist sehr brav, wie Du mir – halb als Beichte – dein Imponieren erzählst. Aber Du brauchst Dich vor meinen durchschauenden Augen nicht zu fürchten. Daß Du als ein bißle ein eitles Mädle bist, weiß ich ja, und das tut weiter gar nichts. Ich kontrollier' dann mit Vergnügen Deine Technik, und bin dann stolz und froh, daß ein ›Blenden‹ eben nicht bloß blenden ist. Gelt? Dann geb' ich Dir einen Kuß und weiß, daß es Dir in meinen Armen doch noch wohler ist, als wenn sich ein paar Leute an Deinen Pointen gut unterhalten. –

Liebste, paß auf, jetzt frag' ich Dich etwas furchbar Dummes, das mir vorgestern beim Spielen mit der Zukunft gekommen ist: schreiben wir auf? Nämlich was wir einnehmen und ausgeben. Ich habe keine Ahnung, ob das zu einem ordentlichen Haushalt gehört, habe auch nie begriffen, zu was es eigentlich dient, obwohl ich's auf mütterlichen Wunsch selber ein paar Semester getrieben habe (mit einem durchgebildeten statistischen System). Du mußt mir sagen, wie wir das halten. Mir ist's im Grunde wurst. Aber wenn ja, dann will ich es einmal wieder anfangen, um meinen Lebensetat festzustellen.

Lachst Du jetzt, liebe Frau, über Deinen gescheiten Mann?

Jetzt sag' ich Dir wieder einmal Adieu, Schatz, und bin mit allen meinen Sinnen

Dein treuer Bub und Geschpusi

Freitag abend, ½ 11 Uhr
10. Mai 07

Mein liebster Mann,

»Ach lauf doch nur nach Geist und Witz nicht übers Meer,
Der Seelen Würdigkeit kommt bloß von Liebe her.« –

Das Wort vom Angelesius geht mir heut nicht aus dem Kopf heraus. Es ist rührend schön, nicht?

Liebling, ich liege schon im Bett, und es ist so schwül und ich hab' so einen wüst schweren Kopf, daß ich nicht schlafen kann. Ich war eben mit Staudingers wieder in der Orangerie und habe in den Sternhimmel geguckt und beschlossen, daß ich Dir ein neues Stelldichein geben muß: Wir wollen Punkt 10 Uhr beide an den großen Bär gucken. Da kann man 10 Minuten lang sich im Weltall ganz sicher treffen.

Ach, Liebling, ich habe Dich jetzt, glaub' ich, noch viel lieber als neulich in Berlin. »Erdbeerlein steht im grünen Wald und spricht: komm Büblein, hol mich bald, / noch bin ich frisch und rot...« –

Aber ich hatte ja vor, gar keine törichten Sachen zu schreiben, sondern auf Deinen Brief einzugehen. –

Sehr, sehr froh bin ich, daß es Deiner Mutter wieder besser geht. Es war mir sehr arg, der Gedanke an Operation. Sie ist so fein und zart, daß man sie nur ganz behutsam anfassen sollte. Büblein, wird sie sich viel Sorgen um uns machen?

Du, an alles, was Du von der Lu schreibst, muß ich so viel denken. Es ist so sonderbar. Ich glaube nicht an das rein Intellektuelle, besonders beim Stotzle nicht. – Liebling, ich will etwas dummes fragen, Du mußt es aber nicht als kleinliche Eifersucht nehmen, sondern als ganz einfache Frage: Kannst Du jetzt ein bißchen zärtlich mit ihr sein? Ich meine, Patschgeben und so? Du darfst natürlich, ich möchte es nur gern wissen. Es kommt mir so unmöglich vor, daß Du mit einem anderen Menschen als mit mir lieb bist. Aber Du sollst ihr so viel Fröhlichkeit geben, als Du kannst. Wir sind so reich, daß wir immer viel werden abgeben müssen.

Der arme Stotz. Wir wollen sehr lieb mit ihm sein in Heidelberg. Der Naumann muß ihn jetzt protegieren, Dresden oder so. – Sag's ihm – ich kondoliere auch noch zu der Wertheim-Nachbarin. Ist sie denn wenigstens brav?

Nun fallen mir die Augen zu. Gutnacht mein Allerliebster.

Träumst Du manchmal von mir? Denkst Du jetzt an mich? Ich glaub', Du tust es. Ich halte Dir meine müden Augen hin, daß Du sie küssest. Gutnacht.

Sonntag früh 9 Uhr.

Gibt es etwas schöneres, Herz, als einen warmen Sommer-Sonntag-Morgen, den man vom kühlen Zimmer aus genießt und der mit lieben Briefen und Versen einsetzt? Ich wüßte wohl noch was schöneres, nämlich, daß die Verse ohne Briefe auf meinem Schreibtisch lägen und mein lieber Mann hinter mir stünde und meinen Bedankemichkuß sich gleich nähme. Aber solang das nicht möglich ist, ist so ein Brief am Sonntag früh ein liebes, liebes Geschenk.

Ich bin fröhlich, daß Du so schöne Tage draußen gehabt hast. Ich freue mich auch schon auf den Tag bei Dohrns. Ich bin aber, glaub' ich, nicht für ein Sommerfest, sondern für einen Sonntag, den wir beide ganz allein da feiern. Dann sagen wir ruhig Du und heucheln überhaupt nicht. Gelt, liebster Schatz? Wie gelungen, daß Du an die Russenbluse gedacht hast. Ich habe mir grad' gestern und vorgestern immer überlegt, wer mir mal so russische Bauernstickereien verschaffen könnte! Ich mag sie so gern, auch für Decken, Handtücher etc. Denk Herz, unsere Sommerpläne werden noch anders: ich gehe nicht nach Hamburg. Die können mich erst im Oktober brauchen, und da kann ich nicht. Ich denke aber, daß ich sicher mit Frau Feist nach Belgien gehe und dann Dich in Berlin habe. Da gehen wir vielleicht mal für 2 Tage ganz ins Freie. – Liebling, und dann ist gleich Weihnachten, das Herbsttrimester geht immer am schnellsten, und dann kommst Du zu uns. Dann gibt es ernste Auseinandersetzungen mit dem Papa, der Dich nach Deinem »Stück Brot« fragen wird, und dann sind wir beisammen, Lesser und Marianne auch dabei. –

Ich war gestern in Dorlisheim und habe meine goldige kleine 17jährige Kusine Cora Thiersch mitgenommen. Hab' ich Dir schon von der erzählt? Sie ist hier bei einer Tante zu Besuch. Hör, die laden wir bald zu uns ein, sie gefällt Dir sicher ausgezeichnet. In Dorlisheim war's nett, die zwei Kinder reizend. Nur weißt Du, Kinder ohne eigenes Kinderzimmer, die dann immer bei den Großen sind und unterhalten sein wollen – nein, das ist furchtbar. Bei uns wird das größte und schönste Zimmer Kinderzimmer, gelt? –

Ade, Liebster. Einen besonderen Kuß für die schönen Verse.

Deine Frau Elli.

Wilmersdorf-Berlin, 13. V. 07
Tübingerstr. 5 a
Montag um 2 Uhr

Liebes Herz!

Bis Dein Brief heut' abend oder morgen mittag kommt, will ich ein bißchen anfangen, auf Vorrat zu schreiben. Es ist seit ein paar Tagen entsetzlich heiß hier, und bei Euch ist es sicher noch ärger. Ich kann ja im allgemeinen Hitze gut vertragen, aber wie sie nun so plötzlich kam, war's auch mir ein bißchen viel. Von meiner Schaffenslust hat sie mir ein ganzes Stück aufgefressen. Zum Trost stell' ich mir jetzt mit einigem humoristischen Empfinden vor, wie Du nach Luft und Kühlung schnappst. Oder überschreitet eine solche Phantasie die Grenzen einer achtungsvollen Liebe? Dann verbiet' mir das rechtzeitig, bester Schatz....

Montag abend 10 Uhr

Diesmal hat die Post gut geschafft. Sie soll gleich wieder Arbeit kriegen.

Vielen, vielen Dank, Du über alle Maßen Liebe. Mir geht's wie Dir: meine Liebe zu Dir und der frohe Glaube an unser Glück wachsen jeden Tag. Freilich wird das Alleinsein damit auch manchmal recht bitter. Dann denk' ich an all die vielen treuen Zeichen der Liebe, mit denen wir unsere Ehe schmücken werden. Ich denke jetzt viel und ernsthaft darüber nach, ob wir uns nicht schon im nächsten Jahr, im Herbst, heiraten können. Eigentlich hab' ich dagegen noch nichts gefunden. Ich zweifle nicht daran, daß Naumann von dem Moment an, wo ich die Sache mit ihm besprochen habe, die »Finanzierung« mitüberlegt und daß ich dann auch schon durch Ausnützung der bestehenden und durch neue Verbindungen die Nebeneinnahmen auf 1500 bis 2000 Mk steigern kann. Mit Deinem Erwerb kommen wir dann sicher gut über 5000, und woran soll es dann noch fehlen? Leuchtet Dir das nicht auch ein, liebster Schatz? Überdenk's einmal. Und dann auch, ob Dein Vater damit zufrieden ist. Ich hab' da eigentlich fast gar keine Besorgnis, denn vom andern abgesehen, glaub' ich, daß auch die Verbindung mit dem Naumann ihm als eine gewisse Garantie vorkommen wird. Ich bin sehr dafür, daß wir unsere früheren gutbürgerlichen Warteabsichten um ein Jahr beschummeln.

Wegen meiner guten alten Mutter, da bin ich gar nicht in Sorge. Am

Anfang ist sie ein bißle erstaunt und sagt: Ha Bub, Du bist einmal einer; aber später behauptet sie dann, das hab' sie kommen sehen und gleich gedacht, aber nichts sagen wollen, damit die Buben nicht schimpfen und sagen, ob sie denn gar nicht warten könne. Dann hat sie uns beide sehr lieb und ist stolz auf Dich und mich. Ich hab' als die Idee, Du könntest ihr ein paar Zeilen schreiben und sagen, daß Du Dich freust, daß die Operation gut vorbeiging. Das macht ihr sicher große Freude. –

Ja, mit der Lu bin ich lieb, halte ihre Hand, wenn wir in den Straßen gehen, und streichle ihr schönes Haar. Ich tue das gern und ohne Zwang, so wie ich es ihr immer getan habe, im vorigen Jahr; sie soll die herzliche Teilnahme spüren, mit der ihr Wesen und Los mich erfüllt. Und seit ich Deine Liebe ganz besitze und sie die Zärtlichkeit Stotzles entbehrt, ist mir, als müßt' ich ihr ein Stück von meiner Liebe geben. Vielleicht ist es für eine Frau nicht ganz leicht, das zu verstehen. Lu ist das seltsamste Weib, das mir je begegnet; sie und das Verhältnis zu ihr läßt sich mit gewöhnlichen Graden gar nicht messen. Daß Du auf sie nicht eifersüchtig bist, Liebste, das ist mir so selbstverständlich wie nur was. Wenn Du Dich in uns ganz recht reindenkst, wirst Du dieses Verhältnis verstehen und gut finden. ... Manchmal mach' ich Grundrißversuche für unsere Wohnung. Das Kinderzimmer scheint mir für die ersten paar Jahre nicht aktuell; aber nachher bin ich sehr dafür. Es ist für die Kinder und die Eltern gut. Wir drei Buben haben zuhaus' drei Zimmer und eine Kammer beherrscht. Was da alles drin ausgepatscht wurde, hätt' ich meiner Mutter nicht auf den Kopf gewünscht.

Danke, daß Du mit den Versen zufrieden. Jetzt mußt Du wieder eine Weile Geduld haben.

Nun ade, liebe, liebe Elli. Jetzt ordne ich noch eine Zeitlang unter den Zeitungen und dem Papierzeug, das von den beiden Wahlen stammt.

Dann leg' ich mich, und in stillem Denken an Dich, das mich immer begleitet, träum' ich langsam ein

Dein lieber Bub u. Mann

Basel-Straßburg, 16. V. 07
abends ½ 8 Uhr

Liebster Dorle,

ich muß jetzt wirklich mich selber zanken: Ich habe wieder einmal eine der Perioden erlebt, in denen man das Leben so grau ansieht, daß man einfach nicht begreift, wo man den Mut hernehmen soll zum Weiterleben und Pläne machen. Ich habe immer wieder denken müssen, daß wir alle, auch Lessers, alle Pläne immer auf Gesundheit aufbauen. Bei Krankheit fällt aber alles zusammen. Krankheit ist überhaupt der Feind, der lauert. Gestern auf der Hochzeit dachte ich immer: ja seht Ihr denn nicht?! Wie könnt Ihr so tun, als ob das nun gut sei, daß die zwei jetzt den ungeheuren Mut haben, das Leben anzufangen. ... Trotzdem war die Feier nett, weil eine Feier im Bildstöckli mit den lieben Menschen überhaupt nur nett sein kann! Ich freu' mich drauf, Dir das Haus zu zeigen. –

Mir war's natürlich noch nicht besonders, und ich habe noch greulich ausgestanden, auch heut'. Jetzt scheint es aber endgiltig zu Ende zu gehen. –

Reizend war's zu sehen, wie die Tante Lella, die eine Figur hat wie Dein Mutterle, zwischen ihren 4 großen, starken Buben und ebenso großen 4 Schwiegertöchtern stand und die 3 entzückenden Enkel aus dem Bildstöckli dabei. Da sage ich mir ja jetzt, wo der graue Nebel wieder fort ist, daß die großen Freuden im Leben vielleicht die schweren Sachen aufwiegen. Aber es ist doch entsetzlich, wenn man drüber nachdenkt, was die Menschen, die jetzt schon alt sind, alles durchgemacht haben. Die sind doch alle mal mit der Sicherheit hineingegangen, die wir jetzt haben: es müsse alles gut gehen. –

Liebling, in den nächsten Tagen bis zur Hochzeit wirst Du Dich mit ganz kurzen Briefen begnügen müssen. Denn jetzt durch die Krankheit bin ich mit allem so zurückgekommen, daß ich nun furchtbar viel zu tun haben werde. – Weißt Du, am Mittwoch will ich doch den Kongreß mitmachen. Bis dahin muß dann alles fertig sein. Also hab Geduld. Wenn nur kein neuer Furunkel kommt, denn dann weiß ich nicht, wie es gemacht werden soll.

Samstag früh

Ich schick' den Brief schnell ab, damit ich bald einen neuen bekomme. Es geht mir immer noch recht schlecht. Es hört gar nicht auf. Ich bin schrecklich müd' und schaffe alles für die Hochzeit. Danke für Deinen Brief.

Büble, halt mich fest an der Hand. Du verschwindest mir ganz. Ich habe gar nicht mehr das Gefühl, daß alles Wirklichkeit ist.

Schreib bald.
Deine Elli.

Wilmersdorf-Berlin, 19. V. 07
Tübingerstr. 5 a
Pfingstsonntag Morgen

Liebes!

Weißt Du, es wäre besser gewesen, wenn ich den Pfingstbrief hätte schreiben müssen. Zum Pfingsttag gehört, wenn zu irgend einem, Glauben und Zuversicht. Ich hätte Dir davon so viel geben wollen und können. Aber nun kam Dein Brief. Sein Schluß hat mir weh getan, sehr weh, und ich steh' jetzt vor ein paar grauen Tagen, wo meine Sehnsucht nach Sonne ging. Ich kann Dir nicht bös sein, denn ich weiß, daß Du unter solchen Stimmungen selber am meisten leidest. Und ich denke mir, daß Du in diesen Tagen mit den Aufgaben und Pflichten arg verhetzt bist. Aber glaub mir, es macht müde und traurig, dieses zur Liebe überreden, bei einem Menschen, den man liebt und dessen Liebe man besitzt.

Sieh, da bin ich ganz hilflos. Hätt' ich Dich bei mir. Aber ich hab' einen Zorn auf dieses Schreiben von schönen Briefen. Weißt Du, Liebe, wenn ich meine Dialektik in die Hand nehme, dann hab' ich Dir auf anderthalb Seiten Deinen ganzen Brief umbewiesen. Dann stehen viele schöne und vielleicht auch wahre Sachen dort. Bloß weiß ich nicht, ob das eine angemessene Pfingstsonntagsbeschäftigung ist, wenn ich Dir eine Lebensphilosophie über den Kopf stülpe. Ich habe nämlich einige solche Sachen, aber sie sind so lächerlich klein und unwesentlich gegenüber dem Leben selber.

Aber gegen eines, Elli, muß ich mich wehren. Du darfst nicht so oft vom ›Mut zum Leben‹ reden. Das Wort hat so einen verführerisch guten Klang, daß man glaubt, es sei eine große Wahrheit. Aber, Elli, sei versichert, es ist nicht so. Das Leben ist eine so große, kühne, starke Selbstverständlichkeit, der gegenüber wir uns nicht im Angriff befinden, der Mut erfordert, sondern in der Verteidigung. Es ist gar nichts besonderes. Wir sind hineingestellt, mit ein paar Gaben und ein paar Zielen und vielen Pflichten, gegen uns und gegen alle, und einem ungestillten Glücksverlangen. Mit diesen Waffen schlagen wir uns durch. Mut ist nicht Notwendigkeit, nur Festigkeit und ein Sinn, der sich allem offenhält; Angst aber schwächt und trübt.

Zwischen alledem steht die Liebe als die lauterste Form des Glückes und wartet. Sie lebt aus ihrer eigenen Kraft und nicht von den Zufälligkeiten des Lebens. Sie ist das Glück, nicht ein Weg zum Glück oder zum Leben. Und ich glaube, es gibt auch ein Glück im gemeinsamen Leiden.

Das ist in ungeschickten Worten doch nun mehr von dem geworden, was ich nicht sagen wollte. Vielleicht sind es nur die törichten Konstruktionen eines ›Idealisten‹, wie das blöde Wort heißt. Ach, Elli, warum quälen wir uns nun mit solchem Zeug. Ich weiß ja nicht; vielleicht tue ich Dir mit manchem von dem vorhin weh oder Du verstehst manches anders. Aber ich mußte das sagen, das kurze, wenige, denn ich will den festen Grund unserer Liebe vor Deinem Kleinmut und Deinen Stimmungen retten und freihalten. Gelt. Du sollst nicht meinen, daß ich dies mit Bitterkeit schreibe. Ich bin nur sehr traurig, weil ich nicht das Echo meiner letzten Briefe spürte und weil Du sagtest, ich ›verschwinde‹ Dir ganz. Elli, liebe Elli, ich bitte Dich so, schreib das nicht mehr. Ich sitz' da oben allein und halt' das nicht aus. Mein ganzes Wesen, Leib und Seele, streckt sich aus nach Dir. Ich kann das nicht fassen und nicht ertragen, daß unsere Liebe, fast wie ein Thermometer, nach Laune und Wetter steigen und fallen soll. Ich bin selig, wenn ich in Deine strahlenden Augen sehe, ich will alle Deine Schmerzen und Deine Traurigkeit mit Dir teilen, aber Du darfst mich nicht fortschicken. Du darfst es nicht, Elli. Das halt' ich nicht aus. Du schreibst an einem Morgen acht Zeilen rasch auf einen Bogen, in drei Minuten, und weißt nicht, wie weh Du mir damit tust. Dagegen wehr' ich mich, Elli, Du mußt mich Deine Liebe fühlen lassen. Ach, ich weiß ja, wie groß und beglückend sie ist. Ich lebe ja nur in ihr und von ihr. Sie ist eine zu große und ernste Sache, als daß Federn auf ihr herumtanzen dürfen.

– – –

Nun bist Du vielleicht traurig oder ungeduldig. Du mußt diesen Brief verzeihen. Aber ich hoffe nur dies, daß Du aus jeder Zeile spürst, wie groß und stark meine Liebe ist. Und dann sag mir nur ein kurzes Wort, und alles Leid ist weg und ich danke Dir...

Liebes, was soll ich Dir noch sagen. Sei wieder fröhlich. Wenn Du Deinen Mut zum Leben nicht hast, so nimm ihn aus meinen Händen. Und denk, daß der Dorle mit seiner Liebe und seinem Glauben alles schon zum Guten führen wird.

Ich bin bei Dir. Siehst Du mich, Du Liebe.

Dein kleiner, etwas
trauriger Bub.

Straßburg, 24. V. 07

Mein liebster Mann,

wieder nur einen kurzen Gruß. Ich bin fröhlich und denke nur an Dich. Es war wunderbar gestern. Morgen, wenn alle wieder fort sind, schreibe ich und danke Dir für den lieben schönen Hochzeitsstrauß.

Das Brautkränzle hat gestern, als ich ins Bett gehen wollte, auf meinem Kissen gelegen. Nun schick' ich Dir ein Zweiglein.

Du Liebster. Ich freu' mich so auf unser Glück.

Ade. Ich habe Dich furchtbar lieb.

Deine liebe Braut.
Elli.

Straßburg, am 25. V. 07

Mein lieber Liebster,

wo soll ich jetzt anfangen mit Berichten? Die Lücke ist so groß geworden! Also, zuerst von der Hochzeit. Es war das Schönste, was ich noch an Feier erlebt habe. Kein fremder Mensch. Nur solche, die einem ganz nah standen. Die Marianne schön wie eine Märchenprinzessin von Schwind. Keinen so aufgebauschten Brautkranz, sondern unter einem grünen, dicken Myrthenkranz, der auf der Stirn lag, einen schmalen, schwer fallenden, nicht sehr langen Schleier nur auf den Rücken fallend, nur so breit wie mein rotes Tuch. Es sah wunderbar aus. – (Ich mach's mal grad so!) Bei Tisch hat der Papa die schönste Traurede gehalten, die man je gehört hat. Wir waren alle

Georg Friedrich Knapp mit seinen Töchtern Elly (rechts) und Marianne.

gerührt und stumm und fröhlich, je nachdem er's wollte. Alle, selbst die frommen Basler, haben nachher gesagt, sie hätten die kirchliche Trauung wirklich nicht vermißt. Man brauchte sich nachher auch gar nicht irgendwie anzustrengen, die Leute zu amüsieren. Man saß einfach beieinander in Harmonie und Gemeinschaftsgefühl. – Heut sind Lessers nun schon in Halle. Das Entbehren ist noch nicht klar in mein Bewußtsein getreten. Dazu war noch zu viel Trubel immerzu. Gestern waren wir noch 10 Personen bei Tisch. Heut ist Tante Lella (aus Basel, Du kennst sie ja von Neujahr) zu uns gezogen. Sie bleibt noch acht Tg., um den Papa zu trösten. Heut früh sind alle Möbel wieder an ihren Platz gekommen, ich habe geräumt und gekramt und bin nun furchtbar müd'. Die ganze Arbeit fiel doch noch mit der Krankheit zusammen. Jetzt bin ich aber ganz gesund. Nur möchte ich mal zwei bis drei Tage durchschlafen. – Abends und morgens lese ich Deine Briefe und Deine Verse und freue mich. Ich freue mich auch auf die kommende, ruhige Zeit ohne besondere Ereignisse, wo ich wieder zum rechten Schreiben komme. Heut bin ich noch so müd', daß mir die körperliche Arbeit am Schreiben schwer wird.

Ach, Liebling, nur der Gedanke, daß ich meinen Vater so roh verlassen soll, der quält mich. Ich hatte immer so wegschiebend gedacht, ach, zwei Jahre sind eine lange Zeit! Und nun willst Du's so abkürzen. Freilich wäre es das richtige für uns, nicht so lang zu warten, sondern Herbst in einem Jahr zu heiraten. Aber der Papa! Wir bereden es in Neckarsteinach, gelt? Jetzt ist schon bald Juni. Paß auf, die Zeit fliegt nur so. »Die Rosen sie blühen und verwehn, wir werden das Christkindlein sehn.«

Magst Du das Bild von mir, aus Dorlisheim? Ich habe dabei an Dich gedacht.

Liebster, ich kann tatsächlich die Feder nicht mehr halten. Hab noch ein bißle Geduld, eh Du wieder einen vernünftigen Brief kriegst.

Ich küss' Dich auf beide Augen. Träum' von mir.

Deine Elli.

Wilmersdorf-Berlin, 27. V. 07
Tübingerstr. 5 a
Montag abend 10 Uhr

Du Liebe!

Ich hatte schon ein bißle Angst, weil alle Arbeit bei der Hochzeit auf Dich fiel, Du habest Dich zu stark mitgenommen und seist nun wieder krank geworden. Aber Dein lieber Brief hat mich wieder ruhig gemacht. Und nun wünsch' ich Dir nur recht schöne Ausruhtage, in denen Du die süße Müdigkeit langsam von Dir streifen kannst. Ich stelle mir deutlich vor, was Du in der letzten Woche alles mitgemacht und angeordnet hast. Dann sag' ich mir mit stolzer Liebe: die Elli ist doch ein Kerle.

So dacht' ich mir, wird die Hochzeit sein. Und Dein Vater sagt uns auch schöne und gute Worte. Und wir wollen auch alle überflüssigen Menschen fern haben.

Ach, Elli, Du weißt gar nicht, mit welcher Sehnsucht und Leidenschaft und Zärtlichkeit ich jenem Tag entgegenharre.

Wer hat denn auf die Vermählungsanzeige den Hirtenknaben draufgeschrieben? Du? Ich hab' mich sehr drüber freuen müssen.

Mein Lebensbericht ist ziemlich kurz zusammen. Am Donnerstag hab' ich als stiller Gast bei Euch mitgefeiert.

Am Freitag war der Abschied von Frau Haas, die am Mittwoch wieder in Straßburg ist und Berlin äußerst ungern verläßt. Ich glaub', sie wird's an maliziösen Bemerkungen nicht fehlen lassen, wenn sie von uns zwei spricht. Sag ihr einen Gruß und schreib mir einmal ihre Adresse. Am Samstag hab' ich ein bißchen »Hilfe« gearbeitet (Hogarth); den Abend war ich bei Schubring, um die Reise zu bereden, es war nett. Er hat in der Nähe einen reizenden Garten gepachtet.

Am Sonntag lief ich mit Engel und Hedda Brengel ein paar Stunden im Wald herum. Heut mittag eine lange, wunderschöne Segelfahrt mit Katz. Du, wir müssen uns nach einem umsehen, der segeln kann. Denn wenn ich es auch lern': es strengt meinen dummen luxierten Arm zu sehr an. Von Mittwoch ab ist die Johanna Striebinger aus Speyer hier, die Freundin meiner Base Hedwig, ein fröhliches Mädchen, das dabei immer Kopfweh hat, so daß man zwischen Lachen und Mitleid mit ihr lebt. Die muß ich ein paar Tage hier rumführen.

Das Bild von Dorlisheim ist seit Freitag vor mir aufgestellt. Ich hab' es sehr lieb und freu' mich über die frohen Augen und die gute Patschhand. Mit dem Bild kann ich mich gut unterhalten; manchmal läßt sich eine Kinderei nicht umgehen.

Ich hab' jetzt mehrere Bitten: 1. Briefpapier. Heute ist das letzte Couvert. 2. Fang wieder einmal mit Allerlei an. Ich steck' ziemlich drin. Zitate und Eigenes. Und jetzt kommt dann auch bald die Zeit, wo ich den Artikel über Güll oder Hebel fordere. 3. Mach den Patriaaufsatz möglichst bald, so im Juli, fertig, darum bittet Dich das Geschäft (um wegen der größeren Auflage früher herauszukommen), u. darum, bitt' ich, daß Du im August bei Deinem Hiersein nicht noch mit einer literarischen Sorge herumläufst. ... Weißt Du, Elli, ganz um den großen Brief kommst Du nicht herum. Ein paar Kongreßeindrücke und so, dann, ob Du die letzten Verse akzeptiert hast. Und dann bitt' ich Dich sehr, Dich mit dem nächsten Jahr als dem unserer Heirat innerlich recht vertraut zu machen. Die Schwierigkeiten und Rücksichten seh' ich ja und kann nichts dagegen sagen. Aber – gelt? Grüß Deinen Vater und Deine Tante Lella und laß Dich von

Deinem Dorle
küssen.

Mahnung: Geschenk für Lessers.

Nicht zu spät, weil ich am 2. Juli hinfahr' und es vorher schon dort haben will.

Straßburg, 29. Mai 1907

Mein lieber Liebster,

jetzt machen meine Schülerinnen eine französische Übersetzung von der Tafel abschreibend, und ich gewissenloses Frauenzimmer fange den Brief an. Du mußt denken, daß die Tante Lella zuhaus' immer allein sitzt und mit ihren bösen Augen gar nichts tun kann, nur Umschläge sich machen. Ich bin doch viel fort. Wenn ich dann zuhaus' bin, lese ich ihr vor oder handarbeite. Schreiben ist schwer. Abends muß ich mit ihr zugleich ins Bett, weil ich sie sonst im Nebenzimmer störe. Ich habe »es« übrigens der Tante Lella erzählt. Sie war im Anfang sehr unglücklich wegen Deiner Bubenhaftigkeit. Deine Verse haben sie dann etwas umgestimmt. Davor habe ich weiter keine Angst, Liebling, die Basler werden Dich schon lieb haben. Gelt, das ist Dir klar von meiner Verwandtschaft, daß der

Tante Lella ihre Kinder in Basel mir *ganz* wie Geschwister sind. Am meisten Hermann und Ottilie, die das »Bildstöckli« haben und deren Bub mein Patenbub ist. Zu Weihnachten gehen wir hin, Liebster. Freust Du Dich? Oder ist Dir so ein Kennenlern-Besuch peinlich? Du, das ist das eine wichtige Thema für Mannheim: wie machen wir's zu Weihnachten? Das zweite ist: wann können wir heiraten. –

Notabene: Der Papa hat gestern gesagt: Weißt Du noch Lella, wie wir als kleine Kinder mal eine Kuh gesehen haben, die entsetzlich brüllte, weil der Metzger ihr das Kalb genommen hatte? Ganz so ist mir's zumut. – Denk, wie *mir's* dann zumut wird, wenn ich so was höre. Aber ich sehe, daß wir sicher im nächsten Jahr es tun werden. Denn es ist gleich hart früher oder später. Nur eins: Du bekommst nur dann eine gute Position mit dem Papa, wenn Du erst frägst, wenn das Pekuniäre schon gesichert ist. Wenn Du etwa sagen kannst: 4000 *habe* ich schon. Auf Möglichkeiten für die Zukunft gibt der Papa so wenig. Glaubst Du, daß Du das zu Weihnachten sagen kannst? Antwort in Mannheim.

Du willst noch Kongreßeindrücke. Du weißt, ich habe nur den ersten Tag mitgemacht. Schulze-G. war verschwiemelt, unklar, idealistisch. Naumann hat den auseinander laufenden Teig dann mit sicherer Hand geformt. Er war arg verschnupft (körperlich). Aber doch lieb. Am Abend auf dem Volksfest hat er eine richtige Predigt gehalten. Leider war ich nicht dabei. – Leoni hat ausgezeichnet gesprochen. Er hatte es mir schon 3 Tage vorher vorgelesen. Ganz klar, ruhig, sachlich. Er ist nur immer unzufrieden, weil ihm alles Künstlerische fehlt. Hier sind alle Leute sehr erfüllt von dem Kongreß, großer Stimmungserfolg. – Ich hätte *sehr* gern die Marianne Weber gehört.

Denk, ich habe eine neue Freundschaft mit der Frau Präsident Curtius. Sie ist eine geborene Schweizer Gräfin Erlach-Schwarz und eine Illustration zu dem Wort: Leidenschaft. Alles an ihr ist maßlos. Dabei die schönsten Augen, die man sehen kann. Jetzt, wo ihr Mann so schlecht behandelt wird (viele seiner Bekannten reden kein Wort mehr mit ihm), ist sie voller Menschenverachtung, glühend vor Haß. Mir gefällt das Großzügige an ihr.

Liebster, hast Du eigentlich mit dem Kunstwart etwas angefangen? Gelt, Du denkst dran, daß man jetzt alle solchen Sachen sehr festhalten muß. Ich habe die Hamburger Damen auch sehr festgehalten, daß sie mich nächstes Jahr im Oktober drannehmen. Du, wie wird das dann? Da wollen wir doch heiraten! Schönes Wetter muß es auf alle Fälle sein. Dazu wäre der 1. Okt. sehr geeignet. Aber 14 Tg. nach der Hochzeit Vorträge halten!?? Hör, manchmal denke ich, wir sollten doch gleich nach Florenz. Wer weiß, ob's sonst was wird. Alles für Mannheim. – Ist Dir klar, daß Mannh. jetzt schon ganz nah rückt? Du liebster Mann, heut habe ich die ganze Nacht die abenteuerlichsten Sachen davon geträumt. Einbrüche in Wohnungen ganz fremder Leute, weil da schöne Aussicht war etc. Das Beste dran war, daß Du mich – zum ersten Mal im Traum – so viel geküßt hast, daß ich ganz verwirrt aufgewacht bin. Da lag Dein Brief dann da. Das ist so sonderbar; manchmal freue ich mich auf die Mannheimer Tage nur in Gedanken an alles, was wir reden werden, und daß man sich sieht. Und manchmal denk' ich nur dran, daß Du mich festhalten und küssen wirst. Gehört das nicht zu den größten Rätseln, wie sich in der Liebe seelisches und sinnliches so verflicht, daß man es gar nicht mehr als einzelne Fäden von diesem oder jenem sieht, sondern als festes Gewebe.

Nun ade, schreib bald und lang. – Freilich hab' ich Deinen Hochzeitsstrauß »akzeptiert«, wie Du sagst. Und hab' Dir doch schon dafür gedankt. Er war sehr schön. Goldener, bring alle, die wir noch nicht durchgesehen haben, nach Mannh. mit. Dort dank' ich Dir für alle neuen!

Deine Elli.

Wilmersdorf-Berlin, 30. V. 07
Tübingerstr. 5 a

Meine liebste Elli!

Nun kommt also das Briefschreiben nach all den Zwischendingen wieder ins richtige Gleis, und ich dank' Dir für Deine vielen lieben und guten Worte. Und am meisten dafür, daß Du mit dem Heiraten im nächsten Jahr einverstanden bist. Ob ich an Weihnachten zu Deinem Vater sagen kann: 4000 Mk *hab'* ich schon, das weiß ich nicht. Aber ich glaube sicher, daß ich ihm sagen kann: vom Oktober 1908 an hab' ich etwa 5000 Mk. Denn von Naumann verlang' ich jetzt, wenn Katz weggeht, 3000 Mk. und übers Jahr 3600 Mk. Mit Jaeckh will ich jetzt in Heilbronn über das Finanzielle reden, nachdem er mir vorderhand Stillschweigen geschworen hat. Über das Ergebnis kann ich Dir dann in Mannheim erzählen.

Außerdem: die Leipziger Bauzeitung schätzt mich sehr. Seit Mitte April hab' ich bereits vier Sachen für sie geschrieben, und fünf größere und kleinere Artikel sind weiter verabredet. Das »Literarische Echo« hat mich zur Mitarbeit aufgefordert. Für die »Soziale Praxis« werde ich vermutlich einen Artikel schreiben, über das Neckarschifferbuch. Und den Kunstwartartikel will ich auch noch vor der Reise anpacken. Ich hab' jetzt fast die ganze Lou Andreas gelesen.

Du siehst, daß ich mich schon umgucke und alles festhalte, was ich kann. Und Du machst es grad so. Dann wird's schon nicht fehlen.

Und vor Deinen Basler Verwandten hab' ich gar keine Angst, weil ich glaub', wir werden schon in guter Freundschaft zusammenkommen. Über meine Jugend werden sie ja auch vielleicht ein bißchen entsetzt sein wie die Tante Lella, aber das gibt sich dann bald. Davon reden wir allerlei in Mannheim und wenn wir über dem Neckar im Walde liegen.

Ich freu' mich so drauf. Und dann sollen alle wachen und alle nächtigen Träume in Erfüllung gehen, soviel haben wir uns zu sagen und so viel wollen wir uns küssen und lieb und froh sein wie Kinder. Gelt, Du lieber, lieber Schatz! –

Hab' ich Dir meine Reiseroute schon geschrieben? Du mußt mir dann allerhand noch sagen und aufschreiben, was ich mir besonders ansehen soll in den einzelnen Städten: dann weiß ich, was Du besonders liebtest und dann haben wir an den gleichen Dingen liebe Erinnerungen. Das ist schön, wenn die im Gespräch sich begegnen.

Und dann bitt' ich Dich, mir ein Exemplar Deiner Aufsätze zu schicken. Ich hab' bei uns vergebens nach der Nummer gesucht, möcht' sie aber doch so gerne haben.

Die letzten Tage gingen nicht allzu fleißig vorüber. Am Dienstag kam Lu, um mir wieder allerhand merkwürdige Sachen zu erzählen. Vielleicht kann ich Dir in M. einiges davon sagen. Gestern lief ich mit dem Speirer Mädel, der Johanna Striebinger, ein paar Stunden herum. Es war ganz unterhaltsam. Sie ist die beste Freundin meiner Base Hedwig (die in Darmstadt lebt), und erzählte mir von deren Liebessache. Auch daß die Lucie Kirrmeier sich in einiger Zeit mit einem Speirer Juristen verloben wird. Das ist ganz erfreulich. Die

Speirer Luft ist mit Verlobungen immer geladen, und es war so gar nicht verwunderlich, daß ich gestern abend einen langen Brief von der Liesel aus Speier bekam, in dem auch sie ihre Verlobung ankündigt. Sie ist die jüngste meiner vier Cousinen, ein liebes, nettes, hübsches Ding von so gegen 21 Jahren. Ihr Bräutigam ist ausgerechnet – Pauspapierfabrikant. Das Kind ist meiner Mutter Patin, und so war sie als Ersatzschwester jedes Jahr bei uns. Der Stotzle hat sich ihr im vorigen Sommer hier gewidmet. Du machst ihm und meinem Bruder sicher Freude, wenn Du es ihnen am Sonntag erzählst.

Nun ade, Liebste.

In einer frohen und festen Treue — Dein Dorle

Ich dank' auch schön fürs Briefpapier.

Straßburg, am 31. Mai 07
Freitag 6 Uhr nachm.

Mein Liebster,

heut morgen habe ich der Frau Haas Guten Tag gesagt, nachdem ich die Tante Lella auf die Bahn gebracht habe. Ich hatte nur wenige Minuten Zeit. Aber ich habe doch fast den Eindruck gehabt, als ob ich ein Stück Tübingerstrasse gesehen hätte. Also auch ein Stück von Dir. Sie erzählte gleich alles durcheinander und schmunzelte, wenn sie von Dir sprach, und daß Du ja täglich von mir Briefe bekämst. Dummerle, schlau war das nicht von Dir, jedesmal zu berichten, wenn Du einen hattest. Du hast neulich mal gefragt, ob Helene Dominicus die Tür zur Straßburger Öffentlichkeit sei. Nein, Herz, gar nicht. Aber die gute Frau Haas ist das allerdings. Liebster, es ist doch lieb von Dir, daß du so wenig heucheln kannst. Und wenn ich Dich heut hier hätte, würde ich Dich so grenzenlos lieb haben, daß Du sicher sagen würdest: jetzt ist's aber genug! Oder glaubst Du nicht? Du, ohne die Aussicht auf Mannheim würde ich dies Getrenntsein jetzt doch zu arg finden. Es sind nun fast sieben Wochen!

Am Sonntag kommt der Stotzle (von Hermann weiß ich's nicht, hoffe es aber). Das ist wieder ein Stück von Dir. Liebling, mach Dir doch bald einen ganz genauen Plan über die Mannheimer Tage. Wir wollen dort keine Zeit verlieren mit Pläne-Bereden. Du mußt, wenn Du mich an der Bahn in Heidelberg oder Mannheim abholst, genau wissen, wohin wir wollen. Nicht zu weit gehen, und Einsamkeit und Bäume. Mehr verlange ich zuerst nicht. Gegend erst am andern Tag. Zuerst will ich Dich sehen, wichtige Sachen besprechen und Dich küssen! Es sind heut grad noch fünf Wochen. – Dabei ist noch zu bedenken, daß in der direkten Nähe von Heidelberg leicht Bekannte herumwimmeln könnten. Also lieber einen etwas unwahrscheinlichen Ort. Ich kann am Freitag, 1,19 in Mannheim sein. Ich schick' Dir nächstens ein badisches Kursbüchle mit.

Übrigens muß ich noch vorher in München einen Vortrag halten. –

Jetzt will ich baldmöglichst an den Patriaaufsatz gehen. Ich glaube aber, zum Güll oder Hebel komme ich kaum mehr. Denk wie bald Ferien sind. Und mit dem Haushalt und der Schule habe ich jetzt viel zu tun. Aber ans Allerlei will ich gehen. Und der Heubner schreibt auf mein Geheiß einen Aufatz über einen Philosophen, Namen hab' ich vergessen. Du, denk auch an die 50 Mk. Buchgeld. Soll ich das Buch von Marianne Weber »die T........« hier kaufen (10 Mk. ungebunden) oder willst Du's vom Verlag bestellen? Ist der Unterschied so groß, daß es der Mühe wert ist? Dann blieben noch 40 Mk. Überleg Dir mal, ob wir's als »fond« für so ein schönes Bücherbrett, wie Walters haben, zurücklegen wollen?? Oder findest Du das gottlos. –

Marianne und Ernst schreiben selig. Furchtbar viel arbeiten müssen sie, bis alles in der Reih' ist. Aber sie schreiben mir, jeder extra, sie seien sehr fürs »hirothe« und wir sollten nur auch. – Von der Wohnung sind sie auch entzückt bis auf einen Tapetenkummer in Mariannens Zimmer. – Jetzt, wo die Tante Lella fort ist, merke ich erst die große Leere. – Aber auch nicht so stark, wie ich's vor einem halben Jahr gefühlt hätte. Dafür bist Du da. Aber heut fühl' ich nur, daß Du *nicht* da bist. Ich meine schon den ganzen Tag, jetzt *müßtest* Du einmal plötzlich dastehen und mich lieb haben. Du, ist das eigentlich etwas zu unterdrückendes und weniger hochstehendes, wenn die Sehnsucht nach dem geliebten Menschen manchmal so ganz die Sehnsucht nach Zärtlichkeit wird? Ist's bei Dir auch manchmal so? Oder bist Du dazu zu unmateriell? Schreib mir's.

Jetzt will ich aber aufhören mit dem Geschwätz. Es ist bereits nach Tisch. Ich geh' nun noch zu Frau Haas zum ausführlichen Schwatz und freue mich dann auf Deinen Brief, der hoffentlich morgen früh da ist. Ade, Goldener. Hab mich lieb, wie ich Dich lieb habe.

Und nun berichte, wann Du den Brief bekommst. Nach meiner Rechnung müßte er Sonntag früh bei Dir sein.

Schreib mal wieder recht lang und auch Überflüssiges. Du schreibst immer viel vernünftiger als ich. Dann schäm' ich mich, daß ich so wenig gesetzt und würdig bin. Ich fall' Dir aber trotzdem jetzt um den Hals und küsse Dich, Du »nüchterner« Liebster.

Deine Elli.

Noch etwas, Bub: Ich habe wieder von zwei Seiten (eine davon ist die Tante Lella) Klagen darüber gehört, Du schriebst nicht einfach genug. »Verzwickt« ist bei uns der terminus dafür. Das Merkwürdige ist, daß Du's in Versen bist (nämlich einfach). Aber es ist wahr, in den Kunstbesprechungen fehlt es oft an Klarheit. Liebster, denk dran! Der Daur in der letzten Hilfe war wieder nur für Leute, die die Blätter in der Hand haben. Es soll doch aber das Sehen auch *ersetzen* durch Schildern. Diesen ersten Teil lässest Du immer aus. Bitte schick mir den Aufsatz über die Lou Andreas, ehe Du ihn abschickst. Und vorher einiges von ihr zu lesen. Ich kenne die »Ma« und »Aus fremder Seele«. Sonst nichts. – Bitte tu's. Dabei kann ich viel besser mitdenken und urteilen, als bei Bau- oder Mal-Sachen.

Nimmst Du diesen kritischen Schluß ebenso lieb auf, wie die vielen Zärtlichkeiten, die in und zwischen den Zeilen der ersten Seiten stehen?

Adi Bub. –

Wilmersdorf-Berlin, 2. VI. 07
Tübingerstr. 5 a
Sonntag morgen ½12

Du liebste Elli!

Jetzt bist Du vergnügt und läufst mit Hermann und Stotzle in den Gassen von Straßburg herum. Vielleicht seid Ihr eben auf der Plattform des Münsters und guckt auf die engen Höfe und die steilen Mansardendächer herunter. Oder schaut Euch die alten Gerberhäuser im kleinen Venedig an. Du bist froh, daß Du zwei so aufmerksamen und dankbaren Leuten alle Deine schönen Sachen zeigen kannst. Und immer denkst Du so unten im Bewußtsein und manchmal ganz lebhaft, daß der Dorle eigentlich auch dabei sein müßte.

Daran denk' ich gestern und heute immerzu und suche mir, Euer Programm klarzumachen. Was Ihr gestern Abend getrieben habt – denn nach einer Karte von Hermann muß er schon gestern nach Str. gekommen sein –, ob Ihr heute mittag rausfahrt, ob der Stotzle sentimentales Theater spielt und daß Du Dich mit Hermann gut verstehst. Der scheint von der französischen Architektur in *einer* Begeisterung zu sein. Bis ich von Euren Taten und Deinen Meinungen etwas Näheres höre – und ich freu' mich auf einen Bericht –, will ich anfangen, von meinen letzten Tagen einiges zu erzählen. Sie waren etwas geräuschvoll, außerdem offiziell angetan und mit Frack und Zylinder. Von wegen der englischen Journalisten. Katz hat mich dankenswerter Weise zu einigen Affären mitgeschleppt. Am Donnerstag abend in die Wandelhalle des Reichstages zu einem Bier bzw. Sektabend, den das Comité gab. Es war ganz nett. Mit dem Mister Davison vom Glasgow Herald hab' ich mich lang und schön über deutsche Privatdozenten und deutsche Architektur unterhalten (natürlich deutsch), dabei aber so viele schlechte Witze über das Berliner Parvenütum in Fassade und Möbel gemacht, daß mir die Leute nachher sagten, das wäre eine falsche Politik gewesen. Elli, Du machst Dir aber keine rechte Vorstellung, was für Proletenköpfe und Verbrecherschädel in der führenden deutschen Journalistik herumlaufen ...

Am Freitag war in der Oper eine entzückende Aufführung von Nicolais »Lustigen Weibern von Windsor«. Eine reizende Melodie, schöne Stimmen und ein paar gute Bilder. Katz wollte mich noch zu einem Abschiedssouper mitschleifen, bei dem Konsul Schwabach. Aber wie ich so im Theater saß und auf die Bühne hinsah, da hatt' ich furchtbar Heimweh nach Dir bekommen und mußte allein sein. Mittags war ich bei Walters gewesen und ließ mir von Eisenach und den verschiedenen Abenteuern der Frau Haas erzählen. Du wirst sie ja schon kennen. Abends nach dem Theater schrieb ich dann noch ein paar Stunden die Noten Walters zu »unserem Lied« ab. Wenn's auch keines von uns beiden recht spielen und singen kann, wollen wir es doch haben. Gelt. Ich habe jetzt auch den Eindruck, daß dieses Gedicht wirklich gut ist.

Der gestrige Mittag ist dann mit ein paar Besuchen herumgegangen, und heut früh hab' ich in alten Sachen gekramt. Außerdem: »aufgeschrieben«.

Ich hab' Deine Briefe heut noch einmal durchgegangen und mich an aller Liebe froh gemacht. Weißt Du, nach Florenz gehen wir auf alle Fälle zusammen; aber ob wir gleich nach der Hochzeit schon so viel Geld haben, weiß ich nicht. Wir wollten den Winter doch drauf schaffen. Und wir müssen uns auch vorher zusammen gehörig drauf freuen können. Freilich, ich weiß, es gibt Möglichkeiten – darüber können und wollen wir heute noch nicht letzte Worte reden. Das gehört der Zeit. Aber machen werden wir es. Und es wird wunderschön sein.

Adi, Du liebe gute Frau.

Straßburg, am 7. Juni 1907
Freitag 2 Uhr

Liebster Dorle,

also die Marianne schreibt, sie habe alles, was sie brauche. Gar keine besonderen Wünsche mehr, weder für Dich noch für mich. Nun werde ich ihr das tägliche Service stiften, was sonst von der Aussteuer bezahlt worden wäre. Und Du gehst am besten zu Wertheim in das orientalische Lager und guckst, was Dir gefällt. Du darfst aber kein teures Sach nehmen. Einfach z. B. eine Decke, so Stickerei, wie wir neulich zusammen angesehen haben, oder was Japanisches. Vielleicht siehst Du was in dem Japanladen in der Leipziger. Liebling, bitte denk nicht, es müsse viel kosten. Für 5–10 Mk. kriegst Du sicher was Schönes, das sie freut. Es tut mir leid, daß sie sich nicht etwas Festes gewünscht hat. Du bringst es dann am besten mit. Ach, Bub, wie gern wäre ich dabei in Halle. Da könnten wir so gut Aussteuer schwätzen. Liebster, überleg Dir mal für Mannheim, ob Du am Ende zwei bis drei Tage im August nach Halle kommen könntest, daß wir dort zusammen sind. Dann könnten wir zusammen nach Berlin fahren (die wievielte Hochzeitsreise wär' das dann? Mindestens die dritte). Denn denk, ich geh' höchstwahrscheinlich Mitte August bis Mitte September mit Frau Feist nach England, Irland und Belgien. Und vorher nach Halle. Papa will vielleicht nach Salzburg zu den Ferienkursen. Mußt Du Dir dann jetzt drei Tg. vom Urlaub abknapsen? Alles Verhandlungsthema für Mannheim. Heut in vier Wochen haben wir uns wieder. Wer freut sich mehr?

Liebster, Du darfst aber Walters nicht zu viel von der Geschichte unserer Liebe erzählen. Wie und wo und wann alles kam, geht niemand etwas an außer uns beiden. Es braucht's überhaupt nie jemand zu erfahren. Und die Geschichte von Walters Treppe am wenigsten. Aber im August feiern wir diese Erinnerung. Überhaupt werde ich anfangen, an Deiner Liebe zu zweifeln, wenn Du zum ersten Mal vergissest, auf dem bewußten Treppenabsatz stehen zu bleiben . . .

3 Uhr

Ich hatte heut noch gar keinen Brief erwartet. Um so mehr habe ich mich gefreut, als doch einer kam . . . Ein Mädchen hab' ich noch nicht, aber eins in Aussicht. Ich denke immerzu drüber nach, wie wir's später mal machen. Ich möchte am liebsten ein Wesen, das am Nachmittag wieder verschwindet. Abends koch' ich dann die paar Eier oder was es gibt, und Du hilfst Tischdecken. Was meinst Du? Dann kann man das Mägdezimmer zum Abstellen für Koffer etc. etc. verwenden. Und hat seine Ruh'. Sonntags essen wir dann bei Frau Feist, Harnacks oder auch mal auswarts. Liebster Schatz, ob wir aber Florenz im Winter zusammensparen oder zunächst ausgeben und es dann heraussparen – das kommt so ziemlich auf eins heraus. Wir fangen dann mit allem erst einen Monat später an. Das Zusammen-sich-drauf-Freuen ist schon ein triftigerer Grund. Aber im ganzen bin ich für die Spatzen in der Hand. Denn die Tauben auf dem Dach können so bedenklich gut fliegen. Thema für Mannheim.

Am 14. denk' ich in Freiburg zu sprechen. Thema Armenverwaltung. München habe ich aufgesteckt, weil das Lumpenpack kein Geld hat und von mir verlangt, *ich* solle Geld ausgeben, damit *sie* einen Vortrag haben. Hamburg tut mir elend leid. Denk doch, 180 Mk. auf einmal. Hoffentlich wird dann später was draus. –

Ich schicke jetzt den Brief gleich ab, damit wieder bald ein neuer kommt. Ich rechne, daß Du ihn am Samstag morgen, spätestens Mittag haben solltest.

Adi, lieb Herz. Sei mir lieb und gut.

Deine Frau.

Wilmersdorf-Berlin, 8. VI. 07
Tübingerstr. 5 a
Samstag mittag ½ 3

Liebster Schatz!

Alle Achtung, das war prompte Arbeit der Post. Ich hatte auch auf frühestens heut abend Antwort gerechnet. Jetzt ist bloß schad', daß morgen der Sonntag kommt. Ich will zwar mein Möglichstes tun, aber ich glaub', es reicht doch nicht.

Also am Donnerstag hab' ich bei Walters drüben erzählt, während dem Zurichten vom Kaffeetisch. Er hat drin grad die Begleitung von unserem Lied gespielt. Dann hab' ich es ihr gesagt, nachdem ich mit einiger Mühe eine Viertelstunde Trivialitäten gesprochen hatte. Sie haben sich beide furchtbar und ich mich mit ihnen gefreut. Weißt Du, mit ihnen über die Sache zu reden, ist doch viel netter, froher und freier als mit Katz oder Lu. Deshalb bin ich Dir dankbar, daß sie es wissen durften. Ich saß dann also lang drüben, es wurden so einige Wahrscheinlichkeiten von Deiner Berliner Zeit besprochen, wie das dann immer ist, daß Du am letzten Abend im Wintergarten so melancholisch gewesen seiest usf. Natürlich erzähl' ich nun nicht alles; als mich Elsa W. frug, ja, wie das denn kam? und seit wann? Sagt ich ihr halt, das wisse man wohl nie genau und über die einzelnen Daten hätten wir uns noch nicht so geeinigt, daß man sagen könne: da war's. (Also Du bist für die Treppenstufe!) Walter hat mir dann vielerlei vorgerechnet, was sie brauchen usw. Und da ich glaube, daß unser standard of life dem ihrigen wohl im allgemeinen entsprechen wird, hab' ich das Gefühl, daß es bei uns ganz gut »langen« wird. Weißt Du, ich lerne dabei Wohnungsfragen, Kohlensorgen und das Dienstmädchen so etwas in der Anschauung kennen. Gestern abend sollte ich dann – in der Freude ihres Herzens – zu einer kleinen Einladung kommen; aber ich hatte mich schon vergeben.

Saß mit den drei Schwestern bei Lis und ödete die an.

Für Halle werde ich im August halt einen Samstag Mittag bis Montag früh rausschlagen können, mehr nicht; denn die vier Wochen meines Urlaubs zu kürzen, hat keinen Zweck; wenn ich drei Tage früher heimkomm', meint der N. doch, daß ich die ganze Zeit weggewesen. Du mußt es aber doch möglich machen, daß Du noch ein bißchen in Berlin sein kannst, denn die 1½ Tage in Prenzlau-Wilhelmshof, Du, die hab' ich mir schon arg schön, friedsam, blauhimmelig vorgestellt.

Daß die Reis' nach Belgien so ausgedehnt werden soll, wußt' ich noch nicht, wenn auch Frau Feist davon sprach, daß sie Lust habe. An sich freu' ich mich sehr für Dich, Du Glückspilz, daß Du in dem Sommer wieder soviele schöne Sachen siehst, aber Du mußt es so richten, daß zwischen Deiner Rückkehr von England und dem Schulanfang in Straßburg noch ein paar schöne Septembertage für uns zwei bleiben. Weißt Du, die dann uns ganz allein gehören. Der Frau Feist erzählst Du es auf der Reis' ja dann doch, die ist dann auch dafür, und viele Rücksichten sind dann nicht mehr zu nehmen.

Also die Marianne hat alles. Dann will ich halt einmal rumlaufen und sehen, was es für Geschichten gibt. Oder meinst Du jetzt nicht ein gescheites Buch? Wenn ich in Paris wäre, würd' ich eine kleine Gallévase nehmen; da sind feine Sachen dabei.

Dies Jahr wird wieder ein kleiner Hilfe-Almanach gemacht, aber Originalsachen. Bloß der engste Kreis. Aber ohne Honoraransprüche. Sei so gut und schreib' irgend etwas Kleines, von einer Spalte, ein landschaftliches Allerlei oder irgendwas vom Elsaß, damit Du auch dabei bist, aber bald.

Meine Mutter erholt sich gut. Sie hat glänzende Einfälle und hat sich zwei Bücher über – Nietzsche mitgenommen. Vermeint sogar, wenn sie früher zu solchen Sachen geführt worden, »wäre die Sonne wohl auch auf kein unfruchtbares Land gefallen«. Es ist eine gute Frau . . .

Leb wohl, Liebste. Ich bin Dir so gut.

Dein Dorle

Kannst Du mir wo einen Baedeker für Holland–Belgien verschaffen?

Straßburg, 12. VI. 07

Mein Liebster,

es ist etwas sehr Wichtiges für uns passiert: Der Papa weiß »es«, d. h. so weit er's jetzt wissen will. Es war so: Eben beim Mittagessen (nachdem ich oft von Dir geredet hatte in den letzten Tagen) sagte der Papa: Sag's doch lieber gleich, mit wem Du in die Mansarden ziehen willst. Es ist viel besser, es mit dem Verlust von Marianne gleich abzumachen. Alles halb im Spaß, halb im Ernst. Darauf sagte ich, nein, wir sagen's erst, wenn er was hat. Darauf der Papa: Na, hat ihm der Naumann etwa eine Zulage gegeben? Und damit ging er rüber in sein Zimmer. Dann rief er mich, und ich sagte gleich: Weißt Du, meiner soll nicht die Rolle spielen, die der Ernst gespielt hat im Anfang. Der kommt erst, wenn er 4–5000 Mk. hat. – So, sagte der Papa, wann hat er die denn? »Na, so zu Weihnachten.« – »Dann ist doch wenigstens die Sache mit dem Lesser lehrreich gewesen.« –

Damit war Schluß. So gehen in unserer unfeierlichen Familie solche wichtigen Gespräche vor sich.

Mehr soll jetzt also nicht geschehen. Gelt Liebling, jetzt haben wir bis Weihnachten noch Geduld. Aber Du darfst es dem Jaeckh sagen, wenn Du's wichtig findest und am Ende auch Deiner Mutter? Aber nur, daß wir zu Weihnachten soweit sein werden. Nicht schon mit Schreiben etc. Gelt Herz. Freust Du Dich? Ich bin selig, daß ich das Schuldgefühl dem Papa gegenüber los bin. –

Ade. Schreib gleich. Ich warte dann mit der Antwort bis Dein zweiter Brief da ist (wenn Du den gestrigen schon beantwortet hast ehe Du diesen kriegst).

Du Liebster.
Deine Elly.

Wilmersdorf-Berlin, 12. VI. 07
Tübingerstr. 5 a

Du Liebe, das ist aber fein. Ich möchte am liebsten Hurra schreien. Nicht als ob ich bängliche Gefühle gehabt hätte, wenn ich an den Dezember dachte. Gar nicht. Aber darüber bin ich froh, daß Dein Vater nun von selber mit dem Gedanken vertraut wird, und das freut mich, daß er uns so von sich aus zusammenkonstruiert hat und es selber gesagt. Daraus möchte ich für uns herausziehen, daß er nichts so Erschreckliches darin sieht, wenn ich Dich heirate, sondern etwas, das ein Stück Selbstverständlichkeit hat.

Ich kann zu Deinem Brief sachlich gar nicht viel sagen; ich bin so glücklich über diese Lösung für Dich, daß Du's nicht mit so einer Art schlechtem Gewissen in einer Stunde, zu der man sich so schwer entschließt, vortragen mußt. Gelt. Nun lach' ich und sing' ich.

In Heilbronn bereit' ich dann meine Mutter vor. Ihr zu schreiben hat keinen Sinn, denn sonst regt sie sich auf. Aber so, wie ich es ihr sagen werde, wird sie sich dann nur freuen. Ich hatte neulich die Idee, als Du von Freiburg schriebest, ob Du den Vortrag über Armenverwaltung nicht auch in Heilbronn halten könntest im Herbst. Wenn Du dazu Lust hast, will ich mich in Heilbronn einmal umsehen. Schreib darüber.

Nach Freiburg wünsch' ich Dir viel Vergnügen, eine brave Zuhörerschaft und schönes Wetter. Sprichst Du vor Frauen oder im Soz. Wiss. Ver. (Sozialwissenschaftlichen Verein)?

Adi leb wohl.

Wird jetzt zwischen Dir und Deinem Vater wieder Weitergeschwiegen oder sagst Du's ihm, wenn ich ihn grüßen lasse?

Oh, Du Liebste, Beste.

Dein froher Dorle

Straßburg, 14. Juni 1907

Liebster Dorle,

das ist ein gräßliches Gefühl, so viel zu schreiben zu wissen und keine Zeit, es in Ruhe zu tun. Ich schreibe wieder in der Stunde. Heut abend ist der Vortrag. Nie war ich so schlecht vorbereitet, er wird miserabel, fürchte ich. Vereine, die mich aufgefordert haben: Soz.wissensch. Studentenver. u. Studentinnenverein. Heut früh drei Std. zu geben, nachm. noch am Vortrag arbeiten, 5 Uhr hinfahren, ½ 9 Uhr reden. Ich hab' zum ersten Mal Angst, weil ich nicht recht weiß, ob's zu lang oder zu kurz wird etc.

Nun danke für die beiden Briefe, die besonders lieb und froh waren. Der Papa ist goldig. Setzt sich an meinen Schreibtisch, nimmt Dein Bild in die Hand, »um sich an ihn zu gewöhnen«, wie er sagt. Er behauptet, es fiele ihm nicht so schwer, wie beim Lesser, und daß Du ein ordentlicher Kerl seist, wisse er. Aber daß die Buben jetzt ihre Großmütter heiraten wollen, sei ihm unbegreiflich. Außerdem fragt er immer, wann Du kämst zum Sich-dran-Gewöhnen. Ich sag' dann immer, ich ließe meinen nicht so schlecht behandeln, wie er den Lesser behandelt habe. Er dürfe erst kommen, wenn er ein Stück Brot habe.

Innerlich aber hab' ich einen neuen Plan. Hör gut zu, und denk nicht, wie schade, wenn ich damit anfang', daß wir *vielleicht* Mannheim drangeben müssen: Wenn ich am 1. noch kein Mädchen habe, sondern eine Aushilfe (was sehr gut mögl. ist, denn ich weiß zum 15. eine sehr nette), dann kann ich nicht drei Tage fortgehen. Dann fährst du am Freitag anstatt nach Mannheim (oder von Mannheim aus) nach Straßb. Ich fahre Dir bis Appenweier entgegen, wir legen uns irgendwo in dem Schwarzwaldtal in eine Wiese und sind ebenso glücklich wie in Neckarsteinach. Papa braucht von diesem ersten Zusammensein nichts zu erfahren. Am Abend fahren wir dann zusammen her, um 9,54 hier. Du gehst ins Hotel, und am nächsten Tag kommst Du erst offiziell an. Da können wir auch ins Freie. Und wenn's regnen sollte, ist's so sogar gemütlicher. Der Hauptgrund, weshalb ich Dich nicht hier haben wollte, die Heuchelei mit Sie-sagen fällt ja jetzt weg. Überleg Dir's, Herz. Es hat viel für sich. Ich weiß nur nicht, wieviel Dir an der Ausstellung liegt. Mir sehr wenig ... Du, es ist doch fein, wenn man so viel zum sich drauf freuen hat wie wir. Ich bin so glücklich, wie noch nie im Leben, seit mir der Stein vom Herzen ist mit dem Verheimlichen vor dem Papa. Jetzt darfst Du's auch der Lis sagen. Aber der Frau Feist will ich's selber sagen, die Elsa Walter soll schön den Mund halten.

Du, der Papa findet, wir sollten nur sobald als möglich hirothe, das Warten hülfe nichts, der Unterschied zwischen uns würde nicht geringer davon. –

Ich bin neugierig, was Du zu meiner Kritik sagst.

Die Marianne kann auch Tonsachen brauchen, oder einen Leuchter. Aber Du wirst schon was schönes raussuchen. Wenn Du hierher kommst, statt nach Mannh., gehen wir zu meinem alten Schreibtisch.

Den Fritz H. hab' ich noch gar nicht gesehen, seit er »es« weiß. Ich glaube nicht, daß er in den letzten 2 Jahren noch an mich gedacht hat. Nur die Mutter.

Du, ich sag's dann jetzt auch dem Leoni. Ich fühle mich sehr verpflichtet dazu, weiß aber noch nicht recht, wie. Mündlich wird's verlegen ...

Jetzt *muß* ich an den Vortrag gehen. Ade, lieber Liebster. Heut in 3 Wochen darfst Du mich küssen soviel du magst.

Ich denke auch in Freib. immerzu an Dich.

Deine liebe Frau.

Wilmersdorf-Berlin, 15. VI. 07
Tübingerstr. 5 a

Liebste Frau,

vorhin hab' ich still lachen müssen über die Stelle, wo Du Deinem Vater schriebest, daß »Er« mindestens Millionär sein müsse. Oh Du, gelt, jetzt sind wir auf unsere Weise Milliardäre und haben noch den stolzen Vorzug, daß man unseren Reichtum nicht in Geld auswechseln kann. Als ich mitten drin in Holland war und konstatierte, daß Du Deinem Vater ungefähr grad' so schreibst wie Hermann meiner Mutter, kam Dein Brief. Ich dank' Dir für alles, auch das Briefpapier, das ich mit nach Holland nehme.

Ich bin so von innen raus froh über das, was Du von Deinem Vater schreibst; weißt Du so, daß ich mir nicht erst eine Art Achtung erkämpfen muß, sondern daß er mir ein Stück Zuneigung entgegenbringt. So empfind' ich es wenigstens. Und bin voll dankbarer Gesinnung. Weißt Du, am liebsten möchte ich die Sphäre der Hochachtung durchbrechen und so zu ihm sagen können: haben Sie mich ein bißchen lieb. Es ist rührend, daß er nun sogar dafür ist, daß wir bald heiraten.

Aber Dein neuer Vorschlag muß doch arg überlegt und besprochen werden. Vordersatz: unabhängig von aller Mädchenfrage sind wir die drei Tage zusammen. Aber dann möcht' ich zunächst für den alten Plan plädieren. Am wenigsten wegen der Ausstellung und dem Stotzle, der den Sonntag von Stgt. nach Mh. kommen will. Sondern wegen uns. Weil ich mir die Abende draußen zusammen schöner dachte als in Stadt und Stuben. Ich hatte das schon so gesehen, wie wir durch die Dämmerung spazierengehen, und dann eine Laube am Neckar und eine Flasche kühlen Wein und wenn wir in der Nacht noch vor dem Schlafen am Fenster Deines Zimmers stehen und zum Himmel hinaufschauen. Davon trenn' ich mich nicht gerne, weil ich wünschte, daß die Tage uns so ganz allein gehören.

Ich weiß aber nicht von hier aus, ob Dein Vater mich so halb und halb in Straßburg zum An-sich-Gewöhnen erwartet. Wenn Du es sehr wünschest und auch er es für gut findet, komm ich natürlich. Aber bei der Aussprache übers »Brot« steh' ich dann halt da wie ein Weingärtner, der sich ein paar ganz große Fässer hat machen lassen, weil er wünscht und erwartet, daß es übers Jahr einen guten Herbst gibt.

Das, was wir immer vermeiden wollten, ist dann nicht mehr möglich. Ich kann dann halt nur sagen: heut gibt mir der N. 2400 Mk, aber ich denk', 's nächste Jahr 3600 und so fort in dem Stil. Es wär dann halt grad' notwendig, daß Du ihm die finanzielle Lage vorher klarmachtest. Denn wenn *ich* so bloß »Luftschlösser« baue, steh' ich vielleicht ein bißle dumm da, worauf ich keinen Wert lege. Also überleg Dir's nochmal. Im Zweifelsfall kann ich ja auch einmal im Sept. od. Okt. ein paar Tage mir frei machen, wenn's Weihnachten zu spät wird. Denn an sich hab' ich ja jetzt ein bißle das Gefühl, daß irgendwann nicht zu spät eine Art persönlicher Kontakt zwischen Deinem Vater und mir arrangiert werden muß. – –

Heut mittag war's bei Frau Feist üppig und nett. Nachher hab' ich mit Elsa Walter bei Wertheim ein kleines türkisches Deckle gekauft, das fast zu billig, aber sehr reizend ist. Ich schick' es nun nächster Tage nach Halle und schreib dazu der Marianne. Die sind dann doch wohl so gescheit, daß man bald Du zueinander sagt. Es ist viel einfacher.

Frau Feist war ein bißle erstaunt, daß Du wußtest, daß wir heut bei ihr sind. In den nächsten Tagen knoble ich mit ihr Eure und meine Tour heraus. Sagst Du »es« ihr oder schreibst Du's in der nächsten Zeit? Von mir aus soll und darf es jetzt jeder wissen, der uns irgendwie nahesteht. Mit Lis war ich gestern im Kunstgewerbemuseum und hab' es ihr auch am Abend gesagt. Sie war weniger überrascht als erfreut und sagte, wir werden eine schöne, reiche und glückliche Ehe haben. Dabei gab man sich ohne Worte das Versprechen, so auch weiter in Freundschaft zusammenzubleiben . . .

Sag's dem Leoni; ich bin auch dafür. Meinen Brüdern kann ich es nun auch mitteilen, wenn ich in Stuttgart mit ihnen zusammentreffe. Die werden gucken. Ludwig ist dann sicher wieder »stolz« auf mich und Dich.

Du, laß Dich zwischendurch einmal umarmen und fest abküssen . . .

So, mein Kind. Nun ist's schon spät. Ich tret' leise an Dein Bett, neige mich zu Deinem Schlaf und küß' Dich leise auf die Stirn.

Schlaf wohl.

½ 9 Uhr

Guten Morgen, lieb's Schätzle.

Jetzt geb' ich Dir rasch einen Adieukuß, denn sonst komm' ich zu spät.

Es ist unglaublich schön draußen, und ich will heut nicht schaffen, sondern froh sein und an Dich denken, liebste Frau.

In Treue
Dein Mann

Straßburg, am 16. VI. 1907
Sonntag abend 9 Uhr

Mein liebster Mann,

ich habe wundervolle Tage, voll reinstem Genießen, hinter mir und habe immer, immerfort an Dich gedacht und mich als etwas Halbes gefühlt, so ohne Dich. Heut war's am allerschönsten. Ein wechselnder, wolkiger Tag, die Berge dunkelblau und das Korn so hoch. Und da habe ich so deutlich gefühlt wie noch nie, daß wir auch bald unsere Erfüllung und Reife haben müssen. Liebling, wenn Du kommst in 3 Wochen, wollen wir überlegen, ob wir nicht schon im Mai uns haben können. Ich mag keinen Sommer mehr ohne Dich sein. Denk drüber nach. Ich finde, daß es geht. Seit der Papa einverstanden ist, ist aller Zweifel und alles Zögern für mich vorbei. Was sollen wir so viele schöne Tage noch ungenossen vorüber lassen. Gelt, Du willst mich auch lieber bald haben. Wir sparen dann furchtbar (meinetwegen keine Butter auf dem Frühstücksbrot und abends nur Sauermilch und Schwarzbrot). Aber wir sind doch dann beinander.

Aber jetzt will ich der Reih' nach erzählen.

Ich wurde von einer sehr netten Studentin, Frl. Mende, Käthe Mende, merk Dir's, abgeholt mit schönen Rosen und einer Droschke. Dann ging ich mit allen Schulzes in den Vortrag. 180 Leut, meistens Studenten, heiß, schlechtes Pult, dummer Vorsitzender, aber trotz alledem war ich so gut aufgelegt, daß es glänzend ging. Sch.(ulze)-G.(ävernitz) ist dafür, daß ich den Vortrag genau so in die Patria setz'. Ich will aber noch ernsthaft dafür lernen. Wir sprechen dann noch drüber. Nachher, es dauerte bis 11 mit der dummen Diskussion, gingen wir, Frl. Mende, Dr. Mombert, ein Student aus dem Landerziehungsheim, noch ein paar Leute und ich noch bis nach 12 spazieren, retteten ein kleines gelbes Kätzchen, das von dem einen im Rock heimgetragen wurde, und redeten von allen hohen Dingen. Am andern Tag hab' ich den Engler besucht, den ich sehr hochstelle und gradezu lieb habe. Dann war ich bei Fuchs in dem romantischsten, wildesten, durcheinanderblühendsten Garten der Welt, mit dem Sekretär des Vereins für Heimatschutz. Dann war ich am Abend bei Gütschows, der Schwester von Frau Polaczek. (Bist du orientiert?) Heut aber bin ich mit der Grete Gütschow herausgefahren nach Gutach zu Gütermanns, das ist die entzückende Familie, die ich in Holland auch besucht habe. Es gibt nichts Feineres. Ein sehr üppiges, großes Haus und eine Schar von gesunden, schönen, klugen Kindern um eine ganz jugendliche Mutter herum. Der Vater sehr ernst und voller Interesse – Landerziehungsheim, Anti-Alkohol, vegetarisches und gesundes Leben, Schlafen im Freien auf der Veranda. Aber das schönste sind eben die Kinder. – Da gehen wir auch zusammen hin, irgendwann einmal. Wenn wir unsere Kinder einmal nur halb so gut erziehen wie diese Menschen, dann hat unser Leben »Frucht gebracht hundertfältig«. Und das viele Geld, das sie haben, das ist doch eher ein Hinderungsgrund dafür.

Du Liebster, glaubst Du wirklich, daß wir später mal so viel verdienen können, daß wir ein Häuschen kriegen? Vielleicht in Stuttgart?

Vorläufig will ich mich aber mal auf Dein Kommen freuen, nicht auf unser Haus! Denk, bei mir wird immer mehr der Plan fest, daß Du hierher kommst. Es ist ja auch viel natürlicher. Da mußt Du noch mit meiner Umgebung hier verwachsen. Wir machen dann schöne, einsame Spaziergänge. O Du. Ich glaube wirklich, daß ich mich noch viel mehr drauf freue wie Du. Mir kommt's jetzt vor, als ob ich zu Ostern noch gar nicht froh genug mit Dir gewesen sei. Jetzt will ich's nachholen. Ob Du wohl vernünftig bist und den Mai als unmöglich ansehen mußt? Oder ob wir immerzu denken dürfen, oh, heut in einem Jahr und morgen, übermorgen und alle folgenden Tage übers Jahr!! Ich werde aber ganz brav sein und es einsehen, wenn's nicht geht.

Gute Nacht. Ich will versuchen, ob ich so was träumen kann, wie Du und ich durch die Kornfelder auf unser Haus zugehend, im sicheren Besitzes-Glück. – Ich weiß wohl, daß man immer das Gegenwärtige genießen soll, und dies das Harren auf die Erfüllung auch wunderschön ist. Aber heut war alles so reif draußen. Da habe ich lauter Sommerträume. Ade mein liebster Bub und Mann.

Montag ½ 2 Uhr

Denk, heut habe ich zum ersten Mal stundenlang wachgelegen in der Nacht vor Heimweh nach Dir. Es war eigentlich sehr unnötig, denn ich war furchtbar müd von den anstrengenden Tagen. Aber ich konnte nicht mehr einschlafen. Dann war ich sehr enttäuscht, daß morgens kein Brief da war, den kurzen Gruß hatte ich am Abend schon vorgefunden, und jetzt warte ich auf die Post. Sobald sie da ist, muß ich in die Stadt, gar keine Zeit mehr, gleich zu antworten. Von Stotzle hatte ich einen Brief. Er will bald noch mal kommen. Aber wenn Du hier bist, will ich ihn doch lieber nicht.

Nun ist Dein Brief gekommen. Ich muß auf einiges doch noch antworten. –

1.) Bitte komm hierher. Den ersten Nachmittag schenk' ich Dir noch im Schwarzwald, und vielleicht können wir am Samstag früh auch noch eh Du offiziell ankommst in die Vogesen und mittags zurück sein. Über das Finanzielle brauchst Du noch gar nicht mit dem Papa zu reden. Er wird Dich »offiziös gut behandeln«, wie er heut sagte, und ich sage ihm vorher, das alles könne man erst besprechen, wenn es alles geordnet sei. Aber Du bist hier. Dem Papa wäre Mannheim sehr unangenehm. Er würde mich ungern hinlassen.

Ich weiß wohl, es wäre manches poetischer. Aber das kommt später. Vielleicht schon zwischen Halle und Berlin. Gelt Liebling, wenn ich ganz ernsthaft sage »bitte komm«, dann tust Du's ohne zu viel Reue um unseren Neckartraum. Paß auf, der erfüllt sich auch noch. Der Frau Feist erzähle ich's auch erst auf der Reise. Sei brav still bis dahin. Grüß die Lis, und ich freue mich, wenn sie mich akzeptiert. Grüße auch Lu und alle, die Dich lieb haben.

Ich wollte, ich könnte mir die Sehnsucht ein bißle abgewöhnen. Es ist ein gräßlicher Zustand. Dabei ist man so egoistisch zu wünschen, der andere litte sie auch. Aber immer bin ich nicht so unvernünftig. Nur sehr selten hoffentlich. Sonst halt' ich das Jahr gar nimmer aus.

Ade, liebstes Herz.
Ganz Deine eigenste
Elli

Züge für den Freitag.

Dorle ab Stuttgart (ev. Heilbronn od. Karlsruhe)

Stuttg.	10,08	ißt zu Mittag ganz gemütlich und macht
Appenweier	1,15	sich schön für mich, kauft 2 Billets *2. Kl.* nach *Hubacker* und zurück.

Elly	ab Straßburg	1,31
	an Appenw.	1,57

Guten Tag Dorle. Hab' ich Dich wirklich. Du siehst immer noch aus wie ein Schäfersbub oder so ähnlich. Schnell, lauf in den Zug.

Appenweier ab beide:

App. ab	2,03	Hubacker	ab 9,38
Hubacker	2,45	Straßb.	an 10,59

Was sagst Du dazu?
Sogar Dämmerung. Wald, Wiese und alles was Du willst sechs Stunden lang.

Am Dienstag Mittag
2 Uhr

Vielen vielen Dank für den großen schönen guten Brief. Es ist mir in den letzten Tagen schon klar geworden, daß ich nach Straßburg gehen werde, und ich hab' zur Elsa W. schon: auf Wiedersehen dort! gesagt. Du darfst deshalb nicht glauben, daß mir Deine Bitten etwas gegen viel inneren Widerstand abgerungen hätten. Nein, ich komme gern und freudig, denn ich will Dich haben, und die romantische Kulisse ist schließlich nicht allzu wichtig. Und dann habe ich ja auch das starke Gefühl, daß zwischen Deinem Vater und mir so was wie eine Berührung stattfinden muß. Das »Muß« so nach einer Art metaphysischer Notwendigkeit.

Und sonst bin ich mit Deinem Programm ganz einverstanden. Hubacker klingt zwar merkwürdig genug (so ein bißle raabisch); aber es ist sicher nett dort. Ich lauf' also auf dem Appenweier Bahnhof brav auf und ab, dann kommst Du, und dann steigen wir in den Wagen, wo kein Mensch fährt. Ich freu' mich wie ein Kind auf Weihnachten, bis ich wieder Deine Patschhand hab' und in Deine Augen guck'.

Du, ich freu' mich drüber, daß Du jetzt anfängst, unserem Glück entgegen fast die längeren Schritte zu machen. Aber Du darfst ruhig sein, ich komm' mit und halt' immer dicht bei Dir. Ich bin auch sehr für den Mai; Du, wenn wir da eine nette Wohnung finden, wo man leicht hinaus kann. Der Sommer ist so schön, denn da gibt es keine Theater und Einladungen und Versammlungen; da kann man so ganz sich und ein paar Freunden gehören. Und über jeden Tag, der uns früher eint, bin ich froh. Alle ruhende Kraft ist wach geworden und verlangt nach Dir. Und wir wollen alles versuchen, die Monate der Trennung zu kürzen. Das überlegen wir uns, wenn ich Dich oben in Hubacker in meinen Armen hab'. Halt, nein, da nicht, da wollen wir nichts überlegen, sondern nur uns küssen und ganz unserer Gegenwart froh sein.

Aber so auf der Rückfahrt. Die Überlegung soll von unserer Sehnsucht geführt werden. Du bist schon rührend, Liebste, und ich hab' fast lachen müssen, daß Du die Butter des Frühstücksbrötchens auf dem Altar unserer Liebe opfern willst. Dabei schaust Du fast wie eine antike Heldin aus oder doch wie eine Preußin aus den Befreiungskriegen. Oh, Du liebes Kind. Sparen werden wir und müssen wir und wollen wir, aber ich glaub', am wenigsten bei Butter und Milch. Aber wir reduzieren die alkoholischen Extrasprünge und die romantischen Nachtfahrten und sind dabei glücklich und seelenvergnügt.

Das Haus kommt sicher. Als Bub hab' ich mir vorgenommen, vier Städte bestimmt zu sehen: Franzisko, Nagasaki, Konstantinopel, Rio de Janeiro. Das war das erste Ideal. Das zweite, seit dem 16. Jahr, eine Frau und (ein) nettes eigenes Haus. Daran denken wir immerzu, nicht fanatisiert, aber still und sicher: so zwischen 35 und 40 wollen wir das eigene Haus beziehen. Wir verzichten halt dann auf Nagasaki. Und ich leg' auch keinen Wert darauf, daß wir unsern Kindern eine halbe Million hinterlassen. Eine schöne Jugend ist viel mehr wert.

Von Deinen Freiburger Freunden habe ich eine ziemliche Vorstellung, und ich bin gespannt, Engler einmal kennenzulernen. Fuchs ist mir aber ziemlich wurst. Ich bin nicht sehr für das Pathos der Heimatschützen. Das nächste Jahr wird mich an seinem Anfang wohl ein paarmal hinunterführen; dann können wir auch einmal zusammen nach Freiburg gehen.

Adi für heute. In 14 Tagen bin ich unterwegs nach Halle. Vorher hab ich noch furchtbar viel Sach' zu erledigen, für die Hilfe und sonst. Ich bin froh, bis sie vorbei sind, und dann reis' ich in angenehmen Etappen meinem Glück entgegen.

Neulich auf dem Spaziergang hab' ich mit so viel Freude, daß die Lis lachte, gesungen:

Wenn's Dich die Leute fragen
so mußt Du's sagen:
mei Schatz gehört mei,
un i ghör sei.

Gelt, Du liebes Mädle. Dein treuer Bub.

Straßburg, 24. VI. 1907
Montag ½ 2 Uhr

Mein liebster Mann,

das war ein lieber, langer Brief, wie ich sie mag und wie ich ihn durch meine Schnodderei über Länge und Kürze Deiner Briefe herausfordern wollte. Ach, du, in 11 Tagen – –

Da kamen die beiden Spittabuben von unten herauf und brachten die ersten abgeschnittenen Rosen von ihrem Garten. Nun weiß ich nicht mehr, wie der Satz enden sollte. Und so wirst Du nie erfahren, was in 11 Tagen geplant war. –

Liebster, nun zuerst zum Wichtigsten: Vergiß nicht, daß unsere Mannheimpläne gemacht waren, als wir noch glaubten, daß der Papa noch gar nichts wissen dürfte. Deshalb dachten wir, müsse es so kurz sein. Nun ist die ganze Situation doch sehr anders. Ich finde, daß jetzt alles etwas zurücktreten muß. Ganz kurz in Halle, Liebling, und den Stotz und deine Brüder könntest Du am Ende nach Heilbr. bestellen. Vielleicht schlägst Du so einen Tag heraus. Wenn Du Speyer wirklich in diesem Moment so nötig findest, will ich gewiß nichts sagen. Aber bedenke, daß wir uns eben ganz richtig und gutbürgerlich »verloben«. Dagegen habe ich sehr dran gedacht, daß ich nach Heilbr. fahre, und zwar womöglich mit Dir. Vorträge halten mag ich aber jetzt nicht dort. Da bin ich der Mutter doch immer etwas unverständlich dabei.

Also Liebster, revidiere Deine Pläne. Und von hier aus schreiben wir dann zusammen an den Naumann. Das bringt uns dann einen schönen Brief ein. Wir verabreden dann auch, wie wir's weiter mit dem Veröffentlichen halten. Und schreiben vielleicht auch an die Frau Feist und an Mieze Bloch.

Liebster, ich muß Dir noch einmal sagen, es hat sich alles geändert, und es wird jetzt ein sehr ernsthafter und wichtiger Abschnitt in unserem Leben. Der Papa wünscht auch *sehr*, daß wir zusammen zur Mama gehen, der ich's letzte Woche erzählt habe. Sie ist rührend unegoistisch und freut sich, obgleich es für sie schrecklich traurig wird, wenn keins ihrer Kinder mehr hier ist. Also: komm sobald als möglich, und verschiebe alles Nebensächlichere auf eine andere Gelegenheit. Ich wäre für 2 Std. Halle, Militärarzt in Heilbronn, Bericht an Deine Mutter, Versprechen, daß wir bald zusammen zu ihr kommen, und dann Straßburg und von hier aus Holland.

Siehst Du, wenn ich gebeten hätte, Du solltest alles abkürzen, um länger in Mannheim zu bleiben, so wäre es nur gewesen, weil ich Dich länger sehen, sprechen und küssen wollte. Jetzt ist's anders. Jetzt sagt der Papa (d. h. könnte er sagen, getan hat er's nicht): Wenn jemand meine Tochter heiraten will, muß er auch Zeit haben, das in den anständigen und geordneten Formen mir mitzuteilen. Dies bedeutet keineswegs »Gehrock«. Sondern Zeit, um Dich dem Papa und der Mama zu zeigen. So, Liebling. Das ist nun keine Predigt, die *ich Dir* halte, sondern eine, vor der ich Dich und mich bewahren will.

Verstehst Du mich? Dann küß mich und sag, Du hast recht, liebe Frau. Und komm! »Blumen erwarten Dich hier.« Ach, Du Süßer, ungeduldig bin ich auch. Gestern war ich mit den Dominici in den Vogesen, Andlau etc. Es war wunderbar. Aber sobald wir auf der Wiese lagen und die wunderbaren hellgrünen Wälder anguckten, bekam ich grenzenlose Sehnsucht, Deine Arme um mich zu fühlen und Deine Augen ganz nah zu haben . . .

– – Das Patriamanuskript kommt bis 1. Juli. – Ob's sonst was gibt? Ich glaube kaum, Herz.

– An den Papa *schreiben* brauchst Du nicht. Er wird übrigens sehr lieb mit Dir sein.

Leoni war reizend. Ganz verständnisvoll und sich mitfreuend.

Ade, liebster Mann. Überleg Dir alles und handle dann doch so, wie *Du* es richtig findest, z. B. mit Speyer.

Ich habe Dich lieb und denke beständig daran, daß ich in einem Jahr Deine Frau bin. Und freue mich unsäglich auf Dich.

»Mit Willen Dein eigen.«
Elly

Dienstag ½ 3 Uhr

Also jetzt wird die Sache ernster. Von jetzt ab mußt Du aufpassen, daß ich keine Dummheiten mache und mich seriös benehme.

Ich bin sehr erwartungsvoll, was passieren wird. Also zunächst: seh Dir einmal meinen bisherigen Reiseplan an. Fest liegt Donnerstag, 4., 11 Uhr, Militär, das habe ich mit den Leuten abgeschrieben. Auf Mittwoch datieren würde Nachtfahrt heißen, außerdem Malice von Lessers, Geldverschwendung (weil nur zweiter) und Müdigkeit. Ich kann am Mittwoch schon in Hlbr. aussteigen und St. u. m. Brüder schwimmen lassen. Ob die so wegkönnen, weiß ich nicht. Dann könnte ich Do. Abend nach Straßburg kommen. Damit geht Hubakker futsch. Aber das läßt sich machen. Es ist freilich der früheste Termin.... Auf jeden Fall aber ergibt sich die Notwendigkeit, daß ich mich hinsetze, wenn dieser Brief im Kasten ist, und meiner Mutter nach Tutzing, meinen Brüdern und nach Speyer die Sache vermelde. Wenn ich dann nämlich so kurz in Heilbronn bin und – ich muß doch auch mit Jaeckh reden – gleich weglauf', wenn ich es ihr glücklich gesagt habe, dann wird sie mir leicht traurig und erzählt die bekannte Geschichte, daß die Mütter bei der Verlobung der Söhne am meisten abgesetzt werden. Mit Deinem heutigen Brief war auch einer von der Speyrer Braut Liesel dabei, die freuen sich halt auch, daß ich komm', und denen muß ich's auch sagen, daß vielleicht nicht.

Darüber, ob Du es Deiner Mutter erzählst, und ob wir sie besuchen werden, wollt ich Dich heut selber fragen; ich halte das für selbstverständliche Pflicht.

Naumann werde ich hier gerade noch erwischen und bin an sich geneigt, meinerseits auf den schönen Brief zu verzichten, der N. bloß arg schwer fällt. Wenn ich ihm von Straßburg schreibe, vermutet er, ich sei mit dem Zylinder hingereist, und das soll er nicht. Wenn es Dir recht ist, sag' ich es ihm vor der Abreise. – So ist's auch mit der Frau Feist; aber der können wir's dann gern schreiben. Ich weiß nicht, ob Dir das so verständlich ist, die Angst vor dem Eindruck einer regelrechten tanzstundenmäßig wohlgelernten »Verlobung«. Ich sag' den Leuten nie: ich hab' mich mit Elli verlobt, sondern Elli und ich werden einander heiraten.

Hoffentlich hast Du Dich glücklich durch die verschiedenen tempi, Vorschläge usf. durchgebissen. Dann überleg Dir alles, die Zeiten usw. genau. Ich bin natürlich auch dafür, daß wir recht lang zusammenbleiben, und sehe behutsam darauf, daß Dein Vater nicht irgendwie verstimmt wird. Ich weiß nicht, ob er dafür Sinn hat, daß man sich ein ganzes Jahr auf eine Stadt (Haarlem) oder ein Bild von Hals und Rembrandt gefreut hat. . . . Ich bin froh darüber, daß Leoni ohne Verstimmung und Sentimentalität war. Von Eugenie Dessecker kam vorhin ein Brief, dem man an den Buchstaben die helle und aufrichtige Freude ansah. Sie läßt Dich vielmals grüßen.

Hast Du eine Vorstellung, wie wir die Sache veröffentlichen? Ich bin *sehr* für ein Inserat in der »Täglichen Rundschau«. Du nicht? Das kann ich nicht begreifen. Damit sind wir doch in der anständigen Gesellschaft eingeführt. Oder schicken wir Karten rum. Wann? Am gescheitesten im Juli, solang ich weg bin. Dann les' ich am 31. die Gratulationsbriefe auf einen Hieb runter. Oder wann?

Ich werde jetzt bald rangehen, Texte zu entwerfen. Falls wir Karten rumschicken (schreib mir, ob), fange ich in den nächsten Tagen an, meine »Liste« zu machen. Die wird nämlich endlos.

So, Liebes, ich will Dir für heut nicht noch einen Sack voll zum Besinnen für Dein armes Köpfle aufgeben. Aber ich bin in solchen Sachen noch ein bißle dumm.

Aber ich hab Dich arg lieb, und das entschädigt für alles. Gelt. Jetzt kommen die Briefe an die lieben Angehörigen. Ich mach's sachlich und steck' einige schlechte Witze dazwischen.

Außerdem hab ich die Idee: ob Du nicht etwa am 4. mich in Heilbronn abholen kannst und wir fahren am 5. zusammen nach Straßburg. Das hat nämlich auch was für sich.

Adi Schatz! Dein braver treuer

Bub.

Straßburg, am 26. VI. 1907
Dienstag abend ½ 9

Lieber Theodor,

ich will mich nämlich an den Namen gewöhnen, denn ich geniere mich, Dich vor anderen Leuten »Dorle« zu nennen. Das bleibt für den Hausgebrauch.

Liebling, ich wollte Du könntest jetzt mein Eßzimmer sehen. Lauter Rosen, gelbe, dunkle, hellrote. In vier großen Sträußen. Alle Fenster voll Nelken und auf dem Balkon ins Fenster guckend einen Riesenstock japanischer Rosen, den die Ada in ihrer Freude mir gebracht hat. Sie war wirklich rührend nett und lieb und teilnahmsvoll. Weisch, meine näheren Freunde hier wissen es jetzt. Manasses haben uns bereits zwei entzückende silberne Salzfässer geschenkt. Ja, Liebster, Du bist nun nächstens in den bürgerlichen Stand des »Bräutigams« aufgerückt (gräßliches Wort). Ich denke schon ernstlich drüber nach, ob wir uns die Eheringe kaufen wollen, ob Du einen trägst und wie sie aussehen sollen. Du kleiner Bub, manchmal kommt's mir vor, als spielten wir zwei Kinder: »wenn ich groß bin ...«

Ich bin sehr neugierig auf Deinen Brief von morgen und hoffe sehr, daß Du ein bißle länger herkommst.

– Heut habe ich nach Hamburg geschrieben und mich bereiterklärt, zwischen Weihnachten und Ostern die Vorträge zu halten. Vorteil: Dann komme ich auf anderer Leute Kosten nach Berlin und kann da viel mit Dir kaufen. Wenn's kurz vor Ostern ist, vielleicht sogar Wohnung angucken. Ich seh' uns beide mit würdigen Gesichtern vor den Hauswirten stehen. – Hör, der Papa hat mal wieder eine gute Idee gehabt: Wie wär's, wenn ich auf der Hilfe redaktionell mitarbeitete? Geht das zu deichseln? Der Papa findet, daß der Naumann ein gutes Geschäft an uns beiden macht. – Denk', morgen abend lerne ich den Freund von Dir kennen, der sich hier verlobt hat mit Frl. Matthy. Ich bin mit dem Brautpaar bei Manasses eingeladen. Da er ein Freund von Dir ist, freue ich mich sehr drauf. Im übrigen mag ich nicht gern eingeladen werden, es langweilt mich so ...

Wilmersdorf-Berlin, 27. VI. 07
Tübingerstr. 5 a

Liebe Elisabet.

Das ist nämlich auch schöner und würdiger. Vielen Dank für den lieben Brief. Grüße alle die braven Leute, die sich mit uns freuen. Ist die Consequenz von diesen Freuden, daß wir »Besuche machen«? Wenn's geht, so ganz ganz wenig als sich machen läßt. Bloß bei der Frau Haas trinken wir einen Kaffee.

Also von hier ist das Wichtigste, daß »Er« es nun auch weiß. Der Naumann nämlich. Am Mittwoch war er auf einmal da, wegen Parteikram. Gestern war er aber noch müd, und wir haben bloß Sachliches oder so geredet. Dann am Abend war eine Konferenz, Weinhausen und Gerlach dabei. Heut früh hab ich's ihm nun gesagt; er hat ein furchtbar vergnügtes Gesicht dazu geschnitten, und wir haben dann so eine Zeitlang zusammen darüber geschwätzt. So, daß Du nun mit dem Vagabundieren etwas Einhalt machen müßtest, daß Du zum alten Hilfebestand gehörtest. Was Dein Vater dazu meine, und ob der's am Ev.Soz.Kongr. schon gewußt, und warum er es da noch nicht erfahren. »Wann wir heiraten wollen?« Selbstverständlich so bald wie möglich. – Über Termin und Finanzielles hab ich noch nicht gesprochen. Nachher hab' ich es seiner Frau gesagt, die sich einmal »für mich« und dann »für Dich« freute. Außerdem Dein Lob sang und dann wissen wollte, wie und wo und seit wann. Ich sag' dann halt immer: das wisse ich selber nicht genau. Beide können sich mich noch nicht recht als »Ehemann« vorstellen; ich glaube, N. erzählt den Leuten heute noch, ich sei 21 oder vielleicht grad 22. Frau N. interessierte sich sehr, was Katz dazu gesagt habe. Er habe sich s. Zt. ein paarmal bei ihr nach Deiner Adresse erkundigt. Aber ich sagte ihr, daß das die Heimarbeit gewesen.

Wenn im Haus Heuss was irgendwie Ernsthaftes passiert, ist das Schicksal talentlos. Am selben Tag, an dem ich meiner Mutter einen großen und lieben Brief nach Tutzing schrieb, ist sie dort abgereist, nach Stuttgart, während ich glaubte, sie bleibe bis Freitag. Jetzt hat sie es heute früh in Stuttgart von Hermann od. Ludwig gehört, und es tut mir eigentlich leid. Denn Hermann bringt es ihr sicher talentlos bei. Und dann bei irgendeiner befreundeten Frau, da m. M. bis Samstag in Stuttgart bleibt. Hoffentlich haben die Tutzinger den

Brief, der sich mit einem meiner Mutter kreuzte, gleich nachgeschickt. Aus diesem Hängemattenschreiben hab' ich einen Wisch abgerissen, den ich Dir schicke. Er ist geradezu grotesk ahnungsvoll; denn über den Fall Heirat hab' ich mich mit meiner Mutter eigentlich noch nie positiv unterhalten resp. hab alle solche Unterhaltungen aufgehoben. Daher der Vorschlag: nicht aufzufahren. Das ganze ist doch rührend. Immerhin ist es mir recht, daß meine Mutter sozusagen auf eine Verlobung wartet, und mit Dir ist sie dann höchlichst »zufrieden«. Aber es ist doch schad, daß sie's nicht von mir selber erfährt...

Das Inserat in der »Hilfe« hab' ich mir auch schon gedacht; aber es darf erst kommen, wenn ich wieder da bin. Weil mir dann eine Reihe von Leuten schreibt, mit der Redaktionsadresse, und dann gibt's mit der übrigen Post ein Durcheinander. Aber Eheringe? Das ist ein schwerer Punkt. Ich kann mir noch nicht recht einen Ring am Finger vorstellen, weil ich nie einen getragen, und der Gedanke ist mir nicht so arg sympathisch, weil ich viel mit ihm spiele, ihn verliere oder sonst was. Aber haben tu' ich dann einen. Bloß bin ich gar nicht für die, wie eine Röhre aussehen, sondern für einen hellen schmalen Reifen. Du auch?

Gott, an was für Sachen man denken muß. Ich bin bloß froh, daß Du in all dem gescheiter bist als ich.

Daß Du Frau Redaktrice machen willst, ist ganz brav von Dir, und ich glaub', wir könnten von Dir eine Soziale Bewegung bekommen, die grad so gut wär wie die jetzige. Aber so, daß wir zwei allein die Redaktion machen, das geht nicht, denn manchmal wirst Du nicht arbeiten können, und den Urlaub müssen wir doch zusammen sein. Aber Du wirst dann freilich öfter für die »Hilfe« schreiben. Das bringen wir dann schon ins Gleis. Weil ich in der letzten Nummer die Parteisachen in Ton und Haltung richtig gedeichselt habe, namentlich den Nationalverein, von dem niemand wie u. wo weiß, will N., daß ich in Zukunft das Parteipolitische mache, d. h. nur wenn er weg ist. Ersatz von Katz, unter meiner Ägide, wird jetzt ein bisheriger stud. hist. Krull, Meckelnbörger; er hat bei der letzten Wahl in Glogau geholfen. Was er kann, weiß noch niemand, aber so persönlich scheint er ein ordentlicher Kerl.

Heut abend bin ich mit Hedwig im Trarbach zusammen, um ihren

Bräutigam kennenzulernen. Am Sonntag mittag bei Frau Feist. Hat Elsa Walter geschrieben?

Den Brief von Deinem Mamli in Basel hab' ich mit Rührung gelesen; gelt, sie weiß, daß ich ein braver und lieber Bub, und daß ich jeden Tag und jede Stunde fühle und weiß, was ich mit Dir mein eigen nennen kann. Ich habe die Empfindung, daß ich mit Deinen Baslern bald ins rechte Gleis komm', und wenn ich am Anfang ein bißle stockig bin, was ich aber nicht glaub', dann mußt Du mich halt stupfen. Ich will's lernen, im größeren Kreis grad so nett zu sein wie so. Das heißt: nicht ganz.

Du, ich bin sehr dafür, daß wir den »Bräutigam« so etwas mit Stillschweigen übergehen, dann kommt er nicht vor. Jetzt bin ich Dein Liebster und Du mein Schatz, ich Dein Gschooß und Du mein Gschpusi, und an einem schönen frohen Tag ich Dein Mann und Du meine Frau. Gelt. Weißt Du, »Bräutigam« ist arg. Ich bin heut morgen schon zusammengezuckt, als Frau N. von der »Fräulein Braut« sprach. Er Gott sei Dank von der Elly. Adele, Schatz.

Der Lesser darf über den Gottfried Keller in die Patria schreiben. Mit meiner Reiseroute bist Du einverstanden. Gut.

Ich hab' Dich lieb und küß Dich als Dein

Dorle

Weil das liebhaben und küssen doch Hausgebrauch wird.

Straßburg, 27. VI. 1907

Mein Goldener,

gestern ist die Antwort ein bißchen zu schnell weggegangen. So habe ich Deinen Reiseplan hier liegen lassen und manches nicht beantwortet. Bitte schreib mir den Plan, wenn er ganz definitiv festgelegt ist, wieder ab, damit ich Dich dann verfolgen kann. An die Lulu hab ich eben einen langen Brief geschrieben ... Hör, zum 1. Juli kann ich den Patriaaufsatz nicht machen, nur zum 1. August habe ich's versprochen. Du mußt mir noch helfen dabei ... Also nochmals: Ich will Dich in Hubacker (jetzt bin ich mehr für eine Station weiter, Oppenau) zuerst allein haben. Da bist Du noch nicht »verlobt« mit mir, sondern mein Gschpusi, Geliebter, Bub, Mann, alles. Da wollen wir gar nicht viel tun oder reden. Sondern froh sein, daß wir uns haben.

Dann am Samstag früh vielleicht in den Rheinwald. Samstag gegen abend ev. schon zur Mama. Sonntag am liebsten hier und einige Freunde sehen, Haasens etc. – Vielleicht Montag und Dienstag Basel und Heilbronn. Was meinst Du dazu? Es ist ein bißchen viel, aber alles so notwendig!

Nun mußt Du ein wenig überlegen, wem Deiner allernächsten Leute Du einen Brief mit der Nachricht schreibst. Im übrigen lesen ja die meisten die Hilfe. Es soll einfach so heißen

Elly Knapp
Theodor Heuss
zeigen ihre Verlobung an. –

Straßburg Berlin

drunter: Statt besonderer Anzeige.

Bist Du dafür?

Weißt du, daß ich mich über eine Stelle in Deinem Brief wirklich ein bißle geärgert habe: nämlich die »ich mach's sachlich und stecke ein paar schlechte Witze dazwischen«. Ich finde es so ungefähr den ungeeignetsten Moment, Deiner Mutter schlechte oder gute Witze zu schreiben. Denn für sie ist es eine sehr ernsthafte Sache und ein bitter schweres Hergeben. Du, sei mir nur jetzt nicht zu sehr der »Bub«, sondern mein »Mann«. Das ist meine einzige Angst dem Papa gegenüber.

Noch etwas Äußerliches:

Kauf Dir so amerikanische Stiefel in der Friedrichstr. im »Vera House«. Lachst Du mich jetzt aus? Ich möchte gern ein bißle Staat mit Dir machen. Bitte tu's. Und die berühmte weiße Weste, von der die Frau Haas behauptet, Du sähest viel netter drin aus, will ich auch sehen. –

Du, jetzt sei nicht halb ärgerlich, sondern lach und tu's. Ich geb' Dir noch zehn Extraküsse, wenn Du recht nett aussiehst. Es ist mir nicht für mich. Ich gucke nur auf Deine Augenbrauen und Deine Haare und Deine Hände und Dich überhaupt. Aber die anderen Leute gucken auf die Stiefel.

Nun schicke ich den Brief lieber ab. Morgen hab' ich sowieso keine

Elly Knapp, um 1905.

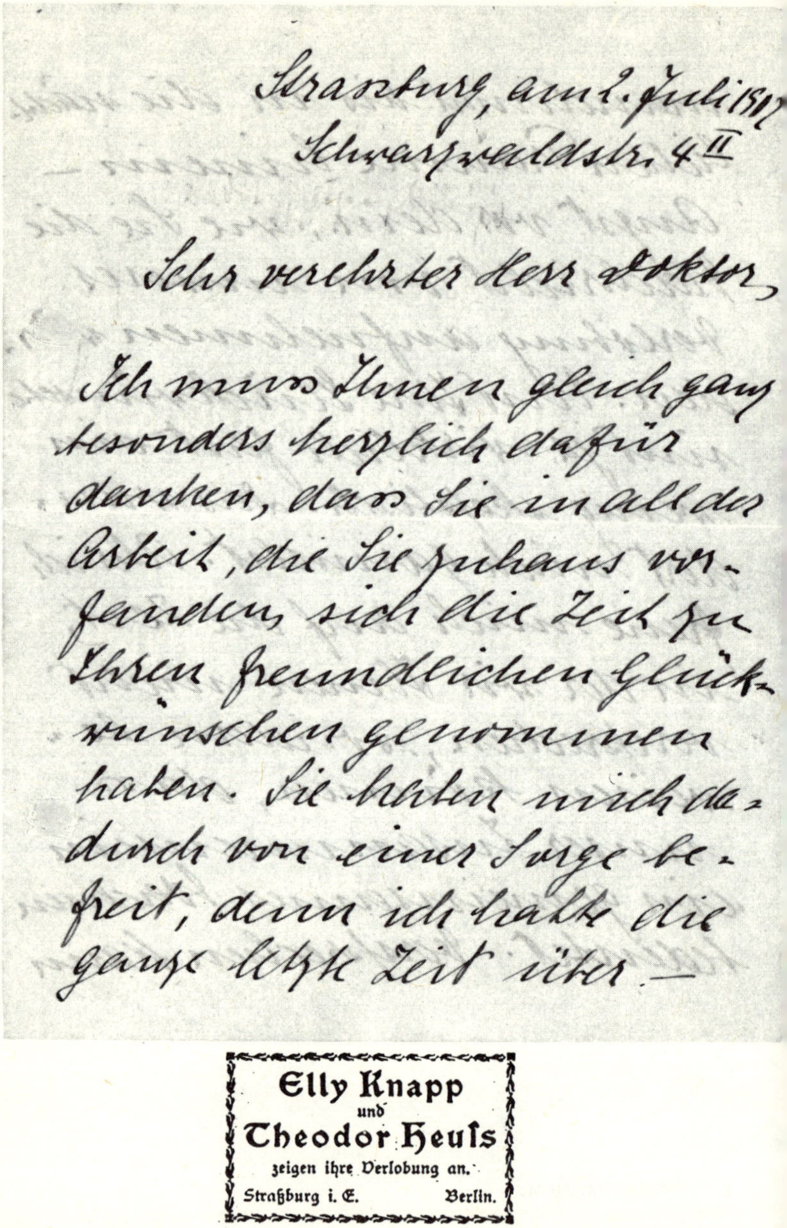

Strassburg, am 2. Juli 1907
Schwarzwaldstr. 4 II

Sehr verehrter Herr Doktor,

Ich muss Ihnen gleich ganz besonders herzlich dafür danken, dass Sie in all der Arbeit, die Sie zuhaus vorfanden, sich die Zeit zu Ihren freundlichen Glückwünschen genommen haben. Sie haben mich dadurch von einer Sorge befreit, denn ich hatte die ganze letzte Zeit über –

Elly Knapp
und
Theodor Heuss
zeigen ihre Verlobung an.
Straßburg i. E. Berlin.

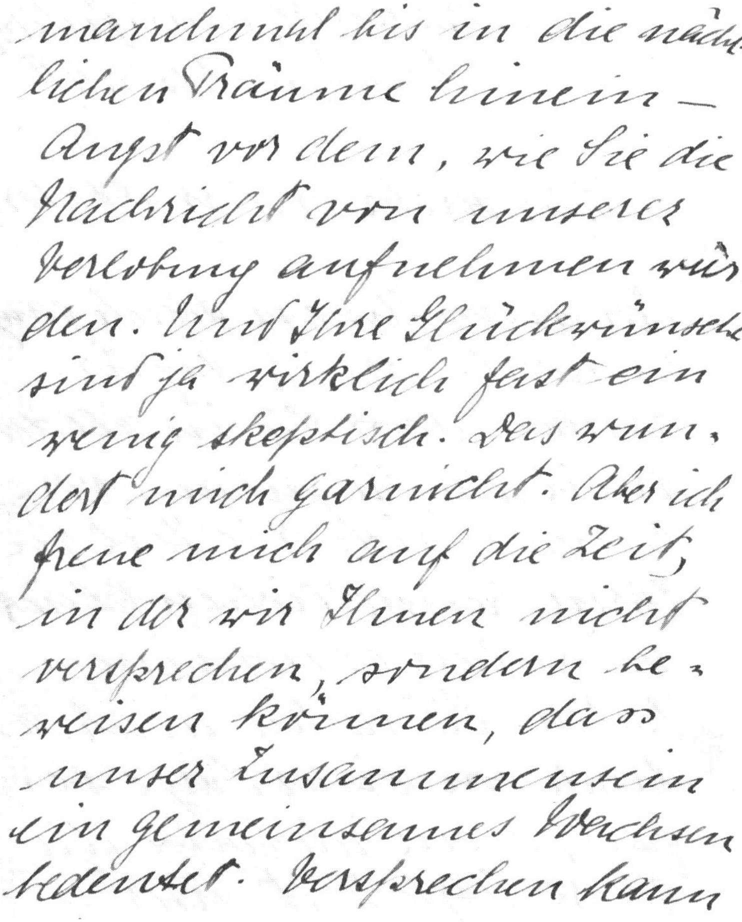
manchmal bis in die nächt-
lichen Träume hinein –
Angst vor dem, wie Sie die
Nachricht von unserer
Verlobung aufnehmen wür-
den. Und Ihre Glückwünsche
sind ja wirklich fast ein
wenig skeptisch. Das wun-
dert mich garnicht. Aber ich
freue mich auf die Zeit,
in der wir Ihnen nicht
versprechen, sondern be-
weisen können, dass
unser Zusammensein
ein gemeinsames Wachsen
bedeutet. Versprechen kann

Brief Elly Knapps an Friedrich Naumann nach der Verlobung mit Theodor Heuss; unten die Verlobungsanzeige in der »Hilfe«.

Elly Knapp mit Sissi Brentano (links) und Friedrich Naumann.

Zeit gleich zu antworten, denn ich gehe um drei Uhr mit meinem Kursus in die großen Lederfabriken hier.

Denk, durch eine Dummheit vom alten Breßlau, dem's seine Tochter unter dem Siegel der Verschwiegenheit erzählt hat, ist die große Neuigkeit in der Universität schon ziemlich bekannt. Sag der Marianne, der alte *Michaelis* habe dem Papa schon gratuliert. Sie versteht die Komik davon und soll Dir's erklären . . .

Nun ade. Ich warte jetzt zwei Briefe von Dir ab, ehe ich wieder schreibe.

Freu Dich auf mich, wie ich mich auf Dich freue.

Deine liebe
Elli.

Wilmersdorf-Berlin, 28. VI. 07
Tübingerstr. 5 a

Mein gutes Kind!

Schönen Dank für den lieben Brief.

Ein paar von den Sachen sind ja schon inzwischen durch meinen gestrigen Brief erledigt. Das mit dem Hilfe-Inserat ist mir so recht. Ich besinn' mich bloß, wie ich die Sache so dem Geschwerl: meinen Schulkameraden und sonstigen Freunden, sowie ein paar Verwandten mitteile, bei denen ich als Bub gelegentlich war, pfälzischen Dekanen und Professoren; die Hilfe liest davon keiner. Wie haben denn die Lessers die Geschichte gemacht?

Wegen des Briefes an meine Mutter darfst Du Dich nicht beunruhigen; er ist nachher doch sehr brav und lieb geworden, ernsthaft, aber unpathetisch. So halt, wie das ganze kameradschaftliche Verhältnis zwischen uns ist. Ein Brief von Dir wird sie sehr freuen, und ich bin dafür, daß Du gleich morgen mittag nach Heilbronn schreibst. Und zwar gleich »Du«; schreibst halt einen Einleitungssatz, daß Du auf meinen Wunsch jetzt all den formellen Kram wegschiebst. Wegen der dummen Abreiserei bin ich bis jetzt noch ohne Nachricht; nur eine kurze Karte von Ludwig ist da, Glückwunsch, Freude usw., und daß er unter allen Umständen in Stuttgart oder Heilbronn mit mir zusammen sein will. Ich schick das dann zusammen . .

Die Schuhgeschichte gehört zu den Sachen, wo ich lernen muß und schließlich auch werde, statt »Herrgottsakrament« »Wail's gleich is'« zu sagen. Ich kann noch nicht bestimmt versprechen, ob ich mir so Schuhzeug kaufe. Denn ich hab' – mit Ausnahme der Tanzstiefel – noch nie fertig gekaufte Stiefel getragen, sondern solche, die auf meinen etwas abnormen und kleinen Fuß angemessen waren. Nun bin ich noch nicht gewiß, wer zwischen meiner Bequemlichkeit und Deiner Eitelkeit obsiegt. O Kind, das ist ein Weg, auf dem wenig Rosen blühen: aus mir eine sog. elegante Erscheinung zu machen. Ganz kurz hab ich's auch einmal probiert, mit einem schrecklichen Fiasko. Ein Gehrock macht mich unglücklich, ein Frack fast korrekt. Meine weiße Weste, die übrigens nichts berühmtes ist, sondern ziemlich kümmerlich, imponiert mir aber doch so, daß ich sie nie anziehe. Aber ich bin zu vielem bereit, liebes Herz. Wenn Du es willst, werd' ich auch meinen Haarschopf bis zu einem gewissen Mindestmaß auf dem Altar der Liebe opfern. Das heißt Größe, Seelenstärke.

Naumann beschäftigt sich sehr mit uns. Objektiv tu' ich ihm jetzt leid, weil das Schöne an mir sei, daß ich mir trotz meiner Begabung nie über Dinge große Sorge gemacht hätte, sondern keck und munter ins Leben gestiegen sei. Deshalb kann er sich mich nicht als Ehemann recht vorstellen. Aber ich hab' ihm klar gemacht, daß das junge Heiraten für mich an sich eine Notwendigkeit und jetzt, im besonderen Fall, ein großes Glück sei. Wir haben heut wieder lang geschwätzt. Ich soll einmal einen Wirtschaftsplan machen und ihm dann die Posten vorlegen, die ihn mit angehen. Als er fragte, wieviel Geld ich haben wolle, war's mir doch zu realistisch, und ich hab' ihm gesagt, das müßt' ich noch mit Dir besprechen. Aber er ist sehr nett.

Wenn Dein Manuskript bis 1. Aug. da ist, reicht's auch noch. Sonst liegt nichts vor.

Gestern abend war ich mit der Base Hedwig und ihrem Bräutigam bei Trarbach. Sie sind eben gekommen, um Kaffee bei mir zu trinken.

Also Adieu. Herzliche Grüße von

Deinem lieben Bub

Um ¾ 5 Uhr

Die beiden sind jetzt weg, und ich kann doch noch ein paar Worte zufügen.

Frau Feldmann hab' ich's also gesagt; sie hatte sich ihr System natürlich schon aus den Poststempeln und gleichen Kuverten aufgebaut. Sie läßt Dich grüßen und hat mir den Zinkleuchter für Dich geschenkt.

Du, was macht denn Dein Vater, wenn man ihm gratuliert? Ist es ihm peinlich oder freut er sich darüber? Ich kann ihn mir in dieser Situation zwischen den Professoren so schwer vorstellen.

Der neue Vetter ist ein ganz netter und gebildeter Mensch, und die Hedwig hat durch diese Liebe auch »gewonnen«. Sie ist nicht mehr ganz so stockig. Ich war gestern abend ganz erstaunt, *wie* sehr sie sich über unsere »Verlobung« freute. So, daß sie ganz strahlte.

Ich freu' mich so drauf, bis ich wieder bei Dir bin. Dann ist alles froh und sonnig und gut. Weißt Du, wie die zwei da waren, da hat mich die Sehnsucht nach Dir wieder ganz stark gepackt und es ist mir ganz deutlich geworden, wie Du so ganz die wirkende Kraft für mein Leben geworden bist. So daß alles: Ziele und Zwecke und Erfolge und Arbeit auf die Seite treten. Es ist das schwer zu sagen. Eine schmerzliche Not steckt in dieser Liebe, die viel Güte, Nachsicht, Geduld verlangt. Und die sich so nun ganz in Dich hineinpressen will, wie ein Kind seinen Kopf in den Schoß der Mutter vergräbt.

So glaube ich leben unsere Seelen zusammen und formen unser Sein mit einer einheitlichen Kraft. Und deshalb ist alles Äußere und alles Schicksal nur Kulisse, und unser Glück ruht in der stillen, treuen, geduldigen, festen Entfaltung unserer Seelen zueinander ...

Straßburg, am 29. VI. 07

Mein lieber Liebster,

ich habe eben, mit der schrecklichsten Rührung kämpfend, an Deine Mutter geschrieben. Und jetzt habe ich eine so unsinnige Sehnsucht, bei Dir zu sein und mich ein bisle ausheulen zu können. Weißt Du, manchmal hilft gar kein Gedanke an »in acht Tagen« oder »in einem Jahr«. Da müßte man eben ganz gleich beieinander sein.

Du Liebster. Ich war so froh über Deinen letzten Brief. Ich will Dir gestehen, daß ich in letzter Zeit diesen Klang fast ein wenig vermißt hatte in Deinen Briefen. Wir hatten so viel Äußerliches zu bereden. Du hast ganz recht, Liebling. Und glaub' mir, daß ich ganz ebenso denke. Alles ist Nebensache und im Grund einflußlos, auch die

Mitfreude der Freunde. Wenn wir nur fühlen, daß wir innerlich gleichgestimmt bleiben. – Ich habe eben, als ich an Deine Mutter schrieb, so stark das Gefühl gehabt, was es für eine unverdiente Gabe ist, wenn man den Menschen findet, den man ganz liebhaben kann. Man kann gar nicht dankbar genug sein. Man erntet, ohne gesät zu haben. Ich ernte, was Deine Mutter gesät hat. Und habe nur die Aufgabe, zu sorgen, daß es weiter wächst. Liebster, das weiß ich, daß wir zusammen wachsen werden. – Ich warte mit Schmerzen auf ein liebes Wort von der Mutter. Ich bin ihr so schrecklich dankbar für Dich. Wir müssen immer dran denken, ihr Freude zu machen.

Denk, ich träume jetzt immer die schrecklichsten Sachen, der Naumann wollte mich nicht akzeptieren und sei gar nicht nett zu mir. Ich komme gar nicht von dem Eindruck los. Und nun schreibst Du auch noch, daß er Dich »objektiv« bedauert. - Ich wollte, er schriebe mir ein paar Zeilen, es würde auch dem Papa große Freude machen. Erzähl mal seiner Frau, daß ich mir einigen Kummer drüber mache, wie er's aufnimmt.

Nein, Liebster, wir werden gewiß nicht viele Besuche machen. Wir opfern einen Nachmittag, vielleicht den Sonntag, und sagen den Leuten, daß sie kommen dürfen und gehen ein bißchen zur Frau Haas und vielleicht zu Staudingers. Die Dora kann dann nicht mehr herkommen. Vielleicht werden wir sie auch schon nicht mehr besuchen können. Aber wenn's irgend geht, sollst Du sie sehen.

Es ist lieb von Dir, daß Du mit so viel gutem Willen nach Basel gehst. Ich bin fest überzeugt, daß es Dir leicht wird, Dich dort wohlzufühlen.

Den genauen Plan, wann wir nach Basel und wann nach Heilbronn fahren, machen wir erst hier. Es hängt ja auch vom Wetter ab. Ich denke, wir gehen am Samstag gleich zur Mama. Und dann kommt's drauf an, wann Du abreisest. Wenn Du am Mittwoch sicher noch da bist, schwänze ich das eine Mal Schule. Am Montag geb' ich noch Schule, wir reisen am Nachmittag nach Basel (nach Heilbr. kommen wir nicht mehr) und dann von da nach Heilbr. Am Mittwoch abend zurück hierher und am Donnerstag sind wir dann noch ruhig hier, ohne fremde Menschen.

Werden Dir grad' diese letzten Tage auch so entsetzlich lang? Aber für Dich hat ja die Wartezeit schon am Dienstag ein Ende. Nachher fängt das Erleben schon an.

Nun noch ein Wort über die Stiefel. Ich will Dich gewiß nicht zu einem Chick-Menschen machen, und Deine Haare dürfen immer so lang bleiben. Aber Deine spitzen Stiefel sind nicht nur wüst, sondern auch ungesund. Und die Amerikaner, die ich meine, sind viel bequemer. Aber ich nehm' Dich auch in den wüsten.

Nun danke ich Deiner Hausfrau noch viel- vielmals für den Leuchter. Nein, ich schreibe ihr lieber selbst ein paar Worte.

Ade. Ich warte mit Sehnsucht auf Dich und vorher auf einen Brief von der Mutter.

Deine liebe
Elli

Wilmersdorf-Berlin, 30. VI. 07
Tübingerstr. 5 a
Sonntag mittag ½ 7

Liebste Elli!

Also heut mittag war ich bei der Frau Feist, etwas verblüfft, als sie mir mit dem Gratulieren entgegenkam. Mein Gesicht hat sicher eine komische Bewegung gemacht, so aus den liebenswürdigen Linien einer freundlichen Begrüßung zu dem feierlich erfreuten Ausdruck eines in seinem Glück überraschten Verlobten. Aber es war recht so, und man war sich einmal wieder einig, daß alles klappte: in den »geistigen Interessen«, in der Art, das Leben zu sehen, frisch zu nehmen und zu genießen, in der Tugend, mit froher einfacher Geselligkeit ein nettes Dasein zu gestalten. Frau Feist meinte, das sei jetzt so brieflich abgemacht worden, weil wir ja bei ihr noch »Sie« zueinander sagten. Ich hab' ihr dann versprochen, daß sie auch fernerhin ein bißle Mutter an uns spielen dürfe. – –

Ich lege Dir, da Du's doch wahrscheinlich erwartest, die bisherigen Äußerungen meiner Familienangehörigen vor und brauche sie wohl nicht weiter zu kommentieren. Hoffentlich ist Dir das nicht zu dürftig, daß L.(udwig) u. H.(ermann) die Sache mit einer Karte erledigen; zwischen Brüdern spricht man halt über so Sachen an sich wenig und vollends schriftlich. Hermanns Unbeholfenheit ist klassisch: »Was für Dich sich am besten eignet.«

– Vielleicht hast Du inzwischen an meine Mutter geschrieben und von ihr Antwort bekommen. Ich hab' sie wegen Deiner »Gelehrtheit« beruhigt und ihr gesagt, daß ich Dich nicht wegen Deinen Vorträgen heirate, sondern weil wir uns liebhaben. Meine Mutter, mit der ich ja wie gesagt nie über solcherlei Dinge gesprochen habe (worüber sie sich beklagt), ist sich nicht ganz klar, ob sie mich für einen der furchtbar modernen Menschen halten soll. ... Schaffen können hab' ich in diesen Tagen fast nichts mehr; bin innerlich zu unruhig, weil ich immer an Dich, liebes Herz, denken muß. Nun liegt eine Masse unerledigt herum. Das macht aber nichts. Morgen mittag geh' ich dann in die Stadt, um nach Stiefeln zu gucken. Frau Feldmann ist für braune. Auf den Kopf setz' ich aber bloß den Panama, wenn der auch nicht sehr seriös aussieht. Mußt halt sehen, wie weit Du mit mir Staat machen kannst, liebes Kind. Wenn man so ein »altmodisches« Aussehen hat, ist man für alle schönen neuen Dinge Mannequin.

Für heute Adieu, liebstes Kind. Ich geh' noch zum Engel raus, der Geburtstag hat.

Montag um ½ 3 Uhr

Liebes Herz! Ich hab's Deinem Brief heut morgen angespürt, daß Du erregt warst, als Du ihn schriebest. Da war's mir, als müßt ich jetzt so Dein Mann sein, nahe bei Dir und ruhig und mit leichter Hand über Dein gelöstes Haar streicheln. Gelt. Dann bist Du wieder frei und Du darfst bei mir weinen, ich wehre nicht. Ich fühl's ja selber, wie's manchmal von innen drängt und spannt und grundlos traurig macht, daß man bloß sagen möchte: bleib bei mir. Wenn wir zusammen sind, ist eine Fröhlichkeit über uns, die fast feierlich ist. ...

Das mit Straßburg, Basel und Heilbronn wird sich dann schon regeln; der Zeitpunkt für's Zusammentreffen in Appenweier bleibt. Du, ich freu' mich so drauf, bis ich wieder Deine Hand beim Nebeneinanderlaufen halten darf. Oder ist das für Straßburg unpassend? Ich bin augenblicklich ganz übermütig aufgelegt und könnte große Dummheiten machen. Bloß hab' ich keine Zeit, aber morgen bin ich frei und fahr' zu Dir.

Ich danke Dir für alle Deine guten und lieben Worte. Wenn einige meiner Briefe einen trockenen Klang gehabt haben, dann kommt's halt daher, weil der zwischen dem Klappern der hölzernen Tatsächlichkeiten nicht recht zum Schwingen kam. Du weißt, daß ich vom äußeren Pathos nichts hab'. Und das innere, das kommt dann halt so manchmal aus seiner Stille heraus und glüht und sucht ungeschickt nach den Formen, in die es fließen und sich gießen soll.

Ich sag' Dir jetzt Adieu, liebste Frau; ich hoff', daß ich in Heilbronn am Donnerstag etwas von Dir seh. Auch denk' ich, daß meine Mutter Dir gleich geantwortet hat, damit Du nicht zu lange warten mußtest. Sie ist gestern wohl nach Heilbronn zurückgekommen.

Von der Frau Dora Staudinger hab' ich heut wieder ein kleines Manuskript für »Soz. Bew.« (die Soziale Bewegung) akzeptiert und ihr ein paar Worte geschrieben: daß ich hoffe, sie in Straßburg kennenzulernen. In inniger Liebe küßt Dich

Dein Bub

Straßburg, am 2. VII. 07

Mein Liebster,

es ist ein Loch in unseren Briefwechsel gekommen. Und nun weiß ich Dich schon in Halle, und es ist viel schwerer sich jemanden außerhalb seiner gewohnten Umgebung zu denken. Ich vermisse es ordentlich. Aber das sind nun bloß noch 3 Tage. Hurra!

2 Uhr –

Als ich heut morgen schreiben wollte, kamen Leute zu mir, immer mit Rosen. Ohne Rosen wagt sich gar niemand mehr ins Haus.– Und nun ist Dein umfangreicher Brief gekommen. Ich habe augenblicklich Kopfweh gekriegt, halb von dem Rosengeruch, halb von der Idee der vielen Tanten und Kusinen, die sich auf »das Mädle« freuen und nachher einen Schrecken kriegen wenn so eine »Gelehrte« dabei herauskommt. – Ach Bub, es war viel netter, ehe die anderen Leute in unserem Rosengärtle herumgetrampelt sind. Du, wir wollen einen großen Zaun drum herum machen, nein, eine steinerne Mauer, wo keiner hineingucken kann. Aber ein ordentliches Tor dran, und die wirklich nahen Menschen kriegen den Schlüssel. Die anderen kriegen aber gar nix. Weißt Du, nach Basel hab ich schon strenge Ordre geschickt, daß ich *nur* die Tante Lella und die vom Bildstöckli sehen will. Dann wird's nett und gemütlich. Und bitte sag Du der Mutter (aber sehr lieb), daß wir in Heilbr. auch nur sie und ev. die Brüder u. Stotzle und Jaeckhs sehen wollen. Ich bitte so viel ich kann: nur keine fremden Menschen. Und die Mutter soll bitte nicht mit dem Gefühl des »gelehrten« Mädchens an mich herangehen. Im Grund hatte sie's schon im Herbst verloren. Und sie muß auch nicht denken, daß wir im Herbst schon verlobt gewesen seien. Dann wäre ich nicht so harmlos zu ihr gekommen.

Ich will nicht weiter von all dem schreiben. Du merkst ja schon wieder, wie nah mir das Heulen ist. Ich wollte, Du könntest direkt zuerst zu mir kommen. Nun versuche ich mir vorzustellen, wie Du bei der Marianne alles anguckst, bewunderst, auch kritisierst. Ob's wohl auch so toll regnet, wie bei uns schon seit drei Tagen?

Denk, Frau Hugo Stinnes senior hat mir vier süße Salzfäßchen in Silberfiligran geschickt und einen entzückenden Brief. Ich hatte ihr's nämlich geschrieben. Nun haben wir schon sieben silberne Salzfässer. Ein guter Anfang. – Tante Mieze hat telegrafiert und geschrieben »rundrum glücklich«, wie sie sagt. Auch Frau Feist hat nett geschrieben und ihr Schwiegersohn.

Nun will ich Deine Manuskripte lesen.

Ich hab's getan und fürchte, Du wirst mich pedantisch und tadelsüchtig finden. – Aber ich finde viele Kleinigkeiten dran störend und mich ärgernd. Das Ganze sehr gut, aber nicht grad einheitlich. Es fehlt etwas Durchgehendes, Fesselndes. Vielleicht am meisten, weil die Besprechung des Buchs mitten hineinplatzt. Am besten bliebe sie ganz fort. Die Stelle von der Sage ist ein klassischer Beweis für das, was immer unser Streitpunkt ist. So in Anspielungen zu schreiben! Es ist eine Stelle aus einem Brief, den Du an den Scheffler schreibst. Wenn ich ein unbeteiligter Hilfeleser wäre, würde ich gar nicht weiterlesen.

Aber *den* Eindruck hat man immer, wenn Du so was schreibst: der kennt und versteht den Künstler, von dem er redet. Nur an dem anderen fehlt es mir oft: an dem Kennen- und Verstehen-Lehren.

Du Armer. Du fällst bei uns unter die Räuber. Nicht nur, daß ich so kritisch bin, aber der Papa wartet sehnsüchtig drauf, Dich über den Vischer zu zanken. Nämlich, daß Du seine Schwächen nicht *siehst*. Ich weiß wohl, daß Du sie nur nicht *sagen* wolltest, schon aus Schwabentum. Ich mag den Artikel sehr gern. Die Helene Dominicus war sogar begeistert aus Patriotismus. Also fürchte Dich nur vor dem Herkommen. –

So, Goldener. Nun ist mein Kopfweh so arg, daß ich mich noch hinlege, weil ich heut abend bei den Heimarbeiterinnen noch mimen muß.

Ade. Verzeih dies, ich sah's erst eben.

Streichle mich ein bißle, damit es mir besser wird.

Deine Elli.

Mittwoch. 4 Uhr

Übermorgen, übermorgen – das ist mein einziger Gedanke. Und dann »ob's regnet«??

Wieder Leute.

Also nur schnell ade. Und ich bin wieder sehr vergnügt. Und freu' mich. Wenn's regnet, fahren wir gleich her. Auf alle Fälle komm' ich nach Appenw.

Gruß
Elli

KAPITEL IV

»Das Rosengärtle ist jetzt bestellt«

Vom 4. bis zum 11. Juli hält sich Theodor Heuss in Straßburg auf. Nun wird die Verlobung offiziell vollzogen. Das mit Bangen erwartete Gespräch mit Ellys Vater fällt verbindlicher aus als befürchtet. Es findet statt »in einer Seminarstube der Universität, und Elly hatte mich darauf vorbereitet, er werde mir eine Zigarre anbieten, die wahrscheinlich mäßiger sei, als ich sie gewohnt. Die Vermutung traf zu«. Die Frage nach den finanziellen Möglichkeiten des künftigen Schwiegersohnes ist, so scheint es, gar nicht aufgeworfen worden. »Ich meinte, ich müsse ihm etwas von den gedachten ökonomischen Grundlagen dieser Ehe erzählen, aber ich kam gar nicht so weit – er unterhielt sich mit mir über meine nationalökonomischen Lehrer.« Den Grund dafür habe er, Heuss, erst später begriffen: »Er wollte hören, wie ich Menschen, die er *kannte, beurteilte, um mich selber beurteilen zu können.« So jedenfalls hat Heuss die Begegnung ein halbes Jahrhundert später in seinen »Erinnerungen« beschrieben. In diesen Tagen lernt Theodor Heuss auch Ellys Straßburger Freundeskreis kennen: »Darin mußte ich nun aufgenommen werden. Das fiel nicht schwer. Ellys Freundschaft war gleich bei der frühen Begegnung eine Art Vorleistung gewesen; es waren aber auch alle, glaube ich, Bezieher der ›Hilfe‹ und somit für eine geistige Gemeinschaft vorbereitet.« Unmittelbar von Straßburg aus tritt Heuss – mit einer Zwischenstation bei seinen Verwandten in Speyer – die geplante Kunstreise nach Belgien und den Niederlanden an.*

Speier, am 12. Juli 1907
Mittags ½3 Uhr

Liebste Elli!

Eine Stunde vor der Abreise ein paar kurze Zeilen und das Programm meiner Tour.

Ich bin noch ganz unsäglich froh und glücklich und frei von aller Wehmut, denn so nah weiß ich Dich nun, Du liebe, liebe Frau.

Die Fahrt durch den Abend war wunderschön, ich hab' nichts gelesen und nichts getan als den Kopf hinausgestreckt und gesungen und immer an Dich gedacht. Oder eigentlich nicht an Dich gedacht, sondern mit Dir gesprochen und Dich liebkost.

Es kommen jetzt ein paar unruhige Wochen, und ich kann Dir erst nachher vielleicht manches Liebe weitersagen, was sich mir über uns ergab.

Dein Glaube an uns und an mich macht mich so stolz und froh, Du Süße, und ich bring' Dir all meine Kraft und meine Liebe entgegen. – –

Hier, der Bräutigam ist ein ganz netter Kerl. Und die Malwine ist noch immer das schönste Mädchen, das mir begegnet ist. Aber sonst ist so eine kleine vermöckerte Stimmung ein bißchen da, weil der Max mit seiner Frau den ganzen Sommer zwecklos zu Hause sitzt.

Sonst hab' ich bloß noch bei Kirrmeiers Grüß Gott gesagt.

Aber, Herrgott, bin ich froh und glücklich, daß ich ganz aus all dem innerlich herausgetreten bin und neben Dir stehe und daß wir zusammen ein frohes, stolzes, tätiges und ernsthaftes Glück bauen werden.

Herz sei froh.

Ich schau' Deinem ersten Brief mit der frohen Gewißheit entgegen, daß ein Stück unseres Glückes ihn durchleuchten wird.

Wie unsagbar schön und reich waren diese Tage!

Wie schön und reich wird unser Leben sein.

Ich will Dich jetzt nicht stürmisch küssen und umpressen. Nur Deine beiden Hände halten und mit ganzem Vertrauen in Deine Augen schauen.

In treuester Liebe
Dein Dorle

Datiere Deine Briefe lieber etwas vor, damit sie nirgends liegen bleiben oder hinter meiner Reise herziehen.

Straßburg, am 12. Juli 07
Freitag abend

Mein liebstes Herz,

es ist mir noch ganz unverständlich, daß man wieder ans Schreiben gehen muß. Aber traurig bin ich gar nicht. Dazu ist das Gefühl von unendlichem Reichtum viel zu stark in mir. Nur bin ich so desorientiert, weil ich tatsächlich nicht weiß, wo Du heut abend bist, ob in Köln oder schon weiter? Und tröste mich mit der Gewißheit, daß Du an mich denkst und der Vermutung, daß Du an mich schreibst. Der Atlas liegt bereit, damit ich Deine Reise besser begleiten kann.

Liebling, das Fazit dieser Tage haben wir ja gestern im Gang des D-Zug-Wagens gezogen, und trotz der unpoetischen Umgebung und Situation war's eine unserer schönsten Stunden. So sage ich jetzt nichts mehr weiter drüber als vielen, vielen Dank.

Die Reise von Karlsruhe verlief Butterbrot-essend und Konversation-machend mit dem ganz netten Mädel, die bei den Heimarbeiterinnen brav hilft und auch grad von ihrem Schatz aus Heidelberg kam. Sie dürfen aber schon im Oktober heiraten. Der Papa ist noch etwas erstaunt über Deine »Gefrorenheit«, denn er findet, daß er viel lieber zu Dir gewesen sei, als zu Lesser. Und gesteht, er habe sich auf Dich gefreut. Aber im Grund findet er's in Deiner Lage begreiflich und hat mir angemerkt, daß es seither sehr gebrannt haben muß bei uns. – In der Schule sitzt nun schon meine Nachfolgerin in den Stunden dabei. Man fängt an, sich einzurichten, als ob ich schon weg sei. Und ich bin innerlich verwundert, warum ich's noch nicht bin. Heut habe ich die Anzeige in die Straßb. Post geschickt, morgen erscheint sie. Ich habe auch Walters besucht, sie sind lieb und nett. Er überwältigt mich immer beim Wiedersehen mit seinem Tenor. Sie gewöhnt sich nur schwer wieder an das laute Sprechen und das Kritisieren ihrer guten Mutter. Sie sieht sehr gut aus. Aber es fehlt ihr immer noch alles Mütterliche, finde ich. Es wird wohl aber noch kommen. Wir haben viel drüber geredet, ob Schmargendorf oder gar Schlachtensee – lauter unaktuelle Dinge.

Liebster, Liebster, denk mitten in der Architektur und in den Bildern auch mal an unsere Stübchen, den Vögelisschrank und Deine liebe Frau, die auf dem Goethe-Sofa sitzt und »spannt« auf Dein Heimkommen.

Gute Nacht! Morgen früh kommt wohl Dein Brief.

Samstag früh

Danke, liebstes Herz, für den Brief. Nun schick' ich meinen schnell weg, daß er Dich in Brüssel trifft. Den nächsten schick' ich nach Gent.

Brüssel, 14. Juli 1907
Hôtel de Cologne
Sonntag abend ½ 7

Liebes!

Der Marktplatz ist noch viel schöner, als ich Dir gestern geschrieben habe. Ich sah ihn inzwischen noch ein paarmal, gestern nacht und vorhin mit viel Menschen. Er geht mir jetzt erst ganz auf in seiner Märchenart, so daß es mir leid tut, daß ich gestern beim ersten Anhieb gleich ein etwas pedantisch ästhetisierendes »Allerlei« nach Berlin schickte. Du wirst Deine helle Freude an ihm haben. Am besten ist, man geht an die Details, die ja entzückend sind, gar nicht heran, sondern gibt sich bloß dem Ganzen hin.

Ich hab' heut Glück gehabt. Um ½ 12 sah ich eine große Prozession für den heiligen Gudulus oder die heilige Gudula. So was seh' ich immer gern. Überhaupt schwimm' ich z. Zt. in Katholizismus, hab' heut früh zwei verschiedene Messen mitgemacht. In der Prozession war das verschiedenste Menschenzeug zusammen, vornehmlich alle verfügbaren Pennäler. Dann viele Priester, Mönche, Fahnen, Fähnchen, Standarten: es sah sehr gut aus in der engen Gasse, deren Häuser bunt geschmückt waren. Die Anführerin der Jungfrauen, eine etwa 40jährige ganz weiß gekleidete Lehrerin mit Brille und Alkoholnase, war die fröhlichste Karikatur und fand beim Publikum auch Verständnis. Die Mönche und Nonnen haben für mich erwachsenen Menschen heute noch manchmal etwas leicht Fabelhaftes; es ist töricht, aber man kommt von den ersten Jugendeindrücken einer rein protestantischen Umgebung nicht ganz los.

Außerdem sah ich vorhin den Anfang der Kermes, ein großer lustiger bunter Fastnachtsaufzug mit tanzenden Riesenpuppen auf dem lieben Marktplatz. Der war dann ganz von Menschen gefüllt. Die Produktionen blieben jedoch bescheiden; halt himmelhohe Grotesken, die hin und her schwankten. U. a. ein Riesengaul mit den vier Haimonskindern.

Gestern abend saß ich noch eine Stunde auf dem Boulevard, studierte die sonderbare Journalistik des Matin und trank wie in Paris mein Glas Absinth, was ein zwar verwerfliches, aber nicht ungutes Gesöff ist. Es ist ähnlich wie in Paris, (bloß wird hier um einen herum in allen deutschen Dialekten gesprochen). Die weibliche Straßendekoration schaut allerdings mehr nach Berlin aus. Es fällt mir direkt auf, wie häufig hier die ekelhafte Mode ist, mit der Frisur die Stirn zu verdecken (mir ist weniges so widerlich). Ich registriere es pflichtgemäß als »Brüsseler Eindruck« . . .

Neben den gottesdienstlichen Funktionen hab' ich mir ziemlich eingehend das Musée moderne und das Musée Wiertz angesehen. Das letztere beherbergt die z. T. merkwürdigen, z. T. guten, aber auch dackelhaften und ekelhaften Werke des Malers Antoine Wiertz. Du wirst, wenn Du es siehst, wahrscheinlich auch nicht viel damit anfangen können und Dich über einige Geschmacklosigkeiten ärgern. Ich bin innerlich mit dem Kerle noch nicht ganz fertig.

Im Musée moderne gibt's tote Stellen. Aber Ihr dürft Euch durch die meist nur historisch interessanten Geschichts- und Genrebilder der ersten Säle nicht abschrecken lassen. Ich war durch Gallait unangenehm, durch Leys angenehm enttäuscht. Falls Du diese Briefe mitnimmst, mache ich Dich auf die feinen Marien von Artan (429 u. 430) aufmerksam, ferner auf ein Waldbild von Lamorinière (240), Dubois (134), Laermans, Knofph »Memoires«, Zuloayr und beim Ausgang auf die köstlich schönen und reinen Farben von Rysselbreyes Promenade. Damit vom heutigen Tag genug (ich lief noch eine Zeitlang im Musée des arts décoratifs und industriels herum, in dem gute Gipsabgüsse, Cartons von P. de Chavannes und hervorragend schöne Spitzen bemerkenswert). Das Wetter ist prachtvoll, und meine Stimmung, die bisweilen von starker plötzlicher Sehnsucht nach Dir ergriffen wird, hält sich leidlich gut. Die primitiven Sprachkenntnisse reichen vollauf.

Morgen früh Inneres des Justizpalastes und noch einmal altes Museum. Mittags über Mecheln (Zugüberspringen) nach Antwerpen. Ich will morgen früh auf der Post sehen, ob ein Brief von Dir da ist.

Adieu liebes Herz.

Die Erinnerung an den Tag in Arlesheim, an die Stunden auf dem Berg droben, und an die letzten Stunden unseres Beisammenseins lassen mich nicht mehr traurig werden. Ich bin Dein, Du bist mein, niemand kann uns trennen. Gelt.

Dein Dorle

Grüß Deinen Vater und das Mamli und sag ihr, daß ich sie liebhabe, nicht bloß weil sie Deine Tante ist.

Straßburg, 15. Juli 07
(Montag mittag)

Mein liebster Mann,

auf Antwortbriefe müssen wir nun verzichten. Ich werde Deine zum größten Teil erst von Belgien aus beantworten (ich meine auf den Inhalt eingehen), und meine wirst Du nicht allzu regelmäßig bekommen. Nach dem verwöhnenden Zusammenleben ist es etwas hart. Aber es geht mir wie Dir: Ich lebe innerlich mit Dir vereint. Und im übrigen habe ich so viel zu tun, daß es zum Traurigsein nicht langt. Die Schule ist jetzt sehr anstrengend. Weil ich in jeder Pause und während die Schülerinnen schreiben etc. die Nachfolgerin über alles orientieren muß. An den Patriaaufsatz denk' ich mit Angst. Ich habe noch zwei Bücher geschmökert, ohne erheblich klüger geworden zu sein. Ich werde mich jetzt an das sorgfältige Ausarbeiten dessen machen, was ich habe. Ach, mein Liebling, das gehört zu den Dingen, in denen Deine Erziehung streng werden muß: Du sollst mich die literarische Sorgfalt lehren.

Nun zunächst einen dankbaren Kuß für die beiden Briefe. Denk, sie kamen fast zugleich an, nur zwei Std. Unterschied. Unterdessen hast Du wohl auch meinen bekommen. Ich freu' mich, daß gleich die erste Stadt Dir so viel Eindruck macht. Bestell doch das »Allerlei« wieder ab, wenn's Dir nimmer gefällt. Aber bitte, lieb Herz, schreib mir und dem Katz, was mit Deiner Post geschehen soll. Ich hab' schon wieder ein paar Briefe für Dich und eine Drucksache. Absender: M. Sachse, Ahrenshag, Ostsee. – Auch einen Brief von den Südd. Monatsheften, sie wollen was über die »Neckarschiffer« und freuen sich über Deinen Vischer. Ich hab' ein etwas schlechtes Gewissen, daß ich die Sachen aufmache. Aber ich denke immer: am Ende eilt es, und alles nachzuschicken ist zu teuer ...

An die Mutter habe ich geschrieben und noch mal für alles, inclusive Tafeltuch, gedankt. Sie war doch rührend lieb in ihrer Geberlaune. Gelt, Du schreibst mal einen Brief an das Mamli: Frau Dr. Lella Geiger, Arlesheim bei Basel, alter Suryhof. –

Denk, bei Staudingers ist vor zwei Tg. eine kleine Eva sehr glücklich angelangt. Ich will eben hingehen und sehen wie es steht. Mit meinem schönsten Nelkentopf. Bis dahin ade. Ich kann den Brief ebensogut morgen schicken, da er Dich doch in Gent treffen soll. Du liebster Liebster, ich wollt', ich könnte an Deiner Hand mit durch die Straßen laufen. Unsere Hände haben sich so ineinander gefügt, daß ich mir jetzt immer ganz leer vorkomme, wenn ich sie nicht halten kann. Hab mich lieb, aber sei fröhlich und freu Dich auf später, wenn wir zusammen die Welt anschauen!

Eben komm' ich von Staudingers. Sie liegt strahlend und munter im Bett mit ganz roten Backen, obgleich die Sache sehr schwer war und 13 Stunden lang. Aber das Kleine ist furchtbar kräftig und sie sind selig. Ihn hab' ich leider nicht gesehen. Er soll außer sich sein vor Wonne. . . . Ade. Den nächsten Brief kriegst Du in Brügge. Aber das wollt ich Dir noch raten: Übernacht' nicht jeden Tag woanders. Nimm ein Quartier für länger, z. B. bleib nicht in Rotterd. über Nacht, sondern mache es vom Haag aus, ebenso Leyden. Es vereinfacht alles. Die Fahrten sind so kurz und billig. Das sparst Du an den Trinkgeldern raus. Übrigens wohnt im Haag mein lieber Vetter Joseph Loris-Melikoff. Seine Mutter ist eine Schwester meiner Mutter. Er ist Diplomat, Gesandtschaftsattaché und Du kannst viel von ihm über die Friedenskonferenz lernen. Ich will ihm schreiben und Dir seine Adresse sagen. Er ist reizend. Du mußt ihn auf jeden Fall besuchen. Alter etwa 30–32 Jahre, unverheiratet, sympathische Häßlichkeit. Seine Schwester Tamara habe ich so lieb wie kaum jemanden unter den Verwandten. Sie ist in Petersburg. Die beiden sind in Baden-Baden auf die Schule gegangen, und wir kennen sie daher sehr gut.

Nun endgiltig ade. Ich bin sehr müd', von der Schule her. Den ganzen Tag konnte ich nichts arbeiten.

Ade, ade, ade. Ich kann mich gar nicht von Dir trennen. Schreib oft. Ich dürste nach jedem Brief.

Deine ganz eigenste
Elly

Antwerpen, 15. Juli 1907
Café Canterbury
Abends ½ 8

Liebste Elli,

Reisen macht mit Notwendigkeit unsolid; Du mußt deshalb verzeihen, wenn ich meine besten Grundsätze durchbreche und zu jedem der Briefe an Dich eine Zigarre rauche.

Tagebuch: Gestern abend saß ich noch mit Kaffee und Matin auf dem Boulevard, die sehr zahlreiche Bevölkerung in angenehmster Kermesstimmung. Nachher noch über den Marktplatz. Da erwischte ich's gut. 14. Juli ist Jahrestag der 1. oder 2. französ. Revolution. Auf jeden Fall war Konzert dort, Gasgirlanden und eine Masse Menschen. Die Illumination war diskret, und so kannst Du Dir denken, daß das Ganze mit dem Hin- und Hergewoge der Masse sehr gut aussah. Um ½ 10 war die Musik aus, das Volk verlief sich, und ich begab mich auf mein Zimmer, mit dem plötzlichen Gedanken, Jaeckh vier oder fünf kurze Briefe über meine Reise für sein Unterhaltungsblatt zu liefern und mir etwa 60 Mk zu verdienen. Ich schrieb also in zwei Stunden was über Brüssel runter (so was geht mir ziemlich leicht); sein Inhalt entspricht im meisten dem der beiden Briefe an Dich.

Am Morgen, bezahlt habend, wagte ich mich zu einem Friseur, pour me laisser couper les cheveux (diesmal nicht les chevaux). Es war ein hübsches Theater. Der schöne Jüngling liebkoste anfangs mein Haar, wie etwa ein Bildhauer parischen Marmor streichelt, aus dem er einen Traum gestaltet. Dann schäkerte er, um sein Können zu zeigen und mit dem wertvollen Material vertraut zu werden, ein bißchen mit der Schere, machte Kniebeugen und kniff die Augen zusammen wie ein rechter Künstler. Er hatte ein so lebhaftes Verständnis für mein Haupt, daß ich jetzt fast noch grad so aussehe wie vorher.

Ich holte Deinen lieben Brief und tat das Gepäck auf die Bahn. Dann versuchte ich es mit dem Innern des Justizpalastes. Aber mir scheint, es ist eine üble Sache. Die Innenhalle ist in gar keinem Verhältnis zu hoch, man muß immer hinaufgucken und kommt deshalb nicht zu einer Raum-, sondern bloß zu einer Material- und ungefähren Konstruktionsempfindung.

Ein Schlußbesuch dem alten Museum. Im alten Saal (wo die Eycks sind), in den Ecken herrliche deutsche Doppelfiguren auf ornamentiertem Goldgrund und ein unvergleichliches Porträt von Lukas Cranach. Wie matt sind dem gegenüber die Porträts des göttlichen Rubens.

Zu dem hab' ich heut mittag zum zweitenmal in meinem Leben ein unmittelbares Verhältnis bekommen. Ich mein: so geschätzt, gekannt und bewundert hab' ich ihn natürlich immer. Aber ihn begriffen und von ihm ergriffen, das war vorher nur einmal bei irgendeinem roten Prälaten, ich glaube in Kopenhagen. Und jetzt in St. Jean und Notre-Dame zu Mecheln. Dort sind eine Anbetung und ein Fischzug, noch an den Stellen, wohin sie bestimmt sind. Das ist halt etwas ganz anderes. Die Anbetung ist von einem unsagbar feinen Zusammenklang der Farben, die gedämpft sind; das ist der vornehme, geschmackvolle und innerlich ganz zarte Kirchenmaler. Aber der Fischzug! Herrgott was für Farben, welches Leuchten, welches Rot, welches kräftige Fleisch. Die Leute schwitzen. Dabei gar nichts Speckiges. Ihr müßt Euch beide Bilder zeigen lassen, falls Ihr nach Mecheln kommt; man sieht zwar viel Rubens, aber diese ... Dann kam ich also so um 5 Uhr rum hierher nach Antwerpen, saß lang an der Schelde und vor Rathaus und Kathedrale, und wenn ich jetzt am Place Meir meinen Kopf ein bißle drehe, habe ich diesen wundervoll schlanken gotischen Turm vor mir. Er hebt sich von einem geradezu rührend schönen und zarten Abendhimmel, auf dessen blassem Blau noch ein leichtes Violett angedeutet ist. Ich befinde mich in einer vollkommenen Situation: eine sichere Ecke, ein angenehmer Abend, eine kühle Limonade und alle Gedanken bei meiner lieben Elli. ...

Vielen Dank für Deinen lieben Brief. Du sollst nicht bitten brauchen, ich soll zwischen Kirchen und Bildern manchmal an Dich denken; denn in dem unteren Bewußtsein tu ich's immerzu, und wenn die Augen und Ohren Pause haben, steigst Du in mir eine Treppe höher hinauf, und wir richten uns lieb und fröhlich zusammen ein. ... Weißt Du, was mich mit am meisten gefreut hat: daß auch Dir die letzten gemeinsamen Stunden in der verbotenen Situation des Waggonganges so wertvoll sind. Ich schrieb es Dir gestern, daß ich dafür besonderen Dank habe, und nun finde ich das gleiche Gefühl heute früh in Deinem Brief. Siehst du, liebstes Herz, so was müßte dem »objektiven« Psychologen der beste Beweis sein, daß wir zusammengehören: wie bei den vielen Stunden des Zusammenseins unser Urteil sich ganz sicher bei einem Gespräch begegnete, das wenig Bedeutsames umfaßte, bei dem aber unsre Seelen, ohne daß wir sie erst dorthin geführt, unter einem schönen reifenden Fruchtbaume zusammenstanden.

Grüße die Freunde, Walters und Deinen Vater. Es tut mir sehr leid, daß er nun, da er mir herzlich entgegenzukommen glaubte, durch meine Sprödigkeit sozusagen enttäuscht wurde, und ich habe alle guten Absichten, das nächste Mal anders zu sein. Aber das ist im Grund eine Sache, bei der man nicht einmal etwas versprechen kann. Bis jetzt fehlt mir halt einfach die Stelle, wo ich »rein menschlich« einhaken kann; das ist nun so ein Zwischending zwischen der »literarischen« (im weiteren Sinn natürlich) Beurteilung und Verehrung, die mir bei dem Vater meiner Frau nicht genügt und halb lächerlich vorkommt, und dem krampfhaften Bemühen, sich sozusagen als »Sohn« zu fühlen. Das müssen dann zwei unpathetische Menschen sein, der Vater mit den schmerzlichen Seufzern Deines Vaters und der Sohn mit der objektiven Würdigung der Verhältnisse d. h. der Vereinsamung Deines Vaters: das genügt, daß die Sache nicht fröhlich läuft und unterwegs angefriert. Das Gefrorensein ist nicht äußerliche Scheu oder Ungewandtheit. Vielleicht schmilzt es von Deinem treulichen Uns-Zusammendenken.

So was schreibt der Mensch, während ein liebliches Glockenspiel von der Kathedrale bimmelt. Gute Nacht, liebster Schatz. Ich lauf' noch eine halbe Stunde bei der Schelde herum und denk' an uns beide.

Dein treuer Bub

Straßburg, 16. VII. 1907
Dienstag 5 Uhr

Mein Liebster,

komm, bück Dich zu mir herunter und gib mir einen erfreuten Kuß: Ich habe nämlich verzichtet. Auf was? Selbstverständlich auf den Vögelischrank. Ich war eben mit dem Polaczek da und finde ihn nun doch etwas klein und die Seitenwände nicht gut genug für das viele Geld. Aber schwer wird mir's für meine Kinder auf die Vögele zu verzichten.

Ob ich nun für's Eßzimmer so einen französischen Schrank nehme, in der Art wie Walters ihn haben? Und die Anrichte vom Herrn Knapp dazu? Wir sprechen dann in Halle drüber und besonders in Dresden. Gelt, mein Goldener? Die Idee, Ende September nach Dresden zu gehen, sitzt nun bei mir ganz fest. Ich schreib' dem Naumann im Notfall einen »Ausstattungsbrief« drüber und unterzeichne »Ihr blondes Schwälbchen«. Dann kann er nicht widerstehen und gibt Dir Urlaub. ...

Nun ade für heut. Ich geh wieder stöhnend an die Patria. Liebster, ich streichle Deine Haare mit noch viel mehr Freude als der gescheite Friseur.

Abends:

Viel weiter ist der Aufsatz noch nicht. Ich komme jetzt an den Humanisten Vives, der wirklich ein ahnungsvoller Vorläufer von Schwander war. – Aber als ich im besten Zug war, kam ein reizendes Geschenk von Lenels: Ein Körbchen so: aus weiß lakiertem Geflecht. Mit schönen bunten Bauerntellern, drei für Kuchen, Butterbrödchen und Obst, abends in den Kreis von netten Leuten zu setzen, die einen besuchen. Wirklich reizend. Und darum herum bildet sich eben bei mir die Vorstellung eines neuen, hellen Eßzimmers ohne alte Sachen. Wir wollen mal in Dresden sehen! Du, Liebster, ich freue mich vorläufig auf Halle und Dresden *viel* mehr, als auf die ganze schöne Reise.

Denk, ich habe doch so viel Tradition in mir, daß ich fast ungeduldig auf den Ehering warte. Dir pressiert's ja allerdings gar nicht. Aber ich freue mich drauf. Ich glaube nicht, daß ich die schöne Vorstellung von »Fangeisen« kriege. Ich glaube auch nicht mehr an die Überlegung auf dem Standesamt, ob ich nun die »größte Dummheit meines Lebens« begehe. Alle solchen Gespenster liegen tot und begraben hinter mir. Bleibt nur die dankbare Empfindung, daß es mir unverdient gut gegangen ist im Leben. Und daß es die schönste Erfüllung aller meiner Lebensträume ist, daß wir uns gefunden haben. – Neulich habe ich mit Gewalt unterdrücken müssen, es dem Leoni zu sagen, wie froh ich bin und wie dankbar gegen ihn, daß er mich nicht genommen hat. ... Ich hab' übrigens heut vom Regierungsrat für Handel im Ministerium einen Lob- und Preisbrief für meine Tätigkeit an der Schule gekriegt.

Mittwoch mittag
(auf dem Sofa)

Du Guter, ich habe nun schon wieder einen goldig lieben Brief aus Antwerpen von Dir in der Hand. Danke vielmals. Der Kunstgeschichte sollst Du auch erhalten bleiben. Ich fände die Idee der Selbstporträts z. B. ausgezeichnet für so ein Bändchen der »Kunst« oder etwas ähnliches. Wenn's gut honoriert wird. –

Rührend ist Dein Exkurs über Frauenkleidung und Frisuren. Mein braves Büble, in Brüssel sehen die Frauen nicht aus wie in Berlin. Sondern es ist *die* Stadt, die sich mit Paris allein messen kann. Wahnsinnig elegant.

Was Du über Dein Hôtel im allgemeinen schreibst und über Dein (oder Deine) Kopfkissen im besonderen, hat mir Spaß gemacht. Aber denk Dir die Augen und die Lokomotivtöne der Frau Haas, wenn sie das läse!! Unser Biograph wird sicher den ganzen Passus aus Rücksicht auf unseren moralischen Nachruf weglassen.

Du schreibst aber gar nicht, ob die Hôtels sehr teuer sind. Belgien und Holland sind berüchtigt dafür. – Denk, mein Ehering ist da. Aber er ist ein bißle arg dick. Dafür dann zu schmal. Es steht brav Th. H. drin, und ich muß immerzu auf den Finger gucken.

Verzeih diese Kinderei.
(Abdruck) Nun werden wir in Dresden in allen Hôtels akzeptiert werden!

Ade, Liebling. Ich schick' Dir doch nichts mit wegen des Portos. Das wichtigste ist eine Karte von René Prévôt (von dem ich nicht viel halte). Er will sehr schnell wissen, ob er ein Referat für die Hilfe machen soll, über eine Arbeit von Günther, Münchener Gewerbe betreffend. Er behauptet, es ließen sich interessante allgemeine Betracht. dranknüpfen. - Erlaub's ihm schnell auf einer Karte. Dann wird er nächstens einen Aufsatz über Fr. Naumann für ein Elsässer Blatt schreiben. Das wird schon Blech werden.

Nun ade. Mein Guter, Großer, Liebster. »Schätzest Du mich noch?«

Deine liebe
Elly

Gent, 17. VII. 07
Hotel de la Poste
Abends ½ 8

Liebes Kind!

Dieses Hotel ist wahrscheinlich erheblich feiner als ich. Aber das tut mir nichts. Hineingeraten bin ich so, weil es immer ein Leim ist, wenn der Baedeker 15 Jahre alt ist. Es gibt für Gent mit 150 000 Einw. im ganzen bloß fünf Hotels. Drei davon hab' ich vergeblich gesucht, existieren nicht mehr oder sind Spelunken. Dann war's mir zu dumm, ich sagte Dreckle und stieg in das allererste mit einem Stern. Das ist sehr fein, hat eine Glashalle, einen Schreibsalon wie diesen, und die Klause heißt statt 0 1000. Mehr kann man nicht verlangen. Ich hab' dem Kellner vorhin kaltlächelnd das Souper mit sechs Gängen ausgeschlagen und zwischen lauter eifrigen Engländern mein omelette jambon zu einem Fläschchen Apollinaris verzehrt. Aber Du sollst nicht glauben, daß ich mich nun etwas klein fühle, wie Du im Hotel des Indes, keineswegs, denn ich halte für alle solche Dinge einen genußreichen geistigen Hochmut auf Lager.

Also, um zunächst mein Berichtpensum abzumachen: gegen Abend gestern lief ich lang in der Hafengegend herum und sah zu, wie die Schiffe in die inneren Bassins hereingeschafft wurden. Das ist immer sehr unterhaltend, wiewohl eigentlich nichts besonderes passiert. Nachher lehnte ich eine halbe Stunde an den Dromenoirs der Schelde und dachte an unsere Kinder, namentlich an unseren ältesten Sohn, dem ich wünschte, daß er alle die Bilder gestalten könne, die ich nur sehe oder ahne. Ich weiß noch nicht, ob er ein Maler oder Bildhauer oder ein Dichter werden soll. Da kam mir der Gedanke, der mich lange beschäftigte: was eigentlich schöner und reicher ist, selber zu den Führern seines Volkes, seiner Kunst, seiner Wissenschaft zu gehören, oder Vater, Mutter eines Sohnes zu sein, an den man selber glauben kann. Nicht wahr, ich habe auch einmal eine Zeit gehabt, da wollte ich »berühmt« werden, und mein Name sollte unbedingt mit den großen Landsleuten zusammen genannt werden. Da hatte ich vor dem zukünftigen Namen Heuss ziemlich viel Hochachtung. Dies kommt Dir vielleicht komisch vor, denn in Deiner Familie *ist* man bekanntlich berühmt. Aber gestern abend dachte ich, dies würde das Glück eines Lebens sein können. Denn wenn man so objektiv ist wie wir, sieht man immer das Relative der eigenen Arbeit. Aber daran würde man mit Liebe froh sein können. Der arme Kerle, wenn er einmal die unpassenden Braut-Briefe seiner Eltern durchstöbert, ist er vielleicht Finanzrat in Ulm oder Oberlehrer in Greifswald . . .

Gent hat mir bis jetzt keinen sehr starken Eindruck gemacht, was vielleicht ein bißchen mit meinem etwas verunglückten Einzug zusammenhängt. Die Stadt hat ziemlich viel Straßen so im langweiligen gepflasterten Darmstadtstil. Außerdem geht ein unangenehm dünner Regen hernieder. Ich habe mir die Hauptkirche St. Bavo angesehen, mit einem schönen gotischen Gewölbe; bemerkenswert scheint mir in der Anlage, daß das Schiff gegenüber dem Chor sehr kurz ist. Über dem Genter Altar hab' ich mich nicht lang aufgehalten; die Originale sind in Berlin in besserem Licht. Als Anekdote schreibe ich das Heizungsverfahren auf: kleine moderne gußeiserne Öfen stehen zwischen den gotischen Säulen, und himmellange Blechröhren ziehen sich beängstigend senkrecht zum Gewölbe hinauf. Es sieht grotesk aus. Dabei ist das Innere sehr geschmackvoll restauriert. Ich werde dem Journal du Gand einen Artikel schreiben, es soll in die Krypta eine moderne Heizanstalt legen. Die Krypta (romanisch) ist übrigens ganz interessant. . . . Sehr fein ist der große Beghinenhof, der etwas abseits liegt. Er wird Dir viel Freude machen. Das ist eine Art Kloster, der Orden ist aber nicht streng geschlossen. Eine wundervolle, stille, freundliche Stadt gruppiert sich um Kirche und Rasen, jedes der Häuser hat den Namen eines od. einer Heiligen. Ich weiß nicht, ob man in die Häuser rein darf, ich hab's nicht probiert, da ich mich dem Französischen und Katholischen zusammengenommen nicht recht gewachsen fühlte; aber versuche Du es einmal. Vielleicht ist es ganz lohnend.

Ich glaube zwar, daß ich finanziell noch ganz gut stehe. Aber ich habe vergnügt konstatiert, daß Mauritshuis und Reichsmuseum frei sind. In den flämischen Teil der Kunstgeschichte kostet es immer einen Franken Eintritt. Ich kaufe mir nach alter Gewohnheit meist einige Karten zum Andenken. Soll ich die Dir am Ende schicken, damit Du nicht die gleichen nimmst, oder am besten, Du läßt es dann ganz. Bloß wirst Du vielleicht manches haben wollen, was ich übersah. Dem Mamli schreib' ich nächster Tage. Eine Frage: Soll ich Deiner Mutter einmal schreiben, Brief oder Karte? Wenn ich im Haag mit ihrem Neffen zusammen war. Ich tu's gern, will aber hören, was Du dazu meinst.

Adieu liebes Herz.

Mit vielen guten Wünschen und Grüßen Dein Dorle

Straßburg, 19. VII. 1907

Mein liebster Mann,

nun habe ich seit gestern Deinen Brief aus dem feinen Hôtel in Gent, und obgleich es viel wichtiger wäre, an den Patria-Aufs. zu gehen, muß ich Dir schnell Dankeschön sagen. Es ist sehr lieb von Dir, daß Du an die Mama schreiben willst. »Stephansfeld bei Brumath, Elsaß.« Ich freue mich drauf, wenn Du in Gebiete kommst, die ich auch kenne. Dann hab' ich noch mehr von der Schilderung Deiner Eindrücke.

Ach Herz, mir geht's schlecht. Ich bin ganz verzweifelt über den Aufsatz, denn es will nichts Einheitliches werden. Neulich habe ich den Leoni zu Hilfe gerufen. Er hat aber auch gefunden, daß es bis zum 1. Aug. wahrscheinlich nix Rechtes mehr wird. Er hat mir immer gesagt, ich müsse *einen* durchgehenden Gedanken festhalten. Sonst ist das Gebiet viel zu weit. Ich habe eine schlaflose Nacht verbracht, in der ich ganz bereit war, dem Naumann demütig zu schreiben, er solle mich der Aufgabe entbinden. Dann hab' ich gegen Morgen die Idee gehabt: nur den pädagogischen Gedanken in der Armenpflege zu verfolgen. Und mit Luther und Vives zu beginnen. Gestern habe ich Notizen dafür gemacht und heut soll's losgehen. Gott helfe mir. Amen.

Ich fürchte, ich werde keine Feder mehr anrühren, wenn wir verheiratet sind. Warum tu ich's nur immer wieder? Im Grund hacke ich viel lieber Steine. Vorträge zusammenstellen, das ist was anderes. Das geht absolut von selbst. »Innere Dynamik« nennst Du das in Deiner gebildeten Sprache.

Ade, Liebster

Ich *muß* jetzt an die Arbeit gehen, obgleich ich müd' bin vom Unterrichten und nebenan die Schneiderin sitzt. Ich bin steinunglücklich seit drei Tagen. Wenn nur erst der 3. August wäre!

Deine arme
Elli

Ostende, 19. Juli 07
Hotel Wellington

Liebes Herz!

Dieses Schreibzimmer hab' ich mir durch einen Café und eine Zigarre erkauft. Es ist so um 5 rum; aber heut abend in Brügge will ich versuchen, ein bißle zu artikeln und deshalb kriegst Du aus einer Bummelpause heraus diesen Brief. Heut früh zuerst ein Saal im Palais de Justice mit einem wundervollen sehr sehenswerten Renaissancekamin von außerordentlichen Maßen, Marmor und drüber Holzplastik. Dann die Chapelle de Saint-Sang. Da werden als Reliquie Tropfen von Christi Blut aufbewahrt, die jeden Freitag flüssig werden oder flüssig gemacht werden – ich weiß es nicht, und der Baedeker drückt sich sehr vorsichtig darüber aus. Ich hatte viel Glück wieder einmal, denn es ist heut Freitag. Hoffentlich trefft ihr es auch so geschickt. Es ist eine Doppelkapelle: unten dunkler Stein, Gewölbe mit romanischen Ansätzen. Der kleine Raum war voll Menschen vieler hutzeliger alter Weiber, in den Ecken bei ein paar Heiligenbildern solche Pyramiden von kleinen Wachslichteln und aus einem schmalen Fenster Tageslicht. Es sah sehr gut aus. Dabei herrschte bei den Leuten eine Weihestimmung, und sie küßten in einem fort die Bilder. Mein hygienisches Gewissen räsonnierte. Die obere Kirche durch Bauerei leider meist abgesperrt. Aber die Ausstellung des heiligen Blutes sah ich doch. Es ist in einer Glasröhre. Ein Priester hielt sie, das Volk von Brügge zog vorbei und küßte die Röhre, der Priester betete in einem fort, fuhr dazwischen immer mit einem Lappen über das Glas, ein zweckloser Soldat saß neben ihm, und das Ganze war überhaupt ein bißle komisch. Fast hätte ich den Zug mitgemacht und auch geküßt, um das Blut zu kontrollieren, aber ich bin nicht mehr rationalistisch genug ...

Im Spital St. Johann suchte ich Memling auf und muß sagen, daß ich über den Ursulaschrein über die Maßen entzückt war. Das ist eine ganz unglaublich schöne, zarte, feine und natürliche Arbeit; ich wurde geradezu überrascht durch die Lieblichkeit der Farben, die Anmut der Bewegung, die graziöse Freiheit der Komposition. Wenn ich einmal viel Geld habe, laß ich den ganzen Schrein für uns kopieren. Weil er mir bis jetzt fast das liebste ist, was ich sah, wünsch' ich mir von Dir gute Reproduktionen zum Andenken. Also vergiß nicht, wenn Du in Brügge bist. Ich will mir in Berlin auch gleich ein Buch über Memling kaufen. Es gibt über ihn die reizende Sage, daß er ein deutscher Soldat war, der bei Nancy schwer verwundet im Brügger Spital gesund gepflegt wurde und aus Dank sein Künstlertum der frommen Stiftung widmete. Es sind auch sonst herrliche Sachen von ihm da, am schönsten der kleine Wandaltar gleich rechts vom Eingang. Ich hab' seine kleinen Bildlein lieber als die großen, in denen er manchmal befangen ist. Mir scheint, daß er es mehr als die anderen seiner Zeit verstand, statt der Typen Individualitäten zu geben. Wie wundervoll sind die kleinen Köpfe modelliert. Im Museum sind zwei schöne Sachen von Jan van Eyck und eine erstaunlich große und freie Arbeit des Gerard David. Sieh Dir an, wie lebendig der Kopf auf dem scheußlich realistischen Marterbild ist.

Nach dem Essen fuhr ich an die See hierher. Es ist ein unglaublich schöner Tag heute, die Strandpromenade eine glänzende Anlage, und man unterhält sich gut, alle die eleganten Leute vorbeilaufen zu lassen. Aber ich versteh' von ihren Toiletten ja nichts, Gott sei Dank...

Aber dem Meer können sie seine Schönheit nicht nehmen. Ich hab's ja jetzt schon ein paarmal gesehen, und es ist mir sozusagen schon vertraut, aber jedesmal packt es mich neu. Weniges ist so schön, als unten am Strand zu laufen und bloß das Rauschen zu erleben. Man braucht gar nicht auf die Fläche zu sehen.

Als die Flut kam, badete ich und wurde so übermütig, daß ich frech wie ein Lausbub ganz rausging, allein und mich immer in die größten Wellen schmiß; das Tuten des Strandmannes war mir egal. Das ist das Glänzendste, was es gibt, ich hätte brüllen können vor Vergnügen und hab' mich schließlich über mich selber gewundert. Als ich zurückkam, begrüßte mich der Mann mit einer englischen Ansprache; ich weiß nicht, wollte er mir seine Bewunderung oder seinen Tadel aussprechen oder bloß ein Trinkgeld haben, ich gab ihm aber keines, sondern war ziemlich müd'. Nachher merkte ich, daß ich durch den Kampf mit den Wellen ganz um den legendären großen Genuß des zweigeschlechtlichen Zusammenbadens gekommen war.

Aber ich bin dafür, daß wir das später einmal nachholen, nicht gerade hier, denn auf die Dauer halt' ich das doch nicht aus, wenn die Landschaft sozusagen durch große Steinkästen zugebaut ist; irgendwo an einem kleinen Ort ... An Frau Feist hab' ich einen kleinen Brief geschrieben; jetzt will ich gleich noch der Tante Lella einiges sagen. Und dann sehe ich der Sonne zu, wie sie ins Wasser steigt ... Ade liebstes Herz.

Ist im Haag wieder was von Dir da? Mein erster Weg geht zur Post.

Übrigens, Liebe, wenn die Eheringe nicht gelungen sind, lassen wir sie gleich ändern. Sie sollen doch gut aussehen und bequem sein.

Immer Dein
...
Dorle

Sonntag abend.

Liebling, ich fühle eben Deine Gedanken um mich, ganz stark. So sag' ich Dir noch gute Nacht, ehe ich früh mich hinlege. Dabei fällt mir ein, daß ich Dir nicht geantwortet habe auf Deine Träume von unserem Sohn, der ein Dichter, Maler oder Bildhauer wird. Es sträubt sich etwas in mir gegen diese Vorausbestimmung zu etwas Großem. Ich hoffe, daß wir keine ehrgeizigen Eltern werden. Es ist überhaupt so merkwürdig, und man muß auf diesem Gebiet sicher durch viele Enttäuschungen lernen: daß die Kinder doch nie das werden, was die Eltern träumen. Und man hat ja auch gar keinen Anspruch darauf. Aber ich weiß wohl, mein Herz, daß ich Deine Phantasien viel zu ernst fasse im Augenblick. Nur ist mir dabei klar geworden, daß es ein großer Unterschied ist, wie eine Frau von ihren künftigen Kindern denkt und wie der Mann es tut. Wir sehen immer die Kinder, die noch klein sind und ganz uns gehören. Wenn ich an die Zeit denke, wo die Kinder groß sind und von uns gehen, dann habe ich so die Empfindung von niedersinkender Sonne, daß ich's gar nicht erleben möchte. Du weißt ja, wie stark das bei mir ist, daß ich das Gegenwärtige ängstlich genieße und sage: verweile doch, du bist so schön! Und immer in der Furcht lebe, daß es so auf der Höhe nicht bleiben kann, und daß es entsetzlich ist, bergab zu gehen.

Verzeih, Liebling, ich weiß, daß Du das an mir nicht magst. Und daß wir vorläufig noch der Höhe zugehen. Und ich bin immerfort in seliger Erwartung unserer Höhenwanderung. Aber Du mußt mir immer wieder, noch oft sagen und zeigen, daß wir auch für das Schwere, das kommt, Kraft genug haben.

Nun bin ich so ernsthaft geworden, nur weil Du unseren lieben ältesten Sohn als Berühmtheit siehst. Dabei will ich Dir doch diese Freude so gern gönnen. Und daß er etwas Rechtes wird, das weiß ich auch ganz sicher. Wenn er und wir nur gesund sind. Alles andere macht mir keine Angst.

Nun ist's aber genug. Komm, sag mir lieb Gutenacht und mach, daß ich einmal wieder von Dir träume. Ich hab's seit Heilbronn nicht mehr fertig bekommen. Ich will auch mit viel Vertrauen in die Zukunft sehen. Wenn Du bei mir bist, ist's viel leichter. Gutnacht mein liebstes Leben.

Haag, 20. Juli 1907
Hotel Angleterre

Liebes kleines unglückliches Kind!

Deinen Brief über die Patriasache hab' ich also schon; es war meine erste Tat hier, die Post zu finden und dann bei einem Kaffee Deine Klagen zu »genießen«. Darnach hab' ich mir das Zimmer gesucht, in dem ich bis Donnerstag früh für 2½ fl mit Frühstück wohnen will (gegen vier Mk, sehr anständig und nicht zu teuer).

Gestern abend in Ostende gab's noch eine wunderschöne Stunde, als die Sonne unterging; es war grad höchste Flut, und das Meer raste mit allem Zorn an dem Damm empor. Und zwischen den großen Kämmen, in den breiten Wasserflächen, verspielte sich ein breites Band von goldenem Rot.

Gegen 9 Uhr fuhr ich nach Brügge zurück, versuchte dem Jaeckh noch ein Feuilleton zu schreiben, gab's aber bald auf und schlief einen etwas erregten Schlaf (von dem Baden her), in dem ich ungefähr 400 verschiedene Sachen um unsere Verlobung herumträumte. Darunter auch den Zorn all der Leute, an die extra zu schreiben ich nicht für notwendig gehalten hatte.

Heute früh erlebte ich noch einen großen Spaß in Brügge. Die planen für die Festtage »historische Kampfspiele«. Die wurden auf dem Marktplatz geprobt. Mindestens 3 Kapellen funktionierten. Und einige Kerle und Gäule hatten sie in glänzende Rüstungen gesteckt;

die ritten nun richtiggehend aneinander vorbei wie im richtigen Tjost, und die Lanzen knackten entzwei. Das Publikum war nicht ganz so: zu vier Fünftel Marktweiber.

Dann also eine ziemlich lange Fahrt (die Verbindung ist nicht sehr glänzend), mit einem Mittagsessensaufenthalt in Antwerpen. Nachher spielte im Wagen ein Italiener auf der Hoboe die Schlager von »Auf ins Metropol«, wobei ich den zweiten Eheerlaß formulierte: verlange von mir nicht zu häufigen Besuch von Metropol- und Variététheatern, denn sie sind dem Herrn ein Greuel... Aber inzwischen kam der Haag. Ich hab' noch nicht viel von ihm gesehen, bin bloß einmal durch den Binnenhof gelaufen, hab' mir das Mauritshuis von außen mit einschmeichelnden Augen angesehen und bin um den Weiher herumgegangen. Die Straßen vom Zentrum weg, wo mein Hotel steht (200 Schritt vom Buitenhof), hab' ich noch nicht besucht, aber ich hab' das Gefühl, daß die Stadt mir gefallen wird. Jetzt tut's mir schon ein bißle leid, daß ich Deine begeisterten Briefe in Berlin ließ, denn ich würde auch gleich warm an ihnen werden. Aber bei dem Kruscht, der in meinem Koffer zu herrschen pflegt, solange ich nicht verheiratet bin, hätten sie bloß gelitten oder wären womöglich futsch gegangen.... Und nun muß ich Dir noch sagen, daß es mir halt recht leid tut, daß Du mit dem Armenaufsatz so steckst, daß ich Dir diesmal aber leider mit dem besten Willen gar nichts helfen kann. Und Du *mußt* sehen, daß Du rechtzeitig fertig wirst, liebstes Kind. Schreib's auch einmal dem Lesser, daß er an den Termin denkt. Denn sie setzen diesmal die Auflage von 2 auf 3000, müssen also viel Propaganda machen, und da ist es ebenso lästig als ärgerlich, wenn die Druckerei nicht ihr Sach zu essen hat. Pack's halt fest an und führ den Gaul resolut durch die Furt, ohne viel rumzugucken, zu stolpern und Dich von Strömungen ablenken zu lassen. Ein großes Stück hast Du ja mit dem Straßburger Teil so gut wie fertig. Was Du zu geben hast, ist doch Darstellung und nicht Erfindung. Mach Dir in einer ruhigen Stunde alles klar (aber nicht in einer schlaflosen Nacht, sondern mit einem kleinen Block und einem Bleistift in der Orangerie), dann muß es doch gehen.

Es ist ein elendes Zusammentreffen, das Dich jetzt in so vielerlei Arbeit und Stimmung hineinhetzt; ich hab' ja aus eigener Erfahrung reichlich Vorstellungen, wie es einem zumut' ist, wenn innerlich reiche freie Zeiten von drängenden Pflichten umhängt sind. Mußt halt die Tage noch durchhalten. Deine Arbeiten sind dann doch immer besser als Du selber glaubst. Und ob Du später die Feder in die Hand nimmst, oder nicht, das warten wir halten ab, Herz. Gar so oft hast Du dies ja bisher gerade nicht getan, abgesehen von Deiner Methode, Vorträge schriftlich zu fixieren.

Mir ist nie die Idee gekommen, Dich später zum Schreiben zu drängen oder davon abzuhalten. Zu mancher Arbeit werd' ich Dich halt hinführen müssen und zu Dir sagen: Du, mach's. Und Du wirst es gut machen.

Viel stärker, wenn auch nicht so nach Zeilen kontrollierbar, wird das sein, was Dein Mitdenken und Mitempfinden meiner Arbeit gibt, die dann unsere Arbeit ist. Die zwei Schreibtische sind dann halt bloß zwei praktisch angenehme Möbelstücke. Aber mehr nicht. Gelt.

Ich sag' Dir jetzt adieu und geb' Dir einen lieben Kuß, habe auch keine Angst, daß aus Deiner unglücklichen Verhetztheit wieder so eine Depression kommt. Die sind jetzt vorbei. Das hast Du mir versprochen. Mußt bloß Deine Augen aufmachen und auf mich sehen. Dann begegnen sich unsre Blicke und finden sich unsre Arme.

Du, ich bin in so froher Stimmung, ich glaube fast in zu guter, denn ich verwechsle den Gulden mit der Mark, und das ist hier nicht angebracht.

Briefe, die Du bis Dienstag mittag in Strbg. abschickst, adressierst Du am besten: Hotel Angleterre, Wagenstraat 22; wenn ich am Abend von Delft und Leyden komme, ist die Post vielleicht schon geschlossen.

Viele herzliche Grüße von

Deinem Dorle

Straßburg, 22. VII. 1907
Montag ½ 7 Uhr

Mein Liebster,

ich bin unersättlich. Heut früh hab' ich Deinen lieben Brief aus dem Haag bekommen, und jetzt kann ich wieder nicht arbeiten, weil ich auf den Briefträger warte. So schreib' ich unterdessen an Dich.

Ein bißle kränkt mich, daß Du meinen Kummer so leicht nimmst. Ich will gar nicht die Straßburger Organisation noch mal schildern.

Das ist auch unmöglich, denn viele Patrialeser sind doch auch Leser von »Evang. Soz.« Ich will nur zum Schluß zeigen, was von den Ideen, die im 16. Jahrhundert aufkommen, zu uns gelangt ist. – Es wird miserabel, und ich blamiere Dich und mich mit diesem Debut.

Aber lassen wir das dumme Thema.

Also, Du fängst an, den Tyrannen zu spielen und Erlasse zu geben. Was würdest Du dazu sagen, wenn ich ein Gleiches täte: »In meiner Wohnung darf nie und unter keinen Umständen geraucht werden.« Oder: »Auf meinen Parkettböden darf man nur auf solchen Filzsohlen laufen, wie ich es in Grenoble mußte.« Das Thema für unser Unglücklichwerden ist schon gegeben: Ich bin die vergnügungssüchtige Frau, die hinter Deinem Rücken immer ins Variété geht. Du willst rauchen und gewöhnst Dir deshalb den »Klub« an. –

Komm Dummerle, gib mir einen Abbitte-Kuß dafür, daß Du das teure Porto von Holland aus dazu verwendest, Dich gegen meine nicht existierende Vorliebe für's Metropol zu wehren. – Nun bist Du vielleicht schon mit dem Josef zusammengewesen. Bitte schreib doch gleich einen Brief an die Mama. Er braucht ja gar nicht lang zu sein. Aber es würde für sie eine ganz dauernde grundlegende Freude sein. Bitte Liebling tu's! Schreib eher einmal weniger an mich! (Nicht ganz ernstzunehmender Opfermut.) – Du, ich hab' heut zum erstenmal wieder die quälende Sehnsucht nach Dir, die einem an allem anderen verhindert. Ach Liebster, wenn wir uns doch einen Tag vor meiner Reise sehen könnten! Wenn bei Dir die Eindrücke noch frisch sind. Aber es ist dumm, immer so zu wünschen, wenn's nicht geht. Ade. Der Briefträger kommt nicht.*

---

* *Elly Knapp setzt den Brief unter dem Datum des 22. VII. fort. Inzwischen trifft Theodor Heuss' Brief vom 21. VII. ein.*

Im Haag, 21. Juli 07
Hotel Angleterre

Liebes Herz!

Von jetzt ab also kannst Du mich kontrollieren, aber manchmal werd' ich jetzt doch so verfahren, als ob ich Dir manches erst klarmachen müsse, deshalb weil ich so meine Eindrücke besser niederschreiben kann.

Ich war heut kurz im Mauritshuis und hab' einen meiner merkwürdigsten Tage erlebt. Gott sei Dank, daß dieses unheimliche Museum nicht sehr groß ist. Es könnte einen kaputt machen. Die neuliche Geschichte mit Rubens und der Erleuchtung, in Mecheln, wiederholte sich hier mit Rembrandt. Der ist mir doch kein neuer mehr. Es war nicht die Anatomie; die ist einem zu geläufig. Und ich hab' immer bloß die zwei Köpfe angesehen, den herrlich dozierenden von Tulp und den vorgestreckten des einen Arztes. Außerdem hab' ich mir einige Gedanken über die Lichtanatomie des Bildes selber zurechtgelegt.

Es begann mit einer kleinen Frau im Treppenhaus, die sich über ein Buch beugt: blaues Kleid, roter Mantel, dunkelgrüne Tischdecke, goldbraunes Buch. Eine kühne Komposition: die Frau ziemlich zurückgeschoben, vorn Requisiten. Die Beziehungen der Farben sind von großem Reichtum.

Dann kam die Darstellung im Tempel, mit der fabelhaften mystischen Weiträumigkeit. Was mich aber völlig umschmiß, war »Saul und David«. Das Bild ist ganz unheimlich groß. Da sitzt Saul, ein großer starker bärtiger Jude in einem Gewand voll Pracht und Farbe. Das Bild hat keinen Raum, der Hintergrund ist schwarze Fläche. Unten rechts in der Ecke David, der die Laute schlägt. Ein Judenjunge, nicht königlich, nicht schön, nicht begeistert; ganz einfach mit lockeren Händen greift er in die Saiten und freut sich an ihrem Klang. Sein Lied ist rührend. Man spürt, wie sich die Melodie von seinen Händen löst, und man sieht's, wie die Töne von da unten rechts, wo David sitzt, nein, nicht sitzt, denn er hat keinen Raum, er ist nur da, als Musik, als Reinheit, als Kindlichkeit, zu dem großen König heraufkommen und die Erinnerung an etwas Verlorenes wecken. Da greift er in den Mantel und verbirgt sein Haupt. Der Knabe merkt es nicht und spielt weiter.

Wie ist dieses Bild schön und groß und ungeheuer. Über alle Worte. Ich kann Dir gar nicht sagen, wie es mich an sich gerissen und hingeschleudert. Das kann gar niemand interpretieren. Man kann gar nichts über die Malerei sagen. Das ist alles so klein und dumm. Ich bin nicht sehr für kühnes Behaupten, aber ich glaube, dieses Bild kann nur durch Beethoven noch einmal geschaffen werden. Ich kann heut über Rembrandt gar nichts mehr sagen. Ich will alle nächsten Tage ins Mauritshuis und dann noch die Sachen in Amsterdam vorher sehen.

Ich war für Rembrandt eigentlich schlecht disponiert, denn ich war gleich an Holbeins Robert Cheseman, der den Falken hält, hingeraten und war so begeistert von diesem unvergleichlichen Bild, daß ich alles Spätere bloß an ihm maß. Und alles war kleiner, Rubens, Vermeer, Hals, Ruysdael, bis Rembrandt kam. Und die zwei sind so verschieden; man kann sie mit keinem Strich vergleichen. Bei Rembrandt wird's einem heiß und kalt, bei Holbein tritt man zurück und betrachtet und bewundert und genießt. Man kann tausend Sachen sagen: für mich ist Holbein, so wenig ich von ihm kenne, weil ich noch nicht in London und Basel war, schlechtweg der größte Porträtist und der größte deutsche Maler. Ich weiß gar nicht warum. Ich bring' vielleicht keinen Artikel über ihn fertig. Bloß hab' ich für keinen eine so starke unmittelbare Begeisterung nicht Wärme, sondern immer so: er sagt alles, das letzte, und das konnte außer ihm keiner. Deshalb kann man über seine Menschen keine Anekdoten schreiben. . . .

Geschlafen habe ich nicht hervorragend, da mein Zimmer nach vorn geht und die Haager ein ziemlich lärmendes Volk sind.

Heut mittag fuhr ich dann mit der Elektrischen durch den wunderschönen Busch am Oudenweg nach Scheveningen. Ostende ist ja erheblich großartiger, besonders haben die Hotels dort nicht die unmögliche Architektur wie hier. Aber hier gibt's wenigstens noch ein bißle Dünen, und der Strand ist breiter. Es war sehr viel Volk da, und so sah es sehr amüsant aus. Besonders als ein paar Boote ausfuhren und mit der Flut zu kämpfen hatten. Dabei flog einem der Hut vom Kopfe, was mich sehr beschäftigte. Ich verwandte viel Zeit darauf, vom Pier aus den Versuchen der Wellen zuzusehen, ihn ans Land zu bringen. Er quoll auf wie eine richtige Wasserleiche. Aber es war bloß ein steifer und wie ich das merkte, ließ ich ihn seinem Schicksal; denn darum ist es nie schad'.

Außerdem sah ich da außen einen automatischen Fotografen, der in 1½ Min. ein Porträt verabreicht, das man selber aufnimmt, mit Geldeinwurf und Losdrücken; solche zwecklosen Renommageerfindungen machen mir immer Spaß. Ich hab' ja auch einmal einen Apparat ersonnen, zur Ferntelegrafie von Bildern; bloß fehlen mir die Kenntnisse, ihn zu verwirklichen. Sein System muß ich Dir einmal erklären.

Die Schönheit des holländischen Backsteinbaues hatte ich gleich weg, und ich glaub', es stimmt: es ist bloß eine Zentimeterfrage. Dadurch, daß die Ziegel schmäler sind als bei uns und daß die vertikalen Fugen fast ganz vermieden werden, bekommen die Häuserfassaden das schöne Flächige, das hinter den grünen Bäumen so gut aussieht.

Dein Hotel des Jades hab' ich mir extra von außen angesehen, mit lebhafter Bewunderung Deines Talentes, Dich hier zu benehmen. Teuer ist die Stadt. Ich hab' schon weg, daß es auch mir schwer fällt, mich mittags u. abends unter 3 Mk jedesmal zu sättigen; dafür ist das Essen gut, und sie verstehen es, hübsch zu servieren.

Lieb's Kind, Du mußt mir, wenn das Briefschreiben nicht nachlassen soll, nach Amsterdam etwa 6–8 Bogen von dieser Art schicken. Denn wir wollen die Reise doch einheitlich haben und es reicht sonst nicht mehr ganz.

Für heut adieu. Hoffentlich ist der Brief nicht zu arg bloß Kunst.

Du weißt ja, daß ich auch sonst ein paar Tugenden hab'. Lieb's Herz, geb mir einen Kuß, dann geb ich Dir auch einen.

Dein Bub

Straßburg, 22. VII. Dienst. früh

Mein liebster Mann,

Dein Brief über das Mauritshaus ist mir wirklich eine Erfrischung in meinem abgehetzten Dasein, fast als ob ich selber wieder einen Blick hinein getan hätte. Du schlechter Bub, wenn Du meine Briefe mitgenommen hättest, so würdest Du ganz genau verfolgen können, wo ich ebenso und wo anders aufgefaßt habe. Denk, ich bin wirklich ein bißle ernsthaft bös, daß Du sie so daheim gelassen hast. Die Unordnung in Deinem Koffer ist doch kein Grund. Denn ich denke, daß Du meine jetzigen Schreibereien, die viel uninteressanter sind, auch aufhebst.

Mir ist es mit dem Rembrandt ähnlich gegangen. Nur, da ich die Reise umgekehrt gemacht habe, war der erste überwältigende Eindruck vor der »Nachtwache« und zwei Porträts in Amsterdam. Das seiner Mutter und das des Bürgermeisters, Namen vergessen. Nachher im Haag und in der Rembrandt-Ausstellung in Leyden war ich schon so verwöhnt, daß ich zwar unendlich viel Genuß hatte, aber nicht mehr das ungeheure Erstaunen spürte wie in Amsterdam.

Du brauchst mir keine Karten zu schicken. Ich habe jedes Bild, von dem Du bisher sprachst, Zug für Zug im Kopf. Auch jeden Vermeer. Was sagst Du zu seiner Delfter Landschaft? Sie ist viel schöner, wie ganz Delft, und wir haben vergeblich versucht, einen solchen Blick auf das Städtchen zu genießen. Ich hab' ein gutes Bild davon. Und sieh Dir den merkwürdigen Vermeer an unten im Hauptsaal, wo der öde Potter ist (den ich nicht mag), am Fenster links vom Eingang. Da erkennt man ihn kaum wieder. Frauen beim Baden, die fast an Böcklin erinnern. Er muß dazwischen in Italien gewesen sein. Den Steen geb' ich Dir ganz preis. Du hast ganz Recht. Aber von ter Borch sind entzückende Sachen im ersten Stock. – Der Holbein mit dem Vogel war mir das Allerliebste. Deshalb bin ich nachher in Dresden nur zum Holbein gegangen. Ich freu' mich schon ungeheuer drauf, wenn wir in Basel einen ganzen Morgen beim Holbein sind.

Vergiß aber trotz der großen Alten nicht, in das Mesdaag-Museum im Haag zu gehen, der Franzosen wegen. Und schenke Dir die Sammlung im Stadthaus, sie ist nichts.

Nun ade. Deine Mutter hat mir heut geschrieben, nur Vorhänge, Besuche und daß sie einen Brief an Dich erst mit der Wäsche nach Berlin schickt. Aber lieb. Über etwas habe ich lachen müssen, und Du sollst mitlachen: Sie hat jetzt ihre, d. h. unsere Karten herum geschickt und konstatiert ganz gerührt, daß unser Verlobungstag (!) am 18. Juli sei, während ihrer am 19. gewesen sei vor 30 Jahren. Ein Verlobungstag, von dem keins von uns etwas ahnte!

Ein ganz klein bisle wehmütig macht es mich, daß Deine Mutter so wenig versucht, sich mit der wirklichen, ernsthaften Seite unseres Verhältnisses bekannt zu machen. Sie sieht diese Verlobung immer vom Standpunkt der anderen, der fremden Menschen aus an. Ich habe immer eine große Sehnsucht nach verstehender, mütterlicher Liebe gehabt. Die ist mir nur von der Tante Lella zuteil geworden. Da allerdings im reichsten Maß. Ich habe immer ein bisle gehofft, daß wir es auch bei Deiner Mutter fänden. Ich meine nicht das Eingehen auf die intellektuellen Interessen. Das haben wir ja durch den Papa und auch Naumann und andere. Sondern das Mitempfinden und Verstehen des weiblichen Teils von all dem Neuen, was auf mich etwas bedrängend und verwirrend einstürmt. Aber dafür bleibt wieder die Tante Lella als einzige. Und Du mußt halt versuchen, in Deiner Liebe mir auch das zu ersetzen, was mir das Leben an mütterlichem Verständnis schuldig geblieben ist.

Liebling, gelt Du verstehst das nicht falsch, und weißt, daß ich dabei Deine Mutter immer lieb haben werde und hochhalten. Schon aus Dankbarkeit für Dich. Nur ist etwas Resignation dabei.

Ich glaube, man sollte so was nicht schreiben. Du verstehst es ja auch, ohne daß ich es sage. Aber siehst Du, ich stehe jetzt so im Konflikt. Der Papa wirkt nur auf das geistige Leben. Und alles, was mich sonst jetzt bewegt, kann nirgends sich aussprechen, wird immerzu zurückgedrängt von der vielen Arbeit. Dadurch wird es fast qualvoll. So muß es bei Dir Verständnis suchen.

Nun aber ade. Grüß alle schönen Bilder von mir! Auch die amüsanten, wenn auch nicht schönen Porträts der kleinen Habsburger, unten im Saal wo der Holbein ist, die alle die Unterlippe bereits haben. – Ade Liebling.

Ganz Deine
Elli

Leyden, 23. Juli 07.
In den vergulden Turk
½ 5 Uhr

Liebes Herz!

Bei gutem Wetter ist heut abend in Scheveningen »groot Vouerwerk«; vielleicht gehe ich dann raus. Deshalb fang' ich den heutigen Brief schon hier an, schief gegenüber von Deinem Hotel Levedag, das aber ganz brav und bürgerlich aussieht. Als heute früh von Deinem Vetter nichts da war, aus Deinem Brief aber die feste Erwartung sprach, daß wir zusammenkommen, entschloß ich mich, ihn zu suchen, allerdings immer ein bißchen mit dem peinlichen Gefühl, mich aufzudrängen. Zuerst knobelte ich also mit meinem Hotelier das Hotel raus, wo

Leute der russischen Delegation abgestiegen waren. Der Kellner teilte mir mit, daß der »Minister« Melikoff im Gesandtschaftshaus wohne, auf der Vorhout. Ich sagte dem Kellner, mir solle es recht sein, wenn er inzwischen Minister geworden, und begab mich dorthin. Dort blieb ich jedoch beim Staatsrat, erhielt jedoch die Auskunft, daß ein solcher nicht existiere, dagegen ein Gesandtschaftssekretär gleichen Namens und den könne ich vielleicht zwischen 1 und ½2 treffen. Wo er wohne? Frankenslag 100. Das ist in Scheveningen. Begab ich mich dorthin. Langes Verhandeln mit dem Diener; Ergebnis: der Herr badet, in einer halben Stunde wiederkommen. Ich lief dann ¾ Stunden in Dünen herum und überlegte mir, ob ich nicht im Grunde eine lächerliche Rolle spiele.

Als der Vetter aber dann kam, erfuhr ich zum Glück, daß ich umsonst begonnen mich zu ärgern; er war in den letzten Tagen nicht auf der Gesandtschaft und hatte meinen Brief noch nicht erhalten. Ich nahm in der Stille rasch alles zurück und es war dann sehr nett. Er ist in der Tat ein reizender Mensch. Eine seiner ersten Liebenswürdigkeiten war, mich einzuladen, vollends bei ihm zu wohnen, was ich, in einer ähnlichen Situation wie damals bei Frau Hirsch annahm, als er mir klar machte, daß er allein ein Haus mit zehn Zimmern bewohne und immer alles bereit halte. ...

– – – Siehst Du, das mit unseren Kindern hab' ich ein bißle anders gemeint. Gott verhüte, daß ich ein »ehrgeiziger« Vater werde, der seine Liebe nach den Leistungen der Kinder mißt. Fast nichts ist tödlicher. Es war nur ein allgemeiner Gedanke, was mir als größter Inhalt unseres Glückes erscheint, daß unsere Kinder so Großes und Schönes schaffen, daß wir es als ein Aufwärts gegenüber unserem eigenen Leben erkennen. Das Wort »berühmt« ist dabei nebensächlich. Wenn ich es brauchte, sollte es nur so viel heißen: Arbeit über den engen Kreis hinaus, ein Wirken, das bewußt an einer Ecke »Volks- oder Menschenentwicklung« steht. Das ist der wertvollste Teil meines vielleicht etwas banausisch konstruierten Unsterblichkeitsglauben, der ein Wille ist: daß die Kinder kein Rückgang gegenüber den elterlichen Werten sind, sondern Bewahrer und Förderer. Ich glaube, daß meine Liebe zu unseren Kindern dann am größten ist, nicht wenn sie sich innerlich von uns wegschleichen, sondern wenn wir sie von uns fortschicken. Wenn sie 12 und 14 Jahre alt werden, und ihre Augen zu der Welt auftun, soll das der Inhalt alles Erziehens sein: nicht sie an uns zu fesseln, sondern sie frei zu machen von uns. Das klingt Dir vielleicht seltsam oder hart, aber ich will keine Söhne und Töchter haben, die als erwachsene Menschen sich von uns abhängig fühlen, um dann doch auf Hintertreppen wegzugehen. Innere Freiheit ist alles. Das kann uns manchmal schmerzlich sein. Aber Du, es ist keine untergehende Sonne, sondern eine aufgehende.

Wir sind selber wie Kinder, wie frohe und gläubige Kinder, wenn wir das miteinander sprechen. Aber in diesen frohesten und seligsten Dingen treten unsere Seelen sich ganz nahe, und in allem Letzten weiß ich mich dabei eins mit meiner lieben, guten, tapferen Frau, auch wenn wir manchmal noch verschiedene Worte brauchen und wenn Du als Frau zunächst an die Zeiten denkst, die für Dich die größten sind.

Ach Du liebe süße Elly! Aus unseren Brautbriefen wird man noch ein ganzes Compendium zur Kindererziehung zusammenstellen können. Was sind wir doch für komische Leute. Zunächst will ich bloß einmal Dich haben, ganz bei mir, und Dein blühendes Leben und Deinen warmen Leib in meinen Armen halten. Es ist ja noch so unsinnig lang, bis ich Dich besitzen darf; aber ich weiß, wir müssen die schmerzliche Geduld haben und noch dankbar sein, daß wir uns ganz gehören, ehe die Sehnsucht durch Jahre hinsiecht oder fremder Genuß die reine und starke Glut der Erwartung zertreten hat.

Liebe, liebe Frau. Und jetzt leb wohl . . .

Rotterdam laß ich wahrscheinlich fahren; morgen früh Delft, am Donnerstag Haarlem; vielleicht abends schon Amsterdam. Nach Haarlem nicht schreiben; A. postlagernd. Ich seh' im Hotel noch nach einem Brief von Dir.

In herzlicher Liebe Dein Dorle

Donnerst.

Du Bester! Das war wieder ein ganz lieber Brief. Wie lustig, daß Du bei dem Josef wohnst. Ich freu' mich schon auf die nähere Schilderung Deiner Eindrücke morgen. Wenn aus Rotterdam nichts wird, ist das Unglück nicht groß. Im Museum ist nichts von allererster Bedeutung und sonst ist's halt eine Hafenstadt, interessant wie die alle sind, aber nicht so einheitlich schön wie Delft oder Leyden. Zum holländischen Typus gehört nun mal die Behaglichkeit. Das Treiben einer großen Stadt paßt nicht recht. Aber das ist lauter Unsinn. Denn Amsterdam ist doch das schönste von allem. Ob Dir's auch so über alles gefällt? ... Das mit der Zukunft unserer Kinder ist nun in Ordnung zwischen uns. Und wenn Du sie schon früh aus meinem Flügelschutz entläßt, so mußt Du halt dann noch mal von vorn anfangen, mich zu lieben und das Alleinsein mit mir zu genießen. Hoffentlich mach' ich Dir's nicht zu schwer durch Alter und Wüschtheit vor Gott und den Menschen.

Ja, es dünkt mich im Augenblick auch noch endlos lang, bis wir uns haben. Aber im Grund ist es nicht mehr lang, Liebling. Und noch viel Arbeit in der Wartezeit zu verrichten. Ich will gar nichts Neues übernehmen und so früh alles anfangen, was Aussteuer anbetrifft, daß ich nicht abgehetzt und müd zu Dir komme, sondern ganz frisch und gesund. Gelt Liebster? Dann gibt's auch noch viel Arbeit bis alles in Ordnung ist. In Halle fangen wir ernstlich an. Du, Liebling, wie lang glaubst Du, daß Du kommen kannst? Zwei Tage wäre arg kurz.

Nun ade. Ich mach' heut einen Ruhetag in der Arbeit, hab' mir einen Koffer gekauft (in den später auch Deine Sachen kommen) und noch 1000 andere Sachen besorgt, hole mein letztes Gehalt (o weh!) und habe Armensitzung.

Grüß mir alle Giebel von Amsterdam und die Rembrandts.

Deine liebe Frau.
Elly.

Delft, 24. Juli 07
Café Phoenix.
Mittags 3 Uhr

Liebes Kind!

Delft ist das, was man auf schwäbisch kurz ein saufeines Bierdorf nennt. Hoffentlich klingt Dir das nicht zu brutal; denn das Wort enthält eine Liebeserklärung. Ich bin also jetzt einige Stunden hier und kreuz und quer über Brücken gelaufen, unter den Linden hin, dem grünen Wasser entlang, und ich hab's verstanden, daß der Vermeer nicht ganz zufällig zu seinen Farben kommt. Vielleicht ist sein schönes warmes Bild im Mauritshuis schöner als Delft, vielleicht sah ich das ganze hier schon ein bisle durch seine Zauberbrille an: mir scheint, daß hier in der Luft schon die wesentlichen Vorbedingungen zur Vermeerschen Kunst gegeben sind. Denn worin besteht die? Zunächst in der weichen Auflösung der Conturen, die in einem neuen Medium ihre Art, ihre Bewegungen verlieren. Dann in den Annäherungswerten der Farben. Nicht wahr, Vermeer malt nicht ein Rot ab und daneben ein Grün, sondern er greift dem Auge vor und malt bereits ihre optischen Beziehungen. Vielleicht täusche ich mich in dieser Behauptung; aber ich habe sonst keine Erklärung dafür, daß alle seine Sachen erstens immer farbig intensiver und ganz anders wirken als das übrige seiner Zeit, und daß sie zweitens bei aller Natürlichkeit doch immer was anderes sagen als die Natur: nämlich die Kunstabsicht ihres Schöpfers ...

Mit dem Vetter Josef hab' ich heut morgen ein paar Stunden geschwätzt und nachher ausführlich gelunchct. Wir vertragen uns ganz gut, haben uns über einige Kunstsachen verständigt; ich hab' ihm einiges von Naumann und deutscher Politik erzählt, er von der Friedenskonferenz, aber mehr so persönliche Eindrücke und sachlich auch nicht mehr als in den Zeitungen steht. Er ist Sekretär bei der Commission für allgemeines Kriegsrecht. Was bei der Konferenz herauskomme, könne man bei ihrem schleppenden Gang gar nicht sagen. Einiges war nicht uninteressant; er zeigte mir dann auch die verschiedenen Sitzungsräume, die dem profanen Volk sonst nicht zugänglich sind, und ich werde davon noch Kindern und Enkeln erzählen. Außerdem hat der Vetter Loris die Spezialität, alte Möbel zu kaufen, mit dem Sport der guten Käufe. Er hat schöne alte gute Sachen zu fabelhaft niedrigen Preisen aufgetrieben. Allerdings verleitet ihn nun der Sport dazu, in seinen Räumen alles unterzubringen, einfacher Eichenschrank, sehr große vergoldete Rokokospiegel, weiße Louis-seize-Sessel, Biedermeierkommode, das meiste sehr hübsch, aber im ganzen etwas Kunstgewerbemuseum. Seine Hauptbeschäftigung sind tägliche offizielle Diners, da jetzt größte Saison ist, auf die er schimpft. ...

Das, was Du von dem Verhältnis zu meiner Mutter sagtest, verstehe ich vollkommen, wenn ich es auch nicht ohne ein gewisses schmerzliches Gefühl las. Neulich, als Du mir von Deinem Brief an sie schriebst, wollte ich Dir einiges darüber antworten; es wäre mit anderen Worten das gleiche drin gestanden, wie in Deinen Zeilen. Ich wollte Dir ruhig sagen, daß Du Gefahr läufst, meine Mutter aus Deinem starken Liebegefühl und Liebebedürfnis zu überschätzen, in dem, was sie ist und in dem, was sie für uns bedeutet. Das würde sehr roh klingen, wenn Du nicht wüßtest, mit welcher Liebe und Dankbarkeit ich an alles das denke, was unsere Mutter an ihren drei schwierigen Söhnen erduldet und getan hat. Und Du wirst lernen, sie mit meinen Augen zu sehen. Das ist kein Vorwurf. Nur mußt Du Dir klarbleiben: sie kommt aus absolut beschränkten, kleinbürgerlichen und bigotten Kreisen als braves Mädchen neben einem Mann, dessen politischer, sozialer, religiöser Radikalismus ihr immer fremd, ja hassenswert erschien. Dazu in ihren »besten Jahren« meistens irgendwie krank. Die Auseinandersetzung mit dem Leben immer passiv, mit dem einzigen Bestreben, die gesellschaftlichen Zusammenhänge wo's ging zu wahren (Anmerkung: ich glaube, mein Vater machte prinzipiell keine Besuche). Innerlich vollständig ausgeschöpft, d. h., weder der Mann noch die Söhne haben sich um das Innenleben je stark gekümmert. Ich weiß auch nicht, ob eines da ist.

Und nun machen die Söhne der Reihe nach Ausschreitungen, die über die kleinbürgerliche Beamtentradition hinausgingen. Früher Lebenswunsch meiner Mutter: ich soll pensionsberechtigter württemberg. Oberamtmann werden. Dazwischen läuft neben der Sorge immer der Stolz, daß die Söhne was werden und von der Öffentlichkeit geachtet werden. Aber sie muß ertragen, daß alles ungefragt geschieht. Daß ich meine Wege gehe. Daß Hermann annonciert, ich studiere dieses Jahr nicht, sondern male; ich gehe 4 Wochen nach Paris. Bitte Geld. Und sie gibt das Geld. Das wird schließlich der Ehrgeiz, den Söhnen fast alles, was sie für gar nicht gut und notwendig hält, finanziell zu ermöglichen, ohne das Vermögen zu tangieren. Es ist ihr fast gelungen. Wie, ist mir noch nicht ganz klar. Jetzt hat sie alles dorthin geworfen, wo sie noch etwas sein kann: in der leiblichen Sorge, in der Pflege des Familiensinns und solchen Sachen. Zu eigenen Genüssen muß man sie fast zwingen.

Meine Mutter hat keine Ahnung von meinem Verhältnis zu Frauen. Man spricht bei uns von so was nicht. Sie ist jetzt noch unsicher, was sie von uns zu halten hat. Aber das wird sich geben. Wir werden manchmal davon reden, und sie immer dankbar lieben.

Aber Du wirst auf manches verzichten müssen, was Du ersehntest. Aber dann kommst Du zu mir, und ich fühle die Kraft und die Liebe, Dir alles zu sein.

Dein Dorle

Amsterdam, 25. Juli 07
Hotel »Het Haasje«
Damrak

Meine liebste Elly!

Der Vetter Josef und ich sagten uns heute morgen aufs liebenswürdigste adieu und auf Wiedersehen; ich freue mich, ihn kennengelernt zu haben. Darauf begab er sich zur ersten Voraussetzung aller Diplomatie, einem wohlbestellten Toilettentisch, und ich mich zum Abschiedsbesuch ins Mauritshuis. Ich bestellte den drei kleinen ahnungsvollen Habsburgern Deine Grüße (mir scheinen die Bilder übrigens – Kinderbilder 120 Jahre vor van Dyck! – recht gut) und ging dann reihum zu Holbein, Rembrandt, Vermeer. Bei dem Delfter Bild konstatierte ich, daß die Linden blau gemalt sind, was sich meiner Behauptung von gestern nähert, und sah mir dann genau an, wie er bei Mauerwerk u. s. f. die Farbe mit einem steilen Pinsel in kleinen Stükken aufsetzt. Das hilft der Sonnenwirkung. Bei den badenden Frauen, dem dunkeln Grunde, dachte ich, Vermeer könnte vielleicht Giorgione gesehen haben, von dem vielleicht die zartesten Sachen der italienischen Kunst kommen. . . .

Dann also Haarlem. Zuerst die Stadt. Eines sah und spürte ich mit Bedauern, daß sie die Straßen mit richtigen holprigen Pflastersteinen pflasterten und von der guten Delfter und Leydener Art abwichen, Tanzböden durch eng gefügte Ziegel zu richten. Architektonisch ist das Rathaus gleichgiltig, aber die Fleischhalle, namentlich in dem Reichtum der Giebelzier, hervorragend schön. (Ich werde Dir einmal in und bei Kopenhagen das schönste zeigen, was aus solcher Verbindung von Ziegelbau mit Haustein hervorging: Rosenborg, Frederiksborg, Grabkapelle von Christian IV. in Roskilde.) Der Fischmarkt ist amüsant; ihr müßt auch den Brügger besuchen. Der ist noch größer, aber auch mit den gleichen komischen klassischen Säulenhallen und stinkt mehr. Gott sei Dank ist die Groote Kerk nicht freigelegt. Es ist so fein, wie sich die kleinen Häusle hinducken. Ich hab' wieder auf den Baedeker schimpfen müssen. Schwärmt vom Klang der Orgel und daß sie Donnerstag von 3–4 gespielt wird. Ich dachte, da hast Du Glück und wartete bis drei. Da war's dann grad fertig gewesen. . . .

Bekanntlich ist Haarlem der eigentliche Grund und das letzte Ziel dieser Reise gewesen. Memling und Brügge haben sich etwas danebengedrängt. Ich ging zu Frans Hals ohne Illusionen und ohne die Erwartung besonderer künstlerischer Offenbarung, sondern mit der bloßen Absicht, mich eine Stund' lang an guter Malerei zu erfreuen. Es war dann aber doch mehr. Und zwar wegen der Frauen vom Altmännerhaus; Du hast recht, es sind »Gespenster«. Es sind auch Karikaturen. Und doch steckt so unglaublich viel absolut realistisches Leben drin, daß man erstaunt. Vergleicht man die Schützenbilder von Hals mit denen anderer, nicht nach der Malerei hin, sondern nach dem Porträtcharakter, so sind sie eine Befreiung vom Typischen zu fabelhafter Individualisierung. Aber in den alten Frauen kommt auf einmal etwas Neues raus: nämlich das Individuelle erschöpft sich im Typischen. Das ist gar nicht mehr Frau oder Fräulein soundso, sondern das sind Charaktere in einer unheimlichen Ausdrucksstärke. Es sind auch sonst so ein paar gut gemalte Frauengruppen da, aber die Weiber kümmern uns nicht; hier aber, die kennen wir, die haben wir schon gesehen, sie haben Ewigkeitszüge.

Als ich 14 Jahre alt war, hab' ich dem Hermann die Halsmonographie von den Knackfußschen zum Geburtstag geschenkt, weil sie bloß zwei Mk. kostete. Diese Billigkeit bildet den Anlaß meiner Hals-»Schwärmerei«. Aber es hat mich immer nur der Maler, der kecke Pinselführer, interessiert, der Mensch nie. Denn der ergab sich ja einfach aus der Keckheit des Pinsels. Aber hier, wo man die beiden späteren Bilder neben den andern hat, drängt sich auf einmal das menschliche Problem auf. Ich weiß, daß auch Du das empfunden hast. Es ist merkwürdig, auf den Schützenbildern sind sie alle stark und frisch, auch die alten Männer ganz jung und vom Leben weiter nicht gequält. Auf dem Bild der Altmännerregenten sind sie alle alt und trüb, der Maler hat ihnen ins Gesicht geschrieben, daß es mit den Illusionen der Herren St. Georgsschützen in der Wirklichkeit nicht sehr weit her ist. Mir scheint, das Bild ist als Malerei trocken, mangelhaft, ermattet. Aber die Köpfe. Grausame Karikaturen. Würdige ehrbare Männer, im Grunde etwas langweilige Stiesel. Der eine ein richtiger halbbetrunkener Alkoholikertypus. Bloß der alte Diener hat einen jungen Zug. Er lacht. Er lacht die da vorne aus, die sich vom Maler anführen lassen. – Bei diesen beiden Bildern denkt man an den Menschen Hals. Hier *sagt* er etwas. Der Maler macht die Entwicklung aus dem Dunkel der Georgsgilde von 16 zu den Cluvener von 27, die sein hellstes sind und nach meiner Ansicht sein Bestes; dann wird er wieder dunkler. . . .

Von den Köpfen will ich gar nicht anfangen und von den Farben auch nicht und dem spitzen Pinselstrich, der ein Wams so herrlich lebendig macht. Das ist ja unglaublich. Man freut sich nicht mit den Augen und dem Verstand daran, sondern mit dem ganzen Leib, mit der »größeren Vernunft«. Die Dummen sind dumm, die Fröhlichen fröhlich: man kann gar nicht sagen, wie glänzend das ist. Sicher »Kunst«. Und richtig überlegt, gibt es im Grund nichts prosaischeres »unkünstlerisches« als bestellte Gruppenbilder gleichgiltiger Menschen.

Das ist mein kurzgefaßtes Halsbekenntnis.

Morgen weiter über Amsterdam. Was bis Samstag mittag von Strbg. weggeht, kann an die Adr. des Hotels; ich bleibe bis Montag 12 Uhr.

Adieu lieb's Herz. Gelt Du bist fröhlich wie ich.

Dein Dorle

Straßburg, am 28. VII. 07
Sonntag früh

Ja, liebes Herz, das mit dem Briefpapier habe ich verbummelt. Verzeih! Ich dachte, Du kämst erst am Donnerstag nach Berlin und wollte Dir's heut schicken. Nun muß ich diesen Brief schon nach Berlin richten. Sag mir nun zunächst, ob diese wundervolle Reise auch ein bißle *erholend* war; nicht nur anregend? Bist Du frisch, und wird es Dich nicht zu sehr anstrengen, gleich in die Arbeit hineinzuspringen? Sag's ehrlich. –

Nun also Dank für den Amsterdamer und Haarlemer Brief. Alles, was Du über Frans Hals sagst, leuchtet mir ein. Nur hast Du nicht erwähnt, was mir immer auffällt, daß alles bei ihm einen Zug ins Ordinäre bekommt. Er muß eine kommun-geniale Natur gewesen sein und ich kann mir denken, daß er dem van Dyck ein Brechmittel sein müßte. Es geht Dir mit Amsterdam, wie ich dachte: Du kennst schon das übrige und vergleichst mit Delft. Mir war es der erste Eindruck. Die Motive: Grachten, Brücken, Bäume, Ziegelbauten, alle ganz neu. Daher ist es der stärkste Eindruck geblieben. Ebenso die einzelnen Maler. Bei Dir spielt nun der Haag diese Rolle. Also, den Zoologischen hast Du so genossen, während ich Dir abriet hinzugehen. Ich versteh' den Grund meiner Enttäuschung: Wir waren an einem bitter kalten Tag da, froren zu Stein, ich war stockheiser und wagte kaum zu atmen in dem eisigen Wind. Die Papageien froren alle elend und mucksten nicht. Die anderen Tiere waren meistens im Haus. – Aber es ist dumm von mir, daß ich diese Erinnerung nun auf den Garten übertrage. Ich kann mir schon denken, daß es bei Sonne und Wärme sehr schön sein kann. –

Nun ade Holland. Ich finde es absurd, daß ich Dir nun schreibe, als seiest Du schon in Berlin, während Du im Augenblick durch die Grachten ins Museum gehst. – Aber wenn Du den Brief bekommst, bist Du ja wirklich wieder daheim. Grüß Gott, liebster Mann. Wenn Du das nächste Mal von so einer Reise heimkommst, so gehst Du zu *uns* nach Haus. Ob mit oder ohne Deine Frau die Reise gemacht wird – das muß die Zeit bringen. Aber das Heimkommen wird schön, auch wenn Du allein weg warst. Ach Liebling, ich habe gestern zum ersten Mal eine gemütliche Schwätzstunde mit der Elsa Walter in der Orangerie gehabt. Da haben wir so viel über Ehe, Kinder und Liebe geredet, daß ich ganz ungeduldig wurde. Weißt Du, wenn schon die Elsa behauptet, viel reicher geworden zu sein, während ihr Mann ihr doch entschieden nicht überlegen ist, was soll ich dann erst sagen. Wir haben doch sicher weit mehr Gebiete, die man zusammen erwirbt und teilt, als Walters. Du, ich freu' mich so auf alles, alles, sogar auf die erste wüste Schafferei, bis Ordnung herrscht. Denk, sogar mit dem Schreiben bin ich ausgesöhnt. Wenn man mal in einer Arbeit drin ist, läuft's von selbst. Im Augenblick geht mein Aufsatz sehr gut voran, und der Papa behauptet, er sei gar nicht so schlecht. Ich bin neugierig, was Du sagst. Ich habe jetzt mein eigentliches Thema, nämlich die Armenpflege der Reformationszeit, fertig. Nun kommt noch der Ausblick auf die heutige Zeit. Wie viel davon geblieben ist. Das wird nun etwas gewaltsam über die Jahrhunderte hingehen. Aber das

Schlimme ist, daß alles aus dem Uhlhorn gestohlen ist. ... Schreib mir sehr ausführlich, wenn der Naumann etwas über uns gesagt hat, etwa über meinen Brief an ihn. Denk, wie leichtsinnig: Heut morgen hab' ich jetzt nur an Dich geschrieben, und um 10 Uhr fahre ich mit der Elsa Koeberle im Auto spazieren. Heute nachm. wird dann geschafft, ade!

½ 1 Uhr. In zwei Stunden sind wir weit hinter Molsheim gewesen, am Vogesenrand entlang, zwischen Hopfenranken, Kastanien und dem hohen Korn. Es war wunderbar. So wie damals in Holland. Was für eine neue Macht ist doch die Geschwindigkeit! Wir haben 50–70 km in der Stunde gemacht. Wenn Du mal hier bist, fahren wir mit der Elsa so ins Land. Denk, ich habe immerfort ganz stark an Dich gedacht, einerlei was ich tu, ob's grad bergab saust, oder ob ich mit der Elsa rede, Du bist immer in meinem Bewußtsein. Alles andere ist wechselnde Kulisse. Das Gefühl, zu Dir zu gehören, ist das bleibende. Mein Herzliebster, empfindest Du's auch als so unnatürlich, daß Du nicht zu mir heimkommst so reichbeladen von der Reise? Eigentlich ist es empörend. ...

Ich hoffe, Dir morgen od. übermorgen die fertige Arbeit schicken zu können. Auf die Redaktion. Sag, was Du davon hältst.

Ade, Liebster.

Ich küsse Dich wie in Arlesheim auf dem Baumstumpf beim Weiher.

Deine Elli.

Utrecht, 29. Juli 07
Hotel Central

Meine liebe Elly.

Heut früh wollt' ich zuerst zu Six; weil aber schon in der Vorhalle so viel Menschen waren, vertagte ich den Besuch auf den Nachmittag und ging zunächst in die moderne Abteilung des Reichsmuseums, in der sich einige nicht uninteressante Sachen finden ...

Dann Six mit den fabelhaft schönen Sachen. Der Inn ist im Gesamtton und den Farben, und im Leben der Bewegung ganz unmöglich schön, mit jenen vollen weichen Tönen, die der ältere Rembrandt, so in den letzten 10, 15 Jahren seines Lebens bekommt. Die Mutter Six ist als »Malerei« nicht so unmittelbar erfrischend und erfreuend, aber als Frauenporträt, neben der Frau Bas, ganz ungeheuerlich. Das geht vielleicht über Holbein. Holbeins Porträts sind vielleicht geistig erschöpfender, aber so ein Frauenbildnis von Rembrandt hat solch aussagendes Leben. Es erzählt weniger von den Anlagen, Leidenschaften, geistigen Tugenden der Leute, als von ihrer Stellung zur Welt, zur Gesellschaft, von ihren Erfahrungen und Lehrjahren. Unter dem Eindruck dieses Werkes schreibe ich, daß ich noch nie ein Gemälde gesehen, das als *Frauen*bildnis größer ist. Es enthält so viel unsagbare, unformulierbare Dinge, die man als lebendige Kräfte mitgemalt empfindet . . .

Morgen früh um 8 fahr' ich nach Berlin, in einer merkwürdigen inneren Situation: ich trenn' mich schwer von dem genießenden Rumvagieren, von dem ich dies Jahr doppelt viel hatte, da ich wußte, daß Deine Gedanken mich begleiten, und da ich mir in den Briefen an Dich täglich Rechenschaft ablegte. Aber auf der andern Seite fühle ich mich sehr arbeitsfroh und voll Begierde, die Eindrücke durch nachfolgende kunstgeschichtliche Unterrichtung zu festigen. Die innere Spannkraft ist durch diese »Studienreise« nicht gedrückt, sondern erhöht worden, da ich das Ganze ohne wissenschaftliche Exzesse gegen mein körperliches Wohlbefinden und Behagen gemacht habe.

Samstag nacht erlebte ich noch etwas Merkwürdiges, von dem ich nicht weiß, ob es Traum oder Wirklichkeit war. Aber ich schreib' es auf, um später dran zu denken. Es gehört zu den Dingen, die in der Erinnerung gleich stark bleiben. Und es war bloß eine fabelhaft schöne Männerstimme, die in einer einfachen wiederkehrenden Melodie zu einer reinen klingenden Höhe stieg und beim Fallen von einem dunkeln zweistimmigen Refrain aufgenommen wurde. Ich lag ganz still im Bett und hatte dabei noch die Vorstellung eines alten Marktes mit ein paar Männern aus Halsschen Schützenbildern. – –

Adi lieb's lieb's Herz. Gelt, morgen treff ich einen lieben Brief von Dir. Ich will mich zehn Stden. drauf freuen.

Dein Dorle

30. VII. 1907, Mittwoch abends 9 Uhr

Mein Dorle,

denk, die Tamara (Schwester von Joseph) war heut nachm. plötzlich da und blieb bis eben. Es hat mich zwar eigentlich mörderisch gestört, aber ich habe sie so furchtbar gern und habe mich so gefreut, daß alles andere eben zurücktreten mußte. Sie ist einer der feinsten Menschen, die ich kenne, Lehrerin in einem adligen Institut, das der Krone gehört (in Petersburg). Viel fleißiger und zuverlässiger, ich glaub' auch klüger als der Joseph und ebenso liebenswürdig. Und da haben wir Pläne gemacht:

1.) geht sie jetzt in den Haag, und hoffentlich besuchen sie und Joseph und ihre Freundin Olga Zographo (die ich auch von meiner Kindheit her kenne) mich in Brügge.

2.) kommt sie ganz sicher im nächsten Juni nach Berlin zu uns zu Besuch. Du wirst sie auch entzückend finden, und ich freu' mich unbändig.

3.) schickt sie mir, wenn sie wieder in Petersb. ist, russische gestickte Decken und ein ganzes Kostüm.

4.) Jetzt wird's bunt: Wollen wir zwei, Du und ich, bald nach Petersburg und Moskau fahren. Die Reise kostet auf dem Dampfer mit Essen 100 MK. à Person. Dort kann uns die Tamara fabelhaft billig einquartieren, Pension 100 Mk. im Monat. Liebling und denk, was Du lernen könntest. Weißt Du, in Italien sind immer alle Leute und schreiben drüber. Aber wir könnten in Rußland fabelhaft viel lernen. Liebster Mann, magst Du mit gehen? Sonst besuch' ich sie mal allein. Aber dazu kommt's sicher nicht! Ich habe mir ausgedacht: Für das Fristen der Existenz mußt Du allein aufkommen. Was ich verdiene, wird für Reisen ausgegeben. Ach Liebster, ich dehne beide Arme aus vor Tatendurst und vor Sehnsucht, Dich ganz fest darin zu halten. Ich kann heut abend nicht mehr arbeiten (wie den ganzen Tag schon nicht). Ich bin zu erfüllt von Plänen. –

Du Liebster, ich möchte zu furchtbar gern noch ein freies, bißle leichtsinniges, junges Jahr mit Dir leben, ehe wir so ganz erwachsene Menschen mit ernsten Sorgen werden. Guck, wenn die Tamara da war oder auch der Joseph (den Du ganz richtig beurteilst), dann spür' ich immer das nichtdeutsche Blut in mir. Ich kann nicht so ganz bieder auf der Landstraße gehen, ein paar Seitensprünge sind mir Lebensbedürfnis. Ich merke es so an der Arbeit. So eine Schule anfangen und selbstherrlich einrichten – das macht mir Spaß. Aber jetzt, wo das Ding läuft und ich alle Stunden schon einmal gegeben habe, da wird mir's tödlich langweilig. Ich glaube, länger wie ein Jahr hätte ich's gar nicht mehr drin ausgehalten. Das solide Arbeiten ist mir fremd, und wird's, fürcht ich, auch bleiben. Im Haushalt ist's ebenso. Anfallsweise bin ich sehr tüchtig und dann muß ich mal wieder was anderes sehen. Macht Dir das Kummer? Aber ich glaube, ich werde in manchem Ausdauer haben, wenn ich weiß, daß es Dir zulieb geschieht.

Heut früh hat mich die Frau Naumann besucht mit Rosen und war ganz starr, als ich mal von Dir als dem »Heuss« sprach. Sie sagte krampfhaft: »Ihr Herr Bräutigam.« Sie hat recht dumm geschwätzt. Die Frl. Naumann, die auf dem Ausflug mit war, hat über uns geschrieben: »Nun, die waren sich schon zu Ostern recht gut.«

Du Armer, nun kommst Du in einen Berg von Arbeit hinein, und der Neue soll recht langsam sein. Aber schreib doch oft. Gelt Schatz. Ich schick' Dir das nächste Mal unseren Plan. Kannst Du am Samstag mittag gegen 1 Uhr telegraphieren »Hochzeit Bresslau–Hoff, Zivilkasino Straßburg« einen Glückwunsch? Auf die Einladung hin. Du mußt aber nicht.

Nun noch danke für den Brief aus Utrecht. Und verzeih, wenn meine Briefe vor der Reise noch spärlich oder durcheinander sind. Aber es ist wirklich zu arg mit der Hetz.

Du Lieber, ich küsse Deinen Mund und Deine Augen.

Ganz Deine
Elli.

Berlin-Wilmersdorf, 1. VIII. 07
Tübingerstr. 5a

Meine liebste Elli!

Jetzt hab' ich den Ring an den Finger gesteckt, damit er dabei ist, wenn ich zum erstenmal wieder vernünftig aus meiner alten Bude zu Dir Grüßgott sage. Er schaut soweit ganz gut aus, wie er da so an der linken Hand vor mir ruht. Aber natürlich ist er mir ein bißle zu groß (oder kommt es mir nur so vor); entweder muß die Hand dicker werden oder – ich wickle innen ein bißle Wolle rum. Diese Lösung leuchtet Dir doch auch ein. Außerdem ist er schwer. Kosten tun sie, weil extra fabriziert, sehr viel: 54½ Mk. – Ich mach' mich jetzt innerlich bereit, noch etwa dreiviertel Jahre allein in diesem Zimmer und in dieser Stadt zu leben: fleißig und brav, und ich hoff', es wird noch gehen, ohne daß mich das Gefühl des Alleinseins allzustark quält; denn nun ist in dem Leben eine ruhige und vernünftige Entwicklung, und da aller formale Kram glücklich vorbei ist, sehe ich noch mehr als vor fünf Wochen nur Dich ganz allein und laß alle Gedanken und Wünsche und Hoffnungen zu Dir sich kehren. Das Rosengärtle ist jetzt bestellt; aber es hat auch einen festen Zaun, so daß die Leute nicht hereinkommen dürfen, auch wenn sie jetzt wissen, wem der Garten und die Blumen und das Häusle gehören. Gelt. Weißt Du, mir ist jetzt alles so fest und selbstverständlich. Vielleicht nicht mehr so ganz von den Farben des Wundersamen umgeben, die ich sah, als nur wir beide um unsere Liebe wußten und immerzu ihr Wachsen spürten. Sie wächst auch jetzt, jeden Tag und jede Woche, da unser Leben immer inniger sich verschränkt. Aber sie ist jetzt ruhiger geworden, sie tritt vor die Leute hin, ohne Scheu und mit klaren Augen. Das ist etwas ganz Merkwürdiges, was ich noch nie erlebte: das Gefühl, daß andere Menschen die inneren Bewegungen (m)einer Seele ahnen und daß man davor nicht erschrickt. Noch nicht lange her, schien es mir immer ein kleiner Verrat, wenn ich jemandem von unserer Liebe sagte; heute stört es mich nicht mehr, wenn fremde Menschen es wissen. Und das liegt nicht an der bürgerlichen »Veröffentlichung«, sondern an der ganz starken Empfindung, die uns beide von der Juliwoche her begleitet und beherrscht, daß über die Schwierigkeiten weg unsere Seelen immer den Weg zueinander wissen, deshalb, weil sie von gleicher Art sind. Während wir am Anfang zu einander strebten, werden wir jetzt von einer Kraft zusammengehalten. Du bist mein und ich bin dein.

Und ich freu mich von jetzt ab auf die Septembertage und dann auf die Zeit, wo wir still und stetig drangehen, den Rahmen unserer bürgerlichen Existenz zu schaffen. Auch auf Walters freu' ich mich; denn es wird mir in dem Winter manchmal recht gut sein, mit lieben Menschen von Dir reden zu können.

Ich hab' hier also eine Anzahl von Glückwünschen vorgefunden. Dabei aber auch gemerkt, daß die ungeschickte Plazierung des Hilfeinserats es manchen Leuten nicht mitgeteilt. Gerlach z. B. hat sich gestern schrecklich entschuldigt, daß er nicht geschrieben habe; er habe die Rubrik immer gelesen, aber ...

Katz behauptet, er wolle uns einen Schreibtischsessel geben; ich sagte ihm, das sei zu teuer, worauf er meinte, mir müsse er sowieso was geben, und wenn er Dich geheiratet hätte, hätte er Dir doch was schenken müssen. Die Logik schien mir bezwingend. Hoffentlich bist Du nicht ungeduldig, wenn der Brief erst am Samstag kommt. Ich will das Kopfblech mitschicken; hoffentlich gefällt es Dir. Du mußt's manchmal aufsetzen; dann denken wir an den 23. März; – ich hör' jetzt auf, weil's gleich ¾7 ist und nachher kein Paket mehr genommen wird; morgen schreib' ich dann weiter. Schick mir die Briefe bald zurück; Hausenstein u. Wittmann muß ich antworten.

In treuer Liebe

Dein Dorle

Anfang August geht Elly Knapp – wiederum zusammen mit Ida Feist, die sie eingeladen hat – auf eine Kunst- und Besichtigungsreise nach Belgien, Nordfrankreich, die Kanalinseln und Paris. Ihr Beginn verzögert sich allerdings, da Elly von einer Augenentzündung – »so stark, daß ›Gerstenkorn‹ ein sehr höflicher Ausdruck dafür ist« – heimgesucht wird.

Lüttich, am 9. VIII. 1907
Hôtel de Suède, abends 9

Mein Liebster,

es ist ein ganzes Loch zuzuschütten, so lang kommt mir die Zeit vor, seit wir zuletzt einen ordentlichen Briefwechsel hatten. Und ich fange gleich mit der Bitte an: schreib so oft Du kannst. Ich komme mir sonst so arg in der Fremde vor. Leider werde ich nicht jeden Tag zum Schreiben kommen. Weißt Du, es hat auch Schattenseiten, wenn man so auf andrer Leute Kosten schöne Ferien macht. Man kann sich doch die Zeit nicht einteilen wie man will. Bisher war keine Minute zum Schreiben frei. Dabei denke ich immerfort an Dich, rede oft (nicht zu oft) von Dir und überleg' mir, wie Du meinen Aufsatz beurteilen wirst. Lieb Herz, wenn ich morgen keinen Brief von Dir hab', werde ich ganz elend heimwehig sein trotz des Palais de Justice und aller schönen Kirchen. Nun aber zum Bericht.

Also zunächst: das Auge ist ganz geheilt und ich schlucke schon wieder das homöopathische Mittel, damit es nicht wiederkommt. Die meisten Leute haben nämlich sechs. Aber mit dem Furunkel hab' ich's ja auch gezwungen. – Am Mittwoch 4 Uhr fuhr ich also nach Köln, allein, übernachtete in einem schlechten Zimmer des feinsten Hôtels und schlief miserabel. Ich habe dabei beschlossen, daß dies die letzte Reise ohne Dich sein muß. Es geht nimmer recht. Donnerstag früh, 7 Uhr, kam Frau Feist aus dem Schlafwagen, aber ganz so unternehmungslustig und frisch wie immer. Dann kam das Wallraf-Museum. Da sind lauter gute alt-Kölnische Bilder. Aber sei's, daß ich nicht für sie aufgelegt war oder sie nicht für mich, sei's, daß man jetzt nur noch Museen mit guter Einrichtung genießen kann, kurz, ich hatte gar nichts davon. Nicht einen wirklich starken Eindruck. Folgt die alte Kirche Maria im Kapitol. Romanisch, wie die meisten guten Sachen, die wir in diesen zwei Tagen sahen. Ein ganz wunderlicher Bau, nach keiner Seite freiliegend. Dabei so interessant in der Anlage, daß man sich glühend den Dehio herwünschte zum Erklären und mit dem Dorle auch schon zufrieden gewesen wäre. Man hat ja alles gesehen, was so gezeigt wird, Krypta, einen merkwürdigen Umbau um den Chor, so daß Chor u. Querhaus wie ein Kleeblatt wirkt, alles seltsam und fremd anmutend. Das Gemeine ist aber, daß alles, was wir bis jetzt gesehen haben, total renoviert ist mit aufdringlichster Bemalung, alles goldglitzeblitzeblank. Ekelhaft.

Dann waren wir in der Gereonskirche, die sehr imposant ist, aber gleich geschlossen wurde. So habe ich von ihr nur so den flüchtigsten Eindruck, der bei der Fülle von Neuem nicht haftet. Wir haben diese Sachen alle mit draußen wartender Droschke gemacht. Sie fuhr uns dann durch die Stadt. Das Neue davon ist schön, reich und uninteressant. Dagegen hat die Hafengegend etwas Bezauberndes. Wenn ich mit Dir reiste, so wären wir da lang zu Fuß herumgestrichen und hätten uns an den ganz kleinen, etwas holländischen Giebelhäuschen an dem breiten Strom gefreut. Gar nichts Reiches, Patrizisches wie Lübeck und die anderen Häfen. Sondern ganz kleine Leute, die kleinen Handel treiben. Es ist sicher eine horrend unhistorische Behauptung, aber da sieht's aus, als ob man nur mit Holländer Käse gehandelt hätte, ehe die Industrie diese Stadt groß gemacht hat. (Dabei weiß ich natürlich von der Hanse-Zeit und dem Weg an die See etc.)

Ja, aber alles dies habe ich nur in ein paar kurzen Blicken von der Droschke aus gesehen.

Dann im Dom. Keine Einzelheiten angeguckt. Nur den Eindruck, daß trotz des wirklich wüsten Äußeren der Innenraum wundervoll ist. Das fünfschiffige Langhaus finde ich überwältigend in seiner Reinheit. Aber durch die kalte Farbe und die abscheulichen modernen Glasfenster kommt man nie eine Sekunde in die Stimmung, wie im Straßburger. –

Das war Köln. Alles in allem: man hätte mehr von den Sachen wissen müssen, um wirklich genießen zu können.

Am Nachmittag nach Aachen. Da ist mir das Herz aufgegangen, und ich habe darin einen Fonds von Patriotismus entdeckt, den ich kaum vermutete. Du, es heißt was, den Marmorsessel zu sehen, auf dem sie Karl den Großen begraben haben und auf dem später alle Kaiser zur Huldigung saßen. Otto III. hat ihn, den Leichnam, ja dann in einen ungeheuer kostbaren Sarkophag gelegt, den er gestiftet hat. Weißt Du, daß ich immer eine große Liebe für den Otto III. hatte und habe? Die Schuld liegt aber nicht bei ihm, sondern bei Platen. Kennst Du das »Klagelied Kaiser Ottos III« von ihm? Ich lief immer in dem wundervollen Aachener Dom herum und gab mir Müh nicht laut zu rufen:

»Was durfte mich verführen
Zu öffnen seinen Sarg.
Den Marmor anzurühren,
Der seine Schläfen barg.« –

und

»Beim großen Karl in Aachen –
will ich begraben sein!«

Der Kuppelbau ist ganz wundervoll. Und wäre vollkommen, wenn man den restaurierenden Schauerkerl in die Mitte an einem Strick aufhängen könnte. – Dann hat uns ein Scheusal von einem Priester den Domschatz gezeigt. D. h., vor Verachtung uns nicht ansehend hat er uns die schweren Holzschreine immer so vor der Nase zugeschlagen, daß man kaum etwas gesehen hatte. Und als ich einmal etwas fragte, brüllte er mich nur an: »Was jübt es da to lachen?« Dabei hatte ich all die albernen Knochenteilchen seiner läppischen Heiligen ohne zu Zucken angeguckt. Zum Teil sind sie in entzückenden Geräten aufbewahrt. Und so unter Glas und Rahmen ist eine scheußliche Silberstatue, in der ist der Schädel von Karl dem Großen und darauf – die wirkliche, alte, echte Kaiserkrone. Es ist zum Weinen. Wenn wir erst im Reichstag sind, gründe ich eine neue Partei, die das alte heil. röm. Reich wiederherstellen will! Aber die Priester schaffe ich dann ab. Es ist erschütternd zu sehen, wie dies niederrheinische Volk vom Pfaffentum und vom Alkohol degeneriert wird. Es ist zum Protestantischwerden!

Vom Dom aus fuhren wir, an dem prächtigen Rathaus vorbei, zu dem Teile der Kaiserpfalz verwandt wurden, auf eine Anhöhe. Aachen liegt nämlich, fast wie Lüttich, das wir heut sahen, im Kessel. Sanftes Hügelland darum herum. So hat man in beiden Städten einen wundervollen Blick auf die Stadt herunter, während man im Grünen geht (oder fährt). – Spät abends fuhren wir dann nach Maastricht. Weitläufig angelegtes holländisches Städtchen, still, langweilig, schönes Hôtel mit Riesenzimmern, guten Stühlen. Und ich immer in so einem breiten Bett, was Dir damals so Eindruck machte. Ich finde es aber ganz behaglich und schlafe gut ein, indem ich leise »gute Nacht, mein Dorle« sage. – Ich habe überhaupt viel zu sehr Heimweh nach Dir. Du kannst viel besser noch ohne mich reisen (was aber kein Vorwurf sein soll).

Heut früh in Maastricht eine wirklich ungeheuer genußreiche Kirchenschau, die St. Servatiuskirche. Man kann die gesamte Baugeschichte daran lernen. Die Basilika ist die älteste der Niederlande (6. Jahrh.). Die Krypta noch mit römischen Sachen. Dann ein merkwürdiger Narthex aus der Karolingerzeit und denk Dir, ganz hoch, über dem Dach des Schiffes ein Riesensaal, Kuppel (rund) und daran anschließende Säulenhallen. – – Fortsetz. folgt morgen, der Brief muß fort. Ade, Liebster, Liebster. Ich wollte, ich wohnte mit Dir in einem viel schlechteren Hôtel und müßte immer zu Fuß laufen.

Deine Elli.

Der preußische Wahlrechtskampf

Im „Berliner Tageblatt" vom 31. Juli hat Naumann den nachstehenden Artikel veröffentlicht:

Nachdem der Herr Reichskanzler der Öffentlichkeit hat mitteilen lassen, daß er an eine Änderung des preußischen Wahlrechts denkt, ist es nötig, daß die Bevölkerung sich mehr als bisher mit preußischen Verfassungsfragen beschäftigt. Insbesondere dürfen wir Liberalen es nicht den Sozialdemokraten überlassen, sich als die eigentlichen Träger der Wahlrechtsbewegung hinzustellen. So natürlich und selbstverständlich es ist, daß die Sozialdemokratie, die heute im preußischen Landtag nicht vertreten ist, dort einen angemessenen und ihrer Kraft entsprechenden Platz zu gewinnen sucht, so klar ist es doch andrerseits, daß es sich hier um gar nichts *Sozialistisches* handelt, sondern um etwas *Liberales*. Es handelt sich darum, ungefähr das Wahlrecht vom 2. April 1848 wiederzuerlangen. Damals erhielt jeder Staatsbürger ein grundsätzlich gleiches Wahlrecht, das sich nur dadurch vom jetzigen Reichstagswahlrecht unterschied, daß es indirekt, das heißt durch Wahlmänner, ausgeübt wurde. Dieses letztere ist eine veraltete Umständlichkeit. Heute muß einfach gefordert werden: *Das Reichstagswahlrecht für Preußen!* Damit wird sehr spät wieder gutgemacht, was durch das Wahlgesetz von 1849 und durch die Verfassung von 1850 der Bevölkerung weggenommen wurde.

Es versteht sich von selbst, daß alle Freisinnigen in dieser Auffassung einig sind. Die „Freisinnige Zeitung" erklärt:

„Die Regierung hat eingesehen, daß es wie bisher nicht mehr weitergehen kann. Aber es scheint, als wollte man den Termin dieser dringenden Reform möglichst weit hinausschieben. Die freisinnige Volkspartei wird demgegenüber nicht locker lassen in ihren Bemühungen um *Einführung des Reichstagswahlrechts für Preußen* ..... Wir erwarten alsbald eine Aufklärung, wie es mit den Plänen des Fürsten Bülow in bezug auf die preußische Wahlreform steht, und zwar können wir uns nicht mit einer bloßen „generellen Erklärung" zufrieden geben, sondern *verlangen klipp und klar Auskunft darüber, wie sich die Regierung im Zeichen des Blocks die Durchführung der preußischen Wahlreform denkt.*"

Genau so stehen auch alle Mitglieder der freisinnigen Vereinigung. *Die preußische Wahlrechtsfrage* kann schon heute als die *Lebensfrage des Blocks* und damit als die *Lebensfrage der Reichskanzlerschaft Bülows* bezeichnet werden.

Wie aber ist es denkbar, daß ohne Gesetzesverletzung das preußische Wahlrecht grundsätzlich geändert wird? Es gibt zwei

Mit diesem Artikel im »Berliner Tageblatt«, abgedruckt in der »Hilfe« vom 11. August 1907, eröffnete Friedrich Naumann eine Diskussion über das preußische Wahlrecht.

Wege. Der eine Weg geht von der Reichsverfassung aus. Da nach § 2 der Reichsverfassung Reichsgesetze den Landesgesetzen vorgehen, und da der Reichstag im Zusammenhange mit dem Bundesrat den verfassungsmäßigen Umkreis seines Einflusses festzusetzen und über § 4 hinaus auszudehnen in der Lage ist, so ist es möglich, daß mit Hilfe einer neuen Reichsverfassungsbestimmung ein Mindestmaß politischer Rechte für die Bundesstaaten vorgeschrieben wird. Diese Methode des Vorgehens ist wiederholt bei Besprechung der mecklenburgischen Verfassungsfrage erwähnt, aber bisher von der Reichsregierung stets abgelehnt worden. Daß sie aber an sich möglich ist, kann schwerlich bestritten werden. Wenn Preußen im Bundesrate diese Art des Vorgehens wünscht, wird mit Hilfe der Süddeutschen sofort eine hinreichende Majorität hierfür vorliegen. Es gibt also für den Notfall stets ein letztes Mittel, um die innerpreußischen Schwierigkeiten zu überwinden, aber es liegt auf der Hand, daß der Reichskanzler dieses letzte Mittel erst dann anwenden wird, wenn der andre und näherliegende Weg sich als ungangbar erwiesen hat. Dieser Weg aber heißt: Herstellung eines andern Wahlrechts mit Hilfe der preußischen Gesetzgebung.

Nachdem die Wahlrechtsänderungen in Bayern, Württemberg und Baden auf dem Wege der Landesgesetzgebung durchgeführt worden sind, und nachdem auch für das Großherzogtum Hessen ein schon ziemlich weit vorgeschrittener Versuch vorliegt, kann man sich ein ungefähres Bild vom Gange derartiger Verhandlungen in Preußen machen, nur daß hier die Gegenkräfte unvergleichlich viel stärker sind. Es versteht sich von selbst, daß ein Sieg von heute auf morgen ausgeschlossen ist. Während nämlich in Bayern die herrschende Partei (das Zentrum) beim neuen Wahlrecht zu gewinnen hoffte und mit Hilfe der Wahlkreiseinteilung auch wirklich gewonnen hat, und während in den andern süddeutschen Staaten die Parteiverschiebungen zwar nicht unbeträchtlich, aber auch nicht unbedingt sicher waren, so steht in Preußen von vornherein das eine fest, daß jede liberale Wahlrechtsänderung, auch wenn sie sehr „gemäßigt" sein sollte, eine Minderung konservativer Macht bedeutet. Für eine Wahlrechtsänderung haben sich mit allerlei Vorbehalten und Einschränkungen Freikonservative, Nationalliberale und Zentrum ausgesprochen; die Deutschkonservativen, oder in diesem Falle die Preußischkonservativen, aber sind vom ersten Tage an entschlossene Gegner. Schon heute wird heimlich und öffentlich alles getan, um die Bülowschen Gedanken noch vor der ersten amtlichen Ankündigung zu ersticken. Es gibt Konservative in der Regierung, im Herrenhause und im Abgeordnetenhause in Fülle, und sie wissen, wie man Politik macht. Gegen diese heimliche und offene Front kann der Reichskanzler nur dann etwas erreichen, wenn er von vornherein offen an das Volk appelliert...

Wilmersdorf-Berlin, 11. VIII. 07
Tübingerstr. 5 a
Morgens ½ 10

Meine liebste beste Frau!

Wenn ihr morgen abend in Brüssel ankommt, sollst Du diesen Brief vorfinden. Nach Antwerpen wird's doch kaum mehr reichen. Ihr geht dann noch auf den Marktplatz, und wenn Du von dem seiner Schönheit überwältigt bist, denkst Du daran, daß der Dorle ein Viertel von seinen Brüsseler Tagen da gestanden ist, ohne sich viel Details und Einzelsachen anzugucken, sondern immer bloß von der Räumigkeit dieses Platzes benommen. Wenn wir in Brüssel und in Brügge zusammensein könnten!

Vielen Dank für Deinen großen schönen Brief. Ich war gestern Mittag im Friedrich-Museum, dann kurz zu Haus, um nach der Post zu gucken; am Abend mit Breitscheids und dem Kollegen Crull in Nikolassee. Was ganz brav, aber nicht weiter aufregend war.

Als ich in Köln war, im Sommer 1901, war ich noch nicht vom kunstgeschichtlichen Bazillus angegriffen, sondern mehr eine vagabundierende Lausbubenexistenz. Deshalb hab' ich vom Museum eher bloß noch sehr allgemeine Vorstellungen; zu den Goldhintergründen der alten Kölner, aus denen ich später ein Doktorthema machen wollte, hatte ich gar kein Verhältnis; nur von einem kleinen Leibl, zwei Frauen auf der Wiese, hab' ich heute noch einen absolut festen Eindruck. Das war wie eine Erleuchtung, so sicher und fein und gar nicht kleinlich gemalt. Der Dom steht ein bißle langweilig da, ist aber im Innenraum sehr schön. Ich hatte das Gefühl, daß doch auch noch eine ganze Anzahl schöner, kleiner, ganz farbiger Glasfenster in den großen Rahmen gesammelt wären.

In Aachen bin ich bloß durchgefahren. Das Grab vom großen Karl muß ich also noch besuchen. Das Platengedicht kannte ich; bei mir kommt es immer ganz auf die innere Situation und auf die Mitmenschen an, ob eine Stelle von großer, merkwürdiger Vergangenheit mich beeindruckt oder kühl läßt. Ich habe da schon verschiedene Erfahrungen gemacht.

Aber sehr viel Spaß hat mir Dein entrüsteter Kanonikus gemacht. Es ist auch ein Risiko, Dir Reliquien zu zeigen. Übrigens hab' ich grad' nachgesehen, daß ihr auch das Glück habt, an einem Freitag morgen nach Brügge zu kommen. Dann müßt ihr gleich in die Chapelle du Saint Sang, oben wie und unten. Da wird das Blut Christi flüssig; unten gibt es sehr gute Beleuchtungsgeschichten. Es sind lauter arme, alte Weiblein da.

Wie Du siehst, lieb's Herz, mach' ich immer die Reise jetzt mit Euch und komm' ganz in Eifer, was ich Dir alles zeigen soll. Am Ende habt ihr dann mit dem neuen Baedeker mehr gesehen als ich bei meinem Herumschlorchen . . .

Ade, liebstes Herz. Jetzt geht die Arbeit los. Bleib froh und gesund. Mein Dich-lieb-haben hat in diesen Tagen noch einen Schritt weiter gemacht. Weißt Du, bei mir ist's so: das Reisen hat mich in lauter neue Sachen geworfen; aber dabei war's doch fast immer so, daß ich das Schönste sah, um es *Dir* sagen zu können, wie schön es ist.

Jetzt aber fließen die Tage ruhig, doch meine Sehnsucht streckt die Hände nach Dir aus. Komm bald zu Deinem

Dorle

Antwerpen, 11. VIII. 07
Sonntag

Liebster Mann,

heut früh sind wir zuerst im Musée Plantin gewesen. Du kennst es ja. Ich war sehr entzückt von dem Ganzen. Die schönen Räume mit vornehmen alten Porträts und dem Blick auf den entzückenden Hof, und dann der Laden. Es hat doch einen großen Reiz, so alle Äußerlichkeiten zu sehen, die zum Leben einer vergangenen Zeit gehören. Die Korrekturbögen und alle diese Nebensachen haben mich ganz merkwürdig berührt. Hast Du übrigens das Sonett des einen Plantin gelesen, das in schön gedruckten Exemplaren sogar verkauft wird? Danach war er ein etwas philiströser Genußmensch mit nicht allzu großem Horizont. Sehr amüsiert hat uns, daß zu seinem Ideal gehört: »N'avoir point de dettes et peu d'enfants.« Die Zusammenstellung ist doch glänzend.

Dann waren wir im großen Museum unter Deiner Führung, Du Liebster. Das war wirklich ganz wunderbar. Die Modernen haben wir uns geschenkt. Sehr, sehr hab' ich das Salomebild genossen. Ich will sehen, ob ich eine Wiedergabe finde. Du hast ganz recht in allem, was Du sagst. Ich habe Dich so sehr neben mir gefühlt und Deine Freude dran noch einmal genossen, daß es mir später in der Erinnerung immer sein wird, als seien wir zusammen dagewesen. Und in dem kleinen Saal N. ist ja ein kleines Meisterwerk neben dem anderen. Unglaublich feine alte Sachen. Liebling, wir wollen einen Tag in der Woche immer für Bildersehen offenhalten. Weißt Du, dann gehen wir nur zu *einem* »Kerle« im Kaiser-Fr.(iedrich)-Mus.(eum) oder sehen uns hintereinander im Kupferstichkabinett die Sachen an. Wenig auf einmal, aber recht oft, gelt Herz?

Ich hoffe, daß wir morgen noch einmal in das Museum gehen. Auch die Rubens haben mich ganz verblüfft. Der eine Gekreuzigte ist viel ernster, würdiger und frömmer, als ich's dem Rubens je zugetraut hätte. Du, magst Du die Breughel nicht? Manches ist doch köstlich, Bilderbuchstil, grob, aber so ungeheuer lebendig.

Nun wollen wir in die Stadt fahren. Ich schreibe dies am Fenster unseres Hôtels und habe den Blick auf den wunderbaren schlanken Turm der Kathedrale. So hast Du mir zwei lange Briefe vom Meier aus geschrieben. Ich habe vorhin das Café gesucht. Nachher will ich an der Schelde auch an unseren ältesten Sohn denken, weil Du Dir dort so viel Gedanken über ihn gemacht hast. Ich denke überhaupt so viel an unsere Zukunft, wie vielleicht noch nie. Es gibt so viel verschiedene Arten des Zustandes »Verliebt-sein«. Ich bin mal wieder in dem quälenden, ungeduldigen, und wollte, ich wäre ihn los! »Je suis hantée de toi.« Gib mich ein bisle frei, daß ich mir hier nicht so halb vorkomme. Es ist aber keine egoistische Sehnsucht. Ich denke wirklich weniger daran, wie glücklich ich in Deiner Liebe sein werde, als daß ich Dich ganz glücklich sehen kann. Das ist mir das Große und Neue in unserer Liebe: was es bedeutet, wenn ein anderer durch uns und an uns ganz glücklich ist. Davon wußte ich nichts. Ich suche immer in meinem Gedächtnis eine Strophe, die Du mir nicht mit abgeschrieben hast: »Deine Arme, die sich sehnen – Daß ich selig in ihnen werde«. Oder so ähnlich. So ist es mir. Ade, Liebling. – Was machst Du an diesem hellen Sonntag? Geh ins Freie, Herz, arbeite nur nicht zu viel. Schick mir aber mal die »Hilfe« mit.

Zug A(ntwerpen) – Mecheln. Montag

Liebling, 1000 Dank für Deinen Brief. Aber liest Du denn meine Briefe so schlecht? Du solltest mir nur ganz wichtiges nachsenden und das andere kurz angeben. So hab' ich 1 fr. Strafe zahlen müssen. Aber Deine lieben Worte waren noch mehr wert!

Wir fahren heut nach Brüssel. Liebling, bitte schreib oft, wenn auch kurz. Aber schreib nicht zu viel von Deiner Sehnsucht. Guck, ich komm' dann gar nicht von den Gedanken an Dich los. Ich habe gestern abend stundenlang im Bett gelegen und so Heimweh nach Dir gehabt, daß ich jetzt weiß, was es bedeutet »zum Herzbrechen«!

Danke auch für den lieben Straßburger Brief.

Heut früh die Rubens in der Kathedrale – wunderbar – und in St. Jaques eine wonnige kleine Madonna von Matys und ein schöner Floris. – Warst Du in der Kirche? Es ist doch sehr der Müh' wert. Dann noch Abschiedsbesuch im Museum. – Alles mit Genießen, aber mit traurigem Herzen. Es ist nix, so ohne sein Liebstes zu sein. Nie wieder!

Mein liebster Mann, *Abend Brüssel.*

nun sind wir hier eingetroffen und der Kellner brachte mir nach zehn Min. Deinen lieben, lieben Brief. Das macht heut drei Briefe von Dir. Bei meinem Gemütszustand wirklich Labsal. Komm, laß Dich dafür küssen! Den Marktplatz haben wir noch nicht gesehen, erst morgen. Aber ich lese Deine alten Brüsseler Briefe und denke an Dich. Mecheln war sehr schön, drei Stunden in einem Wagen. So haben wir alles ohne Anstrengung gesehen. Der Fischzug hat mich ebenso überwältigt wie Dich. Was für eine fabelhafte Lebenskraft und Freude spricht aus dieser Farbigkeit! Im Grund hat er doch immer nur die Lust am Kräftigen, auch wenn es gilt, Henker darzustellen, wie in der Kreuzaufrichtung in Antwerpen. Glaubst Du, daß er fromm war? Ich glaube, er hat bei allen biblischen Geschichten nur gedacht: was ist mir Hekuba? Und hat die menschlichen Bewegungen dargestellt. So ist doch bei diesem Fischzug nichts, aber auch gar nichts vom inneren Gehalt der Geschichte. Sondern nur das Fischen an sich herausgekommen. Find'st Du's auch so wunderbar, daß die Fischerzunft so was bestellte. Ob es noch einmal so weit kommt, daß unsere Gewerkschaften Geld haben, um einem Meunier Arbeit zu geben?

Also Mecheln war schön. Meine Stimmung wechselnd. Denn denk, heut früh erwachte ich mit den denkwürdigen Anfangsschmerzen eines Gerstenkorns, am selben Auge, aber am unteren Lid. Eine

Stunde Umschläge im Bett, begleitet von einem schönen Traum: Ich als reiseunfähig zurückgeschickt, Tilla Feist an meiner Stelle in feinen Hôtels wohnend. Und ich bei Dir. In Stotzles Zimmer oder in der Nähe in einem Zimmer und tagsüber auf Deinem Sofa. Der Traum war so verlockend, daß ich es fast enttäuschend finde, daß ich mit einem blauen, d. h. roten Auge davongekommen bin. Es gab nur ein ganz kleines Eiterbläschen, das jetzt schon aufgegangen ist, ohne daß Frau F. irgend etwas von der kleinen Wolke am Himmel dieser Reise gemerkt hat. Also, mach Dir nur ja keine Sorgen. Ich behandle das Auge sehr gut. Aber das ist mir klar, daß ich alles gern stehen ließe, selbst den Marktplatz hier und Paris, wenn ich 14 Tage ruhig neben Dir sein dürfte. Ich finde es eigentlich sehr hart, daß uns das nicht mehr beschieden ist vor der Heirat . . . Gelt, Du liebster Mann, es geht Dir ebenso? Diese Sehnsucht ist so aufreibend. Ich hab' mich heut drauf ertappt, daß ich eine ganz dumme und geschmacklose hochzeitsreisende Gans drum beneidet habe, daß ihr gräßlicher Mann neben ihr ging. Das ist eigentlich schlimm.

Ich seh' auch in allen Bildern das Menschliche und besonders Weibliche. Erinnerst Du Dich in der Amsterdamer Kathedrale an die Begegnung von Maria und Elisabeth von Rubens? Ist das nicht wunderbar schön, wie er es da verstanden hat, den gesegneten Leib der Maria zum Mittelpunkt des Bildes zu machen, ohne irgendwie geschmacklos zu sein? So hab' ich das Motiv noch nie behandelt gesehen. Nun aber Gut' Nacht, mein Liebster, Liebster. Schreib bald und laß mich nicht los, wenn ich auch drum bitte. Ich bin ja doch gern so ganz besiegt.

Deine Frau.

Wilmersdorf-Berlin, 14. 8. 07
morgens 7 Uhr

Liebe, liebe Frau!

Es ist noch ganz früh, und der Rustige schläft noch brav, aber ich kann nicht länger liegen bleiben, weil es mich treibt, Dir für Deinen großen, guten, schönen Brief Dank zu sagen. Als ich heut nacht um ½ 2 heimkam, fand ich ihn. Ach Du, ich soll Dir nicht von meiner Sehnsucht so viel schreiben, aber was gibt es, von dem ich sonst schreiben könnte? Ich weiß, es hat vielleicht etwas quälendes, wenn Du so zwischen tausend Eindrücken gehst und dann meine leisen Worte sich in Dein Träumen mischen – aber ich kann nicht anders . . .

– – – – –

Ich will Dir noch zu Deinem schönen Brief einiges sagen: wie ich mit Dir noch einmal viel der Herrlichkeiten gesehen habe. Weißt Du, Rubens ist schon fromm, aber eine Frömmigkeit, wie Menschen unseres Schlages sie nicht erleben, sondern nur ästhetisch erfühlen können. So schlicht und ohne Reflexion. Seine Frömmigkeit ist ohne Auseinandersetzung, ohne Glut, ohne Kampf, ohne Hingebung: bloß Verehrung. Diese Kunst ist sicher nicht bloß Bewegung und Farbenauftrag; denn wie oberflächlich hätte der Maler dann bei dieser Riesenarbeit werden müssen und wie wurde er es bisweilen in den mythologischen Sachen. Sein Christentum ist keine Auftragssache und keine überspannte Kirchlichkeit, noch ferner freilich von aller protestantischen Zersetzung: selbstverständliche, mit den besten Mitteln und der sorgfältigsten Versenkung geübte Pflicht. An das Bild von Marias Begegnung erinnere ich mich wohl und deutlich. Das ist der Rubens, den man auf dieser Reise neu kennenlernt: nicht nur in den Farben von wundervoller Schönheit, sondern in der Erfassung so zart, keusch, edel, fraulich. Wenn man das Wort nobel langsam und mit Überlegung ausspricht, hat man ihn. –

Pieter Brueghel, ob ich den liebe? Hab' ich Dir davon nicht im Brüsseler Brief geschrieben. Sogar ganz außerordentlich, ich bin mir kunstgeschichtlich bloß nicht darüber klar, ob er »primitiv« oder »literarisch« war. Fast glaube ich das letztere, weil er mit einem so relativ geringen Umfang von Farben arbeitet, diese aber in so schönen Tönen flächen- und fleckenhaft ausbreitet. Es ist fabelhaft fein, wie er viele Menschen macht, daß sie als Masse und wieder als einzelne wirken. Es ist keine Naivität und kein Zufall, daß er immer weißgrauen Winter als Grund nimmt. Und mit welcher Schärfe zeichnet er kahle Bäume. – St. Jaques in Antwerpen hab' ich besucht, aber nur an den Rubens und einige Marmorsachen deutliche Erinnerung.

Heut seid Ihr noch in Brüssel. Hoffentlich bist Du nicht traurig, daß heut abend kein Brief in Brüssel ist, aber Heinrich Rustige ist nicht ganz zu eliminieren. Dafür triffst Du dann den da gewiß morgen abend in Ostende. Aber Du darfst Dich dann nicht zu arg in Sehnsucht vergrämen . . .

Von mir einiges nachzutragen. Am Sonntag mittag machte ich einen vielleicht etwas schwerfälligen Artikel über Malerei und Technik, über eine Broschüre von Steppes, die mir zu viel Anregung gab, als daß ich sie hätte »schlecht machen« können. Nun hab' ich mich vielleicht manchmal zu sehr an den Autor gewandt. Und Franz Schneider hat keine Ahnung, wer Jan van Eyck ist. – Am Abend ging ich in einer frohen Stimmung eine Stunde über die Felder, die Stotzle mir hinterlassen hat; als ich zurückkam, machte ich die Erfahrung, daß ich zum erstenmal als Erwachsener die Hausschlüssel nicht eingesteckt hatte, worauf ich mich noch bis 10 herumtrieb. Dann kam Frau Feldmann glücklich heim. –

– Gestern abend war ich in den Kammerspielen, Gyges, ein wundervolles Theater mit außerordentlich angenehmen Sitzen, zweite Reihe, Platz zu 15 Mk., umsonst im Austausch gegen Inserate und Versprechen, ein bißchen was zu schreiben. Ich hab's bloß in unserem Geschäft zu bestellen brauchen. Das Spiel der beiden Männer war recht gut, das der Rhodope gering. Aber wundervoll einfache Bühne. Das Stück und namentlich auch die Sprache ist unglaublich schön.

Heinrich Rustige ist, wie ich gleich weg hatte, »heimlich« verlobt, d. h. so im Familienkreis mit der Tochter eines Stuttgarter Möbelfabrikanten von gegen 20 Jahre. »Sie ist ein ganz fideles Mädle.« Seine Lebensführung und Charakterbildung werden dadurch nur wohltätig beeinflußt. Er läßt Dich übrigens grüßen.

Von Stotzle kam gestern ein Brief, u. a. mit dem Ersuchen: ich möge Dir mit dem Holzschlegel winken, ihm einmal zu schreiben, von Freitag ab auf 14 Tage in Ammerland. Im November hat er jetzt definitiv seine Ausstellung im Kunstgewerbeverein mit einem jungen Darmstädter zusammen. Hoffentlich kriegt er was Gescheites zusammen. Wir müssen dann etwas Pressetrommel rühren. ... So Lieb's jetzt adieu.

Guck, nun ich über manche andre Dinge mit Dir gesprochen habe, bin ich ganz ruhig geworden.

Aber ich halte Dich dicht an mich und küsse Dich, wie Du mich küssest. ...

Dein dummer
seliger Dorle.

14. VIII. 1907
Mittwoch. Nach Tisch

Liebling, heut früh lag wieder nach hiesiger Sitte ein Brief auf dem Fußboden an der Tür. So fiel mein erster Blick auf Deine liebe Schrift, während meine Gedanken schon lange vorher bei Dir waren. Ich denke mir immer so im Halbwachen irgend etwas von Miltenberg aus. Du Dummer, wie kannst Du so was sagen, ich solle nicht ungeduldig sein über Deine kurzen Briefe. Schreib ruhig auch mal nur eine Karte. Nur daß ich oft ein Zeichen Deiner Gedanken an mich sehe. Ich freue mich über jedes Wort.

Heut früh und gestern nachmittag sind wir nun in den wunderbaren alten Sälen gewesen. Van Eyck und all die früh-flämischen und auch früh-französischen. Eine Fülle von ganz wunderbaren Werken. Ich bringe Dir einige gute Wiedergaben mit. Und bitte dafür um ein Weihnachtsgeschenk: Einen Wechselrahmen, mehrere Bilder zusammen, nebeneinander fassend. Du mußt es mal zeichnen. Ganz glatte Rahmen, matt vergoldet, wie der kleine Vermeer bei mir im Eßzimmer. Da tun wir dann wochenweise gute Sachen hinein. Hauptsache welche, die wir gesehen haben. Gelt Schatz?

Die modernen Bilder waren eine Enttäuschung. Nur wenig ganz gute. Und man mag sie nicht, nach den alten. Deine »promenade« hat mir Spaß gemacht, aber doch nur als Kunststück.

Soll ich Dir jetzt wie in einem Bulletin einer kranken Prinzessin melden, daß ich etwas ruhiger geworden bin und nicht mehr immerzu Tränen im Hals spüre vor Sehnsucht nach Dir? Ich gewöhne mich an diese Art von Reisen und verlange schon gar nimmer, mich in Ostende in den Sand zu werfen. Ich werde brav im Hôtel hinter den Scheiben sitzenbleiben.

Liebling, für London werden wir kaum schon Geld haben in einem Jahr. Überhaupt wollen wir den Sommer glaub' ich zu Haus bleiben, vielleicht acht Tg. mit Lessers in ein billiges Ostseebad gehen. Und lieber sparen zum Frühling für Florenz, oder Herbst, Oktober!

Im Augenblick hat nicht die Aussicht auf kommende Reisen, sondern auf das Sich-für-immer-haben Macht über mich. Aber für die Hochzeitsreise solltest Du doch 14 Tg. Urlaub nehmen. Wir gehen dann zehn Tg. ins Maintal und nach Rothenburg und sind dann vier

Tage in Berlin, ohne daß Du auf die Redaktion gehst. Wir richten uns ganz gemütlich ein, überstürzen nichts, sondern sorgen dafür, daß abends immer ein Zimmer behaglich aussieht, wenn auch in den andern noch Durcheinander herrscht. Dann setzen wir uns in den roten Ledersessel und haben uns grenzenlos lieb.

Das nennt man nun Reisebriefe, wenn ich Dir so was von Belgien aus schreibe. – Ich glaube im Winter, wenn ich für die Aussteuer sorge und viel zu tun habe, werde ich wieder vernünftiger. Wenn ich faulenzen müßte, wie hier, würde ich diese Monate der Trennung gar nicht ertragen. Es ist doch was ganz vernünftiges mit der Arbeit. Und üb nur ruhig einen Druck auf mich aus, daß ich schreibe. Denn im Grund hab' ich diesen Aufsatz doch ohne erhebliche Anstrengung recht schnell gemacht. Das Quälende war nur das Hetzen wegen der vielen anderen Arbeit. Und ich will nicht faul werden im Glück.

Ade. Ich schick' den Brief ab, obgleich nicht viel drin steht. (Außer viel Liebe.) Ich weiß nicht, ob ich heut abend zum Schreiben komme, wir wollen nach Löwen noch einmal. Und Du sollst nicht so lang ohne Nachricht von mir sein.

Mein Großer! Leb wohl. Deine liebe Elli

Ostende, 16. August

...

Nun will ich mit Erzählen nachholen. Es ist eine tragikomische Geschichte. Ich sitze im Augenblick in einem Strandkorb auf einer prachtvollen Wandelhalle des feinsten aller Hôtels am Meer, Rücken gegen den Wind, und schreibe mit einem Auge, denn das andere ist dienstunfähig. Soweit man mit einem Auge das Meer genießen kann, tu ich's zwischen dem Schreiben. Aber im Grund ist die Blendung quälender als die Farben Genuß geben können. Nur das Rauschen ist wundervoll. Wenn mein Mann jetzt bei mir wäre, läge ich in einem nicht so luxuriösen, dafür aber gemütlichen Hôtel in der halbdunklen Stube und Du würdest mir helfen, Umschläge zu machen, und Deine Liebe wäre nicht fordernd, sondern eine stille, zärtliche Innigkeit. Dann wäre uns ganz wohl. Obgleich es sehr ungeduldig macht, wenn man vier Tage lang immer Augenschmerzen hat. Nun ängstige Dich aber nicht, Liebling. Es ist doch noch ein Gerstenkorn geworden. Viel kleiner als das erste und ohne solche Schwellungen. Aber angenehm ist es nicht. Es ist hier so windig, daß ich gar nicht heraus kann. Nur in der von einer Seite aus Glas bestehenden Wandelhalle sitzen, während Frau Feist an die Badeplätze gegangen ist.

Nun aber zum Erzählen. Von Brüssel weißt Du wohl alles. Am letzten Abend noch ein Gang auf den Platz, erleuchtet, d. h. nur durch die paar Laternen. Blumenverkauf bis spät in die Nacht wegen folgenden Festtags. Gestern Fahrt nach Gent. Ich habe wieder Deine Briefe mitgehabt. Die Abtei ist wirklich wunderschön. Auch das »Grafenkastell«, das Du nicht erwähnst. Ich hab's nur von außen gesehen, weil es mir zum Hinaufklettern zu windig war. Aber an der dicken Festungsmauer zogen im Sonnenschein wohl 50 kleine Mädchen von 4–5 Jahren mit weißen Kleidern und rosa Schleier, Fahnen und Blumen tragend zur Prozession. Das war entzückend. Dann aber der kleine Beghinenhof. Du hast ganz recht. Ich war begeistert. Und freilich war ich drinnen in den sauberen Puppenstübchen, geführt von einer reizenden Schwester, die etwas betreten war, als in der einen Stube, in der hinten ein geschmückter Altar stand, weil die Prozession durchgegangen war – zwei alte Schwestern Karten spielten!! Alles ist sonst so niedlich, friedlich und peinlich sauber, daß ich in eine ganz gerührte Stimmung kam und so liebenswürdig war, daß mich die Schwester an beiden Händen fassend ordentlich zärtlich verabschiedete.

Trotz alledem bleibt mir von Gent die Erinnerung an wachsende Augenschmerzen. Es ist mir halt gräßlich, wenn Frau F. wegen mir ihre Pläne ändert. Sie tut's auch vorläufig nicht! Abends fuhren wir nach Ostende. Das Hôtel Continental war überfüllt. So mußten wir, trotzdem wir seit fünf Tg. Zimmer bestellt hatten, in das riesige Royal Palace, *1000* Betten, 400 Angestellte, Aktiengesellschaft. Jeder ein großes elegantes Zimmer, Aussicht nach dem Meer. Zwei Betten. Kostenpunkt für die Nacht nur ein Zimmer *60* frs!!!! Also 120 für uns beide. So hat sogar Frau Feist noch nie gewohnt. Das ist doch ein bißle zu stark. Beim Abendessen waren alle Damen tief ausgeschnitten, Ballkleider. Man kann keiner ansehen, ob sie eine Gräfin ist oder aus der Demi-Monde. Die Herren in Frack. Die Diener in Kniehosen und weißen Strümpfen. Einen davon mit einem besonders herablassenden Gaunergesicht habe ich aber auf den prachtvollen Teppich spucken sehen. Nachher rauschten die Damen mit ihren Schleppen darüber. Fast habe ich mich gefreut.

Wenn ich's nicht zu unerquicklich fände, würde ich ein soziales Buch schreiben über die Gewerbe, deren Angehörige mit den obersten 10000 zu tun haben. Psychologie davon. Wie wirkt der abgeschmackte Luxus auf so einen Kellner oder Stubenmädchen??? Ich bin wieder mal sozialdemokratisch und wünsche Schwefel und Feuer auf diesen lasterhaften Luxus herab. Liebster, wenn ich je Anfälle von unberechtigtem Luxus bekomme und mehr Geld ausgeben will, als wir verdienen können, dann erinnere mich an diesen Eindruck hier. – Ich fange an, elegante Hôtels überhaupt zu hassen. Frau F. gibt für diese Reise 5000 Mark aus. Soviel wie wir in einem Jahr brauchen wollen (höchstens!). In mir sträubt sich aller bürgerliche Sinn.

Ach Herz, ich wollte, wir wären gleich an unserem Hochzeitsabend bei uns daheim. Es ist mir ein schrecklicher Gedanke, so in einem Hôtelzimmer Deine Frau zu werden. Vielleicht gehen wir in ein Bauernwirtshaus, in dem Schwarzwaldtal, wo wir im Mai waren. Nirgends wo elegante Kellner uns neugierig angucken. Gelt, mein Liebster! In Miltenberg können wir oben in der Villa wohnen, wo ich als Kind geschlafen habe und wo die Nußbäume und Eichkätzchen ins Zimmer gucken. Ach, Liebster, Liebster, wie selig werden wir sein.

Ade. Ich frage nachher noch im Continental nach Briefen und geb' die neue Adresse an. Ich freu' mich auf Brügge, wo ein kleineres Hôtel ist.

Leb' wohl, Du Bester. Und sei ruhig in der Gewißheit meiner Liebe.

Deine treue Frau
Elli.

. . .

Berlin-Wilmersdorf, 17. 8. 07

Liebste Elli!

Hoffentlich kriegst Du diesen Brief noch in Brügge; dann mußt Du mir auf allen nächsten Briefen die folgenden Adressen vermerken. Als ich gestern den Plan der Reise holen wollte, war er nicht mehr an dem Platz, und ich hab' ihn bis jetzt nicht mehr rausgefunden . . .

Ich freu' mich sehr auf Deinen nächsten Brief und was Du von Gent und Brügge erzählst. Und jetzt hol' ich noch einmal den Brief von

Brüssel hervor – nachdem ich gestern zweimal Deine Reisebriefe durchgesehen, und spazier' mit Dir am Arm oder Hand in Hand durch die Straßen zum Marktplatz. Gelt das ist das schönste. Ich hab' ein paarmal dort in einem kleinen Kneiplein diniert. Aber schad'; Du hättest ihn auch am Abend sehen sollen. Du kannst mir hoffentlich in Deinem nächsten Brief schreiben, daß das mit Deinem Auge keine neuen Bosheiten des Schicksals sind. Ich bin nicht gerade beunruhigt, aber es würde mir sehr leid tun, wenn Dir eine solche dumme Geschichte das Genießen unleidlich machen wollte.

Habt ihr in Brüssel auch einige der Kirchen angesehen? ... – Ja, Du hast vielleicht recht: mit den Reiseplänen für das kommende Jahr brauchen wir uns noch nicht zu sehr zu eilen. Und das: wie wir im Frühling mit dem »Chaisle« in unser Glück fahren, das werden wir noch mit schöner und freudigster Erwartung zusammen reden. Mir leuchtet's ein; aber wir wollen's doch so machen, daß wir die mehreren Tage in Miltenberg bleiben, wenn wir ein liebes Zimmer dort finden. Weißt Du, daß mir das immer als ganz scheußlich erschien, daß man die Hochzeitsreisen durch fremde Betten und gleichgiltige häßliche Zimmer macht. Ich bin dafür, daß wir die ersten Tage eine gleiche liebe Stube haben, die uns vertraut wird. –

Heut kommt Naumann zurück. Die Wahlrechtsgeschichte hast Du ja inzwischen verstanden. Ich will heut erfahren, wie Naumann in diesem Moment darauf kam, den Block zu gefährden.

Der Kollege Krull ist ganz nett soweit, bloß lahm. Und da er sechs Jahre älter, kann ich nicht hopphopp zu ihm sagen, wenn er statt um zehn um ½ 12 kommt. Das muß ihm Schneider, der seit vorgestern zurück, jetzt angenehm klarmachen. Krull ist übrigens ein Jugendgespiele von George Walter. Wie die Welt klein ist. Von dem kam vor einigen Tagen auch eine Karte.

Gestern abend im Lessingtheater war's wundervoll; das Spiel, das Stück ziemlich platt. H. Rustige ist natürlich der Ansicht, daß die Stuttgarter Schauspieler besser seien. Das ist die Schwäche eines jeden rechten Stuttgarters.

Adi, Liebste, Beste. Laß mich durch Brief oder Depesche recht bald Deine weiteren Adressen wissen, damit mein Schreiben keine Pausen aufgezwungen bekommt. ...

Ich hab' Dich ja so unsäglich lieb. Dein Dorle

Brügge, 19. VIII. 1907

Mein lieber, liebster Mann,

nun habe ich Deinen ersehnten Brief, die Antwort auf meinen Ostender. Und ich küsse Dich in dankbarer Liebe für alles, was Du sagst. Es ist traurig, daß wir doch so weit auseinander sind, daß ich Dir nun schon zwei Briefe geschrieben habe seither. . . .

Und nun, Herz, ehe ich an das Berichten des wenigen Gesehenen gehe, eine Frage: was tu' ich, wenn in fünf bis sechs Tagen das Gerstenkorn sich wiederholt. Es ist ja nicht grad' notwendig, aber – ich weiß nicht einmal genau, ob ich sagen soll »leider« – nicht unwahrscheinlich. Meistens hat man sechs von der Sorte. – Dann haben wir beschlossen, daß die Reise aufgesteckt wird. Denn mit dieser Sache in Paris sein ist sinnlos. – Natürlich müßten wir das Aufgehen noch abwarten. Es ist also möglich, daß ich von den Kanalinseln aus heimreise. D. h. in Straßburg ist niemand. Ich hab' heut Lessers gefragt, ob sie dann schon wieder da sind. Und nun frage ich meinen liebsten Mann, ob ich dann zu ihm kommen soll? Aber wo wohnen? Wenn Stotzles Zimmer frei wäre, würde ich gleich hineinziehen. Ich glaub', Frau Feldmann ist vernünftig genug, nichts dagegen zu haben. Aber es scheint ja nicht frei zu sein. Weißt Du etwas anderes? Walters kommen, glaub' ich, am 1. Sept. frühestens. Und wenn ich bei ihnen wäre, würde Frau Feist es unbegreiflich finden, daß ich nicht zu ihr komme. Soll ich zuerst nach Halle und dann zu Walters? Oder wollen wir zwei Tage irgendwo in der Nähe von Berlin auf dem Land sein? Erfinde etwas.

Denk, es liegt mir gar nichts am Reisen. Ich will nicht anfangen, kleine, dumme Kleinlichkeiten zu erzählen. Aber Du kannst Dir wohl denken, daß es bedrückend ist, krank zu sein, während man Gesellschaft leisten sollte. Frau F. ist ja *sehr* nett zu mir. Aber in solchen Tagen kann man nur *ganz* nahe Menschen um sich haben, bei denen man das Gefühl hat, daß sie nun selbstverständlich auf einen Rücksicht nehmen. Nicht das schlechte Gewissen dabei haben, daß man ja ihnen Rücksicht schuldet.

Kurz und gut, ich nehme die Augenschmerzen mit in Kauf, wenn ich so bald in Deine Arme komme. Und daß es häßlich macht, mit einem zugeschwollenen Auge herumzulaufen, gelt, das macht Dir nichts aus? Eine Französin würde nie so zu ihrem Liebsten gehen. –

Heut Memling, Museum u. Ausstellung. Etwas anstrengend noch.

Aber der Memling ist eine Offenbarung für mich gewesen. Nur leider durfte ich nur viel zu kurz dabeibleiben, weil Frau F., die alles schon mal gesehen hatte, ungeduldig war. Freilich bring' ich Dir ein Bild von dem Schrein mit. Auch im »Goldenen Vlies« sind entzückende Sachen. – Aber ich kann jetzt nimmer schreiben. Ist was aus dem Feuilleton für die Frkf. Z.(Frankfurter Zeitung) geworden? Und die Briefe für die Neckar-Z.(eitung)?

Ade, mein Geliebter. Sei ruhig und froh. Ich bin's auch.

Deine liebe Frau
Elli.

Lille, 20. VIII. 1907

Mein liebster Dorle,

wieder mal ein Brief, der noch spät im Bett geschrieben wird. Ich muß noch von heut berichten. Zunächst war es wundervoll: Frau F. hatte am Morgen Briefe zu schreiben, und ich sollte einiges in der Stadt besorgen. So bin ich, selig allein zu sein, gesprungen und bin heimlich noch einmal zum Memling. Es war noch viel, viel schöner als das erste Mal. Diesmal habe ich mich in das Triptychon der Anbetung ganz verliebt. Liebster, ich habe wieder mal eine Bitte: Ich sah nachher in einem Photographengeschäft das Ganze nachgebildet, Holzrahmen wie das Original, ⅔ der Größe und gute Photographien drin. Es kostet 45 frs. Das wünsche ich mir von Dir. Aber noch nicht jetzt, auch nicht zu Weihnachten, sondern Weihnachten übers Jahr. Du, Liebster, ich glaube, dann leben wir schon ganz in einer neuen, vielleicht noch seligeren Erwartung. Dann erst will ich dies Bild. Wir stellen es dann jedes Jahr unter den Christbaum, so daß es unsern Kindern eine frühe, liebe Erinnerung wird.

Wenn wir jetzt beisammen wären, würdest Du mir einen lieben, sehr innigen Kuß geben für diesen Plan. Ich nehme ihn als empfangen an.

In dem Laden habe ich Dir auch die Bilder des Schreins gekauft. Sie sind aber so unsinnig teuer, daß ich noch nicht alle genommen habe. Ich will zuerst sehen, ob sie Dir so gut gefallen wie mir. Ich kann die fehlenden immer noch kommen lassen. Ich zeige sie Dir, wenn ich komme.

Das war ein schöner Abschied von Brügge. Dann Fahrt nach Ypern. Das merkwürdige hier ist eine alte Tuchhalle von ganz ungeheuerlichen Dimensionen, in der Mitte der Belfried. Alle anderen gotischen Hallen und Rathäuser sind Spielzeuge dagegen. Es ist prachtvoll. Sonst ist es ein ganz ausgestorbenes Städtchen. Und obgleich es eine der frühesten Armenordnungen hat, 1822 glaub' ich, die das Betteln verbietet, – wird man in der Kirche und auf den Plätzen von Bettlern angesprochen. Was mich aus historischen Gründen geradezu empört hat.

Damit war Belgien erledigt. Nachdem an der Grenze unser Gepäck von einer einäugigen Frau (!) untersucht worden war, fuhren wir nach Lille, einer rußigen, modernen Handelsstadt. An der Douane hatte ich ein langes Gespräch mit einem belgischen Bahnangestellten: Sozialdemokrat, wütender Gegner der Klerikalen, erzählte, daß er mit zehn Jahren bereits die Schule verlassen hat, aber doch mehr darin gelernt, als sie jetzt lernen. »Rien que des prières.« Er stammt aus Ypern, schwört aber, daß nie etwas aus den Leuten dort würde, »ils vous vendent toute la ville pour deux sous«. Aber in Gent gäbe es viele Sozialisten etc. etc. Es war mir sehr interessant.

21. mittags

Liebling, ich war gestern abend zu müd', um ordentlich berichten zu können. Nun bekam ich eben Deinen Brief, den Du nach Brügge geschickt hattest. Liebster, ich danke Dir tausendmal. Ich kann Dir nicht mehr viel sagen, denn in zehn Min. fahren wir nach Tournai, abends hierher zurück. Mein Auge ist noch leicht ermüdet...

Heut abend vielleicht noch ein Wort.

Ganz Deine liebe Frau
Elli

Wilmersdorf-Berlin, 20. VIII. 07
Abends 10 Uhr

Liebstes Herz!

Nun bist Du einen Tag ohne Brief. Den von gestern abend adressierte ich noch nach Brügge, mit faire suivre à Rouen. Vielleicht schicken Sie Dir ihn nun doch nach Lille. Aber da ich nicht weiß, wie die Bahn nach Frankreich läuft, schick' ich den nach Rouen.... Weißt Du, mit meinen Gefühlen über Eure Reise bin ich in einer ähnlichen Lage wie Du selbst. Ich würde es grausam finden, wenn das Gerstenkorn sich wiederholte, namentlich wegen Paris. Da ich weiß, welchen Eindruck es auf Dich machen würde, wünschte ich sehr, daß Du es sehen kannst.

Aber wenn die böse Entzündung wiederkommt, bleibt Euch ja nichts anderes, als die Reise aufzustecken, und ich mache die Arme ganz auf und überzeuge Dich, Liebling, daß Du auch mit einem geschwollenen Auge meine schönste, frohe Geliebte bist.

Wohin dann? Lessers kommen heute nach Halle zurück. Denen wirst Du also immer recht sein. Wird denn Frau Feist nach Berlin mit zurückkehren?; ich dachte, sie wolle ins Bad. Sonst sind für hier halt Walters am geschicktesten. Wenn Walters noch nicht da sind, schläfst Du in meinem Bett und ich miet' mich über die Nächte bei Amberg ein. Denn das Nachbarzimmer ist meines Wissens wieder vermietet. Ich will morgen fragen. Frau Feldmann würde nichts dagegen sagen können und wollen. Was auch? Wenn Du in meinem Zimmer wohntest, hätten wir die Abende am meisten für uns. Ich würde dann lang an Deinem Bett sitzen und still Deine Hände halten.

Wie ich über meine ganzen Tage verfügen kann, weiß ich noch nicht. Das hängt z. T. sehr davon ab, wann Du kommst. Am 17. Sept. beginnt in Essen der sozialdem. Parteitag. Wenn Du in der Zeit da sein wirst, bleib' ich natürlich da, und zwar ohne alle Verzichtempfindung; wirst Du vorher kommen, können wir die Tage ja so legen, daß Du dann während dieser Zeit in Halle bist. Ich weiß aber noch gar nicht, ob Naumann überhaupt will, daß einer von uns hingeht. Denn los ist sicher nicht viel.

Also ich kann nichts sagen, das fest und bestimmt ist. Aber den Tag, an welchem Du auch kommst, werde ich mit glücklichen Augen sehen. ... Heute bekam ich den »Ausstattungsbrief« meiner Mutter, in dem steht, wieviel anständige Wäsche ich besitze etc., was und um wieviel vermehrt werden soll, dann sehr eingehende, mir aber nicht ganz verständliche Details über Bettwäsche fürs Fremdenbett, die die Mutter zu liefern bereit scheint, großmütterliche, ungebleichte, selbstgesponnene Handtücher. Du mußt Dich halt einmal dieser Dinge mit einem liebevollen Interesse annehmen. Da hilft nichts. D. h. ich will Dir dabei Beistand leisten.

Einen sehr netten Brief erhielt ich vom Hedwigle Brugmann, dem Malweib vor 2½ Jahren mit mancherlei Auskunft über Münchener Leute. Es ist das tüchtige, forsche und gescheite Mädle, in dem Stotzle die kommende Frau vom Bruder Hermann sieht. Der hatte sich in München wenig um sie gekümmert. Ich brachte ihm dann bei, daß er sie auf seiner Durchreise in Prag, wo sie, eine Wiesbadenerin, Kunstgewerbe macht, besuchen müsse. Sie sollte schon ein paarmal zu uns kommen, so, wie ich meiner Mutter immer Besuch ins Haus führte; aber es mißlang immer. Jetzt schreibt's Hedwigle, daß sie sich am 22. Sept. mit Hermann in Mannheim trifft und dann einen Tag mit ihm nach Stuttgart geht. –

– – –

Nun bin ich ziemlich müd'. Ich leg' mich jetzt und will schöne, warme Dinge von Deiner Liebe träumen. . . . So ganz von Dir erfüllt

Dein Dorle

Viele Grüße von Lessers. Gehst Du auf den V. f. S. nach Magdeburg?

Rouen, 22. VIII. 1907
Abends 10 Uhr

Mein Dorle,

ich fand hier Deinen lieben, lieben Brief vor, auf den ich mich den ganzen Tag gefreut hatte. Du hast ganz recht: es ist fast gefährlich, daß man die Antwort auf einen Brief erst bekommt, wenn man schon zwei, drei andere geschrieben hat. Nun lese ich Deine sanften Worte, die sich noch an meine Krankheit wenden. . . .

Goldener, seit ich Deinen Brief las, sehe ich uns beide in Deinem Zimmer hausen. Es wird herrlich. Laß es so bleiben, daß ich Dein Bett habe und Du bei Amberg wohnst. Bitte, Liebling, auch wenn Walters da sind. Ich will gar niemanden sehen, als nur Dich. Es wird ja kurz sein. Aber diese zwei Tage wollen wir ganz für uns haben. Sei einmal etwas pflichtvergessen (Du könntest ja auch wegen Krankheit einmal fehlen auf der Redaktion). Nimm Dir Arbeit mit heim, laß mich helfen und dann gehen wir ins Freie. Und abends liege ich auf Deinem Sofa und wir haben uns grenzenlos lieb. Es wäre schön, zwei Tage zu träumen, wir seien schon lange verheiratet! Wenn wir Walters sehen, so sagen wir, ich sei nur auf wenige Stunden da. Dann gehe ich nach Halle, und Du kommst dort noch einmal hin. Wir müssen auch viel (über) Aussteuer reden mit der Marianne. Ich freu' mich unbändig.

Wann ich komme, kann ich jetzt gar nicht sagen. Wenn die Reise ganz durchgeführt wird, ist es der 19. od. 20. Sept. Wenn dagegen das Gerstenkorn eintrifft – dann ist es ganz unbestimmt. Ob ich zum V. f. S. gehe, ahne ich nicht. Ich glaube es aber nicht. Nur wenn der Papa mich mitnehmen *will*.

Heut war ein schöner Reisetag. Amiens hat eine Kathedrale, mit der sich keine belgische Kirche messen kann. Ich möchte gern wissen, ob ich mich täusche, oder ob wirklich dieser Dom das direkte Vorbild für unser Münster ist. Das Langhaus ist genau dasselbe. So edel einfach, unendlich hoch strebend. Nur weißer Sandstein statt roter. Ein herrlicher Chor mit einem berühmten Gestühl, viele tausend Figuren in Holz geschnitzt. Auch außen um den Chor laufen wunderbare Reliefs in Marmor, 15. und 16. Jahrhundert. Ich habe kaum je so reichen Skulpturenschmuck gesehen. Auch schöne alte Fenster. –

Von außen wunderbare Portale, die bekannten gotischen Jungfrauen, die sich überall wiederholen, und sehr feine Rosetten. Die Türme leider nur bis zur Höhe des Langhauses.

Ich war ganz begeistert von dieser Kirche, die wirklich, d. h. das Innere, alles erreicht, was die Gotik erstrebt. –

Dann ein langweiliges Museum, an der Stadt ist auch nichts, vier Stunden Bummelzug durch das schöne hügelige waldige Land, wo überall die magere Ernte heimgeholt wird. Und nun kommt Rouen. Es liegt an der Seine, ähnlich wie Dresden an der Elbe. Mein Zimmer geht auf das Ufer. Reizende hügelige Ufer mit Kirchlein beginnen dicht hinter der Stadt. Im Augenblick sind alle Lichter angezündet, kleine Dampfer gehen noch, und ich denke wieder an Dresden und sehe uns zwei ahnungslose Kinder auf der Plattform des Trams stehen, meine Wange manchmal Deine Hand berührend. Es lag viel Zärtlichkeit in diesem Spiel, und ich bin jetzt manchmal erstaunt, wie lieb wir uns damals schon hatten, oder vielmehr darüber, daß es mir so unbewußt geblieben war.

Nun gut' Nacht. Ich komme nur so im Bett zum Schreiben. Frau F. ärgert sich nämlich immer ein bißchen über unsere viele Schreiberei. Die meisten Briefe verberge ich ihr. – Nun will ich schlafen und fühle im Einschlummern, wie Du an mich denkst. Glaub mir, ich fühle Deine Küsse und zittere oft vor ihrer Glut. Gut' Nacht, gut' Nacht!

Freitag früh.

... Freilich will ich mich für das Fremdenbett interessieren. Ich freue mich sehr, wenn wir's kriegen. Auch über die schönen, alten Handtücher. Grüße die Mutter und sag ihr, daß ich sehr dankbar dafür bin. Heb den Brief gut auf. Schick mir auf die Inseln:

1 Deine Brüsseler Briefe
2 Deine Pariser Eindrücke
3 ev. meine Korrekturbögen, denn in Paris habe ich keine Zeit dafür.
4 Die Hilfen von Nr. 34 an. Ich habe die beiden Nrn. erst gestern gelesen. Deine »Technik u. Deutsche Malerei« ist sehr gut. Nur den Schlußsatz hätte ich ausgestrichen. Mit dem vorangehenden Fragesatz geschlossen. – Ich bin jetzt *für* die Wahlrechtsparole. Dann weiß man doch wieder mal ein Ziel. Ist es irgendwie möglich, daß etwas dabei herauskommt? Das Reichstagswahlrecht für Preußen??!!! Ganz undenkbar. Dann muß Jastrow seine sämtlichen Kollegs ändern. Denn die Ironie auf das pr.(eussische) Wahlrecht ist seine Hauptpointe. ...

Ich ahnte nichts davon, daß Lessers nach Berlin kämen. Wie sind sie denn zusammen? Glaubst Du, daß sie sich noch ebenso lieb haben wie wir jetzt? Ich möchte wissen, ob wir uns in einem Jahr auch noch so lieben wie heut. Wenn von Anfang an das Begehren bei Dir eine solche Rolle gespielt hätte, würde ich zittern um den Bestand unseres Glükkes. Denn dann *muß* die Erfüllung eine Reaktion hervorrufen. Das ist es, was uns in französischen Romanen so fremd ist. Die Leute lieben sich nie, sondern begehren sich nur. Deshalb muß die Frau ihr Leben lang mit allen Künsten der Koketterie die Flamme schüren. – Bei uns ist es gottlob anders. Ich bin froh, daß Du es immer wieder betonst, wie vielseitig und reich unser Verhältnis ist. Du Liebster. Ich glaube, in einem Jahr werden wir unser Empfinden von heut auch nur als Vorstufe auffassen für die volle Seligkeit des Besitzes, die wir dann kennen. Ich schwätze wieder einmal, nur um mich nicht von Dir zu trennen. Nun ade. Ich fühle Dich hinter mir stehen und meine Haare küssen, die ich heut frisch gewaschen habe. Ich freue mich, daß sie hübsch aussehen, weil es Dir Freude machen würde. –

abends

O Liebling, kein Brief von Dir. Das ist eine arge Enttäuschung. Vielleicht morgen früh. Und dann geht's wie auf unserem Reiseplan. Immer weiter von Dir fort. Mein Herz, das will nicht mehr mit. -- Aber Rouen ist einzig schön. An jeder Straßenecke ein überraschend schöner gotischer Turm, eine Kirche, etwa 6 verschiedene, alle entzückend. Dann der Turm, in dem Jeanne d'Arc saß und eine Platte im Asphalt des Marktplatzes, die die Stelle des Scheiterhaufens bezeichnet.

Nun aber leb' wohl. Ich hab' Dich lieb als Deine Frau, Geliebte, Schwester, Freundin und Kind.

Elli.

Schöneberg, 26. 8. 07
Redaktion
³⁄₄7 Uhr

Meine Elli!

Vielen Dank für Deinen lieben, großen Brief. Ich wollte ich könnte jetzt schön behaglich antworten. Vielleicht gelingt's morgen.

Aber die heutige Situation ist so: um 8 kam Dein Brief, dann schrieb ich eine Kunstnotiz, von ½ 10 bis 2 Redaktionszeug, von 3 bis ½ 6 Jaeckhs zum Café, dann rasch noch Bücher auf die Bibliothek und in einer halben Stunde Redaktionsschluß. 9 Uhr Wolf Dohrn mit Frau in der Unione.

Du sollst nicht meinen, daß ich jetzt ein »gehetzter« Mensch wäre; bloß ist mir in diesen Tagen die ganz ruhige Stunde nicht gegeben, Dir so ausführlich zu schreiben, wie ich es Dir und mir gönnte: Rustige, Lesser, Naumann, Jaeckh, Katz, ein paar Dohrns, jetzt Lu und Walters. Daneben alles Redaktionszeug.

Also jetzt sag' ich bloß vielmals dankeschön, mein Liebstes, auch für die unglaublich schönen Karten. Das ist wieder ganz andere Gotik als die in Belgien. Eigentlich Backstein oder Stein? Die haben dort wohl Stein.

Gestern war es sehr nett; ich habe mich viel mit Schubring unterhalten und wir haben uns wieder ganz brav angebiedert. Am Abend waren Jaeckhs im Wintermärchen, Naumanns und ich bei Schubring.

Da wurd's etwas sehr reichlich fachtheologisch, aber recht interessant. Frau Schubring, die sehr lieb ist, erwartet in 14 Tagen ihr drittes Kind.

Jaeckhs sind etwas Berlin-trunken und haben Angst vor Heilbronn. Aber er wird sich schon wieder hineinfinden u. sie nicht minder. Schubring und Jaeckh haben sich, da sie beide Betriebsmeier sind, bald gefunden. ... Die Hilfe usf. will ich Dir dann mit der neuen Nummer am Mittwoch schicken. Ich habe von den Pariser Eindrükken kein Exemplar mehr und will mir daher zuerst das der Else Walter leihen. Meine holländischen Briefe sind arg unwesentlich, da sie das Gleiche enthalten, wie die Briefe an Dich, bloß sehr verdünnt, halt so hingeschrieben. Ich schick' sie Dir mit. Da ich nur ein Exemplar hab', läßt Du sie wieder einmal zurückgehen. Ich spar Dir dann den ausführlichen Bericht an Lulu Strauss.

Du, das wird schön, wenn Du hier bist. Wir wollen's dann so machen. Falls ich aber am 15. nach Essen zum Parteitag gehe, fährst Du nach Halle, und kommst dann Mittwoch, 25., hierher. Denn dann hab' ich so viel redaktionell an mir hängen, daß ich unmöglich »pflichtvergessen« sein kann. Du, Deine Logik, ich könnte ja auch einmal krank sein, ist wundervoll und hat mir Spaß gemacht.

Als braver Redakteur *ist* man nicht krank. Aber wir werden's dann schon gescheit deixeln können.

Wie merkst Du denn das, daß Frau Feist sich über meine vielen Briefe ärgert? So halb kann ich es mir klarmachen, denn sie spürt halt dann wahrscheinlich im Gegensatz zum letzten Jahr, daß was wichtigeres neben dem Angucken für Dich existiert.

Nun aber leb' wohl, mein liebstes Herz. Das müssen wir uns halt gefallen lassen, daß jetzt so fast ganz sachliche Briefe und dann wieder ganz persönliche aneinander vorbeilaufen.

Morgen abend bleib' ich zuhaus. Dann will ich wieder ganz mit Dir zusammensein. Du Liebste.

Dein treuer
Dorle

Jersey, St. Hélier 27. VIII. 1907
Grand Hôtel

Mein Liebster,

ich sitze im Drawing-Room des Grand Hôtel, zum ersten Mal in England. Die Situation ist die denkbar günstigste: ein Erker mit dem vollen Blick aufs Meer. Aber ich versage es mir, von hinten anzufangen, obgleich ich es viel lieber täte, sondern will zuerst die Lücke ausfüllen, die durch diese zwei oder gar drei stummen Tage eingerissen ist. Ich *konnte* nicht zum Schreiben kommen, Liebling, abends hatte ich nie Licht in meinen Stuben. Weißt Du, mit der Frau F. ist sehr gut auskommen, wenn man an einem Ort dauernd ist, etwa die drei Tg. in Rouen. Aber die eigentlichen Reisetage sind furchtbar. Sie ist entsetzlich aufgeregt. Ich kann dann keine Sekunde mich von ihr oder dem Gepäck entfernen. Manchmal kocht es in mir. Aber im ganzen rede ich mir selber sehr gut zu und genieße jetzt, wo meine Sehnsucht nach Dir sich in frohe Erwartung der Septembertage umgewandelt hat, doch das Ansehen sehr. . . . Also Rouen ist die entzückendste alte Stadt in Frankreich. Wir haben noch eine kleine Dampferfahrt auf der Seine gemacht. Die waldigen Hügel waren von einer mit Nebeln kämpfenden Sonne ganz eigenartig reizvoll beleuchtet. Dann haben wir die letzte große Kirche, St. Quen, noch genau angesehen. Du wirst auf den Karten gemerkt haben, wie großartig jede dieser gotischen Kathedralen ist. Am Nachmittag eine Wagenfahrt nach einem nahen Wallfahrtsort mit schönem Blick über das ganze Land und besonders die schöne Stadt, die ähnlich wie Stuttgart weit sich ausdehnt über die ansteigenden Hügel. Wir hatten einen wunderlichen Kutscher, der die schönsten Vergleiche zog, die aber so unpassend sind, daß ich sie Dir nicht einmal erzählen könnte, geschweige denn schreiben.

Am andern Morgen langweilige Fahrt nach Caen. Die Bahnen in der Provinz sind furchtbar. Caen ist eigentlich auch ganz reizend mit unendlich viel Kirchen, verfallenen und restaurierten, großem Spital, Resten von Burgen und Kastellen, großen Gärten mit himmelhohen Mauern. Aber unsere Laune war so schlecht, daß ich von dem Aufenthalt rein nichts hatte. Kaum *ein* hübsches Bild bleibt mir. Nämlich – – – das Hôtel war schlecht. Weißt Du, Liebling, unsereins freut sich in Dresden, daß die Zimmer schlecht sind, weil's dann billig ist. Aber wenn man teuer reist und reisen will, dann ist man natürlich entrüstet, daß man für sein Geld nichts bekommt. Und das Wirtshaus war wirklich unter jedem Niveau. Das Essen so, daß auch ich es stehen ließ vor Ekel. Und ein Publikum!!! Ein Herr mit einer geschminkten Person wollte etwas nicht zahlen. Da zogen drei Hausknechte auf der einen Seite, das Paar auf der anderen Seite an dem Handkoffer und das Recht, nämlich die Knechte, siegte: Der Mann (er war aber piekfein) zahlte unter furchtbarem Schimpfen seine zwei fr, schrie beständig: »vous êtes des voleurs«. Und stieg in eine Droschke. –

Nun denk Dir, all dies *uns!* Während schon im besten Hôtel die Entrüstung groß ist, wenn etwa die Serviette feucht ist, oder nur zwei Handtücher vorhanden. Innerlich hat mich die Sache ja eigentlich amüsiert, aber von Genießen der Stadt war dabei keine Rede. Es wurde nur hin und her beraten und telegraphiert, was zu machen sei. Schließlich fuhren wir noch am Abend um 8 Uhr nach Bayeux, übernachteten dort in einem ganz anständigen, ländlichen Hôtel und guckten uns am Morgen von 8–9 Uhr die Kathedrale an, die ich Dir auch schicke, und in der Bibliothek eine wunderbare »tapisserie«. Eine Stickerei, die angeblich von der Frau von Wilhelm dem Eroberer herrührt, Matilde heißt sie, und einfach wunderbar ist. 70 m lang, etwa ¾ m hoch. Also eine Art von Fries, die Eroberung Englands darstellend. Feine gedämpfte Farben und entzückend charakteristische Bewegung in den Pferden und Menschen. Die Schlacht von Hastings ganz großartig. Ich wollte, es gäbe eine Wiedergabe davon. Wirklich, diese Arbeit ist es wert, daß man in dies Nest fährt. Dann kamen wieder drei Std. Bummelzug und ein neues Nest, Contance. Es liegt auf dem Berg wie Wimpffen. Und wieder sind drei wunderbare Kirchen da. Man weiß es gar nicht mehr anders. Außerdem habe ich an der Table d'hôte einen französischen Geschäftsmann gänzlich bezaubert. Sonst fallen immer nur Packträger und solches Volk auf dieser Reise auf mich herein. Aber der war ganz weg, weil ich so gut französisch rede. Es war grad' Markt in dem Städtchen. Da war denn die ganze Umgebung versammelt. Alle Frauen mit den hübschen strahlend weißen Hauben. Die jungen sehen reizend drunter aus. –

Um 4 Uhr fing die fürchterliche Reiserei wieder an und dauerte bis 8 Uhr. Das sind Geduldsproben. Zuletzt fuhren wir mit einer sehr netten deutschen Familie, von Eyken, Verwandte von Frau Stinnes, wie sich bald herausstellte. Junges Ehepaar, er Assistent in Freiburg, Mediziner, und sein Vater reicher Tabakfabrikant. Sehr nette, einfache, energische junge Frau. Im Hôtel in Carteret kein Platz. Man wurde in kleine »Villen« ausquartiert, wieder mehr als primitiv und schlief in froher Erwartung einer schönen Überfahrt sanft ein. Deinen kurzen Brief (der das teure Telegramm kaum wert war!) hatte ich bekommen. Diese Nebenbemerkung ist aber nicht ein bißle ernst zu nehmen. Denn ich will ja nicht immer lange Briefe, sondern freue mich, wenn ich spüre, daß man doch nicht ganz unerreichbar weit voneinander entfernt ist. Die Karte von der Mama ist lieb. –

Gestern abend stand der gelbe Mond tief am Horizont und spiegelte sich im Meer. Es war wunderbar sternklar. Trotzdem ist heut wieder bewölktes Wetter mit ein paar Regengüssen. Zuerst war ich ganz traurig, als wir auf dem miserabeln französischen Dampfer saßen und das Meer ganz farblos und ruhig dalag. Aber dann saß ich ganz still auf der Lehne der Rückwand, merkte nichts mehr von dem Menschenvolk im Schiff und kam dem Meer wieder ganz nahe. Es fing auch bald ein heimliches Spiel von grün und violett an, keine starken Wellen, aber eine wunderbare Bewegung in der weiten Fläche. Ich kann nie auf dem Wasser sein, ohne daß ich ganz ausgefüllt bin von innerer Musik und Versen. Heut sind mir zwei Stücke aus Dichtungen plötzlich klar geworden, die ich beide längst zu verstehen glaubte. Einmal die wundervollen Verse Hölderlins: »Daß ich – dem Schwimmer gleich – in der Starken freiem Glücke mich üb', Und die Göttersprache, das Wechseln und das Werden versteh'!« Ist das nicht wundervoll, daß er es die Göttersprache nennt, dies Kommen und Vergehen der Dinge, das den Sterblichen so unheimlich fremd und grausam erscheint?

Das andere war der Monolog der Iphigenie: »Denn ach, mich trennt das Meer von dem Geliebten ...« Der ganze Monolog (ich kann ihn auswendig seit der Schule) ist mir zum erstenmal wirklich klar geworden. –

Was würde die Frau F. sagen, wenn sie wüßte, daß ich nur daran gedacht habe, statt an die ungeheuer wichtige Frage, wie man wieder zu seinem Gepäck kommt?

Über all dem sind wir nun wirklich in England gelandet. Und alles leuchtet mir ungeheuer ein, die praktische Einrichtung der Bahnhöfe, die sauberen großen Zimmer, die riesigen Schreib-Lese-Wohn-Rauch-Billard- und Damenzimmer. Kurz, das häusliche Leben der Engländer. In Frankreich kennt man das ja nicht. Nur fürchte ich, daß die Briefe unendlich lang dauern werden. Wir haben zwei mal am Tag Post. Vielleicht kommen die von und nach Berlin über England. Dann geht's schneller als über Frankreich. Die von Eykens sind auch hier im Hôtel. Das freut mich sehr, denn auf die Dauer hat man sich nicht so arg viel zu erzählen!

Nun Liebster, schreib mir bald. Ich fühle mich ja immer an Deiner Hand, auch wenn ich einen Tag nichts von Dir höre. Aber froh ist man doch über jedes Wort. Und bitte schicke mir nach Guernsey etwas Lektüre. Vielleicht Lou Andreas Salome (nicht Ma und nicht »Aus fremder Seele«), oder schick mir »Ihres Vaters Tochter« von der Lulu. Oder das neue von Hesse. Und dann bitte die Pariser Eindrücke.

Find'st Du das eine unnötige Ausgabe? Ich habe so Durst, mal wieder etwas zu lesen. Es ist überhaupt gut, daß das Ansehen von Kirchen mal wieder aufhört. Man hatte wirklich genug.

Unterdessen ist aus der Meeresbucht, auf die ich schaue, eine Sandfläche geworden, und das gegenüberliegende Inselchen ist eine mit uns verbundene Halbinsel, auf der ein altes Schloß steht. Ich will einmal auf Entdeckungsreisen gehen.

Ade, liebes Herz. Ich freue mich unsäglich auf meinen Besuch bei Dir. Du mußt mich nicht bitten, Vertrauen zu haben. Ich bestehe nur aus Vertrauen in Dich. Ich küsse Dich in Liebe.

Deine Elli.

Wilmersdorf–Berlin, 28.8.07
Abends ½ 9

Meine liebe Elli!

Du, ich bin etwas unglücklich und in Sorge, daß ich seit Montag früh nicht mehr von Dir hörte und gestern und heut vergeblich auf eine Antwort auf den Freitagbrief wartete. Ich kann mir nur denken, daß der überall zu spät kam, denn sonst mußtest Du ihn Sonntag, spätestens Montag früh erhalten. Gelt, Liebs, Du hast mir noch einmal geschrieben, bevor ihr nach Jersey fuhret und dann krieg' ich morgen gewiß etwas von Dir. Hoffentlich haben Dich alle die Briefe seit letzten Donnerstag pünktlich erreicht. Wenn Du die Zeit zu den Briefen so schwer rauskriegst, dann sag mir auf einer Karte, wie es Dir geht, und daß Du Dich auf unser Zusammentreffen freust. Gelt. Ich bin immer mit lieben Gedanken um Dich und hege unser Glück. Spürst Du's, Gute?

Ich denk' jetzt auch manchmal fleißig an Dresden. Nächstens wird's ein Jahr seit der merkwürdigen Fahrt zwischen Görlitz und Dresden, als wir am Fenster standen, unsere Hände banden und damit unmerklich unser Leben. Ich weiß nicht mehr recht, was alles in mir vorging: es war eine Art wohliger Trunkenheit und Vertrautheit. Du erzähltest mir, aber ich verstand nichts davon. Ich nahm vier, fünfmal innerlich den Anlauf, Dich zärtlich zu umschließen, Dich leise zu küssen. Aber zugleich sagte mir mein Aufpasser: das sei ein Bierbaumsches Theater. Und schwirrte es hin: willst Du etwas »erleben«? und zugleich die tiefe Empfindung: nein, hier handelt es sich nicht um Novellen, sondern um Schicksal. Ich weiß aus den Tagen nur wenige bestimmte Sachen, habe aber eine ungemein zärtliche Erinnerung. Als wir die Tage zusammen waren, habe ich Dich nicht »geliebt«, so, wie wir später erfuhren, was Liebe ist. Aber es war alles, was sich in dem Wort Zuneigung sammelt, auf Dich allein gelegt, und ich wußte ganz klar, daß mir kein Mensch so nahestand wie Du und daß ich Dir alles vertrauen könnte. Wie der Stotzle dann da war, bildeten wir auf einmal ihm gegenüber ganz selbstverständlich eine Einheit, und auch ihm war das ganz klar, daß wir uns die Hände hielten, und daß Du Dich an mich lehntest, als wir, am Altmarkt, zu dem wundervollen Nachtwolkenhimmel hinaufschauten.

Du, da hatten wir uns lieb.

Und dann lach' ich manchmal über den Tanzabend im März. Ich war so selig damals, daß ich keine Grade mehr weiß. Weder sinnlich noch zärtlich, sondern bloß so absolut glücklich, Dich herumzuwirbeln und in Deine ganz strahlenden Augen zu gucken. Mir ist, daß ich an dem Abend ganz selbstverständlich über Dich verfügte und daß es die andern eigentlich hätten sehen müssen, wie wir uns aneinander freuten. Dann kamen die Treppenstufen. Ich vergesse nie, mit welch übermütiger Freude ich an dem Sonntag in den kalten Frühlingsmorgen hineinfuhr.

Spürst Du's, wie lieb ich Dich hab', und wie alles in mir Zärtlichkeit wird, wenn ich an Dich denke?

Schlaf und träume, süßes Kind. Abends weiß ich manchmal wohl von den Stunden, da ich mit einer zärtlichen und sorgenden Andacht Deinem ruhigen Atem an meiner Seite lausche.

Donnerstag ½4 Uhr

Immerhin kam inzwischen eine Karte. Als die erste Post nichts gebracht hatte, war ich arg enttäuscht. Aber da ich heut von 6 Uhr ab weg bin, will ich den Brief vorher noch fertig machen. Ich bin ja Herr meiner Zeit und kann die Minuten zum Schreiben eher rauskriegen. Aber Du darfst mit dem Schreiben gerade jetzt nicht lahmer werden. Gelt, Liebs. Ich bin so hungrig nach allen Deinen Worten. Und dann ist's arg, drei Tage ohne Brief zu sein. –

Ich weiß nicht, ob ich Dir schrieb, daß ich am Montag von den neuen Leuten mitgemietet wurde, daß die aber am Mittwoch auf einmal mitteilten, sie hätten woanders gemietet, und dort sei ich ihnen willkommen. Frau Feldmann will mich nun nicht sitzen lassen, und wir führen den Betrieb wahrscheinlich weiter. Ich hab' mich bereit erklärt, eventuell 50 statt 40 Mk. vollends zu zahlen und ihr gesagt, daß ich mit Dir sprechen wolle, wo sich eventuell eine Geldquelle aufschließen läßt. Keine Heimarbeit! Vom allgemeinen abgesehen strengt es sie zu sehr an. ... Ludwig schreibt hochpolitische Briefe aus Stuttgart, wird dort überhaupt ein »Moz«, der mit Weinhausen konferiert und Anträge durchbringt. Und zwar scheint ihm eine vorläufige Organisation »meines« Wahlkreises (Ludwig sagt mit ruhig überzeugter Miene: Deines) fast mehr zu bewegen als mich. Ich glaube, wenn ich ihm nahelege, er soll sich auf einem Kuhnest dieser vier Oberämter niederlassen, tut er es.

Nun ade, liebes, liebes Herz.

Wie geht es denn mit dem Auge? Da auf der Karte nichts steht, nehm' ich halt an, daß jetzt die Sache vorbei ist.

Viele herzliche Grüße von

Deinem Dorle

Paris, le 30.(?) VIII. 1907
Freitag

Liebster Dorle,

Frau Feist hat schlechte Nachrichten von Heymans. Tochter Blinddarmentzündung. Sofortige Abreise von Jersey. Gestern abend hier angekommen. Wir wollten sofort nach Berlin. Ich hatte schon ein Telegramm an Dich aufgesetzt, daß wir Samstag 7.25 ankommen. Da kam nachts um 10 noch Nachricht, daß Kommen unnötig. Das Kind war überhaupt nicht in Gefahr. Frau F. wollte mehr ihrer Tochter zulieb' zum Helfen kommen. Die will sie aber nicht. So bleiben wir vorläufig, *Hôtel Richmond.* Immer bereit, abzufahren.

Das dümmste ist, daß ich alle Briefe von den Inseln an Deine Adresse nachzusenden bestellt habe. So komme ich um Nachricht. Vom Papa hab' ich seit Rouen nichts. Deine zwei Briefe nach Jersey habe ich zusammen am Abend vor unserer Flucht bekommen. Vielen Dank.

Ich war gar nicht traurig, abzureisen. Aber jetzt möchte ich doch wenigstens etwas von P. haben.

In großer Eile und mit einer Sau-Feder schreib' ich nur noch einen eiligen Gruß!

Elly.

Bald mehr.

Paris, 31. VIII. 1907
Hôtel Richmond.
Rue Helder 11

Mein Liebster,

was magst Du bei dem Telegramm gedacht haben? Und der flüchtige Hôtelbrief hat Dir auch nicht viel von meiner Stimmung gegeben. So muß ich noch einmal bei Jersey anfangen.

Wir hatten herrliches Wetter, und das Meer war zauberhaft schön, aber still wie ein See. Am Tag nach unserer Ankunft haben wir eine große Wagenfahrt gemacht durch das Innere der Insel nach den verschiedenen Buchten. Durch den Golfstrom hat das Stückchen Land ein ungeheuer günstiges Klima. Es sind Parks voll Palmen, blühenden Magnolien, echten Kastanien vorhanden und alles Grün ungeheuer üppig. An den Ufern fällt die Insel ganz steil ab mit vorgelagerten felsigen Klippen und romantischen Höhlen. Was ich am ersten Tag für ein Schloß hielt, ist das befestigte Fort, denn die Insel ist ein energischeres Helgoland. Die Farben sind über alle Begriffe schön, so blau wie das Mittelländische Meer sagt man. Ich hätte sehr gern die fünf Tage auf Guernsey noch gehabt, die sehr ausruhend gewesen wären, nach dem vielen Angucken. Aber am Abend dieses Ausflugstags kam das Telegramm um 10 Uhr und am Morgen um ½8 Uhr fuhren wir bereits ab. Die Überfahrt nach Granville dauerte zwei Std. Ich saß wieder ganz still an der hinteren Spitze des Schiffs und war ganz glücklich. Ich freute mich schon unbeschreiblich, in 48 Stunden bei Dir zu sein.

Dann kam die fürchterlichste Reise, die ich je gemacht habe. Die französischen Bahnen sind das Gemeinste, was es gibt. Es war ein Schnellzug, der in sechs Stunden in Paris sein sollte. Kein Speisewagen, Büffet ausverkauft. Dann fing er an zu rasen und der Waggon schwankte bei jeder Kurve so hin und her, daß ich einmal in voller Länge auf dem Boden lag und daß wir alle auf eine Entgleisung vorbereitet waren. Ich muß sagen, daß ich jetzt sehr ungern wegen der französischen Mißwirtschaft umkäme. Bei der ersten Station stieg ich aus, um zu fragen, was los sei. Einige Herren umgaben schon wütend den Beamten und erklärten, daß sie keine »envie« hätten, »de laisser leur peau a cause de cette sale société de l'Ouest«. Antwort bekam man nicht, ob die Koppelung schlecht war, oder was eigentlich los war. Aber nun fuhr man so langsam, blieb beständig auf der Strecke stehen, nun, es war unglaublich. Mit vier Stunden Verspätung kam man gerädert und hungersmatt im Hôtel an. Hier fanden wir gute Nachrichten von Heymans und beschlossen (wieder erst abends um 11) zu bleiben. Ich weiß nicht recht, ob's mich freut. Jedenfalls wehre ich mich gegen den Plan, nach St. Malo noch einmal zu fahren. Man hat gar nichts davon als Umständlichkeiten.

Nun also Paris. Liebster, bitte verlange keine (vielleicht *noch* keine) Begeisterung von mir. Am ersten Morgen fuhren wir mit einer Droschke auf den Boulevards herum, Champs Elysées und Bois de Boulogne. Alles prachtvoll, aber es läßt mich völlig kühl. Für Rouen habe ich viel mehr Sinn. Abends in der Comédie Française eine glänzende Aufführung des Barbiers, nicht die Oper, sondern das Stück von Beaumarchais. Der Figaro war kostbar. Und die Sprache ein Genuß. Vorher ein unbedeutender Molière »le mariage forcé«.

Dann heut früh zwei Std. im Louvre. Wir kamen dummerweise in ein ganzes Stockwerk voll Fayencen und Altertümern, schließlich Miniaturen und Möbel. Alles in so bedrückender Menge, daß man sich todmüde macht und so wenig Genuß davon hat, wie der Mann, der sich durch den Pfannkuchenberg durchißt. Außerdem kann mein Auge dies Angucken von 1000 kleinen Dingen noch nicht recht vertragen. Es war eigentlich entmutigend, und ich fürchte mich vor den vielen Museen. Man kann auch fast nirgends sitzen. Schließlich gingen wir noch pflichtschuldigst zu den Antiken. Aber ich habe versagt. Du wirst mich barbarisch finden. Aber ich sehe keinen großen Unterschied zwischen der Venus von Milo hier und guten Abgüssen, die ich schon gesehen habe. Überhaupt sind diese Sachen so schlechtweg vollkommen, daß sie mir nicht ans Herz gehen. Eine Std. im Johannesspital ist mir viel, viel mehr, als die ganze Skulpturensammlung hier.

Bist Du jetzt entsetzt über mich? Vielleicht kommt's noch besser.

Der Louvre als Gebäude ist ganz wundervoll, da verschwindet Dresden dagegen wie kleines Spielzeug. – Ich glaube, wenn ich mit Dir herumliefe, würde mir die Stadt auch den Eindruck machen, wie ich es erwartet habe. Aber so immer in der Droschke und immer in Gesprächen, ob der Fisch hier besser war, als der in Lille oder Ostende – das fängt mir an, furchtbar auf die Nerven zu gehen. Ich hoffe, es so zu deichseln, daß wir von hier direkt heimfahren, etwa am 10. September. Aber bestimmen kann ich gar nichts. –

Ich sehne mich sehr nach Nachricht von Dir. Durch die Nachschikkerei nach Berlin werden die Postsachen von den Inseln kaum vor Montag hier sein können.

Nun gehen wir auf den Eiffelturm. Da werde ich hoffentlich morgen mehr Sinn für Paris beweisen, wenn ich Dir wieder schreibe, und hoffentlich auch einen Brief von Dir schon habe. Ich wollte doch, ich wäre heut früh bei Dir angekommen!

Ade, Liebster. Sei nicht bös über meinen Undank. Diese Rumreiserei in beständigem Reisefieber hat mich so furchtbar müd' gemacht.

Hab mich lieb.

Deine Elly

Paris, 31. VIII. 1907

Unterdessen kam Dein lieber Brief, und ich bin sehr froh, daß Du so augenblicklich auf das Telegramm hin geschrieben hast. Es geht mir immer so: ein solcher Szeneriewechsel macht einem glauben, daß viel Zeit verflossen ist, und dann komme ich mir ganz verloren vor, ehe ich wieder Briefe von Dir bekomme. Daß Du neulich vier Tg. ohne Nachricht von mir warst, ist unbegreiflich. Wenigstens die Postkarte aus Carteret mußt Du doch bekommen haben. Du glaubst nicht, wie schwer es ist, Zeit zum Schreiben zu finden an solchen Reisetagen. Nur nachts geht es, und da hatte ich gar kein Licht in den Nestern. . . . Seither ist mir auf dem Eiffelturm das Herz ganz weit aufgegangen, und beim Heimgehen (zum ersten Mal zu Fuß) war der Vendômeplatz in seiner vornehmen Geschlossenheit unglaublich fein, und die Boulevards verschwammen in der Ferne in einem wunderbaren Goldduft.

Das feinste war, daß ich ein Stück zu Fuß herabstieg vom Turm. Ganz blauer Himmel und die Abendsonne auf den Häusern und Kirchen. Und kein Mensch neben mir, alle fuhren, nur Tauben und ausbessernde Maler saßen auf den Eisenstangen. Und die Stadt stieg in die Höhe und wurde größer und größer, alle Türme wuchsen. Der Montmartre wurde wieder ein Hügel, der vorher nur eine kleine Schwellung war, und der neuangelegte Park zu meinen Füßen wurde wieder ein wirklicher Garten, der vorher nur ein Spielzeug war. Ja, wir müssen einmal zusammen hierher. Du glaubst nicht, wieviel es ausmacht, ob man mit einem gleichfühlenden Menschen da ist, der nicht alle Fayencesäle durchackert, auch wenn man nicht mehr kann.

Nun ade. Dieser Brief ist in zehn Min. hingeflammt. Bald mehr. Hier habe ich Zeit zum Schreiben. Ich küsse Dich in Sehnsucht und Vorfreude.

Deine Frau

Im Anschluß an die Reise besucht Elly Knapp Theodor Heuss in Berlin. Von dort fährt sie zu ihrer Schwester Marianne nach Halle.

KAPITEL V

»Es wäre doch schrecklich, wenn wir uns gar nicht kennengelernt hätten«

Wilmersdorf, 13. 9. 07
Tübingerstr. 5 a
4 Uhr

Meine liebste Frau!

Zum Essen war ich bei der Elsa Walter, und wir konstatierten, daß es doch besser sei, wenn man im verlobten Zustand nicht jahrelang am selben Platz wohne, da es dann nur schwer auszuhalten sei. Aber daß es dann die schönsten Tage, wenn man sich vor der schließlichen Vereinigung mitunter eine Weile ganz allein gehören könne.

Daraufhin hat mich der Friseur in einer eingehenden Beschäftigung mit meinem Döz furchtbar schön gemacht: geschoren, gewaschen und rasiert, daß ich jetzt wie der Frühling aussehe.

Und jetzt schick' ich Dir, bevor ich mir das Buch der Ricarda hinlege, die ersten Grüße, weißt Du, so in der Stimmung, daß Du nur auf eine größere Reise von zu Hause und Deinem Mann weg seiest. Nicht als ob wir uns jetzt so getrennt hätten, um noch lange Monate aufeinander zu warten. Sondern so, daß ich mir sagen kann: die liebe Elli kommt ja bald wieder, und das schöne Leben nimmt seinen Fortgang. Gelt. Vielleicht, daß ich melancholischer werde, wenn wir uns in Halle adieu sagen und die langen Monate dann tatsächlich vor uns stehen. Jetzt weiß ich ja, daß wir uns bald wieder, wenn auch bloß kurz, haben werden, und daran denk' ich zunächst am meisten.

Zu erzählen habe ich noch nichts. Die kommenden Tage sind mit Versammlungen, Theaterabsichten und dergleichen reichlich ausgefüllt. Und dann wartet ja auch allerhand Arbeit.

Ich brauch' von diesen Tagen kein Resumé zu ziehen. Sie liegen ja noch so schön und reich vor unserer Seele gebreitet. Und sie sind so klar und voll Glück, daß man mit Worten und Reflexionen gar nichts weiter zu ihnen sagen kann. Von diesem Gefühl will ich mich durch den Winter tragen lassen, Du meine gute und schöne Frau. ... So grüße ich Dich und küsse Deine ganze Schönheit, die nun mir gehört. So wie mein Leben und mein Leib und meine Seele Dir gehören.

Grüße die Lessers aufs herzlichste. Morgen früh hoff' ich von Dir zu hören, daß die Reise für Dich armes Kind erträglich war und daß Du alles in bester Ordnung antrafest.

In treuer Liebe
ganz Dein Dorle

Halle a/S. 14. September 07

Mein Dorle, liebster Mann,

gelt, Du warst nicht zu sehr enttäuscht, daß ich Dir nur eine kurze Karte geschickt habe. Ich war nämlich doch noch sehr elend, hatte starkes Fieber und schrieb die Karte zwischen zwei Schlafanfällen. Den ganzen Nachmittag habe ich fest geschlafen.

Heut ist es nun wirklich besser, dank mehrfachem Aspirin. Heut früh kam Dein lieber, erster Brief. Ich war sehr froh, daß er so bald kam und über jedes Wort, das drin stand. So wollte ich, solltest Du mir schreiben: ruhiger und sicher in unserer Liebe. Daß ich spüre, wie viel wir gewonnen haben durch diese Tage. Ich habe auch gar kein schmerzliches Heimweh nach Dir, sondern die frohe Erwartung von Dresden beschäftigt mich. Und weiter hinaus unsere Zukunft. Ganz prosaisch die notwendigen Dinge des täglichen Lebens. Bitte, schicke mir *sofort* den Ausstattungsbrief der Mutter. Und ihre Adresse, ich muß sie allerlei fragen. Dich will ich mit diesen Sachen verschonen.

Ich finde die beiden großen Stuben hier beneidenswert! Und Ernsts Zimmer mit dem vielen freien Platz leuchtet mir so sehr ein, daß ich fast dafür bin, meinen Schreibtisch auch ins Eßzimmer zu stellen, wie die Marianne, damit mein Mann Platz hat, in seiner Stube herumzulaufen. Ich fürchte, Dein Zimmer wird sonst so eng wie die bei Walters. Das will ich nicht. Eventuell verzichte ich vorläufig auf das Sofa im Eßzimmer. Überhaupt ist mir *das* ganz klar geworden: Wir kaufen uns zunächst nur das Aller-allernotwendigste. Und allen Zierat (damit meine ich auch z. B. Stühle und kleines Tischchen zum Theetrinken etc. etc.) erst, wenn wir die Wohnung haben. Das macht gar nichts, wenn's zuerst kahl bei uns aussieht.

Du siehst, ich bin ganz Aussteuer. Aber doch nicht ganz. Ich hatte vorhin ein langes Gespräch mit der Marianne über – ja, sexuelle Ethik oder wie man's nennen soll. Sie hat ganz klar und ruhig die radikale Anschauung, zu der ich mich erst in diesen letzten Tagen aus einem

Restbestand der höheren Töchter-Erziehung durchgedacht habe: daß die augenblicklich herrschenden Zustände *so* miserabel sind, daß eine Änderung eigentlich nur zum Besseren möglich ist.

Ich sage Dir in Dresden noch manches darüber. Es wird mir schwer, diese Gedanken, die mir selber noch so neu sind, kaum zuende gedacht, im schriftlichen Ausdruck zu fixieren.

Gelt, Liebling, Du machst Dresden möglich? Das ist meine einzige Angst jetzt, daß Du Dich nicht frei machen kannst. Es ist zu wichtig.

Gestern habe ich fast bereut, nicht noch ein paar Tage in Berlin geblieben zu sein. Denn hier bin ich trotz aller Wiedersehensfreude doch sehr entbehrlich. Aber Du mußt wieder Deine Zeit an die Arbeit wenden, und ich will die Wäsche-Affäre hier aus der Welt schaffen. Also ist es wohl gut so. Und mit dieser Erkältung hätte ich nicht sehr viel von dem Aufenthalt gehabt. – Das sind aber alles nur dumme Schutzgedanken, um nicht traurig zu werden. Im Grund ist es ganz einerlei, ob ich gesund oder krank bei Dir bin. Es ist immer das Selbstverständliche und einzig richtige, zusammen zu sein. Wenn ich wieder in Straßburg an der Arbeit bin, wird mir das Entbehren leichter werden, Herz.

Nun leb wohl für heut. Schreib nur ganz kurz, wenn's nicht gut anders geht, nur eine Postkarte. Ich fühle Dich so ganz als mir gehörend und mir ganz nah, daß ich nicht mehr so von einem schriftlichen Gruß abhängig bin, wie auf der Reise. Frag aber bald den Naumann, daß ich über Dresden ruhig bin.

Und bitte, bringe dann drei Hilfeblocks mit und meine Ansichtskarten. Oder wenn Du Dich nicht damit schleppen willst, so schick die Blocks (Verschwendung).

Hab mich lieb! Deine Frau.

Elli.

Wilmersdorf, 15. 9. 07
Abends 7 Uhr

Liebs Kind!

Vielen Dank für den schönen Brief.

Ich kann jetzt nur in Geschwindeseile die Tatsächlichkeiten der letzten Tage skizzieren.

Freitag abend Brief von Marie Senn, daß sie vielleicht in ein photogr. Atelier hier eintritt. Vorstandssitzung des Soz.Lib. Vereins; ich ließ mir ein Referat über die ausländ. Wahlrechte aufschwätzen. Immerhin, man lernt was dabei.

Samstag sprach ich mit Naumann wegen Dresden. Er ist einverstanden. Ich fahr' dann am Freitag abend hinüber. Näheres kommt, wenn ich ein Kursbuch vor mir habe. Am Sonntag können wir dann in Halle zusammen sein.

Karten von Lulu Strauss, der mein »Delft« »viel Freude« machte, und eine liebe Karte Deiner Mutter. Ich will ihr nächster Tage schreiben.

Abends mit Lu im »Collegen Crampton«. Ganz kolossale Leistung von Bassermann; er spielte nur den Alkoholiker, aber mit einer unheimlichen Kraft und Größe. Nachher trafen wir zufällig Erna W. und Frau W.

Heut früh Dein Brief. Dann drei Stunden Zirkus Busch mit vielen mittelmäßigen Reden. Im ganzen doch eine große Kundgebung. Mittagessen mit Naumanns. N. ist wieder einmal in einer schwierigen Situation, da auf dem freisinnigen Parteitag auffallend viel Unfreundlichkeiten über ihn gesagt wurden.

Nachher im Café Bauer Leitartikel für die Neckarzeitung, mit ein paar Malicen über die kleineren Geister. Schad', daß man die Viecher nicht Ochsen heißen darf.

Eben kurz bei Walters. Von denen Grüße und Dank für Deinen »lieben« Brief. Bei Heymans geht's schrittweise besser. George ist vom holländischen Prinzgemahl begeistert.

Jetzt hab' ich noch die elende Arbeit des Huch-Artikels vor mir; bis dato kaum eine Idee, was ich sagen soll. Aber es muß noch werden.

Die Adresse meiner Mutter: Speier a. Rh., Schwerdstr. 15 bei Forstrat Gümbel. Schreib ihr noch einmal, daß in Heilbronn ein Brief auf sie wartet.

Nun ade, Liebs.

Ich freu' mich auf Dresden.

Dein treuer
Dorle

Halle, Montag abend.

Liebster Mann,

verzeih das vorschriftswidrige Papier, ich habe keins mehr vom richtigen. – Dank für Deinen und den Ausstattungsbrief. Nachher will ich an die Mutter schreiben. Es geht mir noch nicht ganz gut. Ich gehe gar nicht aus, sondern huste so im Haus herum, um am Freitag völlig reisefähig zu sein. Gottlob, daß der Naumann einverstanden ist. Ich freue mich furchtbar. Du mußt Dich aber mit viel Geduld ausrüsten. Denn man kauft etwas so lebenslängliches nicht ohne viel Zögern und Hin- und Herreden. – Es kommt mir furchtbar komisch vor, daß ich heut schon ganz genau mit Maßangaben unserem Dienstmädchen sein Bett zur Bestellung notiert habe.

Außerdem habe ich eben dem Lesser seinen Artikel gelesen und mit Bleistift druntergeschrieben: Nicht ohne Geist, aber gänzlich unzureichend. Den Anfang finde ich ganz verfehlt. Man fängt mit Keller an und nicht mit Zarathustra!!! Ich will ihn nachher bereden, das noch zu ändern. Ich bin nämlich jetzt ganz allein zuhaus'. Daß ich mir so die Wohnung ganz genau angucke, ist sehr nützlich. Ich weiß schon viel, was ich anders haben will. Aber auch manches, was mir einleuchtet. Ich zeig' Dir's dann. Ob der Papa in den nächsten Tagen kommt, wissen wir noch nicht. Er hat nichts mehr von sich hören lassen. –

– – – – – – – –

Jetzt wollte ich endlich Deine Landschaftsmalerei lesen. Aber es ist Besuch gekommen. Den Brief an die Mutter habe ich unterdessen geschrieben. Acht Seiten!

Ade, liebes Herz. Denk an mich und uns. Frau Feist hat mir einen rührend lieben Brief geschrieben. Feurige Kohlen. –

Ich küsse Dich, Liebling.

Deine liebe Frau.
Elly.

In den folgenden Tagen fahren Theodor Heuss und Elly Knapp nach Dresden, um die Möbel für die künftige Wohnung auszusuchen. Anlaß dafür sind die »Dresdner Werkstätten« (später »Deutsche Werkstätten«) in Hellerau bei Dresden, die damals der maßgebende Repräsentant des neuen, allen Schnörkeln abholden, auf handwerkliche Solidität und funktionsgerechte Schlichtheit gerichteten Stilwillens in der Innenausstattung sind. Sich so einzurichten, so hat

Theodor Heuss später erklärt, »begriff eine junge Generation als Pflicht eines ›Bekenntnisses‹ – ortsansässige Möbelhändler waren ja durchaus bereit, einen in jeder damals marktgängigen Ware zu bedienen. Aber eben dies wollte man nicht«. Elly Knapp reist über Heilbronn nach Straßburg zurück.

Heilbronn, am 29. Sept. 1907
Montag früh

Mein Liebster,

nun hat Dir die Hedwig ganz frische, noch warme Nachrichten von uns gebracht. Ich hoffe, daß alles gut geglückt ist. Wer mag sie jetzt in Berlin herumführen? ...

Gestern früh (ich nehme an, daß Du von Hedwig den Empfangsabend und unsere nächtlichen Schwätzstunden erzählt bekamst), nachdem sie abgereist war und der Siehler einen fröhlich-stummen Besuch gemacht hatte, gingen wir, Mutter und ich, zu Jaeckhs und haben verabredet, am Nachmittag nach Weinsberg zu gehen. Dann noch Besuch bei Frau Eberhardt, die sehr nett war, und unten im Haus bei beiden Parteien, wo man Studien über die Gesetze des Konversationmachens betreiben konnte. Die Phrasen sind mir aber etwas gemildert durch die ehrliche schwäbische Aussprache. Heut muß ich noch zu Moosbruckers und zur Frau Kraemer, die mir gestern eine schöne Kristallvase mit Blumen geschickt hat, zu Deinem Vormund, auf den Kirchhof und zu Frau Eberhardt in den Weinberg. Gelt, ich bin brav? Du mußt aber nicht denken, daß ich's ungern täte. Es macht der Mutter so viel Spaß, die »Schwiegertochter« vorzustellen. Und der Ludwig ist sehr lieb und nett. Dann hat mir die Mutter allerlei Leinenes gezeigt und das reizende seidene Tüchlein von der Groß- oder Urgroßmutter geschenkt, das Du immer für Deine Frau gewollt hättest. Es ist wirklich entzückend. Auch die Schulprämien habe ich heut bewundern müssen. Ich hätte aber Bücher viel gescheiter gefunden, wenn Ihr sie gekriegt hättet.

Also gestern Weinsberg. Kernerhaus mit der greulichen eitlen Hofrätin, die anfangs die trauernde Witwe spielen wollte, wobei ihr der Jaeckh ganz trocken das Wort abschnitt. Nachher hat sie nur noch über die Preise der Sachen geredet, die man ihr geboten hat und auf den Verein geschimpft. Ich muß sagen, daß mir dieser Kultus mit dem

Andenken des unbedeutenden Dichters und der schön gewesenen Frau eher zuwider ist.

Jetzt steht die Mutter bereits im Hut da und ich muß mich eilen. Eugenie ist nicht hier, die kleine Schwester war grad' da, es zu berichten auf meine Karte hin.

Ade Liebling. Morgen mittag fahre ich heim. Dann geht wieder das regelmäßige Schreiben an. Du Großer, ich kann mir so gut vorstellen, wie gern Du gestern mit dabei gewesen wärst auf dem Gang durch die Weinberge.

Später einmal. Gelt? Ganz Deine

Elly.

Wilmersdorf, 1. 10. 07

Tübingerstr. 5 a

Mein Liebs!

Grüß Gott in Straßburg. Wieviel Schönheit und Reicherwerden liegt in den letzten zwei Monaten, da Du weg warst.

Vorhin hat mir Dein Brief Spaß gemacht. Ich bin sehr froh, daß Du Dich mit Ludwigs Braut gleich gefunden hast. Aber – wenn das nicht zu frech klingt –: Deine rauschende Begeisterung hat mich doch amüsiert. Das geht bei Dir so schön: hollah hopp, und dann ist man fast ein Wundertier. Du hast der Hedwig natürlich auch mächtig imponiert. ... Die Frau Elsa Kerner schenk' ich Dir gern; sie ist greulich. Aber das Haus selber für meine Begriffe ganz entzückend. Allerdings gehört der halbblinde Theobald dazu, der zwar durchaus kein Dichter war (von einem Prosabuch abgesehen), der aber eine ganz gewinnende Menschlichkeit besaß.

Fast tut es mir leid, daß Dir andere Menschen zum erstenmal Weinsberg gezeigt haben. Das hätte ich tun sollen, denn mit diesem Städtele ist meine Jugend ganz eng verbunden. Auch meine ersten Versuche in der Liebe wurden da außen, auf dem Platz an der Kirche, gemacht. Ich hätte Dich ins Lehrerhaus geführt und dann hättest Du auf dem unsterblichen Sofa die Verse lesen müssen, die wir reihum vor sieben Jahren der Marie Göhring ins Album schrieben. Und auf die Weibertreu. Es ist doch eine ganz wundervolle Gegend, und ich muß Dir das alles einmal ausführlich zeigen.

Gut, daß die Besuche gnädig herumgegangen sind. Hoffentlich hat Dir die Mutter nicht noch mit mehr zugesetzt. Das von Frau Krämer finde ich ganz erstaunlich, da meine persönlichen Beziehungen nie eigentlich sehr stark waren. Die Begegnung in der Eisenbahn gibt ihr wohl so eine Art Patronat über uns.

Es ist rührend, daß Du auch die Sunt sua praemia laudes zu bewundern kriegtest. Aber nein, so eine Münze ist doch viel schöner als eine Ausgabe von Körner oder der Krieg von 70 oder dergl. Ich bin sehr für die Münze, die zwecklos und nicht verwertbar ist. Der wertlose Lorbeerzweig der griechischen Siegespreise! Was meinst Du, mit welcher Ehrfurcht wir die Münzen anschauten, die unser Vater von seiner Heilbronner Schulzeit aufhob. . . . Die Nummer hat viel Arbeit gemacht. Crull zieht um, es kam viel Korrespondenz, der mangelhafte Großherzogartikel kam erst heut früh, ich konnte meinen Demokratenaufsatz auch erst heut nacht zwischen zwölf und zwei schreiben. Er hat deshalb auch verschiedene wunde Punkte. Sagen läßt sich ja auch nicht viel, so, nach Zeitungsberichten. Ich leide z. Z. unter lächerlichem Stoffüberfluß.

Heut abend will ich in die Nibelungen. Vom Kunstwartartikel hab' ich jetzt Korrektur gelesen, obwohl Flaischlen geschworen hatte, ich werde ihn in letzter Stunde wieder zurückerhalten. . . . Jetzt adieu, Liebste. Ich krieg' noch einen Restbericht von Heilbronn; da interessiert mich natürlich so ziemlich alles.

Grüße Frau Haas usw.

Gesundheitlich bist Du doch wieder ganz auf der Höhe?

Adieu Liebste.

Dein treuer
Dorle

Straßburg, 4. Oktober 07
Freitag

Liebling,

eben ist der Papa zurückgekommen, sehr erfüllt von den Magdeburger Verhandlungen. Mir und ihm tut's doch leid, daß ich nicht mitging. Er hat wieder einen seiner berühmten Toaste gehalten.

Gestern war ich also noch den ganzen Tag allein, habe gekramt und geordnet und dabei ein ganzes Paket Kinderwäsche gefunden und mir angeeignet. Am späten Nachmittag bin ich zu Staudingers gegangen mit Simonsbrot, Wurst und Kuchen und habe mich zum Nachtessen eingeladen. Vorher wurde das Evchen, das unterdessen ein goldiges Ding geworden ist, gewaschen, gewickelt und gefüttert. Die kleine Dora sieht entzückend aus mit ihrem Mädchengesichtchen und ihren Frauengesten, wenn sie das Kleine an der Brust hat. Sie sind alle drei so überschwenglich glücklich und miteinander einverstanden, wie ich kaum sonst eine Familie kenne. Dabei fällt mir ein: es ist doch komisch, daß man von einem kinderlosen Ehepaar nie den Begriff »Familie« bekommt. Und so ein noch ganz unaktives eingepacktes Würmchen macht es zur »Familie«. – . . .

Jetzt warte ich auf den Briefträger, der mir Deinen Brief bringen soll und wundere mich dabei, daß ich gleich wieder die alte Ungeduld nach Deinen Briefen hier bekam. In Halle war's gar nicht so. Nachher geh' ich zu Lindners (Schulvorsteherin), um über meine Stunden den Termin zu verabreden. – Du Böser, nun ist die Post gekommen und nichts für mich dabei: Also ade vorläufig! Liebling, gelt, heut abend kommt aber der Brief?

Abends:

Nein, wieder keine Post. Mein liebstes Herz, bitte, bitte schreibe wieder ganz regelmäßig. Ich habe es furchtbar nötig. Ich komme mir sonst gleich ganz verlassen und verloren vor. Du mußt meinen Brief doch gestern mittag bekommen haben.

Noch etwas Aussteueriges: Magst Du auf Roßhaarkissen schlafen? D. h. so: ein großes weiches Federkissen und noch ein kleines Roßhaarkissen drauf für den Kopf. Ich finde es nämlich sehr angenehm.

Heut in 8 Tg. ist meine erste Stunde bei Lindners. In dem Schulzimmer, in dem wir im Seminar gehaust haben und in dem dieselbe Vorsteherin, die heut fragte, ob es mir passe, mir gesagt hat: »Der sittliche Ernst fehle mir vollständig«. So ändern sich die Zeiten!

Gute Nacht, Lieb! Ich mag Dir gar nicht sagen, wie ich mich heut nach Dir gesehnt habe. Ich wollte alte Briefe von Dir lesen, aber ich habe vor der Abreise wieder, wie jedes Jahr, einen neuen Versteck für meinen Schreibtischschlüssel gefunden und ihn, wie jedes Jahr, vergessen. Irgendeine Vase birgt ihn dann in ihren Eingeweiden. – Wenn Du willst, so schick mir die Briefe von mir an Dich. Dann ordne ich sie

Dir wieder. Weißt Du, ich mache Bändchen von jedem Abschnitt. Jetzt war wieder einer fertig. Ich schicke Dir auch Deine Reisebriefe. – Wenn nur morgen ein Brief von Dir kommt. Ich habe so den Blinddarmspleen, daß ich ganz ängstlich werde. Hier ist wieder die Hälfte der Bekannten operiert worden in den Ferien. Ich habe beständig Angst, Du bekämst so was. Obgleich es ja nicht grad' wahrscheinlich ist. Gute, gute Nacht! Und hab auch ein bißle Sehnsucht nach Deiner Frau. Denkst Du auch immer noch vor dem Einschlafen an mich? Ich tu's immer.

Samstag 3 Uhr

Herz, endlich ein Brief. Ich war ganz aufgeregt. Nun nur schnell danke schön. Ich muß in die Stadt. Du hättest den Brief unbedingt schon um 2 Uhr haben müssen. Ebenso wie diesen.

Tausend Grüße!
Elly

Wilmersdorf, 6. 10. 07

Mein liebs Herz!

Heut ist es wieder so ein Sonntag, wo's draußen halb regnet und wo man zu Hause rumnöckert, einiges arbeitet, liest, zum Fenster hinausguckt und mit Sehnsucht an seine liebe Frau denkt. Wenn die da wär', würd's draußen ja auch regnen und die Arbeit müßte ja auch gemacht werden, aber es wär' halt doch wesentlich schöner. Gelt, dann würden wir so zusammensitzen und einiges verplaudern und Pläne machen und Erinnerungen leben lassen. Wir haben doch schon einen Haufen wissenswerter Dinge zusammen erlebt. Dann küss' ich Dich und gehe mit meinen Fingern spielend durch Deine Haare.

Ach Du, Elli, wir werden in unsrer Ehe noch manche Kindereien zusammen machen, und dann wird immer der süße starke Duft dieser Septemberwochen um uns sein. Du liebste Frau. ... Ich schick' diesen Brief erst weg, wenn Deiner morgen da ist.

Am Freitag abend Diskussionsabend, nachher Konferenz mit Schlaikjer. Am Samstag mittag bei Barth, der aber jetzt leider für die »Hilfe« nicht zu haben ist, aus lauter Wut auf den Block. Er will jetzt auf eigene Verantwortung Politik treiben. Aber von Amerika hat er amüsant erzählt. Da ich nun doch wieder, scheint's, wie in der Studentenzeit, theatersüchtig werde, lief ich gestern abend in Ibsens »Bund der Jugend« im Lessingtheater und freute mich an einer guten Aufführung. Da ich prinzipiell auf den billigsten Platz gehe, ist's nicht so schlimm.

Morgen kommt Marie Senn, um Wohnung zu suchen; Marg. Wolf ist auf Ende der Woche vertagt.

Aus der beifolgenden Karte folgt, daß Du mir bitte meine Reisebriefe, wenigstens alles, was mit Brügge und Hals (zweimal) zusammenhängt, leihweise schickst. Ich möchte gern einmal, quasi als Ergänzung meiner Weingärtnergeschichten, ein hübsches Kulturbild des süddeutschen Weingärtners schreiben; wann kann man das?

Sorg nebenher für Allerlei; ich stecke.

Die Kunstwart-Karte zurück; ich muß sie Flaischlen zeigen.

Der Brief endet ohne Schluß.

Straßburg, 7. Oktober 1907
Montag

Mein Liebster,

eben habe ich Deine Briefe geordnet und viel darin gelesen. Mir ist dabei das Herz ganz weit aufgegangen vor Freude über alles Glück, was in diesem Packen Papier versteckt liegt. Es sind die Briefe von dem Moment an, wo Du in Karlsruhe mir ade sagtest, um nach Belgien zu fahren, bis zu denen nach Paris. Ich muß nur wieder staunen, daß man so viel *Gemeinsames* erleben und so zusammenwachsen kann, während man getrennt ist. Jetzt haben wir noch kaum wieder gelernt, auch schriftlich sich Liebe und Zärtlichkeiten zu geben. Und wir sind doch noch viele, viele Wochen darauf angewiesen. Wie sonderbar, daß man scheu wird im Schreiben, wenn man sich lange körperlich nah war, und auch wieder fast befangen, wenn man sich nach langem Briefverkehr wiedersieht. – Heut abend bin ich arg sehnsüchtig geworden, und ich weiß oder glaube doch, daß Du mir auch in diesen späten Nachmittagsstunden liebe Worte schreibst. Wie schön werden die langen Abende im nächsten Herbst. Aber fast hoffe ich, daß wir auch jedes Jahr später einige Zeit getrennt sind. Damit wir dann in unseren Briefen die Meilensteine haben für eine ganz späte Zeit, in der wir der Erinnerung nachgehen.

Ich habe heut ein großes Werk vollbracht. Nämlich das Innere von Papas Schreibtisch von einem Jahrzehnte altem Schmutz befreit. Es war der reine Stall. Aber man durfte nie darangehen. Nun hatte er seine Schlüssel liegen lassen, als er in Karlsruhe war. – Es waren riesige Briefbündel drin. Ich wollte, ich dürfte einmal darin stöbern. Ich darf's aber nicht, denn der Papa empfände es als ganz arge Indiskretion. Er erzählt nie von seinem Verhältnis zur Mama, vor dem sie sich heiraten wollten. Und dabei wollen doch Kinder immer wissen, wie das sich ergab, daß sie in die Welt gerufen wurden. Aber daß es eine ganz ungewöhnliche Leidenschaft war, die diese ganz verschiedenen Menschen zusammengebracht hat, das weiß ich. Alles Nähere ist mir unbekannt.

Liebling, ich hoffe inbrünstig, daß wir einmal, gesund und glücklich (was eins ist), unseren Kindern von unserer Liebe und unserem Sich-finden erzählen werden.

Gute Nacht, mein Liebster.

Herzlein, bitte schicke mir auch meine Briefe von Juli ab bis Paris. (Die von und nach Halle gehören schon in eine neue Periode.) Ich schicke sie Dir dann gebunden zurück und Du mir meine wieder. Findest Du es sonderbar, daß ich so fast einen Roman aus dieser Korrespondenz mache? Durch das Einteilen in Kapitel sozusagen? Aber laß mich nur machen, nenn's nicht Selbstbespiegelung. Wenn ich unsere Liebe so hege und pflege, ist es nicht Egoismus. Sie ist mir ganz wie etwas selbständig für sich lebendes . . .

Dienstag früh

Geliebter, Du wirst auch wieder wie auf der Reise lächeln und Dich freuen über die ähnliche Stimmung, die wir zur gleichen Zeit gehabt haben. Ich bin ganz glücklich über Deinen Brief, der mir die Antwort auf meinen gestrigen ist. Du Süßer, ich fühle wohl, wie Deine Sehnsucht wieder zu mir kommt. Und ich denke jeden Abend und jeden Morgen mit der gleichen erinnerungsvollen Sehnsucht an Dich. Das weißt und fühlst Du auch, gelt, mein Herz?

Nun freue ich mich auf das versprochene Paket. Ich habe die Briefe noch ohne Deckel gelassen, weil's sonst so schwer wird. . . . Willst Du, wenn Naum. zurück ist und Du mehr Zeit hast, dran denken, auch Deine alten Briefe zu ordnen? Alles unnötige wegwerfen (es ist so belastend) und die anderen so zusammentun nach Personen und Daten? Ich schenk' Dir einen Sönnecken-Ordner. Oder Du kaufst ihn Dir, es ist keine Affäre. Vielleicht gleich mehrere.

Wir müssen der künftigen Ordnung vorbauen.

Viele, viele Grüße von

Deiner lieben Elly.

Ich will sehen, wie's mit dem Allerlei geht – Briefe Nachm. bis 5–6 einstecken.

Wilmersdorf, 11. 10. 07
Abends ½ 8 Uhr

Mein Liebes!

In einer Stunde muß ich einen nach bewährtem System heut Nachmittag vorbereiteten Vortrag über die fremden Wahlrechte halten; also komme ich jetzt zu keinem behaglichen Briefschreiben. Das kann erst am Sonntag.

Vielen Dank für Deinen lieben Brief. Ich will morgen dann den Katalog wegschicken; hoffentlich haben sie auf der »Hilfe« so einen Block vorrätig. Nach Dresden sollt' ich ursprünglich schon morgen. Vielleicht jetzt am Donnerstag. Dann wäre allerdings das Programm: von Neustadt direkt auf den Weißen Hirsch. Doch kann ich darüber noch nichts bestimmtes sagen.

Von zuhaus' kamen jetzt große Briefe. Mir ist's wurst, ob wir diese Fingerbecken jetzt oder später kriegen. Die haben mir, als ich sie zum erstenmal hier erlebte, so imponiert, daß ich sie vor zwei Jahren ziemlich zwecklos meiner Mutter schenkte.

Was für eine Decke will denn meine Mutter, eine Tischdecke aus Leinen? Du hast Dich darüber für meine Kenntnisse nicht genau genug ausgedrückt: weil's auch noch orientalisch sein soll.

Die Weihnachtsgeschenke mußt Du noch genau vorschreiben, da ich jetzt nicht sehr viel Kopf dafür habe, ganz genau bitte sagen, was Du von mir willst. Meine Mutter fragt auch schon, was sie Dir geben soll, und ob die Zinnschüsseln es sein sollen oder was mehr. Der Kurz für Deinen Vater leuchtet mir ein, bloß weiß ich nicht, ob's von ihm, bzw. den Novellen, eine anständige Ausgabe gibt.

Stotzles Adresse ist: Stgt., Werastr. 82. Dein Geschenkregister hat zum großen Teil meine Billigung; da ich aber vermutlich und hoffentlich nicht von allzu viel Menschen Geschenke bekommen werde, wirst

Du wohl den größeren Teil des Betriebs auf Deine Kappe nehmen müssen. D. h. es kommt vielleicht auch eine Zeit, wo es mich stärker interessiert als momentan, und wo ich auch mehr Zeit habe. Dann will ich einigen Freunden schreiben. Ich bin übrigens ganz dafür, einige Bücher zu bekommen, während mich der Produktionsort meines verehrten Papierkorbs ziemlich ruhig läßt.

Wegen der Lexikonartikel habe ich zunächst an Siebeck um die Bedingungen geschrieben. Wenn ich es mache, dann zunächst deshalb, um in meiner Arbeit nicht vollends ganz von der Nationalökonomie wegzusinken und dann, weil es lehrreich ist, wenn man auf kurzem Raum die »sozialethische« Bedeutung eines Berufs (Heimarbeiter, Fabrikarbeiter, Kellner usf.) hinstellen soll.

Am Mittwoch abend war ich mit M. Senn in der Unione, morgen abend bei Walters. Zu Frau Feist bin ich seit 14 Tagen nicht gekommen. Ich sehe, daß Du auch später die Hauptkosten des »Verkehrs« bestreiten mußt.

Ade, liebster Schatz.

Ich küss' Dich und lach' in Deine Augen. Dein Dorle

Straßburg, 14. Oktober 07
Montag

Liebling,

ich schreibe mal wieder in der Schule, wo ich meine Nachfolgerin vertrete. Es ist so unerwartet viel passiert seit meinem letzten Brief. Ich war in Darmstadt auf einer goldenen Hochzeit, dann mit der Tante Lella in Auerbach, und nun ist sie hier zu Besuch, und grad' in denselben Tagen muß ich acht Vertretungsstunden geben. Es trifft sich schlecht. Ich hatte keine Minute Zeit, Dir zu schreiben, weil ich mit der Tante Lella in einer Stube gewohnt habe.

Also, die Tante Emma von Wedekind ist die Schwester vom Großpapa und sieht ihm so ähnlich, daß sie völlig ein Stück von ihm ist. Ich habe mir fest vorgenommen, daß wir sie auf der Hochzeitsreise besuchen. Nur auf eine Stunde. Es war ganz reizend, die beiden alten Leute mit ihren goldenen Myrtenkrönchen auf dem Kopf und den lieben alten Gesichtern. Es will doch was heißen, 50 Jahre so treu beieinander ausgehalten zu haben. Nie habe ich so starke Familienempfindungen gehabt, wie an diesem Fest. Die einzige lebende Tochter, verheiratet, hatte ihr ganzes Häuschen auf den Kopf gestellt, um die 40–50 Verwandten aufnehmen zu können. Alles war einfach, aber ganz reizend, fast könnte man sagen poetisch. Das Haus ist ganz voll alter Möbel, lauter Familienstücke und Bilder, die in der Jahrhundertausstellung Furore gemacht hätten. Dazu die Hausfrau eine Madonna. Allerlei Großnichten und Neffen und der einzige Enkel sagten reizende Verse auf, einer als Storch!, der andere als Jäger etc. Alles ganz harmlos. Aber so gemütlich und nett. Der Papa hat einen seiner schönen Toaste gehalten, und die Sonne schien so warm, als ob es Mai sei. – Ich bin so froh, daß der Papa im letzten Augenblick sich entschlossen hat, mich mitzunehmen. Wir haben auch mit einiger Rührung das Knappische und das Liebigsche Urgroßelternhaus angesehen. – Am anderen Tag, Sonntag, sind die Tante Lella und ich noch nach Auerbach in der Bergstraße gefahren, zur alten Tante Hedwig Liebig. Aber das sind weniger wichtige Verwandte, und ich will Dich nicht noch damit belasten. Aber es ist mir ganz unbegreiflich, daß Du nicht alle meine Vergangenheitsgefühle in dem alten Darmstadt von Natur aus teilst, und daß ich Deine Familiengeschichte später ebenso wissen muß, wie meine, daß es meine Kinder ebenso nah angeht, was Deine Urgroßeltern waren und taten. Ich glaub', man bleibt doch sein Leben lang Knapp-Liebig, während meine mütterliche Familie mich gar nicht innerlich als mein Ursprung berührt.

Nun ist also die Tante Lella hier, und als ich vorhin von der Schule heimkam, wurde grad' mein alter Schrank gebracht. Ach Liebster, wenn Du hier wärst! Ich kann's kaum abwarten, bis Du ihn siehst und billigst. Sogar der Papa findet ihn schön.

Nachher wollen wir zur Mama, Tante Lella und ich. Ich habe Dir telegraphiert, damit Du nicht ängstlich auf einen Brief wartest. Und weil mir dein eiliger, den ich gestern abend vorfand, nicht ausreichte. Liebs, stell Dich nicht aus Laune dümmer als Du bist mit Geschenken. Die Tischdecke für die Mutter ist nicht vorgeschriebener Weise aus Leinen, oder aus Seide. Sondern halt wie's uns luschtig dunkt. Die orientalische liegt bei Walters täglich auf dem Tisch. Ich finde sie entzückend. Wenn Du sie auch magst, so kaufst Du so eine bei Wertheim.

Im übrigen eilt es ja nicht.

Für Dresden: 1) *Preis*liste, neueste, schicken, dort geben lassen. Halt, ich schreib's auf einen extra Zettel.

Unterdessen adi, mein liebster Mann.

Etwas eilig, aber mit viel Liebe

Deine Elli.

Hab doch den Mut und frage den Naumann, ob er glaubt, daß wir irgendwie Preisermäßigung in Dresd. bekommen. Er sieht doch jetzt die Leute, bitte!

Wilmersdorf, 15. 10. 07

Liebe Elli,

schönen Dank für Deinen Brief. Ich will gleich antworten, damit wir wieder ins Gleis kommen. Und Du wirst ja auch wieder einmal einen Brief haben wollen, der nicht mit dem Minutenzeiger im Gehirn geschrieben wurde. Allerdings: viel Großes hab' ich ja jetzt auf lang' hinaus nicht zu erzählen.

Wegen Dresden scheint mir das allereinfachste, Du schreibst eine 5-ch-Karte direkt hin; wann ich fahre, hängt ganz von Naumann ab, und ob ich dann überhaupt in die Stadt komme, ist gleichfalls sehr fraglich. Die schicken's Dir dann gern direkt. Erna W. scheint jetzt dort zu sein.

Die Tischdecke bei Walters hab' ich mit Bewußtsein nie angesehen, will's nun aber tun. Dann werd' ich ja in der Tat sehen, um was es sich handelt, ob um eine Zier- oder um eine Gebrauchsdecke. Denn darüber bin ich allerdings bis jetzt im Unklaren.

– –

Schön, daß Du in Darmstadt frohe Stunden verlebt hast. Ich kann mir recht deutlich dabei so Deine Empfindungen vorstellen; denn wenn ich sie selber ja auch nicht bei solcherlei Sachen entsprechend provozieren kann, so hab' ich, glaub' ich, doch ein »wohlwollend« betrachtendes und dabei unterhaltendes Verständnis dafür. Es ist das wohl oft so, daß man innerlich mehr mit der väterlichen Familie lebt. Bei uns ist das merkwürdig: wir haben Jahr für Jahr in der Pfalz rum bei den mütterlichen Verwandten existiert; zu den Geschwistern meines Großvaters, soweit ich sie kenne, sage ich Sie und sie das gleiche zu mir, man steht, glaub' ich, sehr gut zueinander, ist sich aber furchtbar gleichgiltig: Das Gümbelsche als solches ist mir eigentlich sehr egal, obwohl ich's gut kenne, das Heuss'sche (als Idee) gar nicht, obwohl ich nichts davon weiß. Das macht, daß ich keine väterlichen Großeltern erlebt und daß mein Vater eine halb trübe, halb verwilderte Jugend hinter sich hatte. Früher haben mich die Sachen sehr interessiert, und ich hab' das Fehlen einer gewissen »Familienkultur« vermißt, allerdings ohne mich praktisch je darum zu kümmern. Jetzt ist mir das alles leider reichlich gleichgültig geworden: ich weiß von meinem Großvater fast nichts, vom Urgroßvater außer seinem bürgerlichen Dasein gar nichts. Also damit wirst Du nicht arg belastet sein, und den Kindern genügt's ja schließlich, wenn sie wissen oder noch besser in ihren Taten zeigen, daß sie von fleißigen, gescheiten und unabhängigen, freiheitlichen Männern kommen.

Den Zwiespalt, ob sie sich rückerinnernd mehr knappisch oder mehr heussisch empfinden sollen, wollen wir den Kindern möglichst leicht machen, indem wir selber uns möglichst wenig als Enkel, sondern als Eltern und Anfang fühlen. Gelt. Du mußt Dich da, glaub' ich, ein Stück weit noch freier machen. Ich bin's ganz. –

Auf den Schrank bin ich natürlich gespannt, natürlich auch mit den bekannten einigen Beklemmungen, die sich ja dann wahrscheinlich bei der Konfrontation verflüchtigen. Na, wie Gott will. Den Schreibtisch für mich werd' ich wahrscheinlich bald bestellen. Und wenn ich einmal ein Stück Geld in der Hand hab', lass' ich auch um den Hodler einen schwarzen Rahmen machen.

Hermann hat zu seinem Geburtstag einen Frack für unsere Hochzeit bekommen. Auf die Hochzeit selber hat er scheint's Angst, was mir viel Spaß machte, da ich es aus seiner Art heraus sehr gut verstehe. Er plädierte: »Im Interesse der Heiterkeit bei Deiner Hochzeit wäre es sehr angebracht, wenn Du noch Sihler und Stotzle einladen würdest, die beide trotz allem stark drauf rechnen. Ich würde mir sonst auch gar zu verlassen und trostlos in der feierlichen Gesellschaft vorkommen.« Hoffentlich erscheint Dir diese Stimme aus dem Publikum auch verständlich. Ich habe ihn nun aber auch getröstet, daß die Sache sicher nicht so schlimm werde, wie er es sich denkt. Und daß ich mir nicht klar sei, ob und wie Sihler sich behaglich fühlen würde. Für den würde ich plädieren, wenn Du mehr Straßburger Leut' wie Fr. Haas, Leoni usw. einladest, die mir persönlich doch lange nicht so nahestehen wie etwa Sihler oder Bib. Überhaupt die Hochzeit, Elli! Wenn ich nicht wüßte, daß Dich das betrübt, würde ich wohl noch einmal mit aller Macht Sturm laufen gegen die kirchliche Trauerei. Davor hab' ich nämlich innerlich direkt Angst. Nicht aus ethischen Gründen wegen der Lügerei, sondern aus ästhetischen. Wenn die Komödie im Salon vor sich gehen soll, dann find' ich meinem Empfinden nach zur Handlung und zu den Menschen keine Distanz. Dann fort in eine Kirche, wenn's sein muß; da kann man sich wenigstens auf was konzentrieren. Sonst arbeitet man bloß als Maschine oder wird sarkastisch oder frivol. Ich weiß ja, wie ich bei feierlichen Handlungen meist daneben reagiere, weil die immer eine fremde Form haben. Intimität aber wird seelisch indiskret. Ich wollte gleich mit Dir allein sein. Ganz allein....

Du nimmst mir das nicht übel. Aber weil sich was in mir dagegen aufsträubt – wahrscheinlich hab' ich mich bei dem Gedanken in eine Überempfindlichkeit gesteigert – mußt' ich das sagen.

Aber werd nicht traurig über das Grobe, das drinsteht in diesem Brief. Ich bring's halt nicht fertig, ohne dauerndes Unbehagen, Kompromisse in den Dingen meiner eigensten Lebensgestaltung selber noch zu schieben.

Adi. Grüß die Tante Lella. Ich will ihr bald schreiben. Sag mir bitte die Baseler Adresse.

In treuer herzlicher Liebe
Dein Dorle

Straßburg, am 16. Okt. 1907

Mein Liebster,

ja, ich bin fast ein wenig gekränkt über manches in Deinem Brief. Nein, gekränkt ist ein alberner Begriff zwischen uns. Aber betrübt, wie Du es manchmal über mich warst. Liebling, solang' die Tante Lella hier ist, kann ich kaum schreiben, weil ich sie nicht so sitzen lassen kann. Also gehe ich nicht auf alles ein. Aber was mich kränkt, ist, daß Du Dich vom Hermann beeinflussen lässest, uns so als – fast könnte man sagen – »feindliches Lager« anzusehen. Von »Feierlichkeit«, der man durch den (stummen) Sihler abhelfen müßte, ist wahrhaftig nicht die Rede. Du weißt ja, daß die Basler mit ihrer Wärme und Natürlichkeit so ungefähr 30 Prozent der Anwesenden ausmachen werden. Von Fritz H. und Leoni war gar nicht die Rede. Es kommen nur die *aller*nächsten. Stotzle versteht sich von selbst, der muß kommen. Sihler nach meinem Empfinden nicht. Dann wären Jaeckhs noch viel näher dran.

Aber lieb' Herz, warum sollen wir jetzt so unerfreulich über den Tag verhandeln, der uns der allerschönste im Leben sein soll und sein wird. Warum traust Du mir eigentlich nicht zu, daß ich, wenn ein Festtag ganz nach meinem Sinn gemacht wird, nicht das rechte treffe, auch für Dich? Lesser hatte viel begründetere Angst vor dem Tag, und hat es nachher ganz entzückend gefunden.

Über kirchliche Trauung sprechen wir zu Weihnachten, gelt Lieb? Aber steigere Dich nicht in das Gefühl so stark hinein, daß Du eben grad' die Empfindungen, die »üblich« sind, *nicht* haben willst.

Nun ade, Liebster. Ich habe Dich furchtbar lieb. *Viele* Grüße von der Tante Lella.

Deine Elli.

Nach dem Nachtessen

Liebster, ich mache den Brief noch einmal auf, damit Du nicht nur so den Erfolg Deines Briefes liest. Zum Erzählen langt die Zeit nicht mehr. Nur möchte ich Dir noch schnell sagen, daß ich unsinnige Sehnsucht nach Dir habe und ganz genau weiß, daß wir zusammen all das ohne Mißverständnis besprechen würden.

Tante Lella bleibt bis Freitag. Ich habe heut wieder drei Std. vertreten und bin ein bißle müd'.

Adi, Liebling. Grüß auch die Marie Senn. Und sieh, ob Du in Dresden Zeit hast. Ich will Dich nicht drängen. Das wichtigste ist, ob die Betten und Schränke in dem hellen Lärchenholz hübsch sind. Hab mich lieb und schreib bald, daß alles klar und harmonisch zwischen uns ist.

Deine liebe
Elly

Wilmersdorf, 18. X. 07
Tübingerstr. 5 a Abd. ½ 6

Mein liebes Kind!

Das tut mir leid, daß ich Dich mit manchem in dem letzten Brief verletzte; das ist aber nicht so, als ob ich mich von Hermann »beeinflussen« lasse. Denn dem hab' ich ja geschrieben, daß er sich falsche Vorstellungen mache, und auch, daß sich der Hermann Sihler höchst wahrscheinlich unbehaglich fühlen würde. Hermanns Gemütsverfassung hat mir bloß Spaß gemacht, denn sie ist mir für ihn so absolut begreiflich und für sein Wesen so selbstverständlich, daß ich mich nur über die Formulierung freute. Du mußt das auch begreifen und es dem Hermann nicht quasi übelnehmen; mir wär's unglaublich, wenn er was anderes sagte. Angst vor der Feierlichkeit. Das ist schwäbisch. Und ich glaube, er hält Deinen Vater für feierlich, da bei ihm alle Voraussetzungen fehlen, daß er auf ihn reagiert. Hermann ist halt ein ungeschickter und sozusagen beschränkter »Tor«; aber das sind die Geschichten, deretwillen ich ihn am meisten gern habe. Und vom Brüderlichen abgesehen viel von ihm halte.

Es ist mir recht, daß Du von Deiner Seite nicht an Straßburger Leute bei unserer Hochzeit denkst. Wenn ich meine Empfindung so über die Hochzeitsleut' grad' sagen sollte, da ich an diese Straßburger noch mit dachte, so ist's das: ich will an dem Tag nicht das Gefühl haben, oder wenigstens nicht allein dieses, daß ich in einen Familienverband aufgenommen werde, so lieb mir dessen Glieder und grad' die Baseler sind, sondern daß *ich mir* eine Frau hole. Verstehst Du das? Das ist mir jetzt ganz klar geworden, ich glaube, daß es eine gute, gesunde und vollkommen natürliche Empfindung ist, die sich gerade an Deinem letzten Brief mit herausgebildet hat. Nenn's den Sippentrieb. Ich weiß nicht, ob ich den stark hab'. Aber wenn ich an die übervielen gescheiten, bedeutenden und ganzen Menschen in Deiner Familie denke und wie Du in deren Tradition lebst, so staun' ich das etwas von Außen an, es ist manches für meine Art fremde drin, in dem ich nur die Novelle sehe – aber dann kommt so in mir das ganz primitive Gefühl: weiß Gott, Du bist auch nicht von schlechterer Art.

Und das ist's dann auch, wenn ich an den Rahmen der Hochzeit denke. Praktisch habe ich ja nicht allzu stark das Bedürfnis, daß von den Speirern oder von meinen Freunden oder etwa Jaeckhs oder

Eugenie D. oder Marie Senn dabei wären – durchaus nicht, es ist mir ziemlich wurscht, ich will keinen großen Rahmen. Bloß das ist's, daß ich dann fast nicht den Hintergrund der Sippe sehe, und meine Brüder sollten weniger empfinden: jetzt gehört er zu denen als: jetzt gehört sie zu uns.

Das alles sind keine praktischen Kritiken, denn das weiß ich und fühl' ich, daß Du unserem Tag Schönheit und Freude und alles Liebe geben wirst. Aber ich möchte, daß Du das alles richtig verstehst. Ich muß es sagen. Es ist etwas, das ich nicht an mir kannte, denn allzuviel Familienzeug war nie mein Fall. Aber ich glaube, es ist nicht notwendig etwas Schlechtes.

Vielleicht wird Dir durch diesen Brief manches klarer, was durch den letzten schon schaute. Du darfst sicher sein, daß ich mich nicht in absonderliche Gefühle und Theorien hineinsteigere. Nein. Aber es wird manches klarer, und ich trete für mich stärker aus mir hervor. – –

Ich bin gestern früh nach Dresden gefahren, um acht, dann in die Galerie. Um 12 holte ich Erna W. in den Werkstätten ab, aß zu Mittag und fuhr zu N., der ganz frisch war, soweit. Wir haben vielerlei, auch beiderseitig Persönliches, besprochen, die Anstalt besichtigt und sind dann in der Gegend rumgelaufen, wo wir voriges Jahr unter einem Schleier lagen. Er ist nicht für ein festes Verhältnis neben der »Hilfe« und denkt sich die Finanzierung der Ehe so: 4000,– Mk. Redaktion, 500,– Mk. besondere Arbeiten (Broschüren od. dergl.) für den Verlag oder den Wahlverein, 500,– Mk. Artikel an andere Zeitungen. Das leuchtet mir an sich auch ein. Ob's dann bei den beiden letzten Posten da weniger und dort mehr wird, das wird sich ja finden.

Neulich hat er sich was glänzendes geleistet (ich bitte aber sehr, daß du das nicht allzu weit erzählst, wegen der intimen Legendenbildungen); da hat er nach all der Trockendiät und Behandlung so Durst bekommen, daß er vom Arzt auch die Erlaubnis bekam, sich was zu leisten. Worauf N. nach Dresden fuhr, sich in ein Wirtshaus setzte und drei Kulmbacher, zwei Pilsner und eine Flasche Wein trank, wie er sagt, mit dem Behagen, als ob die fünf Jahre Abstinenz gar nicht gewesen. Es ist ihm sehr gut bekommen. Ich male mir nun die Empfindung aus, wie das ist, wenn man nach so langer Pause wieder Alkohol in die Gurgel kriegt.

Abends ließ ich mich durch E. W. ohne weitere Umstände in eine

Gesellschaft mitschleppen, zu einer Frau Bienert, schön, klug, furchtbar reich, Frauenbewegung, Stiftung einer großen Volksbibliothek usw. Dohrn und Schmidt auch da. Es war recht üppig, gleich mit Sekt, dabei ungezwungen und behaglich. Ich saß neben der Frau und hab' an dem Abend ziemlich funktioniert. Die kennt Max und Malwine ganz gut, wie sich das halt so trifft. Der Kunstwartkalkschmidt war auch da, so a Ma'le; vor dem hab' ich dann auch aufgedreht. Das ist so süß und macht mich noch eitel, wenn mich die Leute nach meinen Arbeiten um fünf bis zehn Jahre älter schätzen.

Übernachtet hab' ich in der Pension der E. W. Heut früh fuhr ich rüber, las Rohrbachs dicke Hausbibel über Südwest fertig und ein neues Novellenbuch der Supper, in dem sehr gute Sachen stehen.

Zu Haus Briefe von Mutter und Ludwig. Du sollst ihr sagen, was sie Dir schenken soll an Weihnachten.

Ludwig schrieb sehr ausführlich und sehr nett, über seine Tätigkeit (er darf selbständig operieren und gibt Hebammenschülerinnen täglichen Unterricht in Geburtshilfe). . . . Marg. Wolf ist jetzt da. Ich hab' noch keine rechte Vorstellung. Aber man kann mit ihr sachlich und ohne Flausen verkehren, und sie ist anstellig. Ich hab' das neue Buch der Böhlau und die Droste bei ihr in Auftrag gegeben. Auch soll sie die Gedicht- und Novellensendungen erledigen.

Für heut adi, Liebs. Und hoffentlich verwunderst Du Dich nicht über den Brief.

Dein lieber
Dorle

Bitte die Basler Adr. der Tante Lella.

Straßburg, 18. Oktober 1907

Mein Dorle,

die Tante Lella ist heut abgereist. (Basler Adresse Kanonengasse 21). Nun kommt mein Leben wieder in die Reihe und damit meine Briefe an Dich. Denn ihr Besuch ist der stärkste Hinderungsgrund zum Schreiben. Er war aber ungeheuer wertvoll. Denn in diesen Tagen – es waren recht schwere und irritierende – ist die Frage, wer nach meiner Hochzeit zum Papa kommt, zum ersten Mal wirklich besprochen worden. Mein Liebster, ich bitte Dich mit allem Ernst und allem Nachdruck, daß Du mich darin nicht allein läßt, sondern mitfühlst, was das für mich bedeutet. Dem Papa ist alles so gräßlich, daß er mit niemandem verhandeln will, sondern mit einer »alten Magd« wirtschaften. Das bedeutet aber seine absolute, definitive Vereinsamung und in gewissem Sinn Verkommung. Es geht nicht, und ich habe ihm heut im vollsten Ernst gesagt, daß ich nicht heiraten kann, ehe diese Sache geregelt ist. Wir haben dann (das Mamli und ich) einen langen klugen Brief an ein Frl. Nieland geschrieben, die lange bei einem Onkel war, bis er starb, und die uns furchtbar empfohlen wird. Sie soll zur Tante Lella eingeladen werden, und dann gucken wir sie an. (Hier wär's, im Fall man sich nicht gefällt, zu peinlich.) Aber vorläufig will der Papa den Brief noch nicht abschicken, es sei schon zu bindend. Es *muß* aber sein. Diese Verhandlungen haben furchtbar an mir gezupft, und ich war ganz kaputt gestern. Der Papa tut mir auch so entsetzlich leid. Liebstes Herz, die Ansicht teile ich gar nicht mit Dir, daß man sich »nicht als Enkel, sondern als Anfang« fühlen solle. Ich werde nie aufhören, mich als Nachkomme zu fühlen. Und es gehört zum Besten im Leben, wenn man stolz sein kann auf seine Vorfahren. Das ist es gerade, was ich immer so stark empfinde: Wenn ich Dein Verhältnis zu Deiner Mutter nicht verstehe und teile und Du meins zum Papa nicht; dann haben wir eben jedes einen Bereich, in dem der andere fremd ist. Und das ist mir ein schrecklicher Gedanke. Deshalb weiß ich noch immer, daß man da nichts künstlich und übereilt hervorrufen darf. Aber den guten *Willen* muß man haben, daß des anderen Besitz auch einem innerlich nah' kommt. Das ist das einzige, worum ich Dich bitte und was ich der Mutter gegenüber habe und immer behalten will.

Nun warst Du in Dresden, und ich schicke den Brief erst morgen ab, wenn ich Deinen habe. Sehr gespannt bin ich, wie's dem Naumann geht.

Heut abend redet die Käthe Schirrmacher, und ich hoffe, sie kennen zu lernen. Durch den Besuch bin ich noch zu nichts gekommen, nicht einmal zum Hilfe-Lesen. Und ich habe Dir noch nicht für den Katalog und den Block gedankt. Überhaupt bin ich mit allem entsetzlich im Rückstand. Dabei zerren und zupfen von allen Seiten Leute an mir und fragen mich wegen jeder Kleinigkeit um Bescheid. Und zwar die unmöglichsten Dinge. Z. B. wie man einer jungen Zahnärztin ein Stipendium verschafft. Ich weise aber energisch alles von mir. Ich muß den Winter Ruhe haben, meine Aussteuer besorgen und den Papa noch herausstaffieren, damit die Nachfolgerin einen geordneten Hausstand vorfindet. Ach Liebling, ich wollte, ich könnte jetzt einschlafen und in sieben Monaten wieder aufwachen an Deiner Seite. Diese Zeit scheint mir manchmal ein unüberwindlicher Berg. Und, gelt, Du machst es mir nicht noch unnötig schwer mit solchen Ideen über die Hochzeit wie neulich. Ich habe mich auch für die Kirche entschlossen (obgleich ich's vor den fremden Menschen viel indiskreter finde) und denke, daß der Albert Schweitzer uns trauen wird. Der gehört innerlich zu unserem Kreis. Aber es ist ja leider noch so lang bis dahin!

Ade, Liebster, ich freu' mich auf Deinen Brief morgen.

Eben habe ich Deinen Karikaturaufsatz gelesen, ganz erstaunt, daß Du drüber schreibst, *ehe* Du die Ausstellung gesehen hast. Es ist aber gut, was Du sagst. Wann bekomme ich denn meine Patria-Abzüge? Sag dem Schneider, er solle meine zuerst machen. Und Lieb, wenn Du jetzt ein bißle Zeit hast, so guck Dir doch mal vorbereitend Wohnungen an. Und achte drauf, 1) ob die Gänge so sind, daß man Schränke stellen kann. So was pflegt ziemlich übereinstimmend in einer Gegend zu sein. Und es kommt mir drauf an, zu wissen, ob ich mir Schränke für den Gang kaufe, oder nur so gute, daß man sie ins Zimmer stellen kann. 2) Ob Keller zu den Wohnungen gehören z. B. bei Naumanns, 3) ob man Wäscheböden zum Hängen hat und Waschküche. Und was der Durchschnitt kostet. Ich meine, Du könntest jetzt schon so einen Überblick kriegen. Frag auch irgend jemanden, ob es für das Viertel so was wie ein Wohnungs-Nachweis-Büro gibt. Da kann man vielleicht sehr früh hören, wenn was frei wird. Sei nicht ungeduldig, wenn ich jetzt schon mit solchen Sachen komme. Aber Du mußt doch das angucken lernen. Es ist nicht so einfach, auf alles zu achten.

Ade. Jetzt geh' ich in den Vortrag. Wie mag's der Elsa gehen? Und wie furchtbar ist das mit der kleinen Heyman, zu grausam. Wenn's nur nicht tuberkulös ist. Die Mutter ist's doch auch. Frau Haas fängt an, sich furchtbar aufzuregen für die Elsa. Gehst Du noch hin vorher? Sei recht lieb zu ihr. Ich denke mir diese letzten Tage doch recht schwer.

Samstag früh

Eben kam ein ganz reizender Brief von der Mutter. Sie feiert den Tag, an dem ich vor einem Jahr zu ihr kam, und hat mir zur Feier des Tags Dein Bild mit Hermann zusammen geschickt, das ich so gern habe. Es ist Hermanns Exemplar. Ich habe mich furchtbar gefreut. Sie fragt auch wegen Weihnachtswünschen und sagt, sie habe noch »Altertümer« von der Großmutter. Ich weiß nicht, was es ist, aber es wird schon recht sein. – Über sonstige Wünsche ein anderes Mal. – Auch den Brief schicke ich Dir erst, wenn ich ihn beantwortet habe. –

Wilmersdorf, 20. 10. 07
Mittags 5 Uhr

Liebe Elli!

Da ich mir auf den Abend ein Stück Arbeit hingerichtet hab', das gemacht werden muß, kann der Brief heute nur kurz werden und mit Deinem lieben langen bei weitem nicht konkurrieren.

Ich war bei Walters zu einem Gansessen. Der Elsa geht es gut. Der Arzt meint, das Kind könne jetzt kommen, sie meint, es dauere noch länger als diese Woche. Sie sagt, ihre Mutter schreibe so, als ob sie die Schmerzen haben müsse.

Vom Tod der kleinen Heyman habe ich keine Anzeige erhalten, und es ergab sich daher naturgemäß der peinliche Moment, daß ich gestern mittag telefonisch nach dem Befinden fragte und der Tod schon einen Tag vorher eingetreten war. Ich schrieb dann Frau Feist einige Worte. Von Walters erfuhr ich nun, daß die Beerdigung morgen 1 Uhr in Weißensee. D. h. für mich so viel, daß ich nicht mit kann, denn das bedeutet einen Zeitaufwand von ca. vier Stunden, den ich bei dem vorläufigen Mangel an polit. Notizen nicht riskieren darf. Ich schreibe das Frau Feist und gehe dann bald einmal, aber ohne Gehrock und Zylinder, hin. George geht weder zur Beerdigung noch hält er einen Besuch für nötig. Die dachten auch an keinen Kranz. Ich persönlich halte ja das Kränzeschicken für eine barbarische Unsitte. Es wurde nun ein gemeinsamer Kranz beschlossen, den Elsa Walter morgen noch raussuchen will. Sie hat seit gestern Besuch der Frau Fernow, die recht nett zu sein scheint.

Am Freitag abend hab' ich debütiert als Redner in einer großen

Berliner Volksversammlung, in der Breitscheid referierte. Als sich drei Soz.dem gleich gemeldet hatten, überredete mich der Vorstand, und trotz gänzlicher Unvorbereitetheit und Notizenlosigkeit ging es recht gut, weil ich keine Sekunde aufgeregt bin.

Gestern mittag machte Marie Senn einige Aufnahmen von mir; abends waren wir zusammen im Lessingtheater (Salten »Vom andern Ufer«).

Heut furchtbar lang geschlafen, dann kam Lis, und drei Stunden war ich drüben.

Über Deinen Brief hab' ich mich sehr gefreut. Es fehlt mir heute die behaglich Ruhe, auf das einzelne einzugehen, denn da muß ich bei meiner langsamen Schreiberei Stunden vor mir sehen. Das Joch des Wohnungssuchens will ich gern auf mich nehmen. E. W. sagt mir, daß Hängeboden und Wäschegelegenheit immer schon mit dabei (auch im Mietpreis) sei.

Für diese Nummer schenke ich mir einmal einen eigenen Artikel. Für die nächste will ich kurz über den Salon der Humoristen schreiben. Als ich den Karikaturenartikel schrieb, glaubte ich, die Ausstellung komme erst im Dez.; deshalb mußte ich den ganzen Schluß noch ändern.

Ich las jetzt ein sehr feines Novellenbuch der Ricarda Huch »Seifenblasen« und freu' mich auf den zweiten Garibaldiband, der bald kommen soll. Ich hab' jetzt auch den vierten Dehmelband (Erotika gibt einen kleinen Artikel) und die Schultze-N.-Kulturarbeiten, die mir sehr viel Freude machen.

Adi, meine Liebe. Das andere kommt also bald dran.

Sei aufs herzlichste gegrüßt von

Deinem tr. Dorle

NB. Naumann war mit meinem Aufsatz über Wiesbaden höchlichst zufrieden.

Straßburg, am 21. Okt. 07

Mein liebster Mann,

ich bin sehr neugierig, ob ich für die Verschwendung mit dem Eilbrief durch einen Montagsbrief belohnt werde. Zunächst noch einiges zu Deinem letzten Brief.

Ganz wundervoll finde ich die 4000 M Redaktion. Es ist sehr nett von

Naumann, daß er so mehr gibt, als Du gefordert hast. Und darin hat er sehr recht, das feste Verhältnis zur Neckarzeitung ist mir immer wie ein Druck erschienen. So zwangsweise fällige Artikel sind qualvoll. 500 M im ganzen wirst Du sicher von anderen Zeitungen nicht zusammenkriegen. Dann hast Du auch mehr Zeit für »unser« Buch.

Meine Arbeitslust ist wieder angefacht worden durch die Käthe Schirrmacher, die wirklich sehr fein ist. Ich sitze bereits über der Lektüre der Lily Braun. Ich habe aus ihrem Buch manches über die Stellung der Frauen in der Zunftzeit gelernt, was ich in meinem Lindnerkursus verwertet habe. In der zweiten Stunde war die Tante Lella dabei und hat sehr interessiert zugehört. Ich glaube, Deine Idee, daß ich dann in der Hilfe die Frauenbewegung mache, ist sehr gut. Halt mir aber diesen Posten offen. Nicht daß dann die Marguerite Wolf drin sitzt. Überhaupts soll mir die nicht meine dritte Redakteursstelle wegnehmen. Ich freue mich aber, daß sie anstellig ist. Am liebsten wär' mir's, wenn sie den Katz nähme.

Ich habe eine Menge Fragen an die Dresdner gerichtet. Auf die Antwort hin bestelle ich dann.

Der Vortrag der K. Schirrmacher war sehr stark besucht und recht gut und klar. Heut redet sie über die letzten zehn Jahre französischer Literatur. Darauf freu' ich mich noch mehr. Gestern war ich mit ihr auf der Hohkönigsburg. Und zwar fuhren wir, eine Frau Adler, die damals im Kursus bei mir dabei war, ihr Bruder und Frl. Dr. Sch. und ich, in Adlers Automobil bis zum Fuß des Bergs. Unterwegs platzten nicht weniger als zwei Reifen! Es war also eine etwas abenteuerliche Fahrt mit Marschieren und Einspänner mieten, ohne Mittagessen, mit Frieren und Schwitzen, aber in nettem ruhigem Kennenlernen und der wunderbarsten Aussicht. Die Berge noch ganz sommerlich dicht bewaldet, über dem Rhein ein schwacher Herbstnebel und ganz klare Aussicht auf die Schwarzwaldberge, deren Fuß im Nebel verschwand, und darüber wie ein Wunder die ganze Kette der Berner Alpen. Jede Wand am Eiger klar zu unterscheiden und der Schnee leuchtend. So habe ich's noch nie gesehen von den Vogesen aus. Und der Rückweg, 60–70 km in der Stunde Geschwindigkeit, bei einbrechender Dämmerung und einem orangefarbenen Vollmond – das war ganz unirdisch schön.

Papa hat jetzt selbst an das Frl. Nieland geschrieben und sie doch hierher eingeladen. Ich bin neugierig, ob's was wird. Es ist ein entsetzlicher Gedanke, jemand ganz fremdes so hierherzusetzen. Nun warte ich auf die Post. – Ade Liebling.

Nun kam Dein Brief. Ich bin nicht sehr zufrieden mit dem gemeinsamen Kranz mit Walters. Es sollte grad' so sein, daß *Du* ihn aussuchst. Bitte tu mir den Gefallen und mache künftighin so etwas einfach so, wie ich Dich drum bitte. Das ist doch nicht zuviel verlangt. Ich hatte nun an Frau F. geschrieben, daß Du für mich und Dich Blumen hinschickst, und die sparsame Einrichterei von einem Kranz für uns u. Walters gefällt mir gar nicht. Es kommt in so einem Moment auch gar nicht drauf an, wie *Du* die Sitte findest. Ich schreibe das so grob, weil es mir sehr unangenehm ist, und dann, weil ich für später wissen muß, daß Du solche Angelegenheiten so ausführst, wie ich sie auftrage. Ich weiß nichts, was mir so unangenehm wäre wie das, daß wir eine Gelegenheit versäumen, um Frau F. eine persönliche Aufmerksamkeit zu zeigen.

Nun schreibe mir bald einen schönen, ausführlichen Brief. Und glaub mir, daß ich Dich auch gern habe, wenn ich traurig über dich bin wie neulich, und sogar, wenn ich mich ärgere wie eben. Das letztere ist aber bedeutend schwerer.

Ade. Und sei nicht ärgerlich, als ob ich tyrannisch wäre. Gebietsbegrenzungen muß es geben. Und solche Takt- und Formsachen sind das Gebiet der Frau. Du findest wahrscheinlich die ganze Sache nicht wert, drei Seiten drüber zu schreiben. Sie ist's aber doch.

Halt, ich muß Dir noch was ganz wunderschönes schreiben. Denk Dir, Staudinger ist mit seinen 26 Jahren, ½ Jahr Privatdozent, auf seinen Dresdner Vortrag hin jetzt in Karlsruhe Professor geworden. Extra-ordin.(arius) aber mit eigenem Laboratorium. 3000 Mk Anfangsgehalt und Aussicht auf Nebeneinnahmen. Sie reisen schon morgen hin und sind selig. –

Nun endgültig ade. Ich küsse Dich auf Augenbrauen, Stirn und Mund.

Deine Frau.

Liebe Elli! *Wilmersdorf, 22.10.07*

Das tut mir leid, daß Du Dich wegen dem gemeinsamen Kranz geärgert hast. Wenn ich nun vor der Frau Feist, nach Deinem Brief an sie, etwas dumm dastehe, so macht das aber weiter nichts. Ich selber hab' leider in der Sache kein großes Schuldgefühl, zumal der erste formale Fehler nicht bei mir liegt: ich erhielt ja überhaupt keine Todesanzeige. Ging dann Samstag mittag zu Walters, um wegen Kondolenz zu fragen, traf sie aber nicht. Dann Sonntag mittags. Ich fragte, wohin man einen Kranz schicken soll. Sie sagten, das sei überflüssig. Darauf ich: Du wünschest es. Darauf sie: Dann müßten sie's auch. Dann machte, glaub' ich, Elsa den Vorschlag des gemeinsamen, mit der einleuchtenden Begründung, daß einer zu drei bis vier Mk. ganz kümmerlich aussehen würde zwischen den(en) der reichen Leute. Ich weiß noch nicht, was der jetzt gekostet hat. Mir leuchtete das ein. Denn am Montag früh – ausgerechnet Montag – Kranz suchen, ohne zu wissen, wohin schicken, das wär' mir durchaus nicht nach der Schnur gewesen.

Aber ich muß doch, wenn auch nicht ganz ernsthaft, gegen Deine Tyrannis protestieren. Formfragen darfst Du erledigen, bloß darfst Du nicht sagen, es seien Taktfragen. Und ich kann Dir durchaus nicht unbedingten Gehorsam versprechen. Grad' deshalb, weil mein Leben fast bewußt darauf angelegt ist, außerhalb oder doch unabhängig von formellen Konventionen vor sich zu gehen. Wenn ich die ganze Öffentlichkeit solcher Trauerbetriebe oder all das Übertriebene der gesellschaftlichen Repräsentation oder so die »Anstandsbesuche« u. s. f. u. s. f. für einen gräßlichen Unfug, für eine zeitliche, seelische, finanzielle Überlastung halte, muß ich es dann mitmachen? Ich habe dazu jetzt, aber auch in alle Zukunft, meine liebe Frau, recht wenig Lust.

Wenn ich zu Frau F. komme, werde ich sie über den Kranz, von dem sie wahrscheinlich gar nichts weiß, entsprechend aufklären. Ich bin gern der Dumme.

Ich habe mich sehr über Staudingers Erfolg gefreut und wünsch' ihm dazu von Herzen Glück.

Von Käthe Schirrmacher hab' ich in dieser Nummer einen Artikel. 1903 hab' ich sie in München einmal reden hören; sie spricht gut und machte eine »gute Figur«. Was sie sonst wert ist, weiß ich nicht; viel eigene Gedanken hat sie, glaube ich, nicht. Bloß ist sie gegen das gleiche Wahlrecht – wohl fürs allgemeine –; so im ganzen ein bißchen nationalliberal. Hat sie von der »Hilfe« was gesagt? Sie ist nicht immer gut von uns behandelt worden.

Aber die Fahrt, das glaub' ich, war schön. Ich möchte jetzt auch so gerne raus und hab' vor, am Sonntag einmal wieder einen ganzen Tag raus. Es ist ein unglaublich schöner Herbst. Manchmal gibt's Nebel. Zu Haus ist der Wein geraten wie seit sehr lange nicht mehr, trotz des schlechten Sommers.

Ob M. Wolf bei uns viel Frauenbewegung machen wird, weiß ich nicht, glaub's aber kaum. Ich hab' ihr also zur selbständigen Erledigung Verse und Novellen gegeben; das wird sie schon recht machen. Und sonst komm' ich gewiß gut mit ihr aus. Ich hab' Dich nicht ganz verstanden: meinst Du, sie soll den Katz heiraten? Diese Vorstellung leuchtet mir zunächst sehr wenig ein. Ich hab' das Gefühl, daß das zwei erheblich verschiedene Naturen sind. Wie lang die M. W. bei uns bleiben wird, weiß ich nicht.

Am Sonntag abend und gestern hab' ich für den Jaeckh einiges geschrieben, so, wie er's brauchen kann, über das Buch der Supper, und zwei mit Bosheiten durchsetzte Artikel über »Schule und Gegenwartskunst«. Morgen noch ein Artikel über Rohrbachs »Südwestafrika«. Dann soll er eine Weile Ruhe haben.

Naumanns Befinden scheint ordentlich vorwärtszugehen.

– –

So, über das, was wir in den letzten Wochen zusammen verhandelt haben, brauche ich, glaub' ich, nicht mehr viel zu sagen. »Vom Wert oder Unwert der Histoire.« Bei mir wechselt die Wertung sehr lebhaft. Aber ich bin nicht für zu viel. Ich will nicht vor Eltern oder Ureltern hochachtenden Respekt haben müssen, sondern bloß ihre Art umfassen können. Über den Urgroßvater, von dem man nicht viel weiß, macht man schlechte Witze.

– – –

Hoffentlich klappt es mit den Patriaabzügen. Lesser schreibt auch drum. Aber man darf jetzt dem Schneider mit nichts zusetzen, da er sich halbtot schafft. Der bisherige Inseratenchef ist weggelaufen und hat sein Zeug in ziemlicher Unordnung liegenlassen.

Die »Altertümer« meiner Mutter sind die beiden Zinnschalen von etwa 1780; Du hast sie, glaub' ich, gesehen. Aber sie weiß nicht recht, ob und was sie Dir noch mehr schenken soll. Besinn Dich auch bitte bald wegen meinem Zeug; ich will Dich nicht »überraschen« müssen. Das dann später, wenn wir unter uns sind.

– –

Sonst geht es mir gut und ich freu' mich auf Dich. Die Tage sind so schön; wie süß wäre es uns, jetzt zusammen zu sein.

. . .

Adi, liebe Süße. Ich gehör' Dir ganz wie Du mir.

Dein Dorle

Straßburg, am 22. Oktober 1907
abends

Mein Dorle,

gestern und heut habe ich meine Briefe von der Reise geordnet und drin gelesen. Man wärmt sich an seinen eigenen Flammen dabei.

Nun hast Du meinen Brief und warst wahrscheinlich erstaunt über den heftigen Ausfall zum Schluß. Aber traurig bist Du nicht drüber, gelt Herz? Ich bin natürlich längst abgeregt und wundere mich selbst, daß ich so gekocht habe.

Ich habe viele Dinge erledigt. Ein schwarzes Rektorats-crêpe-de-chine-Kleid gekauft, d. h. den Stoff und seidenes Futter, was so im Rohmaterial bereits 100 M kostet. – Den bekannten großen braunen Winterhut geändert, Briefe abgestoßen und unsere Waschtische in den Maßen bestellt. Miß mal Deinen jetzigen. Ich habe sie 90 cm breit bestellt (ohne Platte, die auf jeder Seite fünf cm abstehen muß). –

Mein Schrank gefällt *allen* Menschen, die ihn bisher sahen. Heubners kaufen ihn uns sofort ab, wenn wir ihn nimmer mögen.

Heut haben Staudingers bei uns gegessen, weil bei ihnen schon die Packer regieren. Es tut ihnen doch ein bisle leid, wegzugehen.

Die Marianne schreibt lange Briefe ganz voll Algebra. Es ist ein Erbübel vom Papa her. Er hat sie aber immer hermetisch davor abgeschlossen. Nun war's ganz nutzlos, und sie hat von dem ermüdeten Ernst Bücher zum Selbstlernen geschenkt gekriegt und ist einfach begeistert. Das Kochen dagegen hat sie »dick«, wie sie im selben Atem schreibt. Echt!

Ich freu' mich jetzt arg auf Deinen Brief morgen. Gestern, als ich grad' mit Schreiben fertig war, kam der Leoni und wir gingen in die Ausstellung von Bucheinbänden. Ach Herz, wie froh bin ich immer von neuem, daß ich nicht mein Leben lang mich um seine Verzwicktheit innerlich drehen muß. Dabei habe ich ihn furchtbar gern mit all seinen Ecken und Äußerlichkeiten. Ich hatte einen komischen Traum heut nacht, in dem er weinend in meinen Armen lag und ich ihn sehr mitleidig und schwesterlich streichelte und ihm erzählte, wie viel glücklicher ich bei Dir sei. Entschieden brutal. Nachher kam der Papa dazu, sah seine Tränen und erzählte lehrhaft, wie unrecht unsere Minna daran täte, mit zwei Buben zu gehen. Worauf ich hell herauslachte und versicherte, ich ginge *nur* mit Dir. Auch nicht grad' taktvoll die ganze Sache.

Dabei war in Wirklichkeit der gute L. gestern immer froh, daß er noch die Möglichkeit auf eine elegante, fein angezogene Frau hat.

Abends Vortrag von Käthe Sch. Aber eine Enttäuschung. Viel zu lang (1½ Std.) und dabei so pedantisch Noten verteilend an die verschiedenen Schriftsteller. Nur wenn sie auf die Frauen darunter kam, wurde sie warm und ungerecht begeistert.

Donnerstag früh

Mein süßer Mann,

als gestern kein Brief von Dir kam, habe ich wirklich Angst bekommen, Du seist ärgerlich über meine Strafpredigt geworden, und habe alle meine schriftlichen Sünden bitter bereut und gebüßt. Nun bin ich sehr froh über Deinen lieben und zärtlichen Brief. Mein Guter, ich will gewiß nicht alle Anstandsbesuche und so Zeug brav erledigen. Aber was mich in diesem Fall so kränkte, ist, daß es so aussah, als sei es Dir schon zu viel, eine Besorgung zu machen. Während man so voll von Teilnahme ist. Die Idee, daß ein Kranz von drei bis vier M schofel aussähe neben den üppigen, ist eine haasisch-pfälzische Üppigkeitsempfindung. Ganz falsch nach meinem Gefühl. Für das Geld hättest Du einen Strauß schönster weißer Chrysanthemen bekommen. Die von Elly und Theodor sind nach meiner Ansicht viel mehr als ein gemeinsamer Kranz. Aber nun ist die Sache erledigt. Ich gebe Dir einen Schluß-Kuß.

Frau Haas ist *sehr* aufgeregt. Wir alle warten mit großer Spannung auf das Telegramm von Walters.

Was würdest Du sagen, wenn ich mir einen Pelzkragen von Dir wünsche? Das ist was dauerndes, und ich friere eigentlich jeden Winter. Oder magst du nichts von Toilette? Ich würde ihn aussuchen. Über die Zinnsachen von der Mutter freu' ich mich sehr. Ich schreib' ihr noch selber drüber. Was ich z. B. gern hätte, wäre eine ganz einfache, aber große Schreibmappe aus Leder. Die müßtest Du aussuchen und zunächst in Erfahrung bringen, ob das zu üppig wäre. Ich ahne nicht, was das kostet und was die Mutter anwenden will. . . .

Leb wohl, liebster Mann. Träume von mir und fühle, wie ich mit Leib und Seele Dein eigen bin.

Deine liebe Frau
Elly

Wilmersdorf, 30. 10. 07
Morgens 9 Uhr

Meine liebste Frau!

Als ich gestern abend um 12 rum nach Hause kam, vom Deutschen Theater lag Dein Brief da. Ach, ich wußte, was er mir sagen würde. Ich legte mich ins Bett, dann las ich oft alle Deine schönen lieben zärtlichen Worte, und ein Strom von Liebe und Begierde floß durch meinen Leib . . .

Ich habe auch schon an Weihnachten gedacht und keine großen Möglichkeiten gefunden. Aber ich vertraue, daß wir sie uns zu schaffen wissen werden. Jetzt grüß' ich dich mit tausend Küssen. . . . Ich will nachher in ein Colleg von Wölfflin. Deshalb nur kurze Notizen. Am Sonntag mit Willich; es war ganz nett. Er ist ein tüchtiger Offizier. Abends im – Residenztheater. Alexander ist ein sehr guter Schauspieler. Montag mittag Besuch bei Frau Feist, die sehr lieb war . . .

Mit M. Senn stehe ich z. Z. recht gut. Aber nicht besonders intim. Wir verstehen und vertragen uns ausgezeichnet, und Du wirst Dich auch mit ihr stellen. Sie hat Sinn für Humor und ist ein ehrlicher Mensch. Sie bleibt nur sechs Monate hier. Ich führ' ihr heute Lu als Modell zu. – Am Samstag soll wieder – unmaskiert – ein Tanzabend sein, wenn sich die Leute zusammenfinden. Ich will dann M. Senn und M. Wolf einmal in den Lu'schen Kreis bringen. Sonst bleibt abzuwarten, wer kommt.

Das nächste Mal, hoff' ich, gehen meine Wohnungsberichte an. Jetzt muß ich rasch schließen. Adi, adi liebste Frau.

Sei fröhlich

Dein Dorle

Straßburg, 30. Okt. 07

Mein Liebster,

ich habe jetzt viel zu tun, besonders mit dem 80. Geburtstag von Frl. Lindner. Heut nachmittag, wenn vielleicht Dein Brief kommt, ist die junge Frau Feist bei mir, mit der ich vom ersten Tag an in die Schule ging, um zu beraten. So will ich schon den Brief anfangen, damit es überhaupt zu einem kommt.

Zur Wohnungsfrage: Erkundige Dich doch zunächst bei dem Wirt Eures Hauses (Hilfe), ob er irgendwo was frei hat. Ihm gehören doch sicher viel Häuser in der Gegend.

Zu beachten: *nicht* alles nach Norden, unter keiner Bedingung. – Womöglich Eckhaus, wegen des Eckzimmers. Dritter Stock wäre am besten. Badeeinrichtung unbedingt. Das ist aber auch überall. – Sehr zu achten auf die Lage der Fenster und Türen. Man kann in einem kleinen Zimmer mit freien Wänden mehr stellen als in einem größeren, wo lauter Türen sind. Gucken, ob auf dem Gang irgendwo ein Schrank zu stellen ist. Schreib Dir die Punkte, auch die früher erwähnten, auf ein Blatt, das Du bei Dir hast. Wenn eine Wohnung irgend in Betracht kommt, mußt Du *gleich* beim Heruntergehen Notizen machen. Denn sonst wirft man alles durcheinander. Ich finde 900 unsere oberste Grenze. 1000 nur, wenn sehr viel' Vorteile dabei sind und die Hilfe sehr nah und ein Balkon in guter Luft, damit man das Kind draufstellen kann. Das ist überhaupt wichtig.

Gelt, Du fängst bald an? Schick mir *bald*, gleich, das neue Bild von Dir. Ich freue mich so furchtbar drauf. Deine letzten, zärtlichen Briefe lese ich immer wieder und möchte immer neue Worte finden, um Dir zu sagen, wie ich vollständig gebunden unter dem Einfluß Deiner Leidenschaft stehe.

...

Nun ist wieder ein Monat vorbei, den wir getrennt verleben mußten. Es sind nur noch fünf. Dann hast Du Deine Frau immer neben Dir, Tag und Nacht. Wie wird's heut in einem Jahr sein? Wir werden gar nimmer begreifen können, daß wir getrennt voneinander gelebt haben. Nun ade. Ich zähle die Minuten, bis Dein Brief kommt, und fürchte, daß es frühestens heut abend sein wird, weil meiner verspätet war.

Donnerstag ½ 1 Uhr

Mein liebs Herz, erst heut früh, ich lag noch, kam Dein lieber Brief. Diese Morgenstunde gehört sowieso immer Dir. In den letzten Tagen war sie fast schmerzhaft sehnsüchtig. Heut bin ich viel leichter, fröhlicher. Wenn ich Dich jetzt bei mir hätte, wäre ich eher so spielerisch »albern«. Es ist so wunderbares Frühlingswetter, wie's hie und da dem Herbst einfällt, sich zu maskieren, als sei er der Mai. Da denke ich, während ich im strahlenden Sonnenschein herumlaufe, immerzu: wenn die Luft wieder so blau und lau ist und die Wolken so leicht, dann ist wirklich Mai. ...

Auf Wohnungsberichte bin ich furchtbar gespannt. Du mußt der Wichtigkeit der Sache halber viel Geduld haben, liebster Mann. Es wird Dir sicher bald über werden, aber das hilft nix. Und bedenke, daß Du auch schnell drauf eingeübt sein wirst. Vielleicht geht der George zuerst mal mit oder auch mal die Lis. Aber nimm nur nicht die Lou mit, die diskreditiert Dich bei den Wirten durch ihr Äußeres.

Nun ade, Du Liebster. Ich küsse und streichle Dich und habe Dich so lieb, wie man nur kann. Deine eigenste

Elly.

Nb. Morgen Freitag essen Haasens und Lotte Jürgens bei mir, Papa ist in München. Samstag bin ich in Karlsruhe bei Staudingers. Dorthin Brief: Kornblumenstraße 4.

Wilmersdorf, 1.11.07
½ 7 Uhr

Liebste Elli!

Das wird auch nur ein sogenannter Brief. Ich war bei Frau Feist zum Essen, nur ganz kurz zu Haus (da schickte ich das Telegramm), dann erwartete mich Katz, mit dem ich bis jetzt zusammen war. Später soll ich M. Wolf u. Lulu v. Strauss bekannt machen.

Lulu kam plötzlich am Mittwoch abend. Wir hatten ein paar nette Stunden. Morgen fährt sie wieder. Lulu u. M. W. kennen sich durch Korrespondenz; nun will ich sie gern zusammenbringen.

Gestern Mittag bei Flaischlen, gemütlich; am Abend bei Lu. Ich will morgen mittag noch eine Lichtputzscher zusammenschustern, wenn's geht, damit am Abend ein wenig was los ist.

Hier siehst Du also die ersten Früchte meiner Sucherei.

Mir wird's gleich einleuchten, natürlich seh' ich noch ein halb hundert andere an und hab' mir schon vorgemerkt. Ich macht's geruhsam, Stück für Stück; wo Wahrscheinlichkeiten bestehen mit Grundriß. Diese Wohnung wird als sehr billig empfunden, da M. W. meint, Heizung und Bad richten verschlinge jährlich etwa 200 Mk. Ich muß mir einen Meterstab verschaffen, wegen der Schreibtische. Das Zimmer hier ist durch Vorbau mit vier Fenstern hell. 80 bis 100 Schritte von der Redaktion. Balkon etwa acht qm.

Bei Walters ist jetzt also der Herr Sohn da. Ich erfuhr's erst durch Frau Feist heute. George war weg. Wie mir die Pflegerin telefonisch mitteilte, geht's und ging's gut.

Wegen Naumann bist Du ja jetzt wohl beruhigt. Es ist eine ganz unbegreifliche Mache der Nationalliberalen Korrespondenz, mit dem Effekt, daß wir Telegramme und Anfragen zum Erledigen kriegen. N. kommt morgen zurück und spricht in acht Tagen in Frankfurt a. M.

Für Deinen lieben Brief vielen, vielen Dank. Ja, jene Frühlingstage werden unsagbar schön sein, ein süßer, leidenschaftlicher und doch geklärter Auftakt zu unserem Leben. Ganz Fröhlichkeit, ganz Liebe, ganz Hingebung . . .

Ich freue mich, daß Du fröhlich und gar »albern« bist. Wir wollen, wenn uns die tiefe Sehnsucht Leib und Seele zusammenreißt, nie die schöne Heiterkeit vergessen, des an sich Freude haben.

Spürst Du, wie ich dich küsse, wie ich Dich streichelnd berühre, Süße?

Dein Dorle

Grüße an Staudingers; hoffentlich kommt der Brief noch morgen.

Liebling, ich bin fabelhaft aufgeregt über die Wohnung. Sie imponiert mir *sehr*. Auch noch einigermaßen erschwinglich, da Heizung wegfällt. Aber ich habe die Heizung nur auf allerhöchstens 100 M eingeschätzt. Und Bad ist doch immer überall. Oder ist bei Warmwasserheiz. auch das Badewasser warm? Immerhin fiele hier Dein Abonnement auf der Bahn vielleicht weg. Jedenfalls ist die Nähe sehr schön. Aber über die Größe der Stuben bin ich sehr im Unklaren. Du schreibst Balkon acht qm. Das ist heller Unsinn, mein Goldener. Wenn alle anderen Angaben ebenso ungenau sind . . .

Lieb, bitte geh gleich noch mal hin und miß alles aus. Es ist so wichtig. Ob überhaupt mit den Betten noch ein großer Schrank hingeht etc.?

Ist es nicht fein, schon so nah dran zu sein?

Fragen: also 1) Maße. 2) Ist es Luft- oder Warmwasserheizung? Gegen das erstere bin ich *sehr*. 3) Ob Gas oder Elektrisch? Gas in der Küche? 4) Ist der vierfenstrige Vorbau nicht scheußlich? Wo hinaus guckt er denn? Königsweg. Ich meinte das Fremdenzimmer auf Friedhof? Ist gute Luft auf dem Balkon? Das Magdzimmer scheint scheußlich klein. 5) Wenn das Arbeitszimmer wirkl. eine geschlossene Tür hätte, so ist es sehr unpraktisch, daß man Besuche immer durch's Eßzimmer führen muß. Wenn die Tür auf ist, ist's auch nicht sehr nett. Und die zwei Schreibtische leuchten mir so auch noch nicht ganz ein. Man könnte einen aber auch an das gegenüberliegende Fenster stellen.

Bitte, Liebling, geh bald noch mal hin. Sonst nimmt jemand anders die Wohnung. Kannst Du vielleicht noch handeln, daß wir sie für 1000 bekommen? Wohnen jetzt Leute drin? Dann frag doch bitte, warum die ausziehen (sie selber, nicht den Wirt!).

Adi, mein lieber Mann. Ich finde es furchtbar interessant und aufregend. Ich zeichne mir den Plan ab. Schreib bei allen Wohn. ob Elektr. und was für Heizung.

Deine frohe Elli

Viele Grüße von Staudingers, die *sehr* fein wohnen.

Wilmersdorf, 3. 11. 07
Abends ½ 7 Uhr

Meine Liebe!

Das ist der letzte Bogen wieder einmal. Er muß reichen. Am Freitag abend hab' ich das Malzeug zusammengerüstet und so die ersten Blätter probiert. Von 11 Uhr ab saßen wir dann bis 2, Lis, Lulu, Marg. u. Katz und ich bei Dalbelli mit Wein und Asti.

Gestern mittag bekam ich dann das große Zeichnen, war furchtbar und fröhlich dahinter her und brachte wieder was ordentliches zusammen. Namentlich zwei sehr gute Karikaturen von Trude Zucker u. Katz. M. Wolf kam zum Abendessen, half beim Zusammenkleben, und dann wurde von 9–4 Uhr mit geringen Unterbrechungen getanzt. Marie Senn konnte leider nicht mit. Aber sonst halt viel Leut', der Engelsche Kreis, Amberg, Lis, von mir ein paar, dann eine kleine Fotografin, die sehr nett zur Gitarre sang. Es war eine gute Musik, alle Mädchen tanzten leicht, und so hab' ich ohne alle Anstrengung furchtbar viel getanzt, zumal man bald die Kittel auszog. Zwischendurch hab' ich mich auf den Boden hingelegt und gedacht, daß Du noch da sein müßtest. Denn es geht ja auch mit dem Tanzen so schön gut zusammen. Aber ich hab' mich gut unterhalten und bin dafür, daß wir als später auch solche billige und nette Abende machen.

Um fünf rum kam ich dann zu Bett; auf dem Sofa nächtigte Herr Bulle. Schlief dann bis um ½ 1 Uhr, fuhr nach Lichterfelde zum Essen zu Bulles, und von ½ 5 bis vorhin war Katz bei mir. Deshalb kam ich vorher nicht dazu, Dir zu schreiben.

Zunächst aber liebes Kind bitt' ich Dich, Dich nicht allzu arg über die Wohnungsfrage aufzuregen, sonst bin ich immer veranlaßt, an mir zu korrigieren, weil ich sie mit einer nüchternen Gelassenheit betrachte. Ich will in den nächsten Tagen noch einmal dort hingehen und rummessen – die Wohnung ist frei, unbewohnt –, aber ich möchte und muß die Freiheit haben, daß Du nicht unglücklich wirst, wenn ein oder zwei Briefe mal ohne neue Wohnungsbulletins kommen. Sonst schreiben wir uns die nächsten Monate von nichts anderem. Und dann bitt' ich Dich, unmaßgebliche Schätzungen, die ich aus der Erinnerung mache, nicht gleich »hellen Unsinn« zu heißen, denn sonst werd' ich Dir nachweisen müssen, daß Du Grundrißpläne nicht richtig lesen kannst und mit Deinen Reformvorschlägen (Eßzimmer) Türen verstellst.

Ich dachte, daß Du durch die Analogie der Größenverhältnisse der Möbel ein Raumbild bekämest. Zum Ausmessen bin ich selber bereit. Wenn aber Wohnungen bewohnt sind, kann ich unmöglich mit dem Meterstab rumwirtschaften.

Die Wohnung geht, wie auf dem Plan verzeichnet, nach Westen, Fremdenzimmer auf den Hof. Meines Wissens, wie mitgeteilt, Warmwasserheizung; deshalb für das Bad immer Wasser und daher Verbilligung.

Der Vorbau des Arb.Z.(immers) entspricht dem in der Redaktionsbibliothek, ist das Gegenteil von scheußlich, hell, Ausblick nach beiden Seiten des Königswegs. – Daß man Besuche im Notfall durch's Eßzimmer führen muß, ist weiter nicht schlimm. Da übrigens das Sofa in dem steht, wird es auch als »Empfangsraum« funktionieren können. Die Schreibtische lassen sich ändern; ich dachte, Du wollest nicht ins Helle sehen. Ich will unbedingt eine Wand. Die Magdstube ist allerdings sehr klein; mir scheint gut zu gehen, daß man die Magd im Sommer, wenn's heiß ist und niemand da, in das Fremdenzimmer quartiert. Mit der Portiersfrau kann ich unmöglich handeln.

Damit sind glaub' ich alle Deine Bitten erfüllt. Meine ist, die Pläne, die ich mit aller Kenntnis der Dinge anfertige, genauer anzusehen.

Adi Liebs. Gelt: ruhig Blut. Diese Sachen sind der Aufregung wirklich nicht wert, und ich bin in diesem Zeug wirklich etwas gescheiter, als Du glaubst.

Herzliche Grüße Dein Dorle

Ich hab' im Eßzimmer das Sofa mit Absicht ans Fenster gerückt, wegen der Helligkeit. Die hat's nötiger als das Büffet.

Straßburg, am 4. Nov. 1907
10 Uhr

Mein liebster Mann,

eben habe ich erst rausgekriegt, daß Du ganz recht hast, wenn Du Dir nix gefallen lassen willst, was die Maße anbetrifft. Nämlich *ich* hab' »hellen Unsinn« gemacht, und Staudingers haben geholfen. Die sind in ein großes Hohngelächter ausgebrochen über die 8□. Weil sie (u. ich) gedacht haben, das sei 8 m Länge und 8 Breite im □. Also 16 □m. Jetzt ist es mir langsam gedämmert, daß es 4 L – 2 Breite sein kann und daß Du uneingeschränkt recht hast. Ich gebe Dir also einen sehr demütigen Kuß und komme mir ungewöhnlich dumm vor.

Herzlein, die Wohnung lockt mich sehr. Aber ist sie denn für 1. April? Die Leute vermieten sie sicher für früher. Ich glaub' es ist die, wo ich schon im Sept. hinauf wollte, als uns dann der Vossberg anredete – etwas näher gegen die Bahn zu als Naumanns, gelt? Liebling, kann die Anrichte 1,60 m lang sein? So könnte ich eine sehr gute bekommen. Es scheint mir aber zu groß. Sie wäre sehr ähnlich wie Walters ihre.

Ach, Liebster, Dein Tanzabend hat mich furchtbar sehnsüchtig gemacht. Wie gern würde ich so in Deinem Arm herumsausen und in Deine leuchtenden Augen gucken. Ich bin ganz neidisch auf die Marg. Wolf und Du mußt mir versprechen, daß sie nicht einfach alles macht, was ich später machen möchte. Lieb, wenn sie dableibt, ist für mich gar kein Platz mehr. Ich gönne ihr das Lernen diesen Winter ja von Herzen. Aber später komme ich mir ganz herausgedrückt vor, wenn sie als dritte Kraft bleibt. Wie wird's denn mit dem Krull? . . .

Lieb, ich habe jetzt schon alle Wäsche bestellt bei den Handwebern. Bitte erkenne an, daß ich Dich gar nicht damit behelligt habe. Auch die Möbel in Dresden habe ich heut bestellt. Aber *nicht* Deinen Schreibtisch und Schreibtischstuhl. Den letzteren, weil wir ihn nur »bildlich« gesehen haben. Er hieß (31) 3. Willst Du Dir noch mal die Fotos schicken lassen? Sonst, wenn er Dir sicher gefällt, bestell ihn mit Deinem Schreibtisch. Also:

(31) 3 Schreibt. stuhl mit Armlehne lederbezogen, ich glaube 60 M.
(20) 2 gefiel Dir aber auch. –

Liebling, Du glaubst nicht, wie nett und behaglich es bei Staudingers war. Sie sind selig mit ihrem Evalein. Es ist aber auch süß, schreit fast nie und kann so wundervoll seine Seelenstimmung im Gesichtchen verraten. Dies absolute Wohlgefühl, wenn es an der Brust liegt und trinkt. Ich bin wieder ganz ungeduldig geworden nach unserem Elternglück. Obgleich die Nachrichten von der Elsa nicht grad' ermutigend sind. Der George hat's gut gehabt, nicht dabei gewesen zu sein. Es ist ihr doch nichts erspart worden, und fast wäre das Bübchen gestorben. Hat Dir's der George erzählt? Ich bin am Sonntag gleich von der Bahn zu Haasens und ins Konzert gegangen. Er hat wundervoll gesungen, und als ich ihn an die Bahn brachte, war er so ein Stück Wilmersdorf, daß ich ganz außer mir war vor Sehnsucht mitzufahren. Frau Haas ist nachträglich noch sehr entsetzt, daß die Elsa es so schwer hatte, und ärgert sich, daß George nicht dabei war, weil er sonst wenigstens »nit so bald widder« eins wollte. – Ihre drastische Ausdrucks- und Denkweise ist grotesk. ...

Denk, am Samstag kommt die Frl. Nieland, die Dame, welche eventuell zum Papa ziehen wird. Mir graust's ...

Nun Gutenacht. Verzeih mir meine quadratische Dummheit. Und habe Geduld mit meiner Ungeduld, wo sich's um unser Häusle handelt. Ich habe Dich so lieb, daß ich Angst habe, »daß der Faden meiner Seele reiße«. Aber zum Glück ist es eine solidere Nummer Faden als beim Stefan George, von dem die Zeile stammt. Du Liebster, ade. Ich küsse Dich.

Deine liebe Frau

Wilmersdorf, 6.11.07

Mein liebes Kind!

Ich muß bedenklich den Kopf schütteln, denn Dein mathematisches Talent ist noch geringer, als Du selber glaubst. Wie 8 qm zustandekommen können, hast Du ja wohl eingesehen; aber Du produzierst dabei, indem Du Dich korrigierst, eine neue heillose Ansicht: wenn Du meinst, ein Viereck, das 8 m lang und 8 m breit sei, habe 16 qm. Nein: 64 qm. Das muß ich Dir zur Beruhigung meiner mathematisch empörten Seele mitteilen. ... Inzwischen hast Du ja wohl die Photografien und den Plan der zweiten Wohnung erhalten und Dich über die zweite wieder mordsmäßig aufgeregt. Von der Zentralheizung abgesehen und dem etwas kleineren Arbeitszimmer leuchtet mir der zweite Fall mehr ein: wesentlich billiger, Hausgang, Küche, Schlafzimmer größer. Der Balkon allerdings schmäler. In der Situation zur Redaktion entsprechen sie sich. Es scheint, daß ich bis jetzt eine glückliche Hand hatte. Morgen will ich einmal weiter requirieren, wo weiter in der Gegend entsprechende Anzeigen aushängen.

George Walter wird morgen, Donnerstag, am Mittag kommen und mir von Straßburg und seiner Familie erzählen. Bis jetzt weiß ich nichts weiter, ließ mir bloß von Frau Feist und der Pflegerin sagen, es sei alles gutgegangen ...

Gestern mittag bei Cassirer, Ausstellung von Delacroix.

Am Abend ein paar sehr nette Stunden bei der Marie Senn.

Ob M. Wolf ganz bleiben wird, ist noch keineswegs entschieden. An sich wär' das nicht so schlimm, sie ist rasch, anstellig und hat guten Willen. Ich meinesteils hätte erhebliche Bedenken, daß Du auf der Redaktion sitzest und ein Ressort erledigst.

Sonst geht's gut.

Von Heilbronn schreibt man, daß Hermann Aussicht hat, nach Stettin zu kommen: er bleibt dann natürlich einige Tage in Berlin.

Sonst habe ich nichts zu berichten.

Ich freu' mich drauf, von G. W. morgen Direktes zu hören.

Adieu, Liebe. Behäng Dich nicht mit zu vielerlei Verpflichtungen, die einen dann bloß ärgern.

Dein Dorle

Straßburg, 7. Nov. 1907

Mein Einziger, (das ist Dehmel, wo es kein leeres Wort ist, sondern mir neu aufgegangen in seinem Sinn). Ich fange an derart Heimweh zu haben, nicht so wie neulich nach der sinnlichen Nähe, sondern nach allem, dem Wiederzusammensein, daß ich's fast nicht aushalte. Vielleicht komme ich noch vor Weihnachten, wenn die Wohnung entschieden werden soll. –

Wie immer, hat sich dieser akute Anfall von Sehnsucht an einer Kleinigkeit ausgelöst: Du schreibst gestern, so ein bißle spöttisch, nun »regst Du Dich wohl mordsmäßig über die zweite auf«. Und ich bin doch längst wieder brav nüchtern geworden. Aber guck, es ist etwas ganz anderes für Dich als für mich. Du kannst nicht Heimweh hierher haben. Aber Du bist schon an dem Ort, wo ich hingehöre, und wenn Du von neuen oder alten Freunden schreibst, von einem Fest oder was es ist, habe ich immer das Gefühl, ich müßte dort sein statt hier. Und wenn du eine Wohnung anguckst, dann ist das für Dich kein Gefühlsaufwand. Das ist klar. Wenn ich jetzt in Berlin wäre und wir suchten zusammen, fände ich es auch nichts besonderes. Aber so verzappele ich mich vor Lust, zu Dir zu fahren. Darauf sollst du nicht mit Ironie eingehen. Lieber, lieber Mann, denk Dich ein bißle mehr in meine Lage. Hier stöhnt der Papa, und ich bereite das Fremdenzimmer für Frl. Nieland, die am Sonntag kommt, für acht Tg. zum Angeguckt-Werden und Angucken. Meine eventuelle Nachfolgerin. Dabei bin ich mit allen Gedanken bei Dir. Da darf's Dich nicht wundern, wenn ich ein bissle aus dem Gleichgewicht komme. Hab mich lieb, statt so streng mit mir zu sein. ...

Ich denke doch, ich habe Dir geschrieben, daß der Dehmel am 16. Nov. hier vorliest. Ich habe ein feines Programm zusammengestellt, hoffentlich geht er drauf ein.

1. Ein unveröffentl. Prosastück, Tierfabel
2. Lyrik, alles was ich besonders gut finde, 10 Gedichte.
3. Die Lebensmesse.

Nachher sollen wir noch mit ihm zusammensitzen. Die Sache wird vom Bucher gemacht und von Leoni (der den dramatischen Verein reorganisiert) unterstützt. Also danke sehr für die Hilfe in der Not. Es soll in alle hiesigen Zeitungen kommen ...*

Wilmersdorf, 7.11.07.

Liebe Elli!

Ich wollte heute die erste Wohnung ausmessen, aber dieser Tage gibt's fortgesetzt Konferenzen mit Naumann, so daß ich wahrscheinlich erst Samstag oder Montag dazu komme. Gestern war der Portier nicht da.

Ehe wir in eine eigentliche Diskussion über die beiden Gelegenheiten eintreten, will ich vorher noch mehr angesehen haben. Mir will ja die zweite fast mehr einleuchten, weil das Schlafzimmer vom übrigen Betrieb getrennt und rückwärts liegt und weil das »Entree« nicht so eng ist. Mir scheint es aus Billigkeitsgründen wünschenswert, zunächst Gas zu bekommen, davon abgesehen, daß es heller ist.

Hoffentlich kann ich Dir aber das nächste Mal die Maße der Wohnung mitschicken; dann kannst Du Dir über die Möglichkeit, Schränke zu plazieren, weitere Gedanken machen. Es wird nicht so gut gehen. Die Wohnungen sind in der allgemeinen Grundrißführung die Typen von Frau Feldmanns u. Walters Wohnung.

Möbel betreffend: Ich will in Deine Nähtischpläne keine Einspra-

---

* *Elly setzt den Brief unter »3 Uhr« fort, nachdem sie Theodors Antwort erhalten hat.*

che tun, vorausgesetzt, daß das Zeug einfach, nicht niedlich und nicht gedreht und überziert ist. Das ist ja sonst die Torheit der Toilettenschränke.

Allerdings, den kleinen Tisch für das Arbeitszimmer möchte ich nicht alt haben, sondern dieser Raum soll, von den vorläufigen häßlichen Büchergestellen abgesehen, neu sein. Können die Dresdener den von Dir zitierten Tisch 80 × 80 nicht auch 60 × 60 machen, wenn man es wünscht. Ich habe die Vorstellung, dieser Tisch müßte etwa das nebenstehende Profil haben, d. h. ohne Schublade, aber mit einer zweiten Tafel, auf die man beim Gebrauch Tassen oder Bücher legen kann. Gegebenenfalls lassen wir uns das dann von Stotz oder Hermann zeichnen und dann bei einem Schreiner machen. Nach diesem Schreiner, der einem manches machen kann, will ich mich also bei Gelegenheit umsehen. Hoffentlich bist Du über diese Ablehnung nicht traurig; aber in dem einen Zimmer soll nichts Eingelegtes sein. Was den Tisch im Eßzimmer anlangt, so bin ich, glaube ich, doch für viereckig mit festen graden Füßen. Oval ist so biedermeierisch und hat meist so einen Mittelfuß. Gegen diese Mittelfüße bin ich aber seit meinen Kindheitserfahrungen aufs Ärgste eingenommen, da man zumeist die eigenen Füße dranhaut. . . .

Soll ich mir einen Handkoffer wünschen? Ich habe einen und eine Tasche, beide nicht sehr groß u. nichts Besonderes, aber ich kann schweres oder voluminöses Zeug doch nicht brauchen . . .

Adieu. Hast Du Lust, Dich vier Wochen lang am Büchertisch zu beteiligen? Jetzt wird nichts anderes gemacht.

Herzlichen Gruß — Dein Dorle

3 Uhr

Danke für den Brief. Aber lieb Herz, ich muß mich jetzt energisch wehren. Daß ich keine Möbel kaufe, die »gedreht und überziert und uneinfach« sind, weißt Du. Also wozu das beständig abwehren. Ich nehme den alten Nähtisch aber doch nicht, weil er mir zu teuer ist. Dafür habe ich zwei sehr nette Stühle vor den Nähtisch zu stellen. Bißle in der Art wie die in Arlesheim, aber gepolsterter Sitz. Furchtbar billig à 15 M und ganz vorzügliche Arbeit. Eßzimmertisch ist viereckig bestellt. Der, den wir in Dresden ausgesucht haben. Du bist gräßlich mit Deinem vorgefaßten Aburteilen, wenn man Dir was vorschlägt, z. B. Dich fragen, ob Du einen Handkoffer von Papa willst. Daß er Dir einen guten (teuren, um's noch gröber zu sagen) schenken will, der also in erster Linie leicht ist, versteht sich von selbst. Auf die Frage antwortest Du wörtlich: »ich kann schweres oder voluminöses Zeug doch nicht brauchen!« –

Gut, Du bekommst ein neues Tischchen in Dein Zimmer. Es ist aber auch das reine Vorurteil. Wenn man den Dresdenern extra Maße gibt, kostet's ein Drittel mehr. Das ist mir zuviel. Man kauft dann in irgendeinem Geschäft so ein Tischchen fertig. Anfertigen hat bei einem so simplen, selbstverständlichen Gegenstand gar keinen Zweck. Wir finden in Berlin schon so einen Tisch!

Daß mit Hamburg nichts wird, habe ich Dir schon im September gesagt. Ich muß extra nach Berlin fahren, um meinen höflichen Mann wiederzusehen. Wir kaufen dann auch gleich die Küche, Vorhänge, bestellen bei dem aufzutreibenden Schreiner allerlei und besprechen vieles. Im Februar wär's ja viel praktischer. Aber wenn du die Wohnung jetzt schon mietest. Ich weiß nur nicht, wie's mit den Rektorsachen geht. Im November könnte ich schließlich noch eher, als im Dezember. –

Liebling, spürst Du nicht, wie ich fast am Ende bin mit meinen Kräften? Die Sache mit Frl. Nieland, die ewigen Gespräche darüber mit dem Papa, das Gezerr an mir von allen Seiten – ich kann fast nimmer. Ich möchte zu Dir kommen und mich still auf Dein Sofa legen und Du müßtest still und geduldig mit mir sein. Ich fühle im Augenblick so sehr, daß wir zwei ganz getrennte Leben voneinander unabhängig leben, äußerlich, mein' ich, und daß Du bei aller Liebe gar nicht spüren kannst, wie mir's zumut' ist. Es ist für meine Ruhe wirklich unbedingt notwendig, daß wir bald unser gemeinsames Leben anfangen. Dies Zwischenstadium reibt mich auf.

Nun ist das aber ein nebeliger, grauer Novemberbrief geworden, ganz wie das Wetter draußen.

Mit dem Arbeiten auf der Redaktion, das hast Du nicht ganz richtig verstanden. Ich meine nicht, daß ich regelmäßig dasitzen soll und ein Ressort erledigen. Sondern ich meine, daß viel von dem, was ich grad' als Frau zu Eurer Arbeit geben könnte, an Einfluß, an Auffassung, viele Hilfsarbeiten, die Dich entlasten, dann selbstverständl. schon von der Marguerite W. übernommen sind. Z. B. in den Redaktionssitzungen bin ich dann ganz überflüssig. Das macht mich ein bißle – ja, es ist wohl eifersüchtig. Versteh es nicht falsch. Ganz unpersönlich, nicht gegen die Marg. gerichtet.

Ach, Liebling, sag mir, daß Du mich lieb hast und schreib mir einen ausführlichen Brief. Bis er kommt, ist schon die Nieland hier. Hilf mir ein bißle in dieser Zeit.

Deine liebe Frau. Elli.

Wilmersdorf, 11.11.07
¼4 Uhr

Meine liebe Elli!

Gelt, Du bist nicht bös, daß statt eines Briefes nur eine ganz flüchtige Karte kam. Am Samstag mittag ging ich um ½2 noch geschwind heim, aber da war nichts da: Dann folgten sich, ohne daß ich noch einmal heimkam, Essen bei Frau Feist, Wohnungbesichtigen, Abrede mit W. Dohrn, Freistudentische Konferenz, wo N. mein Gesehenwerden wünschte, Diskussionsabend. Um zwei kam ich heim.

Auf Sonntag früh 9 Abrede mit Lis und M. Wolf; Lis kam nicht. Wir machten nun eine ziemliche Tour, von der mir noch die Knochen wehtun. Vom Görlitzer Bahnhof per Bahn nach Schmöckwitz, dann zwei Stunden nach Königswusterhausen. Dort ist ein verwilderter Park und ein entzückendes, einfaches Schloß, vollkommen von Efeu eingesponnen, ¾ Stunden Mittagessen, dann vier Stunden ohne alle Unterbrechung durch teilweise sehr schöne Gegend nach Erkner. Wir kamen grad' mit der Dunkelheit an. Aber dann taten uns die Knochen weh. Wenn man das scharfe Tempo nicht mehr gewöhnt ist. Ich war müd' und legte mich bald und träumte wieder das tollste Zeug. Eine Faustaufführung mit Wassmann als Mephisto und Faust von einem Komiker gespielt. Es war ganz fabelhaft.

Ich schick' Dir jetzt also den Plan der ersten Wohnung, aus dem sich ergibt, daß das Schlafzimmer doch größer ist als ich gedacht. Frau Feist und die kleine Achenbach waren mit. Frau F. ist für die Wohnung, unter der Voraussetzung, daß der Wirt einiges neu machen und streichen läßt. Die Heizung ist allerdings Heißluft und nicht Wasser. Das würde Verdampfungsbecken auf den Ofenkörpern bedeuten. In der Badestube ist dann für das warme Wasser ein kleiner Gasofenkessel. Desgleichen sind auf dem Küchenherd einige Gasofenringe. Der Platz zu einem Schrank im Gang ist nicht sehr groß; dafür können, wenn man die Tür zwischen Schlaf- und Fremdenzimmer eingehen läßt, im Schlafzimmer zwei Schränke stehen. – Die Möglichkeit, Deinen Schreibtisch in dem Ausbau unterzubringen, hat verschiedene Varianten. Wenn wir viel freien Platz zum Promenieren haben wollen, dann neben den meinen; sonst aber kann man ihn parallel oder nach außen bzw. innen schief in den Erker stellen. An meiner ersten Zeichnung war ein Seitenfenster zuviel drin; das gegen Süden fehlt.

Zwei andere Besichtigungen waren ergebnislos: zu klein oder zu teuer.

Das tut mir leid, daß ich Dir Anlaß zu Kummer gab. Aber es lag an mir so wenig wie an Dir, als daran, daß Du jetzt ein armes, gehetztes Menschenkind bist, das sich unverhältnismäßig viel Zeug hat aufhalsen lassen. Denn sonst hättest Du unmöglich meine harmlosen Anmerkungen über den Koffer quasi als Desaveu empfinden können. Ich war ganz erstaunt. Ich bat Dich doch nur (so sehr ich mich über einen schönen und teuern Koffer freuen werde), Dich mitzubesinnen, ob es für uns nichts zunächst Notwendigeres gibt. Eben weil ich schon zwei leichte Segeltuch-Handkoffer habe. Und die »feinen« pflegen aus Leder zu sein und damit schwer. Das war alles.

Nein, ich will gar nicht mit Vorurteil und Aburteil kommen und ärgern. Du sollst Dich freuen, wenn ich in all diesen Sachen, die mein verehrtes Innere ja nicht allzustark berühren, bestimmte Wünsche habe. Die will ich nur mit in die Diskussion senden. Und deshalb für das eine Zimmer das eventuelle Vetorecht haben. Darüber darfst Du mir doch keine Vorwürfe machen.

Ich will mit alldem gar keine Mißtrauensvota gegenüber Deinem Geschmack abgeben, ich bin ja auch gar kein Fex auf Stilreinheit und Stileinheit – bloß hab' ich das starke Gefühl, daß in kleinen Räumen halt leicht so besondere, zufällige Dinge Fremdkörper sind oder die Ansprüche eines Kunstgewerbemuseums machen. . . .

Adi, Liebe. Gelt, werde wieder ruhiger, und sei nicht gereizt gegen Deinen Mann. Ich kann mir's ja wohl denken, wie's jetzt wieder einmal an Dir zupft und zerrt. Aber, Du, ich kann ja dabei gar nichts machen als auch wünschen: Hoffentlich und Gott sei Dank ist das bald alles vorbei. Du darfst nicht meinen, daß ich so Deine Situation nicht verstehe. Ich mach' ja dies von Gott und der Welt In-Anspruch-genommen- und Bedrängtsein z. Z. hier selber in einem fort durch. Aber man muß halt achtgeben, daß man sich dadurch nicht verstimmen läßt.

Komm so lieb zu mir und geb mir Deine Hand und sei kein »gehetztes Frauenzimmer«. Schieb von Zeug ab, soviel Du kannst, denn das ist sonst für Dich zu aufreibend.

Sei herzlich gegrüßt und geküßt von Deinem

treuen und lieben Dorle.

Straßburg, am 10. Nov. 1907
Sonntag abend

Mein Liebling,

ob Du mir heut einen schönen, langen Brief geschrieben hast? Oder ob Du ungeduldig über meine Nebellaune warst? Ich hoffe auf morgen früh.

Frl. Nieland hat ihre Reise verschoben und kommt erst Mitte der Woche. Also haben wir noch eine kurze Galgenfrist.

Heut war ich mit dem Papa zum ersten Mal auf einer offiziellen Gesellschaft, hauptsächlich Fakultät und der Graf Dohna, Begleiter des Prinzen. Du ahnst ja nicht, wie die ganze Stadt mit den beiden Prinzen beschäftigt ist. Alles redet uns drauf an, wie viel Glück der Papa habe, grad' jetzt Rektor zu sein. Es ist schon zum Auswachsen. Heut früh hat August Wilhelm Besuch gemacht. D. h., er saß unten im offenen Wagen, und ein Lakai mit himmelhohem Federbusch gab die Karte ab. Unser Mädchen platzt vor Stolz. Das Diner nachher war sehr gut (bei der ekligen Frau von Fuhr, die wir in dem Antiquitätenladen getroffen haben damals. Weißt Du noch?). Schreckliche Protzerei mit Weinen und unzähligen Gängen. Und mühsame Gespräche, an die man sich erst wieder gewöhnen muß und bei denen rein nichts herausspringt. Ach Gott, ich fürchte mich vor den Diners bei uns. Niemandem macht's Spaß und mir viel Müh'. Es gibt doch sonderbare Nöte in der Welt.

Dann bekam ich von Dresden die Trauernachricht, daß die von uns ausgesuchten Stühle 20 M statt 17 kosten. Ich habe zurückgeschrieben, daß sie uns für 17 angeboten wurden und hab' um Tuchproben gebeten. Mit Tuch kosten sie nämlich 17. Aber ich glaube, wir nehmen doch Leder. Immerhin macht's 30 M Unterschied. Denk, jedes Tischtuch kostet heut eine M mehr als vor einem Jahr, als die Marianne kaufte. Wir heiraten im ungünstigsten Moment. Wollen wir nicht lieber abwarten, bis die wirtschaftliche Krisis da und vorbei ist und alles wieder billiger? Was meinst Du? . . .

Lessers schreiben, daß sie nicht nach Neapel gehen. Das Geld ist nicht bewilligt. Das ist schad', aber egoistisch genommen gut für uns. Denn dann kann die Marianne vorher hier sein und nachher beim Papa noch etwas bleiben. Das macht den Abschied leichter. Außerdem können wir dann zu Ostern heiraten, nicht erst im Mai. Was meinst Du? Am 19. ist glaub' ich Ostern, 19. April. Wie wär's mit dem Freitag vorher? . . . Am 1. ziehst Du dann in die Wohnung und hast 14 Tg. Zeit zum vorläufigen Einräumen. Die ankommende Wäsche mußt Du auch zählen und in den Schrank tun. Die Vorhänge warten, bis ich komme. Freust Du Dich auf die Zeit, wenn Du mir die Stätte bereitest? Es ist ganz altmodisch: Du holst mich in Dein Haus, das Du geschmückt und bereitet hast. – Ich male mir oft unsern ersten Abend zu Haus aus, wenn ich mir alles angucke, was Du vorher gemacht hast und wir ganz eng umschlungen durch die große Flucht unserer Gemächer schreiten. Es wird Abend sein, und wir verschwenden viel Gas, haben alles hell und fröhlich, kocheln uns ein Nachtessen und legen uns dann in unsere neuen, schönen Betten, und ich fühle, wenn Du mich in Deinen Armen hältst, dann erst ganz, daß unser Zusammenleben dauernde Wahrheit ist, nicht ein flüchtiger schöner Traum wie auf der Reise.

Träumst Du auch manchmal so?

Gute Nacht, mein Goldener. Schreib mir, ob Du mehr für April oder für Mai bist. Mai hat den Vorzug des schönen Wetters.

Wilmersdorf, 12. 11. 07
Abends ½ 12 Uhr

Liebes Kind!

Du hast ja wohl recht, daß das in letzter Zeit eine »aushäusige« Periode war, wie sie einen manchmal überfallen als Reaktion auf eine lange Eremitenzeit. Aber die Besuche von Katz oder David Koch kann ich halt schwer vorher berechnen, und dann bin ich gegenwärtig durch dringende Verlagsgeschäfte, Waschzettel, Korrekturen u. s. f. stark in Anspruch genommen.

Ich wollte Dir ja wohl am Sonntag abend noch schreiben; aber da schon der Samstag anstrengend gewesen war, brachte ich es einfach nicht fertig, denn am Montag mußte ich früh mobil sein. Und dazu gehört halt der möglichst ausgiebige Schlaf, den ich brauche. Daß Du mir den nicht kürzen willst, weiß ich. Deshalb sollst du nicht glauben, daß ich Dich gegen früher vernachlässige, Gscheitle. Ich freu' mich immer, wenn ich die Zeit hab', Dir zu schreiben. Aber zu einem halbwegs großen Brief brauche ich halt dann zwei Stunden (weil's nicht so schnell geht), und die hab' ich nicht immer parat. So hast Du's auch heut schlecht getroffen. Ich war heut auf nichts »gefaßt« und hab' deshalb dem Zschorlich auf Schloß Hohenhausen, nachdem's seit Monaten meinerseits und seinerseits nicht geklappt hatte, den Mittag und Abend zugesagt. Hin und zurück ist man zusammen etwa drei Stunden unterwegs. Er hat seine Oper in Prag angebracht und wollte mir davon erzählen. Es war dann halt so eine ganz unterhaltende, nicht sehr aufregende Rederei.

Eben kam ich heim und will nun noch Deinen Brief beantworten. Ich steck' ihn nachher in den Kasten, aber Du kriegst ihn doch leider erst am Donnerstag früh, weil da außen nicht mehr geleert wird. ... Ich beneide dich wahrhaftig nicht um die Gesellschaften, die Deiner harren, und ich wünsch' Dir nur eine möglichste Gelassenheit, bei der man den eigentlichen Menschen abstellen kann. Was sagst Du denn, wenn man Dich dann auf Deinen Buben in Berlin hin anspricht? Daß er sich aufs Heiraten freue und daß das sehr schön werde. Und fragst den Prinzen nach seinem Fräulein Braut. Wieso habt ihr denn zwei?

Ja, ob wir im April oder Mai heiraten wollen? Ich hab' gedacht, im April, und hab' dabei vorausgesetzt, daß schönes und leidlich warmes Wetter für uns bereit sein wird. Wir müssen das an Weihnachten mit einem Kalender herausknobeln, wegen Pfingsten (Ev.soz.Kongr.) und Naumanns sonstigen Reiseplänen. Hoffentlich geht's an Weihnachten selber bequem zu machen. ...

Es ist allerdings fatal, daß wir in solche teure Zeit hineingeraten. Dat helpt nu nix. Bis wir unser erstes Kind kriegen, ist die Krisis dann schon mächtig im Gang. Dann holen wir dabei einiges von dem ein, was wir jetzt zusetzen müssen. Daß die Tischtücher in dem einen Jahr um eine ganze Mark teurer wurden, finde ich allerdings ziemlich stark.

Bei Walters will ich mich erkundigen, was der kleine Herr noch braucht. Ich hab' der Elsa seiner Zeit vier schöne, große, weiße Chrysanthemen á 80 Pfg. geschickt; die sahen recht gut aus und haben sie hoffentlich gefreut. Ich kam mir sehr chevaleresk vor...

Naumann hat in Frankfurt scheint's gut abgeschnitten; für mein Gefühl hat er die Banausen der Volkspartei viel zu stark gelobt. – Wie wirkt denn in Straßburg die Ernennung von Götz-Weißenburg? Als Carrière oder als geschickter Zug Köllers?

Adieu, liebes Kind.

Es ist bald ein Uhr, und ich muß aufhören. Ich hab' nur den Wunsch, daß Du in den nächsten Tagen nicht weiter rumgehetzt wirst. Ich kann mir's schon denken, wie es Dir manchmal zumut' ist, aber alles was ich Dir sagen kann, ist dann bloß: freu Dich auf mich und unser Leben. –

Wenn ich mich jetzt lege, will ich mit freundlichen Träumen von Deiner Liebe und Deiner Schönheit einschlafen. ...

Dein Dorle

Straßburg, am 14. Nov. 1907

Liebstes Herz,

nun habe ich Deinen zweiten lieben, guten Brief. Das ist wundervoll verwöhnend. Aber damit wieder Ordnung in die Korrespondenz kommt, schick' ich Dir jetzt keinen. Nur einige Fragen fallen mir so alle Minute ein, Wohnung und Einrichtung betreffend. Miß mir mal Deine Bücherbretter. Wie hoch sie im ganzen sind? Wie groß die Abstände? Wie dick und was für Holz. Ich kann nämlich auch noch mitbringen...

Weißt Du, häßlich sollen die Bücherbretter sicher nicht sein. Aber mit Streichen läßt sich schon viel machen, ev. so wie die Schreibtische, dunkelgrün. – Der von der Lou kann auf die Seite neben die Eßzimmertür. Ich rechne nämlich ganz fest mit der Wohnung. Mir wär's sehr beruhigend. Ich will die letzten Wochen vor der Hochzeit keine Hetz' haben, sondern alles gemächlich besorgen. Und ich bitte Dich, laß auch Du Dir jetzt nichts Fremdes aufbürden, z. B. Schriftführerämter. Das würde ich niederlegen. Du mußt noch den Bücherkatalog machen, alte Schreibsachen ordnen etc. etc. Du mußt mir versprechen und ich Dir, daß wir anfangen ohne eine alte noch zu erledigende Unordnung. Gelt, Liebling? Es bleibt noch genug Ordnerei mit den neuen Sachen die ganze erste Zeit über. –

O Du rückständiger Mann, daß Du nicht einmal weißt, daß wir zwei Prinzen haben. Der August Wilhelm sitzt in den Kollegs mit seinem Freund, Leutnant v. Mackensen, dem Major v. Röder (militärischer Begleiter) und dem Professor Graf zu Dohna (wissenschaftlicher Begleiter), außerdem ist sein Vetter, Waldemar, Sohn des Prinzen Heinrich mit einem Begleiter hier anwesend, hört aber nur extra Kollegs, weil er leidend ist und nach Weihnachten nach Ägypten muß. Der Rangunterschied zwischen beiden wird furchtbar betont. Den einen muß man mit Hofknicks begrüßen, den andern mit Kopfnicker und Patschhand. Es ist das einzige Gespräch und der einzige Gedanke der guten Straß- und Spieß-Bürger!

Wegen Weihnachten: für die Mama das Münchner Bild, schick mir's gelegentlich schon mit, es gibt jetzt hier gute Photographenrahmen, Gelegenheit. Für Tante Lella und Lessers das lebhafte von der Marie Senn. – . . .

Ade, Lieb, ich muß zur Mama.

Deine treueste
Elli

Wilmersdorf, 21. 11. 07
Abends ½ 9 Uhr

Liebes Kind!

Das gibt den angekündigten leider nur kurzen Brief. Der Tag verlief heute so: 9–½ 12 Redaktion, 12–6 Parteitag, 7–8 Konferenz mit Naumann. Der Parteitag ist nicht übermäßig interessant, auch wird

Krull, um einmal eine Probe geben zu können, drüber schreiben, aber wenn man einmal so wo ist, dann bleibt man halt sitzen. Und morgen wird's interessant.

Nachher kommt Hermann; er bleibt nur bis Samstag früh.

Gestern hab' ich gründlich alte Briefe vorgenommen und viele weggeschmissen. Alle Ansichtspostkarten. Zu Bündeln sammle ich die von Stotz, Bayer, Lulu, Eugenie D. und den Speirern. Um manches tut es mir leid. Wir müssen später so was schaffen, wo man manche offiziellen Briefe aufhebt.

Das war gestern neben einer kommunalpolitischen Konferenz meine Haupttätigkeit.

Heut früh hab' ich weiter Wohnung geprüft, bei 1100 Mk ohne Heizung, aber verzichtet. Denn darauf sich einzulassen, hat gar keinen Sinn.

Jetzt fand ich Deinen lieben Brief. Vielen Dank ...

Ich bin froh, daß Du von Dehmel so einen schönen und vollen Eindruck hattest. Wie ich ihn zum ersten Mal hörte, hat er mich auch außerordentlich stark erregt, deshalb weil er so gar nicht berufsmäßig erläuternd deklamiert, sondern so ganz auf dem Auf und Ab der Wogen des Rhythmus einherstürmt. Das ist schade, daß aus der Nachsitzung nicht mehr wurde. Ob wir dem einmal im Leben begegnen? Ich habe nicht das Gefühl und bei aller Verehrung auch merkwürdig kein starkes Bedürfnis. Und doch weiß ich, daß ich ihn als Menschen lieben müßte.

Über Dein Hierherkommen hab' ich noch keine starke Vorstellungen. Bitte nicht vor Weihnachten, denn da hab' ich zu viel Arbeit. Und Weimar würde mir schon einleuchten, sehr sogar – aber jetzt werd' ich schon Hausvater: es ist zu teuer. Es kostet 25 oder 30 Mk. Und wenn ich an Geschenke, Weihnachtsreise (die hoffentlich möglich wird, was noch nicht so ganz sicher ist), 250 Mk. Lebensversicherung im Februar und Hochzeitsreise denke – dann sag' ich Halloh: Nun keine übermütigen »Schwiten«.

Das sehen wir dann an Weihnachten.

Adi, liebs, guts Kind ... Dein

treuer Dorle

Straßburg, den 23. Nov. 1907

Du Liebster,

eine Woche mit nur zwei Briefen von Dir, das ist etwas wenig. Aber ich lerne Geduld und bin auch durch den wichtigen Besuch sehr in Anspruch genommen. Ich glaube jetzt, daß Frl. Niel. doch das Beste von allem Erreichbaren ist. Ein durch und durch tüchtiger und guter Mensch. Schwer wird's ja mit jeder. Gestern war Lotte Jürgens den ganzen Mittag bis Abend hier, und die beiden verstehen sich sehr gut.

Liebs Herz, eins hat mich in Deinem Brief von heut sehr betroffen: daß Du Weihnachten als unsicher hinstellst. Das geht nicht. Dann schreibe ich einen Brief an Naumann und setze ihm auseinander, daß ich nicht aus Egoismus Dein Hiersein für unerläßlich halte, sondern um des Zusammenseins mit Papa willen. Ich kann nicht von hier fortgehen, solang' der Papa seinen neuen Schwiegersohn kaum kennt und umgekehrt. Das Ergebnis wäre, daß Du eine ganz heimwehkranke Frau hättest, die immer das Gefühl hat, mit Dir nicht recht von ihrem Vaterhaus reden zu können, weil's Dir fremd ist. Das ist eine ganz ernsthafte Gefahr. Wenn Du zu Weihnachten nicht kommen kannst, mußt Du zu Ostern kommen, um dem Papa näherzukommen, und wir heiraten erst an Pfingsten. Was sagst Du zu dieser Drohung? Liebling, ich meine es aber im Grund ganz ernst. Es handelt sich um eine der wichtigsten Fragen für unser Glück.

Ade Liebling. Ich hoffe auf einen ausführlichen Brief. Wohnung von 1.100 Mark natürlich ausgeschlossen.

Hab mich lieb.
Deine Elly

Berlin, 24. 11. 07
Reichstag Zr. Nr. 23
Morgens 10 Uhr

Liebe Elli!

Seit gestern mittag sitz' ich im Reichstag, zwar nicht als Volksvertreter, aber immerhin als Schriftführer der erweiterten Vorstandssitzung des Wahlvereins der Liberalen. Unter *der* Marke hat mich Weinhausen in den Betrieb eingeschmuggelt, und ich habe mich dafür verpflichtet, morgen mittag ein sauberes Protokoll herzustellen. Jetzt wird aber eben über Börsenreform verhandelt, und davon verstehe ich ja doch nicht viel. Deshalb will ich versuchen, Deinen Brief von heute früh zu beantworten.

–

Am Donnerstag abend also kam Hermann, und wir saßen noch im Rheingold zusammen. Freitag früh besuchte ich noch einmal den Preußentag, der mäßig interessant war. Mittags haben wir dann eine Tournee Marie Senn, Kaufhaus des Westens, Lu Märten gemacht und sind abends ins Theater gegangen. D'Alberts Tiefland, eine sehr schöne Oper. Gestern also begann die Vorstandssitzung, sie soll bis heute 3 Uhr dauern und dann mit einer Esserei abgeschlossen werden.

Die Weihnachtsfrage darfst Du nicht so tragisch nehmen. Sie kann von mir lediglich deshalb nicht präzis beantwortet werden, weil man Naumanns Gesundheitszustand nicht vorhersagen kann. Er muß die Woche vor Weihnachten in Heilbronn unbedingt einige Versammlungen abhalten – unser Gegner Wolff ist von Stuttgart nach Heilbronn gezogen –. Wenn diese Versammlungen ihn allzu schlapp machen, kann ich ihn nur mit einem einigermaßen schlechten Gewissen sitzenlassen. Krull schwört Stein auf Bein, daß er als einziges Kind nicht seine alten Eltern am Weihnachtsabend alleinlassen könne; wenn auch nur kurz, fahre er bestimmt heim. Marguerite Wolf ist so vernünftig und bleibt hier.

Weihnachtsabend ist, glaube ich, Dienstag. Ich mache dann am Samstag Redaktionsschluß und fahr' am Sonntag. Aber ich muß dann spätestens Samstag darauf wieder in Berlin sein, weil in die letzte Nummer das Inhaltsverzeichnis kommen muß, und das ist eine sehr schwierige Sache. Über die Aufteilung der Tage zwischendrin müssen wir uns unterhalten. ... Wenn es nicht anders geht, mach' ich auch Nachtfahrten, aber vorderhand hab' ich von der Sorte für den Winter genug. Aber sei unbesorgt; wir werden die Sache schon zur allgemeinen Zufriedenheit deixeln. Bloß muß nach meinem Gefühl die gute Mutter in ihrer Heilbronner Weihnachtseinsamkeit möglichst gut jetzt behandelt werden, damit sie sich nicht allzu vereinsamt fühlt.

Du darfst dabei keine Minute das Gefühl haben, als ob ich die Straßburger Tage kürzen wolle, und auch Dein Vater wird das einsehen. Das ist halt das Elend des Berufes, daß man über die freie Zeit nicht verfügt, wie's beim Beamten oder noch mehr beim Lehrberuf geht. Naumann macht sicher keine Schwierigkeiten, aber ich kann nach meiner eigenen Empfindung nicht zuviel beanspruchen.

Es ist sehr erfreulich, daß der Eindruck von Frl. Nieland sich nun doch zum Guten kehrt. Woher stammt sie denn?

– –

Hier wird's jetzt politisch lebhaft. Morgen ist eine große Naumannversammlung, am Dienstag viele sozialdemokratische, wo ich angeblich auch in einer auftauchen soll und einen modifizierten schwäbischen Dialektvortrag halten werde. Sicher ist's noch nicht, aber »ich stelle mich zur Verfügung«.

Nun adieu. Hoffentlich erwartest Du nicht heute Sonntag einen Antwortbrief von mir, Deiner kam erst heute morgen. Und ich hab' auch in der ganzen letzten Woche immer umgehend geantwortet. Es lag am Bußtag und an der Post.

–

Laß Dich küssen und herzlich liebhaben von

Deinem Dorle.

Straßburg, am 25. Nov. 07

Mein Liebster,

es tut mir leid, aber ich muß Dir sagen, daß ich mit Deinen Weihnachtsplänen ganz und gar nicht einverstanden bin. Du verstehst immer noch nicht, welche Wichtigkeit es für mich hat, daß der Papa und Du Euch kennt. Es ist mir sogar ein bißchen unbegreiflich, daß Du darauf mit diesem Plan antwortest. Zunächst erscheint mir gegen dies Sich-näher-Kommen, auf das ich so großes Gewicht lege, der Wunsch von Ludwig, mit Dir in Heilbr. zusammenzusein, ganz nebensächlich. Auch wenn Du den Ludwig diesmal nicht siehst, ist das kein großes Unglück. Daß Du die Mutter besuchst, ist selbstverständlich. Wenn sie zu Weihnachten, ich meine am Bescherungsabend, allein ist, so ist das wirklich sehr betrübt für sie, und hoffentlich kann der Ludwig doch kommen. Wenn er das nicht kann, so überlege Dir, ob ich sie bitten soll, zu uns zu kommen? Ich tu's mit der größten Freude, und es erspart Dir dann das Hinfahren. Allerdings kann sie nicht bei uns logieren, weil Lessers da sind. Aber in der Nähe ist eine Pension, wo sie sehr gut untergebracht wäre. *Impulsiv*, wie ich nun leider mal bin, hätte ich vorhin nach Lektüre Deines Briefes fast gleich an sie geschrieben. Aber ich will Dir den Plan zunächst vorlegen. Denn nach einigem Nachdenken kam mir der Gedanke, daß sie vielleicht lieber nach Speier ginge. Alles nur für den Fall, daß Ludw. nicht kommen könnte. Wenn Ludw. am Festabend zu Hause sein kann, dann mußt Du's so machen wie die Mutter mir schon im Herbst vorgeschlagen hat: nur einen Tg. in Heilbronn sein. (Die Mutter meinte ein paar Stunden.) Denn ich kann Dir nur immer wieder versichern, wie ungeheuer wichtig mir die Sache mit dem Papa ist. Der Papa sagt sowieso beständig: »Mein neuer Schwiegersohn weigert sich, mich zu besuchen.« Er weiß natürlich, daß es bisher nicht ging, aber es *muß* eben irgendwann vor unserer Hochzeit gehen. Sonst muß ich im Ernst meinen Vorschlag wiederholen, daß wir die Hochzeit verschieben. Wirklich, Liebling, diese Weihnachten müssen dem Papa viel mehr gehören als der Mutter, denn Du kannst doch nicht bestreiten, daß der Papa viel mehr verliert. Für die Mutter bedeutet unsere Hochzeit keine solche Wendung in ihrem Leben. Wirklich, Liebster, ich kann und will den Papa nicht hier in der Einsamkeit lassen, ehe ich sehe, daß er mit Dir ein Verhältnis hat. Dieser Punkt ist der einzige, in dem ich mich von Deinem Verständnis verlassen fühle. Du hast mir noch nie mit einem Wort gesagt oder gezeigt, daß Du meine Lage verstehst. Du sprichst immer nur von der vielen Arbeit und Zerrerei, die mich jetzt innerlich unruhig macht. Das ist doch das Geringste. Stell Dir nur einmal wirklich vor, was dieser Besuch von Frl. Nieland für mich und für den Papa bedeutet hat. Dies ist jetzt mit die schwerste Zeit in meinem Leben, und ich brauche Deine mitlebende Liebe und fühle sie gar nicht.

Papa hat Frl. Nieland – die aus Barmen stammt – soweit sehr einleuchtend gefunden. Sie ist von der Seite der Tüchtigkeit etc. angesehen fehlerlos. Aber ganz unentwickelt im ästhetischen Sinn. Jetzt liegt die Entscheidung bei ihr. Sie wird etwa in 14 Tg. erfolgen (ein anderer Vorschlag in Dortmund kommt noch zur Erledigung). Sie fürchtet sich hier von dem Unbefriedigtsein wegen Einsamkeit. Wenn sie nein sagt, weiß ich nicht was tun. Wenn sie kommt, so soll sie zuerst noch 4–6 Wochen mit mir zusammen sein, und sie könnte erst Mitte März kommen. Wenn's irgend geht, so versuche, früh den Termin unserer Hochzeit zu bestimmen, wegen Naumann etc. Mai, ganz Anfang, wäre in diesem Sinn günstiger. Liebster, ich sehe jetzt nur die dazwischenliegende Zeit wie einen großen See, den ich durchschwimmen muß, ohne zu wissen, ob meine Kraft reicht. Laß mich nicht um teilnehmende Liebe betteln. ...

Noch eins: Ich kann mir kaum etwas denken, was ich dem Krull so leicht zutraue wie das Zusammenstellen eines Inhaltsverzeichnisses. Also scheint mir das auch ohne Dich zu gehen.

Ade. Ich kann jetzt nichts anderes sagen. Hilf mir.

Deine Elly

Wilmersdorf, 26.11.07

Liebe Elli!

Du hast mich darin falsch verstanden, als legte ich besonderen Wert darauf, an Weihnachten mit Ludwig zusammenzukommen, so lieb es mir wäre, sondern es hieß im Gegenteil, daß wir uns wahrscheinlich nicht sehen werden. Er regte bloß die Frage an, ob es möglich zu machen, daß die Mutter am Weihnachtsabend nicht allein.

Dein Vorschlag, sie soll nach Straßburg kommen, ist sehr lieb; aber ich bin meinem Gefühl nach nicht recht dafür. Denn ich glaube, es wäre ihrer Agilität zuviel zugemutet, bei einer solchen Gelegenheit in einen unbekannten und ungewohnten Lebenskreis zu treten. Dazu ist Weihnachten, das ja bei jedermann eine andere Farbe hat, nicht recht geeignet. Ich will es ihr schreiben, aber fast mehr noch leuchtet mir ein, daß sie über diese Tag nach Speyer fährt. Ich hab' mich noch nicht direkt über diese Geschichte mit ihr unterhalten.

Du darfst Dich aber nicht beklagen, daß ich für Deine jetzige Situation kein Verständnis hätte. Das stimmt durchaus nicht, denn ich weiß ja, wie schwer es Dir in einem gewissen Sinn wird, aus diesem Kreis herauszutreten, zumal ohne die sichere Gewißheit, wer bei Deinem Vater sein wird. Aber Lieb's, was kann ich dazu sagen. Ich kann's doch nicht mitbeklagen, ich kann doch nicht bitten: Entschuldige, daß dies so sein muß, wenn ich mich freue, daß es so sein wird. Das wäre eine Verkünstelung der Gefühle. Und wenn Du das als einen Mangel bei mir oder als nicht genug guten Willen ansiehst, liebs Kind – ich kann nichts machen, da ich doch nicht Worte zusammensuchen will. Das mit seiner Vergangenheit fertigwerden, wenn ich so sagen will, bleibt bei jedem sein ganz Persönliches, und ich kann dies nur leichter machen durch die Freude auf das Kommende.

Auch will ich mich gerne »kennenlernen« lassen von Deinem Vater und von mir aus alles Mögliche dazu tun. Dabei hab' ich aber ein Stückweit das Gefühl, daß Dein Vater schwer viel mehr von mir kennenlernen wird als er heute schon weiß. Und das ist, wie ich spüre, schon einiges. Das liegt an den Naturen. So wie ich für meinen Teil glaube, ein einigermaßen festes Bild von ihm zu haben, in dem ich ihn verehre und zu lieben suche. Das, was notwendig ist, scheint mir nicht das gegenseitige »Aufschließen der Seele« – denn das ist eine Unmöglichkeit –, sondern ein Aneinandergewöhnen der Lebensart und Lebensbehandlung. Dazu komme ich gern nach Straßburg. Bloß sieht er dann nicht den eigentlichen Menschen in seinem »Milieu«, sondern den, der gekommen ist, um »kennengelernt« zu werden. Was für ein arges, verstocktes Monstrum ich da leicht werde, wissen wir ja noch aus der Erinnerung an Anfang Juli.

Liebs Kind, wenn ich das so hinschreibe, einfach weil ich Dir zeigen will, wie ich die Tatsachen seh', riskier' ich, daß du bös oder unglücklich wirst. Du darfst aber nicht mir allein die Schuld geben, sondern der ganzen Situation, der ich zwar wie ich glaube gewachsen bin, die aber ganz und gar nicht meiner natürlichen Art und Anlage liegt. So vollkommen ich die ganze Schwere der Sache für Deinen Vater begreife, so wenig freu' ich mich auf die Seufzer und wortlosen Spaziergänge durchs Zimmer. Das mußt Du, Liebe, bitte, wenn nicht verstehen, so doch verzeihen.

– –

Ich will noch von einigem anderen erzählen. Gestern war wieder so ein Tag, den man mit dem frohen Glauben der gemütliche Erledigung beginnt und wo dann eins das andere jagt. Am Sonntag war ich nach der Sitzung und dem Essen mit den beiden netten Kieler Abgeordneten Struve und Hoff zusammengeblieben, so bis 12 Uhr. Montag früh Redaktion. Krull hat einen großen aber schlechten Artikel über den soz.-dem. Preußentag geschrieben, den Naumann rundweg ablehnt. Nun sollte ich den Artikel noch machen. Da kam Besuch aus Heilbronn, ein Tabakfabrikant, Liberaler Verein. Um ¼ 1 hab' ich dann das Material beisammen, und es geht allmählich los, langsam, denn ich hatte mich innerlich gar nicht darauf vorbereitet. Da telefoniert

Naumann: er spricht um vier Uhr im Reichstag. Hopp, schnell Schluß, ohne Mittagessen hin. Natürlich verzögert sich's bis ½ 6. Inzwischen mit Schneider beschlossen, daß wir die Rede noch als Extrabeilage bringen. Laufereien und Warten, bis ich um ¼ 8 das amtliche Protokoll übertragen kriege. Nach Charlottenburg, wo Naumann u. Wiemer sprachen. N. mußte das Stenogramm durchsehen. In der Versammlung bis gegen 11. Dann ins Josty, wo die Korrekturbogen warten und bis ½ 1 Uhr schuften. ½ 2 ins Bett, 8 Uhr raus und den ganzen Morgen viel Umtrieb auf der Druckerei, bis alles klappte. Das war ein schönes Geschäft, sakrament. Und man ist nie sicher, daß es sich wiederholt.

Heut abend soll ich in einer soz.-dem. Versammlung reden, weiß noch nicht sicher, ob ich's tue.

Von Stotzle kam ein »Soldatenbrief«, in dem er schimpft. Sonst geht's ihm gut, und er schweift bisweilen aus – im Zivil.

Jetzt hab' ich noch das Protokoll über die Vorstandssitzung zu machen. Auch ein Vergnügen. Und schrecklich viel Geld hab' ich in den letzten Tagen gebraucht.

–

Ade Liebe. Komm sei fröhlich und guck Deinen Buben nicht mit so mißtrauischen Augen an. Herzlichst Dein

Dorle

Straßburg, am 26. Nov. 1907

Lieber Dorle,

du antwortest mir nie auf meine vielen Mahnungen wegen der Tischdecke. Wollen wir so eine nehmen, wie Walters sie haben? Wenn sie Dir für das Heilbronner Wohnzimmer nicht gefällt, so muß ich noch Proben von Leinen etc. aus München kommen lassen und eine selbst nähen. Bitte *gleich* darüber Auskunft zu geben. Ich will und kann nicht so in die Weihnachtshetz kommen zu allem andern. Seit Wochen schreibe ich das an Lessers und an Dich, und keiner reagiert. Auch hast Du mir nicht geantwortet, wann unser Kennen-lern-Tag ist. War's gestern? Dann bekommst Du noch einen nachträglichen dankbaren Kuß. Es wäre doch schrecklich, wenn wir uns gar nicht kennengelernt hätten. Geradezu tragisch. Es hat so was von dem schönen Aufsatzanfang: »Wenn wir das Wasser nicht hätten, so könnten wir nicht schwimmen lernen und müßten elendiglich ertrinken.« Gelt Liebling?

Du glaubst nicht, wie ungeduldig ich bin, diesen unzulänglichen Briefverkehr wieder mit dem Sehen und Sprechen zu vertauschen. Es gibt so eine Grenze, etwa acht Wochen; so lang geht's mit dem Nur-Schreiben. Aber dann fehlt's an allen Ecken und Enden. Von Deiner Arbeit weiß ich gar nichts Rechtes. Weder ob der Kunstwart-Artikel erschienen ist, noch ob sonst etwas außer der Hilfe kam. Die Leipz. Bauzeitung habe ich noch immer nie zu Gesicht bekommen. –

Liebes Herz, wenn ich neulich nur wegen Papa um einen ordentlichen Weihnachtsbesuch gebeten habe, so tu ich's heut auch wegen mir. Kannst Du nicht schon jetzt mit dem Inhaltsverzeichnis beginnen und es den beiden andern klarmachen? Ich meine, es müsse gehen. . . .

Nun muß ich ans Dichten gehen. Heut nachmittag – wenn dann ein Brief da ist – mehr.

2 Uhr.

Mein Guter, Liebster, Bester. Siehst Du, jetzt ist alles gut und grad' das war's, was ich hören wollte. Nun fühle ich mich wieder ganz eins mit Dir, wie wenn ich auf Deinem Schoß sitze und sehe, fühle, wie nichts zwischen uns hemmend steht. Du wirst kommen und lieb sein, und wir sind jetzt so viel, viel mehr eine Einheit, als im Juli, daß es auch ganz anders werden muß und wird.

Nur dies heut noch. – Ich habe vorhin die Verse für Frl. Lindner, glaub' ich, ganz gut gemacht. Ich schicke sie dir das nächste Mal mit. Was war das für ein gehetzter Tag für Dich. Aber es geht Dir sicher wie mir, daß man ganz gern mal so bis an die Grenzen seiner Leistungsfähigkeit geht. Ich sehe schon, daß Krull nur ein kurzes Gastspiel ist.

Ade Liebster. Ganz Deine Elli

Wilmersdorf, 28. 11. 07

Meine Liebe!

Vorhin wollt' ich im Reichstag den Bülow hören, weil der Etat heut anfing, aber dann sprachen nur der Stengel, Tirpitz und Spahn, und ich entfernte mich. Ich hab' jetzt eine ständige Pressekarte und gehe nachmittags wohl öfters hin. Es ist eine eigentümliche Situation dort, immer langweilig, aber in den Räumen ist sozusagen eine fesselnde Luft.

Also: Mit der Walterschen Decke bin ich einverstanden und geh' einmal mit der Elsa hin. Bei dem Kleinen geht's leider nicht gut, sie haben ihm zwischendurch Flaschenmilch gegeben und überhaupt »viele Fehler gemacht«, so daß er jetzt Brechdurchfall hat und sie in einiger Sorge sind. Bitte Frau Haas nichts davon sagen. Es ist jetzt noch ein Spezialarzt dabei; direkt lebensgefährlich ist's scheint's nicht mehr, aber die Elsa selber strengt's recht an ...

Am Dienstag abend hab' ich in einer großen soz.-dem. Versammlung »eindrucksvoll« gesprochen, sachlich, stark demokratisch, stellenweis' polemisch, aber die Versammlung, an 1000 Menschen, ging mit, unterbrach nicht und klatschte sogar. Zur A. Heine kam ich gestern nicht mehr, da eben auf der Redaktion viel Arbeit ist, so daß ich auch nachmittags jetzt manchmal dort bin. Am Dienstag abend ist Krulls Vater in Rostock gestorben (68 J.); da er keine Geschwister hat, wird er nun wohl auch einige Zeit bei seiner Mutter bleiben. Das macht mir mehr Arbeit.

Deshalb ist meine Nebenarbeit recht gering. Ziemlich viel Lesen wegen dem Büchertisch. Ein schönes Buch von Bode hab' ich hinter mir. Eben steck' ich in der »Philosophie der Kunst« von Taine, und dann kommt Flaubert dran. So hab' ich einige Sachen, die ich schreiben will, ohne dazu zu kommen. Kunstwart schreibt gestern: Januar. Und bittet mich um Sachen für seine Rundschau. David Koch will etwas über Brügge. In der sehr vornehmen Seemannschen »Zeitschrift für bildende Kunst« kommt eine Notiz über Kampmann. ...

Sonst geht nichts vor. Nachher muß ich einmal die Lis besuchen, die ich seit 3–4 Wochen nicht mehr gesehen habe. M. Wolf ist brav und verständig und erledigt gern alle Korrespondenz, die ich ihr zuschanze.

Hast Du Dir schon einen Pelz rausgesucht? Ich will einmal sehen, ob es von H. Kurz' Novellen eine anständige Einzelausgabe gibt. ... Der Leonische Student hat mich am Sonntag verfehlt. Ich schreib' ihm einmal, er soll morgen in eine Neumannversammlung gehen. Für die nächste Nummer wird mir ein Artikel über eine sozialstatistische Arbeit der Henriette Fürth einige Arbeit machen. Adieu Liebste.

Von Herzen Dein
Dorle

Straßburg, am 1. Dez. 07
Sonntag 3 Uhr.

Mein Liebster,

ich liege auf dem Sofa, denn ich bin natürlich grad' heut elend. Aber es hat mich weiter nicht gestört, und jetzt kann ich mich ja ausruhen. –

Ja, so weit war ich, da klingelt es sehr energisch, und da ich niemanden annehmen wollte, machte erst beim vierten Mal der Papa auf. Da kamen denn die Mitwirkenden von gestern, um uns zu fotografieren. So kann ich Dir dann später das Bild von uns drei Schulkindern zeigen. Nun also der Reih' nach der Bericht:

Gestern, Samstag um 3 Uhr fuhren wir lachend und gänsend, als ob wir wirklich noch in die achte Klasse gingen, in unsern Kinderkleidern zu Frl. Lindner. Emma Spiecker, weißt Du, die in Dorlisheim wohnt, Tilla Feist und ich, und noch eine Hanna, die unter uns in der Klasse war. Die beiden Vorsteherinnen hatten uns ein Kaffeetischchen gerichtet, und als Frl. Lindner ahnungslos hereinkam, legten wir denn mit lauter harmlosen aber wahren Schulgeschichten los. Dabei sahen wir unserm einstigen Ich alle so ähnlich, daß die drei Damen (das ist der terminus für sie) ganz begeistert waren. Am meisten Eindruck machte – wie immer – die einzig unpassende Stelle: Um die kleine Hanna, die noch kein französisch hat, anzurenommieren, behaupten wir, nur noch französisch zu sprechen. Und als sie's nicht glauben will und Beweise fordert, sagen wir drei unisono: »Pardon, mademoiselle, permettez-vous que je sorte.« – Das lernte man nämlich zuerst, es war auch sehr nötig.

Nachdem unsere Szene fertig war, hat die Emma Spiecker, die einfach entzückend ist, ein Geschenk überreicht, von dem Du der Elsa Walter gelegentlich erzählen mußt: Zu den Schumannschen Kinderszenen hat sie Bilder gemacht, d. h. ihre zwei Kinder fotografiert, wie's grad' zu den Überschriften paßte. Eine ganz reizende Idee. Dann hat sie die Szenen gespielt.

Also, alles ging glänzend. Ich habe in den letzten Tagen geschuftet, daß es nur so krachte. Dann heut früh die große Feier. Auf meine ausgegebene Parole hin waren tatsächlich etwa 20–30 junge Mädchen in weißen Kleidern und Kränzen im Haar gekommen. Das ist für die Feststimmung ja einfach die Hauptsache. Sie standen Spalier, als Frl. Lindner, von vier Ehrenjungfern geholt, herunterkam. Sie hatte vorher das Verdienstkreuz vom Kaiser bekommen, das sie am weißen Band angeheftet hatte. Ich habe Dir glaub' ich schon mal geschrieben, daß sie noch immer die »Schönste im ganzen Land« ist. Sie stand wirklich wie eine Königin, etwas erhöht vor der Menge. Es war dann kurz. Die erste Klasse, die einzigen akzeptierten jetzigen Schülerinnen sangen einen Chor. Dann sagte ich meine Verse, und bei der entsprechenden Stelle legten sechs weißgekleidete Mädchen den prachtvollen Teppich vor ihr nieder. Dann gab ich ihr die Mappe mit lauter literarischen oder künstlerischen Beiträgen, zuunterst 2000 M. Eigentlich sollte, gleich wenn ich fertig war, wieder ein Chor kommen. Aber sie konnte nicht mehr still sein, sondern sagte: »Gelt, jetzt darf ich mich bedanken«. Und sprach sehr nett. Sie sei nun so nah an der Ewigkeit, und mit der gemessen sei sie doch nur ein Baby. Alles ganz ohne Pathos, vergnügt, nicht einmal ihre Rührung zeigend. Keine Königin macht ihr das nach. Dann kam noch eine alte Breslauer Schulvorsteherin, die auch ihre Schülerin ist, usw. Es war so eigenartig, diese Frische, den Humor und die Gewandtheit einer so alten Dame zu sehen. Niemand wollte mehr fort.

Nun ist's also vorbei. Wie immer, wenn man wochenlang ganz für eine Sache gelebt hat, wundere ich mich, daß es nun wirklich erledigt ist. Aber ich glaube wirklich, ich habe mich selbst übertroffen. Die Organisation war glänzend geglückt.

Jetzt bin ich aber sehr müd', habe Kopfweh und schrecklich Heimweh nach Dir. ... Weißt Du, daß es gar nimmer lang dauert, bis wir uns haben? Bitte Herzlein, vergiß auch über Reichstag etc. unsere Wohnung nicht. Ich sehe schon, daß wir die mit Luftheizung dann noch wollen, und sie ist plötzlich vermietet. Ich weiß wohl, daß Du schrecklich viel zu tun hast und bin entrüstet über Krulls Vater. Aber am Ende kannst Du doch noch vor Weihnachten weiter suchen. Gelt, Lieb, probier's ... Vom Papa brauchst Du Dir nix mehr zu wünschen.

Worüber hast Du denn in der Versammlung geredet? Schick mir doch bei so was mal eine Zeitungsnotiz. Du denkst nie dran. Die Mutter erwähnt eine Besprechung meines Patriaaufsatzes (es wird wohl nur eine Erwähnung sein) in der Neckarztg., das hättest Du mir wohl geschickt, meint sie irrtümlicherweise! Du mußt bedenken, daß ich in den Sachen noch keineswegs blasiert bin und ihn sehr gern loben höre!

Bekommst Du Angst vor zu großer Eitelkeit? Nicht, Liebling! Ich habe Dir schon oft gesagt, ich brauche das zum Gedeihen, das Gefühl, daß ich geliebt werde und daß man mich anerkennt. Ich glaube nicht, daß es mich verdirbt. Ich fühle mich dann in meinem Element und kann mich geben, wie ich bin. In dem Gefühl, verstanden zu sein. Wo ich auf mangelnde Sympathie stoße (wie etwa bei der Lu, auch bei der Lis ein bißle), da werde ich unsicher und suche sie zu gewinnen, wobei man immer verliert.

Jetzt warst Du wieder mal mein Beichtvater. Aber im Grund brauche ich Dir ja nicht zu beichten, weil Du's schon eh weißt.

Leider habe ich die Hilfe noch nicht lesen können mit der Reichstagsrede. Ich bin heut viel zu müd. Aber in dem Märchenbuch habe ich gelesen und muß sagen, daß Ihr in der Hilfe weitaus das schwächste abgedruckt habt. Das Büchlein ist reizend. Hat die Marg. W. die Probe ausgewählt, oder hast Du's etwa eilig getan? Süß ist das von der Wäsche z. B., viel origineller. – Im ganzen ist es Geist von Andersen.

Nun Gutenacht mein süßer Mann. Ich habe immer in Absätzen an dem Brief geschrieben, weil noch Feists jun. und Fritz Haas kamen. Nun wanke ich ins Bett. Vor acht Wochen hast Du mir so lieb Tee gekocht Liebling, noch zweimal so lang, dann kannst Du's wieder tun. Gelt, ich hab' den Kalender-Vogel.

Morgen, wenn Dein Brief da ist, mach' ich Schluß!

Liebster, Danke für den Brief. Wie gut, daß der kleine Walter wieder brav sein will. Grüß die Elsa sehr. Ich habe mich arg geängstigt! Also ich rede wirklich in Deinem soz.-wissensch.(sozialwissenschaftlichen) Verein und dem Studentinnenverein; ohne Honorar. Reisekosten 2. Kl., ich fahr aber 3ter. Ich wohne bei Brentano, Mandlstr. Donnerstag 6^{05} bin ich dort. Freitag abend Vortrag. Ich denke, daß ich erst am Sonntag zurückkomme. Jetzt muß ich den Vortrag noch machen; d. h. Disposition. –

Ade mein Einziger. Ganz Deine

Elly

Mutters Brief muß ich erst beantworten.

Wilmersdorf, 3.12.07

Meine Liebe!

Schönen Dank für Deinen lieben, großen Brief. Grad hat mich der Timpel hergebracht; es war ganz nett und gemütlich bei Frau Feist. Es wird Dir nicht recht sein, daß sie sich inzwischen die Patria gekauft hatte; ich sagte ihr, daß Du ihr sie in diesen Tagen hättest schicken wollen. Sie will Dir zu Weihnachten eine kleine Tablette mit Teegeschirr zum täglichen Gebrauch schenken. Ich sagte, daß Dir das wahrscheinlich Freude machen werde. Doch weiß ich nicht, ob Du vorher mit ihr darüber korrespondieren darfst oder sollst.

Nach München wünsch' ich Dir recht viel Vergnügen. Es macht mir Spaß, daß Du nun doch in »meinem« Verein redest, aus dem wir alle: Katz, Cohnstaedt, Heymann usf. hervorgegangen sind. Ich schrieb an Hausenstein, er solle mit Erhard hingehen und Dir Grüß Gott sagen; ich hoffe, Du wirst trotz Lujo ein bißchen Zeit für die haben. Wahrscheinlich wird auch der vielgeschmähte Brettauer dasein, mit dem sich mit meiner Ausnahme fast alle Menschen überwerfen. Sag dem Brentano einen schönen Gruß; er wird gegen uns wüten, weil wir in der letzten Nummer einen Anti-Brentano-Aufsatz brachten, an dessen Aufnahme Naumann schuldig ist. In der heutigen Nummer haben wir aber schon eine verabredete »brentanotreue« Entgegnung.

Es freut mich, daß Euer Fest so schön verlaufen ist, und ich vermisse bloß die Verse, an denen ich Dich bewundern kann. Ich will sehen, ob Du das auch so schön kannst wie ich. Ich habe als Pennäler für Bekannte mindestens ein halbes Dutzend von Aufsagedichtungen »geliefert«, glaub' aber kaum mehr, daß ich es noch kann. Die Brentanoaffäre vor drei Jahren war das Letzte auf dem Gebiet. Also schick mir die Verse noch.

Ich habe auch Wunsch und Vorsatz, die Wohnungsfrage vor Weihnachten ganz fertig zu machen oder doch nahe an ihre Lösung heranzuführen. Jetzt ist auch die schlimmste Zeit vorbei; ich geh' zwar fast noch täglich in den Reichstag, komm' aber doch bürgerlich wieder ins Gleis. Deine »Eitelkeitsberichte« habe ich mit geruhiger Seele angehört; es war ja nichts neues oder aufregendes drin und ich halte es nicht für so strafwürdig, wenns in den bekannten angemessenen Grenzen bleibt. Du darfst dabei blos nie vergessen, daß Du in diesen

Dingen – wie auch ich ein Stück weit – schrecklich verwöhnt bist, und Du darfst deshalb nie Ansprüche oder dergleichen davon herleiten. Sonst verschiebt man sich ohne Not die Basis der seelischen Existenz vom Sein auf die Wirkung und wird unsicher oder ungerecht. Meine weise Lehre ist die, daß man das »Funktionieren« als etwas Technisches oder Unwesentliches an sich erziehen muß, etwas, das man sich nur manchmal wie eine Zigarre zu dreißig Pfennig gestattet; denn sonst verlieren sich die Maßstäbe. Und sicher gibt man sich dann nicht, wie man ist (denn das wäre schamlos), sondern man spielt eine seiner Lieblingsrollen.

Das sind die Worte eines Weisen für ein Erziehungsbrevier. . . . Wie denkst Du jetzt über die Weihnachtstage? Soll ich gleich nach Straßburg kommen, und hast Du dann Lust, den Tag mit nach Heilbronn zu fahren, was recht nett wäre und schön, weil wir uns dann an einem Abend ganz allein haben könnten.

Dein Dorle

Zug München–Straßb., 9. Dez. 07

Lieber Dorle,

gelt, Du bist nicht bös, daß ich gar nichts von mir hören ließ. Es kommt mir jetzt erst zum Bewußtsein, daß es wohl die längste Pause war. Aber wie's so geht im fremden Haus und in so überstopften Tagen. Nun will ich nachholen.

Ich kam am Donnerstag hin, steif gefroren und müd'. Zum Glück mit ordentlicher Stimme. Brentanos wohnen im neuen Haus, ganz wunderbar behaglich, elegant, originell. Sie haben ja mehr wie irgend jemand sonst einen Stil für sich. Ich mag sie alle sehr gern. Besonders der Sissi steh' ich näher als je vorher. Sie hat sich noch in den letzten Jahren ungemein stark entwickelt und verändert. Am Freitag früh habe ich bei Bernheimer und in andern solchen Geschäften geschwelgt. Auch einiges gekauft am Nachmittag, auch einiges von den Liebig-Buben kaufen lassen als Hochzeitsgeschenk. Du siehst es dann an Weihnachten. Große Wiedersehensfreude gab's mit Gisela Zittelmann. Sie arbeitet jetzt in München. Am Nachm. war ich bei Brentano im Kolleg. Um's mal mitzumachen. –

Nun habe ich hier fast eine Stunde Aufenthalt und kein Stotzle an der Bahn. Da wäre ich gescheiter die Stunde in Ulm geblieben, was auch gegangen wäre und hätte mir den Dom angesehen. Nun sitz' ich im dumpfen Wartesaal und schreibe weiter, da es vorhin auch für mich zu sehr geschüttelt hat.

Ach Herz, solche Unterlassungssünden, wie dies lange Schweigen, die sind nicht so schnell gutzumachen. Jetzt möchte ich alles auf einmal erzählen!

Also mein Vortrag war nach meinem Gefühl sehr mittelmäßig. Ich hatte aus tausend Gründen (Stellung des Pults hoch oben auf der Tribüne, weit weg vom Publikum etc. etc.) die Zügel nicht so fest in der Hand wie sonst. Na, es ging. Nachher sprachen mich Brentanos, Hausenstein, Hohm. und Erna an. Brentanos waren alle da, auch Gisela Zittelmann. Und mit ihr war eine sehr merkwürdige Frau gekommen, Frau Anna Spiehr. Hab' ich Dir schon von ihr gesprochen? Sie ist als Beruf Freundin aller bedeutenden Menschen, Hans Thomas, Helene Böhlaus etc. etc. Bei ihr in Frankfurt hat Naumann den Thoma kennengelernt. Frag ihn danach. Außerdem war sie die Braut von Papas früh gestorbenem Bruder Karl. Sie hatten sich nur einen Tag im Leben gesehen! Jetzt, nach dem Tod des ihr gleichgiltigen Mannes, lebt sie in München ganz für Helene Böhlau und andere Freunde. Und diese hat ein Buch über sie geschrieben: Das Haus zur Flamm'. Eben lese ich's und bin ganz erfüllt davon. Heut früh war ich eine Stunde bei Frau Spiehr, und sie hat mich gleich mit der leidenschaftlichen, indiskreten Innigkeit empfangen, die ihr Lebenselement ist. Ich glaube ihr Motto heißt: »Selig sind die Neugierigen, denn sie werden ins Leben dringen.« Oder so ähnlich. Das Buch brachte sie fünf Minuten vor meiner Abreise mir als Gastgeschenk. Ich bin jetzt noch ganz trunken von diesem Buch.

Aber zurück zum Anfang meiner Münchener Tage. Am Samstag wieder Käufe in der Stadt, Besuche, Menschen, sich-ausgeben. Am liebsten war mir Hausenstein. Blaß, überarbeitet und innerlich wundgerieben an der Partei. Sehr fein und sicher einer der anständigen, ich meine, *ganz* anständigen, vornehmen Menschen. Du solltest ihn bald sehen und ihm helfen, aus der Sackgasse herauszukommen. Das habe ich gleich gedacht, und alle haben's gesagt. Brettauer und Hohm(ann) auch. Mit Hausenst. kann ich von mir aus, von innen heraus gute Freundschaft halten. Mit Brettauer werde ich ohne Widerspruch und ohne großes Interesse, wenn Du's willst, verkehren. Er hat einen frechen Verstand.

Wir haben viel über die Hilfe geredet. Weißt Du, daß Brentano auf Naumanns Aufforderung hin einen seiner Schüler, Noak, aufgefordert hatte, an die Hilfe zu gehen? Ist denn dem Krull gekündigt? Der Noak hat präsidiert bei meinem Vortrag. Er ist sicher gescheit, ahmt Brentano nach und soll, nach Brettauer und Hohm. sehr wenig Kenntnisse haben. Er will auch erst seine Arbeit fertig machen, kommt also nicht. Ich wollte, Hausenstein käme! Hohmann sprach auch von Rathgen.

Bei Hohm. war's ganz nett, nicht aufregend interessant. Erna W. fand ich sehr nett, mehr wie früher. Schlechtes Wetter hatte ich die ganze Zeit und mehr Lust zu Stoffläden als zu Museen. Erna W. hat sich angeboten, Dir beim Einrichten zu helfen, ehe ich komme. Und ich glaub', Du kannst's nur dankbar annehmen.

Der Brief endet ohne Abschluß.

13. Dez. 07
½ 9 Uhr

Meine Liebe!

Vorgestern hab' ich rausgerechnet, daß das Inhaltsverzeichnis schon vor meiner Wegreise fertig sein muß. Also saß ich gestern und heut bis 7 auf der Redaktion in angenehmen Arbeiten, großenteils allein, gestern hatte Krull Erbschaftsgeschichten, heute M. W. Halsweh. Aber es geht mit Macht, wenn man sich dahintersetzt.

Für Deinen lieben Brief schönen Dank. Wegen Deinen Abzügen hab' ich neulich schon plädiert; es liegt mehr am Drucker als an uns. Aber ich hoff', daß die Sache bis Montag oder Dienstag spätestens fertig ist.

Wir schließen die übernächste Nummer schon Freitag ab. Ich fahr' deshalb am Samstag, und zwar wohl am besten nach Heilbronn. Dann bin ich auch bis Würzburg mit Marie Senn. Wenn Du dann willst, daß wir zuerst in Straßburg sind, fahr' ich Sonntag früh nach

Straßburg und bleib' bis Mittwoch abend oder Donnerstag früh, und wir fahren dann zusammen noch nach Heilbronn. Oder Du kommst Samstag oder Sonntag früh nach Heilbronn, und wir sind bis Dienstag früh dort, das wird sich dann finden. Wie Du es bestimmst. –

Bin ich davor sicher, von Lesser nichts, ein Buch oder so zu kriegen? Dann ist mir die Lösung mit der Fotografie recht. Und gelt, Du vergißt den Pelz nicht. Denn ich werd' wahrscheinlich noch eine tolle Woche bekommen. Aber ich bin dann hoffentlich unsre frohen Tage nicht müde.

In Straßburg kann ich dann doch bei den Dominici wohnen; das wäre mir wesentlich angenehmer als im Hotel.

Sonst ist jetzt wenig mehr zu sagen. Naumann ist heute auf einmal wieder müde und schlapp, so daß es mir mit seinen Heilbronner Vorträgen etwas bange ist; aber er muß hinfahren.

Da hilft nun kein Gott.

Schick Deine Besprechung möglichst bald an die Neckarzeitung; Jaeckh soll's unter seinem Büchertisch bringen. Ich mach' dann was fürs Tagblatt in Stuttgart.

Ich sorge brav für die Zukunft. Koch nimmt den Memling und bittet um mehr; auch das Stuttg. Tagblatt meldet sich wieder und kriegt etwas über Brehm und Reinhardt. Beide geben mir 10 ch, wesentlich besser als Neckarztg., der ich natürlich nicht untreu werde.

Die Photographie ist sehr niedlich; ich habe eine noch direkt von Dorlisheim bekommen.

Ich will Dich schonend darauf vorbereiten, daß ich heut abend noch für die Weihnachtsnummer einen schrecklichen Weihnachtsartikel schreibe; Naumann will Gemüt, u. ich hab' gesagt, ich hätt'.

Herzlichst
Dein Dorle

Straßburg, 16. Dez. 07

Liebster,

denk, wie traurig, ich kann nicht nach Heilbronn. Mein Dienstmädchen muß morgen mit Sehnervenentzündung in die Klinik. Ich bekomme wahrscheinlich eine ordentliche Aushilfe, aber die weiß doch mit nichts Bescheid, und Lessers kommen an. Es ist force majeure. Also Liebling, Du fährst allein nach Haus, und gelt, dann kommst Du am Montag zu mir. Es ist jetzt sowieso so kurz. Ich will Dich gewiß nicht abhalten, wenn Du den Ludwig sehen willst. Aber ich bitte Dich, richte es so ein, daß wir nicht zu kurz kommen. Ich bin immer noch der Ansicht, daß Du bis Sonntag von Berlin weg sein könntest. Denk, ich habe mich noch keinen Augenblick wirklich freuen können. Ich bin zu pessimistisch und denke immer noch, daß Du gar nicht reisen wirst. Schreib bald. Du wohnst bei Dominici. Dank für den Brief.

Deine Elly

Nb. Auch auf der Rückreise kann ich unmöglich mit. Offengestanden, ich würde nicht ruhig sein können, wenn hier alles so unsicher ist.

(Postkarte)

19. 12. 07

Liebe Elli!

Das war eine sehr schmerzliche Kunde, denn ich hatte mich gerade auf die Heilbronner Tage und Abende besonders gefreut. Und am Sonntag wird auch Ludwig, wenn es ihm möglich, von Mannh. herüberfahren. Es ist sehr schade, daß nun nichts draus werden kann. Aber machen läßt sich dann halt schließlich nichts. Und wir müssen uns dann schon vertrösten. Ich hab' jetzt vor, den Samstag dreinzugeben; will aber am Montag, einem dringenden Schreiben Bayers zufolge, abends nach Stuttgart und von dort am Dienstag morgen nach Straßburg.

Die Züge knoble ich dann noch raus. Das Inhaltsverzeichnis ist glücklich unter Dach; es war noch ein schönes Geschäft. Und morgen mittag kommen noch die Einkäufe dran. Wie weit das Geld reicht, weiß ich nicht. Aber schreibe mir bitte nicht, daß Du Dich nicht freuen kannst. Ich hoff' doch, daß die Tage in Straßburg nach Möglichkeit schön werden können; aber es ermutigt mich nicht, wenn du »pessimistisch« bist. Also gelt, bitte: sei vergnügt. Ich weiß gar nicht, woher die Idee kommt, ich würde nicht reisen. George W. sagt mir auch, daß Du mit einem Absagetelegramm rechnest. Warum denn? Du Kind. Nein, es soll schön werden. Also gelt: Lach und freu Dich. Sonst mach' ich die ganze Zeit einen Kummerkopf. Und das willst Du doch nicht.

Viele Grüße
Dorle

Freitag

Liebling,

willkommen in Heilbronn. Ich wollte, ich wäre dabei: Herz, dies wird noch nicht mein Weihnachtsbrief. Ich schicke morgen noch einen Brief mit einem ganz kleinen Geschenkle für die Mutter. Nur guten Tag sagen will ich Dir.

Ja, Herz, ich freue mich jetzt auf Dich, sehr sogar. Obgleich Du mit einer Hand gibst und mit der andern nimmst. Der Montag ist der einzige Tag, an dem wir zwei allein sein würden. Lessers kommen erst abends und Du könntest morgens 11^{32} bequem hier sein, vielleicht sogar 10^{10}, ich kann's auf meinem Plan nicht sehen. – So kommst Du am Dienstag, wo ich alles zu richten habe und wo Lessers da sind. Ich will gewiß glauben, daß aus einem mir noch ganz unverständlichen Grund Bayers dringender Wunsch so viel dringender, d. h. erfüllenswerter ist, wie meiner. Aber Du mußt mir das noch schreiben, den Grund mein' ich. Sonst bin ich zu traurig.

Liebling verzeih, wenn ich in diesem Augenblick bitter bin, aber die Enttäuschung ist zu groß. Ich hatte mich zu sehr auf diesen Montag als auf unsern Tag gefreut. Ich kann zu wenig einsehen, was Dir jetzt in Stuttgart so wichtig sein kann. Während ich alles gearbeitet habe, alles vorbereitet, um für Dich frei zu sein trotz der Mädchennot. Ich will gewiß nicht kindisch sein und Dich bitten, den Plan aufzugeben, wenn Du dann hier das Gefühl hast, etwas versäumt zu haben. Und schreib mir *gleich*, warum es so sein muß. Siehst Du, jetzt mache *ich* den »Kummerkopf« und bin ganz verstört durch Deine Karte, die mich froh machen wollte. Sei mir nicht bös drum, Liebling. Wenn ich's versteh', wird's schon gut sein. Ich bin schon beim Schreiben ruhiger geworden. Aber daß ich Dich gar nicht allein haben werde, das bringt mir doch immer wieder die Tränen nah.

Deine Elly.

Eine Stunde später

Liebster,

nun habe ich doch telegrafiert, nachdem ich mich müd' geweint hatte. Es wurde mir nämlich erst klar, daß Du ja nicht wissen kannst, daß wir den Montag so schön für uns haben werden. Nun glaube ich sicher, daß Du kommen wirst. Was sind denn alle andern Menschen gegen ein paar Stunden, die wir uns gehören können. Ich habe schon so unter der Enttäuschung gelitten, daß ich nicht nach Heilbronn kann, daß Du mir diese zweite sicher nicht antun wirst.

Ich glaube, das ist im Augenblick ein berechtigter Egoismus von mir. Denn ich fühle wie absurd es wäre, wenn *ich* aus irgendeinem Grund unsere Wiedersehen, nein unser Alleinsein verzögern würde. Das tust Du sicher auch nicht. Und es haben sich schon von außen genug Schwierigkeiten uns in den Weg gelegt durch diese Krankheit unseres Mädchens. Gelt, Liebster, jetzt kommst Du sobald es geht. Wenn möglich Montag früh. Ich freue mich ja so unsäglich auf Dich.

Was hättest Du gesagt, wenn ich z. B. geschrieben hätte: komm erst am Dienstag, ich will Conrads besuchen? Oder so ähnlich. Du wohnst bei Dominicus, Stoeberstr. 12. Ich hole Dich natürlich ab.

Mein Einziger, Dein Weihnachtsbild in der Hilfe hat mir viel Freude gemacht. Die Mutter hat sicher geweint, als sie's gelesen hat, gelt? Ich kann Dir so gut nachfühlen, daß Weihnachten und Heimat so ganz für Dich zusammenfallen. Deshalb tut mir's so leid, daß ich nicht kommen kann, um von Deinen Kindererinnerungen mit Besitz zu ergreifen. Das ist so unbegreiflich, daß jedes in seiner Entstehung so ganz getrennte Gebiete hat. Nimm mich mit, wenn Du in diesen Weihnachtsstunden Deinem Heilbronn Grüß Gott sagst. Es ist mir auch bereits ein Stückchen Heimat. Dann komm zu mir und fühle meine Heimat mit. Gelt, Du liebster Mann? Ade. Hab mich lieb, wie ich Dich lieb habe und laß keine Verstimmung in Dir sein über meine Bitte. Ich habe mir Müh gegeben, diesen Wunsch zu unterdrücken, aber es geht nicht. Ich verlange zu sehr nach Dir.

Ich küsse Dich unter dem Christbäumle der Mutter und wünschte nichts mehr, als dabeizusein.

Ganz Deine
Elly

Sag der Mutter nichts von dem Telegr. Ich schäme mich sonst.

Heilbronn, 22. 12. 07
Sonntag morgen 10 Uhr

Meine liebe Elli!

Die Karte, die ich gestern in der Bahn zusammengekritzelt habe, hast Du hoffentlich heute früh erhalten.

Mit einiger Verspätung bin ich, von Ludwig abgeholt, um acht rum heimgekommen. Abends haben wir dann Bescherung gemacht, mit einem Haufen praktischen Zeug für mich. Mama und Ludwig haben Klavier gespielt, und ich bin auf dem Sofa still gesessen und hab' an Dich gedacht.

Für Deinen Brief vielen Dank. Er hat mich beträchtlich umgeschmissen und aufgeregt. Aber Du darfst nicht unglücklich sein, wenn ich doch bei meiner Absicht bleib', nach Stuttgart zu fahren. Daß ich am Montag hier morgens schon wegfahre, ist deshalb vollkommen unmöglich, weil mir 1. Naumann noch Besuche wegen Wahlsachen aufgetragen hat und weil 2. die Bücherfrage einmal geordnet werden muß. Die Mutter hat das ganze hintere Zimmer mit Büchern angefüllt u. da muß ich aussortieren, wer das Zeug alles kriegt. Und das kann ich heut nicht machen, weil ich Jaeckh usf. nachmittags aufsuchen muß.

Ich würde also erst Montag abend kommen können.

Und Stuttgart, was ja nicht so wichtig wäre, wird mir jetzt unerläßlich, weil Rustige mit Goetz in einen schweren Konflikt gekommen ist und ich es für dringend notwendig halte, in dieser Sache (Universitätsgeschichten) richtig orientiert zu werden, um womöglich die öffentliche Auseinandersetzung zu verhindern, die schon begonnen. Davon erfuhr ich erst gestern. Ich habe das Gefühl, daß ich in der Sache Rustige helfen kann und dann auch muß. Es handelt sich um politisches Zeug u. um die Möglichkeit seiner Doktorpromotion. Auch bin ich extra früher von Würzburg weggefahren, um das Zusammensein mit Stotzle möglich zu machen.

Das sind lauter Vernunftsgründe, die ich Dir hier vorerzähle, weil ich keine anderen habe. Es ist einfach die Unmöglichkeit, morgen früh wegzufahren.

Aber gelt, Liebe, laß mich nicht fürchten, daß Du nun traurig und verstimmt bist. Ich will nicht mit dieser Furcht nach Straßburg fahren, sondern wir wollen frohe und schöne Tage zusammen sein. Und da ich in den letzten Berliner Tagen eine ganz elende Arbeit zu machen hatte, geb' ich mit einiger Gewissenlosigkeit den Samstag drein, auf die Gefahr hin, daß sie die erste Nummer dann wahrscheinlich verkorksen. Dann sind wir also fünf Tage zusammen. Den Zug schreib' ich noch.

Und nun sei fröhlich und freu Dich auf uns.

Dein Dorle

Bis Ende Dezember hält sich Theodor Heuss in Straßburg auf.

Das Fest der Kindheit

Als der Christabend mit seinen Lichtern und Liedern und all der frohen Treue in die Müdigkeit der Nacht versunken war, verließen wir still das Haus, schritten durch die einsamen Straßen der Stadt und wandten uns zu den Bergen. Im Vorübergehen sah man an den Fenstern bisweilen noch einen brennenden Baum. Dann hörte man ein frommes Lied, bis die Felder kamen und die Weinberge, und der Weg sich zum Waldrand hob.

Es war kalt. Der harte, bleiche Schnee krachte unter den Schritten. Die Luft zitterte in köstlicher Klarheit. Die Nacht schwieg, und wir sprachen wenig. Dann und wann ergriff ein leichter Wind von ungefähr den dünnen Schnee, der auf den Zweigen des Gesträuches saß, und streute ihn weich zu uns.

So kamen wir auf die Höhe. Im weiten Kessel lag die Stadt. Die Abhänge der Berge rings schimmerten matt. Wenn man von oben hinausblickte, wuchs das Gefühl der Weite zur Unendlichkeit. Der Himmel spannte sich in einem dunklen Blau über die Welt. Das Gewirk der Sterne zitterte und strahlte. Ihr kalter Glanz fiel in einer ungewöhnlichen Helligkeit auf die Erde und gab dem Dunkel der Nacht Linien, Schatten und Räume.

War das Sentimentalität, die wir sonst verspotteten, als wir da oben standen und hinaus- und hinabschauten und diese beiden Dinge empfanden: Heute ist Weihnachten! Und dieses ist unsre Heimat. Ich weiß es nicht. Es waren Stunden, die aus der Zeit genommen schienen. Vergangenes verlor sich an ihnen, und das Zukünftige konnte nicht schrecken. Das Jahr, das sich dem Ende zuneigte, war voll Arbeit und Unruhe und in der Fremde; die nächsten Wochen und Monate, das wußten wir, würden Kampf und Mühen bringen bis zur Erschöpfung. Dieser Abend aber, an dem wir die Heimat grüßten, war zwischen die Zeiten gestellt: ein Traum halb und halb ein Märchen und doch ganz Wirklichkeit in dem Drang und der Lust, in ihm auszuruhen, ihm sich hinzugeben.

* * *

Die Pracht des Himmels sprühte das Licht der Sterne in die Nacht. Unten lagen die schwarzen Häuser und Straßen der Stadt. Der starre Wald streckte seine kahlen Äste aus. Das Schweigen der späten Stunden wuchs und wurde groß und hielt unsre Seele.

Theodor Heuß.

Theodor Heuss' Weihnachtsbetrachtung in der »Hilfe« vom 21. Dezember 1907.

KAPITEL VI

»Bleib nur fest in der Tapetenfarbe«

Straßburg, am 30. XII. 1907
6 Uhr

Mein Liebling,

jetzt fährst Du irgendwo in Mitteldeutschland und denkst viel an den Böhle und ein bißle an mich. Ich denk' aber ganz an Dich. Es geht mir sehr gut, ich habe mich gar nicht hingelegt, aber bleibe zuhaus' heut. Da ist's ganz komisch, daß man plötzlich nichts zu tun hat, nach diesen Tagen des geschäftigen Nichtstuns. Ich weiß nix mit meiner Zeit anzufangen. Den Weihnachtstisch habe ich aufgeräumt und dabei Deine Fotos gefunden. Die schicke ich Dir nun. Zugleich fällt mir ein, daß ich absolut nimmer weiß, ob ich der Frau Feist den einen Abzug geschickt habe oder nicht. Ich hatte ein Exemplar für sie bereitliegen und eins für die Elsa Walter und kann mich absolut nimmer besinnen, ob ich's abgeschickt habe oder nicht. Bitte frag' sie und gib ihr, wenn nicht, dies Exemplar und sag' ihr meine Entschuldigung. Das zweite ist für die Hedwig, deren Namen ich nicht weiß (!). Schick's bitte nach Stettin. ...

Ach Herz, ich geb' mir viel Mühe, brav und tapfer zu bleiben. Es muß ja auch gehen. Aber ich werde noch öfter als früher Heimweh nach Dir bekommen. Du warst so lieb und so heilsam beruhigend mit mir und ich bin Dir so dankbar für alles, daß Du Dir so viel Mühe gegeben hast, hier Dich in alles zu finden.

Ade Liebling. Ich warte Deine Ankunfts-Nachricht ab. Ich geb' Dir resigniert wieder einen papierenen Kuß!

Deine Elly

Wilmersdorf, 31. Dez. 07

Meine liebe Elli!

Zu berichten ist, daß die Reise schön und gut und programmäßig verlaufen ist. In Frankfurt klappte alles gut. Die Ausstellung lohnte sehr; allerdings waren's »nur« Gemälde und keine Radierungen. Es scheint mir wahrscheinlich, daß ich in der nächsten Nummer der

Hilfe einiges über Böhle sage; es ist dazu Konzentration notwendig und zu der fehlt mir jetzt, da mich Brettauer und dann Hermann erwarten, die Zeit. Der Maler ist sehr interessant.

Unterwegs las ich, von dem Buch in Anspruch genommen wie seit langem von keinem, die Madame Bovary, in der ein fabelhaft diszipliniertes Künstlertum steckt. Ich hab's in einem Ruck fertig gelesen.

Hier traf ich alles beim alten.

Naumann soweit frisch; über die Festtage war er sehr erkältet. Krull geht jetzt gleich; seine Hamburger Stellung ist allerdings noch nicht ganz sicher. M. Wolf soll jetzt so erzogen werden, daß sie das Technische zuverlässig machen kann. Dafür kriegt sie jetzt auch Gehalt.

Naumann läßt die Grüße erwidern. Die Vignette ist nicht von ihm, sondern von Schulze-Leipzig. So sauber könne er es nicht. An Korrespondenz war nichts Wesentliches da; ich habe gleich 15 Briefe runterdiktiert. Kalkschmidt schreibt, daß der Andreas-Aufsatz im ersten Januarheft steht. Mal sehen, wie sich mein Zeug im Kunstwart ausmacht und was sie mir geben.

Heut abend also Cäsar.

Im übrigen viele herzliche Grüße. Ich merk' es jetzt erst, wie sehr mir diese Tage in Straßburg wohlgetan haben, zum etwas Ausruhen bei Dir und zum ruhiger werden.

Hab allen Dank dafür, Du Liebste. Wenn wir uns wieder Grüß Gott sagen, dann sagen wir uns das ganze Leben lang nur auf kurze Zeiten noch adieu.

In treuer Liebe
Dein Dorle

Straßburg, Dienstag 13. Jan. 08

Mein Dorle,

zwei Dinge teilen sich in meinen Gedanken: einmal die politischen Vorgänge bei Euch, deren große und anhaltende Bedeutung mir doch auch hier in der unpolitischen Umgebung klar ist, und zweitens das Kochen. Ja, denk', ich werde noch ein pot-au-feu, der an die Farbe des Rotkrauts denkt, während er im Theater sitzt. Du glaubst nicht, wie lustig das Kochen ist. Ich habe gestern also meine erste Stunde gehabt und gleich heut mit Feuereifer dasselbe hier ganz allein gekocht. Auf die Art lerne ich es schnell. Nur mag man nachher nimmer essen: der Geruch macht einen satt.

Leider konnte ich deshalb gestern nicht an die Bahn, als der Georgie durchfuhr. Frau Haas liegt wieder mit Rose im Bett, die Arme.

Ich bin furchtbar gespannt auf Deinen Brief. Ob Naumann irgend einen Beschluß gefaßt hat, ob er im Reichstag reden wird über den Bülow, oder was er sonst macht. Hoffentlich kommst Du doch ordentlich zum Schlafen und zum Essen. Nicht lang aufbleiben, um an mich zu schreiben. Lieber nur eine Karte schreiben. Aber das mußt du mir bald melden: wann Dein Geburtstag ist. Am 29.? Meiner ist am 25. Duchen, da ich grad' den Sparrappel habe, so kommt mir's vor, als ob wir unseren Zettelkatalog auch mit einer einfachen soliden Schachtel und Kartonzetteln selber machen können ohne die teure Geschichte aus der Friedrichstr. Was denkst Du drüber? Sonst schenk' ich Dir's zum Geburtstag. Ich weiß aber noch was anderes für Dich.*

. . .

Wilmersdorf, 13. 1. 08
halb ein Uhr

Meine liebe Elli!

Ob ich so spät noch was Gescheites zusammenbringe, weiß ich nicht; aber da's fraglich ist, ob ich morgen, Dienstag, mal zu einem vernünftigen Schreiben komme, will ich mich nun doch noch hinsetzen. Denn sonst stell' ich Dich auf eine gar zu große Geduldsprobe.

Die letzten Tage waren recht bewegt. Am Freitag war ich im Landtag, abends bei Rohrbach u. dann im soz.-lib. Verein, wo es kräftig über Bülow herging. Samstag Konferenzen. Abends Artikel über die »Lage« fürs Tagblatt in Stuttgart.

Am Sonntag sprach ich in einer der großen soz.-dem. Demonstrationsversammlungen, wieder sehr schön und demonstrierte ein bißchen in Wilmersdorf mit. Aber die Polizei fehlte. Nachher stundenlange Beratungen mit Naumann.

Abends Hilfearbeit wie heut den ganzen Tag. Deshalb hab' ich keine ruhige Stunde für Dich gefunden, da ich den Mittag in der

---

* *Elly setzt den Brief unter »Mittwoch« fort, nachdem Theodors Brief vom 13. 1. eingetroffen ist.*

Druckerei u. im Reichstag bei Naumann rumwimmelte und abends die Druckerei uns ausführlich sitzenließ.

Allerdings muß ich in diesem Brief etwas äußerst Betrübliches mitteilen, das sich heut aus all den Wirrnissen herausschälte: daß die Wohnung I, in der wir uns schon so gemütlich gemacht hatten, seit den Weihnachtsfeiertagen für 1150 Mk anderweitig einen Liebhaber und Mieter gefunden hat. Das widerspricht den Erklärungen, die man mir gegeben hatte; aber nun kann ich nachträglich nichts mehr machen.

Der Mann, der mir dies eröffnete – ich fühle mich rein von Schuld – führte mich nun in eine andere Wohnung im selben Häuserblock, Colonnenstr. 12 (um die Ecke). Ich lege den ungefähren Plan bei. Die Wohnung soll auch 1100 kosten.

Ihre Mängel gegenüber Nr. 1 sind: ein Stock höher, nördliche Lage, Fremdenzimmer dazwischen geschoben, Arbeitszimmer etwas kleiner.

Ihre Vorzüge: elektrisches Licht, großer Hausgang, in den man bei den Beleuchtungsverhältnissen Bücher stellen kann, größere Küche, anständigeres Mädchenzimmer.

Das Eßzimmer ist sehr schön, kann vielleicht auch als Arbeitszimmer genommen werden, wenn man die Stube zu dem Fremdenzimmer eingehen läßt.

Ich werde mich, sowie unsere politische Hochsaison vorbei ist, wieder energisch auf die Beine machen.

Zunächst hab' ich noch eine Malice über den Mißerfolg.

Am Freitag oder Samstag wird Naumann über den Gesetzentwurf zur Tabakheimarbeit im Reichstag reden; damit hab' ich nun auch (Materialbeschaffung) meinen Kram.

Eine Frage: schicken wir à la Lesser Vermählungsanzeigen aus? Dann schreib' ich einmal an einem blöden Abend im Vorrat die Adressen.

Gut Nacht, Lieb's. Es ist jetzt ein Uhr durch und ich bin müd'. Für so Zeiten wie jetzt müßte man schon mit einer so lieben und verständigen Frau verheiratet sein.

Von ganzem Herzen
Dein Dorle

Über die polit. Schwierigkeiten usf. das nächste Mal.

Liebes Herz, nun hast Du doch in der Nacht – »bei der Nacht« – noch an mich geschrieben. Ich weiß ja, daß Du jetzt nicht regelmäßig schreiben kannst, Lieb'. Nicht Dich überschaffen! Aber auf Deinen Brief, der auch politisches enthält, bin ich *sehr* gespannt. Schick mir auch das Stuttgarter Tagblatt, gelt?

Oh, Herz, unsere liebe Wohnung! Freilich kannst Du nichts dafür. Höchstens wollen wir uns merken, daß man *gleich* mit Verhandeln anfangen muß. Im November hättest Du sie vielleicht für 1050 gekriegt. –

Aber diese Wohnung nehmen wir nicht, Lieb'. Erstens zieh ich ganz gewiß *nie* in eine Nordwohnung. Auch wenn sonst alle Zimmer passend wären. Ich brauche nur dran zu denken, wie unmöglich kalt augenblicklich unser Salon ist, auch wenn ich immerzu heize. Und so unfreundlich keine Blume drin zu ziehen. Nein, bitte nicht! Auch IV. Stock ist unangenehm. Aber die Nordlage ist das ausschlaggebende für meine Ablehnung. – Die Größe der Küche ist gar nicht wichtig für uns. Mit Kochkiste besonders nicht. Wenn wir mal eine große Familie sind, wohnen wir doch nimmer da.

Am liebsten würde ich nach *Osten* wohnen, mit Morgensonne. Auch Südosten, Nordosten, auch Süden. Ungern ganz Westen oder Südwesten. Aber ganz unmöglich Norden.

Du tust mir schrecklich leid, daß nun die Sucherei wieder losgeht. Vielleicht sind jetzt seit 1. Januar auf Eurer Seite noch Wohnungen frei. Und dann, wenn Du wieder mit einem Baubüro verhandelst, so laß Dir doch dort Pläne von freien Wohn. zeigen. Das spart viel Zeit.

Ich schreibe etwas ungeschickt, weil ich mir heut beim Kochen die Hand grad' da verbrannt habe, wo der Federhalter aufliegt. Dabei muß ich heut abend in weiße Glacées hinein, weil ich bei Dehios mit dem Prinzen zusammen esse. Ich bin sehr neugierig auf ihn.

Eben kommt Deine Drucksache mit dem Naumann-Artikel. Das war lieb. Danke schön. – – – – Nun habe ich ihn gelesen. Er ist glänzend. Mit viel mehr Pathos, als er seit langem hat sehen lasen. Nur ist mir nicht ganz klar, ob dieser Abschied, den er vom Bülow nimmt, nicht von den Gegnern aus gesehen fast lächerlich wirkt in seiner Ergebnislosigkeit. Ein bißle so: die Liberalen setzen den Bülow ab, und ihre Grabrede bekommt ihm vorzüglich. Wie denkt Ihr Euch eine liberale Wahlagitation? Was für Mittel hat man denn, außer Demonstrieren? Ich sehe nicht ganz, was ein Wahlbüro macht. Erzähl mir's. – Sehr neugierig bin ich, was die Leut' zu dem Naumann-Artikel sagen werden. Glaubst Du, daß seine Lage, z. B. in den Kommissionen, erschwert ist jetzt? Werden die Nationalliberalen bös auf ihn sein?

Ich wollte auch, ich wäre schon bei Dir und könnte alles miterleben und dabei gut für Dich sorgen. Ich freue mich so, daß Du auch in der Unruhe dieser Tage das Gefühl hast, daß ich zu Dir gehöre. Gelt, eine Geliebte kann man nur in Muße-Zeiten brauchen. Aber eine Frau immer, auch wenn man zu keiner gemütlichen Schwatzstunde Zeit hat.

Ade mein Liebster. Es dauert jetzt wirklich nimmer lang, bis wir uns haben.

Deine Elly

Wenn Du entschieden für diese Wohnung bist, so ist's recht. Ich bin selbstverständlich für's Sparen. Nur so: Ich möchte lieber für eine Wohnung, die ich *sehr* schön finde, 1100 M ausgeben, als für eine, die uns im Grund nicht gefällt, 1000. Für Walters Wohnung finde ich 950 viel zu viel. Für die schöne Eckwohnung dagegen (immer angenommen, die Größen seien wirkl. gut) fände ich 1100 noch möglich. Aber darin will ich keineswegs ausschlaggebend sein.

Nun Liebling, nur noch einmal die herzliche Bitte, hilf mir lieber meine schreckliche Mutlosigkeit, die mich oft überkommt, zu überwinden. Wenn ich das Gefühl aus Deinen Briefen bekomme, daß Dir's ebenso geht, dann bin ich ganz gelähmt.

Lieb's, muß man denn alles Geld versteuern? Auch mein Kapitälchen, wenn's hier bleibt? Sicher nicht! – Toilettengeld für Dich vielleicht weniger, aber ob ich mit 30 M reiche??? Hoffentlich! Aber nur, wenn ich viel selber mache! Ich lerne jetzt bei den Kochstunden so viel Sparen! Sogar Schuhcrême werde ich selber machen!

Ade mein Einziger. Laß mich Deine Liebe und Deine Zuversicht fühlen!

Deine Elly

Freitag Abend

Danke für den lieben Brief, Du Gute. Ich bleib' heut einmal zu Haus. Gestern ging ich um neun noch zu Marie Senn, um mir von Speyer erzählen zu lassen. Heute saß ich den Nachmittag im Reichstag und mozte mit ein paar Abgeordneten herum. Es ist wieder einmal Gefahr, daß der Block vorderhand noch hebt. Es ist schwer zu sagen, wie N.s Artikel gewirkt hat. Die Natlib. haben z. Z. und zur Abwechslung auch eine Malice auf Bülow, der z. Z. vorzieht, nicht in den Reichstag zu kommen. Die Schwierigkeiten können beim Etat kommen. Dessen zweite Lesung geht bald los. Über Bülows Verbleib gehen verschied'ne Lesearten. Das Trivialste an der Komödie ist, daß morgen 5 Leute der freis.(innigen) Volkspartei den Roten Adlerorden bekommen und annehmen, trotz Naumanns Gegenbemühung. Vielleicht auch der alte Schrader. Es ist von Bülow eine unglaubliche Taktlosigkeit, das jetzt zu machen; aber wahrscheinlich hat er recht: man kann die Sorte Fischbeck nicht mind genug einschätzen.

Ich schick' Dir mit der Bitte um Retournierung meinen neulichen Artikel im Tagblatt; er ist an mehreren Stellen gemildert (das Blatt ist offiziell parteilos) und wo der blaue Punkt ist, wurde ein Passus gestrichen, der die Straßendemonstration verteidigt. Barth verhandelt eben mit soz.-dem. Führern über die Schaffung einer interfraktionellen Wahlrechtsliga. Wahrscheinlich kommt so was unter dem Protest der volksparteil. Philister zustande. In der Freis.(innigen) Ver.(einigung) haben wir Sonntag außerordentl. Vorstandssitzg. und dann bald Vertretertag. – – –

Nun einiges noch zu Deinem Brief.

Mein Geburtstag ist am 31. Sag mir bitte, was Du Dir von mir wünschest. Solche Sammelkästen selber machen, ist eine Sache; sie werden doch nichts Gescheites. Im Geschäft haben sie feste und solide Papparbeit; ich will fragen, was die kosten.

Daß Du die Kocherei als Vergnügen betreibst, ist sehr schön und voll angenehmer Aussicht; daß es Dir nicht bloß ein Muß ist, sondern eine Sache der tatsächlichen Produktion. Das hat mir in meinem ersten Semester die Ika Freudenberg einmal auseinandergesetzt. Unsere Meinung über jene Nordwohnung begegnet sich. Morgen sind zwei weitere Angriffe auf harmlose Familienidylle geplant.

Hast Du mit dem Prinzen gut funktioniert? Sag ihm bitte, Du kämst an einen fürchterlichen Demokraten und er möge seinem Herrn Vater stecken, daß wir ein anständiges Wahlrecht wollen. ... Und nun adieu, liebes Herz.

Ich freu' mich, bis wir ganz beisammen sind, in der Arbeit miteinander schreiten und uns die zärtlichsten Genüsse schenken ...

Leb wohl Süße

Dein Dorle

Wilmersdorf, 23.1.08

Meine liebe Frau!

Da ich nicht weiß, was morgen mittag los sein wird, schreib' ich Dir heut schon den Geburtstagsbrief und laß Dir die Präliminarien der Geschenke zugehen. Hoffentlich gelingt es mir, an einem der nächsten Tage die Pantöffelchen in einem anderen Geschäft aufzutreiben. Bei Wertheim ist es uns trotz langen Suchens nicht gelungen. Nun hoff' ich, daß einstweilen die Schildpattnadeln so sind, wie Du sie gerne hast, und von der Größe, wie Du sie wünschst.

Gestern mittag war ich also die ganze Zeit im Reichstag, um mich von der liberalen Fraktion gründlich enttäuschen zu lassen. In der Fraktionssitzung waren die 7 Aufrechten überstimmt worden; die Bande steckt Bülows Ohrfeige ein. Nur der alte Schrader fand entsprechende Worte. Nachher hat Naumann seine erste gründliche Blockkonzession gemacht, weil er mit der Fraktions- und Blockmehrheit für Vertagung der Interpellation gestimmt. Vom ganzen Freisinn waren nur Gothein, Potthoff, Neumannhofer und der alte Dohrn dagegen. Es ist eine sehr üble Sache. Den Abend bei Klugs.

Heute haben wir den Schluß der Wohnungen angesehen, die in der Nähe der Redaktion und in neuen Häusern liegen. Ich schick' sie auf Plänen mit. Bei der einen habe ich nicht gemessen, aber die Stuben sind dort sehr groß und mit Stellwänden. In beiden Wohnungen anständige Mädchenzimmer. Die für 1100 liegt gegenüber der Redaktion an dem runden (Kirch-)Platz ...

Gelt, Du überlastest Dich jetzt aber nicht weiter in den Tagen, wo Du sowieso mit Repräsentation genug zu tun hast, mit Kopfarbeit. Sonst wirst Du in den nächsten Tagen, wo Du wieder ruhen und Dich schonen sollst, zu abgespannt. Viel Vergnügen zu dem Essen. Frage den Wedel, was er zur politischen Lage meine und ob er glaube, daß *er* einmal Kanzler werde. ... Und nun adieu, meine liebe Frau.

Zum Geburtstag viele herzliche Grüße. In einem Jahr bauen wir dann einen kleinen Tisch zusammen. Und wir haben's nicht mehr nötig, uns zu dem Jahr viele Glückwünsche zu sagen, denn es ist ja das Jahr, das Dir und mir die Erfüllung bringt.

Leb wohl, Du Süße. Ich bin bei Dir und sage Dir mit den Lippen und mit zärtlichen Händen viele liebe Sachen.

Dein Dorle

Straßburg, 24. I. 1908

Lieb's Herz,

du sollst doch an meinem Geburtstag noch einen lieben Gruß bekommen und einen dankbaren Geburtstagskuß. Gestern der Brief war doch eklig, nicht? Also liebster Schatz, ich danke Dir schön dafür, daß ich dies Jahr so viel reicher bin, wie voriges Jahr. Denn alle Sorgen, die mich jetzt zeitweis' arg bedrücken, sind doch Sorgen, die der Reichtum mit sich bringt, nicht die viel schlimmeren der Armut. Letztes Jahr war grad' die erste Wahl am 25. Es tut mir leid, daß Naumann an diesem ersten Geburtstag seiner parlamentarischen Tätigkeit nicht viel Schönes und wenig Erfolg sieht. Denn so scheint's mir doch zu stehen. Ich habe einen großen Optimismus für das Fortschreiten der ästhetischen Neubelebung unserer Kultur, an der wir (ich meine Ihr) mitschaffen, aber furchtbar wenig Glauben an die politische Arbeit. Hoffentlich sagst Du nächstes Jahr an diesem Tag: Siehst Du, jetzt sind wir doch weiter hinauf gekommen. Dann schäme ich mich meiner Kleingläubigkeit.

Liebster, ich denke immerzu an nächstes Jahr. Ich gucke mir meine Möbel an, die schon hier stehen, höre unsere Uhr ticken und denke mich ganz hinein, wie es wird, wenn Du mich dann mit einem Geburtstagskuß weckst. Dann schenken mir sicher alle Leute nette kleine Kindersächli. Oder vielleicht wisssen's die andern Leute noch nicht. Aber wir zwei wissen's und freuen uns. Gelt, das wird fein?

Ade Herz. Jetzt muß ich anstatt an unser Kind an das Diner von heut abend denken.

Ganz Deine
Elly

Straßburg, 25. I. 1908

Mein Liebster,

nun hast Du mir mit den Versen noch die allerschönste Geburtstagsfreude und Überraschung gemacht. Als ich aufwachte, dachte ich gleich: wie schad', meinen Geburtstagsbrief von meinem Mann habe ich schon! Und dachte nicht daran, daß noch ein Brief kommen könnte. Da kam beim Mittagessen Karte und Brief und Verse zusammen. Und die Verse sind so goldig lieb und graziös, wie nur je. – Es sind eigentlich die ersten Ehe-Verse. Die andern waren immer noch Sehnsucht. Diese sind Besitzerfreude. Ach Lieb', ich wollte, Du hättest mich schon.

Es ist doch noch ein nettes »Butztägle« geworden, wie der Ludwig Geiger früher sagte. Die Mutter hat mir die Zinnschale geschickt und Dein Waschseil und Dein gestricktes Staubtuch und ein komisches Bild, das man ans Licht halten muß, dann sieht man ein Lausbüble in einem Kittel und zwei Männer und wegbauende Arbeiter. Das Büble sollst Du wohl sein, ich finde aber keinen bekannten Zug. Es ist aber nett und lieb und kommt in meinen Nähkasten. – Dann noch gestrickte Spitzen von der Großmutter und Messer und Löffel für in die Küche. Alles furchtbar nett zurechtgemacht und ein riesengroßer schöner und nützlicher Brief. Meistens Angaben über Deine Wäsche. Deshalb behalte ich ihn noch, bis er beantwortet ist.

Dann haben wir noch allerlei Auflaufformen gekriegt, Tischtücher, Kristallschalen und ein Myrtenbäumle, aus dem mein Brautkränzle gemacht werden soll. Es waren allerlei nette Leute da, zuletzt blieb nur noch die Helene Dominicus. Am schönsten waren aber die vier riesigen Schalen voller rosa Rosen von gestern abend her. Alle Besucher haben Rosensträuße mitgekriegt, und ich habe doch jetzt noch alle Vasen voll.

Ja, also gestern abend war der große Tag. Der Saal war entzückend mit der Tafel, die vollständig beladen war mit rosa Rosen. Der Statthalter Wedel ist ganz wie ich mir's gedacht habe. Der alte Soldat, völlig unliterarisch, ganz ohne Verständnis für unsere Gedankenkreise oder auch nur unser Gespräch. Ungewandt, ehrlich, fleißig, pflichttreu ohne Ideen und mit keinem allzu großen Horizont. Gott bewahre ihn vor der Kanzlerwürde, oder wenigstens uns! Das Gespräch war nicht grad' sprudelnd. Er war ganz lieb, sagte von Zeit zu

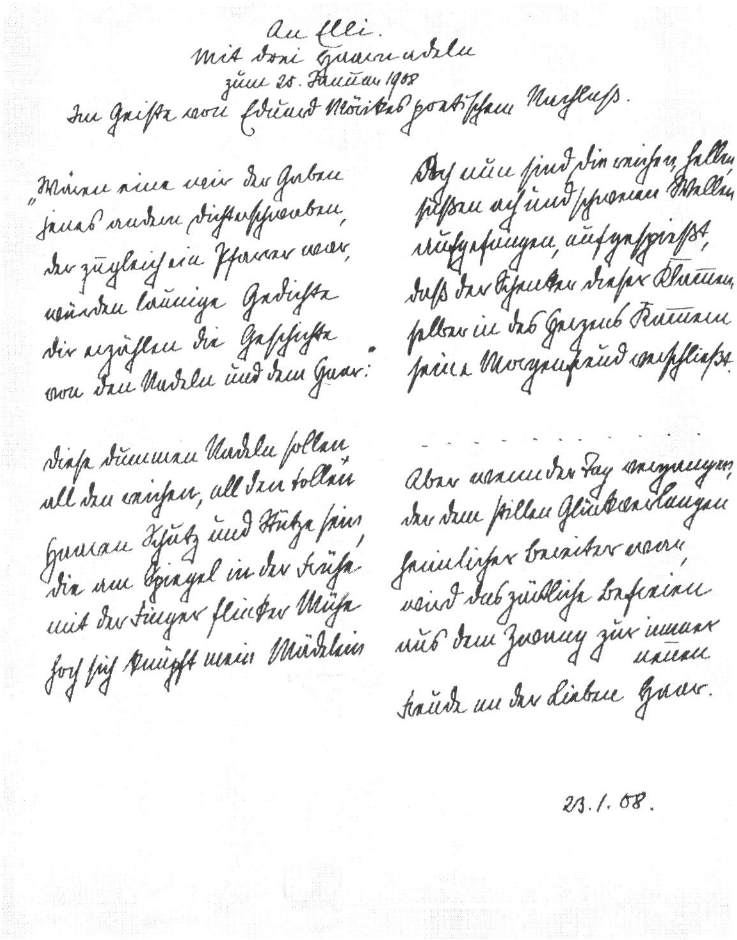

An Elli.
Mit drei Haarnadeln
zum 25. Januar 1908
Im Geiste von Eduard Mörikes poetischem Nachlass.

„Wäre einer wie der Gaben
jenes andern Dichterschwaben,
der zugleich ein Pfarrer war,
würden launige Gedichte
dir erzählen die Geschichte
von den Nadeln und dem Haar:

Diese dünnen Nadeln sollen
all den weichen, all den tollen
Haaren Schutz und Stütze sein,
die am Spiegel in der Frühe
mit der Finger flinker Mühe
hoch sich knüpft mein Mädelein.

Ach nun sind die weichen, hellen
Flechten ab und schweren Wellen
aufgefangen, aufgespiesst,
dass der [illegible] dieser [illegible],
selber in das [illegible] [illegible]
seine Morgenfreud verschliesst.

- - - - - - - - - - -

Aber wenn der Tag vergangen,
der dem stillen Glücksverlangen
heimlicher bereiter war,
wird das zärtliche Befreien
aus dem Zwang zur immer neuen
Freude an dem lieben Haar.

23. 1. 08.

Gedicht von Theodor Heuss zu Elly Knapps Geburtstag am 25. Januar 1908.

Zeit ein paar Worte, verstand die wunderschönen kleinen Theologengeschichten des neben ihm sitzenden Smend gar nicht zu würdigen. Das einzig zusammenhängende, was er mir erzählt hat, war eine fürchterliche Schilderung von der Leiche des Kaisers Friedrich. Die herunterhängenden Kinnbacken, die verglasten offenen Augen – nichts hat er mir geschenkt. Er hatte nämlich als Adjutant die Ehrenwache. Aber ich hatte mir vorgestellt, daß ein Botschafter eine andere Sorte von Tischgesprächen führen kann. Es war eher geschmacklos. Im übrigen ist er ganz stumpf für so was wie die architektonische Schönheit von Straßburg. Er findet es schrecklich. Auch merkt er nicht einmal, wenn jemand anders geistreich ist: Der Papa hat eine seiner entzückendsten Tischreden gehalten, immer in Anspielungen, halb Schmeichelei, halb Bosheit, gegen die Regierung auf die Regierung toastend. Es war wirklich ein Meisterstück. Sogar der Koeller hat sein dickes Papiermaché-Gesicht zu einem jovialen Lachen verzogen, obgleich es einige Nadelspitzen gegen ihn enthielt. – Der gute Statthalter war nur erstaunt über das Tönchen vom Papa. Immerhin hat er sich gut unterhalten, ist lang geblieben und hat sich nett bei mir bedankt. Der Koeller dagegen hat weder mit mir noch mit seinem Tischnachbarn, dem berühmten alten Physiologen Schmiedeberg, ein Wort geredet. Viel zu faul. – Wenn ich in sein schnurziges, kaltes, inhaltloses Gesicht gucke, das nur den einen Ausdruck hat: »Steigt mir den Buckel hinauf«, dann fühle ich ordentlich mein Blut gerinnen. Ich hasse ihn von ganzem Herzen, von ganzer Seele und mit allen meinen Kräften. Er sagte einmal in seinem Schnodderton: Die Sozen haben wieder mal geschrieben, »erst nach meiner ›Entfernung‹ könne ein gutes Wahlrecht kommen«. Da habe ich ihn (er saß mir direkt gegenüber) so ehrlich strahlend angeguckt, daß er die Zustimmung deutlich gefühlt hat und eine Sekunde lang erstaunt mich fixierte. So ungefähr, wie wenn ein Neufundländer eine Mücke betrachtet, die er zu faul ist – viel zu faul – zu verschlucken. –

Er war nachher der einzige, der nicht »danke schön« zu mir sagte. Während es der Statthalter sehr nett und freundlich tat. (Da ich den Brief in zwei Stücken schrieb, steht diese tiefe Kränkung zweimal drin!!!)

Dann habe ich noch geschwind dem Polizeipräsidenten versichert, daß wir in der Armenverwaltung sehr auf die Polizei schimpfen. Und ihm eine schmähliche Blamage der Polizei in einem Alimentenfall letzte Woche erzählt; er schrieb sich gleich den Namen auf und versprach ein Donnerwetter. Hoffentlich vergißt er's nicht. –

Nun ist also dieser wichtige Termin vorüber. Alles in allem hatte ich das Gefühl, schon recht oft mit weit erheblicheren Leuten gegessen zu haben. Es sind auffallend mittelmäßige Köpfe, die hohe Regierung. Verzeih die Unbescheidenheit meines Urteils. –

Am nächsten Freitag, Deinem Geburtstag, füttere ich noch 40–50 Professoren ab. Am 14. Febr. kommt der Prinz mit einer Reihe von Ehepaaren. Darauf freu' ich mich. Der hat doch Geschmack und Interessen. –

Also meine Sammelmappen hast Du bereits in Händen. Ich bin starr. Die Leute hatten dreiwöchentl. Lieferfrist sich ausbedungen. Gelt, sie sind praktisch. Die ganz kleinen sind für Ansichtskarten von Reisen gedacht. Die eine Sammelmappe für Fotografien. Die dicken Kästen für Separatabzüge, Broschüren etc. Ev. eine Mappe für Zeitungsausschnitte. Für Vorarbeiten zum Buch etc. Natürlich wie Du willst. – Das ist mein bescheidenes Hauptgeschenk. Dann schick ich Dir noch eine Kleinigkeit und will nach der Weste mich umsehen. Ich bin darin aber sehr erfahrungslos. Die Helene D. hilft mir vielleicht. Ich bin für blau, dunkel natürlich.

Nun bin ich gespannt, was die Wohnungen weiter machen. Die nach dem Platz gehende ist ja reizend. Aber 1200 M!! Es ist eigentlich absolut unmöglich Liebling.

Morgen, Sonntag, schreibe ich der Mutter. Sie ist arg beruhigt über meine Kocherei. Sie hatte doch Angst, Du könntest bei mir verhungern. –

Die Politik ist aber wirklich arg elendig jetzt. Ist Naumann sehr deprimiert? Wie geht's ihm denn körperlich? Gelt Lieb', *wenn* Du mir den Kimono noch schickst (aber Du *mußt* nicht; es ist, glaub' ich, zu üppig; schreib mir ehrlich den Preis. In Engl. kosten sie 6–7–8 M), dann denkst Du an »Ruth« und »Im Zwischenreich«. Es würde mich sehr interessieren. Extra schicken ist Verschwendung.

Ade und nochmals vielen vielen Dank. Ich denke jetzt immer an Dich, wenn ich mir die Haare aufstecke. Ich küsse Dich. Deine liebe Frau

Elli

Wilmersdorf, 27. 1. 08

Liebe Elli!

Soweit die unzureichende Feder mitmacht, will ich Dir einmal wieder einen regelrechten Brief schreiben, auf die Kartenschickerei hin, wo eins am anderen vorbeifährt. Am Samstag mittag war ich ein bißchen bei Walters; am Abend kam Lu, um einige Bücher zu holen. Sie hat seit einiger Zeit ihren Roman fertig und schlägt sich jetzt mit dem Hadrian-Antinoosstoff herum. Daraus will sie etwas machen. Die Idee, die sie hat, ist gut; aber ob das Ding Form kriegt?

Sonntag mit Walters bei Frau Feist, abends ein, wie ich glaube, ganz netter Spitzweg-Artikel für Jaeckh. Schreibe Du bitte einmal direkt an Frau F., daß Du voraussichtlich vor der Hochzeit nicht mehr hierher kommst; sie fragt immer und bat, ihr das nächste Mal Bescheid zu geben.

Von der 960 M Wohnung diesmal genauer Plan; das letzte Mal hatte ich vergessen, die vorderen Zimmerbreiten einzutragen. Das Haus liegt im selben Komplex wie Wohnung Nr. II, bloß ist Zimmer A um ein paar qm größer. Die Öfen sind in B und D ganz anständig (glatt und dunkel), in A u. C typisch und weiß. Gas, aber Möglichkeit, elektrisch zu legen (die Treppenbeleuchtung funktioniert elektrisch). Ist Gas billiger oder elektrisch? . . .

Sonst geht hier nichts bemerkenswertes vor. Über das Politische habe ich ein kleines bißchen Deinem Vater geschrieben, aber es läßt sich furchtbar schwer jetzt was Gescheites sagen. Naumann hat seinen Bülowoptimismus jetzt begraben, macht aber mit einer gewissen Notwendigkeit den Freisinnigen Konzessionen. Dafür kommt er etwas in die Rolle des Zauberlehrlings: die ich rief, die Geister . . . Die alten nat.(ional)-soz.(ialen) Schüler, die auf die Sozialdemokratie eingeübt sind, werden radikal und schimpfen.

Was übers Jahr sein wird, . . . das wissen die Götter nicht. Es ist eine Komödie. . . .

Dienstag Abend 7 Uhr

Schönen Dank für Deinen lieben großen Brief, der heut morgen kam. Da ich den ganzen Morgen auf der Druckerei und den Nachmittag auf der Redaktion war, komm' ich erst jetzt am Abend dazu, die Antwort fertig zu machen. Hoffentlich bist Du nicht allzu ungeduldig geworden, da der Brief so lange ausblieb. . . . Ich freu' mich, daß Dir die Verse Spaß gemacht haben; sie sind furchtbar schnell »geworden«. Aber ich darf mich aufs niedliche »Genre« nicht einlassen. Höchstens für den Haus- und Ehegebrauch.

Neulich hab' ich mich entschlossen, mit einem großen Gedicht Schluß zu machen, das in seiner Konzeption furchtbar alt ist, im November zu Reim und Rhythmus wurde und dann hängen blieb. Ich schreib' es Dir einmal ab. Es heißt: »Prolog zum Leben«. Ob und wie weit's Deinen Beifall finden wird, das weiß ich nicht. Es ist ein Mittelding von künstlich-logischer und dionysischer Dichtung.

Schick mir bitte nochmals das große Kuvert und außerdem – mit Zustimmung oder Abänderung – den Entwurf der Bibliothekskarte.

Die Pappteller existieren noch; ich bot sie Lu als Gebäck an und sie biß fast an.

Sodele und nun adieu Herz.

Jetzt muß ich noch den Gückwunsch an Ludwig schreiben.

Viele herzliche Grüße

Dein Dorle

Straßburg, am 29. I. 1908

Lieber Geburtstagsbub,

ich geb' Dir einen rechten Geburtstagskuß, Liebling, und freu' mich, wenn ich Dir nächstes Jahr einen Strauß und einen Kuchen auf den Frühstückstisch setze. An so Tagen wird zuhaus' nicht viel geschafft. Da gehörst Du dann am Nachmittag mir, und wir verbummeln wieder mal so die Zeit, wie jetzt, als ich in Berlin war. Gelt, Herz?

Ich wünsch' Dir also heut – ja, was wünsch' ich Dir denn? Mich, gelt! Und Gesundheit, und daß die Politik wieder erträglich wird und eine schöne und billige Wohnung.

Ich schick' Dir ein Reisekissen, das ich mit einem Rest meiner seidenen Bluse hübsch angezogen habe, und das ich auf der Hochzeitsreise wiederzusehen wünsche und die silbernen Manschettenknöpfe. Gelt, Du magst sie doch?

Ich gewöhne mich an die billligere B-Wohnung. Und ich will viel lieber im Sommer ein bißle arg heiß haben, als ganz ohne Sonne existieren. Gelt, lieber Bub, Du gehst gleich auf das Büro. Ich habe jetzt sehr Angst, die könnte auch weggeschnappt werden. Wenn sie nur dann nicht noch 100 M teurer ist!

Gestern habe ich die Eysoldt in »Erdgeist« gesehen und den – (wie hieß er doch, ihr Partner, auch aus Berlin?) als Dr. Schön. Es war glänzend. Verblüffend frech bis dorthinaus, aber alles ist erlaubt bei dieser Kunst der Darstellung! Von der Szene, als sie ihn den Brief an seine Braut schreiben läßt, war ich ganz berückt! …

Liebes, ich weiß wirklich nichts mehr zu schreiben. Morgens koche ich halt, nachmittags laufe ich in der Stadt herum oder besuche mal die Elsa Polaczek, die stündlich das Kind erwartet, oder sitz' daheim. Erleben tu' ich wenig, außer Enttäuschungen wegen allerlei Hausdamen. – Also adi Herz. Hab' mich mit 24 Jahren ebenso lieb wie mit 23. Und mit 34 noch lieber!

Deine Frau
Elly

…

Herz, ich habe den ganzen Abend über der Wohnung B gesimpelt. Ich habe sie auf Papier ganz richtig in den Maßen aufgezeichnet und unsere Möbel hinein, und da ist sie doch arg klein geworden. Das Schlafzimmer klein, das Fremdenzimmer *sehr* klein (in dem doch geschneidert werden soll), und das Arbeitszimmer gewiß nicht groß!

Dann habe ich gerechnet. Ich glaube fast, wir dürfen bei der Wichtigkeit, die eine Wohnung auf das Leben hat, bis 1100 M gehen. Paß auf: Ich glaube, wir dürfen mit den Zinsen unser Einkommen auf 6000 M fest annehmen (dann habe ich es gering gerechnet). Also davon gehen ab:

Lebensvers.	500	
Steuern	200	(???)
Kohlen	100	
Toilettengeld	720	(M 30 monatl. für jeden rechnen Heubners)
Miete	1100	
	2620	
Lohn	240	
Feuerversich.		
Krankenvers.	80	(wohl zu viel)
etc. etc. ev.	2940	sagen wir 3000 M)

Dann bleiben noch 3000 rein für Essen und Trinken und ev. Reisen. Ich glaube, das ist möglich. Denk wie viel Leute mit 3000 leben müssen! Oder habe ich einen großen Posten vergessen? Überleg Dir's mal. Ich glaube wirklich, ich kann viel durch selbst aufpassen am Essen sparen und dabei doch Dich sehr »gut nähren« (was mir die Mutter immer als etwas nötiges vor Augen führt, als ob ich davon noch nie etwas gemerkt hätte beim Papa!). Diese Nebenbemerk. ganz ohne Gekränktheit, denn ich kann mir so gut denken wie's ist, einen Sohn herzugeben. Ich bin auch jetzt schon überzeugt, daß die Hausdame den Papa schlecht versorgt.

Was meinst Du? Sollten wir nicht doch die schönere Wohnung nehmen (wenn sie wirklich größer ist). Ich habe noch keine Maße.

Gutnacht Liebster. Sei nicht ungeduldig mit Deiner nestbauenden Frau.

Elly

Straßburg, an Dorles Geburtstag 1908

Liebster,

jetzt hast du meinen Brief und das Päckchen und denkst hoffentlich an mich. Ich bin ganz bei Dir.

Die Mietze Bloch hat mich gefragt, ob wir folgendes Hochzeitsgeschenk von ihr wollen:* Erinnerst Du Dich an den grünen, dicken Kranz, der bei ihr zuerst in meinem Zimmer, dann auf dem Gang hing? Ich hatte an dem Abschiedsabend lauter rote Papierbändel darum, weißt Du noch? Ich mochte ihn sehr gern. Nun frägt sie, ob wir so einen wollen mit Glühlichtern darin als Beleuchtungskörper oder mit Gas (dagegen bin ich) oder nur so, evtl. mit Kerzen? Was meinst Du? Fürs Arbeitszimmer? Nicht ernsthaft genug fürchte ich; vielleicht wär's da aber doch nett, weil wir gewöhnlich doch Petroleum brennen. Fürs Eßzimmer unmöglich. Fürs Schlafzimmer? Nicht sehr notwendig, aber nett. Reizend wäre er auf einem gedeckten Balkon. Aber auch überflüssig. Oder auf dem Gang? Äußere Dich bitte bald, sie will Antwort.

– 2 Uhr (als die Karte kam). Ach Du mein armes Büble, wie leid tust Du mir. Ich kann mir so gut denken, daß Dir die Wohnungssuche ungefähr so eklig ist, wie mir die Hausdamen-Sache. Ich bin nun ganz einfach für die üppige zu 1100 (1200 ist vermessen), wenn sie groß und

---

* *Nb. Nicht gleich gereizt nein sagen, sondern ruhig überlegen, gelt Lieb?*

schön ist. Dafür werde ich jetzt wirklich meine Papiere in vierprozentige umtauschen. Wir sind ja so reich. Gestern hat mich mein Goldschmied drüber aufgeklärt, daß ein riesiges, dickes, scheußliches Armband von meiner armenischen Großmutter immens wertvoll ist. Die Steine, die ich wegen Größe und geringem Glanz für Glas hielt, echte Diamanten, mindestens 150 Jahre alt in der Fassung. Wert vielleicht 1000 M. Vielleicht auch mehr. Liebhaberwert. Was sagst Du jetzt? Dazu gehört noch eine Brosche aus der ich jetzt einen Teil trage. Das Ganze ist mir wieder zu dick. Also, wenn alle Stricke reißen, verkaufen wir diesen Schatz! ...

Der Marguerite ihr Artikel über Rahel ist, wie alle ihre Sachen zu belastet. Sag' ihr doch mal, sie solle den Mund etwas weniger voll nehmen. Sie wirft beständig mit »Kulturwerten« und solchen vorsichtig zu behandelnden Dingen um sich. Sie hat die Ellen Key noch nicht ganz überwunden. Und die ist wirklich etwas, was von den Frauen überwunden werden muß. Überschätzung der aufnehmenden Frauenindividualität. Sie nennen jede eine »hinreißend weibliche Persönlichkeit«, die das in andere hineinschlüpfende Talent des Miterlebens hat. Davon wird ein Geschrei gemacht! Und eine Bewußtheit herrscht jetzt bei den »erweckten« Weibern, ein Registrieren ihrer kleinsten Empfindungen. Es wird mir ganz schwach. Ich schreib' noch mal was gegen die Ellen Key. Sogar das Wort »Mütterlichkeit« wird man nächstens sich genieren müssen zu gebrauchen. Neulich hat mich eine in Bezug auf ein x-beliebiges Mädel gefragt: »Halten Sie die Elisabeth für mütterlich?« Himmeldonnerwetter. Ich habe gesagt, sie schiene mir vorläufig noch keine Sehnsucht nach unehelichen Kindern zu haben; das habe auch entschieden Schattenseiten, trotz der Romantik! ... *

---

* *Elly setzt den Brief unter »Samstag« fort. Er überschneidet sich mit Theodors Brief vom 31. Januar.*

Schöneberg, 31. 1. 08

Liebe Elli!

Jetzt sitz' ich mittags auf der Redaktion, weil ich Dohrn, der auf der Durchreise nach dem friesischen Wahlkreis ist, noch kurz sprechen mußte. Deshalb kann ich Dir einen ausführlichen und gemütlichen Geburtstagsbrief erst morgen oder Sonntag schreiben. Aber wegen der Wohnungen lass' ich jetzt doch gleich was weggehen.

Wie Du aus der Karte gesehen hast, fühle ich mich jetzt ziemlich am Ende meiner Kraft nach der Seite, denn dieses immer Rumlaufen, Zeichnen, Vermessen ist fürchterlich verödend. Wenn M. Wolf nicht wäre, würde ich jetzt eine beliebige mieten können.

Leoni hat sicher gewiß recht, daß man nicht sparen soll, aber Deine 6000 sind viel zu hoch gegriffen als sichere Einnahme. Ich nehme bei N. 4000 fest an; die anderen 500, die er im Auge hat, sind eine durchaus illusionistische Sache bei den derzeitigen Parteiverhältnissen.

Es hat sich komisch verschoben: erst warst Du fürs möglichst wenig und mir war's gleichgültig, jetzt konzedierst Du 150–200 Mk nach oben, während ich nicht weiter rauf will. Sollen wir 250 Mk mehr ausgeben, als Walters, die doch mehr verdienen?

Ich hab' jetzt also heut wieder im Nebenhaus zwei Wohnungen rausgeknobelt, von denen die eine lange noch nicht offiziell zum Vermieten steht, aber bei einem Abnehmer abgegeben wird. Ich plädiere für diese. Sie liegt ungemein günstig. Die beiden vorderen Zimmer haben Stellwände (das Arb.Z. ist etwas zu schmal). Die Glastür, nicht wesentl. häßlich, schließt die Zimmer zu einer Einheit zusammen. Das Schlafzimmer genügt. Ich halte es aber für ganz unmöglich, daß wir die Frage, ob das Fremdenzimmer zwei qm größer ist oder nicht, irgendwie entscheidend werden lassen. Das ist doch gleichgiltig. Und Schneiderei ist doch – hoff' ich – ein großer Ausnahmefall im Eheleben. ... Für das liebe Paket herzlichen Dank; die Manschettenknöpfe sind hübsch und es ist auch schon ganz ehestandsgemäß, daß Du an die Härte und Spitze meiner Sitzknochen mit mitleidiger Hilfe denkst.

Sonst ist an meinen Geburtstagen nichts los. Von Feldmanns Blumen, Briefe von den Brüdern, Mutter, den Kirrmeiersmädle, alles nicht sehr belangreich. Die Mutter meint, daß ich infolge weitgehender Vernachlässigung der Verwandtschaft auf nicht zu viele Geschenkgeber rechnen soll, was mir auch lieb ist; denn dann braucht man die, die Überflüssiges geben wollen, nicht erst zu schrecken.

In den nächsten Tagen dann wieder mehr.

Aus einiger Müdigkeit herzlichen Gruß und Kuß

Dein Dorle

Steuern sind wahrscheinlich höher (jetzt schon, da ich noch mit 2400 laufe, an 100 Mk). Wenn wir 4500 futieren und 100 % Gemeindezuschlag dazu kommen (ich weiß nicht, wie's grad' in Schöneberg ist), werden's laut Hilfealmanach 236 Mk, bei 6000 -- 320 Mk. Der Staat Preußen holt seine reichen Leute heran. Auf der andern Seite ist mir nicht ganz klar, wie ich 30 Mk im Monat für Toilette ausgeben soll = 360 Mk im Jahr. Ich seh' doch nicht wie der Heubner aus, Liebs!

Samstag

Liebling, diese Sache mit der v. Berger hat sich zerschlagen, ich schick' Dir daher die Fortsetzung gar nicht mit.

Über Deine Karte war ich nicht gekränkt oder verstimmt. Aber über den Brief heut bin ich sehr traurig. Ich weiß nicht, was aus uns werden soll, wenn *Du* jetzt auch zu angegriffen bist, um Wohnung zu suchen. Denk Dich erst mal in meine Lage. Diese Sucherei ist viel schwerer, und ich verliere täglich mehrmals allen Mut. Wenn ich dann noch denken soll, daß Du keine Lust mehr hast eine Wohnung zu suchen, dann können wir ja lieber mit dem Heiraten warten, bis uns alles von selber in den Mund fliegt! Ich bitte Dich, lieber Liebster, überleg mal, wie unwichtig es ist, ob du jetzt noch ein paar Mal diese Mühe hast, und wie wichtig es ist, daß wir eine nette Wohnung haben. Du hast gut reden, man gewöhne sich dran. Ja, der Mann, der den ganzen Tag fort ist. Aber ich sitze fest in der Wohnung und will dann auch was haben. – Komm, Liebling, wir wollen uns nicht gegenseitig noch Unliebenswürdigkeiten sagen. Ich streichle jetzt Deine Stirn, bis alle bösen Ärgerfalten weg sind, und dann sag' ich Dir, daß Du jetzt ganz genau so eingehend über die Wohnung berichten mußt, wie wenn's die erste wäre. . . .

Der Brief endet ohne Abschluß.

Wilmersdorf, 3. 2. 08

Meine liebe Elli!

Wir wollen freilich die Wohnungssache nicht allzu tragisch nehmen und wollen sie im Lauf der nächsten Tage überhaupt zum Abschluß bringen, in der Entscheidung zwischen der langen zu 1000 und der Eckwohnung zu 1100. Die von 960 scheiden wir aus zugunsten der von 1000; ich glaube es ist für den Sommer angenehmer, den Balkon gegen Osten als gegen Westen zu haben, wo man sich mit Tüchern umspannen muß. Daß der Balkon als Loggia geht und nicht als Ausbau, ist in einem Sinn gewiß ein Nachteil, hat aber glaub' ich doch das Gute, daß dann der Balkon mehr als ein Stück des Zimmers mit benützt wird, und daß man gegen Regen wie gegen allzu viel neugierige Blicke gemütlicher geschützt wird. . . .

Ich will mich durchaus nicht durch Kraftentschluß für die 1000 entscheiden, denn ich weiß wohl, daß es mehr darauf ankommt, daß Du Dich in der Wohnung behaglich fühlst; am Freitag kam mein Gegenreagieren bloß, weil Du auf einmal so viele kleine Nebenfragen (Kohlenkammer, Waschküche, Jalousieen) reinwarfst. Und da ist halt meine Ansicht, diese Sachen geben sich mit Notwendigkeit, wenn nur erst Flächengröße, Sonnenlage, Preis eine akzeptable Einheit zusammenbrachten. Das andere kommt einfach dazu. . . . Diese ausführliche Expektoration wird Dich darüber beruhigen, daß ich nicht die Flinte ins Korn werfen und die Wohnungssache liegen lassen will. So dumm bin ich nicht. Und ich hoff', es wird dann in einer oder der anderen schon erträglich sein. Ich glaub' ja auch nicht, daß wir bei 1100 verhungern werden; bloß will ich vor mir selber das gute Gewissen haben, daß man die Grundlagen seiner Existenz nicht »über die Verhältnisse« einrichtet, um dann schließlich Deinen Vater oder meine Mutter anpumpen zu müssen oder in einem fort Artikel schreiben.

So und jetzt geb' ich Dir einen Kuß und diese Sache ist für heute erledigt. –

Am Samstag abend erhielt ich einen Massenüberfall von Frauen, Marie Senn, Lis mit einer Schwester. Die blieben bis um 12 Uhr. Es war ganz nett. Ich lief dann noch ¾ Stunden auf den Feldern rum . . .

Es ist schon ¼ 8 Uhr und ich hab' nicht viel Zeit mehr, obgleich sehr viel zu erzählen wäre.

Die polit. Situation ist wieder ganz wahnsinnig, so daß Naumann Mandatsniederlegung usf. ganz ernsthaft erwägt, was man ihm natürlich ausreden muß. Aber der offizielle Freisinn benimmt sich wie eine Hure. Soll ich nicht lieber noch Kunstgeschichte studieren? ...

Der M. W. hab' ich schon beim Manuskriptdurchsehen eine ähnliche Rede gehalten wie Du; sie war sich selber darüber klar, sagt aber mit einigem Recht, das sei das Ergebnis mangelnder Gewandtheit. Ich tat's am Anfang auch nicht, ohne Lebensanschauung oder Weltperspektiven.

Adieu liebes Herz.

Frohen Gruß und Kuß Dein Dorle

Straßburg, am 5. Febr. 08

Mein Herz,

ich mache mir etwas Sorgen wegen Deiner Bemerkung, ob Du nicht doch lieber Kunstgeschichte treiben solltest. Ich kann gut mitfühlen, daß Du die Stellung mit den Liberalen jetzt schmählich findest. Was geschieht wohl aber, wenn Naumann nicht mehr mitmacht? Er tut mir unsinnig leid. Weißt Du, daß es eigentlich ein horrender Leichtsinn von uns ist, auf dieser jetzt so schwankend gewordenen Grundlage zu heiraten? (Ich will's aber doch tun.) Auch deswegen bin ich jetzt fast für die 825 M Wohnung. Ich will ja auch gern bei Dir sein, wenn Du einmal nicht recht weißt, was jetzt ergreifen, nur daß man Kinder bekommen will, ohne zu wissen, oder ob wie man sie ordentlich erziehen kann. Das scheint mir drückend. Wir zwei allein würden glaub' ich nie in Not kommen. Ich denke doch sicher, daß ich auch etwas verdiene. Aber Kinder verpflichten. –

Vielleicht lachst Du jetzt über diese Betrachtung. Aber Deine Tätigkeit, und zwar befriedigende Tätigkeit, ist doch einfach die Hauptsache. –

Weißt Du, daß es jetzt Zeit ist, daß Du Dich nach Deinen Papieren umtust? Hast Du alles, Geburtsschein, Taufschein etc.? Ich frage dann bald mal auf dem Standesamt, was noch nötig ist, ob Du ein Leumundszeugnis brauchst. (Ich würde diese Garantie für Deinen Charakter gern haben!)

Im übrigen koche ich weiter mit Andacht und bin jetzt eigentlich nicht mehr Schülerin. Ich hab's begriffen (meine Eitelkeit verlangt daß ich dazusetze: ungefähr im Drittel der Zeit, wie der Durchschnitt der Schülerinnen dort).

Abends gehe ich viel mit dem Papa aus. Gestern bei Graf zu Dohna, dem einen Begleiter des Prinzen. Reizende Frau, Freundin von Harnacks Töchtern, die wunderbar gesungen hat. Die sind auch jung verheiratet, wie der andere Begleiter, der Major von Röder, haben ein süßes Kind von einem halben Jahr.*

Berlin-Schöneberg, 5.2.08
Königsweg 6a

Liebe Elli!

Ich will den Brief der Wohnungssache halber gleich schreiben und wegschicken, wenn Deiner auch noch nicht da ist.

Die 1100 Mk Wohnung ist seit zehn Tagen vermietet – das war das Ergebnis der gestrigen Meßversuche. Also zwingt uns das Schicksal zur Billigkeit.

Bei der 1000 Mk Wohnung ist noch eine mir sympathische Verschiebung möglich; nämlich daß wir mit demselben Grundriß in den dritten Stock kommen. Dort sitzt eine Frau, der das Treppensteigen schwer wird. Damit wäre gewonnen: größere Helligkeit, größere Ungeniertheit in der Balkonbenützg. und nur 925 Mk. Das ist mir ganz sympathisch.

Wir haben noch eine andere Wohnung ausgeknobelt, Königsweg 8, drei Treppen, mit dem freien Blick über den Kirchhof, 950 Mk. Sie hat den Grundriß der 1100 Mk Wohnung in No. 5, den Du vielleicht noch hast. Der Ausblick wäre sehr sympathisch, aber die Zimmergrößen und noch mehr die Türverhältnisse gehen mir nicht recht ein. Zwischen B und C unsympathisch große Glastür mit Rundbogen – C nur als Fremdenzimmer gebräuchlich: Dann müßte man die ganze Tür verhängen und verstellen, von beiden Seiten. B wäre als Eßzimmer oder Arbeitszimmer denkbar (im letzteren Fall Dein Schreibtisch im Erker). Aber dann ist die Tapetentür zu A zu klein. D wäre (nach Westen) ein großes Schlafzimmer. Der Balkon lang, aber mit Eisenstä-

---

* *Elly Knapp setzt den Brief unter »Donnerstag 3 Uhr« fort.*

ben. Für diese Wohnung spricht m. E. nur der schöne Blick (M. W. ist dafür, weil sie glaubt, daß das Zustellen und Verhängen nicht allzu häßlich mache). Aber 2,70 sind lang und dann ganze Zimmerhöhe.

Ich war heut nochmals in der 1000 (bzw. 925); die Maße in den vorderen Zimmern sind noch etwas größer (Länge des Arbz. 7,55 statt 7,30 und Breite des Eßz. 3,85 statt 3,70).

Für jetzt Adieu.

Vielleicht kommt heut abend noch ein Brief von Dir.

Herzliche Grüße
Dein Dorle

Donnerstag 3 Uhr

Herz, ich bin ganz unbedingt und ohne Zweifel für die Wohnung zu 950. Erstens hat sie vor der Wohnung Nr. 5 (die Du mehr liebst), das große Schlafzimmer voraus. *Sehr*, sehr wichtig, 2. das Fremdenzimmer ist ungeheuer viel brauchbarer, als Arbeitszimmer für mich und sogar evtl. zweischläfrig zu machen mit Diwan. Daß alles nett nah beieinander liegt, ohne langen Gang, ist wieder ein Plus. Der Balkon ebenfalls. Die Aussicht. – Das Arbeitszimmer viel hübscher, als der lange Schlauch....

Gelt, Herz, Du mietest gleich. Ich zittere davor, daß sie uns wieder weggeschnappt würde. Und Osten ohne Vis-à-vis, also die ganze wonnige Morgensonne. Liebster, das hast Du wundervoll gemacht. Jetzt ist doch die Mühe reichlich belohnt. Herz, jetzt erst, nachdem ich aus Angst vor dem Wegmieten ein Telegramm losgelassen habe, kommt Dein zweiter Brief.

Ich kann mir nicht helfen, Liebling, ich bin *viel*, viel mehr für meine Wohnung. Hauptgrund das Schlafzimmer. 5 Meter × 3,50 Meter ist nämlich wirklich recht wenig und besonders der Mangel einer Verbindung zum Ludwigli ist schlimm. Du *siehst* allerdings mehr wie ich die Vor- und Nachteile. Aber ich glaube wirklich, Du solltest das Schlafzimmer stärker ins Gewicht fallen lassen, als die große Glastür. –

Nun bin ich sehr neugierig auf Deine Antwort.

Tante Lella schreibt einen goldigen Brief und rät uns zu einem

Schwanenhäuschen im Tiergarten. Sie läßt Dir auch nachträglich zum Geburtstag gratulieren. Sie leidet immer noch an den Folgen der Influenza. Den anderen Baslern geht's gut.

Also, liebes Herz, überleg Dir noch einmal die beiden Wohnungen. Wenn Du meine willst, so kannst Du mieten ohne mich vorher noch einmal zu fragen. Aber Mietvertrag, daß nicht gesteigert wird in fünf bis sechs Jahren! Und womöglich auch nicht gekündigt vom Wirt aus. Hier macht man das so. Ob's bei Euch auch geht, weiß ich nicht.

...

Deine treue Frau
Elly

Wilmersdorf, 7.2.08
½ 10 Uhr

Liebe Elli!

Ganz kurz einiges, damit der Brief noch weggeht. Ich war am Nachmittag mit Schubrings zusammen in der englischen Ausstellung und gab Schubring einige Pointen für seine Seminarführungen. Und aß dann noch mit zu Abend. Deshalb hab' ich Deinen Brief jetzt erst bekommen.

Nach Deinem Dithyrambus werde ich die 950 wohl mieten müssen. Ich lachte, daß Du mir bestätigtest, das hätte ich wundervoll gemacht, während ich heute früh noch der M. W. die Leviten las, daß sie mich noch einmal hinschleppte. Wir hatten die Wohnung schon einmal als eine der ersten angesehen. Damals aber hatte ich der M. W., die gleich dafür plädierte, die Fenstertür als unannehmbar erklärt. Du mußt Dich bei ihr bedanken. Ich bezieh' die Wohnung mit einiger Resignation und Du darfst mir nie Vorwürfe machen, wenn das Eßzimmer C zu klein. ... Ich will dann morgen früh mieten; hoffentlich ist's noch frei. Es haben's in den letzten Tagen mehrere Leute angesehen. Sollte die Frau es wider Abrede weggegeben haben, miete ich die 925 Mk. Und dann ist die große Affäre erledigt. Ich will dankbar aufseufzen, wenn's geschehen ist. Schön wird's dann mit dem weiten Ausblick. Und hoffentlich geht der Wirt dann nicht wieder mit dem Preis hoch.

Sonst hab' ich wenig heut zu erzählen. Der Parteistunk wird jetzt losgehen, da Barth und Gerlach sich opferten und aus dem Parteivorstand austraten. Die Konsequenzen lassen sich noch gar nicht absehen. Es soll demnächst ein Parteitag einberufen werden, der sicher gegen die Fraktion Stellung nimmt.

Dann der Tag von unserer Hochzeit. Ich will den Naumann momentan mit solchen Sachen etwas verschonen. Ich bin zunächst für Oster-Dienstag, 21., oder Mittwoch, 15., Ostersamstag bedeutet, daß man die Ostertage vielleicht allzuviele Hotels trifft, während's auf der andern Seite auch viel Schönes hat, gerade an Ostertagen den gemeinsamen Lebensweg zu beginnen. Ach Du Liebe. An den Feiertagen selber geht's wohl nicht? ...

Adieu Liebste!

Bleib froh und gesund für Deinen

Dorle.

Sonntag

Liebster, denk wie furchtbar traurig: Bei Polaczeks ist gestern nachmittag das ersehnte Kindchen gekommen, ein starkes, lebensfähiges Mädchen, aber bei der entsetzlich langen Geburt zuletzt erstickt. Auf die Art wie der kleine Walter in Gefahr war. Aber hier hat nichts mehr geholfen. Die Mutter chloroformiert. Bekam nachher einen Herzkollaps und ist noch in Gefahr. Wir hoffen aber, daß ihre widerstandsfähige Natur auch jetzt Sieger bleibt. – Aber es ist dann doch ein gebrochenes Leben.

Wir sind alle furchtbar erschüttert. Du weißt ja, wie solche Erlebnisse auf mich wirken.

Ich habe ein Telegramm erwartet wegen der Wohnung.

Ach Herz, ich habe furchtbare Sehnsucht, bei Dir auszuruhen und geborgen zu sein.

Deine liebe Frau

Elly

Wilmersdorf, 9. 2. 08

Liebe Elli!

Mit halb lahmen Fingern will ich jetzt einstweilen den Brief anfangen und den Bericht der letzten Tage geben.

Am Freitag abend nett bei Walters, wobei viele zweifelhafte Witze aus dem braven Munde Georges kamen. Am Samstag früh mietete ich dann, das Vertragsformular will ich mir morgen holen. Ich mache dann drei Jahre Vertrag. Mittags bei Frau Feist.

Am Abend bei den Soz.(ialistischen) Monatsheften. Es war sehr amüsant. Ich hab' mir wieder ein ganz einfaches Kostüm gewählt, wie im letzten März: helle Hosen, rote Bauchschärpe, Nachthemd, schwarze Sammetjacke, vom Geschnüre befreit und aufgedämpft. Es sah ganz gut aus; am Anfang alten Panama, später ein Lorbeerkranz.

M. W. hatte ein Männerkostüm (sie heißt es Incroyable), mit weißer Allonge. Sah sehr gut aus. Ich traf eine ganze Reihe Münchener Bekannte, wurde auch von Leuten, die Dich kennen, angesprochen (wer sie sind, weiß ich aber nicht). Lassalle war da, und der gute Frank und die gute Marguerite haben sich höchst amüsant, unter dem Pfeilregen der Luschen Bosheiten, ein bißchen ineinander verliebt. Von sonstigen Größen war niemand da. Mit der früheren Frau Maria Lessing (wie sie jetzt wieder heißt, weiß ich nicht) wärmte ich die Münchener Bekanntschaft auf, dann waren Wilbrandts da, die Staudinger und die Atelierdamen von Marie Senn, die sehr amüsant sind. Ich hab' wieder fabelhaft viel getanzt und wieder selber meine Freud' an mich gehabt, daß ich Stunden ohne Anstrengungen tanzen kann. Um ½ 7 hörten wir auf. Ich freu' mich drauf, wenn wir diese Abende miteinander besuchen werden. Gelt, Liebs. Mit der schönen Tugend des Frohseins und der Frechheit begabt macht man sich so die frohesten Erinnerungen.

Heut Mittag hab' ich in einer angenehmen Müdigkeit den zweiten Band der R. Huchschen Garibaldigeschichten fertig gelesen. Und dann – ich rechne hier als gleichberechtigter Mitberater und Mitbeschließer – ausführlich mit Frau Feldmanns Schwester die eventuelle Wiederverheiratung von Frau Feldmann erörtert. Ein Ingenieur, ein tüchtiger, anständiger, etwas derber Kerl, wirbt seit zwei Jahren um sie, und sie hat ihn auch ganz gern, aber kann sich wegen der Kinder und des Altersunterschiedes (er 31, sie 39) nicht entschließen. Der

Mann hatte seit Herbst eine Stelle bei einem Bahnbau im Harz, hat sie aber aus Sehnsucht in der letzten Woche aufgegeben und ist wieder hierher gereist. So ist der Fall aktuell geworden.

Inzwischen ist Dienstag geworden. Ich war gestern von 5 Uhr ab weg und hab' deshalb Deinen lieben Brief erst heut Nacht um 12 Uhr vorgefunden.

Die Nachricht von Else Polaczek ist ganz gräßlich; sie und er tun mir furchtbar leid und ich kann es ganz verstehen, wie sehr auch Du von diesem schrecklichen Schicksal ergriffen bist. Aber gelt, Liebes, den Kopf oben behalten! Ich bin bei Dir, und wir reden still und ernst zusammen. Dann wirst Du ruhig. –

Gestern mittag hab' ich mit dem Wirt eine lange Unterhaltung gehabt; natürlich kostet die Wohnung 1000 Mk und die 950 Mk waren eine Spezialvergünstigung. Ich hoffe, diese Spezialvergünstigung auch herauszuschlagen. Der Mann hat Grundsätze. Er erkundigt sich bei »Referenzen« nach der sozialen Stellung und duldet mit Rücksicht auf Ruhe und Sittlichkeit keine Aftermieter. ...

Momentan sehe ich komisch aus. Aus einem kleinen Geschwür an der Backe, das sich nicht recht entwickeln konnte, hat sich seit gestern Mittag eine ganz annehmbare Entzündung herausgebildet, die gestern abend ganz statsch aussah. Heut nacht macht' ich mir denn Umschläge und der Doktor verordnet' mir heute früh Breiumschläge. Die Sache, die gestern abend ziemlich weh tat, ist jetzt wieder in der Rückbildung begriffen. Aber ich hab' jetzt den ganzen Mittag den Kopf verbunden.

Du darfst aber nicht erstaunt sein, wenn ich mit Marie Senn und M. W. tanzen geh'. Da bin ich ganz Mariannisch und Du ja auch. Es ist zwischen dem andern drin direkt eine Wohltat, ausgelassen sein zu dürfen, Bosheiten sagen, Mädle rumwirbeln und sich an dem Durcheinander der Farben freuen. Darin wollen wir uns nie beengen, denn so stark kommt man sonst nie zum dionysischen Grundquell seiner Natur. In dem sozialsten Zusammensein des Faschingsballes ist man in einer wundervollen Einsamkeit wie sonst nirgends, und man erlebt seine eigene Tollheit, von außen zusehend und lachend.

Weil ich so ein unermüdlicher Tänzer bin und helfen kann, »Stimmung« zu machen, bin ich an dem Abend denn auch für kommende

Gelegenheiten gekeilt worden; wenn mein Backen bald in Ordnung kommt, geh' ich am Donnerstag mit M. Senns Atelier wohin.

Adieu Liebes.

Herzliche Grüße von
Deinem treuen Buben

Straßburg, am 10. II. 1908
Montag

Liebster Dorle,

warum schreibst Du nur nicht? Fast hätte ich heut ein Telegramm mit Rückantwort deshalb an Dich geschickt. Ich kann's gar nicht verstehen. Es ist wirklich Zeit, daß man zusammenkommt. So ist es zu unnatürlich, daß der eine traurig ist, und der andere nichts davon merkt und nicht einmal gleich schreibt. Du wolltest doch mieten. Nun denke ich mir schon aus, daß beide Wohnungen weggemietet sind und alles von vorn anfängt.

Es sind schrecklich deprimierende Tage jetzt. Else Polaczek lebt und scheint auch am Leben zu bleiben. Ganz sicher ist es noch nicht. Sie hat aber doch wieder Eklampsie gehabt, wie letztes Jahr. Nur ohne Krämpfe. Ob das Kind an dieser Vergiftung gestorben ist oder erstickt, weiß man nicht genau. Es war ein merkwürdig schönes, kräftiges Kind von acht Pfd; so stark und geradezu hübsch, daß es den Eindruck eines vierteljahr-alten Kindes machte. Sie hat es nicht gesehen. Morgen wird es begraben.

Es ist furchtbar für den armen Mann und später noch viel schrecklicher für sie. Aber ich merke mit Erstaunen, daß man nicht zweimal so etwas ganz mitfühlen und erleben kann. Man sträubt sich einfach innerlich dagegen. Ich will jetzt nicht immerzu an anderer Leute Kummer denken. Wenn je, habe ich doch jetzt das Recht zunächst an uns zu denken.

Morgen halte ich in Saarburg ein Referat über die Armenpflege, weil sie dort neu organisiert werden soll. Wenn ich mit der ersten Post nichts von Dir höre, telegraphiere ich um Nachricht. Aber ich weiß nie, ob in die Hilfe oder zu Dir.

Verzeih, daß ich so unruhig bin. Aber es beängstigt mich alles in diesen Stunden.

9 Uhr Dienstag

Wirklich kein Brief von Dir. Du bist mir noch nie so unverständlich gewesen. Erstens, daß Du nicht telegrafiert hast am Sonntag früh wegen der Wohnung, und, daß Du nicht einmal Zeit gefunden hast, an dem ganzen Sonntag ein Wort an mich zu schreiben. Ich habe eben nach Saarburg abtelegrafiert; fahre erst heut nachm., so daß ich von der Bahn in den Vortrag muß. Wenn um zwei kein Brief da ist, fahre ich überhaupt nicht hin. Ich quäle mich immerzu mit der Idee, Du seist krank. Es ist schrecklich.

Dienstag abend

Heut morgen, 9 Uhr, ist Else Polaczek gestorben. Herzschwäche.

Ich habe, als am Nachmittag noch kein Brief von Dir da war, telegrafiert. Dann war ich in Saarburg.

Beim Herkommen fand ich nur Dein Telegramm.

Ich will Dir keine Vorwürfe wegen dieser Rücksichtslosigkeit machen, weil ich sie immer noch absolut nicht verstehe. Schon wegen der Wohnung. Morgen kommt nun ja Dein Brief.

Ich weiß nicht, ob ich gleich antworten werde. Es werden zu unruhige Tage, am Freitag ist die Gesellschaft, die nicht abgesagt werden kann. Am Donnerstag die Beerdigung.

Deine Elly

Wilmersdorf, 12. 2. 08

Liebe Elli!

Du wirst inzwischen gesehen haben, daß Du mir umsonst Vorwürfe gemacht hast. Dein Sonntagsbrief ging Straßburg weg 9–10 Nchm, hat hier den Montag 5–6. Ich hatte schon für Montag früh Brief erwartet und deshalb am Sonntag in Vorrat geschrieben. Am Montag hatte ich um 6 Uhr eine Verabredung mit Marie Senn und kam nach Redaktion und Krachversammlung erst um 12 Uhr nach Haus'. Dienstag früh Arzt, dann Druckerei. Um 12 Uhr schrieb ich den Brief fertig; aber da der Kleine Influenza hat und ich während der Umschläge nicht weg konnte, wurd' es 5 Uhr mit dem Wegtragen.

Polaczek tut mir schrecklich leid; ob es für sie nach diesem furchtbaren nicht fast eine Wohltat war zu sterben, weiß ich nicht. Ich möchte Dir jetzt helfen können, unter diesen schweren Eindrücken froh und stark zu bleiben.

Daß Du wegen der Wohnungsmiete Telegramm erwartest, wußte ich nicht, und konnte es auch nicht ahnen; denn von nun an läuft die Geschichte noch ruhig die nächsten Tage.

Da ich seit gestern selber halber Patient bin, konnte ich in der Sache weiter nichts tun; ich ließ mir gestern und heut mittag fleißig Breiumschläge machen und genoß dabei die Zinsen der Liebenswürdigkeit, mit denen ich Feldmanns und die anderen Mieter versehe. Dem Brei gelang's dann die Sache (in der Nähe des rechten Mundwinkels) zusammenzuziehen; der Arzt hat dann heut mittag dranrumgesäbelt, was einigermaßen weh tat und eine Masse Eiter herausgebracht. Jetzt bin ich verpflästert wie ein junger Fuchs.

Heut abend ist bei Naumann wieder Hilfediskussion contra Schneider, wie vor 1½ Jahren. M. Wolf hat ganz Angst drauf. Ich werde wahrscheinlich Schneider beleidigen und ihm sagen, daß ich ihn unterhalb des ästhetischen Durchschnitts erachte. Z. B. in dieser Nummer ist ein m. E. sehr ordentlicher Aufsatz von Berger; Schn. aber schwört, keinen Satz daraus zu verstehen.

Am Sonntag ist bei Walters Taufe; ich werde dabei sein und einen kleinen Becher dazu kaufen.

Außerdem befasse ich mich gegenwärtig damit, preußischer Staatsbürger zu werden, der Wahlen halber. Leider scheint die Sache Geld zu kosten.

Also viel Kraft, liebe Elli, für diese Tage, und nimm zwischendurch keine Vorträge an, sonst strengt es Dich allzusehr an.

Leb wohl. Wir hätten uns beide in diesen Tagen gut brauchen können.

Von Herzen
Dein Dorle

Straßburg, am 14. Febr. 08

Lieber Dorle,

ich kann nicht behaupten, daß mir die Sache mit dem ausgebliebenen Brief ganz klar ist; denn ich schrieb am Sonntag nach meiner Ansicht einen aus der Reihe fallenden Extrabrief. Außerdem hattest Du geschrieben am Freitag: »Ich will morgen mieten, hoffentl. ist sie nicht weggemietet, es sind immerzu Leute drin gewesen.« Wenn ich daraufhin bis Mittwoch früh nichts mehr höre, so kann ich wirklich mich mit Recht wundern.

Außerdem ist ja auch meine Vermutung, daß Du krank seist, eingetroffen. Es war eben ein Forunkel und Du wirst jetzt ganz sicher alle zehn Tg. ein neues bekommen. Ich sehe Dich schon auf der Hochzeit krank daliegen. Deshalb bitte ich Dich ganz ernsthaft, das Mittel zu nehmen, das mir so gut geholfen hat. Kein Mensch außer mir kommt mit *einem* Forunkel davon, und ich habe auch, besonders am Auge, immer nach zehn Tg. wieder gespürt, daß ein kleines Bläschen kam, das sich aber nicht entwickeln konnte. Guck, Du darfst drüber lachen, aber ich nehme es Dir furchtbar übel, wenn Du mir den Gefallen nicht tust. Es kostet ja weiter keine Anstrengung. Und Du darfst jetzt wirklich keine Forunkulose bekommen. Gelt, Du tust's mir zu lieb?

Ich telegrafier' nachher wegen des Bechers. Denn ich will lieber 50 Pfennig ausgeben, als daß Du 12–20 M für nichts ausgibst. Becher schenken nur Paten. Der Fritz Haas hat mir seinen, den er mitbringt, gestern gezeigt. Frag mich doch vorher, ehe Du so was unternimmst. Du brauchst überhaupt nur eine Kleinigkeit zu schenken. Was willst Du sonst tun, wenn wir eventuell bei späteren Wälterchen Pate werden? Sieh, ob Du bei Wertheim einen Spielteppich bekommst, oder sonst was nettes.

Ich will jetzt nicht mehr schreiben. Ich bin so übermüdet, daß mich alles entsetzlich gereizt macht, dieser Becher und Papas Tischordnung für heut abend und alles.

Gestern war das Begräbnis; sehr würdig und ohne ein unharmonisches Wort, was selten ist. Aber der Anblick dieses völlig gebrochenen Mannes geht mir nicht mehr aus dem Gedächtnis. ... Ich bin jetzt ganz ruhig, nur müd'. Heut abend ist die Gesellschaft mit dem Prinzen. Dann ruhe ich mich aus. Aber wie soll alles fertig werden bis Ostern? Du hast ja auch noch nichts, weder Bücherbretter noch Katalog etc. Mir ist es überhaupt völlig unklar, wie alles sich zurechtrücken soll. Ich habe nur große Sehnsucht, in Ruhe bei Dir zu sein.

Deine Elli

Nb. Wenn Du das Mittel nicht nimmst und einen zweiten Forunkel bekommst, verschiebe ich die Hochzeit. Ich will einen gesunden Mann.

Wilmersdorf, 15. 2. 08
Mittags 2 Uhr

Liebe Elli!

Vielen Dank für den Brief. Und dann die Bitte daran, nicht gehetzt und grob und unruhig zu werden.

Der Becher war noch nicht gekauft. Wenn Du jetzt Zeit gehabt hättest, wär' es Dir aufgrund einer simplen Psychologie klar geworden, daß die Becheridee nicht von mir kam. Da ich nichts blödes, doppeltes kaufen wollte, ging ich zur Elsa W. und fragte die, was sie meine. Und sie bat um den Becher. Wie soll ich darauf kommen, Kind!

Dein Mittel will ich nehmen, aber ich bitte sehr, aus solchem Zeug keine tragischen Aktionen zu machen. Die Geschichte ist so ziemlich vorbei; keine Forunkel im Sinn der wuchernden Blutentzündung, sondern durch Unachtsamkeit von mir selber groß gezogen. Eine eigentliche Forunkel hab' ich in meinem Leben nie gehabt.

Und es wird auch sonst alles in Ordnung und Gesundheit und ohne Ängstigungen, große Sorgen und gereizte Vorwürfe vor sich gehen, Liebes. Nach Deinem Brief mußte ich mir halb als rücksichtsloser Prolet, halb als etwas unartiger Trottel vorkommen. Und so schlimm ist's doch nicht.

– –

Gestern tauchte Katz auf; wir waren den Abend zusammen und Katz wieder so über unsere Freundschaft gerührt, daß wir bis zum Sekt kamen. Es war ganz nett.

In ¾ Stunden kommt Hermann von Stettin, um die Engländer anzusehen. Es ist ungeschickt wegen der Taufe morgen. Ich kann's nun aber nicht mehr absagen, da sie es übelnehmen würden. Am Samstag bei Gerlachs Gesellschaft »mit Überrock«! Jetzt geh' ich wieder aufs Westensuchen. Dann – »im Auftrag der Redaktion« – Naumann bittet Dich, jetzt, wo die Arbeitslosendiskussion wieder stark in den Vordergrund kommt, uns für die nächste oder übernächste Nummer einen 1½ bis 2spaltigen Artikel über die Straßburger

Ordnung, über die Zusammenarbeit mit den Gewerkschaften zu schreiben. Ich denke, daß Du das ohne besondere Anstrengung wirst machen können. Für den Fall, daß die Nummer bei Euch bereits weggeräumt, schick' ich den Aufsatz von Dominikus in der »Fr. Ztg.« nochmals mit. ...

Hoffentlich ging die Gesellschaft glatt vorbei.

Herzl. Grüße

(Es eilt sehr) Dein Dorle

Straßburg, am 15. II. 1908

Mein Liebster,

komm, ich geb' Dir zuerst einen reumütigen Kuß und bitte Dich, mir gut zu sein, obgleich ich so bös war. Du brauchst noch Geduld mit mir für diese Wochen. Ich gebe mir ehrlich Müh', nicht nervös zu werden; aber in den letzten Tagen sind die Wellen zu hoch gegangen; man konnte nicht mehr schwimmen, nur mit ihnen kämpfen.

Jetzt bin ich ganz ruhig und zuversichtlich. Ich weiß nicht recht, woher es kommt, aber die schrecklichen Ereignisse der Woche liegen schon weit hinter mir. Es mag daher kommen, daß ich für mich selber seit zwei Jahren nichts mehr von Else P. gehabt habe. Sie war nie mehr, was sie vor ihrer Ehe war für uns Freunde. Zu nervös, verbraucht, zu eingenommen von ihrer Liebe und fasziniert von der Hoffnung auf das Kind. – Da gewöhnt man sich langsam ab, etwas von dem Menschen zu verlangen, den man so präokkupiert sieht. So kommt es, daß ich gar keinen persönlichen Verlust empfinde beim Tod dieser Frau, die früher einen ganz entscheidenden Einfluß auf mich hatte. Es bleibt nur das grenzenlose Mitleid mit dem Mann, der alles verliert und völlig gebrochen ist. Er macht einen kaum mehr lebensfähigen Eindruck. Was soll aus ihm werden?

Die Gesellschaft, vor der ich gezittert habe, hat mich ganz befreit aus dem bangen Druck und Elend der letzten Tage. Man *mußte* eben mit allen Gedanken bei dem Fest sein, mußte mit allen von gleichgültigen Dingen reden und es ging. Durch die ganz anderen Eindrücke ist dann das Vergangene weit abgerückt.

Diese Gesellschaft war wirklich wundervoll. Auf dem langen breiten Tisch für 50 Personen lauter blaue Anemonen in allen Farbtönen von blau bis lila. Dazu die schönen Leuchter, die der Prinz gleich bewundert hat. Und dann eben der Prinz! Herz, bist Du eifersüchtig, wenn ich beichte, daß ich ein klein wenig verliebt in ihn bin? Er ist einfach entzückend. Wir wurden so lebhaft miteinander, erzählten jedes seine Holland-Reise, renommierten mit Kenntnis der einzelnen Museen, fielen uns ins Wort, lachten, riefen den Dehio als Schiedsrichter an – kurz, ich habe mich noch selten mit einem eben kennen gelernten Menschen so glänzend unterhalten. Als der Champagner kam, nahm er sein Glas, beugte sich zu mir und sagte ganz leise: »Wir wollen gegenseitig auf jemand anstoßen, der hier fehlt. Wir sind ja in der gleichen Lage.« Gelt, lieb? Das hat ihm mein Herz gewonnen. Vorher hatten wir von Maulbronn und Miltenberg gesprochen. Ich sagte dann auf das Anstoßen hin: Nach Maulbr. und Rothenburg wollen »wir« nämlich zuerst; ich habe vorhin nur mühsam unterdrückt, es zu sagen. Da fing er an, mir ganz genau anzugeben, wo wir wohnen, wo essen sollten etc. Dabei ist er so kindlich und unblasiert, daß er plötzlich einen schönen Ring mit einem Miniaturbild Friedrichs des Großen vom Finger zieht, ihn mir reicht und stolz und schüchtern sagt: »Den habe ich von der Mutter zum Geburtstag bekommen.« Ist das nicht niedlich?

Nach Tisch saßen wir, er, Papa, Dehio und ich noch eine Stunde zusammen, eifrig schwätzend. Dann ging er, und ich bekam zum Abschied einen richtigen Handkuß. Zum Empfang nur einen fingierten. – Er ist wirklich der »Kulturprinz«, der reizend anschaulich erzählen und schildern kann, aber, wie wir glauben, eben nur aus ästhetischen Elementen zusammengesetzt ist. Das genaue Gegenteil zum Statthalter.

Nun sind also die Gesellschaften erledigt, und ich nehme am 25. auf dem Statthalterball Abschied von der »großen Welt«. Es war doch sehr interessant, die oberste Gesellschaftsschicht so als dazugehöriger Mensch anzugucken. Im ganzen war ich angenehm enttäuscht. – Aber sehr vermissen werde ich's nicht. Nur wenn ich keine Gelegenheit mehr habe, mein elegantes Kleid anzuziehen, werde ich traurig sein. Am Montag sind die Gräfin Dohna und die Frau v. Roeder zum Tee bei mir. Darauf freu' ich mich; sie sind beide selten schöne Musterexemplare norddeutscher Aristokratie im besten Sinne des Worts. –

Morgen werde ich Euch in Gedanken taufen helfen. Wie tut es mir leid, Liebling, daß Du noch unter dem Eindruck meines nervösen letzten Briefes stehst. Ich will wieder lieb sein und egoistisch; nicht zu arg mit andern Leuten leiden. Gestehst Du mir das Recht zu, jetzt egoistisch zu sein, aus Vorsatz? Ich fürchte mich sehr vor dem Besuch, den ich dem armen Epstein versprochen habe. Da steht es trostlos.

Ade mein liebster Mann. Ich lege mein Gesicht in Deine beiden guten Hände und Du küßt mein Haar und sagst mir lieb gutnacht. Ich bin sehr müd', war heut noch bei der Mama, die Dich sehr grüßen läßt. Nun will ich mich ganz gesund schlafen. –

Deine liebe, böse Frau Elly

Wilmersdorf, 18. 2. 08
Tübingerstr. 5 a

Meine Liebe,

schönen Dank für Deinen großen, lieben Brief. Es hat mich sehr gefreut, daß Du nun aus Hetze und Anstrengung glücklich heraus bist und wieder mit frohem Gemüt die Tage passieren läßt.

Auf den Prinzen bin ich nicht weiter eifersüchtig. Er sieht ja so nett aus, daß man ihn gern haben muß. Bloß wollen wir den prinzlichen »richtigen« Handkuß nicht historisch werden lassen. Daß ein Hohenzollern sozusagen auf mein Wohl trinkt, hat meine innersten Gefühle liebenswürdig geschmeichelt. Was bist Du für eine Staatsperson! – Aber im Ernst: ich freu' mich, daß gerade solch ein netter und umgänglicher Mensch als Prinz nach Straßburg kam und daß Du jetzt freundliche und sympathische Erinnerungen an dieses Intermezzo hast.

Sag ihm, ich lasse brav danken, daß er sich an dem Plan für die Hochzeitsreise beteiligt habe.

Es ist schade, daß Du den Aufsatz nicht schreiben kannst; aber ich will nicht zureden. Dann soll es der Dominikus machen, aber kurz und präzis. Vielleicht schreibst Du dem Naumann selber ein paar Zeilen und sagst ihm bei der Gelegenheit, daß Du hoffst, ihn mit Frau (sie läßt sich nicht umgehen) am 18. April in Straßburg zu sehen.

Der Plan der Vorträge von A. Salomon leuchtet mir sehr ein; eine Stunde ist wenig, sechs Mk. ganz anständig soweit, und durch die Vorbereitungen usf. bleibst Du dann im Gleis.

Nach Dresden schrieb ich, sie sollen sich damit einrichten, daß die Möbel Anfang April hier sind. Ich hab' der Mutter jetzt auch einen Plan geschickt.

Es freut mich sehr, daß der Neckarschifferaufsatz Dir gefällt; einen entsprechenden werde ich für die »Südd. Monatshefte« über den schwäbischen Weingärtner schreiben. Ich hab' keine Ahnung, was sie zahlen werden. Hoffentlich nicht unter 20 Mk. ... Nun adieu. Ich mach' jetzt noch bei der Staudinger einen Besuch im Atelier.

Mit vielen herzlichen Grüßen

Dein treuer
Dorle

Straßburg, am 23. II. 08

Mein Liebster,

alles löst sich in Wohlgefallen auf: am Karsamstag heiraten wir, Albert Schweitzer ist bereit, uns dann zu trauen. Er findet Papas Bedenken »katholisch«, also verwerflich. An Naumann habe ich eben einen langen Brief geschrieben und auch erwähnt, daß wir ihn nicht um das Trauen bitten, weil wir wissen, daß er keine Ausnahmen mehr machen will. Nun kann er ja immer noch sagen, er wolle es Dir zuliebe doch tun. Albert Schweitzer weiß das. –

Gestern war ich auf dem Standesamt und habe dort gehört, daß Dominicus (von dem meine Weisheit von neulich stammte) unrecht hatte. Der dumme Kerl hat erstens selber gehirotet und zweitens unglaublich viel Leute getraut und weiß die nötigen Vorbedingungen nicht. Gibt aber Ratschläge. Es ist haarsträubend.

Aufs Standesamt sollst Du überhaupt dort nicht. Nur hier wird das gemacht. Also, Du schickst mir die auf dem Zettel angegebenen Papierchen, dann wird hier alles geordnet. Aber etwas eilig ist es jetzt schon.

Ach Herz, nun endlich kommt es näher. Heute habe ich hier einen ganzen Haselbusch voll Kätzchen gesehen. Dann ist es Frühling, und dann haben wir uns bald.

Wenn nur die Sorge um den Papa nicht wäre. Heut sind auch noch Heubners gekommen und haben erzählt, daß sie am 1. April nach Berlin kommen als Assistent. Das ist für den Papa ganz schlimm. Die hätten ihn treu besucht. – Ich fahre wahrscheinlich in den nächsten

Tagen nach Basel, um die dort empfohlene Dame anzugucken. Gott gebe, daß es was ist.

Liebling, ich bitte Dich jetzt um ein wenig guten Willen, daß Du die Trauung nicht mit Voreingenommenheit als etwas Lästiges empfindest. Ich merke, nun es näher rückt, daß mir Deine Stellung dazu wehtut. Du hast doch so viel übrig für liberalen Protestantismus. Wenn uns der Schweitzer, der mich gut kennt und versteht, traut, so bedeutet das: er vollzieht eine Amtshandlung, wie der Bürgermeister in der Ziviltrauung. Aber zugleich spricht er aus, was nahestehende Freunde uns gerne sagen möchten. Man muß sich nicht *immer* vor dem Aussprechen, als vor einer Indiskretion fürchten. Man darf's nur nicht zur täglichen Gewohnheit machen. In solchen Momenten liegt im Aussprechen etwas Befreiendes. Man fühlt sonst den Druck des inneren Empfindens fast als zu schwere Last. Das habe ich neulich bei dem Begräbnis gemerkt. Aber der gewerbsmäßige Pfarrer kann ja nur allgemeine Plattheiten sagen und man muß dankbar sein, wenn's ohne Taktlosigkeiten abgeht. Hier ist es zugleich der Freund.

Ich verlange nur von Dir, daß Du Dir Müh' gibst, Dich nicht in Abwehr hineinzusteigern. Nur, es ruhig an Dich herankommen zu lassen.

Gutnacht jetzt, mein liebster Mann. Heut in acht Wochen beschließen wir unsern ersten Ehetag.

Ich küsse Dich Liebster Deine Elly.

Montag früh

Danke für Deinen lieben Brief. Du bist lieb und verständnisvoll mit mir. Nun ist ja mit dem Termin der Hochzeit gottlob alles in Ordnung und wir dürfen uns auf unsere ersehnte Stunde freuen. Auch in mir wächst die Sehnsucht jetzt oft bis fast zum Schmerz.

Gelt, Du gehst jetzt an Deine Vorbereitungen. Kannst Du nicht jetzt, in den letzten Wochen, Deinen Verkehr ein bisle einschränken. Er ist nämlich ganz erstaunlich groß geworden und die dadurch gewonnene Zeit an die verschiedenen Sachen wenden: Bibliothek, Papiere ordnen, Kataloge von Beleuchtungskörpern kommen lassen, das eilt, weil die Basler doch wissen wollen, was sie schenken ... Bitte Liebling, sei nicht ungeduldig, daß ich so mahne. Aber ich versichere

Dich, es ist nur noch sehr wenig Zeit. Ich lebe jetzt ganz den Vorbereitungen und aus Deinen Briefen sehe ich, daß Du noch nicht dran gekommen bist ...

Nun leb wohl mein Herz. Marianne ist eingeladen, ob sie bei Harnacks wohnen will. Weißt Du, sie wird Dir viel wert sein mit dem Aufheben der Sachen. Ich habe sonst ein bißle Angst, daß immer grad' dann niemand da ist, wenn die Möbel ankommen. Ade, Deine

Elly.

Wilmersdorf, 25. 2. 08
Tübingerstr. 5 a

Liebe Elli!

Du darfst aber nicht glauben, daß ich mich hier so rum ausruhe und Dir die Sorgen und die Vorbereitungen überlasse. Denn ich weiß bestimmt, daß ich fertig werde. Ich »miste« seit einiger Zeit, mache an dem Katalog, hab' schon fast alle Kuverts zu den Anzeigen geschrieben (Leute, die von mir aus beglückt werden) und bin von mir aus in vier Tagen bereit und fertig. Auch sind Deine Vorstellungen über meinen Verkehr ganz falsch, denn meist sitz' ich zuhaus' und such' das Geld für Miltenberg zusammenzuartikeln oder die »Hilfe« vor(zu)bereiten. Ich war seit Neujahr einmal mit Lis, keinmal mit Cäsar und seit Wochen nicht bei Lu. So arg ist's also nicht. Bloß ist jetzt halt die Zeit der Einladungen, und dem Gerlach wegen dem Lampenkatalog absagen – das willst Du ja selber nicht.

Nach einem Büchergestell seh' ich mich, glaub' ich, erst um, wenn die neue Wohnung bezogen ist. Dann seh' ich die Platzverhältnisse. Muß auch erst ausprobieren, wie viel in das Gestell gehen, das zur Zeit noch bei Lu steht. Wenn ich noch ein Gestell machen laß, dann eines mit niederen Zwischenräumen für die Normalbelletristik.

Hast Du an Naumann geschrieben? Ich habe seiner Frau neulich gesagt, wir hoffen, sie werden dabei sein, und sie hat alle Lust dazu. Es wird Naumann einleuchten, wenn wir eventuell am 11. heiraten ...

Du sollst keine Sorge haben, daß ich mit lauter bösen Gefühlen an die Trauung denke. Nein. Ich weiß, daß ein verständiger Mensch so etwas eindrucksvoll und nicht zu pathetisch macht. Darüber bin ich

Schweitzer gegenüber ohne Sorge. Und Naumann wäre ja geradezu ein Genuß. Bloß, das weiß ich, daß ich der Zeremonie gegenüber von ganzer Gleichgültigkeit sein werde. Das kann ich aber nicht ändern, liebs Kind, und das muß Dir auch egal sein. Ich habe für liberalen Protestantismus allerdings sehr viel übrig, als einer Gesinnungsbewegung, zu allem Kirchlichen aber nur ein theoretisches Verhältnis. – Immerhin: gerade diese Frage berührt mich innerlich so wenig (und ich kann mich nicht zu einer Quartalfrömmigkeit zwingen), daß ich keine große Sache draus machen will. Das verstehst Du doch?

– –

Der Abend bei Gerlachs war ganz nett; Naumanns, Damaschkes, Delbrücks. Den Sonntag war ich ganz zu Hause; gestern Hilfearbeit. Abends hörten wir uns noch einen Vortrag an, den Kappstein über Naumann hielt. Es ging. . . . Daß ich nicht aufs Standesamt hier muß, ist ja ganz angenehm; aber einen Militärpaß, das habe ich nicht, weil ich noch nicht ausgemustert bin. Meine Papiere ruhen hier bei der Militärbehörde. Ist Geburtsurkunde etwas anderes als Geburtsschein? Das muß ich dann wohl von Brackenheim beziehen? Und den Taufschein, den ich mir für 60 Pfg. erworben habe, brauch' ich doch auch dazu.

Adi, Liebs. Viele herzliche Grüße von Deinem Dorle.

Straßburg, 26. II. 1908

Mein Liebster,

ich plädiere jetzt unbedingt für Mittwoch in der Karwoche. Samstag ist zu riskiert. Der 11. wohl für Naumann zu früh. Also Dienstag oder Mittwoch. Aber wenn Naumann am 11. kann, ist's mir recht.

Danke für Deinen lieben Brief. Daß Du so schön vorbereitest, ist mir recht lieb zu hören. Ich weiß halt nur, was Du schreibst, mein Guter. Das war in der letzten Zeit nur Einladungen. Aber ich gönne sie Dir alle von Herzen. Nur mußt Du eben mir das andere auch berichten. Also gehe jetzt an die Beleuchtungskörper. Laß Dir per Post von Wertheim seinen Spezialkatalog schicken, gleich, die Basler wollen es bald erledigen. Und den Stotz-Katalog. –

Und dann Liebling, guck, es eilt doch alles. Also wenn ich *extra* schreibe Geburtsurkunde (nicht nur Schein), dann kannst Du's doch machen. Jetzt wär Deine Bitte drum schon in Brackenheim. Nein, Herz, ich bin nicht grob wenn ich das anmerke. Aber stell Dir vor, daß alle Menschen mich im Augenblick mit solchen Sachen quälen. Von drei Seiten schreibt man über Hausdamen, und wenn ich dringend bitte, sofort Namen etc. zu schreiben, bekomme ich nach 14 Tagen Bescheid, noch ohne Namen, und immer nur so allgemeine Redensarten. Ich verzweifle fast.

Also, Du mußt die besagten Papiere herschaffen und zwar gleich. Sonst müssen wir die Hochzeit doch noch verschieben, denn der Staat läßt nicht mit sich spaßen. Und auch ein Militärpapier. Schreib halt gleich an die Militärverwaltung, Du wollest heiraten und brauchtest das Zeug. Taufschein für die kirchliche Sache. Also gelt, Lieb, reg mich nicht auf mit Phlegma in diesen Sachen. . . .

Denk, auf dem Statthalterball war ich nicht, Papa hatte Kopfweh. Ich war sehr traurig, denn ich hätte arg gern mit dem Prinzchen getanzt. Wirklich, es war ein Schmerz.

Nun aber ade. Sei nicht verstimmt über mein Drängen auf Erledigung. Und gelt, Du eilst Dich jetzt? Ach Herz, ich fange jetzt an, mich unsäglich auf alles zu freuen, Haushalt, Lese- oder Schwätzabende, Museumsgänge und alles . . .

Nun geht's wieder ans Schaffen. Adi Liebster.

Deine liebe aber müde Frau.

Schreib nicht zuviel Artikel wegen Miltenberg. Wir wollen billig leben. Ich kann von meinem Sparkassengeld dazugeben.

Wilmersdorf, 26. 2. 08

Meine Liebe!

Einen eigentlichen Brief will ich heut nicht schreiben, und Du sollst Dich nur an dem Kimono freuen. Ich hab' ihn in den letzten Tagen gekauft; die Auswahl war nicht sehr groß, aber ich finde ihn in der Farbe und im Muster ganz schön, und es wär' mir sehr recht, wenn er so ungefähr Deinen Vorstellungen entspräche. Wahrscheinlich wird es sich empfehlen, wenn Du in der Mitte ein etwa fünf cm Band herunternähst, am Rand. Zu den Pantöffelchen hab' ich nicht so viel Fiduz.

Naumann wird Dir selber schreiben. *Er* kann immer und kommt gern. Seine Frau kann Ostersamstag nicht. Ich hab' ihm gesagt, der 18. wär noch ungewiß, wegen Pfarrsachen. Dann meinte er, indem er mich anlachte: auf den Tag, den stillsten im Jahr, könne auch nur jemand kommen, der von den Beziehungen zu Kirche und Christentum reichlich entlastet sei . . .

Die Tapetenfarben sind: Eßzimmer braun-gelb, Arbeitszimmer blau, Schlafzimmer hellgrün, Fremdenzimmer blau-weiß, Hausgang gelb-weiß. Die Fenster: an den oberen Flügeln so modernes Gatterwerk.

Die Fenster sind keine tiefen Nischen, sie weichen vielleicht 15 cm zurück unten, das Fensterbrett springt dafür wieder soweit nach innen. –

Adi, Liebe, ich denk' jetzt immer an Dich, und wie schön es sein wird, wenn wir uns haben. Dann kommst Du an manchem Abend zu mir in dem leichten fröhlichen Mantel; ich zieh' Dich zu mir auf den Sessel, und Du schmiegst Dich an mich, und mein Blut wird an dem Deinen warm. Ich grüße Dich mit froher Seele Dein Dorle

Straßburg, 28. Febr. 08
Freitag abend

Du Liebster, wie hab' ich mich über das Paket gefreut! Ich danke Dir tausendmal für alles. Der Kimono ist *sehr* schön, ganz wie ich ihn mir gedacht habe. Ich freu' mich ungeheuer drauf, wenn Du mich nett drin findest, mein Einziger. Und die Pantöffele sind *doch* nett und Du wirst es sicher auch finden. Der Kimono muß so komisch eng unten sein, das ist nun mal das japanische dran und das Bändel Stoff gibt die Schärpe ab. Mein bester Mann, es war so nett, zwei Briefe hinter einander zu kriegen und ohne Geburtstagsanlaß ein Paket mit schönen Sachen auszupacken.

Ich habe Deine Weste auch nicht vergessen, Herz. Nur ist es sehr schwer, eine Entscheidung zu treffen. Denn ich kenne Deinen Geschmack zwar in Möbeln und so 'ne was, aber Männerkleider haben wir noch nie zusammen ausgesucht. Hoffentlich glückt's. Ich habe in ein paar Geschäften nix recht's gefunden. Aber ich weiß jetzt eins, wo's viele gibt.

Ach Liebling, ich habe so starke Sehnsucht nach Dir bekommen! Als ich das Paket aufmachte und den schönen Stoff sah, war's fast, wie wenn Du mich küßtest. Denk, was das für eine Freude gibt, wenn all diese Spannung und Erwartung ihren Lohn findet. Du sollst auch gar nicht lang vorher hier sein, grad' am Vorabend der Hochzeit kommen. Damit wir nicht mehr so die Sehnsucht spüren, sondern gleich die Erfüllung kommt. Jetzt habe ich oft Stunden, in denen mir alles leicht scheint, fast gleichgiltig, auch wie's hier mit Papa wird und alles. Wenn ich nur bei Dir sein darf.

Danke auch für die Fenster und Tapeten-Auskunft. Die Fenster find' ich *sehr* hübsch. Und die gelb-braune Tapete im Eßz. ist mein größter Wunsch. Nur das Blau des Arb.zimmers wüßte ich gern ein bißle näher. Weil die Ada eben die Chaiselongue-Decke aussucht. Ist's hellblau? Was man himmelblau nennt? Oder mehr ins grünliche? Mein Perserteppich paßt auf alle Fälle. Aber darf in der Decke rot vorherrschen? Vielleicht ist was neutrales, grau oder so besser. Ich schick' Dir mal die Vorhangstoffe, die mir am meisten einleuchten. Dann kannst Du wählen helfen. Weißt Du, netter wär's, ich bestelle sie bald, damit sie, wenn ich komme, schon aufgemacht werden können. Aber gelt, das kannst Du nicht, noch mal die Unglücksleute stören, wegen der Höhe etc. Ich glaube, dann kannst Du es erst ausmessen, wenn Du drin bist. Aber bis das Paket von London da ist und das Zeug dann genäht etc. vergehen doch vier Wochen. Schadet nichts, es geht auch ohne Vorhänge die erste Zeit.

Dank, es schwebt ein abenteuerlicher Plan: Heubner will vielleicht am 1. Apr. allein nach Berlin, bei seinen Eltern wohnen, erst ausknobeln, wo man billig wohnt, abwarten, ob er nicht für den Oktober schon eine andere Sache angeboten bekommt, was nicht unmöglich ist, und die Frau will bis 1. Juli zum Papa kommen!!!

Es ist aber noch ein etwas vager Plan! Papa findet es verlockend, aber »indiskret«, sich so nah zu kommen. Sein Hauptbestreben im Verkehr ist doch, Distanz zu halten. Aber er würde doch, glaub' ich, dafür sein.

Ich möchte nicht nach einem Jahr Ehe für ein Vierteljahr von Dir weg. Ich denke es mir sehr hart, und die kleine Lisa ist auch beständig am Heulen. Aber für so kurze Zeit einen teuren Umzug zu machen, das können sie nicht. Wenn die Berliner Stelle dauernd wird, kommt sie halt nach. Ein bißle proletarisch ist das Ganze.

Nun aber adi, mein Herzliebster. Ich freue mich Dir entgegen, Leib und Seele.

Deine Elly

Wilmersdorf, 3.3.08

Meine liebe Elli!

Jetzt hab' ich also die Papiere beieinander und ich schick' sie gleich weg, ohne noch auf Deinen ausstehenden Antwortbrief zu warten, damit nach *der* Seite alles glatt läuft. Wegen der Militärgeschichte hatte ich ein paar mal vergebliche Lauferei; man hatte mir bereits im Okt. das entsprechende Papier gegeben, um dessen weitere Wege ich mich jedoch nicht kümmerte. Vorhin ergatterte ich mir nun das Duplikat. Damit wird nun alles beisammen sein.

Am Samstag war ich eine Stunde mit Baumgarten zusammen, der Dich grüßen läßt. Aber die Unterhaltung war rein literarisch; es schien ihm wohl diskret, nicht von uns zu sprechen. Aber es war nett, anregend und freundschaftlich. Am Abend geschickter Vortrag von Erzberger mit langer Diskussion.

Gestern mittag hat Naumann eine vorzügliche und wirkungsvolle Heimarbeitrede im Reichstag gehalten; nachdem schon ein paar Tage darüber geredet war, mit neuen Gesichtspunkten. Er hatte auch wieder vollkommen das Ohr des Hauses und auch bei den Gegnern anständige Preßkritiken. Es ist gut, daß er zeigte, daß er auch Detailwissen hat. Am Abend hörte ich einen vorzüglichen Vortrag von Kerr über Ibsen. Heute bei Naumann....

Wenn die Hochzeit am 15. ist, fahre ich am 13. nach Heilbronn und bringe am 14. die Mutter mit. Ich will nicht die lange Reise Naumann zu dritter Klasse zwingen, da er doch am 14. fahren wird.

Eines ist mir noch nicht klar: der Transport der Möbel kommt hoffentlich nicht auf die laufenden Gelder. Denn sonst weiß ich nicht recht, wo ich sie hernehmen soll, da ich dem Hauswirt am 1. April 250,– Mk. hinlegen muß. So wie ich mir jetzt nie den ganzen Gehalt auszahlen lasse, um die Lebensversicherung ganz aus dem Lebensunterhalt herauszunehmen, so müssen wir auch monatlich immer gleich

80 Mk. in eine besondere Kasse tun, damit das nie als übermäßige Belastung erscheint.

Die Tapete für das Erkerzimmer muß neu gemacht werden – das schrieb ich Dir schon. Also haben wir frei. Was meinst Du? Adieu liebs Herz.

Mit frohen treuen Grüßen

Dein Dorle

Am Samstag red' ich in einer sozdem. Jugendorganisation in Charlottenburg über »Der Arbeiter und die Kunst«.

Straßburg, am 7. März 1908

Mein Liebster,

ich hatte vorgest. und gestern Augenentzündung, deshalb erst heut wieder ein Brief. Es ist jetzt nach reichlichen Umschlägen wieder gut. Heut früh habe ich mit Schweitzer die Hochzeit endgültig auf den 11. April festgelegt. Hoffentlich ist's Dir nun auch recht. Den Trautext hat er akzeptiert, ohne sich zu binden. Er sagt, er mache zuerst die Rede, und suche dann einen passenden Text. Er wird's schon gut machen und hat um Erlaubnis gebeten, ganz kurz, höchstens zehn Min. zu reden. Das ist mir sehr recht.

Ja, Liebling, jetzt wird's ernst. Heut hängen wir auch in Wilmersdorf im Käschtle. Du, heut in fünf Wochen um diese Zeit fahren wir in dem leider recht überfüllten Zug, etwas benommen von allen Eindrücken und voller Erwartung und mit innerer Sicherheit in unser gemeinsames Leben hinein. Die Sicherheit und Ruhe wächst bei mir von Tag zu Tag. – ... Frau Feist kommt auf die Hochzeit. Es ist die einzige Gelegenheit, ihr eine Freude zu machen. Sie fragt nach Wünschen. Ich werde sagen: etwas Silber, Gabeln oder Messer oder Löffel.

Entzückende Gläser haben wir von Manasses gestern bekommen, 12 Wein, 12 Wassergl. wie Walters ihre. –

Von Frau Haas eine so wunderbare Decke, Handarbeit, ähnlich wie die von Elsa, die im Wohnz. liegt, daß ich Dich herzlich bitte, auf einer Karte danke-schön zu sagen. Es ist wirklich noch für Kinder und Kindeskinder wertvoll. – Wir bekommen überhaupt sehr schöne Sachen. Eingeladen werden:

Familie Heuss 4	4
Stotz 1	5
Knapp-Lessers 3	8
Lotte Jürgens 1	9
Tante Lella, Kinder 6	15
Lene Bresslau	16
Schweitzer	17
Dominicus	19
Frau Feist	20
Frau Haas	21
Naumann	22
Frl. Schiller	23
Brautpaar	25

Mehr dürfen absolut nicht werden, schon wegen des Platzes. Diese sind aber alle unbedingt erforderlich. Ob alle Basler können, ist freilich noch unsicher ...

In Göttingen beim Ludwig Geiger ist ein Bübchen angekommen. Große Seligkeit.

Ich denke mir's so: Du kommst am Donnerstag abend. Vielleicht schläfst Du wieder bei Dominicus. Am Freitag besuchen wir die Mama. Samstag nachmittag kommen die Auswärtigen. Wir holen die Mutter an der Bahn ab und führen sie in die Pension, in der sie wohnen soll. Hier in der Nähe. Die Mutter und die Brüder essen ganz einfach mit uns zunacht. Dann am Abend sind wir alle im Hôtel, wo die Basler unterdessen angekommen sind, zusammen. Hier geht's nicht, ich hätte sonst die ganze Arbeit. Das Frl. Schiller ist doch dann noch ganz frisch da. Man geht sehr früh schlafen. So war's bei der Marianne auch. Samstag früh, etwa ½10 Uhr Ziviltrauung. Dann ziehe ich mich um, Du Dich auch. 12 Uhr Trauung in der Kirche. 1 Uhr Essen hier bei uns. 6.54 unsere Abreise. Heidelb. oder Bruchsal. Willst Du gern Maulbronn sehen? Ich meine, es läuft uns nicht weg. Wir kommen ja oft in die Gegend. Mir wäre Heidelberg eigentlich lieber. –

Ich wäre Dir dankbar, wenn Du an die Mutter und an die Brüder gelegentlich schreiben wolltest, daß es keine große Feierei wird, womöglich schon am Abend vorher. Denn wer sollte das machen? Ich wäre dann einfach todmüd'. Der Tag selbst wird schön. Das weiß ich vom vorigen Jahr. –

Daß mehr Menschen von meiner Seite kommen ist ganz natürlich, gelt? Wenn die Hochzeit in Heilbronn wäre, könnte man auch die nahen Freunde nicht umgehen. Frau Haas hat direkt geäußert, daß Fritz sehr gekränkt sei, nicht eingeladen zu werden. Aber ich blieb fest. Nur der Onkel Ferdinand Wittich droht noch etwas. Denn er ist dann hier im Elsaß bei seinem Sohn zu Besuch und hat uns den wunderbaren Teppich geschenkt. –

Ob wir dann am Ostermittwoch noch in Frankfurt sein können? Dann wär's eine lange Hochzeitsreise. Samstag muß es jetzt sein, weil in den Tagen der Karwoche der Schweitzer immerfort predigen muß und Proben hat für die Matthäus-Passion. –

Ich bin *sehr* froh, daß Dir die Weste gefällt.

Schreib mir die Adressen von Ludwig, Hedwig u. Hermann, damit ich sie zur Hochzeit einladen kann. Stotzle und Hermann müssen etwas aufführen. Das werde ich dem Stotz schreiben. –

Ade mein Liebling. Jetzt ist's schon dunkel geworden und ich denke daran, wie wir in fünf Wochen die Rheinebene betrachten werden vom Kupeefenster aus und sehen, wie unsere ersehnte Nacht heruntersteigt zu uns. –

Ganz Deine eigenste Elly.

Wilmersdorf, 9.3.08

Meine liebe Elli!

Nun ist also der Tag der Hochzeit fertig, und mir ist er so recht; ich denke, wenn wir dazu in der Stimmung sind, setzen wir den Parteitag an das Ende der Odenwaldwoche. Die Adressen sind: Hermann, Stettin, König Albrechtstr. 5, Ludwig, Mannheim, Städt. Wöchnerinnenheim, Hedwig Mödinger, Stettin, Städt. Krankenhaus, Stotz, Stuttgart, Werastraße 82. Ich weiß ja, daß von meinen Leuten nicht mehr dabei sein werden. Mir ist's ziemlich wurst, meine Mutter wird wohl etwas gekränkt sein angesichts der Frau Haas und der Frau Feist und der vielen Basler. Aber das macht ja nicht so viel.

Wir müssen die Tischordnung entsprechend geschickt machen, daß die Mutter entweder Frau Naumann (wenn sie kommt) oder Frau

Haas neben sich hat oder die Tante Lella. Sie der Rangordnung halber mit Deinem Vater zu isolieren, halte ich für sie – das verstehst Du – nicht gemütlich genug, weil ihr die Verkehrsart Deines Vaters natürlich etwas Ungewohntes ist. Das wird sich ja finden. Die Marianne setzen wir zwischen Stotzle und Hermann. Die Hedwig M. zwischen Ludwig und Lesser.

Die Anrichte, die neue, entzieht sich etwas meiner Vorstellung und ich muß Dir glauben, daß sie so schön ist, daß der Umtausch sich lohnt. Prinzipiell bin ich, wie Du ja weißt, auch gegen diese Art Tellerbretter, weil sie zu leicht bloßer Platz für antikesche Dekorationen und Staub werden. Doch: »es sei«.

Bloß möchte ich dann meinen Einrichtungswillen im Arbeitszimmer gewahrt wissen, und ich plädiere deshalb doch für meine Hängelampe, nicht bloß Ampel. Daß Du Bedenken gegen die zweckmäßige Konstruktion hast, machte mir Spaß, da Du doch sonst nicht nach der Seite gehst. Es gibt eine Symbolik des Hängens, und gerade diese scheint in dem Stück sehr schön gelöst. Sag mir aber bitte noch einmal präzis, wie Du jetzt definitiv die Zimmerverteilung wünschst. Und überleg Dir vorher nochmals die Vor- und Nachteile.

Am Samstag war ich bei Frau Feist zum Essen. Ich sagte ihr, daß Du noch Silber brauchst; daß sie Dich aber direkt fragen solle, was für.

Mittags war Willich da. Abends hielt ich einen etwa einstündigen freien Vortrag über »Arbeiter und Kunst«, vor 60–80 jungen Leuten.

Am Sonntag etwas »Hilfe«arbeit; mit Marie im Grunewald bei wundervollem Wetter. Ihre Schwester Hedwig ist eben hier bei den Schwiegereltern. Marie ist für die Schreibtischlampe zu haben.

Heut hab' ich eine große Freude gehabt: Kampmann sandte mir als Geschenk eine schön gerahmte vorzügliche Steinzeichnung. ––

Mit den übrigen Hochzeitsbestimmungen bin ich einverstanden. Die Mutter wird bei ihrer Cousine wohnen wollen; dagegen ist nichts zu machen. Aber wozu ich mich zwischen ziviler und kirchlicher Trauung umziehen soll, ist mir nicht ganz klar. Soll ich um Gottes willen auch noch den Gehrock mitschleppen? Den Abend vorher wollen wir nach Möglichkeit kurz machen. – Wenn Hedwig Mödinger nicht kommen kann, will ich gerne Marie Senn bitten, die mir nähersteht.

Sodele. Soll ich nun eigentlich die Lampen bestellen oder auf Basler Bescheid warten. Ich bin in diesem Fall gegen Wertheim und für unbeirrten Entschluß. Es kommt noch genug dran in nächster Zeit. Herzliche Grüße von

Deinem Dorle.

Straßburg, am 9. III. 1908

Lieber Dorle,

...

Manchmal überwältigt es mich, als ob ich's noch gar nicht gewußt hätte, wenn ich denke, daß wir in wenigen Wochen für immer, für's ganze Leben zusammen sind. Es ist im Grund das einzige Mal im Leben, daß man so ganz freiwillig eine Seite zuschlägt und eine neue anfängt!

Danke für den Brief. Über die Tischordnungs-Diktatur habe ich mich amüsiert. Das findet sich schon noch. Daß der Papa die Mutter führt, ist aber so absolut selbstverständlich, daß man wirklich nicht daran rütteln kann. Und daß wir uns gegenübersitzen auch ...

Montag abend 6½ Uhr

Denk, vorhin habe ich in einer Sitzung von 25 Minuten 1) eine Goldplombe, 2) eine andere Plombe gemacht bekommen, 3) einen Weisheitszahn gezogen! Dieser Zahnarzt ist unerreicht. Ich werde immer hier zum Zahnarzt gehen und dem Papa die Rechnung (die auch unerreicht hoch ist) zukommen lassen. Er hat eine Einspritzung gemacht, mit der allerdings das Ziehen zum Kinderspiel wird. Ich bin noch ganz starr und ärgere mich nachträglich, daß man früher so unnötig dabei ausgestanden hat. –

Ich habe ein neues Ideal für Bücherbretter: Kleine, einzelne Bretter, etwa so (Zeichnung) friesartig nebeneinander an den Teilen der Wand, wo z. B. unten die Chaiselongue oder ein Stuhl steht, ev. auch ein Eck. Es sieht viel hübscher aus, als immer die großen Börte (die natürl. daneben vorhanden sein müssen) und läßt sie jederzeit auch untereinander hängen, also vergrößern etc. Besonders bin ich für diese Art, wenn man im Eßzimmer noch anbringen muß. Aber auch fürs Arbeitsz. Eventuell machen wir im Eßzimmer, an der Wand, die zum Erker führt, ein Brett mit Belletristik. Es sieht in Natura sehr hübsch aus, ich hab's hier gesehen neulich. Daß die Mutter gekränkt sein wird, glaube ich nicht. Sie weiß ja, daß immer die Stadt vorwiegt, in der die Hochzeit gefeiert wird ... Ich habe fast das Gefühl, als ob Du doch etwas wie Zurücksetzung empfindest bei der Wahl der Hochzeitsgäste. Leg Dir aber den Fall anders herum aus: Wenn die Feier in Heilbr. wäre, würde ich gar nicht dran denken, Frau Haas, Fr. Feist, Dominicus, Lene Bressl. etc. einzuladen. Vergiß aber nicht, daß eben der *Papa* das Fest gibt; er ist sogar etwas böse, daß ich Dehios, als seine Freunde, nicht bitten will.

Die Lampe billige ich Dir gern zu. Du mußt mir dafür noch sagen, ob Du die gewichtlose Eßzimmerlampe bezeichnet hast. Ich schreib' gleich an die Basler, aber vordem ihre Antwort da ist, kannst Du nicht gut bestellen.

Gut, Du brauchst Dich nicht zwischen den Trauungen umzuziehen. Und nun sag mir auch mal wieder »netti Sächle«, nicht *nur* Einrichtung. Magst mich noch? Ich Dich schon.

Deine Elly

Schöneberg, 12.3.08

Liebe Elli!

Gestern saß ich den ganzen Mittag im Reichstag und abends ging's gleich in eine Versammlung, so daß ich erst am späten Abend Deinen schönen großen Brief bekam. Ich fange jetzt auf der Redaktion mit der Antwort an.

Hochzeit betr.: Frau Naumann scheidet jetzt aus; am 11. heiratet eine Nichte von ihr, und deshalb machen sie nun Trennung: sie geht nach Leipzig, er zu uns. Vielleicht ist es gut, wenn Du bald an Ludwig schreibst, ob seine Braut kommt, damit man eventuell noch rechtzeitig Marie Senn oder Tante Marie in Speyer auffordern kann. Mir selber ist's wie gesagt ziemlich wurst, wer dabei ist; bloß erleichtert's die Stellung in der Familie, wenn man nicht die ganze Verwandtschaft umgeht.

Wilmersdorf

Redaktionskonferenz kam dazwischen; jetzt also Fortsetzung.

Die Ordnung der Bücherregale machen wir wohl am besten erst, wenn wir in der Wohnung drin sind. Soweit ich aus Deiner Zeichnung Deinen Wunsch ersehen kann, glaub' ich, daß die Bretter ganz nett sind. Ob sehr praktisch, weiß ich nicht: hängende Bücher haben leicht was Gefährliches. Für das Eßzimmer wohl diskutabel, im Arbeitszimmer aber bei den wachsenden Bücherbeständen aus Raumgründen kaum möglich. Da wird die Frage wahrscheinlich weniger wie, sondern ob man die Bücher unterbringt.

Der Umzug wird für mich einfacher, als ich geglaubt hatte, da Frau Feldmann doch erst am 28. ziehen kann. Da bring' ich mein Zeug schon vorher zum Königsweg. Ich bin mit der Bibliothek fast fertig; das nächstemal schick' ich Dir die Karten mit. Am Dienstag abend war ich bei Bulles in Lichterfelde: es war nett und harmlos. Gestern Reichstagsrede von Naumann; sehr sachlich, nicht gerade aufregend.

Und Dir, Liebe, wird's ein bißchen zuviel Einrichtungskorrespondenz. Ja das kommt halt so, wenn man sich das Nest ausdenkt, in dem man zusammen leben, arbeiten und glücklich sein will. Da denkt man, wo die Bilder hängen sollen und die Schränke stehen und wo der Sessel, wenn man seine liebe Frau auf den Schoß nimmt und liebkost. Das sind dann sehr wichtige Dinge. Sonst ja nicht. Ich denk' nie daran, wie die Wohnung für die anderen Menschen aussehen soll, sondern nur, wie für uns, daß wir uns wohlig drin befinden. Deshalb ist es auch schön, daß wir den Sommer vor uns haben; ich freu' mich so auf die Abende auf dem Balkon, auf den wir so zwei bequeme Gartensessel zum Halbliegen stellen, wenn die Dämmerung und die Nacht auf das weite Feld herabkommen.

Gelt, liebe Frau. Das wird dann alles von selber schön. Aber auch die Reise wird schön. Allein das, so zusammen mit dem liebsten Menschen acht Tage in dem kleinen Städtchen auszuruhen, von Arbeit und Winter und Vorbereitung und Erwarten, und dann in der Erfüllung glücklich sein. Dies, daß wir so viel schon von einander wissen, von Seele und vom Leib, gibt den Tagen eine frohe Sicherheit.

Ich wünsche nur viel frohe Sonne, daß wir uns draußen rumtreiben können. Freust Du Dich? Es ist so etwas merkwürdiges, dieses Vorauserleben in dem festen Rahmen des Wirklichen. ---

Von Katz ein Brief aus Straßburg; war er immer noch befangen, als er Dich besuchte? Marianne schickte die Maße: Schreibtisch: 1,25 × 65, Wäscheschrank 2,06 : 1,30 : 52.

Nun adieu, viele herzliche Grüße und liebe Küsse von

Deinem Dorle

Mein Liebster, *Straßburg, am 17. III. 08*

gelt, das war heut früh kein rechter Brief. Ich wollte nur, daß Du bald wieder schreibst. Wir waren bei der Mama, sind im Märzwald gegangen und dann war Polaczek mit Elses Schwester Grete zum Essen da, weil er heut umzieht. Der arme, ärmste Mann. In dieser neuen Wohnung heißt das eine Zimmer stets »Kinderzimmer«, alles war noch von ihr bestimmt und ausgedacht.

Dann hatte ich Schneiderin und Abschiedsbesuche zu erledigen. Dabei wieder nette Sachen profitiert. Blechbüchse zum Aufheben von Gutsel und Blechförmchen drin zum Ausstechen beim Backen und brav geschriebene Rezepte. – Die Leut' sind rührend. Es schenken mir manche nette Dinge, die ich nie dran gedacht hätte, zu beschenken.

Die Eßzimmer-Matte habe ich hier als Gelegenheit unglaublich billig bekommen, dabei *sehr* hübsch und vorzügl. Qualität. Ich lasse sie mir vom Philipp Geiger schenken (21,50 M). Ich finde, wir haben schon fast alle netten und wichtigen Dinge. Tante Mieze Bloch will uns Triumphstuhl stiften für den Balkon. –

Natürlich darf der Hermann nichts außer dem Bild schenken. Ich hatte dies im Moment einfach vergessen. –

Es kommen von Möbeln folgende Sendungen:

1 Am 1. April von Grünfeld in Berlin Bett fürs Mädchen, Bettzeug für uns, allerlei Kleinigkeiten dabei, Putztücher etc. –
2 Wäsche aus Thüringen, die sofort nachgezählt werden muß.
3 Wäscheschr. und Schreibtisch aus Halle.
4 Möbel, Schränke etc. von hier.

Herzliebster, meine Sehnsucht nach Dir ist jetzt fast weniger laut und unruhig, weil sie die Erfüllung so nah fühlt. Es ist so schön, so aufeinander zuzugehen. Als ob ich Dich von weitem sähe, nur noch nicht die lieben Züge unterscheiden könnte, aber mit jedem Schritt wird's ein wenig klarer. Ich hätte nie geglaubt, daß eine so große Ruhe in mir sein würde, wenn's ans Abschiednehmen geht.

Gute Nacht...

Wilmersdorf, 24.3.08
Abends 11 Uhr

Meine liebste Elli!

Eben komm' ich heim. Am Nachmittag hat Naumann eine scharfe Rede gegen Bülow im Reichstag gehalten. Als das vorbei war, hab' ich die Schlußverhandlungen des Journalistenstreiks mitgemacht und bin nachher mit Frank in politischen Betrachtungen zusammengesessen. Deshalb kommt der Brief etwas zu spät.

Die Vorhangmuster sind am Montag gekommen und gehen morgen mit Bibliothekskarten als besonderes Paket weg. Aussuche will ich noch mal morgen früh halten. Die Fenstermaße auf dem Extrazettel. Den Hausherrn wollt' ich schon ein paar mal, durch Telefon und Besuch, zur Besichtigung der Wohnung kriegen. Hoffentlich hat er's nun heut mittg. getan. Die Heilbronner Möbel sind gekommen, eh ich den Schlüssel hatte; warten nun in einem leeren Laden der Nachbarschaft auf starke Männer.

Am Freitag zieh ich hier aus. Beim Bücher auspacken u. s. f. hilft M. W. und einer unserer Hausknechte vom Geschäft. Ich hoffe, schon zu Streich zu kommen, bis ich wegfahre und lad' mir natürlich jetzt keine unnötigen Aufgaben auf. Die definitive Bücherordnung machen wir dann, wenn es Dir recht ist, erst wenn Du dabei bist, und wir übersehen können, ein wie großes Regal wir noch brauchen.

Vom Neuen Tagblatt bekam ich 108 Mk Honorar, von Heims 10 Mk für Sessel. Das erste Kitschgeschenk ist jetzt auch da: Pia Weinheimer geb. Heim stickte mit vieler Mühe und Seidenfäden einen Blumenzweig auf ein Kissen. Ihre Mühe ist rührend. Sie erwartet nächstdem ihr erstes Kind.

Woran es hängt, ob Hedwig M. kommt, weiß ich nicht. Ich denke, daß Ludwig Dir bald schreiben wird. Und dann hoff' ich doch so sehr, daß Tante Lella kommen kann, denn sie gehört unbedingt dazu. Ich will auch, daß sie und die Mutter sich kennen lernen, denn ich glaube, sie werden sich schon verstehen. Aber Du darfst Dich jetzt bitte nicht auf den Gedanken festsetzen, daß Tante Lella und Ottilie fehlen werden und dann die ganze Freude des Tages ins Wasser falle.

Nun ade, mein Liebes. Ich werd' schon zu Streich kommen. Und Du sorgst auch dafür, daß Du nicht überanstrengt wirst in nächster Zeit.

Und besinn Dich mal über Möbelstellen in Eß- u. Fremdenzimmer.

Herzliche Grüße und Küsse
Dein Dorle

Bei den billigen Hängelampen gab es keine mit innerem Zug, bloß eine mit Rosenornamenten. Da mir der Kolben in der Mitte aber auch einleuchtet, hab' ich eine von entsprechenden Formen in der Preislage 60 genommen. Dann setzen wir eine Ampel auf Conto Ludwig.

Straßburg, am 24. III. 1908

Herzliebster, gestern habe ich wahrhaftig vergessen, daß sozusagen unser »Verlobungstag« war. Aber sophistisch rechne ich aus, daß der Kuß auf der Treppe wohl nach Mitternacht war, folglich heute erst sich jährt. Heut vor einem Jahr kamst Du dann morgens mit der Goldhaube und glückseligen Augen, und ich war ein bißchen ängstlich, ob ich wohl eine schlimme Sache gemacht hätte und nahm mir vor, Dich auf den Pfad der Freundschaft und Tugend zurückzuführen. Und morgen ist's dann ein Jahr, daß diese meine Absicht unter dem ersten Sturm Deiner Zärtlichkeit unterging. Oder nein, das war erst am 26. – als Lulu v. Strauß weg war. Die Tage dazwischen sahen wir uns kaum allein. Aber jedenfalls habe ich noch nicht gedacht, daß ich ein Jahr später bereits meine Sachen packen würde und in unsere Wohnung schicken. Es ist uns doch ungeheuer gut gegangen, Liebster, daß wir nicht so lange, wie wir fürchteten, ohne einander noch leben mußten. – Denk, Herz, eben lese ich in meinem Hilfe-Kalender von letztem Jahr nach und finde, daß ich gerade am 11. April zum ersten Mal so ganz ohne allen Zweifel sicher war, daß wir zusammen gehörten. Es war nach Naumanns erster Reichstagsrede, den Abend bei Dir bis ½ 12 Uhr. Da habe ich zum ersten Mal auch nachher beim Alleinsein ganz überwältigend stark und alle Zweifel besiegend meine Liebe zu Dir erkannt. Diese Nacht – bei Frau Feist – werde ich nie vergessen. Es war wie ein Wunder. Grad ein Jahr später wird es unsere Hochzeitsnacht.

Du siehst, ich lebe ganz in Erinnerung und in Zukunftsträumen. –

In Basel habe ich das Mamli mit sehr bösem Auge verlassen und fürchte sehr ihre Absage. Das wäre hart für mich! In Freiburg habe ich bei Gütschows gegessen und Tilla Feist begrüßt. Hier fand ich einen freundlichen Brief von Tante Marie, zusagend, vor, eine mit Blei auf einer Postkarte geschriebene Zusage von Ludwig und Hedwig (die ich dem Papa unterschlagen werde, die Karte meine ich) und einen halben Zusagebrief von Stotzle. Er zweifelt scheint's, ob er Urlaub kriegt. Schreib ihm noch mal, er *müsse* kommen. Es ist ja schrecklich, wenn alle nahstehenden Freunde Schwierigkeiten machen. Lesser kommt wirklich nicht, trotzdem ich noch mal schrieb. Keine Zeit. –

Morgen kommen also die Packer. – Ich wollte, ich könnte mich in dem Schrank verstecken, und beim Auspacken fändst Du mich, und ich könnte helfen.

Ade Lieb.
Deine liebe Frau. –

Straßburg, 28. März 08

Mein Liebster,

also nun bist Du bei uns in der Wohnung. Das geht mir noch gar nicht ganz ein. Aber da's wieder ein starkes Stück voran bedeutet, freu' ich mich sehr und sag' Dir in unserer Fremdenstube Grüßgott. Gelt, da schläfst Du doch? Denk es wäre mir geradezu unlieb, wenn Du allein in unserem Schlafzimmer wärst. Es ist eigentlich dumm von mir!

Deine Karte kam grad', als ich ein bißle ärgerlich an Dich schrieb. Nämlich Dein Paket war heut gekommen und Du hast die Nr. der Vorhangproben falsch geschrieben. Zwei stimmen (darunter das einfarbige Goldgelb). Die beiden andern angegebenen existieren nicht, Du mußt Dich verschrieben haben. An der Sucherei hatte ich etwa eine Stunde verloren, während es mit angesteckten Zettelchen so ungeheuer einfach gewesen wäre. Auch weiß ich nicht, ob gelb gut zur Tapete steht. Aber da Du's gewählt hast, bestelle ich's jetzt wohl und als Ersatz das von mir ausgewählte etwas dunklere Gelb.

Aber denk, ich fürchte, wir müssen dem Wirt mitteilen, daß wir die Tür verhängen wollen. Denn ohne Nägel einschlagen, Stangen etc. geht's doch nicht ab. Ich fürchte, von der Seite dieses edlen Mannes blüht uns noch allerlei Unheil. Bleib nur fest in der Tapetenfarbe. –

Also das Vorhangärgerchen ist längst verflogen. Ich freu' mich nun furchtbar auf Deinen ersten Brief aus der Wohnung. Du arms Büble, wer hilft Dir denn am 1. April die Thüringer Wäsche nachzählen? Sie *muß* nämlich gezählt sein, ehe man bezahlt. Es kommen zu leicht Irrtümer vor. Auch die Grünfeldsachen kommen am 1. – Meine Möbel erst am 4. oder allerspätestens 6. Du kriegst noch Nachricht.

Nämlich es gibt eine Gelegenheit »mit anderer Leute« Möbel im Möbelwagen, also ohne umzuladen, sie zu senden. Das ist sehr vorteilhaft. Für einen eigenen Möbelw. war's zu wenig. –

Wenn der Wirt mit dem Türverhängen Schwierigkeiten macht, tun wir's nur auf der Eßzimmerseite. Im Fremdenz. ist's schließlich kein Unglück. Ein Fell unter meinen Schreibtisch ist angekommen und ganz entzückende russische Handarbeiten, Decken etc., ein ganzer Berg von der Tamara. Sonst noch Kleinigkeiten, Kristallschalen und ähnliches. –

Tante Lella ist in der Augenklinik, schrieb ich das schon? Sie haben ihr die schrecklichsten Sachen gemacht, den Augapfel von innen mit Gottweißwas gespritzt und gebrannt. Angeblich soll damit mehr Hoffnung sein, daß es bald vorüber sein wird, die Entzündung, und sie auf die Hochzeit doch kommen könnte. Aber mir scheint es *sehr* unwahrscheinlich. Sie hat sich hauptsächlich deshalb auf diese Gewaltkur eingelassen. –

Stotzle würde ich auch sehr entbehren. Wer macht dann eine Schnitzelbank? Hat Hermann die nötige Unbefangenheit dazu? Der Papa ist immer begeistert von so was. Stupf den Hermann mal. –

Ich habe unsere Briefe nun alle geordnet und in Deinen manches nachgelesen. Es ist so seltsam zu sehen, wie fremd einem alles schon vom letzten Jahr her ist. Wie anders wir zuerst noch standen miteinander. Aber ich glaube, später werden wir über die Briefe der allerletzten Zeit nur lachen, so prosaisch haushaltlich werden sie.

Liebs, die Tante Amalie Harnack, Fasanenstr. 33 hat vor, mir das nötigste Küchenzeugs zu kaufen (nicht zu schenken), ehe ich komme. Sie hilft überhaupt sehr lieb. Zugleich bittet sie sehr, Du möchtest Dich auf einen Abend zum Essen anmelden. Bitte tu's recht bald. Er ist fort; Agnes ist da, macht grad' das Abitur. – Bitte telefoniere auch sofort an Frl. Giercke, warum sie denn gar nichts mehr hören läßt. Man muß doch das Mädchen jetzt mieten. Es beängstigt mich ordentlich . . .

Fortsetzung unter »2 Uhr«.

Berlin-Schöneberg,
Königsweg 6a
29. 3. 08

Liebe Elli!

Jetzt hab' ich also die erste Nacht im neuen Haus geschlafen und zwar gut geschlafen, wenn auch in einem Durcheinander von Kisten, Büchern, Koffern.

Am Freitag hab' ich die Bücher noch hergebracht; natürlich ließ mich der Packer von 1 bis ½ 6 warten; wir arbeiteten dann bei Naumannschen Lampen bis ½ 10 Uhr. Es ist einstweilen alles – außer dem Bett – im Erkerzimmer abgelagert, da mich natürlich auch die Scheuerfrau im Stich ließ. Morgen wird Fremden-, Schlaf- und Arbeitszimmer gereinigt und dann stell' ich die Bücherbretter auf. Ich lasse sie glaub' ich ganz in der Nähe des Fensters beginnen, dort eine kleine Lücke für die Büste, die die Mutter nun doch mitgeschickt hat. Wir müssen dann doch noch gleich ein Bücherregal wohl machen lassen. Was für eins? Am Samstag gelang es mir mittags nach langem vergeblichem Bemühen, zwei Männer, die auf einem leeren Möbelwagen vorbeifuhren, anzuwerben, mir die Heilbronner Sendung heraufzuschleppen. Sie verlangten dafür dann sechs Mk. Bis jetzt hat mich der Umzug bereits 30 Mk gekostet, die Hlbr. Möbel nicht gerechnet.

Katz ist wieder einmal hier; er wird Deinen Vater um eine Empfehlung an Helferich bitten. Die Wahl des Schreibtischstuhles überläßt er anständigerweise mir.

Mit Marie Senn hab' ich gestern eine Messinglampe für den Schreibtisch gekauft (21 Mk) und einen Messingleuchter fürs Fremdenzimmer (4 Mk). Salzer sandte einen so weit netten kupfernen Weinflaschenuntersatz.

Jaeckh schreibt, daß er etwa 100 Mk zusammen habe, von wem ist mir unklar; weiß auch nicht, ob er das mir direkt gesandte Geld dabei mitgerechnet hat. Die Berta hat in der letzten Woche eine Fehlgeburt gehabt; sie war im vierten Monat schwanger. Sie tut mir sehr leid, da sie so sehr gern noch mehr Kinder hätte. Sie ist jetzt außer Gefahr. – Ihre Schwester, das Luisle, der Trost der Wahlzeit, hat sich vor ein paar Tagen auch verlobt.

Noch vielen Dank für Deinen lieben Brief, der so freundlich war zwischen der Hetz und dem Staub und dem Hämmern. Ja, den Tag hab' ich vergessen, und das wär' unverzeihlich, wenn ich jetzt nicht so den Kopf voll hätte. In Frankfurt wird die Partei wahrscheinlich verkrachen; ich bin in der angenehmen Lage, dabei gegen Naumann zu stehen. Ich ringe jeden Tag um seine Seele, aber der Teufel der Fraktion hat sie schon.

Adieu Liebes. Ich hoff' bloß, daß in 14 Tagen auch so wundervoller Sonnenschein ist wie heut. Mit was für Augen werden wir dann die Welt ansehen!

Ganz Dein
Dorle

2 Uhr

Danke für den Brief. Aber der Bankrott, den Du für Frankfurt prophezeist, ist eigentlich ein haarsträubender Anfang unserer Ehe. Wirtschaftlich leben wir doch auf einem Vulkan! Ich kann nix dazu sagen, als daß ich das gute Vertrauen habe, wir beide werden schon nicht verhungern. Ich soll jetzt eine zweite Stunde in der Viktoriafortbildschule geben, fünf M. Macht 11 M wöchentl.

Zur Wohnung:

Ich würde entw. mit dem neuen Bücherbrett noch warten, jedenfalls bis meine ankommen. Dann ein einfaches bestellen, kleine Abstände, Höhe entweder wie meine oder wie Deine. Die Büste erbitte ich mir in den Erker, nicht? Sie gehört doch zu mir. – Das Geld für Packer etc. bekommst Du zurück. Notiere alles! Den Schreibtischstuhl von Katz kapiere ich noch nicht ganz. Wird's Deiner oder meiner? Meiner ist bestellt in Dresden. Ich fände es fein, wenn ich ihn nicht selber bezahlen müßte. –

Naumann könnte uns doch einen Klubsessel schenken, aber sag dazu *rot*. Dann kaufen wir von dem Heilbr. Geld einen bequemen anderen, etwa wie die Abbildung.

Oder Teppich von Naumann. –

Ich finde, daß er oder seine Frau mir auf die Einladung hätten antworten können. Das tut man doch. Hermann und Tante Marie sind die einzig höflichen. Ich bin sonst nicht so aufs Äußerliche, aber die Karte von Ludwig und Hedwig »wir werden anrücken« ärgert mich doch. – Papa hat an Lesser geschrieben, daß er kommen soll. Ich weiß genau, daß ich sonst mein Leben lang an diese Fletzigkeit denken muß, wenn er aus Bequemlichkeit nicht kommt. – –

Nun ade mein liebster Mann. Grüß meine Wohnung.

Kriegst Du nicht arge Sehnsucht nach mir, so allein in den großen Räumen? Hilft Dir die Frau Feldmann?

Ade liebs Herz
Deine Elly.

Straßburg, am Samstag, 4. April 08

Mein Liebster,

ich habe Dir eigentlich nichts zu schreiben, als daß mein Brautkleid entzückend ist. Wirklich *ganz* geglückt. – Ich freu' mich, was Du sagen wirst. Im übrigen bin ich immerzu in Gedanken bei Dir und helfe Dir. Und könnte 100 Seiten mit Fragen füllen, die ich aber alle brav unterdrücke. – Denn wo sollst Du die Zeit hernehmen, sie zu beantworten?

Es ist jetzt alles besprochen und geregelt. Sogar der Küster war heut früh da; noch nicht betrunken, das ist er erst nachmittags. –

Nun haben wir zum letzten Mal allein zusammen gegessen. Heut abend ist schon Frl. Schiller dabei. Der arme Papa hat jetzt grad' noch eine Halsentzündung erwischt. Wenn's nur bald besser wird!

Morgen kommt die Marianne. Der Ernst kommt nur auf zwei Tage über die Hochzeit. Aber er kommt!

Aus Basel keine besseren Nachrichten. Tante Lella ist noch in der Klinik. Es ist sehr hart für sie und für mich! Ich glaube kaum, daß sie bis in acht Tg. reisefähig sein wird.

Liebling, ich freu' mich so, daß jetzt der bekannte Aprilsturm mit Regen da ist. Dann ist er vielleicht bis in acht Tg. vorüber. Wir *müssen* doch gutes Wetter haben! Auf der Herfahrt mußt Du unsere Reise fixieren. –

Eben kam Dein Brief. Gottlob, daß nun alles voran geht.

An die Tapete werde ich mich wohl nach und nach gewöhnen und nicht immer die roten Flecken zählen ... Verzeih Herz, ich weiß, man kann nach so einem Stückchen nicht urteilen. Aber daß Du diesen Ton »warm« nennst, verblüfft mich. Ich find's unter dem Gefrierpunkt kalt.

Du Guter, daß Du mit Marg. W. den Wäscheschrank gemacht hast. Wenn die Lisa sich Dir anbietet, so sag nur nicht nein. Denn sie ist das praktischste und flinkste Frauenzimmer, das ich kenne.

Die gute Elsa Walter kennt mich aber arg schlecht (und Du auch), wenn sie meint, ich ließe mir von Frau Harn.(ack) meine Küche kaufen. Von keinem Menschen auf der Welt tu ich das. Nur ein paar Besen, Eimer, Wassertopf etc., damit ich die ersten zwei Tg. kochen kann.

Mein erster Gang wird der ins Küchengeschäft. Bitte schreib, ob überhaupt nur 8 Kissenbezüge da sind oder 8 mit Spitze und 4 ohne. So sollte es sein. Du schreibst »nur 8 mit entre-deux«. Gelt, das schreibst Du mir gleich, denn ich muß dann reklamieren. Und so schwer es mir fällt, ich muß noch mal bitten, das kleine schwarze Oktavheft »Aussteuer« zu suchen, wenn Du die Bücherkiste auspackst. Ich kann sonst nicht mit Papa abrechnen und keine Vorhänge bestellen . . .

Nein Liebling, ich werde nicht müd' und kaputt sein an dem Tag, auf den wir uns so lange freuen. Nur grad' vorgestern, als ich Dir schrieb, hat nichts geklappt, weder hier noch bei Dir. Da ist mir's ganz Angst geworden.

Jetzt bin ich wieder selig vor Freude und Erwartung. –

Deine liebste Frau
Elly

Ich lasse der Marg. W. viel-vielmals danken.

Postkarte!

Liebe Elli! *5. 4. 08*

Diese Karte ist zufällig anwesend, sonst keine. Ich will Dich nur bitten, falls Du's noch nicht getan, sofort an Grünfeld zu schreiben. Außerdem eine Karte an Naumann, daß er weiß, wann er da sein soll, da er eventuell Freitag abend in Neustadt reden will. Gestern früh kamen die Dresdener Möbel; ich hab' den ganzen Tag gehämmert. Hoffentl. läßt das Straßburger Sach nun auch nicht mehr auf sich warten. Es ist hier, aber der Spediteur ist ein elender Bummler. –

Am Freitag abend bei Harnacks, sehr nett, er u. die Tante Nanni waren auch da. Eins ist mir noch nicht klar: Gardinen im Schlafzimmer. Die müssen doch da sein, wenn wir zurückkommen . . . Sonst geht's gut. Am Donnerstag abend hab' ich Dich dann.

Herzl. Gruß
Dein Dorle

Heute ist Hämmerpause, weil ich mich bei den Hausleuten nicht schlecht einführen will.

Straßburg, am 5. April 08
Sonntag nachm.

Liebster Mann,

zuerst muß ich berichten, daß das Aussteuerbüchlein sich hier gefunden hat in einem Schrank, wo ich die hierbleibenden Bücher, Kinderbücher etc. hingestellt habe. Es ist schauderhaft dumm von mir. Also verzeih den doppelten Blödsinn! Ich bin froh, daß es endlich wieder da ist!

Was magst Du jetzt am Sonntag nachm. machen? Bei uns ist's so, daß Frl. Schiller da ist, ganz nett, ganz natürlich, nicht hübsch, aber auch nicht häßlich; Papa hat einen ganz guten, tröstlichen Eindruck. Mehr kann man noch nicht sagen.

Alle meine Gedanken sind bei Dir und in der Wohnung. Ich denke mir, daß ich jetzt nicht die weißen Vorhänge mit Gelb ins Eßz. hineinnehme (wie ich Dir's für Fremdenz. in Grün-Blau schickte), sondern eher mit Rot, Rosa-Rot. Das sieht glaub' ich zur Tapete hübscher aus. – Aber ich weiß noch nicht genau.

Bitte lasse den Theetisch von einem der Packer wieder zumachen. Oder kannst Du's selbst? Er muß umgetauscht werden, denn ich habe hier grad' so einen stehen! Der Mann hat geschrieben, er täte es. – Sag, wenn nun Sachen kommen, während niemand in der Wohnung ist. Wo kommen sie dann hin? In die »Hilfe«? Geht das? Oder haben wir einen Portier? Ich muß das unbedingt wissen, wegen der Bestellungen. –

Furchtbar neugierig bin ich, was Du zum Büffet sagst. – Den Teppich und die Eßz.-Matte habe ich noch nicht mitgeschickt. Man kann's hier an der Hochzeit so gut brauchen, und Du wirst sie noch nicht entbehren. – Nur das unsichere Gefühl mit der Magdaffäre beunruhigt mich jetzt sehr. Im übrigen geht's mir gut, und ich fühle immerzu den inneren Jubel, daß wir uns nun sehr nah sind!

Deine Elly

Am 11. April 1908 traut Albert Schweizer Theodor Heuss und Elly Knapp in Straßburg.

Schloß Mildenburg über Miltenberg;
Zeichnung von Theodor Heuss auf der Hochzeitsreise im April 1908.

ANMERKUNGEN

27 *Stotzle:* Gustav Stotz (1884–1940), Jugendfreund von Theodor Heuss, ebenfalls aus Heilbronn stammend, mit ihm seit der Münchner Studienzeit eng verbunden.

Amberg: Adolf Amberg (1874–1913), Bildhauer, Freund von Theodor Heuss.

28 *Flaischlen:* Cäsar Flaischlen (1864–1920), schwäbischer Schriftsteller.

Naumanns: Friedrich Naumann (1860–1919).

Katz: Eugen Katz (1881–1937), Freund von Theodor Heuss, Mitglied des Naumann-Kreises, Kollege von Heuss in der Redaktion der »Hilfe«.

29 *»daß Freunde seiner schonend sich erfreuen«:* Tasso in Goethes »Torquato Tasso«, 1. Aufzug, 3. Auftritt.

Whitman: Walt Whitman (1819–1892), amerikanischer Lyriker. Der junge Theodor Heuss apostrophierte ihn als den »amerikanischen Rhythmiker und Sänger der Demokratie, der Gesundheit, der Entwicklung«; er sei »eine alte Liebe von mir«.

30 *Theorie des Geldes:* »Die staatliche Theorie des Geldes« war das Hauptwerk des Nationalökonomen Georg Friedrich Knapp (1842–1926), des Vaters von Elly Knapp, 1905 erschienen.

Ada von Roeder: Freundin von Elly Knapp.

31 *»Und Pippa tanzt«:* Stück von Gerhard Hauptmann, 1906.

Erna W.: Erna Woenckhaus, Bekannte von Theodor Heuss in Berlin.

Anna Karenina: Roman von Leo Tolstoi (1828–1910).

bei Dalbelli: italienisches Weinlokal in der Bülowstraße.

32 *»Tägl. Rundschau«:* »Tägliche Rundschau«, bürgerlich-freisinniges Blatt aus dem Mosse-Verlag, später Organ Stresemanns und der Deutschen Volkspartei.

»Tageblatt«: »Berliner Tageblatt«, große bürgerlich-liberale Zeitung, ebenfalls aus dem Mosse-Verlag.

Blochs: Freunde von Elly Knapp aus Straßburg.

bei Cäsar: Cäsar Flaischlen, siehe Anmerkung zu Seite 28.

Alfred Kerr: Berliner Theaterkritiker (1872–1948).

Lis Niemeyer: Malerin (1872–1963), Tochter des Verlegers Max Niemeyer in Halle, mit Theodor Heuss seit dessen Münchener Zeit befreundet.

Harnacks Wesen des Christentums: »Das Wesen des Christentums«, 1900 erschienene Vorlesungen des evangelischen Theologen und Kirchenhistorikers Adolf von Harnack (1851–1930); seine Frau war mit Georg Friedrich Knapp verwandt.

33 *Whsen. und Gerl.:* Friedrich Weinhausen (1867–1925), liberaler Politiker, Generalsekretär der Freisinnigen Vereinigung; Helmut von Gerlach (1866–1935), Publizist, Reichstagsabgeordneter; beide gehörten zum Kreis um Friedrich Naumann.

Frau Dr. Geiger: Carolina Geiger-Knapp (1842–1909), Zwillingsschwester von Ellys Vater, genannt »Tante Lella« oder »Mamli«.

nach Stuttgart: zum 9. Deutschen Historikertag.

Papas Vortrag: Georg Friedrich Knapp sprach in Stuttgart über »Die rechtshistorischen Grundlagen des Geldwesens«.

Tante Mieze: Frau Bloch.

nicht nach Berlin: Anspielung auf die süddeutschen Vorbehalte gegen das preußisch-moderne, zur Metropole des Reiches gewordene Berlin, die für Heuss, Elly Knapp und ihre Freunde durchaus noch eine Rolle spielten.

Lies N.: siehe Anmerkungen zu Seite 32.

34 *Allerlei:* Rubrik der »Hilfe«.

35 *Soz. Praxis:* »Soziale Praxis. Centralblatt für Sozialpolitik«, sozialreformerische Zeitschrift, zunächst herausgegeben von Ignaz Jastrow, seit 1897 von Ernst Francke.

In Tiflis Häuser zu erben: Elly Knapps Mutter Lydia geb. Karganov (1849–1925) stammte aus einer georgischen Adelsfamilie.

36 *meine Schule:* Fortbildungsschule für Mädchen, die von Elly Knapp mitbegründet worden war und an der sie nun wieder unterrichtete.

Ali Salomon: Alice Salomon (1872–1948), führende Gestalt in der deutschen Frauenbewegung, Wegbereiterin der sozialen Frauenarbeit, begründete 1904 in Berlin die erste »Soziale Frauenschule«.

37 *Odilienberg:* Berg am Vogesenrand südwestlich von Straßburg.

38 *an das erste Kennenlernen:* auf einer der Wanderungen, die Heuss' Vater mit seinen Söhnen in den Ferien unternahm, hatte Theodor Heuss – wie er in seinen Jugenderinnerungen berichtet – auch den Odilienberg besucht.

den alten Huhn: der alte, sinnenverwirrte Glasbläser aus Gerhard Hauptmanns »Und Pippa tanzt«.

Jahrhundertausstellung: Ausstellung deutscher Kunst aus der Zeit von 1775 bis 1875 in der Nationalgalerie in Berlin, vom Januar bis Mai 1906.

39 *Mein Weinbaubuch:* Theodor Heuss' Dissertation »Weinbau und Weingärtnerstand in Heilbronn a. N.«, erschienen 1906.
Lesser: Ernst Josef Lesser (1879–1928), Verlobter von Ellys Schwester Marianne, Physiologe, Professor in Halle.

40 *»Museumsbau«:* das sogenannte »Obere Museum« in Stuttgart, Gesellschaftshaus an der Ecke Kanzleistraße/Rote Straße, der jetzigen Theodor-Heuss-Straße, 1944 zerstört.
Weil der Stadt: Kleinstadt westlich von Stuttgart, Geburtsort des Astronomen Johannes Keppler.

41 *Südd. Monatshefte:* »Süddeutsche Monatshefte«, seit 1904 erscheinende politisch-literarische Zeitschrift, zu deren Mitgründern Friedrich Naumann zählte.

45 *Zweibrücken:* Verwandtschaft von Theodor Heuss' Mutter.
zwei Kirrmeiers Mädle: Töchter des Fabrikanten Franz Kirrmeier, Freund der Familie Heuss.
meinem Bruder: Theodor Heuss hatte zwei Brüder, Ludwig (1881–1931), später Stadtarzt in Heilbronn, und Hermann (1882–1952), später Architekt.
den zwei Frauen: Heuss' Mutter und eine Cousine.
den zweiten Teil: Theodor Heuss betreute in der »Hilfe« den zweiten, literarisch-kulturellen und unterhaltenden Teil.
der Arbeitsnachweis: Der Begriff steht für die Anfänge der Arbeitsvermittlung und den Streit um ihre Organisation. Wegen des weitreichenden Einflusses, der Lösung dieser Frage in bezug auf die Machtverhältnisse zwischen Arbeitgebern und Arbeitnehmern zugesprochen wurde, spielte sie damals eine große Rolle in den Überlegungen der Sozialpolitiker. Denn erst allmählich setzte sich die Auffassung durch, daß es sich dabei um eine öffentliche Aufgabe handele. Anspruch auf die Arbeitsplatzvermittlung erhoben auch die Arbeitgeber, Gewerkschaften, dazu gewerbliche Vermittler; die Liberalen vom Schlage Naumanns setzten sich für kommunale Vermittlung ein.

46 *die Giocondanotiz:* kritische Betrachtung über die Hochschätzung von Leonardo da Vinci's »Gioconda«, erschienen in »Die Hilfe« vom 24. Juni 1906.
die Dominikusse: Alexander und Helene Dominicus, Freunde von Elly Knapp; Dominicus (1873–1945) war Beigeordneter in Straßburg, später Bürgermeister in Berlin-Schöneberg, seine Frau eine Schulfreundin von Elly.
Der ganze glückselige letzte Sommer: Elly Knapp hatte im Sommersemester 1905 an der Universität Freiburg Volkswirtschaft studiert.

das »Lädlemachen«: Herstellung kleiner Kartons zu Verpackungszwekken, typische Heimarbeit in Lahr, betrieben vor allem von Frauen und Kindern.

Schulze-Gävernitz ... Fuchs und Liefmann: Gerhard von Schulze-Gävernitz, Carl Johannes Fuchs, Robert Liefmann, Professoren der Nationalökonomie in Freiburg/Breisgau.

zu ihm aufs Gut: Schulze-Gävernitz besaß ein Gut in Schlesien.

48 *Fest im Knabenhort:* Elly Knapp arbeitete als »Buwe-Mamselle« (Buben-Fräulein) in diesem, von elsässischen Kindern besuchten Hort mit.

Engler: Wilhelm Engler, Gewerkschafts- und Parteisekretär der SPD.

Revisionist: Anhänger jener Strömung in der SPD, die darauf setzte, die Gesellschaft schrittweise zu verändern; sie verfügte vor allem in Süddeutschland über Einfluß.

49 *Kunstwart:* Zeitschrift für Kunst und Literatur, herausgegeben von Ferdinand Avenarius; für die Zeit der Jahrhundertwende, wie Theodor Heuss in seinen »Erinnerungen« anmerkte, »eine geistige Macht in Deutschland«.

50 *Adresse von K.:* Katz.

zur Wanderrednerin avanciert: Elly Knapps Beschäftigung mit der Heimarbeit – sie hatte sich während ihres Berlin-Aufenthaltes an der Vorbereitung einer Ausstellung beteiligt, die auf die Probleme dieses Erwerbszweiges hinweisen wollte – brachte ihr Vortragseinladungen u. a. nach Tübingen, Heilbronn, Mannheim.

bei Hirschs: Industrieller in Mannheim.

Versailles ist das beste: »Die Gärten von Versailles«, Feuilleton von Theodor Heuss in »Die Hilfe«, 30. Juni 1906.

51 *von starken Meunier-Männern:* Constantin Meunier (1831–1905), belgischer Maler und Bildhauer, bekannt geworden durch seine heroisierenden Darstellungen des arbeitenden Menschen.

54 *von Dehmel:* Richard Dehmel (1863–1920), Lyriker.

auf Dresden: Hinweis auf den Plan, die Deutsche Kunstgewerbe-Ausstellung in Dresden zu besuchen.

60 *die Ausstellung:* Die dritte Deutsche Kunstgewerbe-Ausstellung.

61 *die Verhandlungen:* Kongreß über evangelischen Kirchenbau, der im Zusammenhang mit der Kunstgewerbe-Ausstellung veranstaltet wurde.

62 *das Allerlei fertig abgeschrieben:* Reiseskizze »Zwei Fahrten in Holland«, die dann in der »Hilfe« vom 23. September 1906 erschien.

am »roten Sonntag«: 21. Januar 1906. Der Tag war von der Sozialistischen Internationale zum Gedenktag für die Opfer des »Blutsonntags«

von St. Petersburg bestimmt worden, bei dem im Jahr zuvor Militär eine friedliche Demonstration vor dem Winterpalast zusammengeschossen hatte; mit ihm begann die Februar-Revolution von 1905. In Preußen kündigten die Sozialdemokraten für diesen Tag Protestversammlungen gegen das Dreiklassen-Wahlrecht an. Darauf antwortete das Militär mit der Drohung, auf eventuelle Barrikaden werde geschossen. Der Parteivorstand bestritt, daß Straßendemonstrationen geplant seien. Der »rote Sonntag« verlief dann ohne Zusammenstöße.

63 *Hohmann:* Georg Hohmann (1880–1870), Freund von Theodor Heuss, Anhänger Naumanns, später Professor für Orthopädie. Zusammen mit Eugen Katz hatte er Heuss dazu bewegt, zum Studium zu Lujo Brentano nach München zu gehen.

65 *meine Geschichte:* Elly Knapps langjährige Bindung an Walter Leoni (1879–1914), Beigeordneter in Straßburg.
Luzie: offenbar Lucie Kirrmaier.

69 *Freund Bayer:* H. G. Bayer, liberaler Journalist.
nicht nach Dresden: Theodor Heuss und Elly Knapp hatten vereinbart, sich auf Ellys Rückreise von Crainsdorf nochmals in Dresden zu treffen.

70 *Patriakapitel:* »Patria«, Jahrbuch der »Hilfe«.

72 *Ludwig:* Bruder von Theodor Heuss.

73 *der Neckar-Zeitung:* Die Zeitung in Heilbronn, für die Theodor Heuss seine ersten Beiträge schrieb.
Erste Schulstunde: siehe Anmerkung zu Seite 36.
meine acht Vorträge: Vorträge vor Armen- und Waisenpflegerinnen über sozialpolitische Themen, die Elly Knapp übernommen hatte.

74 *die Naumann-Notiz:* Beschreibung einer Federzeichnung von Marianne Knapp in »Die Hilfe« von 16. September 1906.

78 *Lulu v. Strauß:* Lulu von Strauß und Torney (1873–1956), Erzählerin und Lyrikerin; Theodor Heuss hatte sie während seines Studiums in München kennengelernt.
in Freiligrath: Ferdinand Freiligrath (1810–1876), Lyriker, Verfasser vor allem von politisch-radikalen Gedichten.

79 *Der alte Lexis:* Wilhelm Lexis (1837–1940), Nationalökonom.
meinen Namen: Heuss hatte Elly Knapps Reise-Feuilleton »Zwei Fahrten in Holland« mit »E. Knapp« gezeichnet.

80 *Bürgermeisterwahl:* die Wahl des jugendlichen, sozialreformerischen Rudolf Schwander (1868–1950) zum Bürgermeister von Straßburg.

82 *von 111 Stunden:* Heuss war bei der Hochzeit von Freunden in Heilbronn gewesen.

in der hohen Politik der württembergischen Landtagswahlen: gemeint ist die Wahl vom Dezember 1905, der ersten Wahl nach der im gleichen Jahr abgeschlossenen Verfassungs- und Wahlreform, mit der die zweite Kammer des Landtags zur nach Listen- und Verhältniswahlrecht gewählten Volkskammer wurde. Heuss versuchte für diese Wahl Wahlbündnisse mit den Demokraten zugunsten der Nationalsozialen zustande zu bringen.

84 *Dr. Jaeckh:* Ernst Jaeckh (1875–1955), liberaler Publizist und Politiker, damals Chefredakteur der »Neckar-Zeitung«.

Mein Bruder: Hermann.

Begas angucken: Reinhold Begas (1831–1911) Bildhauer, Schöpfer von Denkmälern und Plastiken des kaiserlichen Deutschlands, unter anderem des Bismarck-Denkmals in Berlin.

85 *aus der schwäbischen Landeskirche ausgetreten:* Heuss' Freund Stotz trug sich mit dem Gedanken, aus der Kirche auszutreten – »eine Bocksidee aus Langeweile«, die, wie Heuss spöttisch anmerkte, »mit religiösen Konflikten« nichts zu tun habe.

»Tod des Tiberius«: Ballade von Emanuel Geibel.

86 *Habt ihr schon Kater über die Vergrößerung:* Der Umfang der »Hilfe« war erweitert worden.

87 *Hesse und Finckh:* Hermann Hesse (1877–1962) und Ludwig Finckh (1876–1964), Schriftsteller.

mit dem Fescht renommiert: süddeutsches Faschingsfest, das der Kreis um Heuss und Stotz während des Berliner Semesters von Elly Knapp organisierte und an dem auch Naumann teilnahm. »Es waren nur zwei Berliner eingeladen, einer zum Hinausgeworfenwerden und einer zum Sicherverwundern«, berichtete Elly Heuss-Knapp darüber in ihren Erinnerungen »Ausblick vom Münstertum«; in einem der Briefe, die sie ihrem Vater aus Berlin schrieb, nannte sie es »das schönste Fest, das wir je mitgemacht haben, darüber waren alle einig«.

Asia: Bericht Naumanns von seiner Palästina-Reise; 1898, 1899 erschienen.

92 *6 ch Zeilenhonorar:* 6 Pfennige

beim Schleiermacher: von Elly Knapp ausgewähltes Zitat der »Idee zu einem Katechismus der Vernunft für edle Frauen« von Friedrich Schleiermacher, erschienen in »Die Hilfe« vom 14. Oktober 1906.

sagt Schneider: Franz Schneider, zunächst Verlagsleiter, dann Mitgesellschafter und Verlagsleiter des Verlages der »Hilfe«.

Erdgeist-Lulu-Modell: Lulu ist die berühmt-berüchtigte Hauptfigur in dem Drama »Der Erdgeist« von Frank Wedekind (1864–1918).

95 *Parteikonferenz:* Konferenz des »Wahlvereins der Liberalen« zur Vorbereitung der nächsten Reichstagswahlen. Der »Wahlverein der Liberalen« war die Organisation der Freisinnigen Vereinigung.

96 *meine »Ahnennovellen«:* schriftstellerischer Versuch aus den Kinderjahren, der die Herkunft der Familie Heuss ausmalt.

97 *Hofrat Bruckmanns:* Peter Bruckmann (1865–1933), Industrieller in Heilbronn, Anhänger Naumanns, später Vorsitzender des »Deutschen Werkbundes«.

98 *von Naumann-Chancen geredet:* Naumann sollte die Reichstagskandidatur für Heilbronn verschafft werden.

Cohnstaedt: Wilhelm Cohnstaedt (1880–1937), Journalist, zum Naumann-Kreis gehörend, wie Heuss Schüler von Lujo Brentano.

99 *Salzer:* Eugen Salzer, Verleger in Heilbronn.

so eine Notiz über den Schwander: Naumann hatte in der »Hilfe« Schwanders Wahl zum Bürgermeister in Straßburg in Hinblick auf dessen Reorganisation des Armenwesens begrüßt. Dabei hatte er hervorgehoben, daß Schwander in der Armenpflege »grundsätzlich sozialdemokratische Kontrollpersonen (an)stellt, um die Sachkenntnis der Gewerkschaftler dem städtischen Armenwesen zuzuführen«.

Wir zittern sowieso: Gegen die Wahl Schwanders hatte – wie Elly Heuss-Knapp in ihren Erinnerungen »Ausblick vom Münsterturm« berichtet – der kommandierende General beim Kaiser Protest erhoben. Er wurde allerdings zurückgewiesen.

100 *Hohenlohe:* Hermann von Hohenlohe-Langenburg (1832–1913), seit 1894 Statthalter von Elsaß-Lothringen.

Köller: Ernst Mattias von Köller (1841–1928), Staatssekretär für Elsaß-Lothringen.

Sudermann: Hermann Sudermann (1857–1928), Dramatiker und Erzähler.

101 *im kleinen Harmoniesaal:* »Harmonie«, Heilbronner Gesellschafts- und Veranstaltungshaus.

Sihler: Hermann Sihler, Schulfreund von Theodor Heuss.

102 *württ. Landtagswahl:* Heuss bemühte sich, bei der bevorstehenden Landtagswahl für einen freisinnigen, der nationalsozialen Naumannschen Richtung nahestehenden Kandidaten, Dr. Bauer, die Unterstützung der Demokraten, also des Landesverbandes der Deutschen Volkspartei, im Wahlkreis Urach zu erlangen.

den Abbe gelobt: Ernst Abbe (1840–1905), Physiker, Leiter der Zeiss-Werke in Jena, in dieser Rolle Schöpfer vorbildlicher sozialer Einrichtungen.

103 *das Roß von Statthalter:* siehe Anmerkung zu Seite 100.

105 *Frankfurter Einigungstagung:* Versuch von Deutscher Volkspartei, Freisinniger Vereinigung und Freisinniger Volkspartei, sich auf ein Zusammengehen bei den nächsten Reichstagswahlen zu einigen.

106 *vor drei Jahren mit den Nationalsozialen:* Naumann hatte 1903 den von ihm gegründeten Nationalsozialen Verein in die Freisinnige Vereinigung überführt.

Richterianer: Anhänger von Eugen Richter (1838–1906), der dominierenden Führergestalt erst der Fortschrittspartei, dann der Deutsch-Freisinnigen Partei, schließlich der Freisinnigen Volkspartei, Befürworter einer prinzipiellen liberalen Opposition, aber auch Kritiker der Sozialdemokratie.

Barth: Theodor Barth (1849–1909), liberaler Politiker und Publizist.

108 *Der Goetz:* Walter Götz (1867–1958), Professor der Geschichte, Naumann-Anhänger, mit Heuss seit dessen Münchner Studienzeit befreundet.

der Rustige: Heinrich Rustige, Studienfreund von Theodor Heuss aus der Münchener Zeit, später Rechtsanwalt in Stuttgart.

Frau von Hugo Stinnes: gemeint ist Adeline Stinnes (1844–1925), die Mutter des Industriellen Hugo Stinnes (1870–1924).

110 *aus der »Neudeutschen«:* »Neudeutsche Wirtschaftspolitik«, politische Programmschrift Naumanns, erschienen im Frühjahr 1906.

Pariser Eindrücke: Aufsatz von Theodor Heuss, erschienen in der »Patria« 1907, dem mit der »Hilfe« verbundenen Jahrbuch.

111 *den alten Thiersch:* Carl Thiersch, Chirurg in Leipzig, Großonkel von Elly Knapp.

112 *Heini R.:* siehe Anmerkung zu Seite 108.

Naumann ist von Frankfurt: Einigungstagung am 10./11. November. Beschlossen wurde die Bildung eines gemeinsamen Ausschusses und das Zusammengehen bei den nächsten Reichstagswahlen.

Payer-Reutlingen: Friedrich Payer (1847–1931), einer der maßgebenden demokratischen Politiker aus Württemberg, Reichstagsmitglied der Deutschen Volkspartei.

meine Heilbronner Jungliberalen: Ortsverein der jungliberalen Bewegung, die sich im Anschluß, aber auch neben den Nationalliberalen gebildet hatte. Getragen zunächst vor allem von jungen Mitgliedern, später auch in andere Altersgruppen ausgreifend, verstanden sich die Jungliberalen als Vereinigung, die die Selbstgenügsamkeit der Nationalliberalen aufbrechen wollte, um sie zu einer modernen Partei zu machen. Sie wurden von Naumann und seinen Anhängern mit Sympathie betrachtet.

113 *Das mit Mannheim:* Theodor Heuss und Elly Knapp planten ein Zusammentreffen in Mannheim; Elly war dorthin zu einem Vortrag eingeladen worden.

den Greifswaldern: Hinweis auf einen geplanten Vortragstermin von Elly Knapp.

115 *dem bauernbündlerischen Kandidaten:* Kandidat des »Bundes der Landwirte«, des 1893 gegründeten agrarischen Interessenverbandes.

Dr. Bauer: siehe Anmerkung zu Seite 102.

116 *meine beste Freundin:* Else Polaczeck geb. Gütschow (1867–1905).

119 *dieser 5. Dez.:* Tag der Landtagswahl.

im »Merkur«: »Schwäbischer Merkur«, tradtionsreiche, in Stuttgart erscheinende württembergische Zeitung.

120 *Lassalle im Zylinderhut... Ludwig Frank:* Ludwig Frank (1874–1914), sozialdemokratischer Politiker, führende Gestalt der jüngeren Generation, politisch Revisionist.

121 *zum erfolgreichen Wählen:* Dr. Bauer erreichte im ersten Wahlgang die zweithöchste Stimmzahl und wurde in der Stichwahl gewählt.

122 *»Rosendoktor«:* Roman von Ludwig Finckh, erschienen 1906.

unter Peter Camenzinds Einfluß: »Peter Camenzind«, Roman von Hermann Hesse, 1904 erschienen.

123 *»Freund Hein« und »Unterm Rad«:* Romane von Emil Strauß und Hermann Hesse, erschienen 1902 und 1906.

124 *Generalvertrag zwischen Volkspartei und Sozialdemokraten:* Absprache über die Unterstützung der im ersten Wahlgang erfolgreicheren Kandidaten bei der entscheidenden Stichwahl.

gegen das Kandidieren: Katz dachte daran, für ein Reichstagsmandat zu kandidieren.

131 *wegen der Reichstagswahl:* Reichskanzler Bülow hatte am 13. Dezember 1907 überraschend den Reichstag aufgelöst. Er reagierte damit auf die Ablehnung eines Nachtragshaushaltes, der sich auf den Kolonialkrieg in Südwestafrika bezog, durch Sozialdemokraten und Zentrum. Damit standen für das Frühjahr Reichstagswahlen an.

132 *ist N. Antisemit:* Der Vorbehalt rührt möglicherweise davon her, daß Naumann als junger Mann dem Berliner Hofprediger Stoecker nahegestanden hatte. Diese Nähe gründete sich jedoch auf Stoeckers sozialpolitisches und volksmissionarisches Anliegen, nicht auf dessen Antisemitismus.

1903: Stimmenverhältnis der letzten Reichstagswahl.

einem der Wölfe: Georg und Alfred Wolf, elsässische Politiker, Naumann-Anhänger.

Breitscheids Kreis: Rudolf Breitscheid (1874–1945), damals noch liberaler Politiker und Mitglied des Naumann-Kreises, später führendes Mitglied der SPD.

135 *»Warum gabst Du, Schicksal ...«:* Das Gedicht mit den bekannten Zeilen »Ach, du warst in abgelebten Zeiten / Meine Schwester oder meine Frau«.

in Sorge um meinen Freund: Walter Leoni, siehe Anmerkung zu Seite 65.

136 *Der Bündler:* der Kandidat des Bundes der Landwirte.

Deutsche Partei: Württembergische Entsprechung der Nationalliberalen Partei.

139 *den Band Briefe:* Elly Knapp stellte in der »Hilfe« vom 3. März 1907 in der Tat die Briefe Schleiermachers vor.

von Rade: Martin Rade (1857–1940), Theologe, Herausgeber der einflußreichen »Christlichen Welt«.

143 *das Telegramm:* Noch in der Nacht des Wahltages sandte Heuss ein Telegramm an »Fräulein Elly Knapp in Straßburg«. Es bestand nur aus einem Wort: »Sieg«.

zu Maurenbrecher: Max Maurenbrecher (1874–1935), Theologe und Publizist, früheres Mitglied des Naumann-Kreises, 1903, nach der Auflösung des nationalsozialen Vereins, Mitglied der Sozialdemokraten.

144 *Fall Feuerstein contra Wolff:* Feuerstein war der sozialdemokratische Kandidat, Wolff der vom Bund der Landwirte und dem Zentrum.

146 *der soz.dem. Parole harrend:* die sozialdemokratische Empfehlung für die Stichwahl.

Singer: Paul Singer (1844–1911), führender sozialdemokratischer Politiker.

Für Gerlach: Helmut Gerlach kandidierte im Wahlkreis Marburg.

147 *Saarburg und Mühlheim:* Vortragstermine von Elly Knapp.

ein Wahlschwindel: Der Bauernbund hatte Flugblätter verbreitet, auf denen sich angeblich Sozialdemokraten – entgegen der Stichwahl-Parole – gegen Naumann und für den Kandidaten des Bauernbundes aussprachen.

148 *mein Patenkindchen:* Tochter von H. G. Bayer, siehe Anmerkung zu Seite 69.

149 *Köller:* s. Anmerkung zu Seite 100.

150 *»Im Automobil« von Naumann – Ihr Allerlei:* Sowohl Friedrich Nauman wie Theodor Heuss waren so fasziniert von den Autofahrten, die sie während des Wahlkampfes absolviert hatten, daß sie Feuilletons darüber schrieben. Der Heilbronner Wahlkampf hatte, wie Heuss in sei-

nen »Erinnerungen« berichtet, als besonders modern gegolten – nicht zuletzt deshalb, weil einige Fabrikanten, die schon Autos besaßen, diese zur Verfügung stellten.

151 *den Bülow:* Bernhard von Bülow (1849–1929), Reichskanzler.

153 *bei Althoff gewesen:* Friedrich Theodor Althoff (1839–1908), der legendäre Leiter der Hochschulabteilung im preußischen Kultusministerium.

L(u)jo Brentano: Lujo Brentano (1844–1931), Professor für Nationalökonomie in München, Doktorvater von Theodor Heuss, freundschaftlich verbunden mit Friedrich Naumann.

154 *das »Fescht«:* siehe Anmerkung zu Seite 87.

155 *Dohrn:* Wolf Dohrn (1874–1914), Studienfreund von Theodor Heuss.

156 *Bülows konservativ-liberale Politik:* nach der Reichstagswahl regierte Reichskanzler Bernhard von Bülow mit der gemeinsamen Unterstützung der Konservativen, Nationalliberalen und Linksliberalen, dem sogenannten Bülow-Block.

162 *August Thyssen:* Industrieller, Gründer des gleichnamigen Konzerns.

170 *Gümbel:* Familie von Theodor Heuss' Mutter; die weitverzweigte Förster- und Pfarrerfamilie stammte aus der Rheinpfalz.

172 *»Bauernstolz«:* 1901 erschienene Novellensammlung von Lulu von Strauß und Torney.

Frau Haas: Mutter von Fritz Haas (1877–1947), Jugendfreund von Elly Knapp.

Ich freue mich schon auf Mannheim: Theodor Heuss und Elly Knapp planten, sich dort zu treffen.

173 *an Miltenberg denken:* Elly Knapp war dem Städtchen besonders verbunden, weil sie dort oft als Kind bei ihrem Großvater in den Ferien gewesen war. 1908 wurde Miltenberg das Ziel der Hochzeitsreise.

174 *das neue Warenhaus:* wahrscheinlich das von Alfred Messel gebaute Warenhaus Wertheim am Leipziger Platz, dessen Erweiterungsbau in diesen Jahren abgeschlossen wurde und das für die Architektur Maßstäbe setzte.

im Pfau geblättert: vermutlich Schriften des von Theodor Heuss geschätzten schwäbischen Politikers und Publizisten Ludwig Pfau (1821–1894).

178 *Katz noch unentschieden:* Katz war dabei, sich von der »Hilfe« zu lösen.

181 *jede nicht gerauchte Zigarre:* Heuss hatte Elly Knapp bekannt, daß er sich »mit ungeheurem Eifer auf das Eheleben« vorbereite, indem »ich nachweislich seit 17. Apr nur einen Abend von meiner Bude weg war (Vorstandssitzung) und seit demselben denkwürdigen Tag nur eine

Zigarre geraucht habe, ohne während der übrigen Zeit die Tantalus-Rolle zu spielen. Gelt, ich bin ein Philister?«.

182 *Fritz Haas:* siehe Anmmerkung zu Seite 172.

der Militärarzt: Heuss, vom Militärdienst freigestellt, mußte zur militärärztlichen Untersuchung nach Heilbronn. Mit dieser Reise sollte das Treffen in Mannheim verbunden werden.

183 *über Fritz Schumacher:* Architekt und Städteplaner (1869–1947), Organisator der Kunstgewerbeausstellung in Dresden 1906, Mitbegründer des Werkbundes.

Lou Andreas: Lou Andreas-Salomé (1861–1937), Schriftstellerin, Freundin von Nietzsche und Rilke.

184 *die Sezession:* Zusammenschluß moderner Künstler in Berlin, 1898 aus Protest gegen das Zurückdrängen der Moderne durch Vertreter der traditionellen Malerei gegründet.

über die Patria: Naumann hatte seine Einwilligung dafür gegeben, daß Elly Knapp für die »Patria« über Heimarbeit schreiben sollte.

185 *das Werk von Wittig:* wohl »Deutsche und französische Kultur im Elsaß« von Werner Wittig (1867–1937), Nationalökonom, Vetter von Elly Knapp.

»Frauenfrage« von Lily Braun: Lily Braun (1865–1916), Schriftstellerin; sie war bekannt geworden, weil sie sich als Offizierstochter entschied, für die Arbeiterbewegung und die Emanzipation der Frau zu leben.

187 *Schlaikjer:* Erich Schlaikjer (1866–1928), Schriftsteller und Kunstkritiker.

188 *Frieda Duensing:* Frieda Duensing (1864–1921), Jugendpolitikerin, Vorkämpferin für Jugendschutz und Jugendfürsorge, Mitbegründerin der »Zentrale für Jugendfürsorge«.

Katz bekommt jetzt ziemlich sicher die neue Stelle: Katz, jüdischer Herkunft, ging nach Hannover als Syndikus der Alexander- und Fanny Simonschen Stiftung, die sich der Ausbildung junger Juden zu landwirtschaftlichen Siedlern widmete.

Hesses neues Buch: Hermann Hesse, »Diesseits«, Erzählungen.

189 *Angelesius:* Angelus Silesius.

der Gedanke an Operation: Heuss' Mutter hatte sich einer Nasenoperation unterziehen müssen.

der arme Stotz: Gustav Stotz hat seine Stellung verloren.

190 *den Tag bei Dohrns:* Heuss hatte, zusammen mit Wolf Dohrn und Eugen Katz, Boguslaw Dohrn, den ältesten der Söhne des Zoologen Anton Dohrn, besucht, der in der Nähe von Berlin ein Gut bewirtschaftete; er hatte Heuss und Elly Knapp zu einem weiteren Besuch eingeladen.

Russenbluse: Heuss hatte daran gedacht, Elly Knapp eine »russische Bauernleinblus« zu schenken.

nach Deinem »Stück Brot« fragen: mit dieser Formel pflegte Georg Friedrich Knapp potentielle Schwiegersöhne nach ihrer Fähigkeit zu fragen, eine Familie ernähren zu können.

193 *auf der Hochzeit:* Ludwig Geiger, der jüngste Vetter von Elly Knapp, hatte in Basel geheiratet.

bis zur Hochzeit: Ellys Schwester Marianne heiratete am 23. Mai 1907 den Arzt und Physiologen Ernst Lesser.

den Kongreß mitmachen: den evangelisch-sozialen Kongreß, der in Straßburg tagte. 1890 gegründet, versammelte er Theologen, Nationalökonomen und sozialpolitisch Interessierte, die für die Lösung der sozialen Frage aus dem Geist des christlichen Glaubens eintraten.

198 *die kirchliche Trauung wirklich nicht vermißt:* Lesser war Jude, so daß auf eine kirchliche Trauung verzichtet worden war.

199 *den Hirtenknaben:* die Vermählungskarte, die Theodor Heuss erhielt, hatte den Zusatz »Hirtenknabe! Hirtenknabe!«, Anspielung auf das Uhlandsche Gedicht »Droben stehet die Kapelle« mit der Schlußzeile: »Hirtenknabe, Hirtenknabe! Dir auch singt man dort einmal!«.

Schubring: Paul Schubring (1869–1935), Kunsthistoriker, später Professor in Hannover.

luxierten Arm: Heuss hatte sich beim Abiturausflug den Arm so schwer ausgerenkt, daß ein dauernder Schaden blieb.

201 *Schulze G.:* Schulze-Gävernitz.

Marianne Weber: Gattin des Soziologen Max Weber.

203 *meine Reiseroute:* Heuss bereitete eine Reise nach Belgien vor.

Liesel aus Speyer: Liesel Gümpel aus der Verwandtschaft der Mutter.

205 *von Marianne Weber: »die T . . .«:* möglicherweise »Beruf und Ehe. Die Beteiligung der Frau an der Wissenschaft«, zwei Vorträge, die 1906 im Verlag der »Hilfe« gedruckt wurden, oder ihre Hauptschrift »Ehefrau und Mutter in der Rechtsentwicklung«, 1907 erschienen.

206 *Der Daur in der letzten Hilfe:* Kunstkritik von Theodor Heuss in »Die Hilfe« vom 26. Mai 1907.

210 *die 1½ Tage in Prenzlau-Wilhelmshof:* der geplante Ausflug auf das Gut von Boguslaw Dohrn.

215 *daß »Er« mindestens Millionär sein müsse:* von ihrer Reise mit Ida Feist hatte Elly Knapp unter dem Eindruck des »entzückendsten Schlafwagen(s), den ich je gesehen habe«, ihrem Vater diesen Entschluß mitgeteilt. Denn, so begründete sie den Entschluß, »wir haben ja gar keine Ahnung, was eigentlich Reisen heißt«.

mittendrin in Holland: in der Lektüre der Reisebriefe von Elly Knapp.

217 *mit allen Schulzes:* Schulze-Gävernitz.

218 *Engler:* siehe Anmerkung zu Seite 48.

222 *durch meine Schnodderei:* Elly Knapp hatte über die Kürze von Theodor Heuss' Briefen geklagt.

Wenn Du Speyer ... so nötig findest: Heuss wollte bei seiner Reise seine Cousine Liesel besuchen.

223 *bedeutet keineswegs »Gehrock«:* Heuss scheute sich vor den Förmlichkeiten, die, wie er befürchtete, Georg Friedrich Knapp von ihm als künftigem Bräutigam erwartete. Auch ein Brief werde ihm, so bekannte er Elly, »nicht seriös genug gelingen«. Denn »Zylinder und Gehrock möchte ich in unserer ganzen Liebe auch beim Briefschreiben nicht anziehen!«

224 *St. u. m. Brüder:* Heuss hatte geplant, die Reise mit einem Treffen mit Stotz und seinen Brüdern zu verbinden.

228 *eine Soziale Bewegung:* Rubrik der »Hilfe«, vornehmlich für sozialpolitische Meldungen.

Nationalverein: vor allem von süddeutschen Liberalen gegründete Vereinigung, die die Einigung der Liberalen befördern sollte.

in Zukunft das Parteipolitische mache: nach Katz' Ausscheiden aus der Redaktion übernahm Heuss auch die Redaktion des politischen Teils.

im Trarbach: Berliner Weinlokal.

242 *Deine Manuskripte:* Artikel über den Maler Max Liebermann zu dessen 60. Geburtstag, die Heuss »im Vorrat« – wegen seiner Belgien-Reise – für die »Hilfe« geschrieben hatte. Sie erschienen am 14. und 21. Juli 1907 in der »Hilfe«.

über den Vischer zu zanken: Friedrich Theodor Vischer (1807–1887), schwäbischer Schriftsteller und Ästhetiker. Heuss hatte zu seinem 100. Geburtstag am 30. Juni 1907 einen Aufsatz über »Fr. Th. Vischer als Dichter« geschrieben.

248 *Max:* Max Gümpel, Vetter von Theodor Heuss, Schauspieler.

251 *Erinnerung an den Tag in Arlesheim:* in Arlesheim bei Basel wohnte Ellys Tante Carolina Geiger, gen. Tante Lella, die Theodor Heuss und Elly Knapp besucht hatten.

253 *Friedenskonferenz:* Zweite Haager Friedenskonferenz 1907, die unter anderem zu einem Abkommen über eine internatrionale Schiedsgerichtsbarkeit und zur Erweiterung der Haager Landkriegsordnung führte.

254 *diesmal nicht les chevaux:* Theodor Heuss hatte – wie er in seinen »Erinnerungen« berichtet – bei seinem ersten Parisaufenthalt 1906 beim Friseur

seinen Wunsch mit den Worten geäußert: »Veuillez me faire mes chevaux?«

258 *Der Kunstgeschichte sollst Du auch erhalten bleiben:* Anspielung darauf, daß Theodor Heuss immer wieder einmal mit dem Gedanken spielte, sich ganz der Kunstgeschichte zu widmen, wenn ihm seine finanziellen Aussichten bei der »Hilfe« zu trübe oder die Politik unerträglich erschienen.

über Dein Hôtel: Heuss glaubte – wie er an Elly Knapp schrieb – »in ein Haus angenehmer Gelegenheiten« geraten zu sein.

261 *an die Mama schreiben:* Elly Knapps Mutter lebte wegen einer Gemütskrankheit in einem Sanatorium.

268 *»Evang. Soz.«:* »Evangelisch-sozial«, Mitteilungsblatt des Evangelisch-sozialen Kongresses.

283 *Elsa Koeberle:* elsässische Dichterin, Freundin von Elly Knapp.

286 *Hochzeit Breslau–Hoff:* Hochzeit von Elly Knapps Freundin Luise Hoff mit dem Zoologen Ernst Breslau.

288 *das Kopfblech:* volkstümliche niederländische Kopfbedeckung, die Elly Knapp sich gewünscht hatte.

an den 23. März: Tag der heimlichen Verlobung.

Hausenstein: Wilhelm Hausenstein (1882–1957), Kunsthistoriker, Journalist, vor allem bei der »Frankfurter Zeitung«, deren Literaturblatt er von 1934–1943 leitete. Nach dem Krieg erst Generalkonsul, dann erster Botschafter der Bundesrepublik in Paris; mit Heuss seit den Münchener Studienjahren befreundet.

289 *den Dehio:* Georg Dehio (1850–1932), Professor der Kunstgeschichte in Straßburg, Freund von Georg Friedrich Knapp.

290 *Platen:* August von Platen (1796–1835), Lyriker.

291 *Narthex:* schmale Vorhalle in altchristlichen und byzantinischen Basiliken.

297 *Der Fischzug hat mich ebenso überwältigt wie Dich:* Gemälde von Rubens, das Heuss auf seiner Belgienreise beeindruckt hatte; vergleiche Brief vom 15. Juli 1907.

um einen Meunier Arbeit zu geben: siehe Anmerkung zu Seite 51.

298 *der Rustige:* Heuss' Studienfreund Hermann Rustige hielt sich kurzfristig in Berlin auf.

300 *Franz Schneider:* siehe Anmerkung zu Seite 92.

Gyges: »Gyges und sein Ring«, Drama von Friedrich Hebbel.

301 *irgend etwas von Miltenberg:* siehe Anmerkung zu Seite 173.

für London werden wir kaum schon Geld haben: Theodor Heuss hatte daran gedacht, im nächsten Jahr gemeinsam mit Elly nach London zu reisen.

305 *Die Wahlrechtsgeschichte:* Friedrich Naumann hatte am 31. Juni 1907 einen Artikel im »Berliner Tageblatt« veröffentlicht, in dem er die Reform des preußischen Dreiklassenwahlrechts zur »Lebensfrage des Blocks« erklärte. Er forderte von Reichskanzler Bülow die vorzeitige Auflösung des preußischen Landtags und einen Wahlkampf, bei dem die Wahlrechtsfrage zum beherrschenden Thema gemacht werden sollte. Das war der Versuch, die Block-Politik Bülows – die Naumann unterstützte – auf ein Gebiet zu lenken, von dessen entscheidender Wichtigkeit für die deutsche Politik Naumann überzeugt war. Der Vorstoß erregte beträchtliches Aufsehen, gefährdete aber auch die Übereinstimmung der Liberalen und damit die Blockpolitik Bülows – ein Teil der Freisinnigen war, wie Heuss in seiner Naumann-Biographie schreibt, »über das Vorgehen sehr verstimmt«.

307 *ein Bild von dem Schrein:* Ursula-Schrein von Hans Memling, der Heuss bei seiner Reise besonders beeindruckt hatte.

310 *V. f. S.:* Verein für Sozialpolitik, 1873 gegründete Vereinigung von Wissenschaftlern und Praktikern, die für soziale Reformen eintrat.

313 *in der Unione:* italienisches Weinlokal in Berlin.

316 *eine wunderbare »tapisserie«:* der Wandteppich von Bayeux.

317 *Monolog der Iphigenie:* Johann Wolfgang Goethe, »Iphigenie auf Tauris«, Beginn des ersten Aufzugs; bei Goethe heißt es bezeichnenderweise etwas anders: »... mich trennt das Meer von *den* Geliebten«.

319 *ein Bierbaumsches Theater:* Anspielung auf Otto Julius Bierbaum (1865–1910), Schriftsteller, Autor heiter-ironischer, auch satirischer Berichte, Reiseberichte und Zeitromane.

320 *eine vorläufige Organisation »meines« Wahlkreises:* Nach Naumanns Erfolg bei der Reichstagswahl im Wahlkreis Heilbronn hatten Naumann und Heuss den Plan erwogen, ob Heuss nicht versuchen sollte, bei den nächsten Landtagswahlen den Wahlkreis Weinsberg-Hall, der sich in der Hand des Bauernbundes befand, zu gewinnen.

327 *das Buch der Ricarda:* Ricarda Huch (1864–1947), Schriftstellerin; gemeint ist vermutlich der erste Band ihres Garibaldi-Buches »Die Verteidigung Roms«, den Heuss in der »Hilfe« vom 15. September vorstellte.

328 *die frohe Erwartung von Dresden:* dort sollten die Möbel für den künftigen Hausstand gekauft werden.

330 *Marie Senn:* Verwandte von Theodor Heuss.

Vorstandssitzung des Soz. Lib. Vereins: Sozial-liberaler Verein, Berliner Ortsgruppe des »Wahlvereins der Liberalen«.

Im »Collegen Crampton«: Komödie von Gerhart Hauptmann, uraufgeführt 1892.

Dann 3 Stunden Circus Busch: Die Freisinnige Volkspartei hatte ihren Berliner Parteitag am 13./14. September mit einer Versammlung im Cirkus Busch beendet, der oft für politische Großveranstaltungen benutzt wurde.

in einer schwierigen Situation: auf dem Parteitag der Freisinnigen Volkspartei am war Naumanns Vorstoß in der Wahlrechtsfrage hart kritisiert worden.

331 *Deine Landschaftsmalerei lesen:* vermutlich das Feuilleton »Delft« in der »Hilfe« vom 8. September 1907, in dem Heuss die Bedeutung der niederländischen Kunst für die Landschaftsmalerei hervorhebt.

332 *Hedwig:* Hedwig Mödinger, spätere Frau von Ludwig Heuss.

Kernerhaus: das Haus des Dichters Justinus Kerner (1786–1865), der Oberamtsarzt in Weinsberg gewesen war.

auf den Verein geschimpft: Verein zur Erhaltung des Kerner-Hauses, 1905 gegründet.

333 *der halbblinde Theobald:* Kerners Sohn, der die ärztliche Praxis seines Vaters weiterführte und sich auch schriftstellerisch betätigte.

auf der Weibertreu: Burgruine oberhalb Weinsberg.

334 *meinen Demokratenaufsatz:* Bericht über den Parteitag der Deutschen Volkspartei in Konstanz.

in die Nibelungen: »Die Nibelungen«, Tragödie von Friedrich Hebbel.

von den Magdeburger Verhandlungen: Tagung des Vereins für Sozialpolitik.

335 *bei Lindners:* die Privatschule, die Elly Knapp als Kind besucht hatte.

336 *Barth, der aber jetzt leider ... nicht zu haben ist:* Theodor Barth begann sich aus Protest gegen die Unterstützung von Bülows Block-Politik durch Naumann und die Freisinnige Vereinigung von Naumann zu lösen. Er befürchtete, daß die Linksliberalen der Bülowschen Politik um der liberalen Einigung willen zu weit nachgaben.

337 *»Bund der Jugend«:* »Der Bund der Jugend«, Lustspiel von Henrik Ibsen, 1869 uraufgeführt.

Marg. Wolf: Marguerite Wolf, Redaktionsvolontärin der »Hilfe«.

339 *der Kurz für Deinen Vater:* Hermann Kurz (1813–1873), schwäbischer Schriftsteller.

340 *wegen der Lexikonartikel:* Heuss war gefragt worden, ob er einige kleine, berufsdarstellende Artikel für ein Lexikon schreiben wolle.

342 *irgendwie Preisermäßigung in Dresd. bekommen:* Naumann stand in engem Kontakt zu Carl Schmid, dem Leiter der »Dresdner Werkstätten« (später »Deutsche Werkstätten«), bei denen Theodor Heuss und Elly Knapp ihre Möbel kaufen wollten; von Naumann und Schmid – der

»Holz-Goethe« genannt – ging die Anregung zur Gründung des »Deutschen Werkbundes« aus.

344 *Sihler oder Bib:* Hermann Sihler und Karl (Bib) Glass, Freunde von Theodor Heuss aus seinen Heilbronner bzw. Münchener Jahren.

347 *zu N.:* Naumann, der sich zur Kur auf dem Weißen Hirsch bei Dresden aufhielt.

den Wahlverein: Wahlverein der Liberalen.

348 *zu einer Frau Bienert:* Ida Bienert (1870–1966), Gattin des Mit-Inhabers des größten sächsischen Mühlenbetriebes, sozialpolitisch tätig, Kunst-Mäzenatin und Sammlerin in Dresden.

Der Kunstwartkalkschmidt: Eugen Kalkschmidt, Kunstschriftsteller, langjähriger fester Mitarbeiter des »Kunstwarts«.

so a Ma'le: schwäbisch, etwa: auch so einer.

Rohrbachs dicke Hausbibel über Südwest: Paul Rohrbach (1896–1956), politischer Publizist, Mitglied des Naumann-Kreises, damals, so Theodor Heuss, die »kolonialpolitische, weithin auch die außenpolitische« Autorität der »Hilfe«. Gemeint ist vermutlich der Südwestafrika gewidmete Band seiner »Deutschen Kolonialwirtschaft«, 1907 erschienen.

ein neues Novellenbuch der Supper: Auguste Supper (1867–1951), schwäbische Heimaterzählerin.

349 *Käthe Schirmacher:* Käthe Schirmacher (1865–1930), Vertreterin der Frauenbewegung.

350 *Deinen Karikaturenaufsatz:* »Die Deutschen und die französische Karikatur« in »Die Hilfe« vom 20. Oktober 1907.

352 *Salten:* Felix Salten (1869–1947), österreichischer Schriftsteller.

den zweiten Garibaldi-Band: siehe Anmerkung zu Seite 327.

die Schultze-N. Kulturarbeiten: Paul Schultze-Naumburg (1869–1949), Architekt und Publizist, Befürworter einer bodenständigen Kunstgesinnung.

Aufsatz über Wiesbaden: Bericht vom Parteitag der Nationalliberalen, in dem sich Heuss kritisch-abwertend zur Blockpolitik Bülows äußerte; erschienen in der »Hilfe« vom 13. Oktober 1907.

356 *so im ganzen ein bißchen nationalliberal:* wohl Anspielung auf Überlegungen zur Einführung eines »Qualitätswahlrechts« oder »Pluralwahlrechts« mit – an Einkommen und Bildungsgrad gebundenen – Zusatzstimmen, wie es unter maßgeblicher Mitwirkung der Nationalliberalen in Sachsen seit 1906 erarbeitet und 1909 realisiert wurde.

359 *in ein Colleg von Wölfflin:* Heinrich Wölfflin (1864–1945), Kunsthistoriker, damals Professor in Berlin.

360 *mit dem 80. Geburtstag von Frl. Lindner:* Vorsteherin der Privatschule, die Elly Knapp als Kind besucht hatte.

362 *Wegen Naumann bist Du ja jetzt wohl beruhigt:* Eine Fehlmeldung über eine schwere Erkrankung Naumanns hatte breite Aufmerksamkeit gefunden; Naumann hielt sich jedoch nur, wie öfters, zur Erholung im Lahmannschen Sanatorium auf dem Weißen Hirsch bei Dresden auf.

364 *Kittel:* schwäbisch für Jackett.

369 *danke sehr für die Hilfe:* Elly Knapp hatte Theodor Heuss um eine biographische Notiz zu Richard Dehmel gebeten.

370 *am Büchertisch zu beteiligen:* Rubrik der »Hilfe« für Rezensionen.

376 *dem Zschorlich:* Paul Zschorlich, Musikschriftsteller, fester Mitarbeiter der »Hilfe«.

377 *Naumann hat in Frankfurt scheint's gut abgeschnitten:* Konferenz der drei linksliberalen Parteien über die Situation der Liberalen.

378 *12–6 Parteitag:* vermutlich Parteitag der preußischen Sozialdemokraten – »Preußentag« – vom 21.–23. November.

379 *Und Weimar würde mir schon einleuchten:* Elly Knapp spielte mit dem Gedanken einer Reise nach Weimar, bei der der Kauf eines Sofas als Vorwand für ein Treffen mit Theodor Heuss dienen sollte.

386 *Dann ins Josty:* Berliner Café.

388 *in einer großen soz.dem. Versammlung:* wohl eine der Versammlungen, mit denen die Sozialdemokraten aus Protest gegen das Dreiklassenwahlrecht die Eröffnung der Sitzungsperiode des preußischen Landtages am 26. 11. begleiteten.

A. Heine: Anselm Heine, Dichterin, die Elly Knapp bei ihrem Berlin-Aufenthalt kennengelernt hatte.

391 *in Deinem soz.-wissensch. Verein:* der »Sozialwissenschaftliche Studentenverein«, dem Theodor Heuss in seiner Münchener Zeit angehört hatte.

392 *Die Brentanoaffäre ... war das Letzte auf dem Gebiet:* Heuss hatte – als Student – zum 60. Geburtstag Brentanos ein selbstverfaßtes Gedicht vorgetragen, in dem er als »Kameralist« aus dem 18. Jahrhundert dessen Verdienste rühmte.

393 *der Sissi:* Sissi Brentano (1875–1956), Tochter Lujo Brentanos, Freundin von Elly Knapp.

394 *Helene Böhlau:* Schriftstellerin (1856–1940).

innerlich wundgerieben an der Partei: Hausenstein war zu dieser Zeit sozialdemokratischer Journalist.

399 *Dein Weihnachtsbild:* »Das Fest der Kindheit«, Feuilleton von Theodor Heuss in der »Hilfe« vom 21. Dezember 1907.

400 *auch Bib:* siehe Anmerkung zu Seite 344.

405 *an den Böhle:* Maler, dessen Ausstellung Heuss auf der Rückfahrt von Frankfurt besucht hatte.

406 *die politischen Vorgänge bei Euch:* Reichskanzler Bülow hatte am 10. Januar 1908 die Forderung nach einer Änderung des preußischen Wahlrechts abgelehnt. Das stellte die Linksliberalen vor die Alternative der entschiedenen Opposition gegen Bülows Blockpolitik oder ihrer Hinnahme trotz der Aussicht, in der ihnen wichtigen Wahlrechtsfrage nicht weiter zu kommen. Das bedeutete eine Zerreißprobe für die Linksliberalen. Während die Fraktionsgemeinschaft der linksliberalen Parteien dazu neigte, den Bülow-Block weiter zu stützen, formierte sich in der Freisinnigen Vereinigung Widerstand.

407 *Am Sonntag:* Am 9., 10. und 12. Januar 1908 veranstaltete die SPD in Preußen und Berlin Protestversammlungen. In Berlin kam es überdies zu Demonstrationsumzügen, an denen sich rund 30 000 Personen beteiligt haben sollen. Bei diesen Demonstrationen sei, so hat Theodor Heuss sich erinnert, » ›die Demonstration‹ für Deutschland erfunden worden«. Am 12. Januar war es dabei zu Zusammenstößen mit der Polizei gekommen.

409 *Deine Drucksache mit dem Naumann-Artikel:* Naumanns Reaktion auf Bülows Absage an die Änderung des preußischen Wahlrechts, erschienen unter dem lapidaren Titel »Bülow« in der »Hilfe« vom 19. Januar 1908. Naumann ging dabei in scharfe Distanz zur Block-Politik und trat für eine Volksbewegung zur Änderung des preußischen Wahlrechts ein.

411 *der alte Schrader:* Karl Schrader (1834–1913), Vorsitzender der Reichstagsfraktion der Freisinnigen Vereinigung.
die Sorte Fischbeck: Otto Fischbeck (1865–1939), Mitglied der Freisinnigen Volkspartei, Reichstagsabgeordneter.
die Ika Freudenberg: führende Vertreterin der Frauenbewegung in München.

412 *die Schildpattnadeln:* Geburtstagswunsch von Elly Knapp.
die sieben Aufrechten: Die sieben Abgeordneten der Freisinnigen Vereinigung hatten sich für einen Mißtrauensantrag gegen Bülow ausgesprochen, waren in der Fraktionsgemeinschaft jedoch überstimmt worden.
für die Vertagung der Interpellation: Anfrage der SPD, um im Reichstag eine Debatte über das preußische Dreiklassenwahlrecht zu erreichen.

413 *den Wedel:* Karl Graf von Wedel (1842–1919), seit 1907 Statthalter von Elsaß-Lothringen.
grad' die erste Wahl am 25.: erster Wahlgang bei Naumanns Wahl zum Reichstagsabgeordneten in Heilbronn.

415 An Elli
Mit drei Haarnadeln
zum 25. Januar 1908
Im Geiste von Eduard Mörikes poetischem Nachlaß.

»Wären eine mir der Gaben
jenes andern Dichterschwaben,
der zugleich ein Pfarrer war,
würden launige Gedichte
Dir erzählen die Geschichte
von den Nadeln und dem Haar«:

Diese dummen Nadeln sollen
all den reichen, all den tollen
Haaren Schutz und Stütze sein,
die am Spiegel in der Frühe
mit der Finger flinker Mühe
hoch sich knüpft mein Mädelein

Doch nun sind die reichen, hellen
süßen ach und schweren Wellen
aufgefangen, aufgespießt,
daß der Schenker dieser Klammern
selber in des Herzens Kammern
seine Morgenfreud verschließt.

. . . .
Aber wenn der Tag vergangen,
der dem stillen Glückverlangen
heimlicher Bereiter war,
wird das zärtliche Befreien
aus dem Zwang zur immer neuen
Freude an der Lieben Haar.

23. 1. 08.

416 *Smend:* Julius Smend (1857–1930), Professor für praktische Theologie, Onkel des Göttinger Juristen Rudolf Smend.
417 *Die Helene D.:* Helene Dominicus; siehe Anmerkung zu Seite 46.
420 *die Eysoldt:* Gertrud Eysoldt (1870–1955), Schauspielerin, vor allem bei Max Reinhardt.

422 *die Ellen Key:* Ellen Key (1849–1926), schwedische Frauenrechtlerin und Reformpädagogin, bekannt geworden vor allem durch ihr Werk »Das Jahrhundert des Kindes«, in Deutschland 1900 erschienen.

426 *Die pol. Situation ist wieder ganz wahnsinnig:* Bülows Ablehnung einer Wahlrechtsänderung hatte die Antipathie in der Freisinnigen Vereinigung gegen die moderate Politik der Fraktionsgemeinschaft gesteigert. Ein Teil der Abgeordneten der Freisinnigen Vereinigungen erwog deshalb, zur Freisinnigen Volkspartei überzugehen. In dieser Situation sahen die übrigen für den Fall, daß die Kritik in der Vereinigung an der Block-Politik fortdauerte, kaum eine andere Möglichkeit als die Mandatsniederlegung. Heuss stand, wie seine Briefäußerung erkennen läßt, ganz auf der Seite der Kritiker der Haltung der Fraktionsmitglieder.

428 *zum Ludwigli:* zum Kinderzimmer

429 *da Barth und Gerlach sich opferten:* Mit ihrem Austritt aus dem Vorstand der Freisinnigen Vereinigung wollten die beiden radikalliberalen Flügelmänner unter Naumanns Anhängern zur Minderung der Spannungen in der liberalen Fraktionsgemeinschaft beitragen. Zugleich demonstrierten sie ihre Distanz gegenüber der Unterstützung der Blockpolitik durch die Linksliberalen. Sie führte im April zur Abspaltung von Naumann, der an der liberalen Zusammenarbeit festhielt.

431 *Am Abend bei den Soz. Monatsheften:* Faschingsball zur Unterstützung der revisionistischen Zeitschrift.
Lassalle: s. Anmerkung zu Seite 120.

435 *wieder Hilfediskussion contra Schneider:* Diskussion über Umfang und Redaktion der »Hilfe« mit dem Geschäftsführer.

437 *um die Engländer anzusehen:* Ausstellung englischer Gemälde des 18. und beginnenden 19. Jahrhunderts in der Akademie der Künste, seinerzeit ein großer Publikumserfolg.

440 *Vorträge von A. Salomon:* Alice Salomon – siehe Anmerkung zu Seite 36 – hatte Elly Knapp aufgefordert, im Lette-Verein wöchentlich eine Stunde zu unterrichten, »kombiniert Bürgerkunde und Volkswirtschaft«. Der Lette-Verein, gegründet 1866 von dem preußischen Ministerialbeamten Adolph Lette, widmete sich der beruflichen Aus- und Fortbildung von Frauen.

441 *Er findet Papas Bedenken »katholisch«:* Georg Friedrich Knapp hatte es »unpassend« gefunden, in der Karwoche zu heiraten.

444 *Damaschkes, Delbrücks:* Adolf Damaschke (1865–1935), Bodenreformer; Hans Delbrück (1848–1929), Professor für Geschichte, beide Naumann nahestehend.

448 *Erzberger:* Matthias Erzberger (1875–1921), Zentrums-Reic ge-
ordneter, in der Weimarer Republik Reichsfinanzminister, hts-
extremisten ermordet.

450 *Das Frl. Schiller:* die endlich gefundene Haushälterin von G ed-
rich Knapp.

451 *den Parteitag an das Ende der Odenwaldwoche:* Delegiertentag der ni-
gen Vereinigung in Frankfurt am 21./22. April 1908; Theod ss
und Elly Heuss-Knapp besuchten ihn in der Tat am Ende ihr h-
zeitsreise.

457 *eine scharfe Rede gegen Bülow:* Naumann hatte in der Etatdebatt w
wegen seiner Haltung in der Frage des preußischen Wahlrecht k-
kiert.

Schlußverhandlungen des Journalistenstreiks: Streik der im Reichstag e-
ditierten Berichterstatter. Sie hatten sich durch eine aus dem Pl n
von einem Zentrumsabgeordneten zur Pressetribüne heraufger e
abfällige Bemerkung beleidigt gefühlt und daraufhin ihre Berichte -
tung eingestellt.

460 *die Tante Amalie Harnack:* Gattin von Adolf von Harnack.

462 *in Frankfurt wird die Partei wahrscheinlich verkrachen:* Der Delegierte g
der Freisinnigen Vereinigung am 21./22. April 1908 endete in der t
mit dem Austritt von Barth, von Gerlach, Breitscheid und 16 ande n
Delegierten. Barth gründete danach gemeinsam mit Gerlach und Br -
scheid eine »Demokratische Vereinigung«.

der Teufel der Fraktion: Die liberale Fraktionsgemeinschaft hielt mehrheit-
lich an der Block-Politik fest.

CIP-Kurztitelaufnahme der Deutschen Bibliothek

So bist Du mir Heimat geworden:
e. Liebesgeschichte in Briefen aus d. Anfang d. Jh./
Theodor Heuss; Elly Knapp. Hrsg. von Hermann Rudolph.
. unveränderte Aufl. – Stuttgart: Deutsche Verlags-Anstalt, 1986.
ISBN 3-421-06301-X
NE: Heuss, Theodor [Mitverf.]; Heuss-Knapp, Elly
[Mitverf.]; Rudolph, Hermann [Hrsg.]

2. Auflage

Lektorat: Ulrich Volz
Typografische Gestaltung:
Hans Peter Willberg, Eppstein
Satz: Utesch Satztechnik GmbH, Hamburg
Druck und Bindearbeit:
Hieronymus Mühlberger GmbH, Augsburg
Printed in Germany